Rüdiger
Sachau

Westliche Reinkarnationsvorstellungen

Chr. Kaiser
Gütersloher
Verlagshaus

Die Deutsche Bibliothek – CIP-Einheitsaufnahme

Sachau, Rüdiger:
Westliche Reinkarnationsvorstellungen : zur Religion in der
Moderne / Rüdiger Sachau. – Gütersloh : Kaiser, Gütersloher
Verl.-Haus, 1996
ISBN 3-579-02078-1

ISBN 3-579-02078-1

Umschlaggestaltung: Dieter Rehder, Aachen
Druck und Bindung: Weserdruckerei Rolf Oesselmann GmbH, Stolzenau
Printed in Germany

Inhalt

Wer waren wir, was sind wir geworden?
Wo waren wir, wohinein sind wir geworfen?
Wohin eilen wir, wovon werden wir erlöst?
Was ist Geburt, was Wiedergeburt?

(Theodot 78,2)

Eine Kurzformel für das Ethos des Dialoges ist, daß der eine danach strebt, den anderen so zu verstehen, wie er sich selber versteht.

(Hans Jochen Margull, Verwundbarkeit)

Wahrheit kann nur in Freiheit gefunden werden.

(Carl Friedrich von Weizäcker, Der Garten des Menschlichen)

Vorwort

Die unübersichtliche Vielfalt der religiösen Vorstellungen in den westlichen Kulturen am Ende des 20. Jahrhunderts weist auf grundlegende Veränderungen der Religion hin. Die Untersuchung der westlichen Reinkarnationsvorstellungen vermag beispielhaft einen Eindruck von diesen Prozessen zu vermitteln.

Mit der vorliegenden Untersuchung möchte ich das Gespräch zwischen Menschen unterschiedlicher Glaubensweisen fördern. Die wissenschaftliche Studie kann diesen notwendigen Dialog nicht ersetzen, aber sie kann ihn vorbereiten, indem Verständnisperspektiven erarbeitet und genaue Informationen gegeben werden. Ich habe mich bemüht, eine umfassende Darstellung der unterschiedlichen westlichen Reinkarnationsvorstellungen zu geben, einschließlich der umfangreichen Literaturhinweise. Zugleich habe ich, die Vielfalt der Reinkarnationsvorstellungen vor Augen, versucht, einige Schneisen des Verstehens in das unübersichtliche Gebiet der Religion in der Gegenwart zu schlagen. Ich interpretiere die westlichen Reinkarnationsvorstellungen als eine religiöse Überzeugung, die in spezifischer Weise auf die Lebenswelten der Moderne bezogen ist.

Der Zustand meiner christlichen Religion stimmt mich am Ende ihres zweiten Jahrtausends nachdenklich. Dem kirchlich gestalteten christlichen Religionssystem stehen große Umbrüche bevor. So zeigt auch die Analyse der westlichen Reinkarnationsvorstellungen, daß sich zwischen dem kirchlich institutionalisierten Christentum und der privaten Religion ihrer Mitglieder ein breiter werdender Abstand auftut. Ich nehme darin die Herausforderung zu einem innerchristlichen Dialog innerhalb und außerhalb der Institution Kirche wahr.

Mein Versuch, Reinkarnationsvorstellungen in unserer westlichen Kultur zu beschreiben und zu verstehen, war von vielen Begegnungen mit Menschen begleitet, die bereit waren, sich mit mir in einen Dialog über ihre Überzeugungen einzulassen. Ich danke den vielen Gesprächspartnerinnen und Gesprächspartnern für ihre Offenheit und Bereitschaft. Ich habe ihr Fasziniertsein durch die Reinkarnationsvorstellungen gespürt und hoffe, daß sie in meinen Darstellungen noch wiederzufinden ist. Ich wünsche mir, daß dieses Buch ein Schritt auf dem Weg der Begegnungen ist und die Gespräche zum beiderseitigen Gewinn weitergehen.

Den Anstoß zur Untersuchung der Reinkarnationsvorstellungen gab Professor Karl-Fritz Daiber am 9. Januar 1986 nach einer mehrstündigen Fernsehsendung zu diesem Thema. Eine erste Vorstudie konnte als schriftliche Hausarbeit im Zweiten Theologischen Examen eingereicht werden. Seitdem hat mich die Thematik über viele Lebensstationen hinweg begleitet, jede von ihnen hat ihre Spuren hinterlassen und zur Klärung beigetragen.

Die Arbeit als Pfarrer der kleinen ländlichen Gemeinde Ueffeln hat meine Wahrnehmung für die alltäglichen Lebensfragen geschärft. In der Begleitung von Sterbenden und Trauernden habe ich Wichtiges gelernt. Im Leben des Dorfes wurde mir deutlich, wie eine Gemeinschaft durch Religion bestärkt werden kann.

Als Studieninspektor des Gerhard-Uhlhorn-Studienkonvikts in Göttingen wurde mir von der Hannoverschen Landeskirche die Gelegenheit gegeben, die Hauptteile dieser Arbeit anzufertigen und als Lehrender zu überprüfen. Ich danke den Teilnehmerinnen und Teilnehmern mehrerer Seminare für fruchtbare Gespräche.

Die Arbeit als Studienleiter an der Evangelischen Akademie Nordelbien in Bad Segeberg gibt mir die Möglichkeit, in zahlreichen Dialogen, insbesondere mit Menschen, die der anthroposophischen Bewegung nahe stehen, die Fragen von Reinkarnation zu erörtern. Auch hier habe ich vielen Menschen zu danken. Die Arbeit an der Akademie bestärkt mich in der Annahme, daß die Qualität einer Gesellschaft, ihre Menschenfreundlichkeit, sich an der Fähigkeit zum Diskurs zwischen Unterschiedlichen entscheidet. Ich glaube, daß die christliche Religion hierzu immer noch einen gewichtigen Beitrag leisten kann und es auch tut.

Die vorliegende Arbeit wurde im Sommer 1995 vom Fachbereich Evangelische Theologie der Philipps-Universität Marburg als Dissertation angenommen. Mein Dank gilt Herrn Professor Dr. Karl-Fritz Daiber für die Erstellung des Erstgutachtens und Herrn Professor Dr. Gerhard Marcel Martin für die des Zweitgutachtens.

Zu danken habe ich der Evangelisch-Lutherischen Landeskirche Hannovers, der Nordelbischen Evangelisch-Lutherischen Kirche und der Vereinigten Evangelisch-Lutherischen Kirche Deutschlands für Beiträge zu den Druckkosten, so daß dieses Buch einer breiteren Leserschaft zugänglich werden kann.

Ohne die Solidarität meiner Frau, Barbara Kaune-Sachau, ihre stetige Unterstützung, das präzise Nachfragen, wenn ich in der Materialfülle "unterging" und die Bereitschaft, meine wissenschaftlichen Eskapaden zu ertragen, wäre dieses Buch niemals erschienen. Wer Ähnliches hinter sich gebracht hat, wird wissen, was ich ihr an Dank schulde. Gewidmet ist dieses Buch unseren Kindern Jonathan und Marija.

Bad Segeberg, im August 1996 *Rüdiger Sachau*

Einführung

Die westlichen Reinkarnationsvorstellungen sind ein faszinierendes Forschungsthema. Der Erfolg dieser religiösen Vorstellung ist nicht zu übersehen: Am Ende des 20. Jahrhunderts glaubt nahezu ein Fünftel der Bevölkerung in den westeuropäischen Staaten und in den USA an Reinkarnation, wenn auch in sehr unterschiedlichen Formen. Dieses Phänomen macht deutlich, daß die Religion, allen Säkularisierungstheorien zuwider, nicht an Bedeutung verloren hat. Allerdings scheint sie sich zu wandeln. Es sind Veränderungen zu bemerken, für die die Verbreitung der Reinkarnationsvorstellungen ein Indikator sein könnte. Diese haben, in ihrer westlichen Form, offensichtlich eine Affinität zu den Strukturen der Moderne. Zu bemerken ist das Eindringen der Reinkarnationsvorstellungen in unterschiedliche Weltanschauungen und Religionen, einschließlich des Christentums. Die daraus folgenden Konflikte verlangen nach begründeten Regelungsverfahren.

Damit sind die interessenleitenden Stichworte dieser Untersuchung genannt: Westliche Reinkarnationsvorstellungen sind eine Äußerungsform der Religion in der Moderne, die einen Dialog mit dem christlichen Glauben nötig macht. Dieser Dialog findet nicht in Büchern statt, sondern zwischen Menschen. Das Interesse der Untersuchung ist es, diesen Dialog durch präzise Informationen und durch analytische Deutungskategorien zu ermöglichen. Der Schwerpunkt liegt in dem Bemühen um eine umfassende, vorurteilsfreie Wahrnehmung der westlichen Reinkarnationsvorstellungen und dem Versuch einer begründeten Deutung.

Mit der Verbreitung der Reinkarnationsvorstellungen in westlichen Kulturen stellen sich zahlreiche Fragen: Worauf beruht ihr Erfolg? Was leistet die Vorstellung von einer wiederholten Wiedergeburt nach dem Tode für westliche Menschen? Welches sind die Motive der Akzeptanz und welches die Bedingungen, die die Annahme von Reinkarnationsvorstellungen begünstigen?

Die rasche Verbreitung ist erklärungsbedürftig, und es scheint nicht ausreichend, auf die Einflüsse östlicher Religionen zu verweisen. Die Ursachen sind in der westlichen Kultur und deren Empfangsbereitschaft zu suchen, und die zentrale These lautet daher: *Die Reinkarnationsvorstellungen sind als eigenständiges religiöses Phänomen aus den Voraussetzungen und Bedingungen der westlichen Moderne und ihren Strukturen heraus zu deuten.* Es scheint, als ob die westlichen Reinkarnationsvorstellungen die Erfahrungen der Kontingenz, insbesondere der des Todes bearbeiten. Diese Funktion könnte erklären, warum sie in unterschiedlichsten Kontexten von Menschen angenommen werden. Bereits Ernst Benz hat angesichts der Vielgestaltigkeit von Reinkarnationsvorstellungen und ihrer Einwanderung in Islam, Judentum und Christentum gemeint: "... so kann man sich des Eindrucks nicht erwehren, als ob die Reinkarnationsidee selbst eine Art Drang entwickelte, sich in allen nur möglichen Religionen zu reinkarnieren und zu diesem Zweck auch die listigsten Anknüpfungspunkte in der Überlieferung der betreffenden Religionen benutze, um sich in sie einzuschmuggeln, sich in ihr auszubreiten und sie letzthin nach ihrer eigenen inneren Logik umzugestalten."[1]

Die Wandlungs- und Anpassungsfähigkeit der Reinkarnationsvorstellungen gibt Anlaß zu einer weiteren These: *Die westlichen Reinkarnationsvorstellungen können als Leitmotiv der Religiosität in der Moderne angesehen werden.* Sie sind ein roter Faden durch die Labyrinthe neuzeitlicher Religionsausübung und leiten dazu an, die Religion in ihrer Vielgestaltigkeit besser wahrzunehmen und auf Formen aufmerksam zu werden, die in einem traditionellen Religionsverständnis unbeachtet blieben.

Beschreibende Wahrnehmung und funktionale Deutung

Westliche Reinkarnationsvorstellungen besser zu verstehen, ist das Ziel dieser Untersuchung. Das heißt, sie sollen wahrgenommen und gedeutet werden. Ihre Strukturen und Funktionen, ihre Assimilationsfähigkeit, ihre Formenvielfalt, ihre Bearbeitung von Kontingenz und ihre Befriedigung von Erfahrungsbedürfnissen sollen beschrieben und gedeutet werden.

Eine Untersuchung über westliche Reinkarnationsvorstellungen kann keine wissenschaftliche Auskunft über Transzendentes geben. Reinkarnation kann, wie jede religiöse Überzeugung und jede Vorstellung von dem, was nach dem Tod kommt, mit wissenschaftlichen Mitteln weder bewiesen noch widerlegt werden. Wohl ist es möglich zu verstehen, in welchen Formen Menschen an Reinkarnation glauben, mit welchen Argumenten und aus welchen Motiven sie es tun, welche biographischen Ereignisse von ihnen selber damit in Verbindung gebracht werden. Der wissenschaftliche Diskurs über westliche Reinkarnationsvorstellungen entscheidet nicht über deren Wahrheit oder Unwahrheit, sondern erschließt eine religiöse Vorstellung aus den Äußerungen derjenigen, die ihr anhängen.

Zwei Methoden helfen beim Verständnis religiöser Vorstellungen: Die Wahrnehmung als verstehendes Beschreiben und die Deutung als analytisches Durchdringen. Ist die erste durch eine empathische Haltung gekennzeichnet, ist die zweite der Distanz verpflichtet. Der "Methodenstreit" zwischen "phänomenologischer und humanwissenschaftlicher Methode" bewegt sich zwischen der Forderung, "den Gegenstand 'Religion' gegen unsachgemäße und zerstörerische Behandlung zu schützen", und der Forderung, durch kritische "Distanz zum Gegenstand den Wissenschaftscharakter" zu bewahren.[2] Beschreibung und Deutung bereiten die dialo-

1 *E.Benz*, Vorwort des Herausgebers, in: ZRGG 9 (1957) H. 2, 97-103, 101; vgl. *K.Heim*, Der Wahrheitskern der Lehre von der Seelenwanderung und Wiederverkörperung, in: ders., Der christliche Gottesglaube und die Naturwissenschaft, Hamburg ^{2}1953, 118-130, bes. 121.

2 *U.Berner*, Gegenstand und Aufgabe der Religionswissenschaft, in: ZRGG 35 (1983) 97-116, 98.

gische Begegnung, das Gespräch und die Auseinandersetzung vor. Die kommunikative Situation erschließt das Verstehen des anderen und vertieft die Erkenntnis der eigenen Identität - wenn auch nicht ohne Krisen, denn die pluralistische Situation bringt es mit sich, daß Informationen über andere Religionen zum Plausibilitätsverlust der eigenen Religion beitragen.[3]

Das Verstehen von Reinkarnationsvorstellungen wird eingeleitet mit einer offenen und vorurteilslos beschreibenden Wahrnehmung dessen, was ist.[4] Die verschiedenen Formen sollen so dargestellt werden, daß sich ihre Vertreterinnen und Vertreter in der Beschreibung wiederfinden können. "Es gibt kein innertheologisches Selbstgespräch mehr, das sich nicht auf Schritt und Tritt vor den Religionen zu verantworten hätte."[5] Die ausführliche Darstellung der Reinkarnationsvorstellungen enthält eine doppelte Dynamik: Informationsvermittlung und innere Annäherung. Bereits im Prozeß der Beschreibung und Wiedergabe ereignet sich Annäherung; durch die empathische Haltung rückt die fremde religiöse Welt näher, es kommt zum Verstehen.[6] In diesem Sinne werden auch die westlichen Reinkarnationsvorstellungen erschlossen und als religiöse Äußerungsform respektiert. Die Achtung vor der Überzeugung des anderen schließt die vorläufige Enthaltung eines Urteils mit ein. Dazu bedarf es der Distanz des Beobachters, die für den zweiten methodischen Schritt, den der analytischen Deutung, fundamental ist.

Die Deutung der westlichen Reinkarnationsvorstellungen erfolgt unter funktionaler Fragestellung: Welches sind die Leistungen dieser Vorstellungen? Wie "funktionieren" sie und wie geht ihre Aneignung vor sich? Religion wird in einer funktionaler Betrachtungsweise zum "Gegenstand" distanzierter Erörterungen, die in der Vielfalt der analytischen Perspektiven den religiösen Stoff zergliedern. Die Wahrheitsfrage ist ebenso dispensiert wie jegliche religiöse Überzeugung. Die funktionale Analyse erfolgt, "als ob es keinen Gott gäbe", in der Haltung des "methodischen Atheismus".[7] Sie fragt nach Strukturen und nicht nach inhaltlichen Überzeugungen.

3 *Berner*, Gegenstand und Aufgabe der Religionswissenschaft, aaO., 109.

4 *A.Grözinger*, Von der Wahrnehmung der Wahrnehmung, in: ders., Es bröckelt an den Rändern, München 1992, 143-159, 146: "Theologische Ausbildung muß unter den gegenwärtigen Bedingungen in erster Linie zur kritischen Wahrnehmung der Wirklichkeit befähigen."

5 *C.H.Ratschow*, Die Religionen, Gütersloh 1979, 119.

6 *C.H.Ratschow*, Methodik der Religionswissenschaft; in: EGWA 9 (1973) 347-396, 392: "Religionswissenschaft sammelt nicht religiöse Fakten, um sie zu katalogisieren und zu magazinisieren. Religionswissenschaft will 'verstehen', als was Religion in den Religionen da ist, was sie 'dem' Menschen bedeutet und wie 'der' Mensch vor seinem Gotte lebt."

7 Zum "methodologischen Atheismus" vgl.: *G.Kehrer*, Einführung in die Religionssoziologie, Darmstadt 1988, 11; *P.L.Berger*, Zur Dialektik von Religion und Gesellschaft, Frankfurt a.M. 1988, 170: "Soziologische Theorie (und jede andere Theorie im Rahmen empirischer Wissenschaften) betrachtet Religion *sub specie temporis* und läßt infolgedessen die Frage notwendig offen, ob und wie man sie auch *sub specie aeternitatis* betrachten kann." Kritisch demgegenüber: *D.Sölle*, Gott denken. Einführung in die Theologie, Stuttgart 1990, 232 f.

Mit der Entscheidung für eine funktionale Interpretation wird eine präsentische Betrachtung bevorzugt und auf eine historische Ableitung weitgehend verzichtet. Das Interesse richtet sich auf die Strukturen und nicht auf die Geschichte. Der spezifische Einfluß der Moderne auf die Religion wird als entscheidende Bezugsgröße angesehen. Schließlich gehört zur distanzierten Analyse auch die typologische Betrachtung der Religion unter dem Gesichtspunkt ihrer Sozialformen, deren Analyse Veränderungen erkennen läßt. Die Verbreitung der Reinkarnationsvorstellungen im Westen, ihr Heimischwerden im christlichen Kulturraum und die Pluralisierung religiöser Vergesellschaftungsformen, lassen auf einen Wandel der Religion in der Moderne schließen.

Dabei wird die begrenzte Reichweite der funktionalen Interpretation nicht übersehen: Was Reinkarnation für diejenigen bedeutet, die von ihr überzeugt sind und ihr Leben in diesem Wissen gestalten, läßt sich funktional nicht bis ins Letzte erfassen. Das innerste Geheimnis jeder Religion erschließt sich erst der in sie hineintretenden und in sie hineinfallenden Existenz, allerdings unter Verlust der Distanz, die als Basis wissenschaftlichen Verhaltens gelten muß.

Die Wahrnehmung von Veränderungen in der religiösen Landschaft und ihre Deutung lassen Auseinandersetzungen erwarten. Dabei liegt der besondere Reiz der Herausforderung durch die westlichen Reinkarnationsvorstellungen darin, daß sie nicht nur außerhalb des christlichen Glaubenssystems verbreitet sind, sondern längst in das Christentum und die Kirchen eingedrungen sind. Westliche Reinkarnationsvorstellungen sind zum innerchristlichen Konfliktfall geworden und markieren eine binnenreligiöse Pluralisierung.

Die westlichen Reinkarnationsvorstellungen geben Theologie und Kirche Anlaß zu Überlegungen, wie sich die christliche Religion gegenüber anderen Religionen und Religiositäten verhalten sollte. Gefragt ist nach der Zukunft der christlichen Religion in der Moderne und ihrer Identität. Eine Fragestellung, die über den Rahmen funktionaler Betrachtungsweisen weit hinausgeht. Die theologische Reflexion über die Methoden der Auseinandersetzung erfolgt unter den Begriffen "Theologie der Religionen", "dialogische Theologie" und "Apologetik".

Weder fundamentalistische noch relativistische Umgangsformen werden dem Problem der Konkurrenz im Pluralismus gerecht. Der Streit um die Differenzen zwischen Reinkarnationsvorstellungen und christlichem Glauben wird sich zwischen Offenheit und Identitätsbewahrung, zwischen Dialog und Apologetik bewegen müssen. Zur Debatte stehen Fragen der Eschatologie (ein Leben oder mehrere), der Protologie (Schöpfung oder Präexistenz), der Soteriologie (Gnade oder Entwicklung) sowie der Entkenntnistheorie (Glaube oder Wissen durch Erfahrung). Die Auseinandersetzungen könnten beispielhaft sein und ein Regelungsverfahren für den permanenten Konfliktfall im Pluralismus theologisch begründen. Dabei ist zu hoffen, daß die christliche Identität in dialogischen Auseinandersetzungen immer wieder überprüft, weiterentwickelt und in ihren zentralen Inhalten reformuliert wird. "Doch es verdient, angemerkt zu werden, daß Fortschritte in der christlichen Religion gemeinhin im Verlauf von Auseinandersetzungen erfolgt sind (und darin unterscheidet sich die Theologie wahrscheinlich nicht von anderen intellektuellen Unternehmungen): Denn was das 'Eigene' ist, wird in der Konfrontation mit einem 'Anderen' klar."[8] Dieses inhaltlich zu füllen, ist jedoch nicht mehr die Aufgabe dieser Untersuchung, die die Voraussetzungen zu einer fairen Streitkultur durch präzise Wahrnehmungen und Deutungen schaffen will.

Der Aufbau der Untersuchung

Entsprechend den Interessen und methodischen Überlegungen gliedert sich die Untersuchung in vier Teile: Voraussetzungen, Wahrnehmungen, Deutungen und Herausforderungen. Der Schwerpunkt liegt bei den Wahrnehmungen und Deutungen.

Die Klärung der *Voraussetzungen* erfolgt in drei Kapiteln. Dazu gehört der Religionsbegriff, der als heuristische Kategorie zur Vielfalt der Perspektiven anleitet (Kapitel 1). Die Moderne als Bedingungsrahmen der Religion wird erörtert (Kapitel 2). Mit einer Begriffsbestimmung von Reinkarnation und der Präzisierung dessen, was unter *westlichen* Reinkarnationsvorstellungen verstanden werden soll (Kapitel 3), wird die Klärung der Voraussetzungen abgeschlossen.

Die beschreibenden *Wahrnehmungen* der westlichen Reinkarnationsvorstellungen geben in neun Kapiteln einen Eindruck vom Untersuchungsfeld und -material. Eingesetzt wird mit einem kurzen Rückblick in das 18. und 19. Jahrhundert (Kapitel 4). Anschließend wird die Breite und Heterogenität der westlichen Reinkarnationsvorstellungen in einer Übersicht illustriert (Kapitel 5). In die Tiefe gehen die drei anschließenden Fallstudien zu Rudolf Steiner und der anthroposophischen Bewegung (Kapitel 6), zu Thorwald Dethlefsen und der Reinkarnationstherapie (Kapitel 7) und zu Shirley MacLaine als einem Beispiel der individualisierten Religion (Kapitel 8). Die Wahrnehmung westlicher Reinkarnationsvorstellungen wird mit der Zusammenfassung grundlegender Elemente abgeschlossen (Kapitel 9).

In den *Deutungen* wird das dargestellten Material in fünf Kapiteln analytisch unter verschiedenen religionstheoretischen Aspekten durchdrungen. Zuerst wird der Erfolg der Reinkarnationsvorstellungen als Jenseitsmodell untersucht (Kapitel 10). Dem Aspekt der außerordentlichen religiösen Erfahrungen gilt als nächstes die Aufmerksamkeit (Kapitel 11). Die alltagsweltliche Aneignung der Reinkarnationsvorstellungen steht ebenfalls in enger Beziehung zu Erfahrungen (Kapitel 12), und durch die Interpretation im Kontext der Moderne werden die Leistungen dieser Vorstellungen erkennbar (Kapitel 13). Schließlich wird eine Typologie der Sozialformen der Religion in der Moderne erarbeitet (Kapitel 14).

8 *P.L.Berger*, Der Zwang zur Häresie, Frankfurt a.M. 1980, 199.

Die *Herausforderungen*, die die westlichen Reinkarnationsvorstellungen für das Christentum und die Kirche darstellen, werden im letzten Kapitel untersucht (Kapitel 15). Dabei werden die inhaltlichen Differenzen, wie auch die Konfliktstrukturen benannt und mögliche Umgangsformen für einen kommenden Dialog erwogen.

Zur Forschungslage

Trotz ihrer Verbreitung steht eine umfassende wissenschaftliche Bearbeitung der Reinkarnationsvorstellungen in westlichen Kulturen unter Berücksichtigung der spezifischen Voraussetzungen der Religion in der Moderne noch aus. Im Gegensatz zu den Reinkarnationsvorstellungen Asiens, die in der religionswissenschaftlichen Literatur behandelt werden, ist die Gesamtwahrnehmung in den mit Religion befaßten Wissenschaften noch spärlich.[9]

Bereits 1984, zu einem Zeitpunkt, als das Thema immer deutlicher wurde, äußerte der katholische Religionswissenschaftler Karl Hoheisel sein Unbehagen über diesen Umstand angesichts eines deutlich angestiegenen Reinkarnationsglaubens unter der damaligen bundesrepublikanischen Bevölkerung: "Und doch nehmen die offiziellen Theologen die Metempsychoselehre kaum detailliert zur Kenntnis. Auf katholischer Seite begegnet man ihr in den oft umfangreichen Büchern oder Traktaten über das Leben nach dem Tode ausführlicher nur bei betont liberalen oder in letzter Zeit einigen jüngeren Köpfen, und in den großen protestantischen Bekenntnissen hierzulande wurde in der Nachkriegszeit die Ganz-Tod-Lehre mit Abstand viel intensiver behandelt und durchdacht als die Seelenwanderung!"[10] Ein Jahrzehnt später wird diese Defizitanzeige von anderen Autoren erneuert[11], auch wenn inzwischen einige Schriften mehr vorliegen.[12]

9 Vgl. die Problemanzeigen bei *S.Rink*, Einheit - Spaltung - Integration, in: Spirita 1 (1988) H. 2, 37-41, 39f. Sowie die Kontrovers-Artikel: *R.Flasche*, "New Age" - Gegenstand der Religionswissenschaft? In: Spirita 1 (1988) H. 1, 39-41; *W.A.Frank*, New Age, Wissenschaft, Gesellschaft, in: Spirita 1 (1988) H. 1, 41-43.

10 *K.Hoheisel*, Das frühe Christentum und die Seelenwanderung, in: JAC 27/28 (1984/85) 24-46, 25.

11 Vgl. *H.Waldenfels*, Auferstehung, Reinkarnation, Nichts? In: H.Kochanek (Hg.), Reinkarnation oder Auferstehung? Freiburg i.Br./Basel/Wien 1992, 248-262, 254: "Wie wenig all das in der offiziellen Lehre der Kirchen und der Theologie wahrgenommen worden ist, zeigt die Behandlung der Reinkarnation in den einschlägigen theologischen Nachschlagewerken." *J.B.Metz/H.Häring*, Reinkarnation oder Auferstehung? Eine Diskussion wird eröffnet, in: Conc(D) 29 (1993) 377-379; *R.Hummel*: Religiöser Pluralismus oder christliches Abendland? Darmstadt 1994, 4: "Es fehlt in Staat und Gesellschaft noch weitgehend an detaillierter Wahrnehmung außerchristlicher Präsenz."

12 Nach Abschluß dieser Arbeit erschienen zwei parallel erfolgte Untersuchungen, die nicht mehr ausführlich berücksichtigt werden konnten, auf die aber hier hingewiesen werden soll: *H.Zander*, Reinkarnation und Christentum, Paderborn 1995, befaßt sich differenziert mit

Die veröffentlichte Literatur zielt oft auf eine breitere Leserschaft[13] oder ist apologetisch[14] bestimmt. In Sammelbänden[15] sind teilweise heterogene Beiträge von unterschiedlichem wissenschaftlichen Reflexionsgrad versammelt. In einigen Fällen bestimmen parapsychologische Paradigmen die Beschäftigung mit dem Thema.[16] In der theologischen Literatur können Bemerkungen oder kurze Abschnitte zur Reinkarnation aufgespürt werden, meist im Zusammenhang eschatologischer Erörterungen[17], es fehlt aber am Überblick über die Vielfalt der Erscheinungsformen und an der systematischen Analyse unter verschiedenen Gesichtspunkten. Am weitesten führt die Untersuchung von Reinhart Hummel[18], der sowohl östliche, wie auch westliche Reinkarnationsvorstellungen berücksichtigt, und sich in vielen Einzelbeiträgen geäußert hat. Angela Feder[19] konzentriert sich in ihrer fundamentaltheologischen Diplomarbeit ganz auf die westlichen Vorstellungen, so auch Karl-Fritz Daiber in einem Aufsatz über Shirley MacLaine.[20] Zu speziellen Fragestellungen haben sich einige Autoren in Aufsätzen geäußert, insbesondere zur Reinkarnation in der Alten Kirche.[21] Verschiedene Beiträge in Zeit-

"Rudolf Steiners Theorie der Wiederverkörperung im Dialog mit der Theologie". *N.Bischofberger*, Werden wir wiederkommen? Mainz 1996, legt im Rahmen katholischer Systematik einen Vergleich des Reinkarnationsgedankens im Westen mit der christlichen Eschatologie vor.

13 Vgl. *A.Bertholet*, Seelenwanderung, Tübingen 1906; *G.Adler*, Seelenwanderung und Wiedergeburt, Freiburg i.Br. 1980; *G.Adler/H.Aichelin*, Reinkarnation - Seelenwanderung - Wiedergeburt, IEZW 76 (1979); *W.Thiede*, Die mit dem Tod spielen, Gütersloh 1994, 55-79.

14 *K.Hutten/S.v.Kortzfleisch*, Seelenwanderung - Hoffnung oder Alptraum der Menschen? Stuttgart ²1966; *J.Badewien*, Reinkarnation - Treppe zum Göttlichen? Konstanz 1994; *R.J.Blank*, Auferstehung oder Reinkarnation? Mainz 1996.

15 Vgl. *A.Resch* (Hg.), Fortleben nach dem Tode, Innsbruck ³1986; *H.Wiesendanger* (Hg.), Wiedergeburt, Frankfurt a.M. 1991.

16 Vgl. *I.Stevenson*, Reinkarnation, Freiburg i.Br. ⁵1986; *I.Stevenson*, Wiedergeburt, Frankfurt a.M. ²1992; *G.Walther*, Zum Problem der Reinkarnation, in: Neue Wissenschaft 5 (1955) 97-104.

17 *L.Boff*, Die Seelenwanderung und die heutige Eschatologie, in: ders., Was kommt nachher? München 1992, 138-144; *A.Köberle*, Die Frage nach dem wiederholten Erdenleben, in: ders. Universalismus der christlichen Botschaft, Moers 1983, 84-96; *H.Küng*, Ewiges Leben? München ⁶1986, 83-96; *C.Schönborn*, Reinkarnation und christlicher Glaube, in: ders., Existenz im Übergang, Einsiedeln/Trier o.J., 99-132; *H.Schwarz*, Reinkarnation, in: ders., Wir werden weiterleben, Freiburg i.Br. 1984, 77-104; *H.Zahrnt*, Zwischen Reinkarnation und Vergänglichkeit, in: ders., Gotteswende, München ³1992, 201-225.

18 *R.Hummel*, Reinkarnation, Mainz/Stuttgart 1988.

19 *A. Feder*, Reinkarnationshypothese in der New Age-Bewegung, Nettetal 1991.

20 *K.-F.Daiber*, Reinkarnationsglaube als Ausdruck individueller Sinnsuche, in: H.Becker/B.Einig/P.-O.Ullrich (Hg.), Im Angesicht des Todes, St. Ottilien 1988, 207-227.

21 *Hoheisel*, Das frühe Christentum und die Seelenwanderung, aaO.; *L.Scheffczyk*, Der Reinkarnationsgedanke in der altchristlichen Literatur, in: SBAW.PH 4, München 1985; *H.Frohnhofen*, Reinkarnation und frühe Kirche, in: StZ (1989) 236-244; *N.Brox*, Die frühchristliche Debatte um die Seelenwanderung, in: Conc(D) 29 (1993) 427-430.

schriften[22] und Sammelbänden[23] indizieren die Notwendigkeit weiterer Forschungen. Einige Schriften sind durch den religionswissenschaftlichen Vergleich mit den östlichen Reinkarnationsvorstellungen bestimmt.[24]

Eine Gesamtsichtung der vorhandenen Literatur zu den westlichen Reinkarnationsvorstellungen läßt zwar eine zunehmende Problemwahrnehmung erkennen, dennoch bleiben Defizite. Insbesondere der Zusammenhang mit den Lebenswelten der Moderne ist bisher noch nicht deutlich herausgearbeitet worden. Dieses ist aber eine dringende Aufgabe angesichts der Verbreitung westlicher Reinkarnationsvorstellungen in Schriften, die in die Tausende gehen, angesichts von zahllosen Veranstaltungen zum Thema und angesichts von mehreren Millionen Anhängerinnen und Anhängern. Es lassen sich Ursachen vermuten, warum die wissenschaftliche Bearbeitung der westlichen Reinkarnationsvorstellungen schwer fällt:

• Die Distanz der Wissenschaft gegenüber einem populären Phänomen. Westliche Reinkarnationsvorstellungen genießen trotz ihrer Verbreitung keine gesellschaftliche Anerkennung, sie werden in wissenschaftlicher Perspektive mit subkulturellen Milieus assoziiert. Die zugrunde liegende populäre Literatur hat oft ein geringes Reflexionsniveau. Die Argumentationen beruhen meistens auf Erfahrungen und weniger auf elaborierten Theorien. Wer sich mit Reinkarnationsvorstellungen wissenschaftlich beschäftigt, läßt sich auf ein Phänomen ein, das sich scheinbar im Gegensatz zur gesellschaftlich gepflegten Rationalität befindet. Diese Einstellung erschwert eine vorurteilsfreie Wahrnehmung.

• In Kirche und Theologie ist eine Abwehr gegenüber der vollständigen Wahrnehmung des bedrohlichen Phänomens und seiner Implikationen zu beobachten. Schnelle "Lösungen" werden erhofft, aber Reinkarnationsvorstellungen, die in den christlich-kirchlichen Raum eingedrungen sind, weisen auf Veränderungen hin und machen innere Probleme deutlich. Die Verkündigung und Lehre von Auferstehung und Leben nach dem Tod fällt schwer und wird als heikel erlebt.[25]

22 *Reinkarnation*, Themenheft ZRGG 9 (1957); *Reinkarnation oder Auferstehung?* Themenheft Conc(D) 29 (1993) H. 5, 377-462.

23 *Kochanek* (Hg.), Reinkarnation oder Auferstehung,aaO.; *Reinkarnation - Wiedergeburt aus christlicher Sicht*, Beiträge von C.-A.Keller/H.Hänggi/H.-J.Ruppert/C.Schönborn, Freiburg (Schweiz)/Zürich 1987; *C.-A.Keller* (Ed.), La réincarnation, Bern 1986.

24 *R.Friedli*, Zwischen Himmel und Hölle - Die Reinkarnation, Freiburg (Schweiz) 1986.

25 Vgl. *G.A.Krieg*, Das Problem der christlichen Auferstehungspredigt in der neuzeitlichen Lebenswelt, in: Kochanek (Hg.), Reinkarnation oder Auferstehung, aaO., 227-247. *G.Lüdemann*, Die Auferstehung Jesu, Stuttgart 1994, bringt das Problem im Zusammenhang seiner Kritik an einer supranaturalistischen Theologie auf den Punkt: "Doch haben die genannten wörtlichen Aussagen von der Auferstehung Jesu mit der Umwälzung des naturwissenschaftlichen Weltbildes ihren wörtlichen Sinn verloren." (198) Zur allgemeinen Problemanzeige mit pädagogischer Abzweckung: *W.Thiede*, Auferstehung der Toten - Hoffnung ohne Attraktivität? Göttingen 1991.

• Religions- und Sozialwissenschaften grenzen sich aus Gründen weltanschaulicher Neutralität von einem Thema ab, das zuerst als ein Problem der Kirchen und des Christentums erscheint. Die Behandlung der Reinkarnationsvorstellungen in polemisch-apologetischem Schrifttum führt zur Distanzierung der Wissenschaften. So wird das Thema marginalisiert und gerät für die Forschung aus dem Blick.
• Weiter verhindert die Aktualität des Themas die distanzierte klare Wahrnehmung, eine geschichtliche Betrachtung der westlichen Reinkarnationsvorstellungen kommt kaum in Frage. So ist seit den 80er Jahren zwar eine zunehmende Problemwahrnehmung in Bezug auf die westlichen Reinkarnationsvorstellungen wie auch überhaupt für religiöse Gegenwartsentwicklungen zu beobachten, doch ist sie mit auffälliger Zurückhaltung in der Deutung gepaart.
• Westliche Reinkarnationsvorstellungen sind nur in geringem Maße in den bekannten Sozialformen der Religion zu entdecken. In der Mehrzahl der Fälle gehören sie zur "Religion ohne Institution"[26], die ins Religiöse "verflüchtigt" ist.[27]

Das Material der Untersuchung

Das Untersuchungsmaterial zu den westlichen Reinkarnationsvorstellungen wird im wesentlichen aus der Reinkarnationsliteratur gewonnen. Beobachtungen im Alltag, in der öffentlichen Gesamtkultur und ihrer medialen Kommunikation ergänzen das literarische Material.

Die westlichen Reinkarnationsvorstellungen sind kaum zu übersehen, ihre Spuren lassen sich in den alltäglichen Lebenswelten entdecken. Jeder Bahnhofskiosk ist ein Fundort, die Esoterikabteilung jeder Buchhandlung bietet Literatur zum Thema Reinkarnation in vielerlei Varianten. Die Anzeigenmärkte in Zeitungen und Zeitschriften sind unter den Stichworten "Therapie" und "Lebenshilfe" voller Hinweise. Plakataushänge und Veranstaltungsankündigungen in den Städten empfehlen Reinkarnation am Wegesrand. Reinkarnation spielt eine Rolle im Film. Die Reinkarnationsvorstellungen sind im Alltagsleben zu finden. In den Sinn- und Lebenswelten zahlloser Menschen in westlichen Kulturen haben sie einen selbstverständlichen Ort bekommen.

Als literarisches Phänomen sind die westlichen Reinkarnationsvorstellungen am leichtesten zugänglich. Die Reinkarnationsliteratur, deren Verbreitung als Indikator der Verbreitung der Vorstellung überhaupt angesehen werden kann, dient als Basis dieser Untersuchung.[28] Anders als die alltagsweltlichen Einstellungen und Überzeugungen sind schriftliche Quellen für die wissenschaftliche Untersuchung leichter handhabbar und auch überprüfbar. Dieses Material hat so gut wie

26 Vgl. *H.Barz*, Religion ohne Institution? Opladen 1992, 19f.
27 Vgl. *H.Knoblauch*, Die Verflüchtigung der Religion ins Religiöse, Vorwort in: *T.Luckmann*, Die Unsichtbare Religion, Frankfurt a.M. 1991, 7-41.
28 Vgl. *S.Rink*, Bücher, Märkte und New Age, in: Spirita 1 (1988) H. 1, 25-26; vgl. ebd. 28-38.

keinen wissenschaftlichen Anspruch[29], es bewegt sich im Bereich von Lebenszeugnissen und Erfahrungsberichten, polemischen Abgrenzungen und esoterischen Unterweisungen. Allerdings spiegelt es damit zugleich die Vielfalt der im Alltag vorfindlichen Einstellungen. Die verwendeten Untersuchungsmaterialien sind überwiegend typische "Gebrauchsliteratur", die in schriftlicher Form an die Reinkarnationsvorstellungen heranführen.[30]

Der "Esoterik-Almanach"[31] verzeichnete bereits 1988/89 rund 6000 Buchtitel und die Reinkarnationsvorstellung ist in vielen von ihnen zu finden. Sie kann als ein wesentlicher Bestandteil esoterischen Denkens ansehen werden. Ein ähnlicher Eindruck stellt sich bei der Lektüre des Themenheftes "Esoterik" des Börsenblatts für den Deutschen Buchhandel vom Februar 1990 ein.[32] Der Buchhandel reagiert marktgerecht, kaum ein Verlag, der auf esoterische Titel verzichtet.[33] Esoterische Buchhandlungen werden zu Vermittlungsorten neuer Religiosität. Das Interesse am Thema Reinkarnation wird auf dem Buchmarkt in zahllosen Titeln und Untertiteln sichtbar. Ebenso taucht es immer wieder in Zeitschriften auf, und das nicht nur in esoterischen Fachzeitschriften wie "Esotera"[34] Weitere Indikatoren und Beobachtungsfelder sind Veranstaltungsinformationen und Anzeigen.

Die Thematisierung von Reinkarnation in Funk und Fernsehen kann als weiterer Indikator öffentlicher Wahrnehmung und gestiegener Verbreitung angesehen werden.[35] Gleichzeitig haben die Medien zur Verbreitung der Reinkarnationsvorstellungen beigetragen und einen Synergie-Effekt erzeugt. Sozialwissenschaftliche Erhebungen liefern quantitative Belege für die Verbreitung. Das Interesse dieser Untersuchung liegt aber bei der Analyse von Funktionen und Strukturen der westlichen Reinkarnationsvorstellungen und nicht bei einer quantitativen Aufarbeitung.

29 Vgl. *Hummel*, Religiöser Pluralismus, aaO., 6: "Zur Konkretheit der Wahrnehmung gehören auch Kenntnis und Ernstnehmen jenes weiten Bereichs von grauer Literatur und Kleinliteratur, in der sich fremdreligiöse Präsenz unter uns artikuliert: Faltblätter, Periodika usw."

30 Vgl. zum Verfahren: *K.-F.Daiber*, Religion in deutschen Heftromanen, in: ÖZS 11 (1986) H. 3, 80-93; *I.Mörth*, Die andere Wirklichkeit, in: ÖZS 9 (1984) H.1+2, 85-103.

31 *J.Dittmar* (Hg.), Esoterik-Almanach 88/89, München ^{2}1988; vgl. *R.Rossipaul*, Ariadne-Faden im Labyrinth der Lebenshilfe-Anwendungs-Literatur, in: Börsenblatt für den Deutschen Buchhandel Nr. 11 vom 6.2.1990, 424f.

32 *Börsenblatt* für den Deutschen Buchhandel Nr. 11 vom 6. Febr. 1990, 347-472.

33 *W.Schmidt*, Der Trend der Zeit heißt Transformation, in: MD EZW 48 (1985) 268-274, 268f.

34 1949 "Okkulte Welt", später "Okkulte Stimme"; seit 1956 "Die andere Welt"; seit 1970 "Esotera". Vgl.: *H.Bauer*, Ein Verlagshaus schrieb Geschichte, in: Esotera (1987) H. 5, 46-49.

35 Z. B. *K.Wölfle*, Viele Male leben? Reinkarnation und christlicher Glaube, Erstsendung Freitag, 2. Oktober 1987, 21.50, ARD (Reihe "Gott und die Welt"). Ich hatte Gelegenheit als Fachberater bei dieser Produktion des Bayerischen Rundfunks, Fernsehen, Redaktion Kirche und Welt mitzuwirken.

1. Der Religionsbegriff zwischen Enge und Weite

Westliche Reinkarnationsvorstellungen sind ein Indikator für Religion in der Moderne, auf deren Veränderungsprozesse sie aufmerksam machen. Die These vom leitmotivischen Charakter der Reinkarnationsvorstellungen ruft die Frage nach dem, was unter Religion verstanden werden soll, hervor. Da keine Übereinkunft über Begriff und Wesen der Religion besteht, sondern eine Vielzahl von Definitionen nebeneinander in Gebrauch sind, wird in diesem Kapitel der Definitionsproblematik nachgegangen. Ansätze von Religionsdefinitionen sind auf ihre Reichweite hin zu überprüfen. Die Schwierigkeiten, mit einem substantiellen Religionsbegriff deviante und subkulturelle Religionsphänomene zu erfassen, werden deutlich. Ebenso sind die Möglichkeiten und Grenzen einer funktionalen Religionsbetrachtung zu erörtern. Ziel ist es, zu einem offenen, auch den westlichen Reinkarnationsvorstellungen angemessenen, Religionsverständnis zu gelangen.

1.1 Die Schwierigkeit einer Religionsdefinition

Eine Definition von Religion vorab aufzustellen, weigerte sich bereits Max Weber in "Wirtschaft und Gesellschaft":

"Eine Definition dessen, was Religion 'ist', kann unmöglich an der Spitze, sondern könnte allenfalls am Schlusse einer Erörterung wie der nachfolgenden stehen. Allein wir haben es überhaupt nicht mit dem 'Wesen' der Religion, sondern mit den Bedingungen und Wirkungen einer bestimmten Art von Gemeinschaftshandeln zu tun, dessen Verständnis auch hier nur von den subjektiven Erlebnissen, Vorstellungen, Zwecken der Einzelnen - vom 'Sinn' - aus gewonnen werden kann, da der äußere Ablauf ein höchst vielgestaltiger ist."[1]

Weber blieb, wie Peter L. Berger bemerkt[2], seine Definition auch am Ende schuldig. Die Menge der unterschiedlichsten Religionsdefinitionen läßt viele Autoren zu der Feststellung der Nicht-Definierbarkeit von Religion kommen.[3] Oder sie beschränken sich auf die Darstellung der Ansätze, die je nach forschungsleitendem Interesse, nach persönlicher Perspektive und methodischem Ansatz zu höchst

1 *M.Weber*, Wirtschaft und Gesellschaft, 5. rev. Aufl., Tübingen 1980, 245.

2 *Berger*, Zur Dialektik von Religion und Gesellschaft, aaO., 166.

3 "Religion ist strittig." *M.Honecker*, Religionen und Wirtschaft 1, in: Lexikon der Wirtschaftsethik, Freiburg i.Br./Basel/Wien 1993, 887-894, 889. Vgl. *K.Gabriel*, Religionssoziologie als "Soziologie des Christentums", in: K.-F.Daiber/T.Luckmann (Hg.), Religion in den Gegenwartsströmungen der deutschen Soziologie, München 1983, 182-198, 185.

unterschiedlichen Beschreibungen dessen, was mit dem Begriff Religion gemeint ist, führen.[4]

Für die Analyse der westlichen Reinkarnationsvorstellungen unter den Bedingungen der Religion in der Moderne müssen zwei Bedingungen an den Religionsbegriff gestellt werden: *Religionsdefinitionen müssen einerseits eingrenzen, um "Handhabbarkeit" herzustellen*[5], aber sie *dürfen andererseits nicht den Blick auf die Wirklichkeit verstellen.*

Wenn der Religionsbegriff die Erkenntnis mehr behindert als fördert, dann stellt sich die Frage, ob er überhaupt noch sinnvoll ist. Daibers Ansicht nach wird ein normierender Religionsbegriff der Heterogenität und Pluralität religiöser Erscheinungsformen nicht gerecht: "Der Religionsbegriff ist also nicht mehr in der Lage, zureichend all jene Phänomene zu umgreifen, die er umgreifen müßte. Er läßt Religionsphänomene, die eigentlich dazugehören, unberücksichtigt und wird vermutlich andere als religiöse Phänomene klassifizieren, obwohl sie es streng genommen nur deshalb sind, weil sie im Umfeld institutionalisierter Religion zu Hause sind."[6] Zwingend ist die Forderung, Religion in jedem Fall so zu fassen, daß unter keinen Umständen Phänomene a priori ausgeschlossen werden, die empirisch zur Religion gehören.

Religion als heuristischer und problemanzeigender Begriff

Auch wenn der Begriff Religion fragwürdig geworden zu sein scheint, so hat er wenigstens eine *heuristische Funktion.* Kaufmann fragt, "inwieweit der Religionsbegriff noch als organisierendes Konzept soziologischer Binnendifferenzierungen tauge. Angesichts der ungeklärten Prämissen vorherrschender universalistischer Konzeptualisierungen von 'Religion' und der zunehmenden Unbestimmtheit der damit zu erfassenden Sachverhalte müssen ernste Zweifel an der analytischen Tauglichkeit des Konzeptes geäußert werden. Dennoch spricht vieles dafür, 'Religion' für soziologische Analysen als *problemanzeigenden Begriff* auch in Zukunft beizubehalten. Denn das fortdauernde praktische Interesse an 'Religion' verweist auf Probleme, deren Lösung zumindest bisher von 'Religion' erwartet wurde."[7]

4 *I.Mörth*, Die gesellschaftliche Wirklichkeit von Religion, Stuttgart/Berlin/Köln/Mainz 1978, 58-112, stellt dreizehn unterschiedliche Theorieansätze zur Religion vor: Ideologie und Utopie (Marx/Engels), Rationalisierung (Weber), aktive Idee (Troeltsch), symbolische Integration (Durkheim), integrativer Fluchtpunkt (Simmel), Illusion (Freud), zentrale Steuerungsinstanz (Parsons), Kontingenzformel (Luhmann), kommunikative Kompetenz (Döbert), Fundament der Wirklichkeitskonstruktion (Luckmann/Berger), subjektivische Tiefenstruktur (Dux), Unsicherheitsbewältigung (Tenbruck), Theorie menschlicher Totalität (Wössner). Und schließlich fügt Mörth noch seinen eigenen feldtheoretischen Ansatz hinzu.

5 *U.Berner*, Religion, in: LeRe, 531-532, 532.

6 *Daiber*, Religion in deutschen Heftromanen,aaO., 91.

7 *F.-X.Kaufmann*, Religion und Modernität, Tübingen 1989, 70f.

Es legt sich nahe, den Begriff von Religion nicht zu fixieren, sondern ebenso wandlungsfähig zu halten, wie es die Religion selber ist, die immer neue Gestalten annimmt. Dann könnten die verschiedenen Definitionsversuche als heuristische Kategorien dienen. Daiber hat die Notwendigkeit der Korrektur der Religionsbegriffe durch die Empirie in einer Untersuchung über Religion in deutschen Heftromanen vorgeführt und gezeigt, daß die Schwierigkeiten der Definition von Religion im *Differenzierungsprozeß der Religion* selbst liegen, "deren Grenzen verschwimmen. Sie ist da und doch nirgendwo und überall. Nur der thematisierte Sachverhalt bleibt: Menschen müssen angesichts erfahrener Übermächtigkeit des Lebens sich ihrer selbst vergewissern".[8]

Nicht übersehen werden sollte, daß Religion für die religiös Praktizierenden kein analysierbares Abstraktum ist, sondern die Qualität letzter Unbedingtheit hat, die sich dem erklärenden Zugriff entzieht. Der Religionsphilosoph Klaus-Michael Kodalle betont wiederholt, daß die Religion in ihrem Letzten jeglicher Zweckrationalität und jedem Nutzenkalkül entzogen bleiben muß: "*Funktionen* der Religion sind selbstverständlich soziologisch und psychologisch analysierbar; aber der *Sinn* der absoluten Geistesgegenwart geht prinzipiell in diesen Funktionen nicht auf. *In* ihnen noch scheint durch, was mehr ist als sie. ... Das Gottesverhältnis ist für Lebenszwecke nicht länger in Dienst zu nehmen. Gründlicher formuliert: Das Absolute ist zwecklos."[9]

Die zwecklose, unhinterfragbare Bedeutsamkeit der Religion ist für die religiöse Existenz unbestreitbar, aber ihr kann nicht die Last der religionstheoretischen Bestimmung aufgeladen werden. Die Achtung vor der Religion des anderen kann auch in einer funktional bestimmten Religionsanalyse erhalten bleiben. Religion zu verstehen, heißt sie von verschiedenen Seiten zu betrachten und sich ihr auf verschiedenen Untersuchungswegen zu nähern. "Vom Standpunkt der Forschung aus gibt es keine wahren und falschen Definitionen von Religion, sondern lediglich solche, die mehr oder weniger fruchtbar und ertragreich sind" (Glock).[10]

Religion multiperspektiv betrachtet

Die inhaltlichen, sozialen und psychologischen Ausformungen der Religion sind plural und heterogen, dieses wird an der Unterschiedlichkeit der westlichen Reinkarnationsvorstellungen deutlich, in denen sich die Vielfalt religiöser Lebenseinstellungen in der Moderne widerspiegelt. Methodisch hieße das, pluralisierte Religion in pluralen Perspektiven zu erfassen. Oder um es mit einem Theoretiker der Postmoderne auszudrücken: Man kategorisiert "nicht hierarchisch, sondern para-

8 *Daiber,* Religion in deutschen Heftromanen, aaO., 92.

9 *K.-M.Kodalle*, Dietrich Bonhoeffer, Gütersloh 1991, 21f; vgl. *ders.,* Die Eroberung des Nutzlosen, Paderborn/München/Wien/Zürich 1988.

10 *C.Y.Glock*, Über die Dimensionen der Religiosität, in: J.Matthes, Kirche und Gesellschaft, Reinbek 1969, 150-168, 159.

taktisch."[11] Jeder Versuch einer Reduktion von Komplexität auf das Einfache verfehlt das Thema.

Religion bleibt dem einfachen, monoperspektivischen Zugriff entzogen. Die multiperspektivische Betrachtung der Religion in der Sammlung wechselnder Perspektiven vermeidet den Reduktionismus. In der Analyse von Vorstellungen, Erfahrungen und Sozialformen lassen sich unterschiedliche Einsichten und Deutungen gewinnen. Das Verfahren rechnet mit der Wandlungsfähigkeit der Religion und ihren neuen Entwicklungsformen, die in den westlichen Reinkarnationsvorstellungen sichtbar werden. Der Versuch, westliche Reinkarnationsvorstellungen anhand einengender Theorien von Religion als Gegenstand der Betrachtung einzufangen, erweist sich unter Berücksichtigung der Wandlungsfähigkeit als schwierig, wenn nicht gar als unmöglich. Ihre vielfältigen Formen lassen sich nicht unter einem Religionsbegriff vereinen. Immer wieder treten Grenzfälle auf, die zu einer Sprengung der Definition führen.

Ähnliches stellt der Religionswissenschaftler Gunther Stephenson angesichts der "'Neuen Religiosität' des Westens" und der zahllosen "parareligiösen Erscheinungen" fest: "Die Grenzen der 'Religion' werden unscharf."[12] Indem Stephenson aufweist, daß jede Scharfstellung einer Definition von Religion zur perspektivischen Verkürzung führt und jeweils nur ein Aspekt als erkenntnisleitendes Kriterium dienen kann, wird das ganze Dilemma von Religionsdefinitionen deutlich. Begriffe, einschließlich des Begriffs der Religion, sind kultur- und kontextgebunden.

Ein multiperspektivischer Zugang scheint der Vielfalt von Reinkarnationsvorstellungen angemessen. Für die religionstheoretischen Erwägungen ist von Interesse, ob sich in der Zusammenschau der Aspekte implizit ein komplexes Verständnis von Religion entwickelt. Nicht erwartet werden kann, daß die Addition der Perspektiven bereits das Ganze angemessen erfassen könnte. Die Gestalt der Religion ist mehr als die Summe ihrer Teile und gleicht eher einem Netzwerk mit vielen Zentren als einem Kreis mit einer Mitte. Karl Mannheim hat ein Modell vorgeschlagen, das damit rechnet, daß Wissen und Erkenntnis immer nur perspektivisch und an den Standort des Erkennenden gebunden sind.[13] Es ist für ihn kein Relativismus, "daß es zum Wesen bestimmter Ausagen gehört, nicht absolut, sondern nur in standortgebundenen Aspektstrukturen formulierbar zu sein."[14] Mannheim kann davon sprechen, daß es um eine "inhaltliche und strukturelle Einkreisung" gehe.[15] Berger und Luckmann charakterisieren diesen Erkenntnisweg:

11 *W.Welsch*, Einleitung, in: ders. (Hg.), Wege aus der Moderne, Weinheim 1988, 1-43, 21.

12 *G.Stephenson*, Wirklichkeit, Perspektive, Teilhabe, in: ders. (Hg.), Der Religionswandel unserer Zeit im Spiegel der Religionswissenschaft, Darmstadt 1976, 231-246, 232.

13 *K.Mannheim*, Wissenssoziologie, in: A.Vierkandt (Hg.), Handwörterbuch der Soziologie. Gekürzte Studienausgabe, Stuttgart 1982, 216-235.

14 *Mannheim*, Wissenssoziologie, aaO., 223.

15 *Mannheim*, Wissenssoziologie, aaO., 224.

"Der Gegenstand des Denkens wird fortschreitend deutlicher durch die Vielfalt der Perspektiven, die sich auf ihn richten."[16]

Die gewählten Perspektiven können je nach Ansatz unterschiedlich sein: Die "Dimensionen der Religiosität" (Glock)[17] oder der Religion (Daiber/Lukatis)[18], die Unterscheidung von transpersonalem, personalem und interpersonalem Aspekt (Mörth)[19] oder von Erscheinungs-, Vorstellungs- und Erlebniswelt (Heiler).[20] In jedem Fall läßt sich Religion in wechselnden Perspektiven einkreisend beschreiben. Vier Perspektiven sind für die Analyse der Reinkarnationsvorstellungen von Bedeutung und werden im deutenden Teil der Untersuchung (Kapitel 10-14) herangezogen:

- Reinkarnationsvorstellungen vermitteln eine bestimmte inhaltliche Vorstellung, die zugespitzt als Jenseitsvorstellung bezeichnet werden kann. Dieser Vorstellungs- und Inhaltsaspekt der Religion kann im Nachvollzug seiner Argumente und im phänomenologischen Vergleich erörtert werden.
- Reinkarnationsvorstellungen beziehen sich auf außerordentliche religiöse Erfahrungen. Der Erlebnis- und Erfahrungsaspekt der Religion ist religionspsychologisch untersuchbar.
- Reinkarnationsvorstellungen sind alltagsweltlich verankert. Dem Aspekt der Religion im Alltag kann wissenssoziologisch nachgegangen werden.
- Reinkarnationsvorstellungen sind in unterschiedlichen Sozialformen der Religion anzutreffen. Der Sozialaspekt der Religion kann religionssoziologisch durchdrungen werden.

Schließlich ist zu beachten, daß die Reinkarnationsvorstellungen sich im Westen in einer Situation etablieren, die als "die Moderne" bezeichnet wird. Deren Prozesse haben nicht nur für die westlichen Reinkarnationsvorstellungen, sondern für die Religion insgesamt neue Rahmenbedingungen geschaffen.

1.2 Substantielle und funktionale Religionsdefinitionen

Die Problematik der Definition von Religion spannt sich zwischen Polen aus, die als eng oder weit, substantiell oder funktional beschrieben werden. Engere, substantielle Religionsdefinitionen versuchen in der Regel eine Aussage über die spe-

16 *P.L.Berger/T.Luckmann*, Die gesellschaftliche Konstruktion der Wirklichkeit, Frankfurt a.M. 1980, 11.

17 *Glock*, Über die Dimension der Religiosität, aaO., 151.

18 *K.-F.Daiber/I.Lukatis*, Bibelfrömmigkeit als Gestalt gelebter Religion, Bielefeld 1991, 22.

19 Vgl. *Mörth*, Die gesellschaftliche Wirklichkeit von Religion, aaO., 131-155; *V.Drehsen*, Kontinuität und Wandel der Religion, in: Daiber/Luckmann (Hg.), Religion in den Gegenwartsströmungen der deutschen Soziologie, aaO., 86-135, besonders 111-122.

20 *F.Heiler*, Erlebnis, Religionswissenschaftlich, in: RGG^3 II, 569-571, 569f.

zifische Substanz der Religion, ihr Wesen, zu treffen. "Hier steht der subjektive Bezug des Gläubigen auf eine unsichtbare Welt, auf Transzendenz, auf Götter und Geister im Vordergrund."[21]

Einige Religionstheoretiker halten "an einem substantiellen Begriff von Religion fest, d.h. religiöse Phänomene werden durch bestimmte Merkmale - etwa des Heiligen, des Numinosen, des Rituellen, Mythischen oder Moralischen - oder durch phänomenologisch bestimmte Erfahrungsgehalte bestimmt."[22] Sowohl der Gottesbegriff kann als innerstes Wesen der Religion bestimmt werden, wie auch jede andere transpersonale Wirklichkeit. "Wir möchten ... Religion als ein System von Glaubensvorstellungen definieren, die zu irgendeinem Zeitpunkt ein Bekenntnis zu einer nichtmateriellen Daseinsebene beinhalten, wozu etwa auch der Glaube an einen Gott oder Götter, an Geister und das 'Übernatürliche' zählt."[23] Ähnlich definiert eine Studie der Evangelischen Kirchen: Religionen "gehen zurück auf Epiphanien eines Gottes oder einer göttlichen Macht, die sich kontingent manifestieren."[24]

Die verbreiteten Definitionen von Religion als Beziehung zu einer transzendenten Macht oder transzendenten Mächten[25] lassen die westlichen Reinkarnationsvorstellungen als eigenständige Erscheinung herausfallen, denn in ihnen fehlt die "existentielle Wechselbeziehung"[26] zwischen Gott und Mensch. In den westlichen Reinkarnationsvorstellungen ist die Gottheit ersetzt durch das karmische Gesetz absoluter Gerechtigkeit. In ihnen können Gottheiten einen Platz haben, sie sind nicht ausgeschlossen, sie sind aber keineswegs notwendig oder gar konstitutiv. Denn Reinkarnationsvorstellungen beziehen sich auf eine bestimmte Struktur von Welt, nicht auf eine Gottheit.

Religion und das Heilige

Die Frage, ob es eine Religion ohne Gott[27], ohne das Numinose[28] gibt, stellt sich angesichts der Reinkarnationsvorstellungen neu. Zurückgegriffen werden

21 *Barz*, Religion ohne Institution? AaO., 119.

22 *Kaufmann*, Religion und Modernität, aaO., 16.

23 *G.K.Nelson*, Der Drang zum Spirituellen, Olten 1991, 32.

24 *Religionen, Religiosität und christlicher Glaube*. Eine Studie, hg. im Auftrag der Vereinigten Evangelisch-lutherischen Kirche Deutschlands und der Arnoldshainer Konferenz, Gütersloh 1991, 15.

25 Vgl. *C.H.Ratschow*, Die Religionen und das Christentum, in: NZSTh 9 (1967) 88-128, 105; vgl. *ders.*, Die Religionen, aaO., 122ff.

26 Vgl. *G.Lanczkowski*, Einführung in die Religionswissenschaft, Darmstadt 1980, 23f: Religion wird konstituiert durch die "existentielle Wechselbeziehung zwischen der Gottheit einerseits, deren Manifestationen der Mensch erfährt, und andererseits den Reaktionen der Menschen".

27 Vgl. *H.Mynarek*, Religiös ohne Gott? München 1989.

kann auf die Diskussion um den Buddhismus als einer "atheistischen Religion".[29] So urteilte Wilhelm Schmidt, unter Voraussetzung eines engen Religionsbegriffs, der diese als "Abhängigkeit von außerweltlichen persönlichen Mächten" definierte: "Deshalb kann auch der ursprüngliche Buddhismus, insofern er keine persönlichen Götter anerkennt, nicht als Religion, sondern nur als Philosophie betrachtet werden."[30] Dieser Beurteilung ist zu Recht widersprochen worden.[31] Die Religion des Buddhismus zwingt die Religionstheoretiker zu einer Ausweitung ihrer substantiellen Definitionen.[32]

Religion durch das Gottesverhältnis inhaltlich zu bestimmen, erscheint zu eng und verlangt nach Erweiterung. Ein Versuch, zu einem substantiell bestimmten Religionsbegriff zu gelangen, geht von dem Vorschlag aus, Religion durch den Begriff des Heiligen zu definieren. Bis in die Gegenwart hinein wird in Entwürfen von dem Begriff des Heiligen als zentraler Bestimmung der Religion ausgegangen[33], oft in direktem Bezug auf Rudolf Otto, der aber auch nur die psychischen Reaktionen auf die Erfahrung des Heiligen in rationalen Begriffen benennen kann: das Kreaturgefühl (Erfahrung der abhängigen Geschöpflichkeit), das Mysterium tremendum (das Erlebnis des Schauervollen, Übermächtigen, Energischen, "Ganz Anderen"), das Fascinans (Erfahrung der Faszination, des Wundervollen und Ergreifenden), das Ungeheure (Unheimliche, Unfaßliche, Unerwartete, Befremdende)

28 Vgl. *G.Mensching,* Atheismus, Religionsgeschichtlich, in: RGG^3 1, 670-672, 670: "... denn Unkenntnis und Leugnung jeder Art von numinoser Wirklichkeit schließt Religion aus, weil es keine Religion ohne das Numinose gibt."

29 *H.v.Glasenapp*, Der Buddhismus - eine atheistische Religion, München 1966; vgl. *Mensching*, Atheismus, aaO., 670f; vgl. zur Diskussion: *Lanczkowski*, Einführung in die Religionswissenschaft, aaO., 24; *G.Lanczkowski*, Einführung in die Religionsphänomenologie, Darmstadt 1978, 9, 124.

30 *W.Schmidt*, Ursprung und Werden der Religion, Münster 1930, 4.

31 Schmidt irrt nicht nur in der Definition von Religion, sondern er übersieht, daß auch der Buddhismus durchaus persönliche Götter (deva) kennt, nur keinen ewigen Weltschöpfer. Vgl. *C.v.Korvin-Krasninski*, Die West-östliche Transzendenz- und Immanenzfrage und die religiöse Krise der Gegenwart, in: Stephenson (Hg.), Der Religionswandel unserer Zeit im Spiegel der Religionswissenschaft, aaO., 188-200, 196.

32 *Mensching*, Atheismus, aaO., 671: "Dennoch handelt es sich im Buddhismus um eine echte Religion mit impersonal aufgefaßtem Numinosen ...". Vgl. *T.Sundermeier*, Gott im Buddhismus? In: EvTh 48 (1988) 19-35, 26.

33 *Berger*, Zur Dialektik von Religion und Gesellschaft, aaO., 26: "Religion ist das Unterfangen des Menschen, einen heiligen Kosmos zu errichten." Vgl. *P.L.Berger,* Zukunft der Religion, in: EK 4 (1971) 317-322, 318; *ders.*, Auf den Spuren der Engel, erweiterte Ausgabe, Freiburg i.Br. 1991, 124. *R.Caillois*, Der Mensch und das Heilige, München/Wien 1988; *E.Drewermann*, Tiefenpsychologie und Exegese I, Olten/Freiburg i.Br. 1991, 49; *M.Eliade*, Das Heilige und das Profane, Frankfurt a.M. 1990; *G.Mensching*, Religion, Erscheinungs- und Ideenwelt, in: RGG^3 5, 961-964, 961; *F.Heiler*, Erscheinungsform und Wesen der Religion, Stuttgart 1961, 563; *J.Wach*, Religionssoziologie, Tübingen ^{4}1951, 15: "Religion ist das Erlebnis des Heiligen." Zur Diskussion: *C.Colpe*, Über das Heilige, Frankfurt a.M. 1990; *D.Kamper/C.Wulf* (Hg.), Das Heilige, Frankfurt a.M. 1987.

und das Augustum, als Erfahrung "objektiven, zu respektierenden Wertes ... in sich".[34]

Aber Reinkarnation und Karma werden nicht als etwas Heiliges verstanden, sondern als nüchterne Strukturen, die einen nahezu "wissenschaftlichen Charakter" haben. Der grundlegende Unterschied zwischen der Kategorie des Heiligen und der Reinkarnationsvorstellung liegt in der unterschiedlichen Einstellung zur Rationalität. In Ottos Begriff des Heiligen ist sie sekundär, in der Reinkarnation ist sie primär, denn das Gesetz des Karma, nach dem sich die Wiedergeburten vollziehen, soll nach dem Selbstverständnis der Reinkarnationsanhänger als ein nüchternes, rationales und logisches Gesetz verstanden werden, dem die meisten Attribute des Heiligen fehlen.[35]

Zusammenfassend kann festgehalten werden, daß substantielle, enge Religionsdefinitionen zwar die Besonderheit der Religion im Unterschied zur Alltäglichkeit heraustellen und vor Nivellierungen schützen[36], darum stimmen enge Definitionen oft mit dem Selbstverständnis religiös praktizierender Menschen überein. Aber die größte Schwäche substantieller Religionsdefinitionen liegt zugleich in dieser Enge, die den Ausschluß religiöser Phänomene mit sich bringt. Eine weitere Schwäche liegt in der Gefahr unreflektierter Anwendung persönlicher Glaubensüberzeugungen und kultureller Substrate, die dazu führen kann, daß wesentliche religiöse Erscheinungen nicht als solche erkannt werden, weil sie aus anderen historischen und kulturellen Situationen stammen. Dieses gilt insbesondere, wenn das Verständnis von Religion durch institutionalisierte Religion oder kirchlich verfaßte Religion vorbestimmt ist. Schließlich ist festzuhalten, daß "Religion" ein in westlichen Kulturen entstandener Begriff ist. Aus diesem Grund bezweifelt Werner Cohn die Möglichkeit einer universalen Definition mit dem Hinweis, daß schon der Begriff "Religion" aus eurozentrischer Perspektive stamme und in anderen Kulturen oft die begrifflichen Äquivalente fehlten.[37]

Auch mit abstrakteren substantiellen Definitionen, die das Heilige als Mitte der Religion bestimmen, lassen sich diese Mängel nicht beheben. Substantielle Definitionen sind nur in der Perspektive des praktizierenden religiösen Subjekts nachvollziehbar. "Da diese Kategorie vollkommen sui generis ist so ist sie wie jedes ursprüngliche und Grund-datum nicht definibel im strengen Sinne sondern nur er-

34 *R.Otto*, Das Heilige, München 1971, 69.

35 *Otto*, Das Heilige, aaO., 67f, beschreibt als Reaktionen auf das Heilige die Erfahrung der eigenen Profanität und den "scheuen Lobpreis". Reinkarnationsvorstellungen erzeugen weder Profanitätserfahrungen noch führen sie zum Lobpreis.

36 *P.L.Berger*, Some Second Thoughts on Substantive versus Functional Definitions of Religion, in: JSSR 13 (1974) 125-133, 129: "The specificity of the religious phenomenon is avoided by equating it with other phenomena."

37 *W.Cohn*, Ist Religion universal? In: IJRS 2 (1966) 201-213. Vgl. *H.Homann*, Religion, in: S.R. Dunde (Hg.), Wörterbuch der Religionssoziologie, Gütersloh 1994, 260-267, 260; *S.R.Dunde*, Religion, in: ders. (Hg.), Wörterbuch der Religionspsychologie, Gütersloh 1993, 228-234, 233.

örterbar."[38] Franz-Xaver Kaufmann hält aufgrund der funktionalen Differenzierung von Religion in der Moderne einen umfassenden Religionsbegriff nicht für möglich: "Wie auch immer man es dreht und wendet, jeder Versuch einer eindeutigen, *inhaltlichen und vergleichenden* Bestimmung von Religion unter den Bedingungen der Moderne scheint zum Scheitern verurteilt, da er notwendigerweise heterogene Elemente in einer Einheit zusammendenkt."[39]

Funktionale Religionsdefinitionen

Der Vielfalt und Heterogenität religiöser Erscheinungsformen wird ein funktionaler Religionsbegriff, wie ihn Paul Tillich umreißt, eher gerecht, da dieser einen weiten Horizont des Verstehens ermöglicht:

"... denn der Begriff 'Religion' kann entweder eng oder weit gefaßt werden, je nach dem theologischen oder philosophischen Standpunkt des Definierenden. Man kann die Bedeutung des Wortes 'Religion' einengen auf den '*cultus deorum*' (die Verehrung der Götter) und dabei die vormythologischen wie die nachmythologischen Stadien der Religion ausschließen, also einerseits diejenigen, in denen es noch keine Götter gab, und andererseits die, in denen es keine Götter mehr gab, das heißt zum Beispiel den Schamanismus auf der einen und den Zen-Buddhismus auf der anderen Seite. Oder man kann diese beiden Stufen der Religion miteinbeziehen. Dann muß man Religion so definieren, daß das Verhältnis zu den Göttern kein notwendiger Bestandteil der Definition ist. Man kann aber noch einen Schritt weiter gehen und in den Begriff 'Religion' diejenigen säkularen Bewegungen einschließen, die gewisse Züge mit den eigentlichen Religionen gemeinsam haben, während sie in anderen Zügen entschieden von ihnen abweichen."[40]

Während substantielle Religionsbegriffe sagen, was Religion *ist*, versuchen funktionale Bestimmungen auszusagen, was Religion *leistet*.[41] Die funktionale Definition von Religion verlagert den Bestimmungsort zurück zum Menschen. In den Blick kommt die empirische Wirklichkeit von Religion in Geschichte, Verhaltens- und Sozialformen. Diese Bestimmung erfolgt nicht durch Reflexion auf die Transzendenz oder metaphysische Glaubens- und Lehrinhalte, sondern durch präzise Bestimmung der empirischen Gestaltungen, Formen und Funktionen. Die Schwierigkeiten der substantiellen Religionsdefinition haben gezeigt, daß es nicht möglich ist, Religion aus der Summe der Religionen zu abstrahieren: *Religion als Abstraktion bleibt weiterhin unbestimmt.* Funktional kann mit Thomas Luckmann jedes sinnstiftende Gefüge, das den Menschen transzendiert, als Religi-

38 *Otto*, Das Heilige, aaO., 7.

39 *Kaufmann*, Religion und Modernität, aaO., 57.

40 *P. Tillich,* Das Christentum und die Begegnung der Weltreligionen, in: ders., Die Frage nach dem Unbedingten, GW V, Stuttgart 1964, 51-98, 52.

41 Vgl. *Kehrer*, Einführung in die Religionssoziologie, aaO., 21.

on verstanden werden: "'Religion' ist dem einzelnen als soziale Wirklichkeit *über*-geordnet und ist zugleich *in* ihm, insofern er Person ist, insofern er sich als Organismus transzendiert und als Mensch verwirklicht. In dieser 'funktionalen' Betrachtungsweise ist Religion als Sinntranszendenz zu verstehen."[42]

Auch Niklas Luhmann geht von einer funktionalen Religionsdefinition aus und bestimmt als die wesentliche Funktion der Religion die "Transformation unbestimmter in bestimmte oder doch bestimmbare Komplexität".[43] Das heißt: *Religion reduziert Kontingenz* wie Tod, Krankheit, Katastrophen und Armut.[44] Nach Luhmann entsteht Kontingenz bereits aus der einfachen Erfahrung von Pluralität: "Es werden mehr Möglichkeiten sichtbar, die Realität wird in steigendem Maße als kontingent, als 'auch-anders-möglich' bewußt."[45]

Die Schwäche der funktionalen Religionsbegriffe liegt in der Gefahr, Religion nicht mehr von anderen Phänomenen unterscheiden zu können, so daß der Begriff "Religion" am Ende sinnentleert und überflüssig wird.[46] Dennoch überwiegen die Vorteile eines funktionalen und weiten Religionsverständnisses: Es ist besser, einige nicht-religiöse Erscheinungen fälschlich als religiös zu qualifizieren, als durch apriorische Einschränkungen religiöse Phänomene nicht zu erkennen und in der Folge den Blick für die Wirklichkeit der Religion zu verlieren. Durch einen funktionalen Religionsbegriff wird, wie Daiber bemerkt, "der faktische Wertepluralismus religionstheoretisch eingeholt."[47]

Für die Untersuchung der westlichen Reinkarnationsvorstellungen wird eine funktionale Religionsdefinition zugrunde gelegt. Sie eröffnet die Möglichkeit, Religion nicht nur in traditionellem Gewand und gewohnter Sprache christlicher Provenienz zu identifizieren, sondern sie auch in ihren randchristlichen und außerchristlichen Gestalten zu entdecken, selbst wenn diese nicht immer "religiös" wirken. So können auch bisher wenig beachtete Formen der Religion erfaßt werden.

42 *T.Luckmann*, Das Problem der Religion in der modernen Gesellschaft, Freiburg 1963, 36.

43 *N.Luhmann*, Funktion der Religion, Frankfurt a.M. ^{3}1992, 118; 26.

44 Vgl. die Anfragen von *N.Mette*, Kirchliches Handeln als "Kontingenzbewältigungspraxis"? In: L.Bertsch/F.Schlösser (Hg.), Kirchliche und nichtkirchliche Religiosität, Freiburg i.Br. 1978, 70-87, 73.

45 *Luhmann*, Funktion der Religion, aaO., 82.

46 Kritisch: *Berger*, Zur Dialektik von Religion und Gesellschaft, aaO., 167: "Dennoch halte ich die Brauchbarkeit einer Definition für fraglich, die Religion mit dem Menschlichen *schlechthin* gleichsetzt." *Kaufmann*, Religion und Modernität, aaO., 16: "Als Religion kann nunmehr alles bezeichnet werden, was die gesellschaftstheoretische Funktion von Religion erfüllt ...". *C.Colpe*, Drängt die Religionsgeschichte nach einer Summe? In: EvTh 39 (1979) 211-233, 220f.

47 *K.-F.Daiber*, Einleitung, in: ders./T.Luckmann (Hg.), Religion in den Gegenwartsströmungen der deutschen Soziologie, München 1983, 11-17, 16.

2. Die Moderne als Kondition der Religion

In diesem Kapitel geht es um die besonderen Bedingungen, die der Religion in der Moderne gestellt sind. In welcher Weise bestimmt sie die Konditionen für die Religion[1] und damit die kulturellen Voraussetzungen und den Bedingungsrahmen für die westlichen Reinkarnationsvorstellungen? In modernisierungstheoretischer Perspektive werden Pluralisierung und Individualisierung der Religion behandelt. Unter institutionsanalytischer Fragestellung wird der Wandel der religiösen Sozialformen von der organisierten Religion zur Religiosität untersucht.

2.1 Die janusköpfige Moderne

"Moderne" ist nicht nur ein die Zeit gliedernder Epochenbegriff, sondern immer auch "ein normativer Begriff, der die 'Jetzigkeit' der eigenen Zeit als eigene Qualität hervorhebt".[2] Erst die Verbindung des Autointerpretaments "Moderne" mit dem Gedanken des Fortschritts macht ihr überlegenes Selbstbewußtsein aus. "So etwas wie eine 'moderne Gesellschaft' als solche und für sich allein genommen gibt es nicht; es gibt nur mehr oder weniger fortgeschrittene Gesellschaften in einem Kontinuum der Modernisierung."[3] Dieses am Prozeß orientierte Verständnis rechnet mit der Gleichzeitigkeit des Ungleichzeitigen, mit unterschiedlichen Entwicklungsgeschwindigkeiten und rück- sowie gegenläufigen Tendenzen.[4]

Die Signaturen der Moderne sind die Vervielfältigung von Möglichkeiten durch Ausdifferenzierung von Lebenswelten, die voranschreitende Rationalisierung, sowie die Steigerung von Autonomie und Freiheit für den einzelnen.[5] "Moderne ist jenes Kultur- und Gesellschaftssystem, das durch funktionale Differenzierung gekennzeichnet ist, Autonomien von Teilsystemen produziert und zugleich den einzelnen als handelndes Subjekt nötigt, sich selbst zu entwerfen."[6]

1 Nicht mehr ausführlich berücksicht werden konnte: *K.-F.Daiber,* Religion unter den Bedingungen der Moderne, Marburg 1995, besonders 9-21.

2 *N.Rath,* Modern, Moderne, in: WdC 827 - 829, 827.

3 *P.L.Berger/B.Berger/H.Kellner*, Das Unbehagen in der Modernität, Frankfurt a.M./New York 1987, 14.

4 Vgl. *F.Fürstenberg*, Modernisierung, in: Dunde (Hg.), Wörterbuch der Religionssoziologie, aaO., 208-214, 210 zu den ambivalenten Strukturen Moderne.

5 *Berger/Berger/Kellner*, Das Unbehagen in der Modernität, aaO., 70ff, heben vier "Aspekte der modernen Identität" hervor: Sie ist besonders offen, differenziert, reflexiv und individuiert.

6 *K.-F.Daiber*, Erleben, ja erleben! Sinnkrise und Sinnsuche in der Erlebnisgesellschaft, in: LM 32 (1993) H. 10, 29-32, 30.

Die Moderne stellt in westlichen Gesellschaften die Konditionen für die Religion, die sie in vollem Umfang an ihren Ambivalenzen beteiligt. Das Individuum erringt in der Moderne nicht nur vermehrte Autonomie, sondern erfährt zugleich eine Steigerung der Kontingenz, denn die risikomildernden Instanzen, einschließlich der Religion, sind ungewiß geworden. Als das Ende "der großen Erzählungen" und Entwürfe beschreiben Theoretiker der Postmoderne[7] die Auflösung der überindividuellen Überzeugungen und den Einsturz der die Gemeinschaft überwölbenden Überbauten. Postmoderne beschreibt sehr präzise den gegenwärtig anhaltenden Zustand der Moderne, zu deren zentralen Merkmalen die Pluralität gehört. Der wesentliche Unterschied zwischen den Theorien der Moderne und der Postmoderne ist, das letztere diesen Zustand der Vervielfältigung positiv bewerten. Postmoderne ist der Verlust des Glaubens an die "Idee der Einheitlichkeit des Wissens", sie ist die Äußerungsform der Skepsis gegenüber den "Metaerzählungen" (Lyotard), mit ihren "Einheitsehnsüchten und Letztbegründungsversuchen".[8] Nach Auffassung von Jean-François Lyotard kommt die Idee der Moderne als radikalisierte Freiheit und gesteigerte Verantwortlichkeit in der Postmoderne erst wirklich zum Tragen: "So gesehen bedeutet der Postmodernismus nicht das Ende des Modernismus, sondern dessen Geburt, dessen permanente Geburt."[9] Und Peter Engelmann führt aus: "Postmoderne erweist ... als ein neuer Vorstoß in Richtung auf eine angemessenere Form, Gesellschaftlichkeit unter Wahrung des Grundwertes der europäischen Zivilisation, der Freiheit des Individuums, zu denken und zu gestalten."[10]

Wird die Kontingenz aber nicht mehr durch allgemein geteilte Sinnhorizonte eingefangen, trifft sie das Individuum ungemildert. Zum Modernisierungsprozeß gehört es, daß der Mensch freier wird, frei von Fremdbestimmung, aber auch frei von Sicherheit. Die janusköpfige Moderne bringt "Das Unbehagen in der Modernität"[11] hervor. Ihre Selbstwidersprüchlichkeit wird in Katastrophen[12] und Unsicherheiten erfahren. Mit dem Fortschritt wachsen auch neue Gefahren, mit der

7 Zur Begriffsgeschichte: *W. Welsch*, "Postmoderne", in: P.Kemper (Hg.), 'Postmoderne' oder Der Kampf um die Zukunft, Frankfurt a.M. 1988, 9-36. Die Zusammenstellung der grundlegenden Texte: *Welsch* (Hg.), Wege aus der Moderne, aaO.; eine kurze Zusammenfassung: *W. Welsch*, Topoi der Postmoderne, in: H.R.Fischer/A.Retzer/J.Schweitzer (Hg.), Das Ende der großen Entwürfe, Frankfurt a.M. 1992, 35-55. *R. Weimann/H. U. Gumbrecht* (Hg.), Postmoderne - globale Differenz, Frankfurt a.M. 1991. Kritische Darstellung: *H. J. Türk*, Postmoderne, Mainz/Stuttgart 1990.

8 *H.R.Fischer*, Zum Ende der großen Entwürfe, in: Fischer; Retzer/Schweitzer (Hg.), Das Ende der großen Entwürfe, aaO., 9-34, 12f.

9 *J.-F. Lyotard*, Beantwortung der Frage: Was ist postmodern? In: ders., Postmoderne für Kinder, Wien 1987, 11-31, 26.

10 *P. Engelmann*, Einführung, in: ders. (Hg.), Postmoderne und Dekonstruktion, Stuttgart 1993, 5-32, 10.

11 Vgl. *Berger/Berger/Kellner*, Das Unbehagen in der Modernität, aaO.

12 Vgl. *H.-J. Heinrichs*, Die katastrophale Moderne, Frankfurt a.M./Paris 1984.

Freiheit nimmt das Risiko für den einzelnen zu.[13] Aus Modernisierungsprozessen entspringen Krisenerfahrungen, die - so sieht es Peter Sloterdijk - neue Religiositäten hervorbringen. Angesichts der dämonisch erscheinenden Unbeherrschbarkeit der technischen Geister, die der Mensch rief, erscheint die Angst aufs neue, von der man gehofft hatte, sie sei durch Rationalität überwunden.

"Man kann diese auch als Wiedergeburt der Religiosität aus dem Geist der Entmutigung deuten, - wobei der Begriff Religion einen fatalistischen Ton annimmt und das Nachgeben vor der idiotischen Macht des Schicksals meint. Es scheint, als habe die Aufklärung ihr wesentliches Versprechen, ein angstfreies Leben zu ermöglichen, eklatant gebrochen. Nicht die Neuzeit hat die Angst aufgehoben, die Angst hat sich modernisiert. Angesichts der modernisierten Angst sind die altreligiösen Sprachen - besonders jene Hirten- und Bauernsprache der neutestamentlichen Gleichnisse - ohne Trost. Die alten Dämonen haben sich in Restrisiken verwandelt - freilich so, daß die Restrisiken unheimlichere Drohungen aussenden als die bösesten Geister."[14]

Die Geburt neuer Religiositäten aus dem Geist des Restrisikos identifiziert Religion als Kontingenzbewältigungspraxis. Aber auch die neue Religion ist durch die strukturellen Ambivalenzen der Moderne bestimmt. Es kann unterschiedlich auf die janusköpfige Moderne reagiert werden: fundamentalistisches Verhalten weigert sich, die Vielfalt anzuerkennen, relativistisches Verhalten liefert sich ihr unkritisch aus. Einen akzeptierenden und zugleich kritischen Umgang zu finden, könnte als das angestrebte Ziel beschrieben werden.

Der Zwang zur Wahl: Zum gegenseitigen Bedingungsverhältnis von Individualisierung und Pluralisierung

Zwei Prozesse bestimmen wechselseitig die Moderne und auch die Religion in ihr: einerseits die sich ständig fortschreibende Pluralisierung der kulturellen Orientierungen, die Vervielfachung der Religionen und Religiositäten, und andererseits der Prozeß der Individualisierung, die Verlagerung der Entscheidung in das Subjekt. Läßt sich die Pluralisierung moderner Gesellschaften mit ihrem Zwang zur Ausdifferenzierung als Ursache der Individualisierung geltend machen, so muß gleichzeitig die Individualisierung mit ihrer Konzentration auf das Subjekt als Ursache der Pluralisierungsschübe in der Moderne angesehen werden. Beide Prozesse stehen in dialektischer Beziehung, sich gegenseitig beschleunigend und bedingend. Ulrich Beck hat den Prozeß der Individualisierung und die mitfolgenden Veränderungen beschrieben:

"Auf dem Hintergrund eines vergleichsweise hohen materiellen Lebensstandards und weit vorangetriebenen sozialen Sicherheiten wurden die Menschen in einem histori-

13 Vgl. *U.Beck*, Risikogesellschaft, Frankfurt a.M. 1986.

14 *P.Sloterdijk*, Zwischen Zivilreligion und Apokalypse, in: "Civil Religion" in Deutschland, EpdD (1987) Nr. 18, 49-60, 51.

schen Kontinuitätsbruch aus traditionalen Klassenbedingungen und Versorgungsbezügen der Familie herausgelöst und verstärkt auf sich selbst und ihr individuelles Arbeitsmarktschicksal mit allen Risiken, Chancen und Widersprüchen verwiesen. ... Es entstehen der Tendenz nach individualisierte Existenzformen und Existenzlagen, die die Menschen dazu zwingen, sich selbst - um des eigenen materiellen Überlebens willen - zum Zentrum ihrer eigenen Lebensplanung und Lebensführung zu machen. Individualisierung läuft in diesem Sinne auf die Aufhebung der lebensweltlichen Grundlagen eines Denkens in traditionalen Kategorien von Großgruppengesellschaften hinaus - also sozialen Klassen, Ständen oder Schichten."[15]

Peter L. Berger beschreibt den Pluralisierungs- und Individualisierungsprozeß von seinem Ergebnis her als "Zwang zur Wahl". Er interpretiert Modernisierung als Pluralisierung von Wahlmöglichkeiten, bei gleichzeitigem Zerfall prämoderner, Eindeutigkeit und Sicherheit bietender Strukturen. Aus Schicksal wird Wahl.

"Der prämoderne Mensch lebte in einer Welt, die zum größten Teil eine Welt des Schicksals war. Das ist natürlich ganz einfach so zu verstehen, daß für ihn ein weiter Bereich von Wahlmöglichkeiten im Gefolge der modernen Technologie schlicht nicht existierte. ... In einer traditionellen Gesellschaft ist der größte Teil menschlicher Tätigkeiten durch solche klar abgegrenzten Vorschriften geregelt. Was immer ansonsten die Probleme einer traditionellen Gesellschaft sein mögen, Mehrdeutigkeit gehört nicht dazu. Wenn eine traditionelle Welt mit Modernität in Berührung kommt, zerbricht diese Schicksalswelt ..."[16]

Dieser zuerst äußerliche Vorgang findet seinen Niederschlag im Inneren des Menschen, es entsteht das moderne Bewußtsein, das zum apriorischen Bestand der Situation wird, in der sich der moderne Mensch vorfindet. Und damit ist nach Berger die Voraussetzung für die Pluralisierung der Weltanschauungen gegeben: "Modernität pluralisiert sowohl Institutionen wie Plausibilitätsstrukturen."[17] Der Verlust der eindeutigen Plausibilitätsstrukturen wirft das Individuum in spezifischer Weise auf sich selbst zurück - jener beschriebene Vorgang der Individualisierung und Subjektivierung. "Wenn die Antworten nicht objektiv, durch seine Gesellschaft, gegeben werden, muß er sich nach *innen* wenden, zu seiner Subjektivität, um von dort an Sicherheiten heraufzuholen, was immer er erreichen kann. ... Wenn er dies tut, geschehen gleichzeitig zwei Dinge: Die Außenwelt wird immer fragwürdiger, und seine Innenwelt wird immer komplexer."[18]

15 *Beck*, Risikogesellschaft, aaO., 116f.

16 *Berger*, Der Zwang zur Häresie, aaO., 24f.

17 *Berger*, Der Zwang zur Häresie, aaO., 30.

18 *Berger*, Der Zwang zur Häresie, aaO., 34f; *G.Schulze*, Die Erlebnisgesellschaft, Frankfurt a.M./New York [4]1993, beschreibt das "Phänomen einer innengerichteten Modernisierung" synonym mit "Erlebnisorientierung" (vgl. 41f; 249ff; 427ff).

2.2 Pluralisierung der Religion in der Moderne

Der in der Moderne entstehende und sie prägende Pluralismus läßt sich in Bezug auf die Religion dimensional aufschlüsseln. Vier verschiedene Formen können beschrieben werden. Unter dem Gesichtspunkt der Zeit können gleichzeitige (synchrone) und historische (diachrone) Vielfalt unterschieden werden. Unter dem Gesichtspunkt des Religionssystems tritt Pluralität religionsintern (intrareligiös)[19] und religionsextern (interreligiös) auf. Sichtbar wird, daß der Pluralismus kein modernes Phänomen ist; modern ist seine Wahrnehmung als relativierende Erfahrung: "Pluralität markiert eine Perspektive, die in die Breite der Wirklichkeitserfahrungen geht, Historizität lotet die Tiefe der Geschichte aus. Beide Sichtweisen sind charakteristisch für die neuzeitliche Horizonterweiterung mit ihrer immens gewachsenen Kenntnis fremder Kulturen und Religionen."[20]

Die *synchrone, interreligiöse* Pluralität der Religionen ist im christlich geprägten Abendland eine Neuerscheinung, sieht man einmal von der kurzen Phase der friedlichen Koexistenz von Juden, Christen und Muslimen im spätmittelalterlichen Spanien ab. Die Konkurrenz der Religionen wird mit Migrationsbewegungen und verbesserten Reise- und Kommunikationsmöglichkeiten bewußt. In den großen Metropolen koexistieren zahlreiche Religionen.[21]

Die *interreligiöse, diachrone* Pluralität der Religionen wird wegen ihrer geschichtlichen Erstreckung leicht übersehen. Ernst Benz hat mit Nachdruck auf die Offenheit der Religionsgeschichte verwiesen, die auch nach Christus für Entwicklungen offen geblieben ist, wie am Beispiel des Islam und anderer nachchristlich entstandener Religionen zu erkennen ist:

"Entscheidend ist weiter, die Tatsache zur Kenntnis zu nehmen, daß die Religionsgeschichte auch nach Christus weitergeht. Die christliche Theologie hat dieser Tatsache bisher in keiner Weise Rechnung getragen ... als gäbe es eine Religionsgeschichte nur vor Christus und als fände die Religionsgeschichte in Christus und mit dem Auftreten der christlichen Kirche ihre Erfüllung, ihre Aufhebung und damit ihr historisches Ende. Trotzdem sind auch nach Christus immer neue Weltreligionen hervorgetreten."[22]

Die *binnenreligiöse, synchrone* Pluralität der Religionen ist für die Analyse der Reinkarnationsvorstellungen von größter Bedeutung. Sie betrifft das religiöse System in seinem innersten Bestand. Für das abendländische Christentum ist die Gleichzeitigkeit unterschiedlicher religiöser Optionen zur prägenden Erfahrung ge-

19 Vgl. *M.N.Ebertz*, Die "Vergesellschaftung" der Kirchen: Kircheninterner Pluralismus, in: Forschungsjournal Neue Soziale Bewegungen 6 (1993) H. 3-4, 37-50.

20 *R.Bernhardt*, Ein neuer Lessing? In: EvTh 49 (1989) 516-528, 518.

21 *Lexikon der Hamburger Religionsgemeinschaften*, hg. von W.Grünberg/D.L.Slabaugh/R.Meister-Karanikas, Hamburg 1994.

22 *E.Benz*, Ideen zu einer Theologie der Religionsgeschichte, in: AAWLM.G 5 (1960) 425-496, 470.

worden. Das Christentum erscheint nicht mehr einheitlich, sondern als ein Bündel unterschiedlicher Wege. Die binnenreligiöse Pluralisierung zieht sich bis in die ausdifferenzierte Basis der Kirchen durch, mit einer Vielfalt an individuellen religiösen Überzeugungen, Erfahrungen und Profilen in Gemeinden und Kreisen und bei den einzelnen Christen.[23] Dabei sprengt der religionsinterne Pluralisierungsprozeß des Christentums die institutionellen Grenzen.

Schließlich ist eine *diachrone, binnenreligiöse* Pluralität in jeder Religion als eine "gewaltige innere Entwicklungsgeschichte"[24] zu beobachten. Wie andere Religionen auch, hat das Christentum einen Entwicklungsprozeß durchlaufen, in dessen Geschichte wechselnde Überzeugungen, Denk- und Lebenswege zutage treten. Bernhard Lang und Colleen McDannell haben die Geschichte der christlichen Vorstellungen vom Himmel untersucht und haben eine "überwältigende Vielfalt von Himmelsvorstellungen gefunden".[25] Sie zeigen auf, wie sich die Jenseitsvorstellungen im Wandel der Zeiten mit verändern. Faßt man die vier Dimensionen zusammen, wird ersichtlich, daß die Herausforderung durch pluralistische Strukturen von der christlichen Religion produktiv aufgenommen werden muß.

Die eine christliche Kultur und die vielen religiösen Lebenswelten[26]

Das Hauptproblem für jede Religion in der Moderne ist der innere zeitgleiche Pluralisierungsvorgang, der nicht nur systemintern, also in der religiösen Institution, sondern auch im Individuum vor sich geht. In jedem einzelnen Menschen greifen Pluralisierung und Individualisierung untrennbar ineinander und erzeugen jene spezifische Situation von Religion und Religiosität in der Moderne, die durch den Zwang zur Wahl gekennzeichnet ist. Die Erfahrung der Heterogenität und Pluralisierung im Individuum beschreibt Adolf Holl in humorvoller Weise:

"Die Pfarrer waren damals nicht zu beneiden. Wenn sie vom New Age nicht ganz an den Rand gedrängt werden wollten, mußten sie wohl oder übel ein paar Yogakurse besuchen, das tibetanische Totenbuch lesen und über Vollwertkost Bescheid wissen. Meditation, Esoterik und Biodynamik waren im neuen Zeitalter unentbehrlich. Nützlich waren Zitate aus den Schriften von C.G. Jung und Hermann Hesse. Weil die Pfarrer außerdem auch noch Konfirmandenunterricht erteilen und eine Sonntagspredigt vorbereiten mußten, war das neue Zeitalter für sie eher anstrengend."[27]

23 Vgl. *Christsein gestalten*. Eine Studie zum Weg der Kirche, hg. vom Kirchenamt im Auftrag des Rates der EKD, Gütersloh ^{4}1986, 46: "Es gibt keinen Weg aus dieser Vielfalt zurück in eine bergende Einheit, wie sie in der Kirchengeschichte nur in den Fällen gegeben war, wo sie mit der staatlichen Einheit zusammenfiel und durch diese gestützt wurde."

24 Vgl. *Benz*, Ideen zu einer Theologie der Religionsgeschichte, aaO., 471.

25 *B.Lang/C.McDannell*, Der Himmel, Frankfurt a.M. 1990, 10.

26 Vgl. *R.Sachau*, Die eine christliche Kultur und die vielen religiösen Lebenswelten, in: Goßmann/Lademann-Priemer/Möller (Hg.), Identität und Dialog, Hamburg 1995, 144-159.

27 *A.Holl*, Wassermannzeit, in: Kursbuch 86 (1986) 17-30, 17.

Der Text gibt die innere und äußere Pluralisierung aus der Sicht des Individuums wieder. Die Aufzählung spiegelt einerseits die Wahrnehmung einer pluralisierten äußeren Welt der Religionen und verweist andererseits auf den inneren Pluralisierungseffekt, der sich aus der Vielfalt der Rollenübernahmen und Kommunikationszusammenhänge ergibt. Der Pfarrer, und er steht, pars pro toto, für die Gesamtheit des Christentums, ist selber pluralisiert, insofern er an der Pluralität der Lebenswelten[28] teilhat. Die Lebenswelt eines Individuums ist sein subjektiver Wirklichkeitsausschnitt, die tatsächlich angeeigneten Möglichkeiten aus der Summe des prinzipiell zur Verfügung stehenden. "Die Lebenswelt einer Person oder Gruppe ist die subjektiv bzw. intersubjektiv konstruierte und hergestellte Auswahl von Wirklichkeitselementen."[29] Da die Gesellschaft in der Modern in eine Vielzahl von Lebenswelten zersplittert ist, hat auch das Individuum durch seine Kommunikation ständig mit unterschiedlichen Lebenswelten zu tun. Dieser Prozeß ist als innere Pluralisierung deutbar und führt zum ständigen Entscheidungszwang.

Der Zerfall der Traditionen als der erinnerten Deutungskultur geht mit diesem Wandel einher. Das Ende des Selbstverständlichen ist als eine Signatur der Moderne bereits beschrieben. Die Tradition kann die Richtung der Wahl unter den Bedingungen der gesamtgesellschaftlichen Pluralisierung religiöser Deutungsmuster nicht mehr vorgeben. Auch die religiöse "Metaerzählung" Christentum zerfällt in eine Vielzahl kleiner und instabiler Sinnsysteme, die in Deutungskonkurrenz miteinander stehen, ohne auf einer höheren Ebene miteinander vermittelt werden zu können.

Darum schlägt sich die Pluralisierung der Religion in einer scheinbar unausschöpflichen Vielfalt individueller religiöser Lebenswelten nieder. Die religiöse Lebenswelt kann nur noch aus den Erfahrungen des Alltags gesichert werden, jenen selbstverständlichen und unhinterfragten Sinnsystemen, Relevanzstrukturen und Wissensresourcen des Alltäglichen, die sich ohne die Abstützung in der allgemein verbindlichen Tradition nur aus den individuellen Erfahrungen begründen. Diese vielfältigen religiösen Lebenswelten, individuellen Sinnsysteme und Plausibilitätsstrukturen, die teilweise einander widersprechen, teilweise miteinander kompatibel und anschlußfähig sind, kommen in dem von der christlichen Kultur weiterhin tief durchprägten Raum nebeneinander zu stehen. "... die Kirchen bestimmen als bauliche Symbole die Ortsbilder, die lebenszyklischen Rituale sind in erster Linie christliche, in Fernsehen und Rundfunk sind die christlichen Kir-

28 Zum Begriff der Lebenswelt: *A.Schütz/T.Luckmann*, Strukturen der Lebenswelt 1, Frankfurt a.M. ^{4}1991, 25: "Unter alltäglicher Lebenswelt soll jener Wirklichkeitsbereich verstanden werden, den der wache und normale Erwachsene in der Einstellung des gesunden Menschenverstandes als schlicht gegeben vorfindet. Mit schlicht gegeben bezeichnen wir alles, was wir als fraglos erleben ..."

29 *H.Keupp*, Soziale Netzwerke - Eine Metapher des gesellschaftlichen Umbruchs? In: ders./B.Röhrle (Hg.), Soziale Netzwerke, Frankfurt a.M./New York 1987, 11-53, 42.

chen präsent, in Literatur und bildender Kunst findet die Auseinandersetzung mit der christlichen Tradition oft in einer überraschenden Weise statt. Zeitstrukturierungen sind christlich überformt, dies gilt für den Jahreszyklus wie für den Wochenzyklus. Der Einfluß auf den einzelnen mag noch so gering sein, der kollektive Alltag bleibt der christlichen Tradition verbunden."[30]

2.3 Individualisierung der Religion

Für die Individualisierung der Religion in der Moderne sind bereits zwei Gründe genannt worden: Die Freiheitsgeschichte des autonomen Subjekts in der Neuzeit und der Zerbruch kollektiv anerkannter Überbauten. Die dem individuellen Subjekt damit aufgelastete Kontingenz zwingt dieses zu gesteigerter Selbstreflexivität. Der Ansatzpunkt der Religion wird von den Institutionen, Gemeinschaften und Lehren zum autonomen Subjekt und seiner individuellen Lebenswelt zurückverlagert. Die Religion gerät in die Privatsphäre. Wilhelm Gräb hat deutlich gemacht, daß Gott zuerst und am unmittelbarsten in der eigenen Lebensgeschichte erfahren wird, als dem Ort der gelebten Religion.[31]

Individualisierung und Protestantismus

Von besonderem Interesse ist nun, ob die Individualisierung der Religion in der Moderne in besonderer Weise mit dem Protestantismus verbunden ist. Bezeichnenderweise verortet Karl Lehmann als katholischer Theologe die außerkirchliche Religiosität mit ihrem Antiinstitutionalismus in der Fluchtlinie von Montanismus, mittelalterlichen Reformbewegungen, Reformation und Modernismus.[32] Die kritische Antihaltung, entsprungen aus der lutherischen "Antinomie des Subjektes" ist nach Hermann Timm als zentrale, auf Entscheidung drängende Denkform des Protestantismus zu kennzeichnen.[33] Das Luther zugewiesene Diktum "Hier stehe ich!"[34] ist zuspitzende Beschreibung der individuellen Gewissensbindung, die zur obersten religiösen Leitfigur wird.

30 *K.-F.Daiber,* Predigt als religiöse Rede, München 1991, 58f.

31 *W.Gräb,* Kirche als Ort religiöser Deutungskultur, in: U.Barth/W.Gräb (Hg.), Gott im Selbstbewußtsein der Moderne, Gütersloh 1993, 222-239.

32 Vgl. *K.Lehmann,* Theologische Reflexionen zum Phänomen "außerkirchlicher Religiosität", in: L.Bertsch/F.Schlösser (Hg.), Kirchliche und nichtkirchliche Religiosität, aaO., 49 - 69, 50 f.

33 Vgl. *H.Timm,* Wege zur Vielsprachlichkeit, in: LM 30 (1991) 315-319, 316. Vgl. *Christsein gestalten*, aaO., 41: "Die Freisetzung des Individuums als unmittelbares Subjekt der Gottesbeziehung ist eine Frucht der Reformation."

34 Dazu *H.Timm,* Christentum im Angebot, in: LM 32 (1993) 22-25, 25: "die effektivste Werbung für die 'Religion der Freiheit' (Hegel)."

Individualisierung und Protestantismus treiben sich gegenseitig voran, bis sich die entkoppelte Individualisierung auch gegen den Protestantismus als einer Form "traditionsorientierter Wahrheitssteuerung" wendet. Daiber hat auf das Verhältnis von "Alltagssynkretismus und dogmatischer Tradition" hingewiesen und geltend gemacht, daß sich das "protestantische Prinzip" in letzter Konsequenz gegen seinen Ursprung wende: "Die hohe Bedeutung der subjektiven Entscheidung in Sachen Religion ergibt sich dabei nicht nur aus Emanzipationsbedürfnissen gegenüber der Religion, sondern aus religiösen Ansprüchen, nämlich Glauben persönlich angeeignet zu leben. Diese Ansprüche, in der Gestalt subjektiven Bedürfnisses längst internalisiert, wenden sich aber nun gerade gegen die Kirche als christlich-religiöse Institution mit ihrem Anspruch, die Wahrheit der christlichen Überlieferung zu verbürgen und zu sichern."[35] Die radikale Individualisierung der Religion in der (Post)-Moderne kann als logische Selbstvollstreckung protestantischer Grundprinzipien angesehen werden, die dann, über den Rahmen der protestantischen Kirchlichkeit hinausreichend, zum allgemeinen kulturellen Substrat geworden sind.

Individualisierte Religion in der Spannung von Intimität und Publizität

Wird Religion im Prozeß der Invidualisierung in den Bereich des Persönlichen zurückverlegt, so entspricht dem als gegenläufige Tendenz die auffallende Bereitschaft, auch das Intime publik zu machen. Die Journalistin Sabine Bode beschreibt ihre Beobachtungen bei Talk-Shows im Fernsehen: "Innerhalb nur einer Generation hat sich Atemberaubendes getan. Die intimsten Geheimnisse sind öffentlich geworden. Was Eheleute früher nicht wagten, einander einzugestehen, was Eltern ihren Kindern verschwiegen, was selbst Sterbende nicht preisgaben, was Anlaß war für Doppelleben und Selbstmordversuche, das alles ist heute fester Bestandteil der Medienunterhaltung. Daß man über alles reden und so gut wie alles zeigen kann, ist weitverbreitete Überzeugung geworden."[36]

Zu dem, über das man reden kann, gehört auch die Religion, wie zahlreiche Beispiele zeigen. Die Motive zu dieser Entwicklung sind im Modernisierungsprozeß zu suchen, sie wurzeln in der Unsicherheitserfahrung der Moderne. Aus der Sicht der Fernsehzuschauer gilt das Interesse der scheinbaren Durchbrechung künstlicher Lebensstile: "Authentisches ist gefragt, Erfahrungen aus erster Hand,

35 *K.-F.Daiber,* Alltagssynkretismus und dogmatische Tradition, in: W.Greive/R.Niemann (Hg.), Neu glauben? Gütersloh 1990, 101-113, 105.

36 *S.Bode*, Wo alle sich in die Tasche lügen, in: Deutsches Allgemeines Sonntagsblatt Nr. 20 vom 20. Mai 1994, 8; vgl. *C.Goldner,* Ersatztherapeuten ohne Ethik, in: Psh 23 (1996) H.6 20-27.

echte Geschichten von echten Menschen."[37] Für die teilnehmenden (Selbst-) Darsteller und Darstellerinnen sind die Motive jenseits der Vermutung einer säkularisierten Beichtform zu suchen, denn es geht, wie Bode anmerkt, keineswegs um Schuld und Reue.

Der Drang nach Veröffentlichung scheint vielmehr aus dem Wunsch nach Sicherheit gespeist zu sein. Indem das Intime zum Öffentlichen gemacht wird, werden dem Individuum Räume strategischer Verifikation individueller Erfahrungen geboten. Die Figur des Zeugnisses intimster Erlebnisse ist nicht nur als narzißtisch-exhibitionistisches Bedürfnis zu begreifen, sondern dient der Selbstvergewisserung im Medium des Sozialen. Daran ist keineswegs die Erwartung geknüpft, daß der Inhalt auf allgemeine Akzeptanz stoßen könne. Bereits im Akt der Mitteilung bekommt die individuelle Erfahrung den Anschein überindividueller Relevanz. Der Status des Öffentlichen verleiht der unsicheren Erfahrung den Eindruck gesteigerter Bedeutsamkeit und dient zur Bestätigung der Richtigkeit ihrer Inhalte für das Individuum.

Der Zweifel an der Rationalität - die Wiederverzauberung der Welt

Zu den Ambivalenzen der Moderne gehört die Gleichzeitigkeit des Erfolgs rationalisierender Prinzipien und der Revitalisierung irrationaler Sehnsüchte, einschließlich der sie überbauenden Rationalitätskritik. Unter dem Leitbegriff der individuellen Erfahrung wird gegen die Rationalität als einem reduktionistischen Prinzip protestiert. Konnte Max Weber die Moderne als Entzauberung charakterisieren, wird nun die Wiederverzauberung der Welt verkündet.[38] Auf die Eroberung der Lebenswelten durch das Prinzip der Zweckrationalität folgt die Hinwendung oder Rückwendung zum Irrationalen. Die Problemlage ist von Horkheimer und Adorno als die "Dialektik der Aufklärung" beschrieben worden.[39]

Die neue breitgestreute Hinwendung zum Irrationalen[40] ist eine Reaktion auf die Krise der Moderne und das offensichtliche oder vermeintliche Scheitern ihrer Rationalitätskonzepte.[41] Der Wunsch nach religiösen Erfahrungen und die Forderung einer synthetischen Ganzheit von Irrationalem und Rationalem wird nur verständlich als Reaktion auf das Versagen der Allerklärbarkeits- und Machbarkeitsutopien eines aufklärerischen Optimismus.

37 *Bode*, Wo alle sich in die Tasche lügen, aaO.

38 Vgl. *M.Berman*, Wiederverzauberung der Welt, Reinbek b. Hamburg 1985.

39 *M.Horkheimer/T.W.Adorno*, Dialektik der Aufklärung, Frankfurt a.M. 1988.

40 *G.Treusch-Dieter*, Religionskrieg der Vernunft, in: Ästhetik und Kommunikation 16 (1985) H. 60, 66-82, 73 "Das 'Umkippen' der Neuzeit in die 'Gegenneuzeit' steht an: in die Religion." Dagegen vgl. *H.P.Duerr* (Hg.), Der Wissenschaftler und das Irrationale, Frankfurt a.M. 1985.

41 *H.Timm*, Das ästhetische Jahrzehnt, Gütersloh 1990, 93f, nennt drei Symptome: die überfremdenden Rationalisierungsschübe, die ausweglose Globalisierung und die überfordernde Überkomplizierung.

Das als Aufklärung formulierte Programm, mit dem die Hoffnungen einer vernünftigeren Lebensgestaltung, einschließlich eines technischen und moralischen Fortschritts, verbunden waren, ist an Grenzen gestoßen. Mit dem Zutagetreten der destruktiven Seiten der Moderne, der Kolonialisierung der Lebenswelten durch das Prinzip der Zweckrationalität und mit den sozialen und ökologischen Folgewirkungen einer einseitig instrumentellen Vernunft, bricht auch die Krise der ihr zugrunde liegenden Theorien herein. Und in ihrem Gefolge tritt die neue Religion auf, wie Sloterdijk meint:

"Die Neuzeit ist von einem Netzwerk der Außenseiterreligion durchädert, in denen schon früh eine Kohabitation von Aufklärung und Hermetik geübt worden ist - was heute daran neu erscheint, ist nur ein Effekt der Wiederentdeckung nach langem Absehen von solchen Dingen. Die Massenwirksamkeit der Außenseiterreligion gründet darin, daß die trübe Koexistenz von Rationalismus und Absurdismus sich auf die Bewußtseinsverfassungen der Mehrheiten geschlagen hat - fast wehrlos fühlen sich diese jedem mystischen Geflüster vom Rande her offen. Das Numinose hat die Fußgängerzonen erreicht und der Okkultismus die Bildschirme. Metaphysische Obdachlosigkeit - das ist nicht nur die Situation des Helden im modernen Roman, wie Lukacs sie erkannte, sie ist jedem Wohnungsinhaber vertraut. Wenn die Rationalisierungen des Lebens nämlich nur die Unheimlichkeit modernisiert, so bekommen wir es folgerichtig mit der Frage zu tun, wie das Unheimliche als Baugrund ausgewiesen und als Wohngebiet erschlossen werden kann."[42]

Die Schlüsselrolle kommt nach dem scheinbaren Versagen der Rationalität nun der eigenen Erfahrung zu, die zur zentralen Instanz der Selbstvergewisserung wird. Gefühl und Sinneswahrnehmungen bekommen entscheidende Bedeutung. Die darauf aufbauende Argumentationslogik beginnt mit dem Satz "Das habe ich selbst erfahren". Von ihm ausgehend, wird eine neue Rationalität errichtet, deren binnenperspektivische Logik durchaus rational ist und als synthetische Ganzheit von alter Rationalität und neuen religiösen Erfahrungen, als höheres Niveau der Religion, postuliert wird. Um an dieser "Rationalität höherer Ordnung" teilhaben zu können, muß die Pforte der Erfahrung passiert werden. Auch die Aneignung der Reinkarnationsvorstellungen erfolgt durch diese Passage.

2.4 Von der Kirche zur "Unsichtbaren Religion" - von der Religion zur Religiosität

In einem letzten Schritt der Anamnese von Religionsbedingungen in der Moderne wendet sich die Aufmerksamkeit von den modernisierungstheoretischen Gesichtspunkten zu einer institutionsanalytischen Fragestellung: Welchen Veränderungen

42 *Sloterdijk,* Zwischen Zivilreligion und Apokalypse, aaO., 53.

unterliegt die soziale Gestalt der Religion in der Moderne? Daß "Religion im Umbruch"[43] ist, darüber besteht kaum Zweifel, aber wie sieht dieser Wandel aus? Offensichtlich wird die Religion im andauernden Wandlungsprozeß[44] der Moderne nicht reduziert, sondern transformiert, wie Matthias Kroeger beobachtet: "Es erscheinen viele Dinge nicht mehr unter der bekannten theologischen Chiffre, und das wirkt dann wie eine theologische Fehlanzeige. Aber sie erscheinen in einer nichtkirchlichen Sprache, unter ganz anderen Sachverhalten."[45]

Implizit wird damit die Frage nach der Säkularisierung erörtert, die als Modernisierungsphänomen wahrgenommen werden kann, wenn deutlich bleibt, daß sie in einem perspektivischen Vorgang erzeugt wird, der aus der Christentumsgeschichte herrührt.[46] Säkularisierung basiert auf der christlichen Dichotomie von Kirche und Welt, das beschriebene Phänomen ist, wenn es auch für andere Religionen gelten soll, zutreffender als Funktionswandel und Ausdifferenzierungsprozeß zu erfassen. "Mit Säkularisierung ist im sachlichen Kern also die Aufhebung der Identität von kirchlich-religiösem Christentum einerseits und moderner Gesellschaftsstruktur, neuzeitlicher Geisteskultur und auch alltäglicher Lebenswelt andererseits festgestellt."[47]

Die von Sloterdijk ausgemachte, und zu Beginn des Kapitels zitierte, Unfähigkeit der christlichen Tradition mit ihren Sprachspielen und Institutionsgestalten den Bedürfnissen moderner Menschen zu entsprechen, kann keineswegs mit einem fortschreitenden Religionsverlust in der Moderne identifiziert werden. Säkularisierung kann ebenso ein Ausdruck von Rückzug der Religion aus der Welt, der "Emigration der Kirche aus der Gesellschaft" (Matthes), sein.[48] *Die Beobachtung neuer Religiositäten in der Moderne, das anhaltende Interesse an Religion, lassen eher eine Umdrehung der sogenannten Säkularisierung vermuten*[49]*, allerdings führt die Neugeburt der Religion nicht notwendig in deren kirchliche Institutionsgestalt zurück.* Und schließlich könnte es sein, daß die Wiederentdeckung der Religion gar keine Renaissance ist, sondern vielmehr Ausdruck veränderter Wahrnehmungsperspektiven.[50] Zumindest für die wissenschaftliche Erforschung der Reli-

43 Vgl. die Beiträge in: *J. Wössner* (Hg.), Religion im Umbruch, Stuttgart 1972.

44 *Kaufmann*, Religion und Modernität, aaO., 35, beschreibt die Moderne als "Legitimation des fortgesetzten Wandels".

45 *M.Kroeger*, Diskussionsbeitrag, in: Pluralismus und Profil, LoPro 69 (1986) 91-109, 105; vgl. *M.Kroeger*, Die Lebenswelt der Gegenwart und die Bedeutung dogmatischer Profile von Kirche, ebd., 33-80.

46 Vgl. *J.Matthes*, Das bewachte Nadelöhr, in: LM 33 (1994) H. 2, 33-36, 34; *Säkularisierung und religiöse Erneuerung*, in: Dialog der Religionen 5 (1995) 113-192.

47 *V.Drehsen*, Säkularisierung, Säkularismus, in: WdC 1108-1109; *F.Fürstenberg,* Säkularisierung, in: Dunde (Hg), Wörterbuch der Religionssoziologie, aaO., 279-287.

48 Vgl. *J.Matthes*, Die Emigration der Kirche aus der Gesellschaft, Hamburg 1964.

49 Vgl. *P.L.Berger,* Soziologische Betrachtungen über die Zukunft der Religion, in: O.Schatz (Hg.), Hat die Religion Zukunft? Graz/Wien/Köln 1971, 49-68, 60f.

50 Vgl. *H.Seiwert*, Das Ende des real existierenden Atheismus, in: Frankfurter Allgemeine Zei-

gion in der Moderne wird man behaupten können, daß sie die Religion unterhalb der Institutionsschwelle lange nicht bemerkt hat.

Das Problem der Wahrnehmung nicht-institutionalisierter Religion

Die Wahrnehmung der Religion neben der Kirche wurde lange vermieden. Zwar machte bereits Ernst Troeltsch auf die individualisierte Gestalt christlichen Glaubens, die er "Mystik" nannte, aufmerksam (vgl. Kapitel 14), aber die Monopolsituation des Christentums erzeugte bisher eine gewisse Blindheit gegenüber abweichenden Religionsformen.[51] Es war der Soziologe Thomas Luckmann, der die "implizite Axiomatik, die Religiosität mit Kirchlichkeit und Kirchlichkeit mit kirchlicher 'Praxis' gleichsetzt"[52], erfolgreich kritisierte.[53] Luckmann wies darauf hin, daß sich aus dieser falschen Gleichung auch notwendig falsche Schlußfolgerungen ergeben, nämlich die Annahme, daß der Rückgang von Kirchlichkeit identisch sei mit einem gesamtgesellschaftlichen Verlust an Religiosität.[54] Und er prognostizierte bereits 1963 einen Wandel der religiösen Sozialformen, der mitlerweile weitgehend eingetreten ist. Seine immer noch zutreffende These lautete: "Während im Rahmen der Kirchensoziologie der Säkularisierungsprozeß unter dem Blickwinkel der schrumpfenden Kirchlichkeit betrachtet werden kann, muß sich das allgemeine soziologische Interesse darauf richten, was die Säkularisierung an 'Positivem' hervorgebracht hat, das heißt welche symbolischen Sinnzusammenhänge aus ihr erwachsen. Die Annahme, daß die moderne Gesellschaft areligiös ist, kann nicht a priori akzeptiert werden, auch wenn man sie als unchristlich ansehen muß."[55]

Wenn Kirche lediglich ein "Sonderfall von Religion"[56] ist (Kaufmann), der nur unter speziellen historischen Bedingungen auftreten kann, dann muß die Analyse frei werden von dem eingeengten Blickwinkel auf institutionalisierte Religion mit hohem Organisationsgrad. Die längst existierenden anderen Formen der Religion müssen in den Blick genommmen werden, eine, wie Daiber meint, nach wie vor

tung Nr. 121 vom 25. Mai 1992, 13.

51 Vgl. *G.Kehrer*, Soziale Bedingungen für nicht-kirchliche religiöse Gruppen in der Bundesrepublik, in: ders. (Hg.), Zur Religionsgeschichte der Bundesrepublik Deutschland, München 1980, 93-116, 100.

52 *T.Luckmann*, Neuere Schriften zur Religionssoziologie, in: KZSS 12 (1960) 315-326, 316.

53 Luckmanns Vorschlag hat sich weitgehend und mit guten Gründen durchgesetzt; vgl. *M.Kroeger*, Die religiöse Innenseite der distanzierten Kirchlichkeit, Hannover 1986, 10: "'Religiös', 'christlich' und 'kirchlich' sind ja inzwischen drei recht verschiedene, z.T. auseinanderfallende Begriffe geworden."

54 Vgl. *Luckmann*, Das Problem der Religion in der modernen Gesellschaft, aaO., 15.

55 *Luckmann*, Das Problem der Religion in der modernen Gesellschaft, aaO., 31.

56 Vgl. *Kaufmann*, Religion und Modernität, aaO., 16f.

"unerledigte Forschungsaufgabe."[57] Luckmann prognostizierte eine neue religiöse Sozialform, nicht immer christlich, nicht institutionalisiert, in vielfacher Weise den Bedürfnissen von Menschen in der Moderne entsprechend:

"Die Soziologie muß sich allen Ernstes mit der Hypothese beschäftigen, daß trotz der überwältigenden geschichtlichen Bedeutung der christlichen Kirchen für das Entstehen der modernen Welt, trotz der Abwesenheit einer klar und faßbar institutionalisierten Gegenreligion in der modernen Gesellschaft eine neue, in ihrem Wesen nichtchristliche Religion im Entstehen begriffen ist. Es mag im Wesen einer solchen 'Neureligion' liegen, daß sie nicht die traditionellen institutionalisierten Formen der geschichtlichen Religionen annimmt. Man mag auch vermuten, daß sich diese 'Neureligion' in schon bestehende institutionelle Formen einschleicht, unter radikaler Veränderung ihres Sinnes."[58]

Luckmann nannte diese neue Form die "unsichtbare Religion"[59], wobei ihre Unsichtbarkeit auf der Wahrnehmungsschwäche der mit Religion Befaßten beruht. Nur insofern ist der Begriff "unsichtbare Religion" für die *Religion ohne deutliche Institutionsgestalt* zutreffend. Das Phänomen selber ist schon seit langem zu sehen gewesen.

Verkappte Religionen

Das Phänomen der "unsichtbaren Religion" begleitet die christlich-europäische Religionsgeschichte in der Moderne. Thomas Nipperdey beschreibt die "Unkirchlichen und die Religion" in der Zeit von 1870 bis 1918. Und er stellt fest, daß viele, die sich Agnostiker nannten, sich zugleich als Protestanten fühlten, nicht im kirchlichen Sinne, sondern im Sinne einer Internalisierung des protestantischen Prinzips: "... ihre Normen und Werte waren protestantisches Erbe: Der Primat der autonomen Personalität, der Ton auf Gewissen und Verantwortung, die Zähmung der Expression, das heroische Ertragen der Dissonanzen. Kurz, der Schwund an Kirchlichkeit hat die religiöse Lebensprägung noch nicht entmächtigt."[60]

Neben Ernst Troeltsch ist es Carl Christian Bry, der als einer der ersten die "unsichtbare Religion" beobachtet und kritisch beschreibt. Unter dem Titel "Verkappte Religionen" wußte er in der Zeit nach dem Ersten Weltkrieg Vielfältiges zusammenzufassen. Seine Beobachtungen sind auch heute noch von heuristischem Wert:

"Ein solches Gebiet ist das der verkappten Religionen. Hier treffen sich tatsächlich die Strömungen und Wirbel, alles, was unsere Zeit stärker erregt und bewegt. Der Spiel-

57 *Daiber*, Einleitung, aaO., 13.

58 *Luckmann*, Das Problem der Religion in der modernen Gesellschaft, aaO., 31; vgl. 64f.

59 *T.Luckmann,* Die unsichtbare Religion, Frankfurt a.M. 1991.

60 *T.Nipperdey,* Religion im Umbruch, München 1988, 153.

raum der verkappten Religionen ist unendlich weit, und doch haben sie im einzelnen wie insgesamt ein ganz bestimmtes Wesen. Endlich stehen auf diesem Gebiet nicht nur Scharen von toleranten, rasch erwärmten, aber auch schnell abgekühlten Interessenten. Die verkappten Religionen verfügen - und schon das sichert ihnen Bedeutung - über Gemeinden von heißen Fanatikern, die erfüllt und streitbar für ihr Weltbild kämpfen.
Was bezeichnet die verkappten Religionen? - Mysterien, Aberglauben, Vereinsmeierei, Mangel an Lebensart? Ja, auch das. Aber durch ein ästhetisches Abseitsstellen wird man ihnen nicht gerecht; ihr Feld ist viel weiter. Es reicht von der Astrologie zum Zionismus oder von den Antibünden (mit dem Antisemitismus an der Spitze) bis zum Yoga oder vom amor fati bis zur Wünschelrute oder von Atlantis bis zum Vegetarianismus. Dieses Hexenalphabet besetzt jeden Buchstaben doppelt und dreifach.
Ein paar, längst nicht alle Gebiete: Esperanto, Sexualreform, rhythmische Gymnastik, Übermenschen, Faust-Exegese, Gesundbeten, Kommunismus, Psychoanalyse, Shakespeare ist Bacon, Weltfriedensbewegung, Brechung der Zinsknechtschaft, Antialkoholismus, Theosophie, Heimatkunst, Bibelforschung, Expressionismus, Jugendbewegung, Genie ist Wahnsinn, Fakir-Zauber, Haß gegen Freimaurer und Jesuiten, endlich das weite Gebiet des Okkultismus, das wiederum seine eigenen siebenfachen Hexenalphabete hat. Das sind nur einige von den Bewegungen, die hier verkappte Religionen heißen. Man fühlt, daß das alles irgendwie und irgendwo zusammengehört und aneinandergrenzt. Aber wo liegt der Zusammenhang?"[61]

Grundlage der Überlegungen von Bry ist die Antithese von Religion und "verkappter Religion". Letztere beschreibt er als den Glauben an eine verborgene Welt *hinter* der gewöhnlichen Welt.[62] Sein Interesse ist ideologiekritisch. Bry will aufdecken, daß verkappte Religionen als Ideologien nicht mehr dialogfähig sind:

"Wenn ein Trupp Wandervögel, Knie nackt und Laute um den Hals, durch die Lande zieht, so sind verschiedene Ansichten darüber möglich, ob diese Übung vom gesundheitlichen Standpunkt nützlich und erhebend oder vom ästhetischen und politischen mit Mängeln behaftet ist. Die verkappte Religion fängt erst an, wo der Streit aufhört: in dem Augenblick nämlich, wo der Trupp Wandervögel behauptet, er sei nicht auf Grund seiner gesunden Beine und Lungen, sondern auf Grund seiner Überzeugung von der Wichtigkeit des Jungseins etwas Besonderes und Welterlösendes. Erst die Hoffnung auf die Hinterwelt, das Bemühen, mit ihr die alte Welt zu erobern und zu durchdringen, macht das Wesen der verkappten Religion aus."[63]

So faszinierend der Scharfblick von *Bry* auch ist und so lohnend seine Analyse zu lesen, sie bleibt aus ideologiekritischem Interesse in ihrer eigenen Grundannahme stecken, der Unterscheidung zwischen der "wahren" und der "falschen" Religion. Bry weist nach, daß sich Ideologien religiöser Funktionen bedienen, um sie im Interesse eigener Machtsteigerung zu funktionalisieren, aber er übersieht den Individualisierungsaspekt. Denn die verkappte Religion nützt nicht nur den Ideo-

61 *C.C.Bry*, Verkappte Religionen, Nördlingen 1988, 28.
62 *Bry*, Verkappte Religionen, aaO., 30.
63 *Bry*, Verkappte Religionen, aaO., 32.

logen, sondern entspricht auch, oft in höchst problematischer Weise, den religiösen Bedürfnissen der "Verführten". Erst indem diese andere Seite wahrgenommen wird, zeigt sich, daß die Auswanderung der Religion aus der Institution ein typischer Vorgang der Modernisierung ist, der aber nicht zum Ende der "wahren" Religion führt.

Religiosität als individualisierte Religion

Die unsichtbare Religion ist etwas anderes als die ecclesia invisibilis, die unsichtbare Kirche, die sich als geistlicher Kern quer durch alle kirchlichen Organisationsgestalten hindurchzieht. Die unsichtbare Religion ist nicht vertiefte Religion, sondern *entinstitutionalisierte und deorganisierte Religion, was allerdings nicht bedeutet, daß sie keine sozialen Formen beinhaltet.*

Luckmann kommt mit seinen Überlegungen zu der Bestätigung der Wölberschen These[64], daß "Religion zur Meinungssache" geworden sei. In einem Nachtrag zur "Unsichtbaren Religion" unterstreicht er: "Die Privatisierung der Religion ist das Kernstück der umfassenden Privatisierung des Lebens in modernen Gesellschaften. Privatisierung des Lebens ist eine der Folgen - man könnte sagen: eine 'logische' Folge - des hohen Grades funktionaler Differenzierung der Sozialstruktur."[65]

Zwar "verflüchtigt sich die Religion ins Religiöse" (Knoblauch), aber das Religiöse ist nicht a-sozial. Der Typus der "unsichtbaren Religion" läßt sich soziologisch als Religiosität erfassen und genauer bestimmen. Das "Individuum selbst" wird "zur Institution" und die "persönliche Identität zur letzten Instanz der Organisation des Religiösen".[66] *An die Stelle der religiösen Organisation ist die Religiosität getreten*, die individuelle Erscheinungsform von Religion. Daiber und Lukatis führen den Ansatz von Luckmann weiter, indem sie, unter Rückverweis auf seine wissenssoziologische Studien[67], die soziale Konstituierung individueller religiöser Sinnsysteme gegen eine einseitige Individualisierungstheorie anführen. Sie wenden sich gegen eine einseitig psychologisierende Interpretation von Religiosität unter Absehung ihrer pluriformen sozialen Entstehungsbedingungen.[68]

Es geht darum an der Wirklichkeit vorbei, Religiosität wie in der Studie "Religionen, Religiosität und christlicher Glaube" lediglich defizitär zu bestimmen. Dort heißt es, sie sei lediglich die "Offenheit des Humanums schlechthin"[69], was

64 Vgl. *H.O.Wölber*, Religion ohne Entscheidung, Göttingen 1959.

65 *T.Luckmann*, Nachtrag, in: ders., Die unsichtbare Religion, Frankfurt a.M. 1991, 164-183, 179.

66 *Knoblauch*, Die Verflüchtigung der Religion ins Religiöse, aaO., 33. *A.Dubach/R.J.Campiche* (Hg.), Jeder ein Sonderfall? Religion in der Schweiz, Zürich 1993.

67 Vgl. *Daiber/Lukatis*, Bibelfrömmigkeit als Gestalt gelebter Religion, aaO., 23, Anm. 40.

68 Vgl. *Daiber/Lukatis*, Bibelfrömmigkeit als Gestalt gelebter Religion, aaO., 17f.

69 *Religionen, Religiosität und christlicher Glaube*, aaO., 18; vgl. 17-19, 29, 31.

ihr aber fehle sei das Eintreten der Gotteserfahrung.[70] Hier drückt sich eine institutionsorientierte Wahrnehmung von Religion aus, die übersieht, daß auch deren individualisierte Formen zumindest im strukturellen Sinne Gemeinschaft beinhalten.[71] Religion Religiosität ist eben nicht die mangelhafte Vorform der Religion, sondern *Religiosität ist Religion in individualisierter und privatisierter Form, in der die Erfahrung im Mittelpunkt steht.*

2.5 Esoterische Buchhandlungen als Orte der unsichtbaren Religion

Die unsichtbare Religion als alltagsweltliche Religion, keineswegs a-sozial, und auf dem Wege zur Ausbildung neuer Sozialformen kann am Beispiel der esoterischen Fachbuchhandlungen dargestellt werden.[72] Ihre Verbreitung wird anhand einer regelmäßig wiederkehrenden Sammelanzeige sichtbar, die mit gleichem Titel und Text seit mehreren Jahren konstant in der Zeitschrift "Esotera" erscheint. Der Haupttext der Anzeige ist immer gleich: "Esoterische Fachbuchhandlungen empfehlen sich. Wir besorgen jedes lieferbare Buch & führen New Age Musik und Accessoires". Die inserierenden Buchläden aus dem deutschsprachigen Raum werden mit Namen und vollständiger Adresse aufgelistet, sie geben sich mit dieser Anzeige für den esoterisch Interessierten als fachlich qualifiziert zu erkennen.

Verfolgt man den quantitativen Verlauf der Inserentenzahlen esoterischer Buchhandlungen im deutschsprachigen Raum von 1987 bis 1994, so läßt sich ein Anstieg bis Ende 1990 erkennen, danach sinken die Zahlen leicht ab, um sich auf einem höheren als dem Ausgangsniveau einzupendeln. An der langfristig gleichbleibenden Anzeigenform und der Kontinuität vieler inserierender Buchhandlungen

70 Vgl. *Religionen, Religiosität und christlicher Glaube,* aaO., 31. Diese Einengung steht auch in Spannung zu der erklärten Vorgabe (ebd. 15): "... Ziel es ist, von den in den Religionen auftretenden Phänomenen möglichst wenige auszuschließen."

71 Vgl. *J.Heinrichs,* Institution, religiöse, in: Dunde (Hg.), Wörterbuch der Religionssoziologie, aaO., 122-129, 124. Auch im theologischen Verständnis kann die verbindliche Gemeinschaft der Heiligen nicht an eine Institutionsgestalt geknüpft sein.

72 Zur Indikatorfunktion der Buchhandlungen vgl. *H.Stenger,* Der "okkulte" Alltag, ZfS 18 (1989) 119-135, 119. *B.R.Wilson,* Sects and Society, Berkeley/Los Angeles 1961, 6, weist auf H.C.McComas, The Psychology of Religious Sects, o.O. 1912, hin, der bereits zu Beginn des Jahrhunderts anregte: "It would be an interesting study to show a correlation between newspapers, theatres, books, amusements and sects." *N.Luhmann,* Gesellschaftsstruktur und Semantik 3, Frankfurt a.M. 1993, 272, macht auf den Zusammenhang von Privatisierung der Erfahrungen und Buchdruck aufmerksam. *U.Eco,* Das Foucaultsche Pendel, München/Wien 1989, 305ff, thematisiert u.a. die Rolle des Buches im Produktions- und Aneignungsprozeß esoterischen Wissens. *C.Bochinger,* New Age und moderne Religion, Gütersloh 1994, 138ff untersucht die Prägekraft von Verlagsprogrammen.

wird deren Etablierung deutlich.[73] Bei der Interpretation sind Faktoren zu berücksichtigen, die von einer Überbewertung des Zahlenmaterials abraten lassen. Ausgewertet ist nur eine Zeitschrift, die allerdings als die auflagenstärkste esoterische Zeitschrift im deutschsprachigen Raum anzusehen ist. Zu bedenken ist, daß sich hier nur eine bestimmte Auswahl esoterischer Fachbuchhandlungen darstellt. Wertet man dieselben Ausgaben von Esotera aufmerksam aus, so stößt man auf einige weitere Buchhandlungen, die sich mit gleichem oder ähnlichem Profil dem Kunden empfehlen, aber in der Sammelanzeige nicht enthalten sind. Eine quantitative Vollständigkeit ist also nicht gegeben. Trotzdem läßt sich unter Berücksichtigung der genannten Einschränkungen diese Sammelanzeige als ein Indikator verstehen.

Bereits die Namen der Buchhandlungen spiegeln das Spektrum neuer religiöser Selbstverständigung wider: "Sirius", "Horus", "Uranus" weisen auf Astrologie hin, "Tao", "Mandala", "Lotus" auf östliche Orientierungen, "Pentagramm" und "Occulta" auf den Okkultismus, "Lichtblick", "Wendepunkt" und "Regenbogen" auf Themen des New Age, dazu kommen viele Buchhandlungen, die den Begriff der Esoterik bereits in den Namen einbezogen haben, wie "Esoterische Buchhandlung Pegasus" oder "Die Esoterische Quelle". Die inhaltliche Kongruenz der beteiligten Buchhandlungen drückt sich in dem jeder Anzeige angeschlossenen "Tip des Monats" aus, in dem jeweils eines oder mehrere Bücher oder auch Musik empfehlend besprochen werden. Darin kommt bereits die beratende Funktion esoterischer Buchhandlungen zum Vorschein, die am literarischen Beispiel deutlich wird. Die Schauspielerin und Tänzerin Shirley MacLaine beschreibt in ihrem autobiographischen Buch "Zwischenleben" ihren ersten Besuch in einer esoterischen Buchhandlung, der sich nach der Beschreibung von Atmosphäre und Inhalt nicht nur in Kalifornien, sondern auch einer der vielen deutschsprachigen Buchhandlungen hätte abspielen können.

"Draußen in der heißen kalifornischen Sonne sagte David: 'Ich will noch in die Bodhi-Tree-Buchhandlung. Kommst du mit?' 'Bodhi Tree?' fragte ich. 'War das nicht der Baum,

73 Quantitative Entwicklung esoterischer Buchhandlungen im deutschsprachigen Raum 1987-1994 anhand einer in der Zeitschrift "Esotera" wiederholt erscheinenenden Sammelanzeige:

Esotera: Monat, Jahr, Seite	Deutschland (West)	Luxemburg	Österreich	Schweiz	**Gesamt**
Nov. 1987, 75	54	-	5	-	**59**
Nov. 1988, 78	63	1	8	6	**78**
Nov. 1989, 65	74	1	10	7	**92**
Dez. 1990, 72	75	1	9	8	**94**
Nov. 1991, 33	66	1	3	7	**77**
Nov. 1992, 70	67	1	3	8	**79**
Nov. 1993, 2	67	1	4	8	**80**
Dez. 1994, 19	66	1	3	8	**78**

unter dem Buddha vierzig Jahre lang oder so meditiert hat?' 'Richtig', sagte er. 'Ist das eine indische Buchhandlung?' 'Unter anderem', sagte er. 'Es gibt alle möglichen okkulten und metaphysischen Schriften da. Hast du noch nie davon gehört?' ...
Er nahm mich am Arm und führte mich in den Laden. Der Duft von Sandelholzräucherstäbchen zog sich durch die Räume der Buchhandlung. Poster von Buddha und Yogi-Weisen lächelten von den Wänden. Kunden mit Büchern in der Hand standen herum, tranken Kräutertee und unterhielten sich mit gedämpfter Stimme. Ich studierte die Regale, die Buchtitel handelten vom Leben nach dem Tod bis zu Ernährungsmethoden während des irdischen Lebens. ...
Ein junges Mädchen in Sandalen und einem Nesselrock brachte uns Tee. 'Kann ich Ihnen helfen?' fragte sie mit leiser, sanfter Stimme. Sie paßte zur Atmosphäre des Ladens. Als ich mich nach ihr umwandte, erkannte sie mich und schlug vor, mich dem Besitzer vorzustellen, der in seinem Büro Tee trank. ...
Das Büro barst vor Büchern. Der Besitzer war jung, Mitte Dreißig, Bartträger. Er freute sich, mich zu sehen und sagte, es sei ihm eine Ehre; er habe meine Bücher gelesen, die Schilderung meines Himalaja-Aufenthalts habe ihn besonders interessiert. 'Wie tief sind Sie in Meditationstechniken eingedrungen?' fragte er. 'Wenden Sie Kampalbhati-Atmung an? Sie ist schwierig, aber sehr sinnvoll, finden Sie nicht auch?'
Ich wußte nicht, wovon er sprach. In diesem Moment stürzte ein junger Mann mit Bürstenhaarschnitt und einem T-Shirt herein. Er sah mich an, dann David und den Besitzer (er hieß John), ein einfältiges Lächeln im Gesicht. 'Hören Sie mal, Mann', sagte er. 'Was soll der ganze Scheiß hier? Von wegen, wenn du richtig denkst, dann wirst du glücklich! Wie kann ein Mensch in dieser Welt glücklich werden, und wieso kommt ihr Typen dazu, den Leuten weiszumachen, daß so was möglich ist?' David nahm mich am Arm, er spürte meine Verblüffung. John fragte den Jungen, ob er etwas für ihn tun könne, aber der ließ sich nicht unterbrechen. 'Ich meine, was soll das Ganze?' sagte er. 'Mit den Räucherstäbchen, dem Kräutertee und den idiotischen Postern - Ihr Typen seid doch voller Scheiße.'
John führte David und mich sanft aus dem Büro. 'Tut mir leid', sagte er. 'Kein Problem', sagte David. 'Er muß selbst seinen Weg finden.' Ich sagte, es mache mir nichts aus, und David, wir würden uns selbst ausssuchen, was wir wollten, wir brauchten keine Hilfe.
'Mein Gott', sagte ich. 'Wieso findet der Junge das hier so bedrohlich?' 'Ich weiß nicht', sagte David. 'Wahrscheinlich hat er eine starke emotionale Blockade der Feindseligkeit. Es ist schwer zu glauben, daß Friede möglich ist.'
Er führte mich zu einem langen Bücherregal mit der Bezeichnung 'Reinkarnation und Unsterblichkeit'. Dort standen Bücher vom Bhagawadgita, ('Der Gesang des Erhabenen') und ägyptische Totenbücher bis zu Auslegungen der Heiligen Schrift und der Kabbala. Ich wußte nicht, was ich da vor mir hatte. Ich sah David ernst an. 'Glaubst du das alles?' fragte ich. 'Was alles?' 'Ich weiß nicht', sagte ich. 'Glaubst du wirklich an Wiedergeburt?' 'Wenn du dich so lange mit Okkultismus beschäftigt hättest wie ich, würdest du begreifen, daß es keine Frage des Glaubens oder der Wahrheit ist, sondern eine Frage, wie es vor sich geht.'"[74]

74 *S.MacLaine*, Zwischenleben, München ^{8}1986, 50ff.

Der Ausschnitt beschreibt das Ambiente der esoterischen Buchladenszene. Nebenbei werden die Aneignungsprozesse von Reinkarnationsvorstellungen noch einmal an einem Ausschnitt aus dem Alltag deutlich. In der Szene können auch die kognitiven Strategien zum Umgang mit Kritik ("emotionale Blockade"), beobachtet werden. Die esoterischen Fachbuchhandlungen erweisen sich als wichtige Vermittlungsorte von Religion und geben ein Beispiel für die Ausbildung nicht-institutionalisierter Religionsformen ab.

Angefangen vom Namen der Buchhandlung (Boddhi-Tree) und den damit verbundenen Vorerwartungen wird ein typisches Setting beschrieben, eine Atmosphäre, die über den reinen Verkaufszweck hinausgeht und ein Ambiente von Heimatlichkeit und Intimität darstellen soll. Dazu gehören Räucherstäbchen und esoterische Musik, eine optisch ansprechende Raumausstattung und oft auch das Angebot einer Tasse Tee. Eine deutsche "esoterische" Buchhändlerin: "Viele Menschen empfinden meinen Laden als eine Oase in der Hektik der Stadt und kommen her, um sich einmal auszuruhen."[75] Die symbolische Ausstattung, wie auch die Verhaltensweisen im Raum weisen diesen als einen besonderen Ort mit religiöser Konnotation aus: als "Büchertempel" in doppelter Bedeutung.[76]

Die Funktion der esoterischen Fachbuchhandlung geht über Verkauf und Information hinaus. Sie überschreitet den Bereich der bloßen Darstellung des Religiösen, insofern sie zu einem Ort persönlicher Beratung geworden ist. Im Idealfall kommt es zum fachkundigen Dialog, zur gegenseitigen Mitteilung religiöser Erfahrungen, in der Regel induziert durch das Medium Buch. Oft bekommt die Beratung seelsorgerliche Dimensionen mit eigenen Ritualen. Dazu eine Buchhändlerin:

"Sehr oft werden in einer esoterischen Buchhandlung persönliche Dinge erzählt, deren Kenntnis es erst ermöglicht, das richtige oder passende Buch zu finden. ... Wir bekommen hier ungeheuer viel Feed-back von Leuten, die durch unsere Beratung und Bücher, durch Kassetten oder Sonstiges ein Stück weitergekommen sind, sich besser fühlen, wieder neue Hoffnung schöpfen, oder wie immer man das nennen mag. Es ist eine Art Lebenshilfe."[77]

Im bei MacLaine geschilderten Fall ist es der Begleiter, der als kundiger Berater fungiert, aber sowohl die Verkäuferin, als auch der Besitzer bieten sich als Beratende an. Im Konfliktfall mit dem "Kritiker" kann man vermuten, daß es zwischen ihm und dem Besitzer zumindest im Ansatz zu einem persönlichen Gespräch gekommen ist. Atmosphäre wie (Selbst)-Anspruch der Buchhandlung zielen auf diese Funktion. Die Auswahl esoterischer Literatur wird zu einem Vor-

75 *C.van den Hout*, Sofa zum Plaudern, in: Börsenblatt für den Deutschen Buchhandel Nr. 11 vom 6.2.1990, 363.

76 Vgl. *U.Schaaf*, Phantasie hinter den Türen, in: Börsenblatt für den Deutschen Buchhandel Nr. 11 vom 6.2.1990, 454-457, 456.

77 *van den Hout*, Sofa zum Plaudern, aaO., 363.

gang der Lebensberatung mit der Möglichkeit religiöser Vertiefung. Die Themen der angebotenen Literatur weisen eindeutig in diese Richtung. Zum Angebot esoterischer Buchhandlungen gehören oft auch eigene Veranstaltungen, Kurse oder Vorträge, mit denen sie sich als Orte esoterischer Kultur erweisen.

"Ich sehe das Ganze nicht so sehr unter dem buchhändlerischen Aspekt. Wir machen viele Veranstaltungen, unser Laden ist ein Ort der Kontaktaufnahme, der Beratung, ein Zentrum, wo die Leute im Gespräch Anregungen suchen."[78]

Nicht zu übersehen ist trotz aller persönlichen Beratung die Marktförmigkeit der Situation.[79] Es geht um Waren, die verkauft werden, die aber über den Warencharakter hinaus mit individuellem Sinn aufgeladen sind. Die Verbindlichkeit der religiösen Inhalte kann durch den Bezahlungsvorgang eingedämmt oder sogar auf diesen reduziert werden.

Weitere typische Merkmale sind die individuelle Aneignung und die religiösen Accessoires. Wenn Luckmann als ein Merkmal der unsichtbaren Religion die Privatisierung des Religiösen benennt, so trifft dieses für den beschriebenen Zusammenhang in besonderer Weise zu. Die religiösen Inhalte der Ware Buch, zwar in einer Beratungssituation vermittelt, können nur individuell rezipiert werden. Schließlich bleibt die Beobachtung, daß neben Büchern der Verkauf von religiösen Gebrauchsartikeln und "Devotionalien" individueller Art das Angebot esoterischer Buchhandlungen bestimmt.[80] Dazu gehören neben Bildern, Plastiken und religiöser Kleinkunst, Artikel wie Räucherstäbchen, Kristalle, Pendel, Ruten, Klangschalen und anderes, die ihre religiöse Bedeutsamkeit nur in Akten hochindividualisierter Bedeutungszuschreibung gewinnen können.

Zusammenfassend läßt sich feststellen, daß esoterische Fachbuchhandlungen als Vermittlungsorte und Umschlagplätze der unsichtbaren Religion zu verstehen sind. Dazu gehören folgende Merkmale:

- Das besondere Setting, mit Namen, Raumgestaltung, Habitus und Umgangsritualen.
- Die Distribution des religiösen Trägermediums Buch, bzw. der religiösen Accessoires, die Weitergabe "heiligen Wissens".
- Die Kommunikation religiöser Erfahrungen und die persönliche Beratung in Lebensfragen, es können Kontakte entstehen, die religiös gestiftet sind. Um die Buchhandlung kann ein informelles Netzwerk als einer neuen Sozialform der Religion entstehen.

78 *A.Buhrfeind*, Geheimwissen in der Bankenmetropole, in: Börsenblatt für den Deutschen Buchhandel Nr. 11 vom 6.2.1990, 393-395, 393.

79 Vgl. *"Soviel PSI war nie"*, in: Der Spiegel Nr. 52 vom 26.12.1994, 78-96, 88: "Grob geschätzt 18 Milliarden Mark werden in Deutschland pro Jahr mit entsprechenden Waren und Dienstleistungen umgesetzt."

80 Vgl. *M.Rampe*, Neben Ölen und Kerzen, in: Börsenblatt für den Deutschen Buchhandel Nr. 11 vom 6.2.1990, 443-444.

• Die individuelle Auswahl und Rezeption der angebotenen Inhalte, die marktförmig vermittelt und als Waren verkauft werden.

Die Beobachtung esoterischer Buchhandlungen und die Analyse ihrer religiösen Funktionen erbringt neue Einsichten für ein präzises Verständnis der Wandlungsprozesse von Religion in der Moderne: Auch die individualisierte, entinstitutionalisierte Religion ist nicht a-sozial, im Gegenteil es bilden sich neue Formen und Orte der unsichtbaren Religion, es findet eine "Institutionalisierung von Individualisierungsphänomenen"[81] statt. Die Buchhandlung ist ein sozialer Ort, der Raum bietet zur Inszenierung und Vermittlung von Religion. Der Wandel der gewohnten sozialen Formen der Religion ist noch nicht das Ende der sozialen Dimension der Religion in der Moderne.

81 *H.Stenger*, Die soziale Konstruktion okkulter Wirklichkeit, Opladen 1993, 41.

3. Westliche Reinkarnationsvorstellungen: Begriff und Eigenständigkeit

Die These dieses Kapitels ist: *Westliche Reinkarnationsvorstellungen sind ein eigenes religiöses Phänomen und weitgehend unabhängig von den Reinkarnationsvorstellungen in den östlichen Religionen.* Im ersten Abschnitt wird eine Klärung des Begriffs Reinkarnation und seiner Synomyme vorgenommen. Um die westlichen Reinkarnationsvorstellungen als eigenen Untersuchungsgegenstand abzugrenzen, werden die Unterschiede zu den östlichen Vorstellungen herausgearbeitet und mögliche Abhängigkeiten erwogen.

3.1 Zum Begriff Reinkarnation

Der Begriff Reinkarnation (lat. reincarnatio, Wiedereinkörperung, Wiederverkörperung, wörtlich: Wieder-ins-Fleisch-kommen) hat in der Mehrzahl der älteren theologischen Nachschlagewerke keine Aufnahme gefunden. Wenn überhaupt, wird der Begriff Seelenwanderung verwendet.[1] Dieses gilt auch für die meisten älteren deutschsprachigen Aufsätze und Monographien. Erst mit der zunehmenden Verbreitung der Vorstellung, etwa seit den 70er Jahren des Zwanzigsten Jahrhunderts, wird der Begriff der Reinkarnation auch im deutschsprachigen Raum gebräuchlicher, wie einige neue Lexika zeigen.[2]

Synomym mit Seelenwanderung und Reinkarnation werden weitere Begriffe verwendet: Wiedereinkörperung, Wiederverkörperung[3], Metempsychose (Umseelung[4], Seelenwechsel[5]), Metemsomatose (Körperwechsel[6]), Palingenese (Palingenesie, Palingenesis, Wiederentstehung)[7], Reventismus[8], Transmigration[9], wieder-

1 *P.Althaus,* Seelenwanderung, Dogmatisch, in: RGG^2 5, 379-380; *ders.,* Seelenwanderung, Dogmatisch, in: RGG^3 5, 1639-1640; *W.Brugger*, Seelenwanderung, in: LThK^2 IX, 576-578; *É.Cornélis,* Seelenwanderung, in: SM IV, 1979, 475-481; *H.v.Glasenapp,* Seelenwanderung, Religionsgeschichtlich, in: RGG^3 5, 1637-1639; *G.v.d.Leeuw*, Seelenwanderung, Religionsgeschichtlich, in: RGG^2 5, 376-379; *G.Schulemann*, Seelenwanderung, in: LThK IX, 414-415.

2 *M.v.Brück*, Reinkarnation, in: LeRe, 525-531; *M.Kross*, Reinkarnation, in: HWP VIII, 553-554; *B.Weber-Brosamer,* Reinkarnation, in: W.Beltz (Hg.), Lexikon der letzten Dinge, Augsburg 1993, 344-347.

3 *W.Brugger,* Wiederverkörperung, in: StdZ 142 (1948) 252-264.

4 *A.Rosenberg*, Die Seelenreise, Bietigheim 1971, 13.

5 *Wiesendanger*, Wiedergeburt, aaO., 37.

6 Übs. von Metemsomatosis bei *Wiesendanger*, Wiedergeburt, aaO., 37.

7 Vgl. *Duden* Bd. 5, Fremdwörterbuch, Mannheim ^{3}1974, 525.

8 *Hutten/v.Kortzfleisch*, Seelenwanderung, aaO., 10.

holte Erdenleben (in der Anthroposophie). "Der Begriff ist wahrscheinlich im Umkreis der französischen Theosophie erst in der Mitte des 19. Jh. entstanden".[10] Im englischsprachigen Raum scheint der Begriff reincarnation ebenfalls schon seit längerer Zeit gebräuchlich zu sein[11] und hat sich als Sammelbegriff international durchgesetzt.[12]

Einen inhaltlichen Unterschied zwischen den einzelnen Begriffen zu konstruieren, ist angesichts des wechselnden Gebrauches in verschiedenen Kontexten unangemessen. Auch die Unterscheidung zwischen Wiederverkörperung (Reinkarnation) für die indische Lehre und Seelenwanderung für die abendländische Form, wie sie Hutten und von Kortzfleisch vorschlagen[13], überzeugt nicht, weil in der älteren Literatur überwiegend der Begriff der Seelenwanderung für die indische Geisteswelt verwendet wird.[14] Zuzustimmen ist ihrem Vorschlag, den Begriff Wiedergeburt nicht für Reinkarnation zu verwenden, da dieses zu Verwechslungen mit der christlichen Vorstellung der geistlichen Wiedergeburt im Sinne von Joh. 3,3-8 führen könnte.[15]

Zu beachten bleibt, daß mit gleichem Wortgebrauch unterschiedliche Inhalte gemeint sein können, die jeweils nur aus ihrem Zusammenhang zu erschließen sind. Friedli stellt am Ende seines religionswissenschaftlichen Diskurses über die Reinkarnationsvorstellungen fest: "Die Bedeutung von 'Reinkarnation' kann nicht absolut festgestellt werden. Sie lässt sich nur in bezug zu einem bestimmten Kultur- und Religionskontext erfassen."[16] Friedlis Hinweis auf den *kontextuellen Charakter* der Reinkarnationsvorstellungen deckt sich mit der bereits zitierten Beobachtung von Ernst Benz, der von der Reinkarnationsfähigkeit der Reinkarnationsvorstellung in allen möglichen Religionen sprach.

Sachlich geht es bei der Reinkarnation um jenen Vorgang, den das Grimmsche Wörterbuch unter dem Begriff der "Seelenwandrung" definiert als "das übergehen der seele aus einem körper in einen andern beim tode, ihr kreislauf durch menschliche, thierische und andere körper, wie es besonders die indische (und die pythagoräische) speculation annimmt".[17]

Nicht alle Anhänger und Anhängerinnen von Reinkarnationsvorstellungen werden diese Definition teilen. Insbesondere die Einkörperung in nichtmenschliche Gestalten ist umstritten. Auch die Zeitabstände zwischen den Inkarnationen wer-

9 *R.J.Z.Werblowsky*, Transmigration, in: EncRel(E) 15, 21-26.

10 *Kross*, Reinkarnation, aaO., 553.

11 Vgl. *J.M.Pryse*, Reincarnation in the New Testament, 1900.

12 Vgl. *Kross*, Reinkarnation, aaO., 553.

13 *Hutten/v.Kortzfleisch*, Seelenwanderung, aaO., 10.

14 Vgl. *Bertholet*, Seelenwanderung, aaO.

15 Vgl. *Hutten/v.Kortzfleisch*, Seelenwanderung, aaO., 10; diese Möglichkeit diskutiert auch *Daiber*, Reinkarnationsglaube als Ausdruck individueller Sinnsuche, aaO., 209.

16 *Friedli*, Zwischen Himmel und Hölle, aaO., 115.

17 *J.Grimm/W.Grimm*, Deutsches Wörterbuch, X, 1.Abtlg., Leipzig 1905, 39f.

den unterschiedlich gedacht, und schließlich müßte das mit Seele Benannte differenzierter beschrieben werden. Der allen Begriffen gemeinsame Gedanke ist, daß mit Reinkarnation eine Bewegung beschrieben wird, die vom Leben durch den Tod in den Bereich des Lebens zurückführt. Ob diese Bewegung an das Personale, beispielsweise eine Seele oder einen Personkern, gebunden ist oder ob sie als ein Impuls im Wechselspiel der Naturkräfte ergeht, ist damit noch nicht festgelegt und bleibt umstritten.

Um die verschiedenen Vorstellungen gemeinsam zu erfassen, ist eine weite und allgemeine Definition der Reinkarnation sinnvoll: Reinkarnation wird verstanden als ein Impuls, der im Augenblick des Todes ergeht und zu einem neuen Ereignis im Bereich des beobachtbaren Lebens führt. Für den Gebrauch der Begriffe bedeutet dieses, daß die unterschiedlichen Bezeichnungen als synonym betrachtet[18] und unter dem Begriff der Reinkarnation zusammengefaßt werden können, solange sie sich auf die beschriebene Bewegung beziehen.

Eng verbunden mit der Vorstellung von Reinkarnation ist der Karmabegriff. Karma ist das Prinzip absoluter Gerechtigkeit im Sinne eines notwendigen Ausgleichs aller Taten und Gesinnungen. Dieses Prinzip steuert jene als Reinkarnation beschriebene Bewegung. Die jeweilige Inkarnation wird durch das Karma mit der vorausgegangenen Lebensgestalt verbunden.

3.2 Reinkarnationsvorstellungen im Westen

Die Vorstellung von der Reinkarnation war bis über die Mitte des 20. Jahrhunderts hinaus im Kulturraum Westeuropas und Nordamerikas eine Randerscheinung. Der Begriff "westliche Reinkarnationsvorstellungen", im Folgenden "Reinkarnationsvorstellungen", faßt unterschiedliches Gedankengut zusammen. In der Pluralform bleibt diese Vielfalt angedeutet. Durch den kulturellen Kontext ist ein ausreichendes gemeinsames Merkmal aller westlichen Reinkarnationsvorstellungen gegeben.

Die vereinfachende Gegenüberstellung von Ost und West ist in der Literatur immer wieder zu finden.[19] Sie erscheint methodisch erlaubt, solange die damit gegebene Vereinfachung bewußt bleibt und sie der Konzentration auf den Untersuchungsgegenstand dient und nicht Werturteil, sondern Differenzierungskriterium ist. Auch im Sinne der Religionsgeographie, für die "Richtungen und Entfernun-

18 Vgl. *Adler*, Seelenwanderung und Wiedergeburt, aaO., 36; *Feder*, Reinkarnationshypothese in der New Age-Bewegung, aaO. 11.

19 Vgl. *A.J.Toynbee*, Die Welt und der Westen, Stuttgart 1953, 9ff; *R.Hummel*, Indische Mission und neue Frömmigkeit im Westen, Stuttgart/Berlin/Köln/Mainz 1980.

gen konstitutiv"[20] sind, ist die Bindung der unterschiedlichen Reinkarnationsvorstellungen an geographische Räume ein eindeutiges Kennzeichen.

Der Ausdruck *westliche* Reinkarnationsvorstellungen besagt zuerst einmal lediglich, daß es sich *nicht* um die asiatischen Reinkarnationsvorstellungen handelt, wie sie insbesondere in Hinduismus und Buddhismus in verschiedenen Formen vorliegen. Eine inhaltliche Beschreibung dessen, was Westen ist, fällt schwerer. Was die westlichen Reinkarnationsvorstellungen kennzeichnet, sollte am Ende dieser Untersuchung deutlich geworden sein.

Friedli spricht in Bezug auf Europa von einer "biblisch-okzidentalen Grunderfahrung", einem gemeinsamen Lebensgefühl, das er als eine optimistische Grundüberzeugung zusammenfaßt.[21] Diese Grundeinstellung, die in ihrem Kern durch die Hochschätzung der individuellen Personalität gekennzeichnet ist, ist eng mit der Geschichte des Christentums verknüpft, das über viele Jahrhunderte im europäischen Raum und, davon abgeleitet, in Nordamerika kultur- und einstellungsprägend wirkte. Der Begriff "christliches Abendland" macht die Tiefe der Durchdringung und Überformung des Westens durch die christliche Religion deutlich, die bis in die Gegenwart ihre Wirksamkeit behalten hat. Über einen langen Zeitraum befanden sich gesellschaftliches System und christliche Religion in weitgehender Deckung. Mit der Moderne werden Veränderungen deutlich, die als Ausdifferenzierungsprozesse zu begreifen sind. In diesem Prozeß funktionaler Differenzierung wird die Reinkarnationsvorstellung im Westen aufgenommen und verbreitet.

In der Geschichte des westlichen Christentums erscheint die Reinkarnationsvorstellung lediglich am Rande, im Hauptstrom des Denkens befand sie sich nie. Von den Kirchenvätern in der Alten Kirche werden einige wenige diskursive und apologetische Auseinandersetzungen geführt, durchweg mit wenig Interesse und mit einhelliger Ablehnung.[22] In der gnostischen Bewegung der Katharer taucht die Reinkarnationsvorstellung wieder auf, "aber dieser ganze Bereich der Seelenwanderung ist dem christlichen Denken so fremd, daß die wuchernde Phantasie der Katharer bis zum Ende kaum gestört wird".[23]

Ob sie in mystischen oder in hermetisch-kabbalistischen und alchimistischen Kreisen überliefert wurde, läßt sich nicht ausmachen, die Inquisition verhinderte jede sichere Bestimmung. Selbst in esoterischen Strömungen wie bei den Rosenkreuzern[24] und der älteren christlichen Theosophie scheint sie sich nicht nachweisen zu lassen, wie auch der Anthroposoph Emil Bock feststellt, der eine beein-

20 *K.Hoheisel*, Religionsgeographie und Religionsgeschichte, in: H.Zinser (Hg.), Religionswissenschaft, Berlin 1988, 114-130, 125; *ders.*, Religionsgeographie, in: HRWG 1, 108-120.

21 *Friedli*, Zwischen Himmel und Hölle, aaO., 103.

22 Vgl. die Literaturangaben in der Einführung, Anmerkung 21.

23 *A.Borst*, Die Katharer, Freiburg ^{2}1992, 127-132, 129; vgl. *ders.*, Katharer, in: RGG^{3} 3, 192f.

24 Vgl. *J.V.Andreae*, Die Bruderschaft der Rosenkreuzer, Hg. von G.Wehr, München ^{3}1990; *H.Schilling*, Im Zeichen von Rose und Kreuz, IEZW 71 (1977).

druckende Sammlung von Zeugnissen für die Reinkarnationsvorstellung im europäischen Raum von der vorchristlichen Zeit bis in die Gegenwart zusammengestellt hat.[25] Für das 18. und 19. Jahrhundert ist eine "Ausbreitung esoterischer Gruppen in Mitteleuropa" festzustellen[26], auf die sich spätere Esoteriker beziehen.[27] Seit dem ausgehenden 18. Jahrhundert wird der Gedanke öffentlich diskutiert. Lessing und Herder setzen sich mit der Reinkarnationsvorstellung auseinander, Goethe und Schopenhauer stimmen ihr zu. Aber die Reinkarnationsvorstellung bleibt eine Randerscheinung, so daß Arthur Schopenhauer Europa als den Teil der Welt charakterisieren kann, der nicht an die Reinkarnation glaubt, eine Feststellung, die bis zur Mitte des 20. Jahrhunderts zutrifft: "Aber wahrlich, wenn mich ein Hochasiate früge, was Europa sei, so müßte ich ihm antworten: es ist der Weltteil, der gänzlich von dem unerhörten und unglaublichen Wahn besessen ist, daß die Geburt des Menschen sein absoluter Anfang und er aus dem Nichts hervorgegangen sei."[28] Dieses Wort Schopenhauers, von ihm mit Bedauern ausgesprochen, ist inzwischen überholt. Bereits in der zweiten Hälfte des 19. Jahrhunderts entstehen große okkulte Weltanschauungsgemeinschaften, wie der Spiritismus und die Theosophische Bewegung, in der Literatur des fin de siècle, insbesondere in Frankreich, ist ein charakteristisches Interesse für das Okkulte zu beobachten.[29] Am Ende des zwanzigsten Jahrhunderts hat die Vorstellung der Reinkarnation im Bewußtsein weiter Bevölkerungskreise des "christlichen Abendlandes" ihren Platz gefunden.

Reinkarnationsvorstellungen sind außerhalb der asiatischen Religionen nicht nur im Bereich des westlichen Christentums, sondern auch in den esoterischen Richtungen des Judentums und Islams zu beobachten.[30] Die afrikanischen Wiedergeburtsvorstellungen haben einen gänzlich anderen Hintergrund: "Eine Reinkarnationslehre, wie sie in den asiatischen Religionen gelehrt wird, ist in den Riten

25 *E.Bock*, Wiederholte Erdenleben, Frankfurt a.M. 1981, 22.

26 *E.Benz*, Beschreibung des Christentums, München 1975, 292.

27 So beruft sich Rudolf Steiner in verschiedenen Schriften auf Rosenkreuz (vgl. *Schilling*; Im Zeichen von Rose und Kreuz, aaO., 16) und behauptet, das fehlende Ende im Text der "Chymnischen Hochzeit" habe die Reinkarnationslehre enthalten (vgl. *Bock*, Wiederholte Erdenleben, aaO., 22f).

28 *A.Schopenhauer*, Parerga und Paralipomena, in: Sämtliche Werke 5, hg. W.Frhr.v.Löhneysen, Frankfurt a.M. 1986, 435f.

29 Vgl. *M.Eliade*, Das Okkulte und die moderne Welt, in: ders., Das Okkulte und die moderne Welt, Salzburg 1978, 53-73, 55ff.

30 Vgl. *v.Glasenapp*, Seelenwanderung, aaO., 1639; *Friedli*, Zwischen Himmel und Hölle, aaO., 36-38. Zur Reinkarnation im Judentum (Gilgul): *G.Scholem*, Seelenwanderung und Sympathie der Seelen, in: ders., Von der mystischen Gestalt der Gottheit, Zürich 1962; *Rosenberg*, Seelenreise, aaO., 61-69; zur Renaissance von Esoterik und Mystik im modernen Israel vgl. *M.Morgenstern*, Heimat der Verjagten, in: EK 21 (1988) 264-267. Zur Reinkarnation im Islam (Tanâsukh): *E.L.Dietrich*, Die Lehre von der Reinkarnation im Islam, in: ZRGG 9 (1957) 129-149; *J.Pedersen*, Der Islam und seine Vorgeschichte, in: HRG III, 351-439, 408.

nicht zu erkennen. Der Verstorbene inkarniert nicht noch einmal in dieses Leben, sondern wird durch die Riten in ein anderes, jenseitiges Leben hineingeboren. Unendliches Leben gibt es nicht. Jedes Leben ist zum Tode bestimmt. Aber aus dem Tode erwächst neues Leben, hier und im Jenseits."[31]

Für den Raum der Karibik wird seit der Zeit der Sklaverei die Vorstellung der Reinkarnation berichtet. In extremer Form als Gedanke, durch Freitod die Wiedergeburt in der afrikanischen Heimat zu erreichen.[32] In der neuen Religion des Rastafarianismus auf Jamaika, die über Einwanderungsbewegungen und über das Medium der Reggae-Musik auch nach Europa gelangte, hat die Reinkarnationsvorstellung einen festen Platz und kann selbstbewußt zur heilsgeschichtlichen Identitätsbestimmung dienen: "Die Schwarzen sind Reinkarnationen der alten Israeliten und wurden wegen ihrer Übertretungen nach Westindien verbannt."[33] Kaiser Haile Selassie I (1892-1975) von Äthiopien wird als 72. Reinkarnation des Schöpfergottes Jah verehrt[34], und in dem auch im Westen bekannten Reggae-Musiker Bob Marley (1945-1981) wird eine Reinkarnation des prophetischen schwarzen Führers Marcus Mosiah Garvey (1887-1940) gesehen.[35] Gerade das Beispiel der Reinkarnation im Rastafarianismus macht die Anpassungsfähigkeit und Verbreitung der Vorstellung in unterschiedlichsten Kontexten deutlich und läßt erkennen, daß sich die Reinkarnationsvorstellung auch ohne Einflüsse aus den östlichen Religionen des Hinduismus und Buddhismus entwickeln kann.

3.3 Reinkarnationsvorstellungen in Hinduismus und Buddhismus

Das Wissen um die Reinkarnation ist in den großen Religionen Asiens selbstverständliche und unhinterfragte Voraussetzung des religiösen Denkens und Empfindens. Bereits ein kurzer Blick auf die Reinkarnationsvorstellungen in Hinduismus und Buddhismus läßt im Kontrast die Eigenart der westlichen Formen um so deutlicher hervortreten.[36] Die Diffenziertheit der östlichen Reinkarnationsvorstellungen kann hier nur angedeutet werden, aber bereits in der Kürze der Darstellung werden die grundlegenden Unterschiede zu den westlichen Vorstellungen erkennbar.

31 *T.Sundermeier,* Nur gemeinsam können wir leben, Gütersloh 1988, 109, vgl. 24. Vgl. *Friedli,* Zwischen Himmel und Hölle, aaO., 91-94 u. 107-109.

32 Vgl. *H.J.Loth,* Ras Tafari - eine religiöse Heilsbewegung aus Jamaika, OEZW 17 (1991) 17.

33 *Loth,* Ras Tafari, aaO., 9.

34 Vgl. *Loth,* Ras Tafari, aaO., 13 u. 18.

35 Vgl. *Loth,* Ras Tafari, aaO., 3, 7 u. 29.

36 Vgl. *M.v.Brück,* Reinkarnation im Hinduismus und Buddhismus, in: E.Hornung/T.Schabert (Hg.), Auferstehung und Unsterblichkeit, München 1993, 85-122.

Aspekte der Reinkarnationsvorstellungen im Hinduismus

Unter dem Begriff Hinduismus, einem "okzidentalen religionswissenschaftlichen Sammelbegriff"[37], werden unterschiedliche Richtungen der Religionsfamilie Indiens vereint, "ebenso verwandt, aber auch ebenso verschieden wie Judentum, Christentum und Islam".[38] Zum gemeinsamen Grundbestand aller hinduistischen Richtungen gehören die Vorstellungen von Reinkarnation und Karma.[39] "Die ganze indische Religion ist das Gegenmittel gegen das Karma, das zu wiederholtem Sterben und Geborenwerden führt."[40] Zwar ist die Reinkarnationsvorstellung im Rigveda (um 1000 v.Chr.), der ältesten Schrift der vedischen Religion, noch nicht zu finden, aber in den Brahmanas wird sie durch den Gedanken des "Wieder-Todes" vorbereitet (ca. 900 v.Chr.), und mit den Upanischaden (ca. 800 v.Chr.) erfährt der Gedanke einer "Wiedergeburt auf der Erde" den "entscheidenden Durchbruch"[41], um dann in der späteren Literatur der Puranas weiter ausgeführt zu werden.[42] Wesentlich zum Verständnis der östlichen Reinkarnationsvorstellungen ist ihr Ansatzpunkt: die Wiederholung des Todes. Nur so wird das erschreckende Moment des Geburtenkreislaufes (samsara) erkennbar: "Denn eine endlose Kette von Leben und Tod bedeutet nicht nur eine endlose Kette von Geburten, sondern auch von Toden. Es gibt also kein Ende des Elends, immerfort um das ewige Rad des Samsara getrieben zu werden; denn je mehr man am Leben hängt, desto mehr stirbt man."[43] Das Lebensgefühl des hinduistischen Frommen wird im "Psalm" des Dichters Tukaram (1598-1650) erkenntlich:

"Welche Leiden im Kreislauf des Lebens. Vor der Empfängnis im Mutterschoß wurde ich schon 8 400 000mal geboren. Und nun bin ich hier, mittellos, ein Bettler. Die Summe meiner Leben hält mich wie ein Netz gefangen. ... Unzählige Zeitalter sahen mich in diesem Zustand; ich weiß nicht, wie viele noch kommen. Kein Bleiben: die unaufhaltsame Bewegung fängt von vorne an. Selbst am Ende des Kreislaufs, kein Wechsel für mich. ..."[44]

37 *Friedli*, Zwischen Himmel und Hölle, aaO., 57.

38 Vgl. *H.v.Stietencron*, Hinduismus/Hindu-Religion, in: LeRe, 288-296, 289.

39 Vgl. *W.Doniger*, Reinkarnation im Hinduismus, in: Conc(D) 29 (1993) 380-388; *Friedli*, Zwischen Himmel und Hölle, aaO., 55-76; *O.Gächter*, Wiedergeburt im Hinduismus, in: Kochanek (Hg.), Reinkarnation oder Auferstehung, aaO., 12-32; *H.v.Glasenapp*, Der Hinduismus, München 1921, 239-253; *K. Klostermaier*, Hinduismus, Köln 1965, 82; *H.Hänggi*, Reinkarnation und Ahnenverehrung im Glauben der Hindus, in: Reinkarnation - Wiedergeburt - aus christlicher Sicht, aaO., 25-37; *Hummel*, Reinkarnation, aaO., 35-55; *C.-A.Keller*, Hinduistische Lehren vom Wesen und Wirken des Karman, Reinkarnation - Wiedergeburt - aus christlicher Sicht, aaO., 9-23; *J.B.Long*, Reincarnation, in: EncRel(E) 12, 265-269, 266f.

40 *Klostermaier*, Hinduismus, 188.

41 Vgl. *J.Mehlig*, Weisheit des alten Indien I, München 1987, 264-275, 264.

42 Vgl. *Doniger*, Reinkarnation im Hinduismus, aaO., 380-383f.

43 *F.Spiegelberg*, Die lebenden Weltreligionen, Frankfurt a.M. 1977, 155-276, 167.

44 Zitiert nach: *Hänggi*, Reinkarnation und Ahnenverehrung im Glauben der Hindus, aaO., 25f.

Die Vorstellung von der Reinkarnation ist im Hinduismus eingebunden in eine Gesamtschau des Kosmos, der ebenfalls in unendlichen Zyklen des Werdens und Vergehens gedacht wird.[45] Aus Brahman, dem letzten Prinzip des Universums als Ganzem[46], gehen Raum und Zeit hervor und kehren in Dekadenzprozessen zu ihm zurück.[47] Unterschiedliche Modelle wurden im Laufe der indischen Religionsgeschichte entwickelt. Gemeinsam ist die Erfahrung der Unbeständigkeit, "der wiederkehrende Verlust des Glücks"[48] und "der Zweifel an der Dauerhaftigkeit des Lebens nach dem Tod in der himmlischen Welt."[49] Gemeinsam ist die "Entdeckung des 'Schmerzes' als eines Existenzgesetzes".[50] Die Antwort auf diese Grunderfahrungen ist der Rückzug aus der Welt, die Lösung aus der Verflochtenheit ins Irdische. Nur im Akt des Weltverzichtes wird dem repetierenden Kreislauf des Unbeständigen die Grundlage entzogen. Befreiung (moksha) vom Rad der Wiedergeburten ist das Heilsziel. Befreiung des unzerstörbaren Personkerns (atman), als dem innersten Sein des Seienden von allen karmischen Anhaftungen, die sich um ihn gelegt haben.

Die Reinkarnationsvorstellungen Indiens sind nicht ohne die Vorstellung vom Karma zu verstehen. Nicht der Tod und auch nicht die Reinkarnation sind das eigentliche Thema, sondern die Bewältigung des Karma.[51] "Die karman-Theorie besagt, daß jede Tat und ihre Wirkung einen unauflöslichen Zusammenhang bilden, daß also jede Tat ihre unvermeidliche Wirkung in sich trägt, so daß das gesamte Weltgeschehen als Netz von Beziehungen erscheint."[52] Die Karma-Vorstellung basiert auf der Annahme einer "mehrere Existenzen übergreifenden Kausalität", die sich in den Wiedergeburten auswirkt.[53] Da jedes Handeln Karma erzeugt, kann es als der "Brennstoff" des Geburtenkreislaufs und der Weltentstehung angesehen werden.[54] Die "karmischen Residuen", die sich beim Tod einer Person sammeln[55], bestimmen die Qualität der neuen Inkarnation. Das Ziel des hinduistischen Frommen ist ihre Tilgung, so daß der quälende Kreislauf der Wiedergeburten beendet wird.

45 Vgl. *H.Bürkle,* Dialog mit dem Osten, Stuttgart 1965, 19ff; *v.Glasenapp,* Der Hinduismus, aaO., 227ff; *Hänggi*, Reinkarnation und Ahnenverehrung im Glauben der Hindus, aaO., 31f.

46 Vgl. *A.Thannippara*, Vedanta, in: LeRe 690-693, 691.

47 Vgl. *Gächter*, Wiedergeburt im Hinduismus, aaO., 15.

48 *Doniger*, Reinkarnation im Hinduismus, aaO., 382.

49 *Hummel*, Reinkarnation, aaO., 35.

50 *M.Eliade*, Geschichte der religiösen Ideen II, Freiburg/Basel/Wien 1993, 46; vgl. ebd. 45-68 und 201-213.

51 Abgeleitet von der Verbalwurzel √kar = machen, tun, vgl. *Mehlig*, Weisheit des alten Indien. I, aaO., 267f.

52 *M.v.Brück*, Einheit der Wirklichkeit, München ²1987, 88.

53 Vgl. *T.R.Chopra*, Karma, in: LeRe 337-338, 337.

54 Vgl. *Hummel*, Reinkarnation, aaO., 45.

55 Vgl. *Chopra*, Karma, aaO., 338.

Reinkarnationsvorstellungen im Buddhismus

Auch der Buddhismus ist in mehrere Schulen und Systeme aufgefächert, die hier nicht umfassend behandelt werden können.[56] Grob unterschieden wird zwischen der "Lehre der Alten (Theravada) in Sri Lanka und Südostasien, dem "Großen Fahrzeug" (Mahayana) in Ostasien und dem "Diamantfahrzeug" (Vajrayana) in Tibet und der Mongolei. Allen Richtungen gemeinsam ist, daß Reinkarnation und Karma als Tatsache vorausgesetzt werden.[57] Wie im Hinduismus wird auch im Buddhismus der "Wiedertod" gefürchtet.[58]

Buddhistisches Denken geht von der Einsicht aus, daß alles Leben in seiner Substanz Leiden ist. Der Buddha formuliert die Grundlagen seiner Lehre, die "vier edlen Wahrheiten", in der "Predigt von Benares" im ärztlichen Stil: Vom Leiden (Diagnose), von der Entstehung des Leidens (Ätiologie), von der Aufhebung des Leidens (Prognose) und vom Weg, der zur Aufhebung führt (Therapie).[59] Die erste Wahrheit, die Diagnose, ist das Axiom, auf dem die weiteren Lehren aufbauen:

"Folgendes nun, ihr Mönche, ist die edle Wahrheit vom Leiden: Geburt ist Leiden, Alter ist Leiden, Krankheit ist Leiden, Sterben ist Leiden, Vereinigung mit Unliebem ist Leiden, Trennung von Liebem ist Leiden, wenn einer etwas wünscht und es nicht erhält, das ist auch Leiden, die fünf Gruppen des Ergreifens schließlich, die von dem Durst nach Dasein verursacht werden, sind gleichfalls Leiden."[60]

Angesichts der Unbeständigkeit und Bedingtheit aller empirischen Phänomene, physischer und psychischer Art, kann Leben nur als leidvoll (duhkha) verstanden werden. Dauerhaftes Glück ist nicht möglich, und auch der Mensch ist ein vergängliches Phänomen, vorübergehende Zusammensetzung aus fünf Daseinsgruppen (Körperlichkeit, Empfindung, Wahrnehmung, Willen, Bewußtsein), so daß ihm "keine bleibende Substanz, kein Ich zugrunde liegt."[61]

56 Zum Buddhismus vgl.: *M.v.Brück,* Buddhismus III,2-V, in: LeRe 84-94; *ders./R.v.Brück,* Ein Universum voller Gnade, Freiburg i.Br. 1987; *Eliade,* Geschichte der religiösen Ideen II, aaO., 69-98 und 183-200; *H.-J.Greschat,* Der Buddhismus: Das zentrale Konzept, in: Orientierung. Berichte und Analysen aus der Arbeit der Evangelischen Akademie Nordelbien, (1996) H. 1, 14-20; *H.-J.Greschat/M.Kraatz,* Buddhismus, Göttingen 1985; *H.Härtel,* Buddhismus. Religionsgeschichtlich, in: RGG³ 1, 1474-1484; *B.Khantipalo,* Buddhism Explained, Bangkok 1970; *C.P.Ranasinghe,* The Buddha's Explanation of the Universe, Colombo o.J.; *H.W.Schumann,* Buddhismus, Freiburg i.Br. 1975; *Spiegelberg,* Die lebenden Weltreligionen, aaO., 289-352, 413-442, 459-473.

57 *Hummel,* Reinkarnation, aaO., 56-77; *C.-A.Keller,* Wiedergeburt im Verständnis des Mahayana-Buddhismus, in: Reinkarnation - Wiedergeburt - in christlicher Sicht, aaO., 39-64; *A.Pieris,* Reinkarnation im Buddhismus, in: Conc(D) 29 (1993) 389-393; *Z.Wesolowski,* Reinkarnation im Buddhismus, in: Kochanek (Hg.), Reinkarnation oder Auferstehung, aaO., 33-45.

58 Vgl. *M.Weber,* Gesammelte Aufsätze zur Religionssoziologie II, Tübingen ⁷1988, 133.

59 Vgl. *Friedli,* Zwischen Himmel und Hölle, aaO., 78.

60 Zit. nach: *J.Mehlig,* Weisheit des alten Indien II, München 1987, 118f.

61 *W.K.Müller,* Buddhismus I-III,1, in: LeRe 76-83, 79.

Die zweite Wahrheit vom Entstehen des Leidens sieht dessen Ursache im Anhaften am Unbeständigen (tanha, der Durst), das nach dem Gesetz der Verursachung in den Kreislauf der Wiedergeburten führt. Die dritte Wahrheit von der Überwindung des Leidens behandelt das Aufgeben des Verlangens und damit die Unterbrechung der Faktorenkette, die zu immer neuen Reinkarnationen führt. Dieses ist Nirvana, das Verlöschen des Verlangens und aller Leidenschaften.[62]

Im Märchen von den vier Patschtschekabuddhas wird erzählt, wie ein König in abendlicher Betrachtung zweier Mangobäume zur Erleuchtung kommt. Der eine der Bäume ist unbeschädigt, weil er keine Früchte trug, während der andere, der am Morgen noch voller Früchte hing, durch gewaltsame Plünderung völlig zerstört wurde. Der König erkennt den Zusammenhang: "Dieser aber ist, weil er Früchte trug, ins Verderben geraten. ... Auch ich muß wie der fruchtlose Baum werden." Mit dieser Einsicht in die Notwendigkeit der Impulslosigkeit auf dem Weg der Befreiung vom Rad des Samsara erfährt er die Erleuchtung: "Zerstört ist jetzt für mich die armselige Hütte des Mutterschoßes, zerrissen das Band der Wiedergeburt in den drei Daseinsformen, gereinigt die Düngerstätte des Kreislaufs der Geburten, ausgetrocknet das Meer der Tränen, niedergerissen der Wall der Knochen. Für mich gibt es keine Wiedergeburt mehr."[63]

Die Befreiung wird möglich auf dem "achtfachen Pfad", dargelegt in der vierten Wahrheit vom Weg zur Überwindung des Leidens. Durch Unwissenheit und Begierde wird der leidvolle Prozeß des "Wieder-Werdens" in Gang gehalten, und Befreiung ist nur durch Einsicht in die Strukturen des "abhängigen Entstehens" möglich.[64] Mit der Lehre vom "Entstehen in Abhängigkeit" wird der Konditionalnexus der Reinkarnation erklärt, ohne daß ein persönliches Ich vorausgesetzt werden muß. "Die subtilste Form der Gier ist das Anhaften an einem unvergänglichen, ewigen, einheitlichen und unabhängigen Selbst".[65]

"Denn wer die reine Erkenntnis hat - besser: wer reine Erkenntnis ist - der sieht, daß alles ... auch karman und Wiedergeburt Bewußtsein ist; und daß überdies dies Bewußtsein substanzlos, 'leer' ist. Und wenn alles als leeres Bewußtsein durchschaut ist und man sich selber als leeres Bewußtsein 'erlebt', dann gibt es weder Tod noch Leben, weder Sterben, noch Zwischenzustand, noch Geburt, nur leeres Bewußtsein - und das ist identisch mit totaler Freiheit, dank welcher, und in welcher, Sterben und Geborenwerden völlig gleich sind. ... für ihn sind, nach dem berühmten Satz des Mahayana, 'Nirvana und Kette der Wiedergeburten (samsara) identisch'."[66]

In der Bestreitung eines Persönlichkeitskerns (atman) und der Behauptung der Nichtsubstantialität der Dinge und des menschlichen Seins (anatman, anatta) unterscheidet sich der Buddhismus charakteristisch vom Hinduismus. An diesem

62 Vgl. *A.Thannippara*, Nirvana, in: LeRe 461-462.

63 *E.Lüders/H.Lüders* (Hg.), Buddhistische Märchen aus dem alten Indien, Jena 1922, 251-259, 252. Vgl. dazu: *G.v.d.Leeuw*, Phänomenologie der Religion, Tübingen [2]1956, 374f.

64 Vgl. *Wesolowski*, Reinkarnation im Buddhismus, aaO., 37ff.

65 *Wesolowski*, Reinkarnation im Buddhismus, aaO., 36.

66 *Keller*, Wiedergeburt im Verständnis des Mahayana-Buddhismus, aaO., 63f.

Punkt entspringen eine Reihe logischer Probleme in Bezug auf die Reinkarnation, da nun geklärt werden muß, *wer* oder *was* denn reinkarniert - Hummel spricht von einer "Seelenwanderung ohne Seele".[67] Die Frage wurde wiederholt in der buddhistischen Literatur diskutiert. So beispielsweise im Milindapañha, einem Lehrgespräch zwischen dem König Milinda und dem Weisen Nagasena:

"'Auf welche Weise, ehrwürdiger Nagasena, gibt es eine Wiederverkörperung ohne Seelenwanderung? Gib mir ein Bild!' 'Stelle dir vor, großer König, irgendein Mann will eine Lampe an einer anderen anzünden. Ist da wohl, großer König, die eine Lampe zu der anderen hinübergewandert?' 'Nein, Ehrwürdiger.' 'Auf ebendiese Weise, großer König, gibt es eine Wiederverkörperung ohne eine Seelenwanderung.'"[68]

Im Bild soll erklärt werden, wie Kontinuität ohne Trägermedium denkbar ist, der karmische Impuls ist einer Flamme gleich, an der eine neue Flamme entzündet wird. Das Paradox "Nur das Leiden existiert, man findet aber keinen Leidenden"[69] findet seine logische Lösung in der Lehre vom "Entstehen in Abhängigkeit", in der ausgeführt wird, wie die karmischen Faktoren den Kreislauf der Geburten aufrechterhalten, ohne daß eine kontinuierende Substanz vorausgesetzt werden muß. Der Widerspruch von Nicht-Selbst und Reinkarnation wird zusätzlich durch die Theorie des Bewußtseins als Kontinuum überbrückt.[70] Der Buddha weigerte sich, das logische Problem autoritativ zu lösen, weil er, wie Friedli meint, nicht an metaphysischen Spekulationen, sondern an der Befreiung aus der Ichsüchtigkeit interessiert war: "Das Selbst ist ein praktisches Postulat und kein konkretes Ding, und das Modell der Seelenwanderung ist nicht die ständige Transmigration eines persönlichen Ichs, sondern die intensive Einladung zur ethischen Neugeburt."[71]

3.4 Differenzen zwischen östlichen und westlichen Reinkarnationsvorstellungen

Die großen Unterschiede zwischen den östlichen und westlichen Reinkarnationsvorstellungen werden in der Literatur übereinstimmend herausgestellt.[72] Diese

67 *Hummel*, Reinkarnation, aaO., 56.

68 Zit. nach: *Mehlig*, Weisheit des alten Indien II, aaO., 409.

69 Vgl. *Eliade*, Geschichte der religiösen Idee II, aaO., 90.

70 Vgl. *Brück*, Buddhismus IV, aaO., 88; *Hummel*, Reinkarnation, aaO., 58.

71 *Friedli*, Zwischen Himmel und Hölle, aaO., 81f.

72 Vgl. *Feder*, Reinkarnationshypothese in der New Age-Bewegung, aaO., 12f; *J.Gebser*, Asienfibel Frankfurt a.M./Berlin 1962, 47f, 62ff; *G.Greshake*, Reinkarnation oder Auferstehung? In: ders., Tod - und dann? Freiburg i.Br. 1988, 56ff; *Reinkarnation-Wiedergeburt aus christlicher Sicht,* aaO., 7; *Hummel*, Reinkarnation, aaO., 74-77; *Köberle,* Die Frage nach dem wiederholten Erdenleben, aaO., 84-96; *Leeuw*, Seelenwanderung, aaO., 377f; *S.Neill*,

Einschätzung wird auch von vielen Vertretern der westlichen Reinkarnationsvorstellungen geteilt, oft sogar mit programmatischem Anspruch. Die Unterschiede zwischen östlichen und westlichen Reinkarnationsvorstellungen sind nicht zu trennen von den kulturellen Differenzen. Das heißt, was Reinkarnation ist, erschließt sich erst aus dem jeweiligen Zusammenhang und der Funktion, die der Reinkarnationsvorstellung zugewiesen wird.

Eine wesentliche Differenz zwischen den östlichen und westlichen Reinkarnationsvorstellungen besteht in der unterschiedlichen Einschätzung der menschlichen Persönlichkeit und Identität. "Der indischen 'Seelenwanderungslehre' geht es, im Unterschied zu ihren westlichen Varianten, gerade nicht um die Entfaltung und vollkommene Ausbildung der Individualität."[73] Im Buddhismus wird jegliche Ich-Identität bestritten, im Hinduismus geht man davon aus, daß der Personkern, das atman, überpersönlicher Natur ist. Dagegen werden Reinkarnationsvorstellungen im Westen als Angebot zur individuellen Weiterentwicklung und als Möglichkeit der persönlichen Fortexistenz über den Tod hinaus interpretiert. Aus der Differenz ergeben sich Mißverständnisse. Sybille Fritsch-Oppermann stellt fest, "daß die Alternative 'Reinkarnation im Buddhismus / keine Reinkarnation im Christentum' falsch ist, da die Betonung der personalen Einzigartigkeit, die im Christentum gegen eine Reinkarnationslehre geltend gemacht wird, gerade im Buddhismus als Ursprung aller Unwissenheit gilt".[74]

In der Perspektive der östlichen Religionen wird die Differenz gegenüber den westlichen Reinkarnationsvorstellungen und ihrem Menschenbild noch deutlicher. "Das triumphierende westliche Reinkarnationsbekenntnis 'Ich werde wiedergeboren werden' muß aus dieser Sicht als eine Orgie unerleuchteter Ichsucht und Ichgebundenheit erscheinen."[75] "'Es ist das Überleben der identischen Persönlichkeit', so weiß Aurobindo, 'das heutzutage den europäischen Geist an der Reinkarnationstheorie anzieht', und es ist ihm ebenso deutlich, daß dieselbe ihre Anziehungskraft wesentlich einbüßen wird, wenn jenes Überleben der identischen Persönlichkeit sich als gerade nicht garantiert oder impliziert herausstellt. 'Sich selbst als die und die Persönlichkeit anzusehen, die eine neue fleischliche Hülle nimmt, das heißt nur in Unwissenheit umherzuirren.'"[76] Kritik an der Vermarktung einer aus dem Zusammenhang der gewachsenen Religion herausgelösten Reinkarnationsvorstellung äußern auch im Westen lebende Buddhisten.[77]

Die Macht und die Bewältigung des Todes in Hinduismus und Buddhismus, in: Leben angesichts des Todes, Tübingen 1968, 283-305; *Spiegelberg*, Die lebenden Weltreligionen, aaO., 176; *Zahrnt*, Gotteswende. aaO., 209ff.

73 *Hummel*, Reinkarnation, aaO., 37.

74 *S.Fritsch-Oppermann*, Der Tod: Ende oder Übergang? In: ZMiss 16 (1990) 214-223, 222.

75 *Hummel*, Reinkarnation, aaO., 76.

76 *O.Wolff*, Das Problem der Wiedergeburt nach Shri Aurobindo, in: ZRGG 9 (1957) 116-129, 120f.

77 Vgl. *U.Olvedi*, Die neue Lust am Irrationalen, Freiburg i.Br. 1988.

Die Funktionen der Reinkarnationsvorstellungen in Asien und im Westen sind grundlegend verschieden. Reinkarnation im Osten ist zuerst Wiedertod und damit zu fürchten.[78] Sie ist vor allem "Analyse des menschlichen Daseins", mit deren Hilfe "das Elend und die Verlorenheit des Menschen" artikuliert werden.[79] Als Daseinsanalyse beschreibt Reinkarnation nüchtern einen Tatbestand, von dem der Mensch nicht loskommt. Sie ist kein Heilsweg und als eigenes Thema für das östliche Denken uninteressant. "Für die indische Weisheitsschule ist es nicht zentral zu wissen, was Reinkarnation ist, sondern wie es möglich ist, sich davon zu befreien."[80] Vom bedrohlichen Schatten, den die Reinkarnation auf die menschliche Existenz wirft, ist im Westen nichts zu spüren. Die westlichen Reinkarnationsvorstellungen sind Ausdruck optimistischer Fortschrittshoffnung. Ein funktionales Äquivalent zur östlichen Reinkarnation wäre im Christentum, wie Friedli und Spiegelberg anmerken, die Lehre von der Erbsünde, mittels derer die Geworfenheit des Menschen in die Strukturen der Unfreiheit beschrieben wird.[81]

Die primäre Eigenschaft der Welt ist in der Wahrnehmung östlicher Religionen ihre Unbeständigkeit. Die daraus resultierende weltabgewandte Haltung[82] wird oft als "pessimistisch" bezeichnet. Der Begriff ist mißverständlich und konnotiert Bewertungen, die an der Sache vorbeigehen. "Es ist die grundlegende Erkenntnis des Buddhismus, daß das Wesen der irdischen Existenz im Leiden besteht. Das hat nichts mit einer pessimistischen Weltschau zu tun. Vielmehr beruht diese Erkenntnis auf der Erfahrung, daß nichts Beständigkeit hat, daß alles sich in Entstehen und Vergehen bewegt."[83]

Als Ergebnis läßt sich festhalten: Die fundamentalen Unterschiede zwischen den östlichen und den westlichen Reinkarnationsvorstellungen machen deutlich, in wie starkem Umfang der jeweilige Kontext die Vorstellung von Reinkarnation bestimmt. Die Differenzen zeigen auch, daß die argumentative Inanspruchnahme östlicher Auffassungen für die Begründung westlicher Reinkarnationsvorstellungen mit einer selektiven Wahrnehmung einhergeht und zu einem totalen Umbau der östlichen Religionen im westlichen Gebrauchsinteresse führt. Die Befreiung von der persönlichen Identität, die Bedrohlichkeit durch das Gesetz der Reinkarna-

78 Dem widerspricht nicht die Beobachtung, daß in der indischen Volksfrömmigkeit das Karma auch eine gute Tatsache sein kann, insofern es eine bessere Zukunft in späteren Inkarnationen verspricht. Vgl. *W.Doniger O'Flaherty*, Emotion und Karma, in: W.Schluchter (Hg.), Max Webers Studie über Hinduismus und Buddhismus, Frankfurt a.M. 1984, 87-103, 94.

79 *Hummel*, Reinkarnation, aaO., 75.

80 *Friedli*, Zwischen Himmel und Hölle, aaO., 64.

81 Vgl. *Friedli*, Zwischen Himmel und Hölle, aaO., 110; *Spiegelberg*, Die lebenden Weltreligionen, aaO., 167.

82 So unterscheidet Max Weber zwischen weltabgewandten und weltzugewandten Erlösungsreligionen. Vgl. *W.Schluchter*, Weltflüchtiges Erlösungsstreben und organische Sozialethik, in: Schluchter (Hg.), Max Webers Studie über Hinduismus und Buddhismus, aaO., 11-71.

83 *O.Schumann*, Betrachtungen zum Tod aus der Sicht des Buddhismus und des Christentums, in: ZMiss 16 (1990) 203-213, 203; vgl. *Eliade*, Geschichte der religiösen Idee II, aaO., 46.

tion und das tiefe Empfinden für die grundsätzliche Leidhaftigkeit der Welt sind in den westlichen Reinkarnationsvorstellungen nicht wiederzuentdecken. Wenn es eine Abhängigkeit der westlichen Reinkarnationsvorstellungen von denen des Ostens gäbe, so wäre diese Übernahme mit einer fast vollständigen Umwandlung verbunden, der Sinn wäre gradezu umgedreht.

3.5 Abhängigkeit vom Osten?

Sind die westlichen von den östlichen Reinkarnationsvorstellungen abhängig? Die phänomenologische Differenz läßt bereits diese Frage als abwegig erscheinen. Dennoch wird sie immer wieder erwogen, denn wenn "die Reinkarnationslehre niemals eine genuin abendländische und noch weniger je eine christliche Glaubensweise gewesen ist"[84], dann könnte ihr Erscheinen im Westen als fremde religiöse Vorstellung aus dem Einfluß asiatischer Religionen zu erklären sein.[85] Eine Übertragung der Reinkarnationsvorstellung von Indien nach Europa ist bereits in der Frühzeit der indologischen Forschung im 18. Jahrhundert vermutet worden, als angenommen wurde, Pythagoras habe die Metempsychosevorstellung von den Brahmanen aus Indien mitgebracht.[86] Allerdings gab es im Rahmen des Panägyptismus auch die umgekehrte Vermutung einer Entwendung der Reinkarnationsvorstellung aus Ägypten und ihrer Überführung nach Indien.[87]

Historisch betrachtet, sind die Reinkarnationsvorstellungen im Westen etwas Neues. Ob ihre Verbreitung aus östlichen Einflüssen oder aus den sich wandelnden Strukturen der westlichen Kulturen herrühren, ist damit noch nicht entschieden. Damit sind auch die beiden Möglichkeiten genannt, die das Aufkommen neuer religiöser Vorstellungen erklären könnten. "Entweder als Fremdreligion oder als bewußte deviante Religionsgründung."[88] *Fremdreligionen* sind das Ergebnis von Migrationsbewegungen (Flucht, Zuwanderung), von Missionstätigkeiten und von bewußten oder unbewußten Importen (importierte Religionen). Dagegen lassen sich deviante *Religionsgründungen* als innovative Formen der Religion bezeichnen.[89] Innovative Religionsbildungen sind ein Phänomen des religiösen Wandels,

84 *Rosenberg*, Die Seelenreise, aaO., 18.

85 Vgl. *H.Meyer*, Religionskritik, Religionssoziologie und Säkularisation, Frankfurt a.M. 1988, 438; *L.Gassmann*, New Age, Bad Liebenzell ^{3}1988, 34; *U.Podzeit*, Seelenwanderung oder Wiedergeburt? Schwelm 1984, 11 und 80.

86 Vgl. *R.Merkel*, Anfänge der Erforschung indischer Religionen im 18. Jahrhundert, in: H.Frick (Hg.), Rudolf-Otto-Ehrung, Berlin 1940, 39-68.

87 Vgl. *Merkel*, Anfänge der Erforschung, aaO., 62.

88 *G.Kehrer*, Religiöse Gruppenbildungen, in: Zinser (Hg.), Religionswissenschaft, aaO., 96-113, 98.

89 Vgl. *R.Stark/W.S.Bainbridge*, Of Churches, Sects, and Cults, in: JSSR 18/2 (1979) 117-131,

sie können vielfältige Einflüsse aus ihrer Umwelt aufnehmen und verarbeiten. Wenn eine fremdreligiöse Beeinflussung bei der Verbreitung der westlichen Reinkarnationsvorstellungen ausgeschlossen werden kann, müssen diese als innovative Religionsbildung in der westlichen Kultur angesehen werden.

Fremdreligionen im Westen

Es ist wenig überzeugend, die Verbreitung der Reinkarnationsvorstellungen im Westen auf den Einfluß östlicher Religionen zurückzuführen, denn deren Verbreitung ist gering und ihr Reinkarnationsverständnis dem westlichen Menschen kaum vermittelbar. Reinhart Hummel hat in seiner religions- und missionswissenschaftlichen Studie "Indische Mission und neue Frömmigkeit im Westen" das Eindringen östlicher Religionen und die Verbreitung ihrer Vorstellungen genauer untersucht. Sein Untersuchungsgegenstand sind religiöse Bewegungen, die aus Indien in den Westen gelangt zu einer Organisationsbildung geführt haben.[90] Hummel erfaßt das breite Spektrum von der auf säkularisiertes, westliches Bewußtsein eingestellten Transzendentalen Meditation bis zur Internationalen Gesellschaft für Krisna-Bewußtsein, die eine "nahezu vollständige Integration der westlichen Krisna-Anhänger nicht nur in hinduistische Vorstellungen und Praktiken ..., sondern auch in die Hindu-Kultur"[91] verlangt. Das Ergebnis der Untersuchung ist, daß hinduistische Gruppen im Westen in ihrem Kern hinduistisch bleiben, auch wenn sie bestimmte synkretistische Anpassungsbewegungen vollziehen.[92] Sie sind und bleiben Fremdreligionen, die ihre Identität verlieren würden, wenn sie sich von der "Substanz der mitgebrachten Tradition" abschneiden würden.[93] Darum verlangen die hinduistischen Bewegungen auch von ihren westlichen Anhängerinnen und Anhängern die volle Übernahme der ganzen Religion in Denken, Handeln und Gemeinschaft. Dies gilt ebenfalls für den in den Westen gelangten Buddhismus.[94] Gerade bewußte westliche Buddhisten und Buddhistinnen bemühen sich um authentische Observanz[95], und sie grenzen sich gegen Verwischungen und die Vermarktung einer Einzelidee, wie der Reinkarnation, ab.

Bei den von Hummel untersuchten fremdreligiösen Bewegungen sind eindeutig östlich geprägte Reinkarnationsvorstellungen zu finden; sie gehören zum Kernbe-

125.

90 *Hummel*, Indische Mission und neue Frömmigkeit im Westen, aaO.

91 *Hummel*, Indische Mission, aaO., 59.

92 *Hummel*, Indische Mission, aaO., 228ff.

93 Vgl. *Hummel*, Indische Mission, aaO., 229.

94 Vgl. *R.Hummel*, Trendreligion Buddhismus? In: HerKorr 48 (1994) 190-194; *K.-J.Notz*, Der Tibetische Buddhismus in Deutschland, IEZW 91 (1984).

95 Vgl. *M.Baumann*, Vom 'Buddhistischen Katechismus' zum 'Buddhistischen Bekenntnis', in: Spirita 4 (1990) H. 1, 7-12; *D.Kantowsky*, Buddhismus in Deutschland heute, in: Spirita 5 (1991) H. 1, 22-32.

stand der religiösen Tradition des Landes, aus dem sie kommen. Aber gerade die enge Bindung an ihre östlichen Herkunftskulturen läßt diese Bewegungen nicht als geeignet erscheinen, die Reinkarnationsvorstellungen in breitem Umfang im Westen zu vermitteln. Die Quantität der östlichen Religionen im Westen verstärkt diese Einschätzung.[96] Ihre Mitglieder- und Anhängerzahlen sind nicht annähernd ausreichend, um die hohe Zahl von Reinkarnationsüberzeugten plausibel zu deuten. Die Relation ist klar zu erkennen: Der Einfluß organisierter östlicher Bewegungen kann aus inhaltlichen und quantitativen Gründen nicht die Ursache für die Verbreitung der Reinkarnationsvorstellungen im Westen sein. Das Modell der Fremdreligion bietet keine ausreichende Erklärung für das vorliegende Phänomen; die zahlenmäßige Differenz zwischen den wenigen organisierten Anhängern östlicher Religionen in Deutschland und den vielen Reinkarnationsüberzeugten ist zu groß. Für die weitere Untersuchung der westlichen Reinkarnationsvorstellungen werden die eindeutig östlich geprägten, als Fremdreligionen anzusehenden Bewegungen, nicht weiter berücksichtigt.

Indirekter Einfluß

Läßt sich für die organisierten östlichen Fremdreligionen im Westen zeigen, daß sie nicht unmittelbar als Ursache für die Verbreitung und Rezeption der Reinkarnationsvorstellungen in westlichen Kulturen anzusehen sind, so ist damit die Möglichkeit einer indirekten Beeinflussung nicht ausgeschlossen. Denkbar wäre eine stimulierende Wirkung durch die aus Asien kommenden Einflüsse.[97] Hummel hat dafür den Begriff der "praeparatio hinduistica" vorgeschlagen.[98] Durch Medien, Filme[99], Literatur, Reisen und Migrationsbewegungen nimmt auch die

96 *H.-D.Reimer/R.Hummel*, "Jugendreligionen" in den 80er Jahren, in: MD EZW 47 (1984) 92-113, 95ff nennen folgende Zahlen (alte Bundesländer): Hare-Krishna-Bewegung (80-90 Anhänger), Divine Light Mission (300-500 engere Angehörige), Ananda-Marga-Bewegung (200 Vollmitglieder). Als größere Gruppen sind die 90 000 Meditierenden der Transzendentalen Meditation des Maharishi Mahesh Yogi (1000 TM-Lehrer in der Bundesrepublik) und einige zehntausend ehemalige Sannyassins des Bhagwan Rajneesh Chandra Mohan anzusehen. Vgl. *Religiöse Minderheiten in der BRD*. Vorläufige statistische Angaben, zusammengestellt von A.C.Scheffler, in: Spirita (1988) H. 2, 43-45; *Meyer*, Religionskritik, aaO., 288.

97 *F.Valentin/M.Mildenberger,* Neue religiöse Bewegungen, in: H.-D.Reimer/O.Eggenberger, Umwege zum Heil? Hg. von F.Valentin, Wien/München 1980, 354-402, 357f stellen fest, "daß die Einflüsse des Hinduismus und Buddhismus sich nur zum geringeren Teil in Zahlen und organisierten Religionsgemeinschaften ausmachen lassen. Viel wichtiger und weitreichender sind die indirekten Einwirkungen: Gedanken- und Erfahrungsgut des Ostens strömt gleichsam unterhalb der sichtbaren Oberfläche in die westliche Welt ein und formt, oft ganz unbewußt, das Empfinden und die innere Haltung zahlreicher Menschen."

98 *Hummel*, Indische Mission, aaO., 16, 178, 181.

99 In der Filmindustrie der 90er Jahre ist ein besonderes Interesse am Buddhismus zu beobachten: "Warum Bodhi-Dharma in den Orient aufbrach" von Yong-Kyun Bae, "Little Buddha"

Kenntnis von Reinkarnation im Westen zu. Ein höherer Grad an Informiertheit über die östlichen Reinkarnationsvorstellungen bedeutet jedoch noch keineswegs eine gestiegene Bereitschaft zu deren Annahme im Westen.

Um die Reinkarnationsvorstellung zu akzeptieren und in das persönliche Weltbild als eine existentiell bedeutsame Anschauung einzubauen, bedarf es nicht nur der Kenntnis von dieser Vorstellung, sondern auch eines auswählenden Aneignungsprozesses. Die westliche Rezeption der östlichen Religionen erfolgt selektiv, wie Beispiele aus Zen-Meditation, Yoga und Taoismus deutlich machen. Nicht die Konversion zur östlichen Religion, sondern deren westliche Inkulturation unter Veränderung ihrer Strukturen und Inhalte steht im Vordergrund.[100] Der Rezeptionsprozeß ist indirekt und erfolgt unter Umbau der östlichen Vorstellungen, die dem westlichen Erwartungs- und Denkhorizont angepaßt und ihm unterworfen werden. Dieses gilt auch für die Reinkarnationsvorstellungen im Westen. Es gibt keinen einfachen, sondern höchstens einen vielfach gebrochenen Rezeptionsvorgang[101] und dieses unter grundlegender Veränderung des ursprünglichen Gehaltes. Der Umbau ist so schwerwiegend, daß von einer Umdrehung des Sinns gesprochen werden kann und ob das, was als westliche Reinkarnationsvorstellung am Ende zu sehen ist, noch in einem inhaltlichen Zusammenhang mit den östlichen Vorstellungen steht, ist sehr zu bezweifeln.

Stattdessen ist ein umgekehrter Einfluß der westlichen Moderne auf die östlichen Religionen zu beobachten. Besonders die Theosophische Gesellschaft als eine aus dem Westen kommende Bewegung hat in Indien starken Einfluß gehabt und den "Neo-Hinduismus" vielfältig inspiriert.[102] Die Frage ist, ob die östlichen Reinkarnationsvorstellungen sich den westlichen Reinkarnationsvorstellungen annähern werden, wenn ihr kultureller Kontext in den Prozeß der Modernisierung gerät.[103] Hummel kommt daher zu der interessanten These: "Der Unterschied zwischen optimistischen und pessimistischen Reinkarnationsvorstellungen ist weni-

von Bernardo Bertolucci, "Shambala" von Susanne Aernicke, "Das alte Ladakh" und "Living Buddha" von Clemens Kuby. Vgl. *G.Seesslen*, Erleuchtung aus dem Supermarkt, in: Deutsches Allgemeines Sonntagsblatt Nr. 12 vom 25. 3. 1994, 13.

100 Vgl. *E.Benz*, Zen in westlicher Sicht, Weilheim 1962; *H.M.Enomiya-Lasalle*, Zen-Meditation für Christen, München/Bern ^{3}1973; *ders.*, Zen - Erleuchtungsweg und christliche Mystik, In: H.-P.Dürr/W.C.Zimmerli (Hg.), Geist und Natur, Bern/München/Wien 1989, 279-288; *G.Herz*, Spirituelle Ost-West-Begegnung, in: VF 32 (1987) 62-78; *R.Hummel*, Yoga - Meditationsweg für Christen? IEZW 112 (1990); *K.Walf* (Hg.), Tao für den Westen, München 1989.

101 Vgl. *Hummel*, Trendreligion Buddhismus? AaO.

102 *Hummel*, Reinkarnation, aaO., 74: "Seit dem Ende des 19. Jahrhunderts hat der optimistische Evolutionismus auch auf die östlichen Religionen übergegriffen und ihre Reinkarnationsvorstellungen beeinflußt."; vgl. *Hummel*, Indische Mission, aaO., 185ff.

103 Hinweise auf diese Veränderung sieht *Hummel*, Reinkarnation, aaO., 51, im modernen Hinduismus (Swami Vivekananda; S.Radhakrishnan) und Buddhismus (D.T.Suzuki; Lama Anagarika Govinda), vgl. ebd., 72ff.

ger geographisch als zeitlich bedingt."[104] *Das bedeutet für die Interpretation westlicher Reinkarnationsvorstellungen, daß ihr westlicher Charakter wesentlich durch die Moderne bestimmt ist. Für die östlichen Reinkarnationsvorstellungen bedeutet es, daß sie sich mit der einziehenden Moderne den westlichen Reinkarnationsvorstellungen annähern könnten.*

Zusammenfassend läßt sich sagen: Bezogen auf die Reinkarnationsvorstellungen ist die Übernahme der Fremdreligion der Sonderfall, die Form innovativer und devianter Religionsbildung die Regel. Die Anwesenheit östlicher Religionen begünstigt die Entstehung westlicher Reinkarnationsvorstellungen, deren kultureller und religiöser Kontext aber der Westen bleibt.[105] Lediglich ein indirekter Einfluß, eine gewisse Stimulation geht von den östlichen Religionen auf den Westen aus. Am Ende ist aber nicht die Einwirkung aus dem Osten, sondern die Empfangsbereitschaft im Westen der entscheidende Faktor zum Verständnis der westlichen Reinkarnationsvorstellungen. *Die westliche Welt ist offenkundig bereit, diesen Gedanken aufzunehmen, und hierfür sind die Gründe im Westen zu suchen.*

3.6 Eigenständigkeit der westlichen Reinkarnationsvorstellungen

Betrachtet man die verschiedenen Beobachtungen zusammen und nimmt man die entgegengesetzte Grundausrichtungen der östlichen Reinkarnationsvorstellungen ernst, so müssen die westlichen Reinkarnationsvorstellungen als eine eigenständige religiöse Neubildung verstanden werden. Sie lassen sich nicht überzeugend auf einen von außen kommenden Einfluß zurückführen. Weder der zahlenmäßig geringe fremdreligiöse Einfluß östlicher Religionen noch ein indirektes Einwirken können als eine plausible Erklärung für das Ausmaß der Verbreitung von Reinkarnationsvorstellungen im Westen angesehen werden. Denn über 20% der Menschen in den europäischen Ländern und den USA neigen dem Gedanken der Reinkarnation zu, obwohl nur wenige von ihnen Kenntnisse östlicher Religionen haben.[106] Untersuchungen aus dem Einflußbereich der ehemaligen Sowjetunion (Estland) zeigen ein sprunghaftes Ansteigen der Reinkarnationsvorstellungen auf

104 *Hummel*, Reinkarnation, aaO., 74f.

105 *Friedli*, Zwischen Himmel und Hölle, aaO., 19f: "Die innereuropäischen Geistesströmungen und die Durchdringung Europas mit der Gegenmission aus Indien haben eine Mentalität entstehen lassen, in der die Vorstellung von REINKARNATION mehr und mehr als plausibel und evident angenommen wird."

106 Bei einer Gallup-Umfrage in den USA von 1977 gaben zwölf Prozent der Befragten an, mit "nicht-traditionellen" religiösen Bewegungen zu tun zu haben, aber lediglich ein Prozent hatte sich nach eigenen Angaben intensiv mit östlicher Religion befaßt. Nach *Hummel*, Indische Mission, aaO., 7. Ähnliches wird man auch für Europa vermuten können.

22 %.[107] Auch hier wird man nicht annehmen können, daß dieser Anstieg auf plötzlich zugenommene Kenntnisse östlicher Religionen zurückzuführen sei. Alles spricht dafür, daß es sich um ein innovatives religiöses Phänomen handelt, das sehr stark durch die Bedingungen der Modernisierungsprozesse bestimmt ist. Diese Bedingungen sind im vorangegangenen Kapitel als individuelles Wahlverhalten in einer pluralistischen Situation beschrieben worden. Die Fallstudien werden zeigen müssen, ob sich ein solcher Zusammenhang nachweisen läßt.

Selbst wenn der Nachweis einer historisch-genetischen Abhängigkeit westlicher von östlichen Reinkarnationsvorstellungen möglich wäre, blieben die Gründe und Motive der Rezeption noch ungeklärt. Der Vermittlungsweg einer Vorstellung gibt noch keine Aussage über ihre Funktion und Bedeutung in unterschiedlichen Kontexten. Genetische Erklärungsmodelle können dieses nicht erfassen. "Es ist zu beachten, daß uns diese Art der Erklärung keine Antwort auf die Frage nach dem Warum, sondern auf die Fragen nach dem Woher und Wie gibt. Durch die genetische Erklärung werden zwar eine Reihe von (im Kontext) notwendigen ... Bedingungen für die zu erklärende Tatsache gegeben, jedoch keine hinreichende Bedingung, aus der das Explanandum mit Notwendigkeit folgt."[108]

Selbst, wenn also eindeutig östliche Einflüsse zu beobachten wären, ließe sich damit noch nicht die Bereitschaft erklären, die östlichen Vorstellungen persönlich in Anspruch zu nehmen. Die Rezeptionsbereitschaft und der Rezeptionsumfang gegenüber den Reinkarnationsvorstellungen im Westen, die sich nicht aus Bildungswissen oder persönlichem Kontakt zu östlichen Religionen erklären läßt, verlangt nach einer Erklärung. *Die Bereitschaft, diese Vorstellung für sich in Anspruch zu nehmen, läßt sich nur verstehen, wenn die Funktionen von Reinkarnationsvorstellungen im Leben westlicher Menschen erkannt sind.*

Ernst Benz hat auf die Tatsache hingewiesen, "daß die Lehre von der Reinkarnation auch im Bereich der christlichen Geistesgeschichte immer wieder ganz spontan hervortritt, und zwar keineswegs immer nur als die Folge einer literarischen Beeinflussung durch die fernöstlichen Religionen, sondern in immer neuen, unmittelbaren Durchbrüchen letzthin irrationalen Ursprungs, in denen sich diese Lehre trotz ihres allgemeinen Verdikts durch die herrschende christliche Lehre zu Wort meldet."[109] An dem unvorhersehbaren Aufbrechen in unterschiedlichsten Kontexten wird erkennbar, daß die Reinkarnationsvorstellungen zu den Grundkonzepten des Lebens nach dem Tode gehören und darum nicht an einen Kulturkreis oder eine historische Religionsform gebunden sein müssen. Reinkarnationsvorstellungen knüpfen an bei der Reflexion von Menschen über den Tod und das Le-

107 Vgl. *T.Paul*, Die Begegnung der Evangelisch-Lutherischen Kirche Estlands mit dem neuen Zeitalter, in: LKW 41 (1994) 206-214, 213.

108 *H.Seiwert*, Religiöser Wandel, in: Stephenson (Hg.), Der Religionswandel unserer Zeit im Spiegel der Religionswissenschaft, aaO., 309-322, 314.

109 *Benz*, Vorwort des Herausgebers, aaO., 98.

ben danach. Darum kann in der anthroposophischen Bewegung auf den "europäischen Eigenursprung" hingewiesen werden.[110]

Beobachtungen an Kindern vermögen die bisherigen Überlegungen weiter zu stützen. Immer wieder wird festgestellt, daß Kinder im Westen ohne Kenntnisse der östlichen Religionen von sich aus den Gedanken der Reinkarnation als ein Lösungsmodell für die Frage, was nach dem Tod komme, entwickeln.[111] Immer wieder geboren zu werden, scheint ein Gedanke zu sein, der sich einfach nahelegt, wenn man über das Jenseits nachdenkt. Einer fremden Einflußnahme bedarf es dazu nicht. Allerdings besteht die Aufgabe, zu klären, wann dieser Gedanke gewählt wird und welche Deutungskraft er für das Individuum besitzt.

Zwischenbilanz

Mit der Abgrenzung der westlichen Reinkarnationsvorstellungen als einer eigenen religiösen Vorstellung sind die Voraussetzungen abgeschlossen, die der weiteren Analyse dienen. Ein Begriff von Religion wurde bestimmt, der offen ist für neue Entwicklungen der Religion und nicht apriori durch selektive Wahrnehmung ausschließt. Die Präzisierung der Religion soll in der Vielfalt einander ergänzender Perspektiven erfolgen. Weiter wurde der Prozeß der Modernisierung als Bedingungszusammenhang für das Entstehen neuer religiöser Überzeugungen genauer bestimmt. Pluralisierung und Individualisierung charakterisieren den Zusammenhang, in dem die westlichen Reinkarnationsvorstellungen sich etablieren können. Der Umfang der Verbreitung von Reinkarnationsvorstellungen im Westen gibt Anlaß, die Gründe hierfür ebenfalls im Westen und nicht im Einfluß östlicher Religionen zu sehen. In den folgenden Kapiteln wird es darum gehen, die westlichen Reinkarnationsvorstellungen differenziert wahrzunehmen.

110 Vgl. *Bock*, Wiederholte Erdenleben, aaO., 7.

111 *T.Brocher*, Wenn Kinder trauern, Reinbek b. Hamburg 1995, 19,ff, 25; *R.Sachau*, "Die Unsterblichkeit ist nicht Jedermanns Sache" in: Pädagogik 48 (1996) H.9, 24-27.

4. Westliche Reinkarnationsvorstellungen im 18. und 19. Jahrhundert

Für die Zeit von 1699 bis 1861 stellte Edmund Spieß in seiner "Entwicklungsgeschichte der Vorstellungen vom Zustande nach dem Tode" immerhin 30 Titel zusammen, die sich mit der Seelenwanderung befassen.[1] Mit der unter Philosophen und Theologen[2] einsetzenden Diskussion der westlichen Reinkarnationsvorstellungen "stoßen wir zugleich ständig auf die als häretisch unterdrückte Rück- und Schattenseite unserer eigenen abendländischen Geistesgeschichte, die in erstaunlicher Weise bei Lessing und Kant, Goethe und Schiller, Novalis und Heine, Schopenhauer und Wagner und anderen erneut zutage getreten ist."[3]

Bereits im 18. und 19. Jahrhundert lassen sich die grundlegenden Aspekte der Reinkarnationsvorstellungen in ihrer westlichen Gestalt aufzeigen. Lessings Schrift über "Die Erziehung des Menschengeschlechts", wird im Folgenden als ein frühes Zeugnis dieser Entwicklung herangezogen. Einige weitere Beispiele aus dem ausgehenden 18. Jahrhundert runden die Beobachtungen ab. Schopenhauers Reinkarnationsvorstellung, im 19. Jahrhundert geschrieben, stellt einen Grenzfall dar, insofern sie die Ambivalenzen der Moderne, insbesondere die Rationalitätskritik, thematisiert.

4.1 Die Reinkarnationsvorstellung bei Gotthold Ephraim Lessing

Lessing beschreibt die Heilsgeschichte als Erziehungsprozeß. Die Reinkarnationsvorstellung steht bei ihm im Schnittfeld von individueller und kollektiver Fortentwicklung und "im Interesse einer geschichtsphilosophischen Theodicee".[4] In der "Erziehung des Menschengeschlechts"[5] stellt Gotthold Ephraim Lessing (1729-1781) in einhundert Paragraphen seine pädagogische Theorie der Heils- und Religionsgeschichte vor: Gott erzieht sein Volk durch zunehmende und dem Entwicklungstand angepaßte Offenbarungen (§ 1f). Damit löst Lessing das Problem einer Verhältnisbestimmung von Vernunft und Offenbarung durch die Annahme

1 *E.Spieß*, Entwicklungsgeschichte der Vorstellungen vom Zustande nach dem Tode, Unveränderter Nachdruck der Ausgabe Jena 1877, Graz 1975, 31f.

2 Vgl. *R.Unger*, Zur Geschichte des Palingenesiegedankens im 18. Jahrhundert, in: DVfLG 2 (1924) H. 2, 257-274.

3 *Waldenfels*, Auferstehung, Reinkarnation, Nichts? AaO., 254.

4 *Unger*, Zur Geschichte des Palingenesiegedankens im 18. Jahrhundert, aaO., 271.

5 *G.E.Lessing*, Die Erziehung des Menschengeschlechts, Stuttgart 1987, 7-31.

einer fortschreitenden Entwicklung.[6] Seine Konzeption der Heilsgeschichte als pädagogisch beschriebene Entwicklungsgeschichte verbindet eine "theozentrisch bestimmte Sinndeutung der Geschichte" mit "anthropozentrischem Denken".[7] Aus den Heidenvölkern erzieht sich Gott das "verwilderte" Volk der Israeliten (§ 8f) als "die künftigen Erzieher des Menschengeschlechts" (§ 18). Lessing verzichtet auf die Gegenüberstellung von Altem und Neuem Testament und greift stattdessen auf die Dreizeitalterlehre des Joachim von Fiore zurück (§ 87), die er entwicklungspsychologisch auslegt.

Im ersten Zeitalter, in der Knabenzeit der Religion, dem das Alte Testament als "Elementarbuch" dient, ist die Lehre von der Unsterblichkeit der Seele noch nicht geoffenbart worden (§ 22), allerdings gebe es auch nichts, was dieser späteren Lehre entgegenstände (§ 27). Lessing entwickelt, wie das Judentum auf die neue Offenbarung in Christus vorbereitet wurde (§ 42 ff), da das alte Elementarbuch zur Erziehung nicht mehr ausreichte (§ 50 und 53). So wie das Kind, zum Knaben geworden, eine andere Erziehung braucht, so braucht auch die Menschheit zu ihrer Erziehung einen neuen Lehrer, Christus, der nun auch die Unsterblichkeit der Seele lehrt (§ 58).

Mit dem Neuen Testament ist ein zweites und besseres Elementarbuch der Menschheit gegeben (§ 64). Aber auch dieses wird allmählich überholt werden durch den Reifegrad der Menschheit (§ 72), denn das Ziel der Erziehung (§ 82), des Individuums wie der gesamten Menschheit, ist die Vollendung und Reife (§ 85). Darum entspricht auch die Überholung des Neuen Bundes der Absicht Gottes (§ 88). Das kommende neue, ewige Evangelium des dritten Zeitalters (§ 86 und 89) wurde bereits von den Schwärmern ungeduldig erwartet (§ 87 und 90), aber Erziehung braucht Zeit und Geduld.

Reinkarnation als Mittel bei der "Erziehung des Menschengeschlechts"

An dieser Stelle seines Gedankenganges geht Lessing auf die Reinkarnationsvorstellung ein, die er im Schnittpunkt von individualer und kollektiver Erziehung und Entwicklung installiert:

"§ 92 Du hast auf deinem ewigen Wege so viel mitzunehmen! so viele Seitenschritte zu tun! - Und wie? wenn es nun gar so gut als ausgemacht wäre, daß das große langsame Rad, welches das Geschlecht seiner Vollkommenheit näher bringt, nur durch kleinere schnellere Räder in Bewegung gesetzt würde, deren jedes sein einzelnes ebendahin liefert?

§ 93 Nicht anders! Eben die Bahn, auf welcher das Geschlecht zu seiner Vollkommenheit gelangt, muß jeder einzelne Mensch (der früher, der später) erst durchlaufen haben.

6 Vgl. *O.Mann*, Lessing, in: RGG^3 4, 327-330, 329.

7 Vgl. *A.Schilson*, Lessings Christentum, Göttingen 1980, 69.

- 'In einem und eben demselben Leben durchlaufen haben? Kann er in eben demselben Leben ein sinnlicher Jude und ein geistiger Christ gewesen sein? Kann er in eben demselben Leben beide überholet haben?'
§ 94 Das wohl nun nicht! - Aber warum könnte jeder einzelne Mensch auch nicht mehr als einmal auf dieser Welt vorhanden gewesen sein?"[8]

Da die kollektive Entwicklung nur durch Entwicklung der Individuen, aus denen sie sich zusammensetzt, möglich ist, muß jedem Individuum die Gesamtheit der Lebenserfahrungen zuteil werden. Diese Summe der Erfahrungen läßt sich aber nicht in einem Leben einholen, so daß eine Vielzahl von Leben im Interesse eines Erfahrungszuwachses und Entwicklungsfortschrittes nötig ist. Nachdem er die Erziehung durch Lohn und Strafe erwogen hat (§ 95 - 97), verteidigt Lessing den Gedanken der Reinkarnation gegen mögliche Einwände:

"§ 98 Warum sollte ich nicht so oft wiederkommen, als ich neue Kenntnisse, neue Fertigkeiten zu erlangen geschickt bin? Bringe ich auf einmal so viel weg, daß es der Mühe wiederzukommen etwa nicht lohnet?
§ 99 Darum nicht? - Oder, weil ich es vergesse, daß ich schon dagewesen? Wohl mir, daß ich das vergesse. Die Erinnerung meiner vorigen Zustände würde mir nur einen schlechten Gebrauch des gegenwärtigen zu machen erlauben. Und was ich auf itzt vergessen muß, habe ich denn das auf ewig vergessen?
§ 100 Oder, weil so zuviel Zeit für mich verloren gehen würde? - Verloren ? - Und was habe ich denn zu versäumen? Ist nicht die ganze Ewigkeit mein?"[9]

Lessing verbindet die Individualeschatologie mit dem Entwicklungsgedanken. Ausgehend von einer kollektiven Entwicklung muß er die durch den Tod abgebrochene individuelle Entwicklung durch den Gedanken der Reinkarnation rekonstruieren. Nur so kann der einzelne Mensch am Gesamtfortschritt des Menschengeschlechtes Anteil haben. Nur indem jedem einzelnen mehr Zeit gegeben wird, kann das Menschheitsziel mit dem individuellen Ziel identisch werden. Damit wird dem elementaren Bedürfnis nach Gleichheit und Gerechtigkeit Raum gegeben und zugleich die christliche Überzeugung vom Heilswillen Gottes über den bisherigen Rahmen hinaus universalisiert. Paul Tillich sieht den progressiven Gehalt in Lessings Lösung, mittels Reinkarnation die vor Christus Verstorbenen in die Erfüllung mit einzubeziehen.[10] Und Emanuel Hirsch erkennt hier eine Vorstellung, die aus dem "Humanitätsgedanken" und gerade nicht aus den indischen Vorstellungen erwachsen sei.[11]

In einer gegenüber dem Osten grundlegend veränderten Konzeption wird die Reinkarnation zu einer positiven Größe. Lessing formuliert maßgeblich die Grundelemente einer westlichen Reinkarnationsvorstellung auf dem Hintergrund eines aufklärerischen, christlich verpflichteten Humanismus. Die von ihm erfaßten Ele-

8 *Lessing*, Die Erziehung des Menschengeschlechts, aaO., 30.
9 *Lessing*, Die Erziehung des Menschengeschlechts, aaO., 31.
10 Vgl. *P.Tillich*, Vorlesungen über die Geschichte des christlichen Denkens II, Stuttgart 1972.
11 Vgl. *E.Hirsch*, Geschichte der neuern evangelischen Theologie 4, Gütersloh ^{3}1964, 128f.

mente der westlichen Reinkarnationsvorstellungen werden seitdem zwar noch variiert und ergänzt, unterscheiden sich in den Grundlagen aber nicht mehr wesentlich. Der Grundansatz bei Lessing ist der Gedanke der Entwicklung zu immer größerer Vollendung, einer Entwicklung, die mit dem individuellen Schicksal nicht zu verrechnen ist. In ihrem Gefolge kommt es zu einer Umbildung des christlichen Unsterblichkeitsgedankens.

Grundelemente westlicher Reinkarnationsvorstellungen bei Lessing

Die wesentlichen Grundelemente und Bedingungen für westliche Reinkarnationsvorstellungen, die bei Lessing grundlegend formuliert werden, lassen sich in zehn Punkten programmatisch zusammenfassen:

• Reinkarnation ist ein *positiver Gedanke*. Sie vermittelt neue Chancen und Möglichkeiten, sie entspricht einem neuen Lebensgefühl. "Der Gedanke hat ... für LESSING und seine ganze Periode etwas Berauschendes. Die Seelenwanderung verschafft den Zugang zu einem unendlich reicheren, tieferen, erfüllteren und beglückteren Leben."[12]

• Reinkarnation verspricht eine *Pluralisierung von Lebensmöglichkeiten*. "Verdankt sie doch unverkennbar dem Reiz der Phantasie, fremdartige Lebensformen zu durchdringen, zum Theil ihre Entstehung."[13] Sie hat ihre besondere Bedeutung dort, wo die Vielfalt der Erfahrungen selber ein Wert ist. "So deutet sich als Finale der Lessingschen Geschichtsphilosophie ein neues Lebensgefühl an, das sich theoretisch in einem Rückgriff auf die Lehre von der Reinkarnation entwickelt und das die Ewigkeit als ein Feld unendlicher Möglichkeiten der Entfaltung, Vervollkommnung und Beseeligung der menschlichen Persönlichkeit wie auch der Menschheit selbst erblickt."[14]

• Der *Fortschrittsgedanke* dominiert die Reinkarnationsvorstellungen im Westen, die entwicklungspsychologisch gefaßt werden. Individuum wie Menscheitskollektiv unterliegen einem Prozeß progressiver Vollendung. "Die Vollkommenheit steht nicht am Anfang, sondern am Ende der geschichtlichen Entwicklung."[15] Der zugrunde liegende Entwicklungsgedanke basiert auf einer *dynamisierten Weltauffassung*, die im "protestantischen Prinzip" bereits gegenüber den mittelalterlichen Ruhevorstellungen deutlich wurde. "Vollendung ist nicht Ruhe. Das Ziel ist nicht das Ende. Auch das Zeitalter der Vollendung ist bewegt. Für einen dynamischen Geist wie Lessing ist das Augustinische Ideal einer in sich ruhenden, nur noch schauenden Vollkommenheit unmöglich. Ein Leben, das nicht Ringen, nicht un-

12 *E.Benz*, Die Reinkarnationslehre in Dichtung und Philosophie der deutschen Klassik und Romantik, in: Resch (Hg.), Fortleben nach dem Tode, aaO., 317-356, 321.

13 *C.Rößler*, Neue Lessingstudien, in: PrJ 20 (1867) 268-284, 274.

14 *Benz*, Die Reinkarnationslehre in Dichtung und Philosophie, aaO., 322.

15 *G.Hornig*, Lessing, in: TRE XXI, 20-33, 26f.

endliche Bewegung ist, wäre entweder das göttliche Leben selbst oder der Tod. Menschliches Leben aber bleibt Fortschreiten über jedes erreichte Sein. Der dynamische Geist des Protestantismus formt das Endideal und macht es selbst dynamisch."[16]

• Westliche Reinkarnationsvorstellungen sind mit einem *pädagogischen* Denken verknüpft, die Geschichte wird als "göttliche Pädagogik" aufgefaßt.[17] Jedes Leben ist eine Entwicklungs- und Lernstufe, das Bild einer Schule legt sich nahe. Das Ziel ist die vollendete Einsicht und höchste Entwicklung der Persönlichkeit. Die Reinkarnationsvorstellung leitet zur ethischen Lebenspraxis an.

• Reinkarnationsvorstellungen begründen sich nicht allein aus intellektuellen Überlegungen, sondern wesentlich aus *Lebenserfahrungen*, die den Lern- und Entwicklungsweg begründen.[18]

• Mit der Reinkarnationsvorstellung wird ein rationales *Gleichheits- und Gerechtigkeitsempfinden* befriedigt. Das individuelle Einzelschicksal wird eingebettet in einen großen sinnvollen Gesamtzusammenhang der dynamischen Heilsgeschichte. Die Theodizee-Frage nach der Gerechtigkeit Gottes tritt infolge zurück. Die Auffüllung der Heilsgeschichte durch den Reinkarnations- und Entwicklungsgedanken löst die Frage nach der *Universalität des Heilswillens Gottes*. Auch die vorchristlichen Völker, die nichtchristlichen Religionen und die sündigen Individuen sind vom endgültigen Heilsziel nicht ausgeschlossen. Die Prädestinationslehre wird überflüssig. Reinkarnationsvorstellungen setzen den Gedanken der *Allversöhnung* voraus. Der Liebeswille Gottes wird größer angesehen, als sein Strafwille. "In dieser göttlichen Weltidee ist der Vollendungswille, weil er den Endzweck aussagt, sogar logisch früher zu setzen, als der Erlösungswille. Das grosse Endziel der Entwicklung des Menschengeschlechts ist volle Gemeinschaft mit Gott ... "[19]

• Die *Religionsgeschichte nach Christus* wird integriert. "Heidentum und Christentum sind nicht mehr ausschließliche Gegensätze. ... Anstelle des Gegensatzes tritt die Stufe, und die Konsequenz des Stufengedankens treibt auch über das Christentum hinaus. Das Christentum ist ein Moment des allgemeinen religionsgeschichtlichen Prozesses, der zugleich der Prozeß der göttlichen Pädagogik ist."[20]

• Die *Übereinstimmung der Reinkarnationsvorstellungen mit dem Christentum* kann betont werden, obwohl diese nicht im Neuen Testament zu finden ist. Das Christentum als historische Religion muß nicht das letzte Wort Gottes sein. Die Entwicklung zum Vollendungsziel ist mit Kreuz und Auferstehung nicht abgeschlossen, sondern hat dort seinen vorläufigen Höhepunkt bekommen. Die fortschreitende Offenbarung als pädagogische Veranstaltung öffnet das Bewußtsein für

16 *P.Tillich*, Lessing und die Idee einer Erziehung des Menschengeschlechts, iGW XII, Stuttgart 1971, 97-111, 108.

17 Vgl. *Tillich*, Lessing und die Idee einer Erziehung des Menschengeschlechts, aaO., 99.

18 Vgl. *Benz*, Die Reinkarnationslehre in Dichtung und Philosophie, aaO., 322.

19 *W.Friedrich*, Über Lessings Lehre von der Seelenwanderung, Leipzig 1890, 73.

20 *Tillich*, Lessing und die Idee einer Erziehung des Menschengeschlechts, aaO., 103.

die Einsicht der Reinkarnation, die erst jetzt aus ihrer esoterischen Verborgenheit ans Licht kommt.

• Das Jenseits steht nicht im Gegensatz zur Geschichte, sondern ereignet sich in ihr. Denn das reinkarnatorische Jenseits hebt die Immanenz nicht in Transzendenz auf, sondern bleibt letztlich dauerhaft auf dieses Leben und seine Manifestationen bezogen. Mit der ihr eigenen Rationalität und Logik überführen die westlichen Reinkarnationsvorstellungen das mythische *Jenseits in eine diesseitige Struktur.*[21] Reinkarnationsvorstellungen im Westen begründen sich im Diskurs zwischen emanzipiertem aufgeklärtem Bewußtsein und christlicher Überlieferung.[22] Sie wurzeln in der Tradition der Aufklärung.

• Die Reinkarnationsvorstellungen begründen die Hoffnung auf eine *persönliche Fortexistenz nach dem Tod*, denn die Einzelpersönlichkeit hat fundamentalen Wert. Die Individualität wird erhalten bleiben, denn die Geschichte hat als Heilsgeschichte nur dann Sinn, wenn "der Einzelne in der Geschichte zu seiner Erfüllung kommen kann" mit der er durch die Reinkarnation dauerhaft verbunden ist.[23] "Offenbarung ist nur möglich als Erziehung, d. h. als stufenweise Anpassung des Inhaltes an die Fähigkeiten der Individuen, denen die Offenbarung zu Theil wird. Mit anderen Worten: die Erziehung des Menschengeschlechts ist ein leeres Wort ohne die Identität des erzogenen Subjectes. Darum muß die Menschheit aus perennirenden Individuen bestehen ..."[24]

4.2 Die Idee der Reinkarnation im ausgehenden 18. Jahrhundert

Die von Lessing in der "Erziehung des Menschengeschlechts" angestellten Erwägungen zur Reinkarnation können als grundlegende Formulierung des Gedankens in seiner optimistischen Fassung unter den Bedingungen der Moderne angesehen werden. Sie stehen im Zusammenhang mit den Überlegungen weiterer Denker des 18. Jahrhunderts.[25] So kann Lessing auf Gottfried Wilhelm Leibniz (1646-1716)

21 Vgl. *Tillich*, Lessing und die Idee einer Erziehung des Menschengeschlechts, aaO., 110.

22 Vgl. *K.-F.Daiber*, Die Zukunft nach dem Tod, in: B.Mensen (Hg.), Jenseitsvorstellungen verschiedener Völker, Sankt Augustin 1985, 111-131, 112.

23 *Tillich*, Lessing und die Idee einer Erziehung des Menschengeschlechts, aaO., 108, vgl. 109.

24 *Rößler*, Neue Lessingstudien, aaO., 278.

25 *W.Dilthey*, Zu Lessing's Seelenwanderungslehre, in: PrJ 20 (1867) H. 4, 439-444, 443: Die "Lehre von den Wanderungen der Seelen auf verschiedenen Weltkörpern ... erwuchs im siebzehnten und achtzehnten Jahrhundert auf dem Grunde der astronomischen Entdeckungen, der sittlichen Bedürfnisse, physiologischer Annahmen welche besonders Leibniz zur Geltung brachte, ganz naturgemäß zu einer bemerkenswerthen Macht. ... Hier steht Lessing mitten in den Bewegungen des Jahrhunderts."

und dessen Lehre von den Monaden als Träger unzerstörbarer Kontinuität[26] zurückgreifen, die allerdings noch wesentliche Fragen offen läßt.[27] Das Problem der unzerstörbaren und immateriellen Monade ist ähnlich wie im Buddhismus: es bleibt unklar, welches der Träger der Kontinuität ist. Hatte Leibniz den Gedanken der Reinkarnation auf der Erde zurückgewiesen, so ist ihm die Erwägung einer Wiedergeburt auf anderen Himmelskörpern nicht fremd. Lessing verändert die Vorstellung und formuliert in der "Erziehung des Menschengeschlechts" die Reinkarnation auf dieser Erde, anders als Kant, auf den kurz eingegangen werden soll.

Immanuel Kant: Reinkarnation auf anderen Planeten

Die Vorstellung einer Reinkarnation auf anderen Planeten wird von Immanuel Kant (1724-1804) in der "Allgemeinen Naturgeschichte und Theorie des Himmels", einer Frühschrift von 1755, entwickelt. Kant äußert sich dort im dritten Teil unter der Überschrift "Von den Bewohnern der Gestirne" über die Möglichkeit einer Fortexistenz auf anderen Planeten.[28] Kant zieht aus den unterschiedlichen Entfernungen der Planeten zur Sonne den Schluß, daß deren Bewohner um so geistiger, weniger materiell und vollkommener seien, je weiter sie von der Sonne entfernt seien. Mit der Trägheit der Materie nehme umgekehrt auch Verderben und Tod zu. Die Erfahrung der sündigen Versuchung sei auf den mittleren Planeten Erde und Mars am stärksten, weil ihre Bewohner in der Spannung zwischen Materie und Geist stünden. Kants Schlußgedanken stehen Lessing intentional nahe: die Reinkarnation auf anderen Planeten dient der Vermehrung von Erfahrungen und der Fortentwicklung:

"Sollte die unsterbliche Seele wohl in der ganzen Unendlichkeit ihrer künftigen Dauer, die das Grab selber nicht unterbricht, sondern nur verändert, an diesen Punkt des Weltraumes, an unsere Erde jederzeit geheftet bleiben? Sollte sie niemals von den übrigen Wundern der Schöpfung eines näheren Anschauens teilhaftig werden? Wer weiß, ist es ihr nicht zugedacht, daß sie dereinst jene entfernte Kugeln des Weltgebäudes, und die Trefflichkeit ihrer Anstalten, die schon von weitem ihre Neugierde so reizen, von nahem soll kennen lernen? Vielleicht bilden sich darum noch einige Kugeln des Planetensystems aus, um nach vollendetem Ablauf der Zeit, die unserem Aufenthalte allhier vorgeschrieben ist, uns in andern Himmeln neue Wohnplätze zu bereiten. Wer weiß, laufen nicht jene Trabanten um den Jupiter, um uns dereinst zu leuchten?"[29]

26 Vgl. *H.Schepers,* Leibniz, in: RGG^3 4, 291-294, 292f.

27 Vgl. *Unger*, Zur Geschichte des Palingenesiegedankens im 18. Jahrhundert, aaO., 258ff.

28 *I.Kant*, Allgemeine Naturgeschichte und Theorie des Himmels, Werke 1, hg. von W.Weischedel, Darmstadt ^{5}1983, 219-396, hier: 377-396.

29 *Kant*, Allgemeine Naturgeschichte und Theorie des Himmels, aaO., 395.

Kant formulierte zwar keinen systematischen Reinkarnationsgedanken, aber die Vorstellung hat ihn offensichtlich zeitweise stark beschäftigt[30], auch wenn er den Gedanken später nicht mehr ausdrücklich verfolgte.

Johann Wolfgang von Goethe: Deutung schicksalhafter Wahlverwandtschaften

Einen ganz anderen Ton nimmt die Reinkarnationsvorstellung bei Johann Wolfgang von Goethe (1749-1832) an. Sie hat eine tröstende Wirkung angesichts der bedrängenden Erfahrung der Vergänglichkeit. Beschäftigt mit der Gedächtnisrede auf Wieland, äußert Goethe gegenüber J. D. Falk:

"... so sehe ich wirklich nicht ab, was die Monade, welcher wir Wielands Erscheinung auf unserem Planeten verdanken, abhalten sollte, in ihrem neuen Zustande die höchsten Verbindungen dieses Weltalls einzugehen. ... Ich würde mich so wenig wundern, ... wenn ich einst diesem Wieland als einer Weltmonade, als einem Stern erster Größe nach Jahrtausenden wieder begegnete ... Ich bin gewiß, wie Sie mich hier sehen, wohl schon tausendmal dagewesen und hoffe wohl noch tausendmal wiederzukommen."[31]

Goethe verknüpft, wie Ernst Benz anmerkt, "in eigentümlicher Weise Gedanken der Leibniz'schen Monadenlehre mit Ideen Swedenborgs".[32] Daneben ist es aber auch die Anschauung naturzyklischer Vorgänge, die ihn zur Darstellung der Reinkarnationsvorstellung anregen. Poetisch beschreibt er im "Gesang der Geister über den Wassern" (1779) das menschliche Schicksal:

"Des Menschen Seele / gleicht dem Wasser: / Vom Himmel kommt es, / Zum Himmel steigt es, / Und wieder nieder / Zur Erde muß es, / Ewig wechselnd."[33]

Aus Naturbildern kann Goethe im Alter Trost und Sicherheit gewinnen. Eckermann berichtet von einem Gespräch: "'Wenn einer fünfundsiebzig Jahre alt ist', fuhr er darauf mit großer Heiterkeit fort, 'kann es nicht fehlen, daß er mitunter an den Tod denke. Mich läßt dieser Gedanke in völliger Ruhe, denn ich habe die feste Überzeugung, daß unser Geist ein Wesen ist ganz unzerstörbarer Natur, es ist ein fortwirkendes von Ewigkeit zu Ewigkeit, es ist der Sonne ähnlich, die bloß unsern irdischen Augen unterzugehen scheint, die aber eigentlich nie untergeht, sondern unaufhörlich fortleuchtet.'"[34]

30 Vgl. *H.v.Glasenapp*, Kant und die Religionen des Ostens, Beihefte zum Jahrbuch der Albertus-Universität Königsberg/Pr., Kitzingen-Main 1954, 158ff.

31 Vom 25.1.1813, zit. nach *Benz*, Die Reinkarnationslehre in Dichtung und Philosophie, aaO., 330; vgl. *W.Fliedner*, Goethe und Christentum, Gotha 1930, 34.

32 *Benz*, Die Reinkarnationslehre in Dichtung und Philosophie, aaO., 329.

33 *J.W.Goethe*, Gesang der Geister über den Wassern, in: Werke, Erster Band, Gedichte. West-östlicher Divan, Frankfurt a.M. 1981, 101.

34 *J.P.Eckermann*, Gespräche mit Goethe in den letzten Jahren seines Lebens, Bd. 1. (1823-1827), Leipzig, Reclam o.J., 116f (2. Mai 1824).

Neu ist bei Goethe der Gedanke, durch Reinkarnation persönliche Beziehungen zu deuten. Als Interpretationskategorie persönlicher schicksalhafter Wahlverwandtschaften erweisen die westlichen Reinkarnationsvorstellungen ihre individualisierende Qualität. Über die von ihm verehrte Frau von Stein schreibt Goethe an Wieland (1776):

"Ich kann mir die Bedeutsamkeit - die Macht, die diese Frau über mich hat, anders nicht erklären als durch die Seelenwanderung. - Ja, wir waren einst Mann und Weib."[35] Und in einem Gedicht an Frau von Stein schreibt er: "Ach du warst in abgelebten Zeiten / Meine Schwester oder meine Frau."[36]

Dieser persönliche Gebrauch der Reinkarnationsvorstellung bei Goethe markiert ein neues Interesse, das über Lessing noch hinausgeht: Reinkarnation dient der Identitätsvergewisserung. Die Frage nach der persönlichen Identität wird mittels der Reinkarnationsvorstellung als Frage nach der persönlichen Herkunft gestellt: Woher komme ich? Die Reinkarnationsvorstellung erleichtert das Verständnis der eigenen kontingenten Existenz, insofern sie deren rätselhafte Unableitbarkeit aus der nahezu unendlichen Vorgeschichte erklärt.

Allerdings kommt es im Weimarer Kreis um Goethe auch zu heftigen Kontroversen um die Reinkarnationsvorstellung. Benz hat die in Dialogform verfaßten Beiträge der beiden Exponenten Johann Georg Schlosser (1739-1799) und Johann Gottfried Herder (1744-1803) sorgfältig nachgezeichnet.[37]

4.3 Die Reinkarnationsvorstellung bei Arthur Schopenhauer

DieVorstellung von Reinkarnation bei Arthur Schopenhauer (1788-1860) unterscheidet sich signifikant von den anderen westlichen Reinkarnationsvorstellungen. In der Annahme einer grundlegend leidhaften Welt, in der Verneinung der persönlichen Identität über den Tod hinaus und in der Ethik des Mitleids berührt sie Themen, die auch in den östlichen Reinkarnationsvorstellungen von Bedeutung sind. Dennoch ist die Philosophie Schopenhauers nicht nur unter den Voraussetzungen der westlichen Moderne entstanden, sondern bleibt auch dann auf diese bezogen, wenn sie deren Optimismus nicht teilt und einer grundlegenden Kritik unterzieht. Schopenhauer unterscheidet sich in seinem Reinkarnationskonzept von den bei Lessing herausgearbeiteten Kennzeichen durch die Betonung anderer Aspekte westlicher Denktradition. Obwohl seine Auffassungen sich wirkungsgeschichtlich nicht durchgesetzt haben, sondern randständig geblieben sind, ist es lohnend, seine anspruchsvolle Theorie nachzuvollziehen.

35 Zit. nach *Benz*, Die Reinkarnationslehre in Dichtung und Philosophie, .aaO., 328.
36 Zit. nach *Benz*, Die Reinkarnationslehre in Dichtung und Philosophie, aaO., 328.
37 *Benz*, Die Reinkarnationslehre in Dichtung und Philosophie, aaO., 333-344.

Der eine Gedanke: "Die Welt als Wille und Vorstellung"

Schopenhauers Reinkarnationsvorstellung ist nur auf dem Hintergrund seines theoretischen Grundkonzepts verständlich, der Beschreibung der ontologischen Struktur einer grundsätzlich alogischen Welt, die durch Leiden gekennzeichnet ist. Der Reinkarnationsvorstellung, als einem Mythos, kommt in dieser Welt keine positive Bedeutung zu, sondern sie ist rationale Deutung des Todesgeschehens am Ende des empirischen Lebens. Nur in der asketischen Lösung aus dieser Welt, darin stimmt Schopenhauer dem Buddhismus zu, erfolgt Erlösung. Aber er entwickelt diesen Gedanken in den Bahnen westlicher Denkvoraussetzungen, zusammengefaßt unter dem "einen Gedanken"[38], der seinem Hauptwerk den Titel gibt: "Die Welt als Wille und Vorstellung".[39]

Mit der Auffassung von der Welt als Vorstellung bewegt sich Schopenhauer in den von Kant angelegten Bahnen des transzendentalen Idealismus.[40] Die Besonderheit Schopenhauers liegt in dem Gedanken, den Ansatzpunkt seiner Philosophie nicht in der Erkenntnis, sondern allein im Willen zu suchen. "*Ding an sich* aber ist allein der *Wille*"[41], dessen Objektivation die Individualität ist.

Schopenhauer findet den Zugang zu seiner voluntaristischen Metaphysik aus der empirischen Naturbeobachtung, die ihm Anlaß dazu gibt, die Selbstreflexivität des Menschen nicht als zentrales Konstitutivum von Leben aufzufassen, sondern dieses im Willen zum Leben, der "ursprünglich erkenntnislos und blind ist"[42], als einer transindividuellen und transhumanen Kraft begründet zu sehen.

Mit seiner Willenskonzeption wendet er sich von den optimistischen Auffassungen der Aufklärung ab und betont dagegen die bleibende Ambivalenz menschlicher Existenz, die sich als dem Willen unterliegend erlebt. Wichtig ist, daß in der voluntaristischen Philosophie Schopenhauers der Wille nicht im Sinne menschlicher Absichten verstanden wird, sondern daß Wille als ontologischer Begriff verstanden wird.

Die Reinkarnation des Willens und der wünschenswerte Untergang des Individuums

Aus der Willenskonzeption entwirft Schopenhauer seine Auffassung vom Tod. In ihm enden die bewußten Funktionen des Menschen, er versinkt in einen Zustand

38 Vgl. die Hinführung von *R.Malter*, Der eine Gedanke, Darmstadt 1988.

39 Zitiert wird nach der fünfbändigen Werkausgabe: *A.Schopenhauer*, Sämtliche Werke. Textkritisch bearbeitet und herausgegeben von W.Frhr.v.Löhneysen, Frankfurt a.M. 1986.

40 Vgl. *H.J.Störig*, Kleine Weltgeschichte der Philosophie, Frankfurt a.M. 1992, 512f; *Hirsch*, Geschichte der neuern evangelischen Theologie 5, aaO., 601-609, 602.

41 *Schopenhauer*, Die Welt als Wille und Vorstellung I, aaO., 170.

42 *Schopenhauer*, Die Welt als Wille und Vorstellung II, aaO., 594.

nonreflexiver Art, dem Schlaf vergleichbar.[43] Schopenhauer versucht eine Bestimmung des Todes zu konzipieren, die weder den Tod als absolute Vernichtung versteht[44], noch von einer unsterblichen Seele ausgeht.[45] Er sieht seine dazwischen stehende Auffassung empirisch begründet: Das individuelle Leben, der einzelne Mensch und sein Bewußtsein, erlischt sichtlich im Tod, nicht aber das Prinzip des Lebens, als dessen Manifestation das einzelne Leben anzusehen ist.[46]

In der Auffassung vom Untergang der menschlichen Individualität im Tod zeigt sich die ganze Distanz Schopenhauers zu den optimistischen Auffassungen der Aufklärung. Für ihn ist der Tod "ein Schlaf, in welchem die Individualität vergessen wird"[47], das Bewußtsein versinkt und die Person aufhört zu existieren, allein der unbewußte Wille zum Leben bleibt, der auch nicht aufgehoben werden kann:[48]

"Nach deinem Tode wirst du sein, was du vor deiner Geburt warst."[49] "Wie dementsprechend das Individuum keine Erinnerung seines Daseins vor seiner Geburt hat, so kann es von seinem jetzigen keine nach dem Tode haben."[50]

Allein der Wille zum Leben übersteht den Tod, so wie der Mensch auch im Schlaf unbewußt weiter lebt und am Morgen erwacht, so frischt sich das Leben in neuer Geburt auf.[51] Wird der Tod in seiner Bedeutung durch die Relativität der Zeit destruiert, so gilt gleiches auch für das Individuum als einer zeitabhängigen Größe.[52] Tod und Geburt sind als oszillierende Bewegung zusammenzufassen, in denen sich allein der Wille zum Leben als kontinuierende Größe manifestiert: Die Welt ist Wille. "Nun denke man sich jenen Wechsel von Tod und Geburt in unendlich schnellen Vibrationen, und man hat die beharrliche Objektivation des Willen, die bleibenden Ideen der Wesen vor sich".[53]

Mit dem sterbenden Leben verschwindet das individuelle Bewußtsein im Tod, verfällt dem Vergessen, um mit der Geburt aufgefrischt und neu konstituiert zu werden. Hier wird das Grundkonzept von Reinkarnation sichtbar: der Mensch geht von Verkörperung zu Verkörperung, jedoch nicht in Kontinuität der Individualität, sondern in Persistenz des Lebens selbst.

43 Vgl. *Schopenhauer*, Die Welt als Wille und Vorstellung II, aaO., 598f.

44 Vgl. *Schopenhauer*, Die Welt als Wille und Vorstellung II, aaO., 592.

45 Damit bricht er "mit der Bestimmung oder Deutung des Todes als Trennung von Leib und Seele", vgl. *P.Kampits*, Tod und Individualität, in: Zeit der Ernte. Studien zum Stand der Schopenhauer-Forschung, hg. W.Schirmacher, Stuttgart/Bad Cannstatt 1982, 113-120, 114.

46 *Schopenhauer*, Die Welt als Wille und Vorstellung II, aaO., 634.

47 *Schopenhauer*, Die Welt als Wille und Vorstellung I, aaO., 384.

48 Vgl. *Schopenhauer*, Die Welt als Wille und Vorstellung II, aaO., 632f.

49 *Schopenhauer*, Parerga und Paralipomena II, aaO., 317.

50 *Schopenhauer*, Die Welt als Wille und Vorstellung II, aaO., 627.

51 Vgl. *Schopenhauer*, Die Welt als Wille und Vorstellung II, aaO., 639.

52 Vgl. *Schopenhauer*, Parerga und Paralipomena II, aaO., 318f.

53 *Schopenhauer*, Die Welt als Wille und Vorstellung II, aaO., 612.

"Das Sterbende geht unter: aber ein Keim bleibt übrig, aus welchem ein neues Wesen hervorgeht, welches jetzt ins Dasein tritt, ohne zu wissen, woher es kommt und weshalb es gerade ein solches ist, wie es ist. Dies ist das Mysterium der *Palingenesie*".[54]

Die Individualität erscheint in Schopenhauers Konzept demgegenüber geradezu als ein Mangel, ihr Untergang scheint wünschenswert: "Unsterblichkeit der Individualität verlangen heißt eigentlich einen Irrtum ins Unendliche perpetuieren wollen."[55] Schopenhauers Reinkarnationsvorstellung lenkt den Blick auf das spannungsvolle Verhältnis von Individualität und Allgemeinem[56], indem Individualität, im Gegensatz zum Hauptstrom der Moderne, als "Beschränkung"[57] und Irrung bezeichnet wird, ihr Untergang ist als Akt der Befreiung anzusehen. "Das Sterben ist der Augenblick jener Befreiung von der Einseitigkeit einer Individualität, welche nicht den innersten Kern unsers Wesens ausmacht, vielmehr als eine Art Verirrung desselben zu denken ist".[58] Würde dem Menschen die Bedingtheit seiner Individualität bewußt werden, würde er sie willig fahrenlassen, seine Anhänglichkeit belächeln und sagen:

"'Was kümmert der Verlust dieser Individualität mich, der ich die Möglichkeit zahlloser Individualitäten in mir trage?'"[59]

Dieses Argument scheint der Reinkarnationsauffassung Lessings sehr nahe zu kommen, und doch beruht es auf diametral verschiedenen Voraussetzungen. Geht es Lessing um die Integration vielfältiger Erfahrungen in die eine, sich entwickelnde Individualität, will Schopenhauer gerade diese Individualität abwerten und im Strom der Erfahrungen und Möglichkeiten, die er als Selbstexplikation des Willens zum Leben interpretiert, untergehen lassen. Die Differenz der beiden Reinkarnationskonzepte wird an den unterschiedlichen Gottesauffassungen noch deutlicher. War bei Lessing die Geschichte als pädagogische Einrichtung Gottes verstanden, lehnt Schopenhauer jeden Rekurs auf einen persönlichen Gott entschieden ab.

Präexistenz statt Schöpfung

Der Kern der Theismuskritik Schopenhauers betrifft die Schöpfungslehre, die er zugunsten einer Präexistenzvorstellung aufgibt. Die Präexistenzvorstellung ist argumentationslogisch die Voraussetzung seiner Überzeugung vom Fortbestand des Lebens nach dem Tod: Was nicht vor dem Leben besteht, kann auch nicht nach dem Tod Bestand haben. Umgekehrt ist davon auszugehen, daß eine Präexistenz

54 *Schopenhauer*, Parerga und Paralipomena II, aaO., 326.
55 *Schopenhauer*, Die Welt als Wille und Vorstellung II, aaO., 628.
56 Vgl. *Kampits*, Tod und Individualität, aaO., 117f.
57 *Schopenhauer*, Parerga und Paralipomena II, aaO., 333.
58 *Schopenhauer*, Die Welt als Wille und Vorstellung II, aaO., 650.
59 *Schopenhauer*, Die Welt als Wille und Vorstellung II, aaO., 628.

vor dem Leben notwendigerweise eine Existenz nach demselben beinhalten müsse: "... eine unendliche Zeit ist vor meiner Geburt abgelaufen; was war ich alle jene Zeit hindurch? ... Auch lassen alle Beweise für die Fortdauer nach dem Tode sich ebensogut 'in partem ante' wenden, wo sie dann das Dasein vor dem Leben demonstrieren "[60] Schopenhauer bewegt sich mit seiner Auffassung von Reinkarnation auf der Grundlage, die schon in der alten Kirche diskutiert wurde: Denn ohne Präexistenz gibt es auch keine Reinkarnation.

Einen Vorteil der Reinkarnationsvorstellung sieht Schopenhauer darin, daß sie das Jenseitige unmittelbar einlöse, im Wiedersehen, das sich schon jetzt ereignet, "jedoch inkognito: nämlich im Kreislauf der Geburten und kraft der Metempsychose oder Palingenesie ..."[61] und in der direkten innerweltlichen Buße für die Verfehlungen des Lebens und die Erbsünde.[62] Zusätzlich sprechen Plausibilität und Logik für den Gedanken der Reinkarnation: "Auch habe ich bemerkt, daß er jedem, der zum erstenmal davon hört, sogleich einleuchtet."[63] Der wichtigste Einwand gegen die Logik der Reinkarnation, nämlich keine Erinnerung an vorherige Leben zu besitzen, fällt mit Schopenhauers Konzeption weg. Erinnerung ist an den Intellekt gebunden, der im Tod vergeht, während nur der erkenntnis- und erinnerungslose Wille bleibt.[64] Es läßt sich das Geheimnis der Verbindung zwischen einem vergehenden und einem entstehenden Leben im Einzelfall nicht erhellen.[65]

Schopenhauers "Nirvana" und die Ethik des Mitleids

Ziel- und Höhepunkt der Philosophie Schopenhauers ist die Aufhebung des Willens zum Leben, seine "Verneinung" als Befreiung aus dem Kreislauf der Wiedergeburten und aus der leidhaften Existenz.[66] Erst indem dem Grundbestand des Seins absichtslos, interessenlos begegnet wird, erfolgt Befreiung:

"Wir bekennen es vielmehr frei: was nach gänzlicher Aufhebung des Willens übrigbleibt, ist für alle die, welche noch des Willens voll sind, allerdings nichts. Aber auch umgekehrt ist denen, in welchen der Wille sich gewendet und verneint hat, diese unsere so sehr reale Welt mit allen ihren Sonnen und Milchstraßen - nichts."[67]

Die Lösung von der Welt und ihren Verstrickungen gelingt nach Schopenhauer nicht mittels der Todespassage in eine bessere oder zumindest andere Welt. Lösung bedeutet bei ihm die vollständige innere Distanznahme zu einer als wertlos durchschauten Welt. Dieses scheint ihm der Kern der "pessimistischen" Religio-

60 *Schopenhauer*, Die Welt als Wille und Vorstellung II, aaO., 596.
61 *Schopenhauer*, Die Welt als Wille und Vorstellung II, aaO., 645.
62 Vgl. *Schopenhauer*, Die Welt als Wille und Vorstellung II, aaO., 648 und 773f.
63 *Schopenhauer*, Die Welt als Wille und Vorstellung II, aaO., 647.
64 *Schopenhauer*, Die Welt als Wille und Vorstellung II, aaO., 642f.
65 Vgl. *Schopenhauer*, Die Welt als Wille und Vorstellung II, aaO., 644.
66 Vgl. *R.Malter*, Erlösung durch Erkenntnis, in: Zeit der Ernte, aaO., 41-59.
67 *Schopenhauer*, Die Welt als Wille und Vorstellung I, aaO., 558.

nen zu sein, des Brahmanismus, des Buddhaismus und des ursprünglichen neutestamentlichen Christentums, dessen asketischer, weltverneinender Geist nach seiner Auffassung große innere Nähe zu den Religionen Indiens aufweist.[68] Der Gedanke der Verneinung des Willens zum Leben steht nicht für sich, sondern im Dienste der Begründung einer Ethik des Mitleids. Mit der Zuspitzung seiner Philosophie in der Ethik bewegt sich Schopenhauer in den Bahnen aufklärerischer Religionsauffassung und ihres Interesses an der Begründung von Moral. Allerdings tritt bei Schopenhauer das Mitleid an die Stelle der Vernunft als Begründungsinstanz ethischen Handelns. Das Mitleid muß bei ihm als Akt praktischer Mystik verstanden werden:[69]

"Sagen, daß Zeit und Raum bloße Formen unserer Erkenntnis, nicht Bestimmungen der Dinge an sich sind, ist dasselbe wie sagen, daß die Metempsychoselehre - 'Du wirst einst als der, den du jetzt verletzest, wiedergeboren werden und die gleiche Verletzung erleiden' - identisch ist mit der oft erwähnten Brahmanenformel 'tat tvam asi - dies bist du'."[70]

Schopenhauers Reinkarnationsvorstellung in einer ungewissen Moderne

An Schopenhauers Vorstellungen vom Tod und der Reinkarnation lassen sich typische Elemente herausarbeiten. Anders als bei Lessing ist seine Moderne gebrochen und ambivalent, ihres Optimismus ungewiß. Schopenhauer spricht Gedanken aus, die erst in den Krisenerfahrungen des zwanzigsten Jahrhunderts allgemein zum Tragen kommen. Im Folgenden werden die wesentlichen Elemente der Reinkarnationsauffassungen Schopenhauers zusammengefaßt.

Schopenhauer beansprucht die *östlichen Religionen* stärker als andere europäische Philosophen für seine Argumentation. Wenn Schopenhauer jedoch als Exponent asiatischer Religion im europäischen Kontext angesehen wird, dann wird dabei nicht beachtet, daß Schopenhauer seine Auffassungen in den Grundzügen ohne Kenntnis der Religionen Asiens entwickelte.[71] Auch Schopenhauer bildet keine

68 Vgl. *Schopenhauer*, Die Welt als Wille und Vorstellung II, aaO., 773.

69 Schopenhauer kann "das Mitleid das große Mysterium der Ethik" nennen, vgl. *Schopenhauer*, Preisschrift über die Grundlage der Moral, in: ders., Kleinere Schriften, Sämtliche Werke III, 629-813, 741, 763, 811.

70 *Schopenhauer*, Die Welt als Wille und Vorstellung II, aaO., 770.

71 *Schopenhauer*, Die Welt als Wille und Vorstellung II, aaO., 218, betont, daß er erst später die ihn so beeindruckenden Schriften Indiens gelesen habe: "Wollte ich die Resultate meiner Philosophie zum Maßstabe der Wahrheit nehmen, so müßte ich dem Buddhaismus den Vorzug vor den andern zugestehn. Jedenfalls muß es mich freuen, meine Lehre in so großer Übereinstimmung mit einer Religion zu sehn, welche die Majorität auf Erden für sich hat; da sie viel mehr Bekenner zählt als irgendeine andere. Diese Übereinstimmung muß mir aber um so erfreulicher sein, als ich bei meinem Philosophieren gewiß nicht unter ihrem Einfluß gestanden

Ausnahme von der These einer westlichen Reinkarnationsvorstellung. Er ist, wie seine geistigen Gegner, Teil der westlichen Moderne, und seine Bemühungen um die Aufnahme östlichen Gedankengutes sind im Gestus, wie in der Auswahl von westlichen Gedankenführungen bestimmt.

Yasuo Kamata versucht Schopenhauers Philosophie in einem Aufsatz für das "geschichtlich-interkulturelle Gespräch zwischen Ost und West" fruchtbar zu machen und behauptet, daß sie ein Feld eröffne, "in dem das ostasiatische Denken ins offene, d.h. kulturgeschichtlich nicht einseitig belastete Gespräch mit dem europäischen kommen könnte."[72] Diese Auffassung scheint aufs Ganze zu einfach zu sein, auch wenn Kamata wichtige Strukturanalogien im Denken Schopenhauers und im Mahayana-Buddhismus belegen kann. Kamata übersieht die grundlegenden Unterschiede. Sehr kritisch äußert sich dagegen Icilio Vecchiotti, der die Aufnahme Schopenhauers bei indischen Philosophen und Denkern untersucht hat und der fundamentale Unterschiede sieht.[73] Er macht auf die Gefahr der kulturimperialistischen Vereinnahmung Asiens durch moderne Europäer aufmerksam und weist auf die Verkürzung der Wahrnehmung indischer Kultur hin, wenn sie über Schopenhauer und andere vermittelt werde.[74] Auch Maria Marchel, die Schopenhauers Reinkarnationsvorstellungen auf ihre Eigenarten hin untersucht, kann zwar eine Verwandtschaft zum Buddhismus feststellen, betont aber im Ergebnis die Differenz: "Zusammenfassend läßt sich sagen, daß Schopenhauers Gedanken zur Reinkarnation, trotz innerer Verwandtschaft und Parallelen zu den indischen Systemen, keiner Reinkarnationslehre völlig subsummierbar sind."[75] Auch an Schopenhauer ist zu sehen: Er geht an die ihm zur Verfügung stehenden Quellen östlicher Religionen und Philosophien mit westlichem Blickwinkel heran. Auch er funktionalisiert östliche Religion im eigenen Erkenntnisinteresse, diese umformend und letztlich synkretistisch inkulturierend.[76]

Wie sehr Schopenhauer ein Vertreter der westlichen Moderne ist, hat Hans Ebeling herausgearbeitet. Ebeling sieht in Schopenhauer den *modernen Kritiker der Moderne*, der dieser "wie ihren Theoretikern die Autarkie der bloßen Selbstbezüglichkeit" raube und "das allzu beseeligende Glück, das Voranschreiten der Moderne

habe. Denn bis 1818, da mein Werk erschien, waren über den Buddhaismus nur sehr wenige höchst unvollkommene und dürftige Berichte in Europa zu finden ..."

72 Vgl. *Y.Kamata,* Schopenhauer, Hegel, Vasabhandu, in: Zeit der Ernte, aaO., 228-239, 239.

73 *I.Vecchiotti,* Schopenhauer im Urteil der modernen Inder, in: J.Salaquarda (Hg.), Schopenhauer, Darmstadt 1985, 177-189.

74 Vgl.*Vecchiotti,* Schopenhauer im Urteil der modernen Inder, aaO., 178f, 182.

75 *M.Marchel,* Der Gedanke der Reinkarnation bei Schopenhauer, in: Zeit der Ernte, aaO., 128-134, 134.

76 *Schopenhauer,* Die Welt als Wille und Vorstellung I, aaO., 487: "In Indien fassen unsere Religionen nie und nimmermehr Wurzel: die Urweisheit des Menschengeschlechts wird nicht von den Begebenheiten in Galiläa verdrängt werden. Hingegen strömt indische Weisheit nach Europa zurück und wird eine Grundveränderung in unserm Wissen und Denken hervorbringen."

sei aus sich selbst heraus als eine Bewegung zum Besseren gewährleistet", zerstört.[77] Ebeling entfaltet diesen Gedanken in Bezug auf Freiheit, Gleichheit und Sterblichkeit. Die Vorstellung der Freiheit des Subjektes und seine Selbstverfügung wird von Schopenhauer als notwendig an seinen Voraussetzungen scheiternd durchschaut und durch das Konzept des unfreien Willens ersetzt.[78] Ebenso wird das Projekt der Moderne, Gleichheit herstellen zu wollen, kritisiert, da dieses eine nicht gegebene Freiheit voraussetzt.[79] Schließlich läßt Schopenhauer die Auffassung von einem unzerstörbaren, wahren individuellen Wesen hinter sich und streift das Postulat einer unsterblichen Seele ab.[80] In seiner Kritik der Moderne erweist sich Schopenhauer als ungemein modern, insofern er die Aufklärung als Aufklärer in den Blick nimmt und aufgrund empirischer Beobachtung ihre Grenzen nachzeichnet.

Schopenhauer *bricht mit dem Fortschrittsgedanken*, als einer optimistischen Hoffnung. Folglich ist seine Reinkarnationsvorstellung, anders als in den meisten westlichen Reinkarnationsvorstellungen, vom Entwicklungsgedanken abgekoppelt. Reinkarnation erscheint als ein logischer und notwendiger Gedanke, aber sie ist eingebettet in eine grundsätzlich pessimistische Weltsicht. Diese Auffassung läßt Schopenhauer in die Nähe des Buddhismus rücken, aber es ist eine Verwandtschaft der "Stimmung", nicht der philosophischen Anschauung, denn Schopenhauer lehnt den steuernden Karma-Gedanken ab, für ihn ist *Reinkarnation wesentlich zielblind*. Schopenhauer beendet den Gedanken der individuellen Fortentwicklung nach dem Tod. Erlösung wird bei ihm nicht evolutiv angezielt, sondern asketisch, weltverneinend verwirklicht. Dieser Gedanke hat sich in den nachfolgenden Reinkarnationvorstellungen des Westens nicht durchgesetzt.

Der Gedanke einer *pädagogischen Weltlenkung scheitert* an der negativen Welterfahrung. Angesichts der Unmöglichkeit, zu einer befriedigenden Theodizee zu gelangen, erweist sich der Gedanke eines pädagogisch handelnden Gottes als unerträglich. Schopenhauer gibt die Vorstellung eines persönlichen Schöpfergottes und besonders den Gedanken der Creatio ex nihilo zugunsten einer Präexistenzvorstellung auf[81], die wesentlich seine Reinkarnationsvorstellung begründet.

Die *Verneinung des Individuums* und die Auffassung, daß dieses im Tod ende, gehört zu den herausfordernden Gedanken Schopenhauers. Er entlarvt die Auffassung einer unsterblichen Seele, wenn sie als Ausdrucksgestalt individueller postmortaler Kontinuität verstanden wird, als Produkt westlicher Sehnsucht, die aus Egoismus und Todesfurcht entspringt. Er "bricht vor allem mit der Bestimmung

77 *H.Ebeling*, Freiheit. Gleichheit. Sterblichkeit, in: Salaquada (Hg.), Schopenhauer, aaO., 299-313, 299.

78 Vgl. *Ebeling*, Freiheit. Gleichheit. Sterblichkeit, aaO., 302.

79 Vgl. *Ebeling*, Freiheit. Gleichheit. Sterblichkeit, aaO., 305f.

80 Vgl. *Ebeling*, Freiheit. Gleichheit. Sterblichkeit, aaO., 308.

81 Zu Schopenhauers Gottesbegriff vgl. W.*Weimer*, Schopenhauer und der Atheismus, in: Zeit der Ernte, aaO., 364-373.

oder Deutung des Todes als Trennung von Leib und Seele."[82] Der in Schopenhauers Sicht wünschenswerte Untergang des Individuums als Befreiung von sich selbst wird das narzißtische moderne Selbstbewußtsein kränken. Aber, wie Hans Ebeling bemerkt, auch Schopenhauer dringt nicht bis zur letzten Konsequenz vor, weil er mittels des Gattungsprinzips eine transmortale, wenn auch kollektive Beständigkeit behauptet.[83]

Scheinbar dem letzten Gedanken widersprechend ist auch Schopenhauers Konzept der Betonung des *Individuellen gegen alle Kollektivierungen* verpflichtet. Die Ent-Individualisierung im Tode darf nicht mit der individualistischen Grundhaltung verwechselt werden, die auch seine Religionstheorie bestimmt, in der zwischen der wahren, individuellen Religion und ihren unwahren Institutionsgestalten unterschieden wird. Ihnen kann bestenfalls pädagogischer Nutzen als "Volksmetaphysik", als "Wahrheit im Gewande der Lüge" unterstellt werden. Schopenhauers Religionskritik betrifft wesentlich die religiöse Institution, der er nur vorläufige und nicht weit genug reichende Bedeutung beimißt. Schopenhauer betreibt Religionskritik im Interesse der besseren Religion. Wie Søren Kierkegaard zielt auch sein Denken auf ein wahres Christentum, daß sich von den kollektivierenden Zwängen emanzipiert hat.

In einer Welt, die wesentlich leidvoll ist, hat die *Vielfalt keinen Wert*. Was bei Lessing als Glück und Gewinn erschien, die Vermehrung der Erfahrungen, wird bei Schopenhauer zum Anlaß asketischen Rückzugs. An die Stelle der ungebrochenen Lebensbejahung tritt das Konzept der Verneinung des Willens zum Leben als Erlösung vom Leben.[84] Dem entspricht in Schopenhauers Ethik die zentrale Stellung des Mitleids als Zuwendung zum Anderen als einem kommunikativen Akt.[85]

Reinkarnationsvorstellungen im 18. und 19. Jahrhundert

Aus den kurzen Andeutungen bei Lessing liessen sich bereits wesentliche Grundelemente der westlichen Reinkarnationsvorstellungen herausarbeiten: Optimismus, Individualität, Lust an der Vielfalt. An Goethe konnte die persönliche Applizierung des Gedankens der Reinkarnation auf die eigene Existenz und insbesondere auf mitmenschliche Beziehungen beobachtet werden. In Schopenhauers Werk liegt eine argumentativ aufwendig vorbereitete Reinkarnationsvorstellung vor, die bereits die Ambivalenzen der Moderne reflektiert. Die im 18. und 19. Jahrhundert von einzelnen vorgetragenen Gedanken lassen sich auch in den vielfältigen Reinkarnationsvorstellungen des 20. Jahrhunderts wiederentdecken.

82 *Kampits*, Tod und Individualität, aaO., 114.
83 Vgl. *Ebeling*, Freiheit. Gleichheit. Sterblichkeit, aaO., 308f.
84 Vgl. *Malter*, Erlösung durch Erkenntnis, aaO.
85 Vgl. *Ebeling*, Freiheit. Gleichheit. Sterblichkeit, aaO., 311f.

5. Die Vielfalt westlicher Reinkarnationsvorstellungen - eine Übersicht in Beispielen

Die Verbreitung der westlichen Reinkarnationsvorstellungen an Beispielen aus den unterschiedlichsten Milieus darzustellen, ist das Ziel dieses Kapitels. Die Tour d'horizon führt hinein in die heterogenen religiösen Lebenswelten der Moderne. Die Reinkarnationsvorstellung beweist sich als Leitmotiv bei der Untersuchung von Religiosität in der Moderne. Religion und Religiosität werden in Zusammenhängen aufgespürt, die mit einem inhaltlich-substantiellen Religionsbegriff nicht in den Blick gekommen wären. Die Übersicht über die Vielfalt westlicher Reinkarnationsvorstellungen belegt die These von Ernst Benz, daß die Reinkarnationsvorstellungen aufgrund ihrer Anpassungs- und Wandlungsfähigkeit in der Lage sind, sich in unterschiedlichen Subkulturen und Milieus zu etablieren.

Die Rekonstruktion der Reinkarnationsvorstellungen bei Lessing und Schopenhauer im vorangegangenen Kapitel konnte einen ersten Einblick in die westlichen Reinkarnationsvorstellungen geben und auf einige wesentliche Elemente aufmerksam machen. Die Faszination, die von Reinkarnationsvorstellungen ausgeht, erschließt sich im breiten Überblick aber noch einmal anders als in der Präzision der Einzelstudien zu Steiner, Dethlefsen und MacLaine (Kapitel 6-8). Darum werden im Folgenden Reinkarnationsvorstellungen aus unterschiedlichen Bereichen dargestellt. Die Vielfalt mag überraschen. Zur systematischen Anordnung dienen die verschiedenen sozialen Trägerstrukturen, auf die in Kapitel 14 noch einmal eingegangen werden wird. Der Überblick erfolgt in zehn Abschnitten:

In *Thanatologie* (5.1) und *Parapsychologie* (5.2) treten die Reinkarnationsvorstellungen im Kommunikationszusammenhang der Wissenschaften auf. Reinkarnationerfahrungen unter Einfluß von *Drogen* (5.3) können sowohl unter wissenschaftlichen Bedingungen stattfinden, wie auch Ausdruck individueller Sinnsuche sein, wobei wiederum Übergänge in therapeutische Szenen zu beobachten sind. In *Okkultismus* (5.4), *Spiritismus* (5.5) und *New-Age-Bewegung* (5.6) sind Reinkarnationsvorstellungen zu entdecken, ihnen gemeinsam ist die Sozialstruktur des Netzwerkes. In manchen subkulturellen Organisationsformen mit "Sektencharakter" (5.7) wie der *Scientology Kirche*" und dem "*Universellen Leben*" gehören Reinkarnationsvorstellungen zum Kernbestand der Lehre. Im kirchlich organisierten *Christentum* (5.8) stehen sie am Rande. Schließlich sind Reinkarnationsvorstellungen in der *Kultur* (5.9) auf der Ebene der Gesamtgesellschaft zu erkennen, wie auch statistische Daten und *Umfrageergebnissen* (5.10) zeigen.

5.1 Sterbeforschung - das Beispiel: Elisabeth Kübler-Ross

Die Thanatologie "als Wissenschaft vom Tode befaßt sich mit allen Aspekten von Sterben, Tod und Trauer".[1] Sie untersucht psychische Prozesse und Einstellungen[2], sie beschäftigt sich mit den sozialen Bedingungen des Sterbens[3] und der sozialen Integration des Todes. Als Sterbebeistandsforschung befaßt sie sich mit dem Erleben des Sterbens anderer und mit den Begleitmöglichkeiten in Pflege und Seelsorge. Die gesellschaftliche "Ausbürgerung des Todes"[4], Ängste und Tabubildungen haben die Bereitschaft im Verborgenen wachsen lassen, die thanatologischen Phänomene nicht nur wissenschaftlich, sondern auch weltanschaulich und religiös zu deuten und dabei die Vorstellung der Reinkarnation heranzuziehen.

Diese Überschreitung der erkenntnistheoretischen Todesgrenze ist an Äußerungen von Elisabeth Kübler-Ross exemplarisch nachvollziehbar[5], die durch die Darstellung der verschiedenen Phasen des Sterbens bekannt wurde.[6] Ihr Einsatz für die gesellschaftliche Akzeptanz sterbender Menschen[7] und eine humane Sterbebegleitung, ihre Untersuchungen zur symbolischen Sprache der Sterbenden[8] und ihre Arbeit mit Todkranken, Sterbenden und Trauernden[9] sind immer wieder gewürdigt worden.[10] Kübler-Ross vertritt jedoch eine weltanschauliche Deutung des Todes, die besonderer Aufmerksamkeit bedarf. Ausgangspunkt sind die Erfahrungen in Todesnähe, die immer wieder von Patienten geschildert und von zahlreichen Autoren dargestellt worden sind.[11]

1 *F.Rest*, Thanotologie, in: A.Eser u.a. (Hg.), Lexikon Medizin, Ethik, Recht, Freiburg i.Br. 1992, 1155-1159, 1155.

2 Vgl. *J.Wittkowski*, Tod und Sterben, Heidelberg 1978; *ders.*, Psychologie des Todes, Darmstadt 1990.

3 Vgl. *G.Schmied*, Sterben und Trauern in der modernen Gesellschaft, München 1988; *K.Feldmann*, Die Zukunft von Sterben und Tod, in: Psychomed 5 (1993) 31-34; *ders./W.Fuchs-Heinritz* (Hg.), Der Tod ist ein Problem der Lebenden, Frankfurt a.M. 1995.

4 *P.Ariès*, Geschichte des Todes, München [4]1989, 715ff.

5 Vgl. *R.Sachau*, Elisabeth Kübler-Ross: Über die Grenze des Todes hinaus? In: MD EZW 50 (1987) 313-323.

6 *E.Kübler-Ross*, Interviews mit Sterbenden, Stuttgart 1971.

7 Vgl. *E.Kübler-Ross*, Was können wir noch tun? Stuttgart [4]1984; *dies.* (Hg.), Reif werden zum Tode, Gütersloh [5]1986.

8 *E.Kübler-Ross*, Verstehen was Sterbende sagen wollen, Stuttgart 1982.

9 *E.Kübler-Ross*, Leben bis wir Abschied nehmen, Stuttgart 1979; *dies.*, Befreiung aus der Angst, Güterloh 1992.

10 Vgl. *Ariès*, Geschichte des Todes, aaO., 754; *S.Schaup*, Elisabeth-Kübler-Ross, Stuttgart 1996.

11 *J.Ch.Hampe*, Erfahrungen mit dem eigenen Tod, Stuttgart [9]1982; *R.A.Moody*, Leben nach dem Tod, Reinbek b.Hamburg 1977; *ders.*, Nachgedanken über das Leben nach dem Tod, Reinbek b.Hamburg 1978; *K.Osis/E.Haraldson*, Der Tod - ein neuer Anfang, Freiburg i.Br. 1987; *E.Wiesenhütter*, Blick nach drüben, Gütersloh [6]1995.

Die Phänomenologie der Nah-Toderfahrungen umfaßt außerkörperliche Wahrnehmungen, den Eindruck tiefen Friedens, das Durchqueren eines Tunnels oder einer anderen Enge und die Begegnung mit einem hellen Licht, sowie das Lebenspanorama über das ganze bisherige Leben[12], auch Höllenerfahrungen werden berichtet.[13] Die Beobachtung dieser Phänomene reicht weit zurück[14], ihre Tatsache ist unstrittig. Aufgabe und zugleich weltanschauliches Problem ist die Interpretation der Erfahrungen. Während sich viele Autoren in wissenschaftlicher Zurückhaltung auf die Darstellung der verschiedenen Deutungsmöglichkeiten beschränken oder zumindest den Übergang zur persönlichen Überzeugung markieren[15], überschreitet Kübler-Ross die Erkenntnisgrenze des Todes und behauptet mit wissenschaftlicher Autorität, zu "*wissen*, daß es den Tod nicht gibt."[16]

"Doch zur Zeit der Verwandlung werden unsere Geistführer, Schutzengel und solche Wesen, die wir geliebt hatten und die schon vor uns hinübergegangen waren, uns zur Seite stehen und uns bei unserer Umwandlung behilflich sein. Wir haben dieses immer wieder bestätigt gefunden, so daß wir an dieser Tatsache nicht mehr zweifeln. Diese Aussage mache ich, wohl gemerkt, als Wissenschaftlerin!"[17]

Im Zusammenhang dieses Deutungsanspruches wird auch die Reinkarnationsvorstellung mit einbezogen. Ausgangsproblem ist die Unklarheit der Todesdefinition, eine Diskussion, die bis in die Gegenwart reicht und von der nicht zu erwarten ist, daß sie überhaupt zu einem Ende kommen kann.[18] Kübler-Ross, die mit dem Anspruch angetreten ist, hier zu einem Ergebnis zu kommen[19], verkürzt die Fragestellung, indem sie die Realität des Todes begrenzt. In ihrer Anthropologie trennt sie zwischen der vergänglichen körperlichen Gestalt und der ewigen geistigen Substanz, die sie auch als "psychische Energie" bezeichnet.[20] Das Bild, das sie dafür verwendet, ist das vom Schmetterling, der seinen Kokon verläßt:
"Ein jeder von uns ist bei seiner Geburt aus der göttlichen Quelle mit dem göttlichen

12 Vgl. *M.Schröter-Kunhardt*, Erfahrungen Sterbender während des klinischen Todes, in: TW Neurologie Psychiatrie 9 (1995) 132-140; *ders.*, Das Jenseits in uns, in: Psh 20 (1993) H.6 64-69.

13 *B.Greyson/N.Evans Bush*, Distressing Near-Death Experiences, in: Psychiatry Vol. 55 (1992) February 95-110; *P.M.H.Atwater*, Is There a Hell? In: Journal of Near-Death Studies 10/3 (1992) 149-160; *Thiede*, Die mit dem Tod spielen, aaO., 96-99.

14 Vgl. *P.Dinzelbacher*, An der Schwelle zum Jenseits, Freiburg i.Br. 1989; *C.Zaleski*, Nah-Todeserlebnisse und Jenseitsvisionen, Frankfurt a.M./Leipzig 1993.

15 Vgl. *Moody*, Leben nach dem Tod, aaO., 135-158; *Dinzelbacher*, An der Schwelle zum Jenseits, aaO., 94.

16 *E.Kübler-Ross*, Erfülltes Leben - würdiges Sterben, hg. von G.Grip, Gütersloh 1993, 84; vgl. *E.Kübler-Ross*, Im Jenseits gehen alle Wünsche in Erfüllung, Interview in: P.M. Perspektive Jenseits, 1989, 18-20.

17 *E.Kübler-Ross*, Über den Tod und das Leben danach, Melsbach [6]1986, 35.

18 Vgl. *J.Hoff/J.in der Schmitten* (Hg.), Wann ist der Mensch tot? Reinbek b.Hamburg 1994; *Ch.Kupatt*, An der Schwelle des Todes, München 1994.

19 Vgl. *Kübler-Ross*, Erfülltes Leben - würdiges Sterben, aaO., 86f.

20 Vgl. *Kübler-Ross*, Erfülltes Leben - würdiges Sterben, aaO., 91.

Funken versehen worden. Und dies bedeutet, daß wir einen Teil dieser Quelle in uns tragen. Es ist eben jener Teil in uns, der uns wissen läßt, daß wir unsterblich sind. Viele Leute beginnen wieder gewahr zu werden, daß der physische Körper nur das Haus, den Tempel oder - wie wir gerne sagen - den Kokon darstellt, welchen wir nur für eine bestimmte Anzahl von Jahren bewohnen, bis wir uns jener Umwandlung übergeben, die man als den Tod bezeichnet. Und sobald jener Tod eingetreten ist, entsteigen wir dem Kokon und bewegen uns frei wie ein Schmetterling ..."[21] "Der unsterbliche Teil Ihres Ich wird aus seiner physischen Schale befreit werden. Was begraben oder verbrannt wird, sind nicht Sie, sondern nur der Kokon."[22]

Mit dem Bild vom Schmetterling, das sie im Konzentrationslager von Maidanek in Polen entdeckte[23], interpretiert Kübler-Ross die Erfahrungen in Todesnähe.[24] Indem sie den Vorgang des Sterbens als paradigmatischen Lernvorgang versteht, kann sie das vielfache Leid, dem sie begegnet, in einen sinnvollen Gesamtprozeß integrieren: "Jedes Leid ist eine Wurzel des Wachstums."[25] Der Sinn des Lebens wird lerntheoretisch interpretiert und ist begründet im Entwicklungsgedanken als umfassender Fortschrittsdimension, dessen dynamisches Prinzip die Reinkarnation ist[26]:

"Die Arbeit mit Sterbenden hat mir auch dazu geholfen, meine eigene religiöse Identität zu finden, zu wissen, daß es ein Leben nach dem Tode gibt, und zu wissen, daß wir eines Tages wiedergeboren werden, damit wir die Aufgaben erfüllen können, die wir in diesem Leben unfähig oder nicht willens waren zu erfüllen. Aus diesem Zusammenhang heraus fange ich an, die Bedeutung des Leides zu begreifen und zu verstehen, warum sogar kleine Kinder sterben müssen."[27]

Reinkarnation steht im Dienst der Entwicklung durch Lernen, ist eine Funktion der Ethik.[28] Im Zusammenhang von Suizidversuchen wird Reinkarnation geradezu als Drohung eingesetzt, weil der Suizid die Lernentwicklung unterläuft:
"Sie müssen wieder einen Körper annehmen und nochmals geboren werden und dieselben Prüfungen durchlaufen, nur daß diese meist schwieriger sind als in der früheren Existenz. ... Diejenigen, die sich selbst der Gelegenheit, der Chance, durch die Stürme des Lebens zu wachsen, beraubt haben, werden durch ihre eigene Negativität ... hinunter-

21 *Kübler-Ross*, Über den Tod und das Leben danach, aaO., 48.

22 *Kübler-Ross*, Erfülltes Leben - würdiges Sterben, aaO., 90.

23 Vgl. *D.Gill*, Elisabeth Kübler-Ross. Wie sie wurde, wer sie ist, Stuttgart [5]1986, 158; *Kübler-Ross*, Erfülltes Leben - würdiges Sterben, aaO., 13.

24 Die Bedeutung des Bildes wird da besonders deutlich, wo Kübler-Ross elementarisiert. Vgl. *E.Kübler-Ross*, Ein Brief an ein Kind mit Krebs, in: dies., Kinder und Tod, Zürich [2]1986.

25 *Kübler-Ross*, Über den Tod und das Leben danach, aaO., 28.

26 Die Funktion der Reinkarnationsvorstellung im Zusammenhang unterschiedlicher Muster religiöser Selbstinterpretation ist am Beispiel einer Krebspatientin in *Kübler-Ross*, Leben bis wir Abschied nehmen, aaO., 77-110, nachzuvollziehen.

27 *E.Kübler-Ross*, Der Tod als Teil meines persönlichen Lebens, in: dies. (Hg.), Reif werden zum Tode, aaO., 126-135, 127.

28 Kübler-Ross kann sich die Erfüllung auch in einem *einzigen* Erdenleben vorstellen, vgl. *Kübler-Ross*, Über den Tod und das Leben danach, aaO., 82, 89.

gezogen und können ihre Mission und ihr Schicksal nicht erfüllen; daher müssen sie sich in einem neuen physischen Leben reinkarnieren. Es gibt viele falsche Vorstellungen, was die Wiedergeburt und ihren Sinn betrifft. Die Wiedergeburt hat nur einen einzigen Sinn: Sie ist ein Geschenk Gottes an uns. Sie ist unsere Chance zu lernen, was wir nach eigener Erkenntnis noch lernen müssen, und uns zur Vollendung zu entfalten, damit wir 'nach Hause' zurückkehren können."[29]

Es ist das Bild der Schule, das Kübler-Ross wiederholt bemüht, um die Wiederholung der Erdenleben zu erklären. "Sie können nicht in die nächste Klasse 'versetzt' werden, bevor Sie nicht alle Lektionen gelernt haben die Sie in diesem Leben lernen sollen ..."[30] Dagegen können sterbenskranke Kinder als "weise alte Seelen"[31] bezeichnet werden, die aufgrund der schnelleren Entwicklung ihrer spirituell-intuitiven Persönlichkeitsanteile zu Lehrern der Erwachsenen werden können.[32]

Die thanatologisch begründete Weltanschauung von Elisabeth Kübler-Ross, in der auch die Reinkarnationsvorstellung Eingang gefunden hat, beruht auch auf ihren eigenen Erfahrungen.[33] Kübler-Ross schildert sowohl außerkörperliche Erfahrungen[34], ein spiritistisch zu nennendes Berufungserlebnis durch eine verstorbene Patientin[35], sowie reinkarnatorische Erfahrungen in der Kindheit und in einer Rückführung unter Hypnose.[36] Die eigenen Erfahrungen und die gesicherten Ergebnisse der Sterbeforschung werden von ihr spekulativ zum Beweis für ein Jenseits verlängert. Dieses führt zu einer "Bagatellisierung der Todesgrenze", wie Thiede anmerkt.[37] Aber Kübler-Ross findet mit ihrer Argumentationslogik breite Akzeptanz in der Öffentlichkeit, nicht zuletzt, weil die weltanschauliche Komponente ihrer eigenen Überzeugungen hinter dem humanen Gestus und dem wissenschaftlichen Anspruch verborgen bleibt. Ihr Beispiel bestätigt die These Daibers: "Die Neubeschäftigung mit der Zukunft nach dem Tode ist eine wissenschaftliche. Sie ist nicht Religion, zumindest ihrem Selbstverständnis nach, sondern eben Wissenschaft, orientiert am grundlegenden Erfahrungsmodell dieser Gesellschaft."[38]

29 *Kübler-Ross,* Befreiung aus der Angst, aaO., 153f.

30 *Kübler-Ross,* Erfülltes Leben - würdiges Sterben, aaO., 133.

31 *Kübler-Ross,* Erfülltes Leben - würdiges Sterben, aaO., 45.

32 Vgl. *Kübler-Ross,* Erfülltes Leben - würdiges Sterben, aaO., 59.

33 Vgl. *E.Kübler-Ross,* Vorwort, in: K.Ring, Den Tod erfahren - das Leben gewinnen, Bern/-München/Wien 1984, 7f. Zusammenfassung: *Sachau,* Elisabeth Kübler-Ross, aaO., 318ff.

34 Vgl. *Kübler-Ross,* Über den Tod und das Leben danach, aaO., 84-88.

35 Vgl. *Kübler-Ross,* Über den Tod und das Leben danach, aaO., 38-43.

36 *Gill,* Elisabeth Kübler-Ross, aaO., 41, 286, 290.

37 Vgl. *Thiede,* Die mit dem Tod spielen, aaO., 80ff.

38 *K.-F.Daiber,* Über die Zukunft nach dem Tode, in: LM 24 (1985) 504-508, 507.

5.2 Parapsychologie - das Beispiel: Ian Stevenson

Die Parapsychologie als "Wissenschaft von den sog. 'paranormalen' (griech. para, 'neben'), übersinnlichen (unseren Sinnen nicht zugänglichen) und 'unerklärbaren' (nach dem gegenwärtigen Erkenntnisstand nicht zu erklärenden) Phänomenen"[39], sieht auch die Reinkarnationsvorstellungen als wissenschaftlich erörterbare Erscheinungen an, die auf ihre außergewöhnlichen Aspekte hin untersucht werden können. Unter den wissenschaftlichen Axiomen der Rationalität und Logik versucht die parapsychologische Reinkarnationsforschung mit kritischen Mitteln, die verschiedensten Erfahrungen zu überprüfen. Allerdings lassen die methodischen Schwierigkeiten manche Forscher die Beschäftigung mit Reinkarnation ablehnen, um sie allein dem Gebiet der Religion zuzuweisen.[40] Parapsychologisch untersucht werden drei Typen von Reinkarnationserfahrungen:

"1. ganz unvermittelt von selbst (spontan) auftretende 'Erinnerungen', die auf frühere Leben bezogen werden;
2. bei Medien aufgrund ihrer okkulten Fähigkeiten (Hellsehen, Hellhören, Trance, Halbtrance usw.) auftauchende Erinnerungen;
3. durch Hypnose künstlich hervorgeholte 'vorgeburtliche Erinnerungen.'"[41]

Die künstlich hervorgeholten Erinnerungen werden am Beispiel der Reinkarnationstherapie bei Dethlefsen (Kapitel 7) deutlich werden, die medial vermittelte Reinkarnation wird am Beispiel MacLaine (Kapitel 8) zu sehen sein. Die umfangreichste Feldforschung über Fälle spontaner Reinkarnationserinnerung hat der amerikanische Psychiater Ian Stevenson betrieben.[42] Mit Hilfe zahlreicher Mitarbeiter in aller Welt sind in seinem Archiv fast 2000 Fälle erfaßt, deren methodische Untersuchung sorgfältig dokumentiert ist. "Ziel der Forschungen von Ian Stevenson ist, festzustellen, welche empirische Evidenz für Reinkarnation durch gewissenhafte Feldforschung erbracht werden kann."[43] Die meisten seiner Fälle stammen aus östlichen Ländern, in denen die Reinkarnationsvorstellung Teil der allgemein geteilten religiösen Auffassung ist. Stevenson hat zwanzig Fälle zusammengestellt, die einen repräsentativen Querschnitt darstellen. Sie stammen nicht aus der westlichen Moderne, sondern aus Indien, Ceylon, Brasilien, dem Li-

39 *H.Schreiber*, Wörterbuch der Parapsychologie, München 1976, 118; vgl. *H.Bender*, Unser sechster Sinn, Stuttgart 1971, 27ff; kritisch: *J.Beloff*, Parapsychologie, in: LPs11 Bd. 2, 1552-1555; von theologischer Seite wohlwollend: *E.Benz*, Christlicher Glaube und Parapsychologie, in: Deutscher Evangelischer Kirchentag Düsseldorf 1973, Stuttgart/Berlin 1973, 790-815; *A.Köberle*, An den Grenzen der Seele - Parapsychologie, in: ders., Das geheimnisvolle Reich der Seele, Freiburg i.Br. 1984, 36-46.

40 Vgl. *G.Walther*, Reinkarnation und Parapsychologie, in: ZRGG 9 (1957) 191-199, 199.

41 *Walther*, Reinkarnation und Parapsychologie, aaO., 195.

42 Vgl. *Stevenson*, Reinkarnation, aaO.; *Stevenson*, Wiederverkörperung, aaO.

43 *H.Bender*, "Ist die Wiederverkörperung wissenschaftlich beweisbar?", in: ders., Umgang mit dem Okkulten, Freiburg i.Br. [2]1986, 76-85, 78.

banon und von einem Indianerstamm in Südostalaska. Stevenson beschreibt den typischen Verlauf eines "normalen" von ihm dokumentierten Reinkarnationsfalles:

"Der Fall beginnt gewöhnlich, wenn ein kleines Kind von zwei bis vier Jahren anfängt, mit seinen Eltern oder Geschwistern von einem Leben zu plaudern, das es zu einer anderen Zeit und an einem anderen Ort geführt hatte. Das Kind fühlt sich gewöhnlich sehr heftig in die Ereignisse jenes Lebens zurückgeworfen, und häufig bedrängt es seine Eltern, es in die Gemeinschaft zurückkehren zu lassen, in der es nach seinen Behauptungen früher gelebt hat. Wenn das Kind ausreichende Einzelheiten des früheren Lebens schildert, beginnen die Eltern - gewöhnlich widerstrebend - mit Untersuchungen über ihre Richtigkeit. Oft, beinahe regelmäßig, werden solche Überprüfungsversuche erst mehrere Jahr nach dem Zeitpunkt unternommen, zu dem das Kind begonnen hatte, von dem früheren Leben zu sprechen. Wenn es zu einigen Bestätigungen kommt, besuchen die Mitglieder der beiden Familien einander und befragen das Kind, ob es Orte, Gegenstände und Personen aus seiner angeblichen früheren Existenz wiedererkennt. Bei solchen Gelegenheiten zieht der Fall gewöhnlich in den betreffenden Gemeinschaften oder Ortschaften größere Aufmerksamkeit auf sich, und Berichte darüber gelangen an die Zeitungen."[44]

In der Überprüfung des Falles erörtert Stevenson in seinem Buch "Reinkarnation. Der Mensch im Wandel von Tod und Wiedergeburt" verschiedene Hypothesen zur Erklärung, die einer Reinkarnation entgegenstehen. Zuerst werden alle denkbaren Formen normaler Informationsübermittlung überprüft: Betrug, Kryptomnesie, das Erscheinen von normal erworbenen Informationen, die als solche nicht erkannt werden. Erinnerungstäuschungen und rückblickende Ausschmückungen müssen durch "Kreuzverhöre" der Beteiligten und Zeugen gering gehalten werden. Nach den natürlichen Erklärungen diskutiert Stevenson Fall für Fall alle Möglichkeiten paranormaler Informationsübermittlung, einschließlich möglicher Projektionen durch nahestehende Personen. Nach Ausschluß dieser Möglichkeiten zieht Stevenson die "Hypothesen, die ein Leben nach dem Tode einschliessen" heran.[45] Er diskutiert "Unterschiede und Übergangsfälle zwischen Reinkarnation und Besessenheit", die er vom "Grad der Ausschaltung der Primärpersönlichkeit" abhängig macht. Stevenson überprüft die Übereinstimmung zwischen den beiden Inkarnationen bis in den Bereich des Verhaltens und der Persönlichkeitsstruktur und unternimmt Folgeinterviews, in denen er das Verlöschen der Erinnerungen dokumentiert.

In vorsichtiger und abwägender Argumentation, die mit kriminalistischer Akribie betrieben wird, arbeitet Stevenson einige Fälle heraus, die eine Erklärung durch Reinkarnation *wahrscheinlicher sein lassen als* durch andere Erklärungen.

"Soweit wir uns um Beweise für das Überleben bemühen, sind wir nicht verpflichtet anzunehmen, daß *jeder* Fall, der an Reinkarnation denken läßt, auch als Beispiel für eine

44 *Stevenson*, Reinkarnation, aaO., 32.

solche erklärt werden muß. Wir haben vielmehr zu fragen, ob es *irgendwelche* Fälle oder gar nur *einen* gibt, in dem keine andere Erklärung allen Tatsachen besser gerecht zu werden scheint als die der Reinkarnation."[46]

Als Ergebnis bleiben einige Fälle, die sich in ihrer Rätselhaftigkeit am besten mit Reinkarnation erklären ließen. Aber diese stellen eine Auswahl aus der großen Menge von Fällen dar, von denen sich viele entweder mit Sicherheit anders, oder unter Inanspruchnahme einer geringeren Anzahl an Hypothesen erklären lassen. Aus den möglicherweise als Reinkarnation zu deutenden Einzelfällen einen Rückschluß auf Reinkarnation als allgemeines Prinzip der Fortexistenz nach dem Tod zu ziehen, verstößt gegen jegliche Logik und Vernunft. "Ich möchte hier nur meine Meinung wiederholen, daß diese Fälle die Reinkarnation *nahelegen* und nicht mehr. Alle Fälle haben Schwächen, desgleichen auch alle ihre Berichte. Weder kann ein Einzelfall, noch können die Fälle in ihrer Gesamtheit als Beweis für die Wiederverkörperung herangezogen werden."[47] Stevenson ist in seinem Urteil zurückhaltend geblieben und betont, daß er es "mißbilligen" würde, wenn jemand durch sein Buch "zu einer gefestigten Überzeugung" von Reinkarnation gelangte.[48]

"Obwohl das Studium der Kinder, die behaupten, ein früheres Leben zu erinnern, mich überzeugt hat, daß einige unter ihnen in der Tat reinkarniert haben mögen, so hat es mir doch auch die Gewißheit verschafft, daß wir nahezu nichts über die Reinkarnation wissen."[49]

Das vorsichtige und abwägende Umgehen der parapsychologischen Forschung mit den möglicherweise auf Reinkarnation hinweisenden Fällen, ist in der öffentlichen Rezeption ihrer Ergebnisse oft nicht wiederzuerkennen. Im vordergründigen Interesse an dem anekdotischen Material werden die kritischen Einwände nicht ausreichend wahrgenommen, die Parapsychologie wird wider Willen zur Kronzeugin scheinbar wissenschaftlich bewiesener Reinkarnationsvorstellungen.

5.3 Drogen und Reinkarnationserfahrungen

Die Verwendung halluzinogener Drogen kann zur Erfahrung von Reinkarnation führen. Es werden Regressionen in vergangene Leben als Mensch, aber auch tierische, pflanzliche und mineralische Verkörperungen berichtet. Unterschieden wird zwischen dem subkulturellen Gebrauch im Interesse individueller Sinnsuche und der wissenschaftlich begründeten Anwendung in Forschung und Therapie.

45 *Stevenson*, Reinkarnation, aaO., 376ff.
46 *Stevenson*, Reinkarnation, aaO., 385.
47 *Stevenson*, Reinkarnation, aaO., 9.
48 *Stevenson*, Wiedergeburt, aaO., 7.
49 *Stevenson*, Wiedergeburt, aaO., 374.

Reinkarnation in der "Religion der Drogen"

Die faszinierende Eigenschaft der Drogen, zu einer Tiefenerkundung der Psyche anzuleiten, hat in den 60er Jahren zur Bildung einer Religion der Drogen geführt. Einer ihrer prägenden Persönlichkeiten war der 1996 verstorbene Timothy Leary, der eine seiner Drogenerfahrungen einschließlich außerkörperlicher Wahrnehmung und Zeitregression beschreibt:

"Ich erkannte, daß ich gestorben war, daß ich, Timothy Leary, daß das Timothy Leary-Spiel aus war. Ich konnte zurückblicken und meinen Körper auf dem Bett liegen sehen. Ich durchlebte aufs neue mein Leben und machte viele Erlebnisse, die ich vergessen hatte, zum zweiten Male durch. Mehr noch - ich durchlief die Zeit rückwärts im umgekehrten Sinn der Evolution bis zu dem Punkt, an dem ich mich als einzelligen Organismus erkannte. All diese Dinge waren weit über meinen Verstand ... Die Entdeckung, daß das menschliche Gehirn eine Unzahl von Möglichkeiten besitzt und in unerwarteten raum-zeitlichen Dimensionen wirken kann, rief in mir ein Gefühl höchsten Entzükkens hervor und erweckte in mir die ahnungsvolle Überzeugung, daß ich aus einem tiefen ontologischen Schlaf erwacht war. Aus der tiefen transzendenten Erfahrung war ein neuer Mensch und ein neues Leben hervorgegangen."[50]

Leary und sein Mitarbeiter Richard Alpert trugen zur modischen Popularisierung und zum Mißbrauch der halluzinogen Drogen im Westen entscheidend bei. Ihre Lebenswege sind beispielhaft für die Verwobenheit von Drogenerfahrungen und Religion.[51] Trotz der negativen Auswirkungen sind die Drogenerfahrungen als eine Schaltstelle bei der Etablierung individualisierter Religion anzusehen, allerdings zunächst begrenzt auf subkulturelle Zusammenhänge. Die Droge wird zum Therapeutikum des religionsgeschichtlichen Übergangs, der sich New Age nennt und zu dessen Grundlagen die Reinkarnationsvorstellung gehört:

"Die historische Bedeutung der Psychedelika als Einstiegsmittel, wodurch die Menschen zu anderen transformativen Technologien gelangten, kann nicht hoch genug eingeschätzt werden. ... In den Annalen der Verschwörung im Zeichen des Wassermanns finden sich unzählige Berichte von Übergängen dieser Art: von LSD zu Zen, über LSD nach Indien, von Psilocybin zur Psychosynthesis."[52]

50 Zit. nach *E.Benz*, Christliche Mystik und Drogen-"Mystik", in: *ders.*, Parapsychologie und Religion, Freiburg i.Br. 1983, 46-73, 53.

51 Vgl. zu Leary: *A.Hofmann*, LSD - mein Sorgenkind, München 1993, 80-86; *M.Schibilsky*, Religiöse Erfahrung und Interaktion, Stuttgart/Berlin/Köln/Mainz 1976, 52f; *H.Leuner*, Halluzinogene, Bern/Stuttgart/Wien 1981, 19; vgl. *Benz*, Christliche Mystik und Drogen-"Mystik", aaO., 52-55. Leary lehrte an der Universität Harvard, bis er 1963 wegen unkontrollierter Drogenexperimente entlassen wurde. Sein Mitarbeiter Richard Alpert ging nach Indien und wandte sich 1967 unter Einfluß eines Gurus von den Drogen ab. Er bekam den Namen Ram Dass verliehen, unter dem er als spiritueller Lehrer seit 1973 im Westen wirkt. Vgl.: *I.Dalichow*, Die Sechziger melden sich zurück, Interview mit Ram Dass, in: Esotera (1991) H. 11, 17-21; *R.Hummel*, Gurus in Ost und West, Stuttgart 1984, 24f; *G.Wartenberg*, Die Gurus der demonstrativen Lebensstil-Suche, in: Kursbuch 55 (1979) 125-136.

52 *M.Ferguson*, Die sanfte Verschwörung, München o.J., 100f.

Wissenschaftliche Drogenforschung

Reinkarnationerfahrungen unter Einfluß halluzinogener Drogen - diese Möglichkeit ist nicht nur in subkulturellen Szenen, sondern auch im Zusammenhang wissenschaftlicher Forschung beobachtet worden. Hanscarl Leuner, Nestor der wissenschaftlichen Halluzinogenforschung, spricht von "spontanen Altersregressionen" in die "früheste Kindheit", sowie von "Wiedergeburtserlebnissen".[53] Er widmet diesen Phänomenen keine übermäßige Aufmerksamkeit, sondern hält sie für normale Formen der "Psychokatharsis" als "Altersregression mit dem Rückgriff auf frühere Kindheitserlebnisse, die unter starker Gefühlswallung den Charakter der Abreaktion haben."[54] Die Anwendung der Droge und die durch sie ausgelösten reinkarnatorischen Erfahrungen zielen auf Spannungs- und Konfliktauflösung. Die Regression wird als Bearbeitung neurotischer und psychotischer Symptome genutzt, die "auf einem Rückgriff auf frühere psychische Organisationsphasen beruhen."[55] Nach Leuners Verständnis tritt unter Halluzinogeneinwirkung eine exogene Psychose auf, die zur "Ich-Spaltung"[56] führt, so daß die Versuchsperson einerseits intensive Erlebnisse erfährt, andererseits diese aber auch beobachten und beschreiben kann. Die Ich-Schwächung schafft die Voraussetzung zu einer Überschwemmung des Bewußtseins mit unbewußtem Material, das in Bilder gekleidet wird. Leuner bleibt mit seiner Interpretation konsequent in den Bahnen psychoanalytischer Theoriebildungen und weist in deren Rahmen auch den religiösen Erfahrungen, die unter Drogeneinwirkung gemacht werden, einen Ort zu. Gleichzeitig verschließt er sich nicht der Einsicht in die Besonderheit der religiösen Dimension: "Das subjektive Erleben des Ekstatischen und die Transzendierung in die kosmisch-mystische Dimension ist eine kategorielle Ebene, die weder durch Interpretationen der wissenschaftlichen Empirie noch durch Theoriebildungen 'begriffen' werden kann."[57]

Andere Therapeuten wie Stanislav Grof, der mit zu den Gründern der transpersonalen Psychologie gehört, sind an der Reinkarnationserfahrung stärker interessiert. Grof schildert die Erfahrungen "früherer Inkarnationen" als "dramatisch und von einer ungewöhnlich intensiven emotionalen Aufladung". Die Fähigkeit der menschlichen Psyche, innere Bilder zu erzeugen, als "Tatsache der Reinkarnation"[58] zu bezeichnen, überschreitet allerdings die Ebene der Beschreibung und geht in weltanschauliche Interpretationen über.

53 *Leuner*, Halluzinogene, aaO., 38.

54 *Leuner*, Halluzinogene, aaO., 227f.

55 *Leuner*, Halluzinogene, aaO., 268.

56 *Leuner*, Halluzinogene, aaO., 363.

57 *H.Leuner*, Versuch einer tiefenpsychologischen Interpretation, in: M.Josuttis/ders. (Hg.), Religion und die Droge, Stuttgart/Berlin/Köln/Mainz 1972, 109-125, 109.

58 *St.Grof*, Topographie des Unbewußten, Stuttgart [6]1993, 198.

Grof geht in seiner Deutung von der Erfahrung des Todes und der Wiedergeburt als einem initiatischen Vorgang aus, den er in Analogie zum Geburtsvorgang interpretiert.[59] Für Grof und Halifax weisen die unter Drogeneinfluß und im Nahtoderlebnis antizipierten Sterbeerfahrungen auf einen Durchgang durch den Tod und auf neue Inkarnationen hin.[60]

"Der Glaube an Inkarnation und die Vertrautheit mit dieser Idee sind keine notwendigen Voraussetzungen für das Auftreten solcher Erfahrungen. Man kann sie in Sitzungen von Wissenschaftlern beobachten, die diese Idee bis dahin als einen absurden Aberglauben simpler, ungebildeter Leute betrachtet haben oder als einen primitiven kulturellen Wahn gewisser Gruppen von religiösen Fanatikern in Indien."[61] "Häufig enthält die psychedelische Erfahrung Elemente, die der eigenen religiösen Tradition des Erlebenden völlig fremd sind, oder sie wird im Rahmen eines anderen kulturellen Bereiches erlebt. So kann es sein, daß ein Christ oder ein Moslem das Gesetz des Karma entdeckt und einen Glauben an die Zyklen der Wiedergeburt entwickelt, oder daß ein Rabbi eine Bekehrung zum Zen-Buddhismus erlebt."[62]

Halluzinogene Drogen werden nicht nur in der psycholytischen und psychedelischen Therapie, sondern auch in der Sterbebegleitung von todkranken Krebspatienten eingesetzt. Einen ausführlichen Bericht mit weiterführenden Exkursen und zahlreichen Falldarstellungen bieten Grof und Halifax. Die religiöse Funktion des Drogenerlebnisses wäre nach ihrer Auffassung den Mysterienkulten und Übergangsriten vergleichbar, die in symbolischer Form Tod und Wiedergeburt erleben ließen.[63] In dem Maße, wie die Religion in ihrer Aufgabe versage, "das psychische Leiden der Sterbenden zu lindern"[64] und ein Fehlen von Übergangsriten zu beobachten sei[65], gewinnt die Drogenerfahrung mit ihren religiösen und transpersonalen Erfahrungsdimensionen an Bedeutung.[66]

Der analytische Tiefenpsychologe Luigi Zoja interpretiert den Mißbrauch von Drogen und die damit verbundene Sucht als kulturellen Mangel an echten initiatischen Erfahrungen.[67] Ähnlich wie Hasenfuß, der "die Drogen-Welle als Versuch einer kollektiven Selbstheilung mit ungeeigneten Mitteln" betrachtet[68], versteht

59 Vgl. *Grof*, Topographie des Unbewußten, aaO., 123; vgl. *ders.*, Geburt, Tod und Transzendenz, München 1985, 110f.

60 Vgl. *S.Grof/J.Halifax*, Die Begegnung mit dem Tod, Stuttgart 1993, 15f.

61 *Grof*, Topographie des Unbewußten, aaO., 196.

62 *Grof/Halifax*, Die Begegnung mit dem Tod, aaO., 45.

63 Vgl. *Grof/Halifax*, Die Begegnung mit dem Tod, aaO., 16f, 20ff.

64 *Grof/Halifax*, Die Begegnung mit dem Tod, aaO., 20.

65 Vgl. *Grof/Halifax*, Die Begegnung mit dem Tod, aaO., 233.

66 Vgl. *M.Josuttis*, Die religiöse Dimension von Rausch und Ekstase, in: W.Scheiblich (Hg.), Rausch - Ekstase - Kreativität, Freiburg i.Br. 1987, 27-37; *R.Sachau*, Die Sehnsucht nach dem Unbedingten, in: C.Bizer/J.Cornelius-Bundschuh/H.M.Gutmann (Hg.), Theologisches geschenkt, Göttingen 1996, 231-240.

67 Vgl. *L.Zoja*, Sehnsucht nach Wiedergeburt, Stuttgart 1986, 47.

68 *J.Hasenfuß*, Rauschdrogen im Lichte religionsgeschichtlicher und sozialpsychologischer Erwägungen, in: ARPs 11 (1975) 84-102, 100.

Zoja die Drogensucht als Sehnsucht nach Wiedergeburt, die er als Initiation in den Spuren Eliades[69], als Übergang zu einer neuen Stufe und als Durchgang durch Tod und Wiedergeburt deutet. Der Drogengebrauch ist nach seinem Verständnis vom Wunsch nach Regeneration und Neuwerdung gespeist.

Über die "Normalität" und Evidenz der beschriebenen innerpsychischen Erfahrungen besteht kein Zweifel. Die zur Diskussion stehende Frage betrifft nicht die innere Realität sogenannter transpersonaler Erfahrungen, sondern ihre Deutung, insbesondere die ihres Realitätsgehaltes bezogen auf die außerpsychische Wirklichkeit. Wiedergeburtserfahrungen werden auch von Autoren berichtet, die nicht an der Reinkarnationsvorstellung als solcher interessiert sind und die das Auftreten derartiger Erlebnisse lediglich konstatieren, ohne daraus weltanschauliche Konsequenzen zu ziehen, so von dem niederländischen Psychiater Hein.[70]

Eine differenzierte Auseinandersetzung um Drogen und Reinkarnation führt Bonin, der zu dem Ergebnis kommt: "Es gilt nur die Konvention ... daß ein Reinkarnation erlebendes Ich im Rahmen eines bestimmten Bewußtseinszustandes ... sich mit Wirklichkeit auseinandersetzt, Realität erfährt. Die Erfahrung 'Reinkarnation' ist *eine Verarbeitung* dieser unbestrittenen Wirklichkeit. Ob es sich dabei um 'Reinkarnation' im landläufigen Verstand handelt, ist eine Frage des Weltbildes und zumindest vorläufig (und wie ich aus anthropologischer Ursache hoffe: nie) mit den Mitteln unserer Wissenschaft nicht zu beantworten."[71]

5.4 Okkultismus, Esoterik und die Reinkarnation

Okkultismus und Esoterik können als eine abendländische religiöse Strömung[72] angesehen werden, die als Erfahrungswissenschaft mit eigener Rationalität, nämlich auf der Basis von Korrespondenzsystemen[73], verstanden werden will. "'Esote-

69 Vgl. *M.Eliade*, Das Mysterium der Wiedergeburt, Zürich/Stuttgart 1961.

70 *G.W.A. Hein*, Selbsterfahrung und Stellungnahme eines Psychotherapeuten, in: Josuttis/Leuner (Hg.), Religion und die Droge, aaO., 96-108, 99.

71 *W.F.Bonin*, Reinkarnationserfahrungen in der transpersonalen Psychologie und unter Einfluß von Drogen, in: Resch (Hg.), Fortleben nach dem Tode, aaO., 293-315, 307.

72 *Anonymus D'Outre-Tombe*, Die grossen Arcana des Tarot, Basel 1983; *G.L.Eberlein*, Was ist Esoterik? In: EK 26 (1993) 714-716, 716; *M.Frensch* (Hg.), Lust an der Erkenntnis, München 1991; *A.Holl* (Hg.), Die zweite Wirklichkeit, Wien 1987; *G.-K.Kaltenbrunner* (Hg.), Wissende, Verschwiegene, Eingeweihte, München 1981; *H.-D.Leuenberger*, Sieben Säulen der Esoterik, Freiburg i.Br. 1989; *ders*, Das ist Esoterik, Freiburg i.Br. ^{2}1986; *R.Liedtke*, Die Hermetik, Paderborn/München/Wien/Zürich 1996; *J.vom Scheidt*, Antworten aus dem Unbewußten, Freiburg/Basel/Wien 1986; *J.Sudbrack*, Esoterik, in: Dunde, (Hg.), Wörterbuch der Religionspsychologie, aaO., 77-85; *G.Wehr*, Wörterbuch der Esoterik, Freiburg i.Br. 1989; *J.Wichmann*, Die Renaissance der Esoterik, Stuttgart ^{2}1991.

73 Vg. *A.Schmidt*, Okkultismus, in: Spirita 3 (1989) H. 1, 37.

rik' bezeichnet ein inneres, 'geistiges Wissen', das nicht wie anderes Wissen erlernbar ist. Grundlage esoterischen Wissens sind Erfahrungen, in denen - etwa im Wege der Initiation - Geheimnisse des Seins erlebbar werden. Esoterische Gemeinschaft wäre somit eine Erfahrungsgemeinschaft und esoterische Lebenspraxis ein Aufzeigen und Bereitstellen von Wegen".[74]

Das lateinische "occultus" (verborgen, geheim) bezieht sich auf dem Gebiet der Religion ebenso wie das griechische "esoterikós" (wörtlich: innerlich), auf nicht allgemein zugängliche Bereiche. Beide Begriffe bezeichnen den Gegensatz zum Bereich der Exoterik, des Äußerlichen und für Laien bestimmten Wissens. Trotz ihres arkanen und hermetischen Anspruchs erfuhren Esoterik und Okkultismus seit dem 19. Jahrhundert eine zunehmende Veröffentlichung und wurden im 20. Jahrhunderts geradezu modisch. Die erste Welle des okkulten "revivals", beginnend im 19. Jahrhundert, war noch Ausdruck einer Avantgarde-Kultur[75], die zweite Welle in der zweiten Hälfte des 20. Jahrhunderts ist hingegen mit einer massenkulturellen Wahrnehmung esoterischer und okkulter Weltbilder eng verbunden, die zur Auflösung von Esoterik und Okkultismus im ursprünglichen Wortsinn geführt hat. "Es ist offensichtlich unsinnig, von einer Literaturgattung, die bald zehn Prozent des deutschen Buchmarktes einnimmt, zu behaupten, es handele sich dabei um eine geheime Lehre, die nur wenigen - dem inneren, 'esoterischen' Kreis - vorbehalten sei. Die sogenannte 'esoterische' Literatur ist heute ausgesprochen exoterisch."[76] Mit der Popularisierung stellt sich die Frage nach den Inhalten. Im Schatten der Aufklärung geben sich Esoterik und Okkultismus antimaterialistisch, das Okkulte steht in einem spezifischen Verhältnis zur modernen Welt (Eliade).[77] Manfred Kyber definiert sein Okkultismusverständnis:

"Ich fasse darin zusammen alles dasjenige, was übersinnlich ist. Es ist ein wesentlicher Definitionsfehler, der gerade von materialistisch-gegnerischer Seite gerne gemacht wird, daß es sich beim sogenannten Okkultismus um übernatürliche Dinge handele. Es gibt nichts Übernatürliches, wie die Materialisten gewiß richtig behaupten, wohl aber sehr viel Übersinnliches, das heißt solches, was sich mit der rein sinnlichen Wahrnehmung nicht unbedingt erfassen und mit den heute bekannten Naturgesetzen nicht erklären läßt."[78]

Nach Kyber geht es also im Okkultismus nicht um über*natürliche* Dinge, sondern um erweiterte, über*sinnliche* Erkenntnis. Das Problem bei der Analyse der popularisierten esoterischen und okkulten Traditionen ist, daß ihre Definition nicht mehr eindeutig ist.[79] Betrachtet man Verbreitung und Anwendung von Ok-

74 *Stenger,* Der "okkulte" Alltag, aaO., 120.

75 Vgl. *E.A.Tiryakian* (Hg.), On the Margin of the Visible, New York u.a. 1974, 235f.

76 *Wichmann,* Die Renaissance der Esoterik, aaO., 14.

77 Vgl. *Eliade,* Das Okkulte und die moderne Welt, aaO., 53f.

78 *M.Kyber,* Einführung in das Gesamtgebiet des Okkultismus, Wiesbaden 1994, 21.

79 Vgl. *M.Truzzi,* Definition and Dimensions of the Occult, in: Tiryakian (Hg.), On the Margin of the Visible, aaO., 243-255, 244.

kulttechniken[80] so wird deutlich, daß es in der Adoleszenz eine Okkultfaszination[81] gibt, die im Regelfall nur in einer vorübergehenden Entwicklungsphase lebensgeschichtliche Bedeutung hat.[82] Den Okkultismus aber als ein Jugendproblem darzustellen, bedeutet "seine Vorbildfunktion in der Welt der Erwachsenen"[83] zu übersehen. Die Verbreitung der Reinkarnationsvorstellung läßt sich in popularisierender Okkultliteratur leicht finden. So liegen zahlreiche Bände mit Beiträgen aus Rainer Holbes RTL-Fernsehserie "Unglaubliche Geschichten" vor. In ihnen wird ohne jeden kritischen Anspruch und ohne den Versuch einer einordnenden Erklärung okkultes Erlebnismaterial vorgestellt: Reinkarnationen aus Atlantis, Spontanregressionen, Rückführungen in vergangene Leben, reinkarnatorische Traumdeutung sowie Nah-Toderlebnisse als Jenseitsbeweise.[84]

Für einen vereinfachenden Okkultismus, der sich mit der Darstellung des Wunderhaften begnügt, mag Adornos Verdikt gelten: "Okkultismus ist die Metaphysik der dummen Kerle."[85] Aber mit der oberflächlichen Form ist noch nicht der anspruchsvolle Okkultismus in seinem Selbstverständnis begriffen. Kyber, aus dessen Vortragsreihe "Einführung in das Gesamtgebiet des Okkultismus" bereits zitiert wurde, schließt diese mit einer ausführlichen Erklärung der Reinkarnation ab.[86] Er führt seine Zuhörer an das Thema heran, indem er ihnen zuerst die Unbegreiflichkeit des Schicksals vor Augen stellt, um dann die Reinkarnation als "Gerechtigkeitsmöglichkeit" einzuführen und mittels des Karma-Begriffs die menschlichen "Wahlverwandtschaften" zu deuten:

"Wie häufig begegnen einem Menschen, die man schon lange Jahre zu kennen vermeint, wenn man auch nur wenige Worte mit ihnen gesprochen,... Dies Erkennen alter Gemeinschaften aus früheren Leben sollte sehr viel mehr beachtet werden ..."[87]

80 Vgl. *Wichmann*, Die Renaissance der Esoterik, aaO., 201-257; *Leuenberger*, Das ist Esoterik, aaO., 148-209.

81 Vgl. *H.Streib*, Entzauberung der Okkultfaszination, Kampen 1996; *F.Hunfeld/Th.Dreger*, Magische Zeiten, Weinheim/Basel 1990. Umfragen: *J.Mischo*, Okkultpraktiken Jugendlicher, in: MD EZW 52 (1989) 65-82; *H.Zinser*, Okkultismus unter Berliner Schülern, in: MD EZW 53 (1990) 273-290; *H.Zinser*, Okkulte Praktiken unter erwachsenen Schülern des zweiten Bildungsweges in Berlin (West), in: MD EZW 54 (1991) 176-189.

82 Vgl. *W.Helsper/H.Streib*, Okkultismus in der Adoleszenzkrise, WzM 46 (1994) 183-198; *M.Erdheim*, Adoleszenz und Esoterik, in: WzM 46 (1994) 198-210.

83 *U.Müller*, Okkultismus. Spiritismus. Satanismus, in: MD EZW 51 (1988) 292-302, 302.

84 *R.Holbe*, Wir von Atlantis, München 1988; *ders./E.Gruber*, Magie, Madonnen und Mirakel, München 1986, 19ff: "Ich war ein Etrusker"; *ders.*, Neue unglaubliche Geschichten, München 1987, 105ff: "Der Tod auf dem Schaffot. Das Leben vor dem Leben soll bewiesen werden"; ebd., 115ff: "Verbrannt in Hiroshima? In Deutschland wiedergeboren?"; *ders.*, Unglaubliche Geschichten, München 1985, 38ff: "Das schöne Sterben. Erlebnisse im Grenzbereich".

85 *Th.W.Adorno*, Minima Moralia, Frankfurt a.M. 1985, 325.

86 *Kyber*, Einführung in das Gesamtgebiet des Okkultismus, aaO., 171-205.

87 *Kyber*, Einführung in das Gesamtgebiet des Okkultismus, aaO., 189.

Kyber lehnt in seinen weiteren Ausführungen ein intensives Grübeln nach vergangenen Inkarnationen ab und erklärt die grundlegende Differenz zu den indischen Lehren von der Wiederverkörperung in Tieren, die er im Gegensatz zur Evolution sieht. Damit kommt er zum Sinn der menschlichen Existenz auf Erden als einer Lernaufgabe: "In grobstofflicher Materie die feinstoffliche Existenz vergessen, um sie sich, gleichzeitig die Materie wieder vergeistigend, bewußt und zu bewußtem Eigenbesitz wieder zu erobern im Laufe der Evolution, das ist im Sinne der esoterischen Lehren die Aufgabe des Menschen."[88]

5.5 Reinkarnation im Spiritismus

Reinkarnation und Spiritismus scheinen zwei alternative, einander ausschließende Jenseitsvorstellungen zu sein: Die Reinkarnationsvorstellungen beantworteten die Frage nach dem postmortalen Geschick mit der Wiederverkörperung, der Spiritismus beruht auf der Gewißheit einer kommunikationsfähigen Existenz im Jenseits. Trotz der Gegensätzlichkeit können die beiden Vorstellungen miteinander verbunden werden, was die Anpassungsfähigkeit der Reinkarnationsvorstellung eindrucksvoll illustriert.

Im klassischen Spiritismus, der sich seit dem letzten Jahrhundert als eine Gegenströmung zu einem radikalen Materialismus über die ganze Welt ausbreitete, werden die Botschaften der Verstorbenen aus dem Jenseits durch besonders geeignete menschliche Medien übermittelt[89], andere Verfahren wie die Tonbandstimmenforschung spielen eine untergeordnete Rolle.[90] Gegen die Anerkennung der Reinkarnation bestehen bei einigen Gruppen bis heute Widerstände.

Einen wesentlichen Beitrag zur Verbreitung des Spiritismus hat der Franzose Hippolyte Léon Denizard Rivail (1804-1869) geleistet. Er nannte sich Allan Kardec, nachdem ihm durch ein Medium mitgeteilt wurde, daß er in einer früheren Inkarnation ein gallischer Druide dieses Namens gewesen sei.[91] Kardec, ein Schüler

88 *Kyber*, Einführung in das Gesamtgebiet des Okkultismus, aaO., 193.

89 Die Frage, ob es sich um unbewußte Dramatisierungen, um Spaltpersönlichkeiten, um außersinnliche Wahrnehmung oder um nicht-physische Wesenheiten handelt, ist für den Rezeptionsprozeß von Reinkarnationsvorstellungen nicht entscheidend. Diese Diskussion geht um die Frage, ob es sich um Einwirkungen von außen handelt (spiritistische Hypothese) oder ob die Phänomene innerweltlich zu erklären sind (animistische Hypothese). Instruktiv ist der dreibändige "Klassiker": *E.Mattiesen*, Das persönliche Überleben des Todes, Berlin/New York 1987. Über die Diskussion in der Parapsychologie informiert: *H.Bender*, "Ist das Überleben des Todes wissenschaftlich beweisbar?" In: ders. Umgang mit dem Okkulten, aaO., 66-75; *ders.*, Parapsychologie und Spiritismus, in: ders., Telepathie, Hellsehen und Psychokinese, München [6]1989, 68-93.

90 Vgl. *F.Jürgenson*, Sprechfunk mit Verstorbenen, München [5]1987.

91 Vgl. *E.Benz*, Gebet und Heilung im brasilianischen Spiritismus, in: Stephenson (Hg.), Der Re-

Pestalozzis, gründete, nachdem er mit dem Spiritismus in Berührung gekommen ist, eine spiritistische Vereinigung, gab eine Zeitschrift heraus und verfaßte spiritistische Lehrbücher. Mit seinen Schriften breitete sich der Spiritismus weltweit aus, und auch das letzte öffentliche Autodafé, bei dem der Erzbischof von Barcelona Kardecs Bücher verbrennen ließ, trug nur zur weiteren Bekanntheit bei.[92]

Das "Buch der Geister" trägt den programmatischen Untertitel "Die Grundsätze der spiritistischen Lehre von der Unsterblichkeit der Seele, der Natur der Geister, ihren Beziehungen zu den Menschen; die Sittengesetze, das irdische und das künftige Leben und die Zukunft der Menschheit. Nach Kundgebung höherer Geister durch verschiedene Medien".[93] Es kann als Basiswerk des Spiritismus gelten. Die Schrift ist didaktisch geschickt konzipiert, indem auf Fragen, die Kardec formuliert, mediale Antworten folgen, manchmal durch Kommentare ergänzt. Das Ganze hat eine "katechismusartige Gestalt"[94], und ist ausgerichtet am "Erwartungshorizont ..., den auch der normale Kirchengläubige mitbringt."[95] Während das "Buch der Geister" die theoretischen Grundlagen des Spiritismus enthält, werden im "Buch der Medien" die nötigen praktischen Kenntnisse vermittelt.[96] Die Auflagen der Schriften Kardecs gehen in die Millionen, in Brasilien übertreffen sie die der Bibel.[97] Ihr Anspruch ist es, "daß mit diesen Kundgaben dem Alten und dem Neuen Testament eine dritte Offenbarung hinzugefügt werde."[98]

Die Lehre Kardecs basiert auf dem Dualismus von Geist und Welt. Die materielle Welt ist von der Welt der Geister umgeben und durchdrungen, die in ihr ständig präsent sind.[99] Die Anthropologie, wie sie Kardec im "Buch der Geister" formuliert, entspricht dem platonischen Leib-Seele-Dualismus:

"Die menschliche Seele ist ein verkörperter Geist, der Körper ist des Geistes Hülle. Der Mensch besteht aus drei Teilen: 1. aus dem Körper, dem materiellen Wesen, das dem Tier entspricht und durch das nämliche Lebensprinzip belebt wird; 2. aus der Seele, dem immateriellen Wesen, dem in den Körper inkarnierten Geiste; 3. aus dem Bande, das Seele und Körper eint, dem zwischen Materie und Geist vermittelnden Prinzip. Somit hat der Mensch zwei Naturen: durch den Körper nimmt er an der Natur der Tiere teil, deren Instinkte er besitzt, und mit seiner Seele nimmt er an der Natur der Geister teil."[100]

ligionswandel unserer Zeit, aaO., 30-53, 35; Hummel, Reinkarnation, aaO., 78.

92 Vgl. *Benz*, Gebet und Heilung im brasilianischen Spiritismus, aaO., 34f.

93 *A.Kardec*, Das Buch der Geister, Freiburg i.Br. 1987.

94 *Hummel*, Reinkarnation, aaO., 79.

95 *Adler*, Seelenwanderung und Wiedergeburt, aaO., 94.

96 *A.Kardec*, Das Buch der Medien, Freiburg i.Br. 1964.

97 Vgl. *Benz*, Gebet und Heilung im brasilianischen Spiritismus, aaO., 36.

98 *Adler*, Seelenwanderung und Wiedergeburt, aaO., 89; vgl. *Kardec*, Das Buch der Geister, aaO., 41.

99 Vgl. *Kardec*, Das Buch der Geister, aaO., 61.

100 *Kardec*, Das Buch der Geister, aaO., 21, vgl. ebd. 70.

Die ewigen Geister sind von Gott gut, aber unwissend erschaffen und sind dazu berufen, sich durch einen Entwicklungsprozeß zu vervollkommnen. Diese Hoffnung gilt allen, denn: "Ein barmherziger und gerechter Vater kann seine Kinder nicht in ewig von sich stoßen."[101] Die Reinkarnation garantiert auch im spiritistischen Konzept Kardecs das *Gesetz des Fortschritts*. Ihre Erklärung nimmt einen großen Teil des "Buches der Geister" ein. "Nach und nach erheben sie sich und steigen auf der Leiter des Fortschritts immer mehr empor. Diese Besserung findet durch die Inkarnationen als Mensch statt ..."[102] Ein Rückschritt ist nicht möglich; östlichen Vorstellungen von der Verkörperung in Tieren werden abgelehnt.

Die Plausibilität der Reinkarnationsvorstellung wird wiederholt aus dem *Gerechtigkeitsgedanken* abgeleitet und in Übereinstimmung mit dem christlichen Glauben gesehen: "Die Lehre von der Vielheit der Existenzen entspricht der Gerechtigkeit Gottes. Sie allein erklärt, was ohne sie unerklärlich bleibt. Wie sollte daher ihr Prinzip nicht in der Religion liegen?"[103] Die vorfindliche Unterschiedlichkeit der Menschen, ihre unterschiedlichen Begabungen und Möglichkeiten werden durch die unterschiedlichen Entwicklungsstufen erklärt.

Eine weitere zentrale Vorstellung ist das *Gesetz der Gleichheit* aller Menschen, mit dem ausdrücklich Männer und Frauen, Arme und Reiche gleichgestellt werden. Die egalisierende Funktion der Reinkarnation könnte eine Erklärung für den Erfolg der Vorstellung in Brasilien sein. Ergänzt wird dieser Zug durch das *Gesetz der Freiheit*, nach dem Sklaverei ausdrücklich als Mißbrauch der Gewalt verurteilt wird. Die ethischen Aspekte der spiritistischen Reinkarnationsvorstellung sind nicht zu übersehen: "Die Lehre des Spiritismus soll der Menschheitsentwicklung einen neuen Impuls geben: den des sittlichen Fortschrittes."[104]

Der Spiritismus mit seiner reinkarnatorischen Botschaft hat großen Erfolg. "Kardec hat es verstanden, uralte animistische Vorstellungen mit den modernen Idealen des 19. Jahrhunderts zu verbinden ... Die Brücke zwischen Animismus und Fortschrittsglauben im modernen Spiritismus ist die Lehre von Karma und Reinkarnation."[105] Der Kardecianismus ist in Brasilien als dritte Konfession staatlich anerkannt[106] und auf dem Wege, sich in eine "'Volkskirche' mit einer einheitlichen Organisation umzuwandeln".[107] In Europa gibt es vor allem in England größere Vereinigungen der "Spiritualists".[108]

101 *Kardec*, Das Buch der Geister, aaO., 66.

102 *Kardec*, Das Buch der Geister, aaO., 22.

103 *Kardec*, Das Buch der Geister, aaO., 297. Vgl. ebd. 98: "Hauptsache ist, daß die Belehrung der Geister vorzugsweise christlich ist."

104 *Kardec*, Das Buch der Geister, aaO., 302.

105 *Hummel*, Reinkarnation, aaO., 80f.

106 Vgl. HRGem[4] 525; vgl.*Boff*, Die Seelenwanderung, aaO., 138ff; *Blank*, Auferstehung oder Reinkarnation? AaO., 13ff.

107 *Benz*, Gebet und Heilung im brasilianischen Spiritismus, aaO., 38.

108 Vgl. *Wichmann*, Die Renaissance der Esoterik, aaO., 94.

5.6 New Age: Reinkarnation der Gesamtgesellschaft

Eine zusammenfassende Definition der als New Age bezeichneten gesellschaftlichen und kulturellen Bewegung ist nur schwer möglich. Die Geschichte der New-Age-Bewegung ist von Bochinger aus den Quellen erschlossen, als Reaktion auf Fragestellungen der Moderne überzeugend gedeutet und in den Zusammenhang der abendländischen Religionsgeschichte eingeordnet worden.[109]

"New Age ist weder eine 'Religion' im Sinne einer Figuration personeller oder institutioneller Art noch eine systematisierbare 'Weltanschauung', sondern ein höchst dynamisches, instabiles und disparates Syndrom, das durch die gegenwärtig in großer Bandbreite ablaufenden Veränderungsprozesse abendländischer religiöser Strömungen verursacht ist."[110]

Soziologisch ist die New-Age-Bewegung keine Organisation, der Begriff New Age faßt in einer Außenperspektive unterschiedliche Gruppen und Formen zusammen. Netzwerkstrukturen sind teilweise zu erkennen und werden auch theoretisch gefordert. Die Pluralität individueller Auffassungen und Praktiken bestimmt das divergierende Erscheinungsbild, das von einigen Vordenkern mit Metaphern des Zusammenhangs überbaut wird: "Es gibt viele Wege den Berg hinauf, aber alle führen zum Gipfel."[111] Bochinger hat gezeigt, "daß 'New Age' keine Mitte hat: "Die 'Wissensvermittler' haben einen Sprachjargon begründet, einen Sprachspielcharakter, an dem man sich und die anderen erkennt, dem aber außer einem diffusen Konvergenzinteresse keine inhaltliche Qualität eignet."[112]

Der Konvergenzpunkt der heterogenen New Age-Bewegung mit dem Reinkarnationskonzept ist der Entwicklungsgedanke. Unter dem weithin akzeptierten Begriff der "Wendezeit"[113] wird im New Age die Theorie eines globalen Wandels zusammengefaßt.

Erwartet wird ein Wechsel der Zeiten, der aus der astrologischen Zeitaltertheorie des Weltenjahres oder "platonischen Jahres" abgeleitet wird, das sich aus dem Vorrücken

109 *Bochinger*, "New Age" und moderne Religion, aaO. (Literatur). Vgl. *H.Bürkle* (Hg.), New Age, Düsseldorf ²1989; *I.-M.Greverus,* Neues Zeitalter oder verkehrte Welt, Darmstadt 1990; *dies./G.Welz* (Hg.), Spirituelle Wege und Orte, Frankfurt a.M. 1990; *B.Haneke/K.Huttner* (Hg.), Spirituelle Aufbrüche, Regensburg 1991; *H.Hemminger* (Hg.): Die Rückkehr der Zauberer, Reinbek b.Hamburg 1987; *M.Konitzer,* New Age, Hamburg 1989; *New Age - aus christlicher Sicht*, Freiburg (Schweiz)/Zürich ²1987; *M.Pilger/St.Rink* (Hg.), Zwischen den Zeiten, Marburg 1989; *H.-J.Ruppert,* New Age, Wiesbaden 1985; *C.Schorsch*, Die New Age-Bewegung, Gütersloh 1988.

110 *C.Bochinger,* Synkretismus, in: Dunde (Hg.), Wörterbuch der Religionssoziologie, aaO., 320-327, 325.

111 *G.Trevelyan*, Eine Vision des Wassermann-Zeitalters, München ³1986, 16, vgl. 38

112 *C.Bochinger*, Theorien des "New Age" und der Geist der Gegenwart, in: Haneke/Huttner (Hg.), Spirituelle Aufbrüche, aaO., 34-46, 43.

113 Vgl. *F.Capra*, Wendezeit, Bern/München/Wien ¹⁴1987.

des Frühlingspunktes der Sonne durch die Tierkreiszeichen ergibt.[114] Das große Weltenjahr von 26000 Jahren zerfällt in zwölf kleine Weltjahre von jeweils 2100 Jahren, ein Grad entspricht einem Menschenalter von 72 Jahren. Das Weltenjahr hat mit dem Zeitalter der Fische um 150 v.Chr. begonnen und wird gegenwärtig in der rückwärts durchlaufenen Ekliptik durch das Zeitalter des Wassermanns abgelöst.[115]

Mit der astrologischen Beschreibung sind qualitative Charakterisierungen der jeweils in einem Zeitalter dominierenden Eigenschaften und Kräfte verbunden. Mit der Wende vom Zeitalter der Fische zum Zeitalter des Wassermanns wird eine grundlegende Transformation[116], ein neues Paradigma[117], ein Evolutionssprung[118], eine neue Spiritualität[119], die mit den naturwissenschaftlichen Erkenntnissen, insbesondere der theoretischen Physik, konvergiert[120], erwartet. Die "Wiederverzauberung der Welt am Ende des Newtonschen Zeitalters"[121] ist mit Hoffnungen verbunden, New Age ist eine optimistische Weltanschauung[122] und hat zur Erprobung alternativer Lebensformen angeleitet.[123]

"Der Glaube an Reinkarnation ist kein notwendiger Bestandteil der New Age-Bewegung. Es gibt Gruppen und Strömungen, die zu New-Age gerechnet werden können, ohne daß sie die Reinkarnationshypothese vertreten. Ebenfalls fehlt das Thema Reinkarnation in wichtigen Hauptwerken der sogenannten 'Vordenker' des New Age (Capra, Ferguson) ganz. Allerdings fehlt in den beiden genannten Fällen nicht nur das Stichwort Reinkarnation, sondern überhaupt das Thema 'Leben nach dem Tod'."[124]

114 Vgl. zur astrologischen Theoriebildung: *A.Rosenberg*, Zeichen am Himmel, München ²1984, 204-213.

115 Aquarius, der Wassermann, wird bereits im Musical "Hair" von 1967 mit dem Reinkarnationsgedanken verknüpft, vgl. *Feder*, Reinkarnationshypothese in der New Age-Bewegung, aaO., 29. Zum Wassermannzeitalter vgl. *T.Roszak*, Das unvollendete Tier, München 1982, 35ff.

116 Vgl. *Ferguson*, Die sanfte Verschwörung, aaO., 73-136.

117 Vgl. *Capra*, Wendezeit, aaO., 26 u.ö. unter Bezug auf *T.S.Kuhn*, Die Struktur wissenschaftlicher Revolutionen, Frankfurt a.M. ¹¹1991.

118 Vgl. *P.Russel*, Die erwachende Erde, München 1984.

119 Vgl. *G.Schiwy*, Der Geist des Neuen Zeitalters, München 1987.

120 Vgl. *R.Kakuska* (Hg.), Andere Wirklichkeiten, München 1986; *F.Capra*, Das neue Denken, Bern/München/Wien 1987; *G.Zukav*, Die tanzenden Wu Li Meister, Reinbek b.Hamburg 1981; *P.Davies*, Gott und die moderne Physik, München 1989. Kritisch: *H.-D.Mutschler*, Physik. Religion. New Age, Würzburg 1990.

121 *Berman*, Wiederverzauberung der Welt, aaO.

122 Vgl. die umfassenden Anthologien: *M.Schaeffer/A.Bachmann* (Hg.), Neues Bewußtsein - neues Leben, München, ²1989; *dies.*, (Hg.), Neue Wege - neue Ziele, München 1990. Vgl. *G.Breidenstein*, Hoffen inmitten der Krisen, Frankfurt a.M. 1990.

123 Vgl. *P.Hawken*, Der Zauber von Findhorn, Reinbek b.Hamburg 1985; *S.Schaup*, Wo Leben wieder menschlich wird, Freiburg i.Br. 1985; *K.H.Meyer*, Zukunftswerkstatt Gemeinschaftsprojekte, Steyerberg ³1990; Dazu nachdenklich: *H.Ch.Brandy*, Erlebte Ganzheitlichkeit: Der Lebensgarten Steyerberg, in: MD EZW 54 (1991) 277-282.

124 *Feder*, Reinkarnationshypothese in der New Age-Bewegung, aaO., 30. Die Aussage ist richtig, auch wenn die Reinkarnationsvorstellung bei *Ferguson*, Die sanfte Verschwörung, aaO., 113 und 443 am Rande auftaucht.

Ist die Reinkarnationsvorstellung auch nicht zwingend mit der New Age-Bewegung verbunden, so lassen sich doch unschwer strukturelle Gemeinsamkeiten entdecken. Verbindendes Glied ist der Entwicklungsgedanke: in den westlichen Reinkarnationsvorstellungen werden individuelle Entwicklungen betrachtet, im Konzept von New Age geht es um globale und kosmische Evolutionen. Die Verbindung von individueller und kosmischer Entwicklung steht im Mittelpunkt der "Vision des Wassermann-Zeitalters" von Sir George Trevelyan (geb. 1906), einem der Wegbereiter des New Age und einer der führenden Persönlichkeiten der englischen New Age-Bewegung.[125]

Trevelyan geht von einer monistisch-spiritualistischen Weltsicht aus, nach der alles Leben Einheit und die Materie nur äußere Form des schöpferischen Geistes ist. Die menschliche Seele wird streng dualistisch vom Körper abgehoben, sie "gehört eigentlich höheren und reineren Sphären an. Sie inkarniert (verkörpert) sich, um sich in der Dichte der irdischen Materie Erfahrungen anzueignen - eine notwendige Erziehungsphase bei ihrer Entwicklung."[126] Das zentrale Reinkarnationstheorem, aufbauend auf der Präexistenzvorstellung, ist die Vorstellung von der "Erde als Schule"[127], in der der Mensch, getrennt vom göttlichen Licht, seine Freiheit entdecken kann.

"Wenn die irdische Ebene tatsächlich der Übungsplatz der Seele ist, so ist es unwahrscheinlich, daß wir nur einmal hierherkommen sollten. Ein einziges Leben reicht kaum aus, um die ganze Ernte der Erfahrung einzubringen, welche die Erde anbieten kann. Ist die Natur der Seele ewig, bedeutet dies außerdem, daß wir bereits als entwikkelte Wesen existieren, ehe wir geboren wurden. Daraus folgt, daß wir freiwillig beschließen, in die Schwingungen der Erde hinabzusteigen, wenn die Seele eine Aufgabe zu lernen hat. ... Es ist unlogisch, die Theorie der Evolution anzunehmen, dabei aber zu leugnen, daß das Bewußtsein und das spirituelle Wesen des Menschen sich ebenfalls von einem Zeitalter zum anderen entwickeln. ... Um auf unsere frühere Analogie zurückzugreifen, kann die Geschichte mit einer großen Schule verglichen werden, wir müssen von Klasse zu Klasse weitergehen und jeder erlauben, die ihr eigene Lektion anzubieten."[128]

Trevelyan betont die Plausibilität der Vorstellung, ihre Logik und ihre Deutungspotenz gegenüber Unglück und Ungleichheit: "Man sagt, 'das Schicksal sei immer freundlich'. Auch wenn der Rückschlag, der uns trifft, als sinnloses Unglück erscheinen mag, ist er als Teil dieses sich entwickelnden Musters aufzufassen."[129] Trevelyan geht von Gruppenreinkarnationen aus, und deutet damit

125 Vgl. das Vorwort zur in: *Trevelyan*, Eine Vision des Wassermann-Zeitalters, aaO., 7-15. Vgl. *Feder*, Reinkarnationshypothese in der New Age-Bewegung, aaO., 34-37.

126 *Trevelyan*, Eine Vision des Wassermann-Zeitalters, aaO., 21.

127 *Trevelyan*, Eine Vision des Wassermann-Zeitalters, aaO., 47-65.

128 *Trevelyan*, Eine Vision des Wassermann-Zeitalters, aaO., 57f.

129 *Trevelyan*, Eine Vision des Wassermann-Zeitalters, aaO., 61.

menschliche Beziehungen.[130] Der Tod stellt sich nach Trevelyan als "das große Abenteuer"[131] dar, als Befreiung zum Licht und als Verwandlung.

Trevelyan arbeitet die östlichen Reinkarnationsvorstellungen sehr bewußt um: "Weil sich der Westen nun von jeher mehr mit der Individualität beschäftigt hat als der Osten, paßt es zur westlichen Mentalität, daß evolutionäres Denken unser Verständnis der Reinkarnation färbt. ... So wird das östliche 'Rad der Wiedergeburt' im Westen in eine Spirale verwandelt, eine Wendeltreppe, die schließlich zu einem 'neuen Himmel und einer neuen Erde' führt."[132]

Die Parallelität der Reinkarnation des Individuums und der Neugeburt des Kosmos im Wassermannzeitalter ist überdeutlich: "Wir haben tatsächlich mit einer Wiederkunft zu tun. Im Grunde ist alles in Ordnung, trotz der anscheinend zunehmenden Schwierigkeiten. Wir müssen aber den Mut haben, wahrzunehmen, daß uns etwas Ungeheures bevorsteht - die Herrlichkeit einer Neuen Geburt planetarischen und kosmischen Ausmaßes - und daß wir alle daran beteiligt sind."[133] Der Mensch als "Verwalter des Planeten" wird sich seiner kosmischen Verantwortung bewußt werden und sich als "Kanal spiritueller Kräfte" erfahren.

Auch wenn nicht alle Theoretiker des New Age die Reinkarnationsvorstellung explizit thematisieren, das Beispiel von Trevelyan zeigt die innere Übereinstimmung von individueller und kosmisch-kollektiver Evolution. So ist es auch nicht überraschend, wenn Johann Quanier behauptet: "Es wird im Neuen Zeitalter keinen Menschen mehr geben, der Reinkarnation nicht akzeptiert".[134]

5.7 Reinkarnationsvorstellungen in subkulturellen Organisationsformen mit "Sektencharakter"

Die beiden folgenden Beispiele geben einen Eindruck von Reinkarnationsvorstellungen in organisierten Bewegungen mit, gesamtgesellschaftlich gesehen, subkulturellem und sektenhaftem Charakter. Bereits im südamerikanischen Spiritismus war die Entwicklung organisierter Strukturen zu beobachten, während für die New Age-Bewegung ein lockerer sozialer Zusammenhalt in netzwerkartigen Verbindungen konstatiert wurde. Die soziologischen Kriterien einer ausdifferenzierten Organisation mit Hierarchiebildung und Mitgliedschaft lassen sich erst bei der "Scien-

130 Vgl. *Trevelyan*, Eine Vision des Wassermann-Zeitalters, aaO., 63, 79.

131 *Trevelyan*, Eine Vision des Wassermann-Zeitalters, aaO., 66-80.

132 *Trevelyan*, Eine Vision des Wassermann-Zeitalters, aaO., 59.

133 *Trevelyan*, Eine Vision des Wassermann-Zeitalters, aaO., 40.

134 *J.Quanier*, Politische Form der neuen Gesellschaft. Interview, in: G.Geisler (Hg.): New Age - Zeugnisse der Zeitenwende, Freiburg i.Br. 1987, 38-44, 44. Dagegen kritisch: *Olvedi*, Die neue Lust am Irrationalen, aaO., 107ff zur Vermarktung: "Die Reinkarnation ist ohne Zweifel das attraktivste Pferdchen im New-Age-Zirkus ..."

tology Kirche" und dem "Universellen Leben" nachweisen. In beiden Organisationen ist die Reinkarnationsvorstellung konstitutiver Bestandteil der Weltanschauung.

Scientology: Reinkarnation als technische Angelegenheit

Die "Scientology Kirche"[135] steht im Mittelpunkt heftiger Auseinandersetzungen, die kritische Literatur nimmt ständig zu[136]: Hat Scientology religiösen Charakter[137] oder dient sie lediglich der Akkumulation von Macht und Vermögen im Gewand einer Heilslehre, in der die Selbstbefreiung zum Geschäft mutiert ist?[138] Ist sie eine Psycho-Organisation mit dem Ziel der Manipulation ihrer Mitglieder[139], vor der eindringlich gewarnt werden muß, wie "Aussteiger" betonen?[140] Den Fragen, die sich in Bezug auf Scientology stellen, kann hier nicht weiter nachgegangen werden, aber die Analyse der in ihr vertretenen Reinkarnationsvorstellung gibt durchaus einen Eindruck vom Weltbild der Organisation.

135 Der Begriff "Kirche" beschreibt die Scientology-Organisation weder soziologisch noch theologisch zutreffend. Darum wird in der Beschreibung die Selbstbezeichnung "Scientology Kirche" in Anführungsstrichen verwendet. In soziologischer Terminologie wäre von einer Sekte zu sprechen (vgl. Kap. 14), wobei Scientology keine Abspaltung von den christlichen Kirchen darstellt, wohl aber die Merkmale des Sektenhaften erfüllt. Zur Diskussion vgl.: *REMID*, Stellungnahme zur gegenwärtigen Auseinandersetzung um die Scientology-Kirche, o.O. o.J.; *W.Thiede,* Scientology und Religionswissenschaft, in: MD EZW 55 (1992) 149-156.

136 Vgl. *J.Herrmann* (Hg.), Mission mit allen Mitteln, Reinbek b.Hamburg 1992; *W.Thiede*, Scientology, Konstanz 1992; *F.Valentin/H.Knaup* (Hg.), Scientology - der Griff nach Macht und Geld, Freiburg i.Br. 1992; *S.Rink*, Scientology - Skizzen einer umstrittenen Religion, in: Spirita 7 (1993) H 1, 5-14.

137 In der kritischen Diskussion wird hervorgehoben, daß die wirtschaftlichen Profit- und Machtinteressen die religiös weltanschauliche Fragestellung dominieren. Folglich muß auch der grundgesetzlich gebotene Schutz religiöser und weltanschaulicher Gemeinschaften in Bezug auf Scientology mit gewichtigen Gründen in Frage gestellt werden. Vgl. *R.B.Abel*, Angriff auf die Demokratie, in: Herrmann (Hg.), Mission mit allen Mitteln, aaO., 138-149; *H.Achilles,* Grundgesetz und "Jugendsekten", in: MD EZW 55 (1992) 144-149. Von einer religions- und kirchenkritischen Position: *F.Rötzer*, Tatbestand Religion, in: Ästhetik und Kommunikation 16 (1985) H. 60, 33-38.

138 *Valentin/Knaup*, Scientology - der Griff nach Macht und Geld, aaO., 7, zitieren ein Gerichtsurteil, nach dem es legitim ist, Scientology "ein auf Expansion bedachtes Wirtschaftsunternehmen" zu nennen, "dem es letztlich um die Erzielung von Gewinnen geht".

139 HRGem[4] 859ff.

140 Vgl. *"Scientology wird sich schließlich totlaufen..."* Interview von W.Thiede mit einem ehemaligen Mitglied der Sea Org, in: MD EZW 57 (1994) 294-299; *Herrmann*, Mission mit allen Mitteln, aaO., 16ff, 30ff, 189ff; *Anonym*, Vom Clear zur Ewigkeit in: Valentin/Knaup (Hg.), Scientology, aaO., 11-15; *"Die wollen den totalitären Staat"* In: Der Spiegel 47 (1993) H.10 vom 8.März 93, 84-92.

Die "Scientology Kirche" geht wie ihre Vorläufer, Scientology und Dianetics, auf den Amerikaner Lafayette Ronald Hubbard (1911-1986) zurück.[141] In seinem 1950 erstmalig erscheinenden Buch "Dianetik. Die moderne Wissenschaft der geistigen Gesundheit"[142] ist die Reinkarnationsvorstellung noch nicht zu entdecken, aber Hubbard legt die Grundlagen seines Welt- und Menschenbildes in einer technisch-objektivierenden Sprache nieder. Auf dem Hintergrund einer sozialdarwinistischen[143] Weltsicht, das "dynamische Prinzip des Daseins ist Überleben"[144], "Erfolge heben das Überlebenspotential in Richtung auf unendliches Überleben"[145], wird die Möglichkeit der Entwicklung zum geistigen Übermenschen gelehrt, den Hubbard als "Clear" bezeichnet. Der Verwirklichung aller menschlichen Potentiale steht jedoch entgegen, daß der nichtbewußte menschliche Geist, "reaktiver Mind" genannt, schmerzliche Erfahrungen speichert, sogenannte "Engramme", die sich hinderlich auswirken. Dianetik, als "Brücke in die Zukunft", bietet nun die Therapie zur Auflösung dieser Störungen, die nicht nur in der Kindheit, sondern auch in vorgeburtlichen Erlebnissen und bei der Geburt gesucht werden. Die Heilung soll durch Bewußtmachung erfolgen.

Ging Hubbard in Dianetik auf der Zeitspur, dem "Time-Track", nur bis zu Geburt und Zeugung zurück, so weitet er den Zeitraum später auf die "ganze Zeitspur von rund 60 Trillionen Jahren" aus[146], nachdem er die Regressionserfahrungen der "past-life-Therapie" kennengelernt hat. Aus Dianetik wird Scientology, in deren Zentrum die Aufarbeitung reinkarnatorischer Erfahrungen steht. Der Personkern des Menschen wird nun als "Thetan" bezeichnet, der den Mind als "Kommunikations- und Kontrollsystem"[147] verwendet und der "den Körper lenkt und in ihm lebt."[148]

"Der Mensch dachte, er *habe* eine menschliche Seele. Dies ist absolut falsch - der Mensch *ist* eine menschliche Seele, die mehr oder weniger in einem Mind eingepackt ist, der in einem Körper sitzt. Dies ist der Mensch, *Homo sapiens*. Er ist ein geistiges Wesen und hält sich für gewöhnlich im Kopf auf. Er schaut sich seine geistigen Eindrucksbilder an, und sein Körper trägt ihn durch die Gegend."[149]

141 Vgl. die Selbstdarstellung: Über den Autor, in: *L.R.Hubbard*, Haben Sie vor diesem Leben gelebt? Kopenhagen 1979, 363-377. Kritisch: *V.Albers*, Vom Science-Fiction-Autor zum Sektenguru, in: Herrmann (Hg.), Mission mit allen Mitteln, aaO., 51-64.

142 *L.R.Hubbard*, Dianetik, Kopenhagen 1990.

143 Vgl. *R.Hummel,* Reinkarnation statt Schöpfungsglaube, in: Kochanek (Hg.), Reinkarnation oder Auferstehung, aaO., 100-118, 113ff.

144 *Hubbard*, Dianetik, aaO., 34ff.

145 *Hubbard*, Dianetik, aaO., 55.

146 Vgl. *Hummel,* Reinkarnation statt Schöpfungsglaube, aaO., 108.

147 *Hubbard*, Haben Sie vor diesem Leben gelebt? AaO., 385.

148 *Hubbard*, Haben Sie vor diesem Leben gelebt? AaO., 389.

149 *Hubbard*, Haben Sie vor diesem Leben gelebt? AaO., 40f.

Die gnostische Spaltung[150] zwischen ewigem Thetan und dem Körper als Ort der Gefangenschaft kann zur Relativierung des Todes genutzt werden:

"Für einen Scientologen ist der Tod niemals eine sehr ernste Angelegenheit, abgesehen von der Tatsache, daß er sich manchmal selbst leid tut. ... Der Tod ist an sich eine technische Angelegenheit. Sie können einem Ehemann, dessen Frau gerade gestorben ist, mit beträchtlicher Gewißheit versichern, daß sie gut durchgekommen ist und daß sie woanders hingeht, um sich einen neuen Körper zu holen. ... Also: eine Person verliert ihren Körper und verhält sich entsprechend; und daraus wird ein großes Geheimnis gemacht. Das ist das Phänomen des Todes."[151]

Auch nach dem Tod geht der Kampf um das Dasein weiter, es ist ein postmortaler Sozialdarwinismus, in den der Thetan im Kampf um einen neuen Körper treten muß und der den Jenseitsweg prägt:

"Die Frage ist, wie schnell man sich einen Körper nehmen kann, bevor ihn ein anderer kriegt. Daher ist damit eine gewisse Besorgnis verbunden. ... Jemand kommt und beraubt ihn seines Körpers. ... Es macht ihn wütend und regt ihn auf, und er rast quer über das halbe Land, sieht eine Entbindungsanstalt und schnappt sich einen Babykörper."[152]

Hubbard ist sich der Einfachheit seiner Theorie durchaus bewußt: "Frühere Leben sind nicht 'Reinkarnation'. Das ist eine komplexe Theorie verglichen damit, einfach immer wieder zu leben, einen neuen Körper zu bekommen, diesen schließlich zu verlieren und wieder einen neuen zu bekommen."[153] Die Vorstellung von den wiederholten Inkarnationen ist auf den Grundgedanken reduziert. Hubbard nähert sich östlichen Vorstellungen an und betont seine Distanz zu den westlichen Reinkarnationsvorstellungen mit dem Entwicklungsgedanken: "Menschen haben auch als Tiere gelebt, und vielleicht haben einige Tiere als Menschen gelebt. Es gibt offensichtlich keine stufenweise Aufwärtsentwicklung ..."[154]

Hinter der Ablehnung einer *gesetzmäßigen* Aufwärtsentwicklung durch Reinkarnation ist das Interesse zu vermuten, daß Scientology als "religiöse Technologie"[155] diese Schaltstelle besetzen will. Entwicklung zum Heil, Befreiung von Vorprägungen, soll dem scientologischen Verfahren vorbehalten bleiben. Durch

150 *Scientology Kirche Deutschland e.V.*, Die Scientology Kirche in Deutschland. Informationen und Selbstverständnis, München 1985, 15: "Scientology ist keine monotheistische (Glaube an einen einzigen Gott) Offenbarungsreligion, sondern besteht in der Tradition der gnostischen Erlösungsreligionen (Religionen, die Erlösung des Menschen durch Erkenntnis seiner selbst und seiner Verbundenheit mit Gott suchen), wie vor allem des Früh-Buddhismus."

151 *Hubbard*, Haben Sie vor diesem Leben gelebt? AaO., 55 und 57.

152 *Hubbard*, Haben Sie vor diesem Leben gelebt? AaO., 51 und 49.

153 *Hubbard*, Haben Sie vor diesem Leben gelebt? AaO., 69.

154 *Hubbard*, Haben Sie vor diesem Leben gelebt? AaO., 70.

155 *Scientology Kirche Deutschland e.V.*, aaO., 30: Scientology "versteht die Gesamtheit dieser Übungen und Verfahren als religiöse Technologie. Der Begriff Technologie wird vor allem deshalb verwendet, weil das Funktionieren dieser Verfahren von *exakter* Anwendung abhängig ist."

"Auditing", der technisch unterstützten[156] "Seelsorge" in Form einer reduzierten Reinkarnationstherapie, sollen alle Engramme aus dem reaktiven Mind getilgt werden, bis der Mensch ein "Clear" wird:

"Clear: Der Name kommt von einem Vergleich zwischen dem *Mind* und einer Rechenmaschine. Wenn Sie auf einer Rechenmaschine die 'Clear'-Taste (Löschtaste) drücken, werden alle verborgenen Antworten in der Maschine gelöscht, und die Maschine kann für eine richtige Berechnung verwendet werden. Solange diese Taste nicht gedrückt wird, fügt die Maschine alle alten Antworten den neuen Rechnungen hinzu, und es entstehen falsche Antworten. Clears sind Wesen, die von falschen oder nutzlosen Antworten befreit sind, die sie vom Leben oder Denken abhalten würden."[157]

L. Ron Hubbards Reinkarnationsvorstellung erweist sich als vereinfachte Variante der Reinkarnationstherapie, die in eine technizistische Weltsicht eingebettet ist. Sprach- und Bilderwelt Hubbards zeigen Nähen zur Gattung der Science Fiction-Literatur[158], werden aber mit dem Anspruch ernsthafter Wissenschaftlichkeit vorgetragen. Die Reinkarnationsvorstellung der Scientology steht im Dienst einer sozialdarwinistischen Lebensbetrachtung, die der einzelnen menschlichen Existenz wenig Wert beimißt. Der scientologischen Technik wird dabei das Monopol zur Erlösung eingeräumt.

"Seit Tausenden von Jahren haben Menschen den Zustand der vollständigen geistigen Freiheit vom endlosen Kreislauf von Geburt und Tod gesucht. Sie suchten persönliche Unsterblichkeit mit vollem Bewußtsein, voller Erinnerung und voller Fähigkeit als geistiges Wesen, unabhängig vom Körper. ... In Scientology wurde dieser Zustand erreicht, und zwar nicht als zeitweiliger Zustand mit Rückfällen, sondern auf einer sicheren Grundlage mit vollem Bewußtsein und voller Fähigkeit vom Zufall unbeeinflußt und ohne Verschlechterung. Er ist nicht auf wenige beschränkt."[159]

Weltweit werden von der "Scientology Kirche" rund sieben Millionen Mitglieder angegeben.[160] In der hierarchisch aufgebauten Organisation können Arbeitsverträge "für die nächsten Milliarden Jahre" abgeschlossen werden[161], was nur auf dem Hintergrund der beschriebenen Reinkarnationsvorstellung denkbar ist. In ihren Selbstdarstellungen betont Scientology den religiösen Charakter, sie versteht sich unter anderem als "der Brückenschlag zwischen der geistigen Natur des

156 *Scientology Kirche Deutschland e.V.*, aaO., 21: "Das Eletrometer als religiöses Hilfsmittel ... Es wird von einem ausgebildeten Auditor zum Auffinden von Gebieten mentaler Ladung benutzt. Es zeigt an oder reflektiert, ob die Person im Rahmen der Seelsorge von einer geistigen Belastung befreit wurde oder nicht."

157 *Hubbard*, Haben Sie vor diesem Leben gelebt? AaO., 381f.

158 Hubbard hat im Laufe seines Lebens viele Science Fiction-Romane geschrieben, vgl. *L.Hauser*, Scientology und Science Fiction, in: Valentin/Knaup (Hg.), Scientology - der Griff nach Macht und Geld, aaO., 53-69.

159 *L.R.Hubbard*, The Auditor 19, 1966, zit. aus: *Scientology Kirche Deutschland e.V.*, aaO., 22.

160 Vgl. HRGem[4] 879.

161 Anstellungsvertrag der Sea Organization, 1988, nach: *F.Valentin*, Scientology und Religion, in: Valentin/Knaup (Hg.), Scientology - der Griff nach Macht und Geld, aaO., 123-132, 128.

Ostens und der materialistisch-technischen Natur des Westens".[162] Als ihre Traditionen gibt die "Scientology Kirche" den Hinduismus, das Christentum und den Buddhismus an, aber keine dieser Religionen wird sich in der Lehre von Scientology auch nur annähernd wiedererkennen können. *Die scientologische Reinkarnationsvorstellung ist ein technischer Vorgang, dem eine technische Sprache entspricht und der in einer "Psychotechnik", dem Auditing, als einer reduzierten Form von Reinkarnationstherapie, umgesetzt wird. Der äußere Anspruch ist sowohl der von Religion als auch der von Wissenschaft.* Diese Reinkarnationsvorstellung steht, wie Hummel festhält, in deutlicher Differenz zu den östlichen Religionen, "nicht im Dienst der Befreiung von Gier, Zorn und Haß, sondern gerade umgekehrt im Dienst der Ich-Aufblähung und Durchsetzungsfähigkeit."[163]

Das Universelle Leben: Reinkarnation als neue Offenbarung

Das Universelle Leben, vormals Heimholungswerk Jesu Christi[164], ist eine wachsende religiöse Gemeinschaft in Deutschland. Im Mittelpunkt stehen die durch die "Prophetin" Gabriele Wittek gegebenen Kundgaben[165], die als abschließende Offenbarungen des Christentums gelten.[166] So liegen schriftlich veränderte und ergänzte biblische Texte vor, die mit autoritativem Anspruch kommentiert werden, jeweils eingeleitet mit der Formel: "Ich, Christus, erkläre, berichtige und vertiefe das Wort".[167]

Gelehrt wird eine dualistische Weltauffassung: Gott schuf nur den Geist, die Erde hingegen ist wie alle Materie Folge des Falls.[168] Sie ist wie Raum und Zeit nur Schein, eine "Manifestation von Gedankenformen."[169] Die Anthropologie

162 *Scientology Kirche Deutschland e.V.*, Die Scientology Kirche in Deutschland, aaO., 8.

163 *Hummel,* Reinkarnation statt Schöpfungsglaube, aaO., 116.

164 Vgl. *Universelles Leben* (Hg.), Das Universelle Leben aufgebaut auf dem Fundament des Heimholungswerkes Jesu Christi, Würzburg 1984. Kritisch: *H.-D.Reimer*, Die "Prophetin der Jetztzeit" und ihr "Heimholungswerk", in: MD EZW 47 (1984) 196-211, 212-218; HRGem[4] 532-553.

165 Wittek, geb. 1933, katholisch aufgewachsen, erfuhr 1975 eine innere Stimme, nachdem sie bereits vorher mit einem spiritistischen Kreis Verbindungen hatte. 1977 ging sie an die Öffentlichkeit und gründete "Innere-Geist-Christus-Kirchen". Vgl. *Heimholungswerk Jesu Christi* (Hg.), Die Prophetin Gottes in unserer Zeit, Würzburg September 1983; *W.Behnk*, Gegen das Individuum, in: LM 33 (1994) H.1. 37-39.

166 *Universelles Leben* (Hg.), Das ist Mein Wort, Bd. 1 Würzburg 1989, 341: Dies "ist das Buch, dessen Inhalt unmittelbar aus dem Urquell Gott kommt: Christus, der Erlöser aller Menschen und Seelen, offenbart sich über das Prophetische Wort des Menschen Gabriele - durch unsere Schwester, die Prophetin und Botschafterin Gottes in dieser mächtigen Zeitenwende."

167 Universelles Leben (Hg.), Das ist Mein Wort, aaO., 32 u.ö.

168 Vgl. *Universelles Leben* (Hg.), Ursache und Entstehung aller Krankheiten, Würzburg [2]1987, 17.

169 Universelles Leben (Hg.), Ursache und Entstehung aller Krankheiten, aaO., 34, vgl. 47.

geht von der "Trinität Geist - Seele - Körper"[170] aus. Die Erde ist "Lebensschule" für die mit einem freien Willen versehene Seele, die sich freiwillig oder unfreiwillig inkarniert.[171] So wird durch die "Prophetin Gottes Gabriele - Würzburg" mitgeteilt:

"Eine Seele kann sich so lange einverleiben und viele Erdenleben im Menschenkleid durchwandern, bis sie - durch Selbsterkenntnis und Verwirklichung und durch die Annahme Meiner Erlösertat - den geistigen Weg der Läuterung und Reinigung ihres niederen Ichs wandelt und somit das in ihr wirkende Erlöserlicht vergrößert. Jede Seele und jeder Mensch müssen früher oder später - in diesem Erdenleben oder in weiteren oder als Seele in den Stätten der Reinigung - die Läuterung der Seele vollziehen, um wieder das bewußte Ebenbild des ewigen Vaters zu sein.[172]

Die Reinkarnationsvorstellung dient zur Kontingenzreduktion, konkret zur Tröstung angesichts des Todes:

"Wer die Toten beklagt, ist noch fern vom ewigen Leben, weil er den Tod als Ende des Lebens sieht. ... Die Seele hat nur für einen kurzen Lebensabschnitt Fleisch angenommen, um im Zeitlichen das zu bereinigen und zu tilgen, was sie sich in verschiedenen Erdenkleidern auferlegt hat. Die Erde ist nur als Durchgangsstation zu sehen, auf der die Seelen im Erdenkleid in Kürze das bereinigen, was sie jenseits der Bewußtseinsschleier - auch Nebelwände genannt - nicht so rasch bewältigen können."[173]

Das Karmagesetz von Ursache und Wirkung dient zur Deutung von individuellem und kollektivem Schicksal, die äußere Situation ist Folge vorangegangener innerer Einstellungen, die sich nun gesetzmäßig auswirken: "Dies ist also der Grund, warum etwa verkrüppelte Kinder geboren werden: Sie tragen durch ihre Krankheit Ursachen ab, die sie in einem früheren Leben gesetzt haben."[174] Ichbezogene, materialistische Seelen werden nach "dem geistigen Gesetz, daß Gleiches Gleiches anzieht ... in irdisches Leid und Siechtum hineingeboren"[175]: "Dies ist auch ein Grund, weshalb heute so viele Seelen in unterentwickelten Ländern zur Inkarnation gehen; ihr Bewußtseinsstand entspricht den dortigen geistigen und physischen Verhältnissen."[176] Mit dieser Deutung von Reinkarnation und Karma wird jeder Versuch einer Theodizee überflüssig:

"Die ansonsten schwer oder nicht adäquat beantwortbaren Fragen nach Schuld, Leid und Befreiung finden hierdurch eine plausible Antwort. Ein umfassendes Verstehen der menschlichen Wirklichkeit und des Lebens in den jenseitigen Bereichen wird ermöglicht. Der Mensch ist eingebunden in ein großes, kosmisches Geschehen, das von

170 Universelles Leben (Hg.), Ursache und Entstehung aller Krankheiten, aaO., 36.

171 Vgl. *R. Wagner*, Reinkarnation, Würzburg 1988, 22 und 29f.

172 Universelles Leben (Hg.), Ursache und Entstehung aller Krankheiten, aaO., 54f.

173 Universelles Leben (Hg.), Das ist Mein Wort, aaO., 305f.

174 *Wagner*, Reinkarnation, aaO., 24.

175 *Wagner*, Reinkarnation, aaO., 31.

176 *Wagner*, Reinkarnation, aaO., 32, vgl. 42. Allerdings wird auch eine freiwillige Inkarnation in der Dritten Welt aus "selbstloser Liebe" für möglich gehalten (32).

ehernen geistigen Gesetzmäßigkeiten bestimmt wird - und doch ist er in seinem Innersten ein absolut freies, lichtes, reines, göttliches Wesen. Selbst als verschattete Seele hat er stets den freien Willen.
Im Lichte der Reinkarnationslehre wird auch der Gott der Liebe klarer sichtbar - ohne jene theologische Verkrampfung, die besagt, daß Gott denjenigen strafe, den Er liebt. Er ist und bleibt Liebe; niemandem schickt Er Leid oder Krankheit, niemanden wirft Er verkrüppelt in den menschlichen Körper aus irgendwelchen geheimnisvollen Gründen, und niemanden macht Er zu einem Wunderkind."[177]

Die im Universellen Leben gelehrte Christologie dient der Begründung einer westlichen Reinkarnationsvorstellung. In der Erlösertat von Golgatha teilt sich das göttliche Erbe auf die Menschheit und senkt in jede Seele den Erlöserfunken.[178] Damit ist eine degenerative Reinkarnation nicht mehr möglich, es gibt fortan keine Rückentwicklung mehr:

"Eine Reinkarnation als Tier oder gar als Pflanze ('Seelenwanderung') ist nicht möglich. Die östlichen Religionen lehren dies, weil ihre Schriften vor der Erlösertat Jesu Christi entstanden und daher nicht das Wissen um das Golgathaopfer enthalten, welches die Degeneration ... ein für allemal stoppte."[179]

Das Universelle Leben verortet sich selbst als abschließende Offenbarung zu Beginn der Zeitenwende, in der die materielle Welt allmählich versinkt und das Reich Gottes auf dieser Erde evolutiv hervortritt.[180] Für die materialistisch Denkenden wird es dann keine Reinkarnationsmöglichkeiten mehr geben.[181] Das Universelle Leben versteht die Botschaften der Gabriele Wittek als endgültige Offenbarungen Christi. Die Übereinstimmung der Reinkarnationsvorstellung mit dem Urchristentum wird betont, und die Ablehnung der Reinkarnation durch die Kirche als machtstrategische Unternehmung kritisiert.[182] Als religiöse Organisation hat das Universelle Leben etwa 40000 Anhänger im deutschsprachigen Raum.[183] 1990 werden die Adressen von 78 "Inneren Geist-Christus-Kirchen" angegeben.[184] Den "geistig-betrieblichen Zweig" bilden die "Christusbetriebe", dazu kommen Aktivitäten im Bereich des Gesundheitswesens durch die "Christusärzte", einschließlich eines eigenen Krankenhauses.[185]

Die Reinkarnationsvorstellung gehört zum Kernbestand der Lehren des Universellen Lebens als einer gesellschaftlich subkulturellen Bewegung mit ausgeform-

177 *Wagner*, Reinkarnation, aaO., 38.
178 Vgl. *Wagner*, Reinkarnation, aaO., 20.
179 *Wagner*, Reinkarnation, aaO., 39f.
180 Vgl. Universelles Leben (Hg.), Das ist Mein Wort, aaO., 120f.
181 Vgl. Universelles Leben (Hg.), Das ist Mein Wort, aaO., 313.
182 Vgl. *Wagner*, Reinkarnation, aaO., 14ff; vgl. *H.Bauer*, Wiedergeburt., Würzburg 1986.
183 Vgl. *Behnk*, Gegen das Individuum, aaO., 37.
184 Deutschland (58), Schweiz (7) und Österreich (13) in: Christusstaat, Sonderausgabe 1990, 26f.
185 Christusklinik in Michelrieth im Spessart, vgl. *Universelles Leben* (Hg.), Harmonie ist Leben und Gesundheit des Körpers, Würzburg ^{2}1988, 27-35.

ter Organisation. Trotz vieler aus Esoterik und östlichen Religionen übernommenen Gedanken, ist die Lehre des Universellen Lebens auf das Christentum sowohl im Anspruch wie im Widerspruch bezogen. Diese Beziehung wird an dem "Credo" dieser Gemeinschaft erkennbar, das auch die Reinkarnation beinhaltet:

"... Wir glauben an die Präexistenz der Seele, daran, daß diese nach unserem Erdendasein in den Bereich der jenseitigen Welten geht, von dem sie gemäß ihrem Lebenswandel angezogen wird. Wir glauben an das Gesetz von Saat und Ernte: Was der Mensch sät und nicht rechtzeitig bereinigt, das wird er ernten. Daraus ergibt sich die Reinkarnation. Wir glauben also an die Wiederverkörperung der Seele, bis diese den geistigen Entwicklungsgrad erreicht hat, um nicht mehr von ihren Belastungen, den Sünden und dem materialistischen Denken, ins Erdenkleid gezogen zu werden.

Wir glauben an die Auferstehung der Seele und ihren Heimgang. Wir glauben jedoch nicht an die Auferstehung des Fleisches. Wir glauben nicht an den Schlaf der Seele im Grabe bis zum Jüngsten Tag, weil Gott Leben und ewige Evolution ist. Wir glauben an keine ewige Verdammnis. Wir glauben auch an keinen Ort, der Hölle genannt wird. Wir glauben: Himmel und Hölle sind in jedem selbst, gemäß seinem Denken und Leben.

Wir glauben nicht an Dogmen und vollziehen keine Rituale ..."[186]

5.8 Reinkarnationsvorstellungen im Christentum

Die Behauptung einer grundsätzlichen Übereinstimmung der Reinkarnationsvorstellungen mit dem christlichen Glauben konnte bereits in einigen der vorgestellten Beispiele beobachtet werden, so bei Kyber, Kardec und auch mit unterschiedlicher Ausrichtung bei Scientology und im Universellen Leben. Auch andere Autoren zielen mit ihren Argumentationen ebenfalls auf eine Integration der Reinkarnationsvorstellungen in die christliche Religion. Explizit mit der Übereinstimmung von Reinkarnation und christlichem Glaube befaßt sich Geddes MacGregor (geb. 1909), anglikanischer Priester, Kanonikus der Paulskathedrale in Los Angeles und Professor für Philosophie an der Universität von Südkalifornien. Von ihm liegt eine zweibändige Untersuchung unter dem Titel "Reinkarnation und Karma im Christentum" vor.[187] Auch der lutherische Theologe Günther Schwarz hat sich mehrfach bemüht, die Reinkarnationsvorstellung biblisch-exegetisch herzuleiten.[188]

Diese Versuche einer "reinkarnatorischen Reformation" sind Ausdruck von Synthese- und Assimilationsprozessen, wie sie in der Christengemeinschaft am

186 Universelles Leben (Hg.), Ursache und Entstehung aller Krankheiten, aaO., 208f u.Ö.

187 *G.MacGregor*, Reinkarnation und Karma im Christentum, Bd.1 und 2, Grafing/München 1985 und 1986. Vgl. *ders.*, Das Ego und das Selbst, in: Wiesendanger (Hg.), Wiedergeburt, aaO., 191-199.

188 *G.Schwarz*, Tod, Auferstehung, Gericht und ewiges Leben... Via Mundi 55, Pittenhart 1989.

überzeugendsten vorgeführt werden. In dieser 1922 als "Bewegung für religiöse Erneuerung" mit Hilfe Rudolf Steiners begründeten Gemeinschaft, ist die Reinkarnationsvorstellung eine weitgehend geteilte Überzeugung, die dort allerdings weder den Rang eines Bekenntnisses noch eines Dogmas hat.[189]

Im Folgenden werden zwei individuelle Versuche vorgestellt, auf unterschiedlichen Wegen die Reinkarnationsvorstellung mit dem christlichen Glauben zu verbinden. Um die Jahrhundertwende schlug James Morgan Pryse einen deduktiven Weg ein, der bis in die Gegenwart immer wieder versucht wurde: Pryse wollte aus den biblischen Texten einen Beweis für die Reinkarnationsvorstellung als einem urchristlichen Vorstellungsgut erbringen. Anders Hans Torwesten, der induktiv von persönlichen Erfahrungen her argumentiert.

James Morgan Pryse: Reinkarnation im Neuen Testament

Die kleine Schrift von James Morgan Pryse (geb. 1859) erschien erstmalig 1900 auf Englisch und wurde 1980 in deutscher Übersetzung mit Erläuterungen, Anmerkungen, Literaturangaben und Registern herausgegeben.[190] Pryse betont in seinem Vorwort, daß "keine Glaubensbasis ... angegriffen" werde. "Die Unsterblichkeit der Seele wie auch die Göttlichkeit Christi werden darin vollständig anerkannt."[191] Er geht von einer trichotomischen Anthropologie mit präexistenter Seele aus.[192]

Der erste Argumentationsgang bezieht sich auf das Zeugnis Jesu über den Täufer, die Identifikation von Johannes mit dem wiederkommenden Elia.[193] Pryse schließt aus diesen Stellen auf die Selbstverständlichkeit der Reinkarnationsvorstellung in neutestamentlicher Zeit und führt über das Jüngergespräch vor dem Petrusbekenntnis (Matth. 16,13-20) aus:

"Jesus wußte, daß solche Mutmaßungen in Umlauf waren, wie seine plötzliche Frage beweist: 'Wer sagen die Leute, daß ich bin?' Er nimmt keine Stellung zu dem volkstümlichen Glauben an Reinkarnation, sondern stimmt ihm durch sein Schweigen zu."[194]

Die Schlußfolgerung aus dem Schweigen wird von Pryse durch die Vermutung untermauert, Jesus habe eine geheime Überlieferung nur an Auserwählte weitergegeben.[195] Auch Paulus wird als esoterischer Lehrer gedeutet, der sich mit seinen

189 Zur Christengemeinschaft vgl. das folgende Kapitel 6.

190 *Pryse*, Reinkarnation im Neuen Testament, aaO., vermutlich stand Pryse als Mitarbeiter von Helena Petrowna Blavatsky der Theosophischen Bewegung nahe, vgl. ebd. 84 und 93.

191 *Pryse*, Reinkarnation im Neuen Testament, aaO., 10.

192 *Pryse*, Reinkarnation im Neuen Testament, aaO., 18.

193 Mt 11,11-14; 16, 13-16; 17,10-13; Lk 9,18-20.

194 *Pryse*, Reinkarnation im Neuen Testament, aaO., 14.

195 Vgl. *Pryse*, Reinkarnation im Neuen Testament, aaO., 21 unter Hinweis auf Mk 4,11; 33f (Zweck der Gleichnisrede. Mt 13,11; Lk 8,10) und Mt 22,14.

Briefen an einen geheimen Orden von Eingeweihten gewandt habe.[196] Pryse meint, die Lücken der Überlieferung durch einen Analogieschluß füllen zu können; wäre die Reinkarnationsvorstellung nicht stillschweigend vorausgesetzt, so würde sich notwendig eine Polemik gegen sie finden:

"Wäre die Reinkarnation jedoch eine falsche Lehre, dann hätte sie zweifellos dieselben Anklagen erfahren, wie sie gegen Götzendienst und Zauberei ... ausgesprochen wurden; denn es ist offensichtlich, daß vielen Lehren Jesu eine ganz andere Bedeutung zukommt, wenn Reinkarnation als Wahrheit angenommen wird. Sie ist nicht nur eine Wahrheit, die zur Gesamtsumme der anderen hinzukommt, sondern *ein neuer Faktor, der die ganze Gleichung ändert.*"[197]

Diesem, die ganze Gleichung verändernden Faktor, trägt Pryse in seinen Einzelanalysen Rechnung, in denen verschiedene reinkarnatorische Lebensläufe aus den biblischen Texten herausgeschält werden[198]: Jesus ist David, Petrus der wiedererstandene Jona, der Jünger Johannes wird als Jonathan identifiziert (44), Paulus ist eine Wiedergeburt von König Saul. Die Identität der neutestamentlichen Personen und ihre Beziehungen werden auf dem Hintergrund von Reinkarnation und Karma in ein neues Licht gesetzt. Zugleich wird die Parusieverzögerung erklärt: Die jesuanische Voraussage, daß dieses Geschlecht nicht vergeht bis das Ende kommt (Mt 24,34), wird auf den ganzen Zyklus der Reinkarnationen bezogen: "die volle Periode der menschlichen Evolution."[199]

Pryse schließt seine Überlegungen mit der Aufzählung logischer Probleme in der christlichen Dogmatik im Zusammenhang der creatio continua, die durch Präexistenz und Reinkarnation besser gelöst würden: 1. die Ausstattung eines sterblichen Körpers mit einer ewigen Seele wäre sonst absurd; 2. von Gott jeweils neu geschaffene Seelen müßten zwangsläufig sündlos sein, und es wäre von Gott ungerecht, sie in Körper zu stecken die von dem Ursünderpaar abstammten; 3. "Wenn also die Seele einen Anfang hat, muß sie notwendigerweise ein Ende haben."[200]

Hans Torwesten - Anstöße am christlichen Jenseits

Hans Torwesten (geb. 1944) versucht, sorgfältig argumentierend, eine anspruchsvolle Reinkarnationsvorstellung östlicher Herkunft mit dem christlichen Glauben zu verbinden. Sein Versuch hat einen biographischen Hintergrund: Torwesten, im katholischen Oberbayern großgeworden, lebte zeitweilig in einem auf den Reformhinduisten Vivekananda zurückgehenden Ramakrishna-Vedanta-Zentrum. Er

196 Vgl. *Pryse*, Reinkarnation im Neuen Testament, aaO., 21 und 67.
197 *Pryse*, Reinkarnation im Neuen Testament, aaO., 22 (Hervorhebung R.S.).
198 *Pryse*, Reinkarnation im Neuen Testament, aaO., 33-50f.
199 *Pryse*, Reinkarnation im Neuen Testament, aaO., 53.
200 *Pryse*, Reinkarnation im Neuen Testament, aaO., 62.

empfindet sich zugleich als hinduistischer Vedantin und als Christ und entwirft daher seinen Synthese-Vorschlag.[201]

"Meine Absicht ist ..., als ein 'Sympathisant' der Reinkarnationslehre dem westlichen Christen diese Doktrin als eine von mehreren Möglichkeiten vorzustellen und vielleicht einige Vorurteile und Mißverständnisse aus dem Weg zu räumen."[202]

Torwesten will nicht beweisen und keine "Fälle" aufzählen, es geht ihm nicht um die Quantität aneinandergereihter Leben, sondern "um etwas Existentielles". Unter dieser Voraussetzung ist ihm die Reinkarnationsvorstellung nicht das Wesentlichste, sondern ihn beschäftigt die Frage, ob mit der Reinkarnationsvorstellung der christliche Glaube eine höhere Plausibilität gewinnen kann.[203] Torwesten nimmt Anstoß an der christlichen Jenseitsvorstellung, er registriert ihre Uneinheitlichkeit und markiert ihre logischen Brüche. Die Anstöße, die er nimmt, dürfen als überindividuell erfahrene Probleme in Bezug auf die christliche Jenseitsvorstellung angesehen werden.

Der erste Anstoß ist die Beobachtung, daß die Evolution der Menschheit ohne Reinkarnation vom Individuum abgekoppelt ist. Den Gedanken einer nachtodlichen Entwicklung durch eine Seelenreise[204] lehnt er als nicht christlich begründet ab. Torwesten bemerkt, daß die Betonung des abrupten Todesbruchs besonders in der protestantischen Tradition einer der Gründe der Säkularisierung ist, weil damit jede geistliche Disziplin des Strebens nach Vollkommenheit aus dem Auge gerät.

Einen zentralen Punkt sieht Torwesten in der Vereinbarkeit von evolutiver Reinkarnationslehre mit der göttlichen Gnade. Weil der Gnade die Vorstellung der ewigen Verdammnis korrespondiert, sieht er die Gefahr einer gnadenlosen Willkür.[205] Diese Schattenseite des als zu freundlich dargestellten Christentums werde unterschlagen, um sich effektvoll "von einem erbarmungslosen Karma-Glauben abzusetzen."[206] Göttliches Handeln und die Gesetzmäßigkeit der Schöpfung gehören für Torwesten zusammen und bedingen einander. Nur wenn der "Einbruch der göttlichen Gnade ... nicht ... mit einem Schlag die Gesetze der 'alten' Welt außer Kraft" setzt[207], ist ein willkürliches Handeln Gottes zu vermeiden, dessen Folge totale Sinnlosigkeit ist.

Dagegen "ist das Gesetz von Ursache und Wirkung die Garantie dafür, daß in der Welt absolute Gerechtigkeit herrscht, und nur wenn wir uns auf eine solche Basis verlassen können, können wir uns auch an dem Spiel der Liebe, der Gnade, der Spontaneität erfreuen, ... Das Gesetz des Karma ... ist aber auch der Garantieschein dafür, ... daß die

201 Vgl. *H.Torwesten*, Sind wir nur einmal auf Erden? Freiburg i.Br. 1983, 106, 167.

202 *Torwesten*, Sind wir nur einmal auf Erden? AaO., 11.

203 Zur theologischen Aufnahme vgl. das Nachwort von *N.Klaes*, Reinkarnation und Auferstehung, in: *Torwesten*, Sind wir nur einmal auf Erden? AaO., 183-202.

204 Vgl. Rosenberg, Die Seelenreise, aaO.

205 Vgl. *Torwesten*, Sind wir nur einmal auf Erden? AaO., 46f, 51f.

206 *Torwesten*, Sind wir nur einmal auf Erden? AaO., 52.

207 *Torwesten*, Sind wir nur einmal auf Erden? AaO., 48.

Gnade Gottes und seine Spontaneität sich nicht plötzlich zur Fratze der Willkür verzerrt."[208]

Für Torwesten bietet die Komplementarität von Gnade und Karma eine Möglichkeit, die Gnade vor Funktionalisierungen zu bewahren. Die Ergänzung von Karma und Gnade schafft durch Unterscheidung produktiven Freiheitsraum: Das Karma-Gesetz bezieht sich nur auf das Endliche und seine endlichen Folgen. Indem es von der Gnade unterschieden wird, hebt es "das wahre Reich Gottes gerade aus dem Bereich des Berechenbaren heraus, es garantiert, daß es nie erworben werden kann, daß das Unendliche nie durch Endliches erreicht werden kann."[209] Erlösung durch Christus und menschliche Vollendung werden in ein dialektisches Verhältnis gerückt, in dem die menschliche Autonomie nicht der göttlichen Macht geopfert wird:

"Gott hat zwar die Macht, uns zu erlösen - was kein Mensch für uns tun kann, auch wir für uns selber nicht; doch er hat nicht die Macht, uns zu zwingen, diese Erlösung anzunehmen. Genauer: er hätte wohl diese Macht, aber er gebraucht sie nicht, denn er will unser freiwilliges Ja zu dieser Erlösung - ein leidenschaftliches Ja, das uns von uns selber erlöst."[210]

Ein weiterer Punkt des Anstoßes ist für Torwesten die Erschaffung jeder Seele aus dem Nichts, die angesichts menschlicher Ungleichheit schwer mit dem Gedanken der göttlichen Gerechtigkeit vermittelbar ist: "Würde Gott jede Seele aus dem 'Nichts' erschaffen ... so müßte jede dieser Seelen dieselbe Ausgangsposition haben, was aber nun einmal nicht der Fall ist."[211] Der kritische Einwand wird noch um ein weiteres Argument erweitert, insofern einem Anfang auch immer ein Ende entspricht und damit der Gedanke einer unsterblichen Seele wie auch der Ewigkeit schwierig wird.

"Warum sollte die Seele nicht wieder ins Nichts zurückfallen können, wenn sie aus dem Nichts kommt und sich darüber hinaus in diesem irdischen Leben nur mit 'Nichtigkeiten' beschäftigt und keinerlei Anstrengungen unternommen hat, in das göttliche Sein hineinzuwachsen, um daran nun ewig teilhaben zu können?"[212]

An der christlichen Vorstellung von der ewigen Verdammnis kritisiert Torwesten, daß sie Ausdruck einer dualistischen Weltsicht ist, die "völlig *nutzloses* Leiden" und den Wahn der Sünder verewigt.[213] Aber gerade die Erfahrung der Gottesferne kann produktiv neue Sehnsucht nach dem Göttlichen eröffnen, nur als Fegefeuer kann die Hölle in Einklang mit dem göttlichen Liebeswillen gedacht werden.

208 *Torwesten*, Sind wir nur einmal auf Erden? AaO., 52.
209 *Torwesten*, Sind wir nur einmal auf Erden? AaO., 110.
210 *Torwesten*, Sind wir nur einmal auf Erden? AaO., 80.
211 *Torwesten*, Sind wir nur einmal auf Erden? AaO., 55.
212 *Torwesten*, Sind wir nur einmal auf Erden? AaO., 120.
213 *Torwesten*, Sind wir nur einmal auf Erden? AaO., 111 und 99.

5.9 Indizien der kulturellen Sedimentierung von Reinkarnationsvorstellungen im Westen

Die Reinkarnationsvorstellungen sind im Westen etabliert. Ohne in eine gesellschaftliche Außenseiterrolle zu geraten, ist es inzwischen möglich, sie privat und öffentlich zu thematisieren. Man kann sich ohne Gefahr zu ihnen bekennen. Sie sind nicht mehr auf spezifische Gruppen beschränkt, sondern aus dem begrenzten Bereich esoterischer Subkulturen in die allgemeine Wahrnehmung gerückt. Damit wird der soziale Verbreitungsraum der westlichen Reinkarnationsvorstellungen nahezu unbegrenzt erweitert. Indizien dieser Auffassung lassen sich in verschiedenen Bereichen finden. Der folgende Abschnitt soll an einigen Beispielen aus Literatur, Karikatur und öffentlichen Medien den Vorgang der breiten kulturellen Sedimentierung belegen.

Reinkarnationsvorstellungen in der Literatur

Die Reinkarnationsvorstellungen können Kontinuität und Wandel miteinander verbinden und damit zur Deutung des Todes beitragen, so bei Hermann Hesse, in den drei Lebensläufen am Ende des "Glasperlenspiels"[214], ebenso in dem "Stufen"-Gedicht:

"Es wird vielleicht auch noch die Todesstunde
Uns neuen Räumen jung entgegensenden,
Des Lebens Ruf an uns wird niemals enden ...
Wohlan denn, Herz, nimm Abschied und gesunde!"[215]

Hesse geht es um den Weg und ein Ziel, daß "nur in der Spirale, nicht in der Linie" erreicht werden kann.[216] In den "Satanischen Versen" von Salman Rushdie ist die Reinkarnationsvorstellung eine Metapher der Wandlung. Der Roman beginnt mit einem Schlüsselsatz, der sich durch das Werk zieht: "Um wiedergeboren zu werden, mußt du erst sterben."[217] Es scheint nicht so, als sollte Reinkarnation in den Islam eingeführt werden. Der Autor ringt um die Vermittlung von Indien und Arabien, von Asien und Orient auf dem Hintergrund der westlichen Moderne, deren symbolischer Handlungsort London ist. Im zeitgleich erscheinenden Roman "Bewohnte Frau" der nicaraguanischen Schriftstellerin Gioconda Belli ist die Reinkarnationsvorstellung Trägerin der Kontinuität und des Identitätserhalts eines unterdrückten Volkes. In einem Baum ist eine Indianerin reinkarniert, die durch die spanischen Eroberer zu Tode kam. Sie beobachtet den Weg einer jungen Frau,

214 *H.Hesse*, Das Glasperlenspiel, Frankfurt a.M. 1971 (1943), 485-613.
215 *Hesse*, Das Glasperlenspiel, aaO., 484.
216 *H.G.Pöhlmann*, Gott der Bürger und der Gott der Welt, in: LM 29 (1990) 468-472, 472.
217 *S.Rushdie*, Die Satanischen Verse, 1989, 13, 24, 91, 403.

die, aus bürgerlichem Milieu kommend, zur Widerstandskämpferin gegen das Regime wird.

"Bei Sonnenaufgang kam ich wieder ans Licht. Merkwürdig ist alles, was dort in der Tiefe seit jenem Tag geschehen ist, als ich Yarince zum letzten Mal sah. In der Totenfeier sagten die Alten, daß ich nach Tlalocan reisen werde, den Gärten ewigen Frühlings im Osten, dem Land des Grüns und der Blumen, die sanfter Regen streichelt. Doch dann lag ich jahrhundertelang allein in einer Höhle aus Erde und Wurzelwerk und sah staunend meinem Körper zu, der langsam zu pflanzlicher Natur wurde. ... So drang ich in den Baum ein, in seine Blutbahnen, ich durchlief ihn wie eine lange Liebkosung aus Saft und Leben ..."[218]

Die Inkarnation in der Pflanzenwelt ist kein Abstieg, sondern Ausdruck der Beständigkeit des Widerstandes gegen die ungerechten Bedingungen. Anders bei Umberto Eco, der in seinem Roman "Das Foucaultsche Pendel" einen "Weltmeister in Langstreckenseelenwanderung" erfindet.[219] Eco spielt nicht nur mit der Reinkarnationsvorstellung, sondern verknüpft zahllose Versatzstücke esoterischer Weltsicht zu einem schwer durchdringbaren Netz, in dem sich seine drei Protagonisten verfangen, obwohl sie glauben, es selber geschaffen zu haben. Auch den Leserinnen und Lesern mag es nicht anders ergehen. Die Reinkarnation ist bei Eco Zitat, Bruchstück postmoderner Collage, der Autor und seine Leserschaft nehmen sie nur noch aus der Distanz wahr. Sie hat keine erklärende oder richtungsweisende Funktion mehr, sie ist schlicht vorhanden als eine Idee unter vielen.

Die Reinkarnationsvorstellung steht bei Belli, wie auch bei Rushdie, Hesse und Eco nicht im Mittelpunkt des Interesses. *Die Beispiele illustrieren die literarische Aufnahme des Gedankens und eine gewisse Selbstverständlichkeit in seinem Gebrauch.* Neuere Romane aus der Gattung der Fantasy-Literatur[220] spiegeln den gesellschaftlichen Sedimentierungsprozeß der Reinkarnationsvorstellungen. Daß sie in esoterischer Roman-Literatur erscheinen, braucht nicht ausführlich dokumentiert zu werden.[221]

Der Reinkarnationsgedanke kann aber auch im Zentrum literarischer Verarbeitungen stehen, ohne explizit ausgesprochen zu werden. Das bekannteste Beispiel der Vermittlung von Reinkarnationsvorstellungen in Form einer Parabel ist Richard Bachs "Die Möwe Jonathan".[222] Die Widmung des kurzen Buches zeigt die

218 *G.Belli*, Bewohnte Frau, München ^{7}1992, 7; vgl. die Widmung: "Für Nora Astorga, die immer wieder geboren wird".

219 *Eco,* Das Foucaultsche Pendel, aaO., 223.

220 Zum Beispiel unter Revitalisierung keltischer Reinkarnationsvorstellungen im Konflikt mit dem christlichen Glauben bei: *M.Z.Bradley,* Die Nebel von Avalon, Frankfurt a.M. 1987, 24f, 30, 64, 81-85, 414, 747, 783, 996f, 1019 u.ö.

221 Zum Beispiel: *E.Haich,* Einweihung, München 1990.

222 *R.Bach*, Die Möwe Jonathan, Frankfurt a.M./Berlin 1990. Bach (geb. 1935) ist seit seiner Jugend ein begeisterter Flieger. Er hat seine Erfahrung mit dem Flieges als Metapher für den inneren Weg in weiteren Büchern niedergelegt. Vgl. besonders: *R.Bach*, Illusionen, Frankfurt a.M./Berlin ^{5}1991.

Intention des Verfassers, seine Leserinnen und Leser über sich selbst belehren zu wollen: "Für die wirkliche Möwe Jonathan, die in uns allen lebt."[223] Die Möwe ist bei Bach eine Metapher für die unbegrenzten inneren Möglichkeiten des Menschen. Sein Buch ist die Aufforderung zur Erkenntnis der geistigen Wesensnatur des Menschen und zur Aneignung der absoluten Freiheit auf dem Weg intensiven Lernens und Übens. Jonathan, die Möwe, ist der Prototyp der auf dem esoterischen Weg schnell reifenden Seele. Seine intensiven Bemühungen um den vollkommenen Flug lassen ihn zum Außenseiter werden, der frei ist von den alltäglichen Kämpfen um Macht und Futter. In der Abgetrenntheit geht er den eigenen höheren Erkenntnisweg, der es gestattet, die Qual der zahllosen Inkarnationsstufen zu überspringen und schneller als andere dem Ziel entgegen zu eilen. Geschildert wird der Tod Jonathans und seine Reinkarnation auf einer höheren Ebene, die er erst für den Himmel hält, um dann zu erkennen, daß es auch hier nur eine Aufgabe gibt: weiter zu lernen.[224] Durch seinen Lehrer wird die Möwe Jonathan über sich und damit der Leser über den Menschen aufgeklärt: Der Sinn des Leben ist das Streben nach Vollkommenheit durch die Inkarnationen hindurch:

"Du bist wahrscheinlich einer unter Millionen, die große Ausnahme. Die meisten von uns sind nur ganz allmählich weitergekommen, von einer Welt in die nächste, die dann anders war. Wir vergaßen sofort, woher wir gekommen waren, und es kümmerte uns nicht, wohin wir gingen. Wir lebten nur für den Augenblick. Es ist kaum vorstellbar, durch wie viele Leben wir hindurch mußten, bis wir verstanden, daß Leben mehr ist als Fressen und Kämpfen und eine Vormachtstellung im Schwarm einnehmen. Tausend Leben, zehntausend, und danach vielleicht noch hundert Leben, ehe uns die Erkenntnis aufdämmerte, daß es so etwas gibt wie Vollkommenheit, und dann nochmals hundert Leben, um endlich als Sinn des Lebens die Suche nach der Vollkommenheit zu sehen und zu verkündigen. Diese Regel gilt auch jetzt. Wir erlangen die nächste Welt nach dem, was wir in dieser gelernt haben. Lernen wir nichts hinzu, so wird unsere nächste Welt nicht anders sein als diese, sie bietet die gleichen Beschränkungen, und es gilt, die gleiche bleischwere Last zu überwinden."[225]

Nicht nur das unablässige Streben nach Vollkommenheit ist die Botschaft der Parabel. Indem Jonathan freiwillig wieder zu seinem Schwarm, der ihn verbannte, zurückkehrt, verwirklicht er das Boddhisatva-Ideal der reinen Liebe.[226] Die Möwe Jonathan ist das Bild der menschlichen Seele, der Flügel wachsen, die in ihrem Streben nach Vollkommenheit die Freiheit erfährt, die von Bach faszinierend als die Kunst des Fliegens gestaltet wird. Die Reinkarnationsvorstellung steht im Zentrum dieses inneren Erfahrungsweges.

Andere Autoren haben die Reinkarnationsvorstellungen ebenfalls in Tierparabeln gekleidet, und auch in Kinderbüchern ist die Struktur von Reinkarnation als

223 *Bach*, Die Möwe Jonathan, aaO., 5.

224 Vgl. *Bach*, Die Möwe Jonathan, aaO., 31 (Alterstod), 45ff (Reinkarnation und Lernen).

225 *Bach*, Die Möwe Jonathan, aaO., 47f.

226 Vgl. *Bach*, Die Möwe Jonathan, aaO., 52ff.

Antwort auf die Todesfrage wiederzuentdecken.[227] Astrid Lindgren erzählt in "Die Brüder Löwenherz" die Geschichte von zwei ungleichen Brüdern, die zweimal ihren Tod und eine neue Inkarnation erfahren. Die Erzählperspektive ist die des jüngeren Bruders, Krümel, der schwächlich und krank ist und weiß, daß er sterben muß. Über seine große Angst spricht er nur mit seinem älteren Bruder Jonathan:

"'Weißt du, daß ich bald sterben muß?' fragte ich und weinte. Jonathan dachte ein Weilchen nach. Er antwortete mir wohl nicht gern, doch schließlich sagte er: 'Ja, das weiß ich.' Da weinte ich noch mehr. 'Wie kann es nur so was Schreckliches geben?' fragte ich. 'Wie kann es so etwas Schreckliches geben, daß manche sterben müssen, wenn sie noch nicht mal zehn Jahre alt sind?'
'Weißt du, Krümel, ich glaube es nicht, daß es so schrecklich ist', sagte Jonathan. 'Ich glaube, es wird herrlich für dich.' 'Herrlich?' sagte ich. 'Tot in der Erde liegen, das soll herrlich sein?!' 'Aber geh', sagte Jonathan. 'Was da liegt, ist doch nur so etwas wie eine Schale von dir. Du selbst fliegst ganz woandershin.' 'Wohin denn?' fragte ich, denn ich konnte ihm nicht recht glauben. 'Nach Nangijala' antwortete er.
Nach Nangijala - das sagte er so einfach, als wüßte das jeder Mensch. Aber ich hatte noch nie etwas davon gehört. 'Nangijala', sagte ich, 'wo liegt denn das?' Da sagte Jonathan, das wisse er auch nicht genau. Es liege irgendwo hinter den Sternen. Und er fing an, von Nangijala zu erzählen, so daß man fast Lust bekam, auf der Stelle hinzufliegen."[228]

Doch Jonathan stirbt vor Krümel, er opfert sein Leben, um den kleinen Bruder aus dem brennenden Haus zu retten. "Weine nicht, Krümel, wir sehen uns in Nangijala wieder!" sind seine letzten Worte.[229] Auch der jüngere Bruder stirbt bald danach, wie erwartet, an seiner Krankheit.

"Dann geschah es. Etwas Seltsameres habe ich nie erlebt. Ganz plötzlich stand ich einfach vor der Gartenpforte und las auf dem grünen Schild: Die Brüder Löwenherz. Wie kam ich dorthin? Wann flog ich? Wie konnte ich den Weg finden, ohne jemanden danach zu fragen?"[230]

In der neuen Welt finden die Brüder einander wieder, sie erfahren großes Glück. Aber auch Nangijala ist nicht vollkommen, sie werden in den Kampf zwischen Gut und Böse verwickelt und beteiligen sich am Aufstand gegen Unrecht und Unterdrückung. Am Ende wird Jonathan schwer verletzt und mit Krümels Hilfe springen die beiden Brüder gemeinsam in den nächsten Tod, nach Nangilima, dem Land, wohin man kommt, wenn man in Nangijala stirbt. Astrid Lindgrens Buch endet mit diesem Sprung und der Andeutung der neuen Inkarnation:

"'Krümel Löwenherz', sagte Jonathan, 'hast du Angst?' 'Nein ... doch, ich habe Angst! Aber ich tue es trotzdem, Jonathan, ich tue es jetzt ... jetzt ... Und dann werde ich nie

227 Vgl. *M.Kyber*, Der Pilger mit dem schleppenden Hinterbein, in: ders., Das Manfred Kyber Buch, Reinbek b.Hamburg 1979, 68-70.

228 *A.Lindgren*, Die Brüder Löwenherz, Hamburg 1973, 6.

229 *Lindgren*, Die Brüder Löwenherz, aaO., 16.

230 *Lindgren*, Die Brüder Löwenherz, aaO., 21.

wieder Angst haben. Nie wieder Angst ha ...' 'Oh, Nangilima! Ja, Jonathan, ich sehe das Licht! *Ich sehe das Licht!*'"[231]

Astrid Lindgren geht es nicht um die Vermittlung von Reinkarnationsvorstellungen, sondern sie will mit ihrer Erzählung Kindern die Angst vor dem Tod nehmen. Aber mit der Reinkarnationsvorstellung greift sie unwillkürlich ein Schema auf, das der Vorstellungswelt von Kindern entsprechen könnte.[232]

"Reinkarnation im Film - filmische Reinkarnation"

Reinkarnationsvorstellungen werden in verschiedenen Spielfilmen verwendet. Oft geht es, wie in "Schatten der Vergangenheit" um Bedrohungen aus der vorherigen Leben, die in das jetztige Leben hineinwirken. Georg Seeßlen hat darüber hinaus auf die Verarbeitung von Reinkarnation im modernen Kino aufmerksam gemacht. Die im populären Film dargestellten Halbwesen sind "magische Abbildung ... unterdrückter Impulse und Befürchtungen ... sozusagen verzerrte Abbilder reinkarnierter Wesen."[233] Durch Darstellung wird das Befürchtete gebannt: "Wer versucht, noch einmal geboren zu werden, die Zeit oder den Raum zu überlisten, der kann dies nur als Monster."[234]

Das Kino, so Seeßlen, rekonstruiert einerseits die vertraute Identität, Zeit- und Raumwahrnehmung und löst sie andererseits durch Verweigerung von Eindeutigkeit auf, dadurch, daß jede Figur mindestens viermal existiert:[235] Als Mensch mit einem "wirklichen Leben", in der "fiktionalen" Biographie des Films, als "Repräsentant von Prinzipien" und schließlich "ist dieser Mensch dort oben auf der Leinwand auch ich, ist er mein Stellvertreter im Reich der Wünsche, der Abenteuer und der Gefahren."[236] Das Kino als "Reinkarnationsmaschine" läßt die vierfach codierten filmischen Personen ständig zerfallen, um sie neu zu bilden.[237] Die Zuschauenden leben mit im Geschehen auf der Leinwand. "Und diese Spaltung der Person ist zumeist nicht einfach vorbei, wenn das Licht wieder angeht, es bleibt gleichsam etwas von dieser Seelenwanderung zurück; ich könnte auch sagen, ein gutes Stück meiner Person ist unwiederbringlich in einer zweiten Wirklichkeit verloren ..."[238] Kino simuliert Reinkarnation, den Verlust der normalen Wahr-

231 *Lindgren,* Die Brüder Löwenherz, aaO., 238.

232 In der Auseinandersetzung mit dem Tod "erfinden" Kinder den Reinkarnationsgedanken immer wieder neu. Vgl. *Brocher,* Wenn Kinder trauern, aaO., 19ff.

233 *G.Seeßlen,* Identität und Dekonstruktion. Reinkarnation im Film - filmische Reinkarnation, MS o.O. o.J., 8 (unveröffentlicherter Vortrag auf der Tagung "Reinkarnation im Film. Lebensreise in Einstellungen" in der Ev. Akademie Tutzing vom 16.-18.12.1994).

234 *Seeßlen,* Identität und Dekonstruktion, aaO., 8f.

235 Vgl. *Seeßlen,* Identität und Dekonstruktion, aaO., 15f.

236 *Seeßlen,* Identität und Dekonstruktion, aaO., 16.

237 Vgl. *Seeßlen,* Identität und Dekonstruktion, aaO., 17.

238 *Seeßlen,* Identität und Dekonstruktion, aaO., 18.

nehmungsperspektiven, die Erfahrung der Persönlichkeitsspaltung, den "Gestalt-Switch". Kino schenkt auch längst Verstorbenen neues Leben, Menschen aus vergangenen Epochen werden dargestellt, verstorbene Stars leben auf der Leinwand weiter.

"Denn der Mensch der Zukunft, so wie ihn sich unsere populäre Mythologie erträumt, ist nicht allein der Mensch, der wiedergeboren wird, sondern der Mensch, der sich selber zur Wiedergeburt bringt. Damit ist sozusagen ein mythologisches Patt zwischen der traditionellen Wahrnehmungsform unserer Kultur mit linearer Zeitauffassung ... und dem zyklischen Weltbild des Reinkarnationsglaubens geschaffen. ... Nach wie vor erzählt unser Kino im wesentlichen nicht von der Reinkarnation, sondern von steckengebliebenen Versuchen ..."[239]

Die Beispiele aus der Literatur ebenso wie Seeßlens Beobachtungen illustrieren die offensichtliche und subtile Verbreitung von Reinkarnationsvorstellungen in der Gesamtkultur, deren Akzeptanz durch ihre Thematisierung in den Print- und Funkmedien weiter verstärkt wird.

Öffentliche Medien und Karikaturen

Die Verbreitung der Reinkarnationsvorstellungen und ihre gesellschaftliche Akzeptanz ist an dem Raum zu erkennen, den sie in den öffentlichen Medien bekommen. Mediale Thematisierungen lassen sich in zwei Richtungen auslegen: "Medien ... sind einerseits sehr empfindliche Sensoren für gesellschaftliche Strömungen, andererseits sind sie Strömungsproduzenten."[240]

Die selektive, auf Reinkarnationsvorstellungen zugespitzte Wahrnehmung der Medien kann am Beispiel einer Predigt des Berliner Bischofs Martin Kruse vom Osterfest 1986 verdeutlicht werden. Daiber hat die Pressemeldungen zu dieser Predigt untersucht: "Von Bischof Kruse enthielt die Meldung die Aussage, die entscheidende Wirkung von Ostern sei, 'daß wir nie mehr sagen müssen: es ist alles aus'. Relativ ausführlich wird darüber berichtet, daß der Bischof zu dem in jüngster Zeit viel diskutierten Glauben an eine 'Seelenwanderung' Stellung genommen habe."[241] Daiber analysiert unter Verweis auf das Medieninteresse an Reinkarnation: "Die Meldung hat einerseits den Grundtenor der Predigt berichtet: Keiner muß mehr sagen: Es ist alles aus, andererseits denjenigen Punkt der Predigt, der am konkretesten ein spezielles Problem aufgegriffen hat, und zwar ein Problem, das zur öffentlichen Diskussion anstand, weil es auch das Interesse der Medien gefunden hatte."[242]

239 *Seeßlen,* Identität und Dekonstruktion, aaO., 24.

240 *Müller,* Okkultismus. Spiritismus. Satanismus, aaO., 293.

241 *Daiber,* Predigt als religiöse Rede, aaO., 154

242 *Daiber,* Predigt als religiöse Rede, aaO., 156 unter Hinweis auf "Viele Male auf Erden?" ZDF 9.1.1986.

Die Medien spiegeln das öffentliche Interesse und sie lenken Aufmerksamkeit in bestimmte Richtungen. Medien indizieren Themen und bestimmen, womit "man" sich beschäftigt.[243] Im Unterschied zu den Büchern, deren Aneignung, von Ausnahmen abgesehen, auf der individuellen Ebene bleibt, bestimmt besonders das Fernsehen die öffentliche Meinungsbildung. Daiber hält als Ergebnis einer mehrstündige ZDF-Sendung zur Reinkarnation, die am 9. Januar 1986 unter dem Titel "Viele Male auf Erden?" ausgestrahlt wurde, fest: "Soziologisch gesehen liegt die Bedeutung der ZDF-Sendung freilich nicht in erster Linie in ihrem Argumentationsgang, sondern vor allen Dingen darin, daß sie die Plausibilität des Redens über Wiedergeburt und des Glaubens an Wiedergeburt erhöht. Durch die Sendung wird ein Beitrag dazu geleistet, daß das Thema öffentlich diskussionsfähig ist. Wer an die Wiedergeburt glaubt, braucht es in geringerem Maße als bislang zu verbergen, er kann sich dazu durchaus auch öffentlich bekennen. Gewiß, eine einzige Sendung verändert nicht das Klima. Sie beschreibt, wie gesagt, eine bereits eingetretene Veränderung der religiösen Orientierung. Sie ist Ergebnis eines in der Gesellschaft zu beobachtenden religiösen Wandels und verstärkt diesen zugleich."[244]

Die Reinkarnationsvorstellungen gehören seit 1986 zu den regelmäßig im Fernsehen behandelten Themen. Am 2. Oktober 1987 sendete die ARD bundesweit in der Reihe "Gott und die Welt", also einem kirchlichen Themen zugewiesenen Sendeplatz, den Beitrag von Klaus Wölfle "Immer wieder leben. Reinkarnation und christlicher Glaube". Die Sendung bekam bereits im Vorfeld viel Aufmerksamkeit[245], unter anderem deshalb, weil sich Wölfle als Redakteur während der Dreharbeiten einer Rückführung in sein "vergangenes Leben" unterzog[246], die er mit den Mitteln des Films darstellte. Zahlreiche Zuschauer verfolgten die Sendung, die Einschaltquote lag weit über dem Reihendurchschnitt.

Die Etablierung der Reinkarnationsvorstellungen im allgemeinen Bewußtsein spiegelt sich in Karikaturen. "In einem meiner Vorleben war ich bestimmt auch eine Blume... wahrscheinlich Hirtentäschli oder Lungenkraut...", sagt eine Person in Wolf Rüdiger Marundes Karikatur einer psychologischen Gesprächsgruppe auf dem Wanderausflug durch die Natur.[247] "Seelenwanderung" ist die Zeichnung

243 Vgl. *Müller*, Okkultismus. Spiritismus. Satanismus, aaO., 293, der auf die "agenda-setting function of the press" hinweist.

244 *Daiber*, Reinkarnationsglaube als Ausdruck individueller Sinnsuche, aaO., 213; vgl. *R.Hummel*, Esoterisches Happy-End, in: EK 19 (1986) 350-351.

245 Ein mehrspaltiger Artikel: "*Wiedergeburt - auf ein Neues! Die Reinkarnationslehre hat viele Fans*", in: Hamburger Morgenpost vom 2. Okt. 1987, 47; eine ganze Beitragsseite: "*Habe ich schon einmal gelebt?*" in: Gong Nr. 40 (1987) 5.

246 Die Rückführung wurde zweimal durchgeführt, einmal mit einer Reinkarnationstherapeutin, dann zur Kontrolle mit einem kirchlichen Mitarbeiter, der den Vorgang in einem schriftlichen Beitrag kommentierte: *H.Hemminger*, Reinkarnationstherapie - Psychologie statt Esoterik, in: MD EZW 50 (1987) 294-296.

247 *W.R.Marunde*, Seelenwanderung, in: Brigitte H.20 (1982) 136.

überschrieben, und Marunde setzt voraus, daß Leserinnen und Leser der Frauenzeitschrift "Brigitte" den doppelten Sinn verstehen.

Kenntnis der Reinkarnationsvorstellung setzt eine Karikatur von Gary Larson voraus, die 1989 im "Stern" erschien. Zu sehen sind zwei Echsen in einer Wüstenlandschaft, von denen eine sagt: "Da ist es wieder ... das Gefühl, daß ich in einem früheren Leben jemand war mit dem Namen Shirley MacLaine."[248] Nicht nur die Bekanntheit des Reinkarnationsgedankens, sondern auch das Wissen um Shirley MacLaine als Protagonistin der Vorstellung und ihre Versuche einer biographischen Identitätsvergewisserung durch Reinkarnation werden zum Verständnis vorausgesetzt. Karikaturen indizieren: *Die Reinkarnationsvorstellungen sind soweit im öffentlichen Bewußtsein angekommen, daß sie bereits wieder der humorvoll distanzierten Betrachtung zugeführt werden können.*

5.10 Reinkarnation im Spiegel von Bevölkerungsumfragen

Über die Verbreitung der Reinkarnationsvorstellungen in Deutschland und einigen anderen westlichen Ländern lassen sich statistische Daten aus verschiedenen Umfragen gewinnen, die zusammengenommen eine gewisse Sicherheit in der Aussage ermöglichen.[249] Die Frage nach dem Glauben an Reinkarnation ist eingebettet in die Frage nach dem Leben nach dem Tod. "Man wird ... davon ausgehen können, daß Ende der siebziger Jahre von etwa der Hälfte der Bundesbürger die Vorstellung von einem Leben nach dem Tod bejaht wurde. Dies ist ein hoher Prozentsatz, wenn man berücksichtigt, daß religiöse Vorstellungen insgesamt an lebensdeutender Kraft verloren haben. Es ist ein niedriger Prozentsatz, wenn man an die christlich-kirchliche Geschichte unseres Landes denkt."[250]

Aber auch wenn die Hälfte der westdeutschen Bevölkerung an ein Leben nach dem Tod glaubt, ist noch nicht differenziert erkundet, welche Vorstellungen damit verbunden werden. Eine Umfrage, die im Auftrag der Zeitschrift Brigitte 1987 durchgeführt wurde, ergab: "Auferstehung: An dieses Kernstück christlicher Lehre glaubt nur knapp ein Viertel (24 Prozent) der Befragten. 34 Prozent hingegen glauben an eine andere Form des Lebens nach dem Tode: als Vereinigung mit dem Universum, als Wiedergeburt in neuer Gestalt oder in anderer Form."[251]

"Glauben Sie an die Wiedergeburt?" fragte das Bielefelder Emnid-Institut 1979. Von den befragten Bundesbürgern antworteten 26% mit Ja, 68% mit Nein und 6%

248 *G.Larson*, Die andere Seite, in: Stern H. 34 vom 17. August 1989, 75.

249 Vgl. die Auswertung bei *Zander*, Reinkarnation und Christentum, aaO., 28-37.

250 *Daiber*, Reinkarnationsglaube als Ausdruck individueller Sinnsuche, aaO., 209.

251 *Die neuen Lebensziele*, in: Brigitte H. 10 vom 6.5.1987, 118-124, 120.

machten keine Angabe.[252] Selbst wenn man die semantische Unsicherheit des Begriffs "Wiedergeburt" berücksichtigt, der auch im spezifisch christlichen Sinne als geistliche Wiedergeburt verstanden werden könnte, "bleibt doch der Zustimmungsgrad zum Glauben an die Wiedergeburt beachtlich".[253]

Die Aufschlüsselung[254] nach verschiedenen Gruppen ergibt eine zunehmende Zustimmung bei steigender Bildung. Befragte mit Abitur oder Hochschulabschluß bejahten zu 30 %. Ebenso stimmen Frauen mit 30% in höherem Maße der Wiedergeburt zu als Männer mit 22 %. Einen besonders hohen Zustimmungsgrad erreicht die Gruppe der über 65-jährigen, entsprechend ist die Gruppe der Rentner unter den Berufsgruppen am deutlichsten bejahend. Katholiken (33%) stimmen eher zu als Protestanten (22%), Großstädter weniger als Bewohner aus Dörfern und Kleinstädten.

Die noch verbleibenden Unsicherheiten in den Emnid-Umfragen in Bezug auf die Reinkarnationsvorstellungen lassen sich durch internationale Vergleichsstudien ausräumen. Gallup ermittelt 1968 Daten zu den Reinkarnationsvorstellungen in den USA und mehreren europäischen Staaten. Der belgische Pastoralsoziologe Jan Kerkhofs faßt die Ergebnisse zusammen: "Auffallend ist, daß im 'christlichen' Westen zwischen 10 und 25 % der Bevölkerung an Reinkarnation glauben; Stichproben in Dänemark scheinen auf eine schnelle Zunahme dieses Glaubens hinzuweisen, vor allem bei Jüngeren ..."[255]

Auch die European Value Systems Study Group (EVSSG) ermittelt in Umfragen zwischen 1978 bis 1982 für die europäischen Länder eine Zustimmungsrate zur Reinkarnationsvorstellung, die zwischen 11 und 24 % liegt.[256] Deutschland bleibt bei dieser Berechnung mit 19 % etwas unter dem europäischen Mittel von 21 %. Auch für die Schweiz liegt mittlerweise eine Repräsentativbefragung vor, in der auch nach dem Zustimmungsgrad zur Reinkarnationsvorstellung gefragt wurde. 14,8% sind voll und ganz einverstanden mit der Aussage: "Es gibt eine Reinkarnation (Wiedergeburt) der Seele in einem anderen Leben". Weitere 13,8% der befragten Schweizerinnen und Schweizer erklären sich damit "eher einverstanden".[257] Bemerkenswert ist ferner der sprunghafte Anstieg in Estland nach dem Zerfall der Sowjetunion auf 22 %.[258]

252 *Emnid befragte die Bundesbürger* in: EpdD 12 (1980) 4. Dort auch die Vergleichszahlen von 1968: 25 % Ja, 54 % Nein, 21 % keine Angabe.

253 *Daiber*, Reinkarnationsglaube als Ausdruck individueller Sinnsuche, aaO., 209.

254 *Emnid befragte die Bundesbürger*, aaO., 11-13.

255 *J.Kerkhofs*, "Du lieber Himmel", in: Conc(D) 15 (1979), 139-144, 140.

256 Gallup Poll, European Values, Table 8: Meaning and purpose of life section, Question 163, London 1983, pp 8 and 77-80. Die deutschen Daten wurden durch das Institut für Demoskopie Allensbach ermittelt. Befragt wurden 12463 Menschen in 9 europäischen Ländern. Die Ergebnisse werden hier zit. nach: *Friedli*, Zwischen Himmel und Hölle, aaO., 20-26.

257 *Dubach/Campiche (Hg.)*, Jeder ein Sonderfall? AaO., 337.

258 Vgl. *Paul*, Die Begegnung der Evangelisch-Lutherischen Kirche Estlands mit dem neuen Zeitalter, aaO., 213: "Die Zahl der Menschen, die der Astrologie anhängen, an Wiedergeburt

Eine Gallup-Untersuchung in den USA von 1980/81 bestätigt den Trend: "23 Prozent der Befragten, also fast ein Viertel, gaben an, sie glaubten an Reinkarnation."[259] Hans Sebald ermittelt von 1983 bis 1986 unter 600 Studierenden der Arizona State University, die an soziologischen Vorlesungen teilnehmen und von ihm nicht der New Age Bewegung zugerechnet werden: "21 Prozent der Studenten glauben an Reinkarnation, 33 Prozent halten sie für möglich."[260]

Eine Zusammenschau der verschiedenen Umfragen läßt die vermutete Etablierung der Reinkarnationsvorstellungen im Westen zur Gewißheit werden. Ob sich der Prozentsatz derer, die an Reinkarnation glauben, unter oder über 20 % einpendelt, ist dabei nebensächlich. Es scheint, als wäre langfristig mit einer breiten und stabilen Akzeptanz zu rechnen. Die Reinkarnationsvorstellungen können nicht auf einzelne Anhängerschaften und subkulturelle Milieus beschränkt werden, *sie sind zur etablierten Vorstellung in westlichen Kulturen geworden.*

und ein karmisches Verständnis glauben, hat in den letzten Jahren explosionsartig zugenommen. Eine andere soziologische Untersuchung aus dem Jahre 1992 ergab als Ergebnis: 50 % der Esten glauben an Astrologie, 23 % an Telekinese, 22 % an Reinkarnation."

259 *G.Gallup,Jr./W.Proctor*, Begegnung mit der Unsterblichkeit, Frankfurt a.M./Berlin 1990, 184. Weitere Differenzierungen ebd. 184-191.

260 *H.Sebald*, New-Age-Spiritualität, in: Dürr/Zimmerli (Hg.), Geist und Natur, aaO., 313 - 341, 334.

6. Die Reinkarnationsvorstellung bei Rudolf Steiner und in der anthroposophischen Bewegung

Ein ausdifferenziertes westliches Reinkarnationssystem ist im Werk Rudolf Steiners (1861-1925), auf den die anthroposophische Bewegungen zurückgeht, zu finden.[1] In der Anthroposophischen Gesellschaft haben die westlichen Reinkarnationsvorstellungen zum ersten Mal eine anhaltende soziale Gestalt bekommen. Auch wenn diese gesamtgesellschaftlich subkulturell bleibt, ist ihre geistige Ausstrahlung keinesweg gering zu schätzen, was an den zahlreichen Tochterbewegungen deutlich wird. Ziel des Kapitels ist es, das System Steiners unter dem Gesichtspunkt der Reinkarnationsvorstellung in Grundzügen nachzuvollziehen[2] und deren Auswirkungen in den anthroposophisch bestimmten Bewegungen aufzuzeigen. Die Auffassung von den "Wiederholten Erdenleben", wie es im anthroposophischen Sprachgebrauch auch heißen kann, gehört ins Zentrum der von Steiner vermittelten Vorstellungen. Ohne die Reinkarnationsvorstellung ist die Praxis der Anthroposophie in Gesundheitswesen, Pädagogik und allgemeiner Weltgestaltung nicht zu verstehen.

Die Wahrnehmung der anthroposophischen Reinkarnationsvorstellung erfolgt in vier Schritten: Zuerst werden die erkenntnistheoretischen Voraussetzungen dargestellt, dann werden die Vorstellung von der Reinkarnation und die mit ihr verbundenen Implikationen, wie sie aus den Werken Rudolf Steiners zu ermitteln sind, nachgezeichnet.[3] Schließlich werden die Auswirkungen der Reinkarnationsvorstellung in der anthroposophischen Praxis dargestellt. In einem vierten Teil werden die Ergebnisse zusammengefaßt.

1 Zu Rudolf Steiner: *R.Steiner*, Mein Lebensgang, Frankfurt a.M. 1985 (GA 28); *J.Hemleben*, Rudolf Steiner, Reinbek b.Hamburg 1985; *G.Wehr*, Rudolf Steiner, München 1987.

2 Übersicht: *H.Zander*, Neuere Veröffentlichungen zum Verhältnis von Anthroposophie und Christentum, in: ThRv 90 (1994) 445-454; kritische Auseinandersetzung: *R.Geisen*, Anthroposophie und Gnostizismus, Paderborn/München/Wien/Zürich 1992; zur Reinkarnationsvorstellung: *Zander*, Reinkarnation und Christentum, aaO.; dialogisch orientiert: *J.Müller* (Hg.), Anthroposophie und Christentum, Freiburg (Schweiz) 1995; *M.Kriele*, Anthroposophie und Kirche, Freiburg/Basel/Wien 1996. Zur Christologie: *K.v.Stieglitz*, Die Christosophie Rudolf Steiners, Witten/Ruhr 1955.

3 Einführung: *R.Steiner*, Im Mittelpunkt der Mensch, Frankfurt a.M. 1985; *K.E.Becker*, Anthroposophie - Revolution von innen, Frankfurt a.M. 1984.

6.1 Die Erkenntnis der Reinkarnation

In der "Philosophie der Freiheit" legt Steiner seine erkenntnistheoretischen Grundlagen.[4] Er hat diese Schrift zeitlebens als sein Hauptwerk bezeichnet, in dem es ihm um den Nachweis einer autonomen Denkbewegung des Menschen geht, die weder der Einseitigkeit eines "naiven Realismus", wie Steiner ihn in der materialistischen Weltsicht sah, noch einem "absoluten Illusionismus", verfällt.[5] Einer "Prädestination" durch materialistische Naturwissenschaft oder außermenschliche Offenbarungsgrößen will Steiner entgehen und zwischen ihnen einen Raum der Freiheit bestimmen, wie Walter Donat zusammenfaßt:

"Die Anthroposophie muß deshalb sowohl eine materialistische Auffassung der vollen Determination durch Naturgesetzlichkeit wie ebenso auch eine theologische Prädestinationslehre von der restlosen Vorbestimmtheit durch göttlichen Ratschluß gleichermaßen als Fehlspekulationen betrachten. ... Sowohl in der naturwissenschaftlich-materialistischen Auffassung des Menschen als naturkausales Erbbündel wie in einer Auffassung von der völligen Gottabhängigkeit der menschlichen Geschöpfe als 'Abbilder' oder 'Marionetten' übersinnlicher Lenkungen sieht sie dem Menschen seinen entscheidenden Wert und seine Würde vor Gott gänzlich entzogen ... "[6]

Steiner meint, die Spaltung in Subjekt und Objekt in einem schrittweisen Prozeß überwinden zu können und damit die absolut und unüberwindbar scheinende Teilung der Welt als voreilige Annahme zu destruieren. Die Überwindung erfolgt, wenn der aktive Erkenntnisvorgang als Vereinigung von Wahrnehmung und Begriff im Bewußtsein verstanden wird. Steiner will deutlich machen, daß das menschliche Ich im Akt der Selbstreflexion, indem es sich selbst noch einmal als denkendes Ich erkennt und denkt, frei wird von einer naiv-realistischen Objektbindung, wie sie dem Materialismus zugrunde liegt und zugleich unabhängig bleibt von den Vorannahmen des Idealismus oder der Offenbarungstheologie. Steiner bezeichnet seinen Ansatz als monistisch, das Denken sei "weder subjektiv, noch objektiv, sondern ein beide Seiten der Wirklichkeit umspannendes Prinzip".[7] Der Untertitel seiner Freiheitsphilosophie, "Grundzüge einer modernen Weltanschauung. Seelische Beobachtungsresultate nach naturwissenschaftlicher Methode", zeigt das Interesse Steiners, innerhalb der Moderne eine weltanschauliche Konzeption zu finden, die mit dem naturwissenschaftlichen Denken nicht in Konflikt gerät, dieses aber geisteswissenschaftlich durchstößt. Steiner glaubt, mittels der von ihm gefundenen Methode Erkenntnisse aus dem Innenleben des Subjekts durch den Akt der Selbstreflexion in intersubjektiv verbindliche, mithin objektive Aus-

4 *R.Steiner*, Die Philosophie der Freiheit, Frankfurt a.M. 1985 (GA 4).

5 Vgl. *Steiner*, Die Philosophie der Freiheit, aaO., 258-266, 262f.

6 *W.Donat*, Die Reinkarnationsidee in der Anthroposophie, in: ZRGG 9 (1957) 175-191, 186.

7 *Steiner*, Die Philosophie der Freiheit, aaO., 248; vgl. *A.Stolzenburg*, Anthroposophie, in: RGG[2] 1, 368-375, 370.

sagen überführen zu können. Gegen Kant meint er, das Gebiet des Übersinnlichen, als der Welt der "Dinge an sich" durch sein geisteswissenschaftliches Verfahren der allgemeinen Erkenntnis zuführen zu können.[8] Steiner ist davon überzeugt, auf diesem Wege geistige Erkenntnisse mit gleicher Objektivität gewinnen zu können, wie sie zu seiner Zeit den Naturwissenschaften zugeschrieben werden.

"Tatsachen kann man erfahren, aber nicht 'mit dem Verstande beweisen'. Mit dem Verstande kann man auch einen Walfisch nicht beweisen. Den muß man entweder selbst sehen oder sich von denen beschreiben lassen, die einen gesehen haben. So ist es auch mit übersinnlichen Tatsachen. ... Ich kann jedermann die Versicherung geben, daß die übersinnlichen Tatsachen, die ich im folgenden beschreibe, für den, dessen höhere Sinne geöffnet sind, ebenso 'tatsächlich' sind wie der Walfisch."[9]

In zahlreichen Schriften und Vorträgen gibt Steiner systematisch Auskunft über seine Erkenntnisse aus dem von ihm als okkult bezeichneten Bereich.[10] "Theosophie - Einführung in übersinnliche Welterkenntnis und Menschenbestimmung"[11] und "Die Geheimwissenschaft im Umriß"[12] sind Hauptwerke seiner geisteswissenschaftlichen Theoriebildung, in denen er sich auch immer wieder mit der Kritik seiner Erkenntnistheorie auseinandersetzt.[13] Das von innen aufsteigende Wissen, als Erfahrungswissen mit der ihm eigenen Überzeugungskraft ausgestattet, entzieht sich zwar der intersubjektiven Vermittelbarkeit, aber Steiner meint, auf einem geistigen Schulungsweg die Fähigkeit zur okkulten Erkenntnis bei je-

8 Vgl. *Donat*, Die Reinkarnationsidee in der Anthroposophie, aaO., 176; *H.Ringgren*, Anthroposophie, in: TRE 3, 8-20, 9.

9 *R.Steiner,* Wiederverkörperung und Karma und ihre Bedeutung für die Kultur der Gegenwart, Dornach 1985, 48, Anm. 1.

10 Steiner verwendet den Begriff "Okkultismus", aus der Theosophie kommend, synonym mit "Geheimwissenschaft", als dem Wissen um eine verborgene Welt, in die es möglich ist, durch besondere Fähigkeiten einzudringen. Vgl. *A.Baumann*, Wörterbuch der Anthroposophie, München 1991, 92 ff; *I.Körner-Wellershaus*, Anthroposophie - eine esoterische Weltanschauung, IEZW 119 (1992) 36.

11 *R.Steiner*, Theosophie, Dornach ^{30}1978 (GA 9).

12 *R.Steiner*, Die Geheimwissenschaft im Umriß, AW 5, Frankfurt a.M. 1985 (GA 13).

13 *Steiner*, Theosophie, aaO., 12 (Vorrede zur 3. Auflage): "Vom Standpunkt der landläufigen Wissenschaft kann das Buch nicht beurteilt werden, wenn nicht der Gesichtspunkt zu solcher Beurteilung aus dem Buche selbst gewonnen wird." Diese zirkuläre Konstruktion der Erkenntnistheorie macht den Grundlagendiskurs sehr schwierig, wenn nicht unmöglich. Zahlreiche Kritiker haben diesen Punkt immer wieder herausgestellt. Unter wissenssoziologischen Gesichtspunkten wird in Kapitel 12 der Konstruktion okkulter Weltsichten ausführlich nachgegangen. *Geisen*, Anthroposophie und Gnostizismus, aaO., 277, merkt zu den eingeschränkten Dialogmöglichkeiten an: "Da die dominierenden übersinnlichen Mitteilungen über das Wesen des Menschen einerseits mit höchstem Erkenntnisanspruch und andererseits als unabdingbare Voraussetzungen für eine wirklich humane Lebenspraxis und Wesenserkenntnis vorgetragen werden, befindet sich jede konkurrierende Weltanschauung von vorneherein in einer Position der radikalen Kritik. Die solchermaßen als Erlösungswissen gekennzeichneten esoterischen Mitteilungen über den Menschen sind dem offenen weltanschaulichen Dialog kaum zugänglich ..."

dem Menschen ausbilden zu können.[14] In der Schrift "Wie erlangt man Erkenntnisse der höheren Welten?" entfaltet er den Schulungsweg des Geistesschülers.[15] Steiner entwickelt seine Erkenntnistheorie zu einer Meditationsmethode weiter, mit der sich auch "geisteswissenschaftlich-objektiv" die Reinkarnation finden läßt.

"Die Meditation besteht darin, daß man die Aufmerksamkeit von allem äußerlich und auch innerlich Erlebten abwendet, daß man an nichts denkt als an den einen Gedanken, den man ganz in den Mittelpunkt des Seelenlebens stellt."[16]

Immer wieder betont er, die Begründung der Reinkarnation aus eigener Anschauung und nicht aus literarischer Spekulation gewonnen zu haben. Immer wieder stellt er in seinen Vorträgen den Weg zur eigenen Anschauung dar, eine Art Imaginationstechnik, die verdrängte Eigenanteile bewußt werden läßt, dasjenige, "was dir im Grunde genommen im Leben gegen den Strich gegangen ist".[17] Durch ständige Wiederholung der Übung steigt im Menschen ein inneres Bild auf, das aus dem Gefühlsgedächtnis stammend, die Inkarnationen übergreift, während das Erinnerungsgedächtnis nur an eine Inkarnation gebunden ist.[18] Steiner wendet sich gegen den Einwand, daß es sich nur um Suggestionen handele, die sich nicht beweisen ließen; er fordert dazu auf, sich durch Nachvollzug selber von der Realität dieser Erfahrungen zu überzeugen.[19] Ihm ist dabei sehr an der Nachvollziehbarkeit seiner Einsichten gelegen, worin sich sein naturwissenschaftlicher Anspruch widerspiegelt.

Damit bricht er mit der bis dahin geltenden esoterischen Doktrin der Geheimhaltung, er fühlt sich durch die Eigenständigkeit seiner Erkenntnisse zur öffentlichen Darlegung legitimiert.[20] Aus seinem freiheitlichen Bewußtsein und seiner Beurteilung der geistesgeschichtlichen Situation der Menschheit erklärt sich das Interesse, die bis dahin geheim gehaltenen Traditionen auch gegen den Widerstand esoterisch denkender Kreise einer weiteren Öffentlichkeit zugänglich zu machen:

"Ich sah mich vor die Bedingungen des geistigen Lebens der Gegenwart gestellt. Denen gegenüber sind Geheimhaltungen, wie sie in älteren Zeiten selbstverständlich waren, eine Unmöglichkeit. Wir leben in der Zeit, die Öffentlichkeit will, wo irgend ein

14 Synonym für Schulungsweg verwendet Steiner auch die Begriffe "Erkenntnisweg", "Geistesschulung", "okkulte oder esoterische Schulung".

15 *R.Steiner*, Wie erlangt man Erkenntnisse der höheren Welten? Frankfurt a.M. 1985 (GA 10).

16 *R.Steiner*, Was kann die Heilkunst durch eine geisteswissenschaftliche Betrachtung gewinnen? In: ders. Arbeitsfelder der Anthroposophie, Frankfurt a.M. 1985, 145-225, 151.

17 *Steiner*, Wiederverkörperung und Karma, aaO., 73.

18 Vgl. *Steiner*, Wiederverkörperung und Karma, aaO., 87ff.

19 Vgl. *Steiner*, Wiederverkörperung und Karma, aaO., 97.

20 Vgl. *Steiner*, Mein Lebensgang, aaO., 389f. Zur Diskussion: vgl. *K.v.Stieglitz*, Anthroposophie, in: RGG^3 1, 425-430, 429; die Gegenposition: *Donat*, Die Reinkarnationsidee in der Anthroposophie, aaO., 175ff.

Wissen auftritt. Und die Anschauung von der Geheimhaltung ist ein Anachronismus."[21]

Die Erkenntnis der Reinkarnation ist eine der wichtigsten Botschaften der Anthroposophie an die Welt: "Was der Anthroposoph in erster Linie auf seinem Wege findet, wenn er heute ernstlich strebt, das ist die Notwendigkeit der Erkenntnis von Reinkarnation und Karma. ... das Fundamentalste ist die Gestalt, welche die Christus-Frage dadurch erhält, daß Reinkarnation und Karma in die Herzen der Menschen als Wahrheiten aufgenommen werden."[22]

Zum Verständnis Steiners und seiner Reinkarnationsvorstellung sind neben dem Versuch, die Engführungen des naturwissenschaftlichen Denkens zu überwinden, seine persönlichen Erfahrungen zu berücksichtigen. Steiner ist seit seiner Kindheit empfänglich für okkulte, übersinnliche Erfahrungen. Da er sie seiner Umwelt nicht mitteilen kann, konzentriert er sich äußerlich ganz auf die Naturwissenschaften, während er mit seinen inneren Erfahrungen allein bleibt. In einem Brief schreibt er über seine Einsichten als knapp Neunzehnjähriger:

"In diese Zeit (1879/80) fiel - und dies gehört schon zu den äußeren okkulten Einflüssen - die völlige Klarheit über die Vorstellung der Zeit. Diese Erkenntnis stand mit den Studien in keinem Zusammenhange und wurde ganz aus dem okkulten Leben her dirigiert. Es war die Erkenntnis, daß es eine mit der vorwärtsgehenden interferierende rückwärtsgehende Evolution gibt - die okkult-astrale. Diese Erkenntnis ist die Bedingung für das geistige Schauen."[23]

Steiner betont immer wieder, daß er die Reinkarnation als eine Tatsache der geistigen Welt mit gleicher Klarheit und Eindeutigkeit wahrzunehmen in der Lage sei, wie naturwissenschaftliche Tatsachen. In einem Akt imaginativer Selbstbetrachtung kommt er zu der Erfahrung der Relativität von Zeit, der Anschauung einer präexistenten Person, die vor dem gegenwärtigen Leben bestand und durch Reinkarnation über dieses hinaus bestehen wird. In seiner Wiener Zeit (1886-1889) formt sich seine Vorstellung genauer aus, und er betont die Begründung seiner Anschauung aus eigenen Erfahrungen, die er in Kontrast zur theoretischen Erkenntnis der Reinkarnation setzt. Sein erkenntnistheoretischer Ansatz bleibt bezogen auf das naturwissenschaftliche Denken seiner Zeit, wird allerdings auf den individuell-subjektiven Bereich ausgeweitet, die eigene Erfahrung wird als objektive Tatsache bewertet. Dieser individualistisch-freiheitliche Standpunkt unterscheidet Steiner von den theosophischen Rezipienten östlicher Weltanschauungen und esoterischen Lehren, gegen deren Reinkarnationsvorstellungen er sich abgrenzt:

"Und auch Anthroposophen meinen oft, es sei unnötig, die Überzeugung von Karma und Reinkarnation mit Ergebnissen der Naturwissenschaften zu belegen. ... *Wer nur*

21 *Steiner*, Mein Lebensgang, aaO., 389.

22 *Steiner*, Wiederverkörperung und Karma, aaO., 108f.

23 R.Steiner, Briefwechsel und Dokumente 1901-1925, GA 262, Dornach 1967, hier zit. nach *Steiner*, Im Mittelpunkt der Mensch, aaO., 41.

nachreden will, was er von den großen Lehrern des Ostens hört, der kann innerhalb der europäisch-amerikanischen Gesittung nicht Anthroposoph werden."[24]

In seiner Autobiographie schreibt Steiner über die entscheidenden Wiener Jahre, wie sich durch angestrengtes eigenes Nachdenken langsam der Gedanke der Reinkarnation bei ihm einstellte und verfestigte. Nach eigenem Bekunden lernte er die theosophischen Reinkarnationslehren erst anschließend kennen.[25] Wenn Steiner mit Nachdruck seine Unabhängigkeit von den esoterischen Theorien der theosophischen Gesellschaft betont, ist hierin ein Ausdruck für das spannungsvolle Verhältnis von Anthroposophie und Theosophie zu sehen, eine Beziehung, die durch Gemeinsamkeiten und Differenzen bestimmt ist. Auch wenn die Anthroposophie religionsgeschichtlich aus der Theosophischen Gesellschaft hervorgegangen ist, so bleibt doch ernst zu nehmen, daß nach Steiners und allgemeiner anthroposophischer Auffassung die Reinkarnationsvorstellung nicht aus dem Osten über die Theosophie vermittelt übernommen, sondern selber "entdeckt" wurde.

Gemeinsam ist beiden Bewegungen die Überzeugung von Reinkarnation und Karma, wesentliche Elemente des Welt- und Menschenbildes[26] und die Ausarbeitung eines Erkenntnisweges, in dem weder "das Zeugnis der Schrift noch die Tradition des Bekenntnisses ... entscheidende Bedeutung"[27] hat, sondern die eigenen Erfahrungen im Zentrum stehen. Gemeinsam ist die Hochschätzung der esoterischen Traditionen in beiden Bewegungen[28], einschließlich damit verbundener kultischer Praxis.

Die methodische Differenz besteht darin, daß Steiner sich nicht der Wahrheitsgewinnung durch außersinnliche Wahrnehmung, der Akzeptanz von Mitteilungen durch Eingeweihte und Medien, sowie den spiritistischen Praktiken anschließt, wie sie in der Theosophie gepflegt werden. Vielmehr richtet er im Rekurs auf christlich-abendländische Traditionen[29] seinen Erkenntnisweg an der individuellen Freiheit aus.[30] Folglich ist die anthroposophische Reinkarnationsvorstellung gerade als typisch westliche Reinkarnationsvorstellung gekennzeichnet, für sie gelten die bereits an Lessing gezeigten Voraussetzungen. Die einfließenden östlichen Impulse unterliegen einer grundlegenden Umdeutung.[31] Rudolf Frieling interpretiert diesen Vorgang in anthroposophischer Sicht: "Zwischen Buddha und Lessing hat sich das Mysterium von Golgatha vollzogen."[32] Zutreffend stellt er die Diffe-

24 *Steiner*, Wiederverkörperung und Karma, aaO., 32 Anm. 3.

25 *Steiner*, Mein Lebensgang, aaO., 136f.

26 Vgl. *Geisen*, Anthroposophie und Gnostizismus, aaO., 229-244, 243.

27 *Geisen*, Anthroposophie und Gnostizismus, aaO., 238f.

28 Zum Verhältnis zur Esoterik vgl. *Körner-Wellershaus*, Anthroposophie, aaO.

29 Eine besondere Bedeutung haben neben den Mystikern die Traditionen der Rosenkreuzer.

30 Vgl. *Geisen*, Anthroposophie und Gnostizismus, aaO., 237ff.

31 Vgl. *H.J.Ruppert,* Reinkarnation in neugnostischen Bewegungen, in: Reinkarnation - Wiedergeburt aus christlicher Sicht, aaO., 65-125, 84ff.

32 *R.Frieling*, Christentum und Wiederverkörperung, Frankfurt a.M. 1982, 64.

renz zu Schopenhauer fest, der unter christologischem Gesichtspunkt stärker "vom Buddhismus tingiert" sei.

Inhaltliche Unterschiede zur Theosophie bestehen in der Beurteilung der verschiedenen religiösen Traditionen. Für die Theosophie stellt Geisen eine synkretistische "Einebnung des Christentums in eine allgemeine Synthese aller Religionen"[33] fest, oft bei gleichzeitiger Bevorzugung eklektischer Versatzstücke östlicher Traditionen. Dagegen wird in der Anthroposophie Steiners dem Christentum eine herausragende Bedeutung zugemessen. Als Annie Besant, die Vorsitzende der Theosophischen Gesellschaft den Hinduknaben Krishnamurti als kommenden Christus präsentiert, ruft das den Widerspruch Steiners hervor, der die Einzigartigkeit Christi und die Einmaligkeit seiner Inkarnation betont. Steiner, seit 1902 Generalsekretär der Deutschen Sektion, wird mit der ganzen Sektion aus der Theosophischen Gesellschaft ausgeschlossen und begründet die Anthroposophische Bewegung, aus der wiederum die Anthroposophische Gesellschaft (1912/13, Neugründung 1923/24) hervorgeht. Die Auseinandersetzung Rudolf Steiners mit der Theosophischen Gesellschaft ist zugespitzt eine Auseinandersetzung um die Reinkarnation Christi.

Beispielhaft wird am Beispiel der Anthroposophie deutlich, daß die östlichen Reinkarnationsvorstellungen lediglich katalytisch wirken, dieses aber nur möglich ist, weil der Gedanke auf fruchtbaren und vorbereiteten Boden fällt. In der eigenständigen Anlage der westlichen Vorstellungen werden die Unterschiede zu den östlichen Reinkarnationskonzepten deutlich.

6.2 Das Reinkarnationskonzept der Anthroposophie

Die anthroposophische Reinkarnationsvorstellung wie sie von Rudolf Steiner ausgearbeitet wurde, ist eng verknüpft mit dem bei Lessing sichtbar gewordenen Entwicklungsgedanken und einer eigenen Anthropologie. Die anthroposophische Lehre von den Wesensgliedern des Menschen ist eine Ausdifferenzierung des trichotomischen Menschenbildes unter Integration der durch die Theosophie vermittelten östlichen Anschauungen von den verschiedenen ineinander verschachtelten Leibeshüllen. In der Feingliederung wird das organisierende und bestimmende Geistprinzip als emanative Grundlage erkennbar, das evolutive Grundkonzept wird sichtbar. Die Reinkarnationvorstellung wirkt als Kontingenzminderung, indem sie sich konkret in jenseitigen und kosmischen Dimensionen entfaltet. Diesem Konzept wird im Detail nachgegangen.

33 *Geisen*, Anthroposophie und Gnostizismus, aaO., 229.

Das anthroposophische Menschenbild

Das Menschenbild bei Steiner ist im Grundsatz trichotomisch:[34] Der Mensch nimmt mit dem physischen Körper sinnlich wahr, die Seele erfährt gefühlsmäßige Eindrücke und der Geist erkennt. Reinkarnation betrifft diese drei Ebenen, die in einem komplizierten Wechselverhältnis zueinander stehen.

"Und damit haben wir zugleich ein *Bild* der dreifachen Wesenheit des Menschen. In jeder neuen Verkörperung findet sich der Mensch in einem physischen Organismus, der den Gesetzen der äußeren Natur unterworfen ist. Und in jeder Verkörperung ist er derselbe Menschengeist. Als solcher ist er das *Ewige* in den mannigfaltigen Verkörperungen. *Körper* und *Geist* stehen einander gegenüber. Zwischen beiden muß etwas sein, wie das Gedächtnis zwischen meinen Taten von gestern und denen von heute ist. Und dies ist die *Seele*. Sie bewahrt die Wirkungen meiner Taten aus den früheren Leben. Sie bewirkt, daß der Geist in einer neuen Verkörperung als dasjenige erscheint, was vorhergehende Leben aus ihm gemacht haben. So *hängen Leib, Seele und Geist zusammen. Ewig* ist der Geist; *Geburt* und *Tod* walten nach den Gesetzen der physischen Welt in der Körperlichkeit; beide führt die Seele immer wieder zusammen, indem sie aus den Taten das *Schicksal* webt."[35]

Das dreifach gegliederte Menschenbild wird von Steiner weiter zu einem siebengliedrigen Menschenbild ausdifferenziert.[36] Unter den Wesensgliedern wird eine evolutive Entwicklungsfolge angenommen. Der siebenfach gegliederte Entwicklungsrhythmus kann als Parabel dargestellt, deren unterer Scheitelpunkt den gegenwärtig erreichten menschlichen Entwicklungsstand kennzeichnet.[37] Der Prozeß zielt auf die Entwicklung der noch nicht ausgebildeten höheren Wesensglieder, die als eine ins Geistige transformierte Gestalt der bestehenden unteren Wesensglieder aufzufassen sind.

Die siebengliedrige Anthropologie umfaßt zwei Aspekte: Erstens die Ausdifferenzierung in Wesensgliedern, die eine Zuordnung der verschiedenen Ebenen menschlicher Selbsterfahrung zu unterschiedlichen Seinsdimensionen ermöglicht. Zweitens die evolutive Konzeptionierung des Menschen im individuellen und kosmischen Entwicklungsprozeß. Die Reinkarnationsvorstellung ist auf diese Anthropologie bezogen, indem sie Veränderungsprozesse auf der körperlichen, seelischen und geistigen Ebene beschreibt. Grundauffassung ist, daß nur Gleiches von Gleichem kommen kann, Körperhaftes von Körperhaftem, Seelisches von Seeli-

34 Vgl. *Steiner*, Theosophie, aaO., 20ff.

35 *Steiner*, Wiederverkörperung und Karma, aaO., 38.

36 Steiner verwendet auch eine neungliedrige Teilung. Zu den Wesensgliedern vgl.: *Steiner*, Theosophie, aaO., 20-48; Darstellungen bei *Geisen*, Anthroposophie und Gnostizismus, aaO., 247-259; *B.Grom*, Anthroposophie und Christentum, München 1989, 47-55; *H.-J.Ruppert*, Anthroposophie und ihre Praxis heute, in: MD EZW 45 (1982) 332-347, 338f.

37 Vgl. zum Kurvenschema: *H.-W.Schroeder*, Überblick über Welt- und Menschheitsentwicklung aus anthroposophischer Sicht, in: Weltentwurf - Weltentwicklung - Weltverantwortung, Protokolldienst der Evangelischen Akademie Bad Boll 24 (1989) 1-10, 2f.

schem, Geistiges von Geistigem. Steiner hat die dabei wirkenden Kräfte in einer klassisch zu nennenden Formel zusammenfaßt:

"Der Leib unterliegt dem Gesetz der *Vererbung*; die Seele unterliegt dem selbstgeschaffenen Schicksal. Man nennt dieses von dem Menschen geschaffene Schicksal mit einem alten Ausdrucke sein *Karma*. Und der Geist steht unter dem Gesetze der *Wiederverkörperung*, der wiederholten Erdenleben."[38]

Nach dieser anthroposophischer Auffassung ist im strengen Sinne nur von einer Wiederverkörperung des Geistes zu sprechen[39], denn Geistiges kann nur von Geistigem kommen. Die "Tatsache" der Reinkarnation begründet Steiner aus der allgemein zugänglichen Beobachtung eigener und fremder Biographien. In ihrer unableitbaren Einmaligkeit wird die Biographie des Menschen als deutlicher Hinweis auf die geistige Selbstkontinuität gesehen.[40]

"Ich muß als geistiger Mensch vor meiner Geburt vorhanden gewesen sein. ... Ich muß vielmehr als geistiges Wesen die Wiederholung eines solchen sein, aus dessen Biographie die meinige erklärbar ist."[41] "*In einem Leben erscheint der menschliche Geist als Wiederholung seiner selbst mit den Früchten seiner vorigen Erlebnisse in vorhergehenden Lebensläufen*."[42]

Entwicklung des Geistes

Der Entwicklungsgedanke, der schon bei Lessing als Kernstück westlicher Reinkarnationsvorstellungen herausgearbeitet wurde, erfährt in der Anthroposophie, wie an den Wesensgliedern bereits deutlich wurde, eine systematische Ausarbeitung. Der Kern der Reinkarnationsvorstellung bei Rudolf Steiner und in der Anthroposophie ist der Gedanke einer *Entwicklung des Geistes*. Der Prozeß der Höherentwicklung ist nicht linear gedacht, sondern, als eine "Kurve, die von oben nach unten in die Tiefe führend sich am tiefsten Punkt umwendet und in eine aufsteigende Linie übergeht."[43] Anthroposophische Weltdeutung rechnet mit einem Vorgang der Verdichtung, des Abstieges des Geistes in die Materie: "Der physische Körper kommt dadurch zustande, daß des Menschen Urbild bis zur sinnlichen Erscheinung verdichtet wird."[44] Die Verdichtung geht über in einen Vorgang der "Wiedervergeistigung der Materie"[45] oder der Respiritualisierung.

38 *Steiner*, Theosophie, aaO., 69f.

39 Vgl. *Steiner*, Theosophie, aaO., 49ff.

40 Vgl. *Steiner*, Theosophie, aaO., 54-64; *Baumann*, Wörterbuch der Anthroposophie, aaO., 32f.

41 *Steiner*, Theosophie, aaO., 58.

42 *Steiner*, Theosophie, aaO., 63.

43 *Schroeder*, Überblick über Welt- und Menschheitsentwicklung aus anthroposophischer Sicht, aaO., 2.

44 *Steiner*, Theosophie, aaO., 119.

45 *Ruppert*, Reinkarnation in neugnostischen Bewegungen, aaO., 100; vgl. *Hummel*, Reinkarnation statt Schöpfungsglaube, aaO., 107; *Geisen*, Anthroposophie und Gnostizismus, passim.

Valentin Tomberg hat die Stärke des Steinerschen Entwicklungskonzepts in Differenz zur theosophischen Auffassung herausgearbeitet. Tomberg interpretiert das Verhältnis als Prozeß der Binnendifferenzierung innerhalb einer geistigen Gesamtbewegung: Steiners Ansatz überwinde den theosophischen Dualismus von Auf- und Abstieg, Licht und Finsternis, Gut und Böse durch Integration des Abstiegs in den Aufstieg, so daß am Ende ein theoretisch und praktisch nachvollziehbarer Monismus konzipiert werde. Diese überlegene Auffassung Steiners sieht Tomberg in dessen Verständnis Christi begründet, im "Mysterium des *Herunterbringens* von Geistesleben in die Erdenwesenheit"[46] Aus der Herabkunft des Lichtes in das Dunkel läßt sich verstehen, "daß es außer dem Mysterium des Lichtes und dem Mysterium des Todes noch ein drittes, größeres Mysterium gibt - *das Mysterium des durch den Tod durchgegangenen Lebens des Lichtes*."[47] Tomberg möchte einer vereinfachenden spiritualisierenden und weltflüchtigen Entwicklungsauffassung auf diese Weise den Weg verstellt sehen.

Erscheint die Verdichtungsbewegung, das Herabsinken in die Materie, als kosmologisches Drama, so ist der notwendige Grund dieses Vorgangs nach Steiner in lerntheoretischer Perspektive zu erheben: *Nur in der Materie kann der Geist lernen* und somit Entwicklungsfortschritte machen, denn nur in der Materie ist der Geist frei zum Handeln und Entscheiden. Damit wird die spekulative Frage Lessings nach dem Vielen, was es noch zu lernen gebe, weiter ausgearbeitet und metaphysisch unterlegt. Die Anstrengungen des Geistes in der Materie sind Voraussetzung und Impuls zur Aufwärtsentwicklung:[48] Das Herabsinken auf der einen Seite ermöglicht den über das Ausgangsniveau führenden Aufstieg auf der anderen.

"Der Sinn dieser Entwicklung - der Abstieg des Menschen aus der geistigen Welt in die Sinneswelt - liegt in der Ausbildung des individuellen Selbstbewußtseins, des individuellen Ich. Damit ist der 'Fall in die Materie' eine Notwendigkeit für den inneren Fortschritt des Menschen auf dem Wege hin zur Persönlichkeitsbildung. Er mußte den Blick nach 'oben' ganz verlieren, um sich dann, nach 'unten' gewandt, am Widerstand der äußeren physischen Welt in seinem Innern als Eigenwesen zu erleben und zu festigen. Damit war auch die Voraussetzung gegeben, daß in der Menschenseele das Bewußtsein der Freihheit erwachsen konnte."[49]

Nur durch Entwicklung kann sich die menschliche Individualität, sein geistiger Wesenskern entfalten und zu seinem Ziel gelangen: "Die volle Freiheit des Menschengeistes ist das *Ideal* seiner Entwicklung."[50] Das bedeutet, daß Steiner weder von einem vollständig freien noch einem vollständig unfreien Willen ausgeht,

46 *V. Tomberg,* Die "Geheimlehre" von H.P. Blavatsky und die "Geheimwissenschaft" von Dr. Rudolf Steiner, in: Frensch (Hg.), Lust an der Erkenntnis, aaO., 384-390, 387.

47 *Tomberg,* Die "Geheimlehre" von H.P. Blavatsky ..., aaO., 388.

48 Vgl. *Steiner*, Wiederverkörperung und Karma, aaO., 45.

49 *F. Linde,* Innere Revolution der Seele, in: Waldorfschule und Anthroposophie, Flensburger Hefte 15 (^{2}1987) 4-18, 10.

50 *Steiner*, Wiederverkörperung und Karma, aaO., 45.

sondern eine Aufwärtsentwicklung mit zunehmender Freiheit annimmt. Dafür gibt es, wie der Anthroposoph Donat anmerkt, einen theologischen Grund: nur der wahrhaftig freie Mensch ist für Gott ein liebendes Gegenüber, die Liebe zu Gott kann nicht aus Unfreiheit oder gar Zwang stammen.[51] Anthroposophische Reinkarnationsvorstellung rechnet mit dem Ende der Reinkarnationen als Abschluß des Vergeistigungsprozesses.

Reinkarnation und Karma werden von Steiner als "vom Standpunkt der modernen Naturwissenschaft notwendige Vorstellungen" angesehen, weil sie dem evolutiven Entwicklungsprozeß entsprechen.[52] Unter Rekurs auf Haeckel spitzt er die Alternative zu: "*entweder* es ist jede Seele durch ein *Wunder geschaffen,* wie die tierischen Arten durch Wunder geschaffen sein müßten, wenn sie sich nicht auseinander entwickelt haben; *oder* die Seele hat sich entwickelt und ist in anderer Form früher dagewesen, wie die tierische Art in anderer Form da war."[53] Für Steiner gibt es nur die Entscheidung zwischen Entwicklung oder Wunder. Und da das Wunder aus naturwissenschaftlicher Sicht abzulehnen ist, bleibt für einen modernen denkenden Menschen der Entwicklungsgedanke als einzige Erklärungsmöglichkeit.

Der Jenseitsweg

Eine entscheidende Frage an jede Reinkarnationsvorstellung ist, wie die Kontinuität der Lebensläufe denkerisch erfaßt werden kann. Diese Frage knüpft eng an die Frage nach der postmortalen Existenzform an. Steiner verwendet hierzu das "*Gleichnis von Schlaf und Tod*".

"Ich stehe des Morgens auf. Meine fortlaufende Tätigkeit war durch die Nacht unterbrochen. Es ist nun unter gewöhnlichen Verhältnissen nicht möglich, daß ich des Morgens meine Tätigkeit in beliebiger Weise wieder aufnehme. Ich muß an mein Tun von gestern anknüpfen, wenn Ordnung und Zusammenhang in meinem Leben sein soll. Meine Taten von gestern sind die Vorbedingungen derjenigen, die mir heute obliegen. Ich habe mir mit dem, was ich gestern vollbracht habe, für heute mein Schicksal geschaffen. Ich habe mich eine Weile von meiner Tätigkeit getrennt; aber diese Tätigkeit gehört zu mir und sie zieht mich wieder zu sich, nachdem ich mich eine Weile von ihr zurückgezogen habe. Meine Vergangenheit bleibt mit mir verbunden; sie lebt in meiner Gegenwart weiter und wird mir in meine Zukunft folgen. Nicht *erwachen* müßte ich

51 Vgl. *Donat*, Die Reinkarnationsidee in der Anthroposophie, aaO., 189f; vgl. *Steiner*, Wiederverkörperung und Karma, aaO., 45.

52 Vgl. *Steiner*, Wiederverkörperung und Karma, aaO., 11-31.

53 *Steiner*, Wiederverkörperung und Karma, aaO., 27. Hier wird die Differenz zu Haeckel deutlich. Steiner schließt eine Höherentwicklung der Arten aus, da sich das Menschlich-Höhere nicht aus dem Animalisch-Niedrigerem entwickeln könne. Vgl. *H.Poppelbaum*, Mensch und Tier, Frankfurt a.M. 1981.

heute morgen, sondern neu, aus dem Nichts heraus geschaffen werden, wenn die Wirkungen meiner Taten von gestern nicht mein Schicksal von heute sein sollten."[54]

Die Lehre von der Reinkarnation bei Steiner bezieht auch die nachtodlichen Zustände mit ein, die als stufenweiser Prozeß geschildert wird. Ist der Geist während der irdischen Existenz an den Leib gebunden und mit der Seele verbunden, so kommt es im Tode und nach dem Tode zur Dissoziation. Nach Verlassen des physischen Körpers werden in der "Seelenwelt" die verschiedenen Hüllen des Äther- und Astralleibes abgestreift. Für diesen Vorgang wird ein Drittel der irdischen Lebensdauer angenommen, dann tritt das Individuum in den dritten Zustand ein, der nun ein rein geistiger ist. Im "Geisterland" kommt es zu einem umfassenden Prozeß der Selbsterkenntnis, in dem sich der Mensch seiner Taten im umfassenden karmischen Sinne bewußt wird. Aus diesem karmischen Zusammenhang ergeht der Impuls zu einer neuen Inkarnation, als einer Chance zu Weiterentwicklung und Wachstum durch neue Erfahrungen. Dabei wird von Steiner angenommen, daß der Mensch immer wieder in verschiedenen Inkarnationen mit denselben Menschen zusammentrifft und daß ihre Beziehungen in unterschiedlichen Konstellationen einen gemeinsamen Lernweg kennzeichnen, auf welchem sie die verschiedensten Aufgaben aneinander haben.[55]

Ist der Tod nur ein Schlaf, so ist die Kontinuität des Geistes über die Reihe der Inkarnationen evident und auch die karmische Verknüpftheit der Lebensläufe tritt vor Augen. Deutlich wird die individuelle Neuschöpfung des Menschen bei seiner Geburt zurückgewiesen, ein Gedanke, den Steiner mit Schopenhauer verbindet. In seine Reinkarnationsvorstellungen bezieht Steiner auch den jenseitigen, postmortalen Weg mit ein und bindet ihn an das Entwicklungsschema. Der Kerngedanke der jenseitigen Entwicklung ist, daß ihre gestufte Figur der diesseitigen Entwicklung spiegelbildlich gegenübersteht und als Aufstieg zum Geist bestimmt ist.[56] Auf dem Höhepunkt setzt der Prozeß der Reinkarnation wieder ein, der über ein Absinken bis hin zur neuen Geburt führt. Graphisch dargestellt entsteht als Gesamtschau eine oszillierende Wellenlinie.

Karma als Kontingenzminderung

Bereits bei der Behandlung der Kontinuität zwischen den Inkarnationen war der Gedanke des Karmas als vermittelnder Funktion aufgetreten. Mit der Karmavorstellung wird die bedrückende Erfahrung der Kontingenz, der Unverfügbarkeit des Lebens, aus dem einzelnen Lebenszusammenhang herausgelöst und in den Strom der Inkarnationen gestellt. Damit wird die Begrenztheit unter den Bedingungen des

54 *Steiner*, Theosophie, aaO., 64 f; vgl. *Steiner*, Wiederverkörperung und Karma, aaO., 34.

55 Zu den Detailfragen vgl. die Antworten in: *Steiner*, Wiederverkörperung und Karma, aaO., 125-142.

56 Vgl. *Steiner*, Theosophie, aaO., 83-120.

einzelnen Lebens nicht geleugnet, aber diese wird zugleich relativiert durch ihre Ableitung aus eigenen vergangenen Taten. Karma heißt: *Mein Schicksal ist mein eigener freier Entschluß*, ich wähle meine Lebenssituation als Lernort.

"Die Seele sieht gewissermaßen, daß ihr aus früheren Erdenleben eine Unvollkommenheit anhaftet. ... In der Seele entsteht zwischen Tod und Geburt der willensähnliche Impuls, die Unvollkommenheit auszugleichen. Sie nimmt deswegen in ihr Wesen die Tendenz auf, in dem weiteren Erdenleben sich in ein Unglück zu stürzen, um durch dessen Erleiden den Ausgleich herbeizuführen."[57]

Damit wird Kontingenzerfahrung sinnvoll gedeutet und der Rückgriff auf das unerklärliche, willkürlich erscheinende Handeln Gottes vermieden.[58] Der Karmagedanke muß nicht zu Apathie und ethischer Indifferenz führen, sondern kann im Gegenteil als ethisches Stimulanz wirken, indem er die Verbindlichkeit des Verhaltens deutlich macht: "Gerade wenn es kein Karma gäbe, dann herrschte Willkür in der Welt. So aber kann ich wissen, daß jede meiner Handlungen, jedes meiner Erlebnisse sich einem gesetzmäßigen Zusammenhange einfügt. Meine Tat ist frei, ihre Wirkung absolut gesetzmäßig."[59] Wahre Freiheit besteht folglich in einem Handeln, das in Übereinstimmung mit den kosmischen Gesetzen erfolgt.

Kosmische Dimensionen

Die Reinkarnationsvorstellung Rudolf Steiners und der Anthroposophie wird in ihrer Komplexität erst in der Deutung überindividueller, menschheitlicher, kulturgeschichtlicher und kosmischer Zusammenhänge vollständig sichtbar. Beachtet man die Ausweitung der Reinkarnationsvorstellung über die Ebene menschlicher wiederholter Erdenleben hinaus, wird ein hochdifferenziertes System deutlich, das zwar den Eindruck des Artifiziellen und Spekulativen auf den Außenstehenden machen kann, aber doch durch seine ästhetische Konfigurierung bestechen kann.

Verkürzt ist die kosmische Entfaltung der Reinkarnationsvorstellung als parallele und ineinander verschachtelte Wiederholung des bereits beschriebenen Abstiegs- und Aufstiegsschemas zu charakterisieren. In der kollektiven Menschheitsgeschichte läßt sich der gleiche Entwicklungs- und Lernprozeß wiederentdecken, der am Individuum zu sehen ist. Individual- und Menschheitsgeschichte sind gleichermaßen im Entwicklungsprozeß begriffen, wie die Erde mit ihren Kulturstufen so auch der gesamte Kosmos.

"Unsere Erde stellt sich somit als die Wiederverkörperung eines uralten Planeten dar. Aber die Geisteswissenschaft kann noch weiter zurückgehen. Und sie findet dann den

57 *Steiner*, Theosophie, aaO., 158.

58 Daß Steiner mit dem vielfältigen Wirken jenseitiger Hierachien rechnet, kann hier nur erwähnt werden. Vgl. *Kosmische Gottheit und persönlicher Gott.* Protokolldienst der Evangelischen Akademie Bad Boll 33 (1988).

59 *Steiner*, Wiederverkörperung und Karma, aaO., 62; vgl. *Steiner*, Theosophie, aaO., 112f.

ganzen Vorgang noch zweimal wiederholt. Unserer Erde hat also drei vorhergehende planetarische Zustände durchgemacht, zwischen denen immer Zwischenzustände der Vergeistigung liegen."[60]

Reinkarnation in kosmischer Dimension unterliegt den gleichen Gesetzmäßigkeiten wie das reinkarnierende Individuum. Dem gegenwärtigen vierten Erdenzustand wird die menschliche Aufgabe der Ich-Entfaltung zugeordnet, während in den vorangegangenen Inkarnationen der physische Körper (Saturnzustand), der Lebens- oder Ätherleib (Sonnenzustand) und der Astralleib (Mondzustand) ausgebildet wurden. Nach Steiners kosmologischer Auffassung werden noch drei weitere Verkörperungen folgen müssen, bis die Entwicklung der Erde mit der siebten Verkörperung zu ihrem Ziel gekommen ist.

Der Kern der Gesamtvorstellung ist die Auffassung, daß bis zum Erdenzustand eine Deszendenz des Geistes in die Gefangenschaft steigender Materialität angenommen wird. Im "Mysterium von Golgatha" findet der Dekadenzprozeß seinen Wendepunkt, der Eingriff der Christuswesenheit, sein Opfertod am Kreuz, leitet nach Steiner den Prozeß der Aszendenz ein. Christus wird als Ausdruck des rein geistigen Prinzips verstanden: indem sein Blut die Materie der Erde durchtränkt, wird der entscheidende Impuls zur Umkehr gegeben.

6.3 Reinkarnatorische Ethik und anthroposophische Praxis

Die Verbindung von Reinkarnationsvorstellung und Lebensgestaltung hat in der anthroposophischen Praxis vielfältigen Ausdruck gefunden:[61] Waldorfpädagogik, Ganzheitsmedizin, biodynamischer Landbau[62] und viele andere Aktivitäten der anthroposophischen Bewegung[63] haben ihr gesellschaftliche Anerkennung verschafft. Soziales Leben[64], Wirtschaft[65] und Geistesleben[66] (Religion, Wissen-

60 *Steiner,* Die Geheimwissenschaft im Umriß, aaO., 145; zur Auffassung von Welt- und Erdenentwicklung vgl. ebd. 137-298.

61 Vielfältige Einblicke vermitteln die *Flensburger Hefte*; Übersicht geben: *P.Brügge*, Die Anthroposophen, Reinbek b.Hamburg 1984; *M.V.Limbacher* (Hg.), Projekt Anthroposophie, Reinbek b.Hamburg 1986; *K.E.Becker/H.-P.Schreiner*, Anthroposophie heute, München 1981.

62 Vgl. *R.Steiner*, Geisteswissenschaftliche Grundlagen zum Gedeihen der Landwirtschaft, Dornach ^{7}1984 (GA 327); kritisch: *H.-J.Ruppert*, Heilung für die Erde, IEZW 88 (1983).

63 Der "Allgemeinen Anthroposophischen Gesellschaft" gehören weltweit ca. 47.000, der "Anthroposophischen Gesellschaft in Deutschland" 16.000 Mitglieder an (Vgl. MD EZW 53 (1990) 187f und 301).

64 Vgl. *S.Leber*, Selbstverwirklichung. Mündigkeit. Sozialität, Frankfurt a.M. 1982; *H.-W.Schroeder*, Vom sozialen Aspekt des religiösen Lebens, in: Limbacher (Hg.), Projekt Anthroposophie, aaO., 157-165.

65 *Ökonomie und Lebenswelt.* Protokolldienst der Evangelischen Akademie Bad Boll 3 (1992).

schaft und Kunst, sowie Erziehungswesen) sollen gestaltend durchdrungen werden. Die Anthroposophie als weltanschauliche Bewegung macht Ernst mit dem von Steiner aus seiner Überzeugung von Reinkarnation und Karma geforderten "gesteigerten Verantwortlichkeitsgefühl".[67]

Die anthroposophische Praxis mit ihren Erfolgen in Landwirtschaft, Heilkunst, Pädagogik stellt aus anthroposophischer Sicht einen indirekten Beweis für die Richtigkeit der geisteswissenschaftlichen Forschungen Rudolf Steiners dar.[68] Nur eine verkürzte Betrachtung trennt die anthroposophische Praxis von ihren erkenntnistheoretischen und weltanschaulichen Grundlagen. Die Reinkarnationsvorstellung als Grundlage anthroposophischer Lebenspraxis kann an Beispielen nachvollzogen werden.

Ethik und Reinkarnation

Im Denken Rudolf Steiners, der seine Philosophie selber als "ethischen Individualismus" bezeichnet[69], hat die ethische Frage grundlegende Bedeutung. Bereits in der "Philosophie der Freiheit", schlägt er den Bogen von der Erkenntnistheorie zur Ethik: Das Erkennen führt zum Tun in Freiheit. In seiner Schulungsschrift ("Wie erlangt man Erkenntnisse der höheren Welten") kann er gegen allen esoterischen Egoismus die "*goldene* Regel der wahren Geheimwissenschaften" aufstellen: "wenn du *einen* Schritt vorwärts zu machen versuchst in der Erkenntnis geheimer Wahrheiten, so mache zugleich *drei* vorwärts in der Vervollkommnung deines Charakters zum Guten."[70]

In der Ethik Steiners kommt der Reinkarnationsvorstellung eine wichtige Rolle zu, insofern sie auf die Wiederbegegnung mit den Folgen des eigenen Tuns hinweist. Nicht nur aus individuell karmischen Gründen wird der Mensch gezwungen, die Zukunft der Welt zu antizipieren, ist es doch die Welt, in die er wieder zurückkehren wird. So kann Steiner sehr optimistisch die kreative Kraft der Reinkarnationsvorstellung für die Weltgestaltung herausstellen, wenn sie in richtiger Weise begriffen wird und nicht nur "Vorstellung" bleibt:

"Und die Art und Weise, wie die Menschen sich aneignen werden diese Überzeugung von Reinkarnation und Karma, wie sie die Möglichkeit finden werden, den Gedanken

66 Vgl. *K.E.Becker/H.-P.Schreiner*, Anthroposophie - Überwindung der Menschheitskrise? Nachwort in: R.Steiner, Der anthroposophische Weg, hg. von K.E.Becker/F.Hiebel/H.-P.Schreiner, Frankfurt a.M. 1983, 175-189.

67 *Steiner*, Wiederverkörperung und Karma, aaO., 113f. *J.Huber*, Astral-Marx, in: Kursbuch 55 (1979) 139-161, 139: "Wo die heutige Linke mit lautem Getöse relativ wenig erreicht, schaffen Anthroposophen im Stillen viel."

68 Vgl. *Baumann*, Wörterbuch der Anthroposophie, aaO., 29.

69 Auch als "individualistischen Anarchismus" in einem Brief an J.H.Mackay, den Herausgeber der Schriften Max Stirners, vgl. *Huber*, Astral-Marx, aaO., 149.

70 *Steiner*, Wie erlangt man Erkenntnisse der höheren Welten? AaO., 67.

von Reinkarnation und Karma in das allgemeine Leben überzuführen, das wird eben dieses moderne Leben von der Gegenwart in die Zukunft hinein im wesentlichen umgestalten."[71]

Die richtig verstandene Gesetzmäßigkeit von Reinkarnation und Karma läßt den Menschen das gegenwärtige Leben überaus ernst nehmen, weil die Konsequenzen menschlichen Tuns und Unterlassens gesetzmäßig auf ihn zurückfallen und sich im nächsten Leben auswirken. Steiner kann für die Anthroposophen eine paradoxe Aussage treffen: "Wir leben in Wahrheit wirklich so, wie wir leben müßten, wenn es eben richtig wäre, daß der Mensch nur einmal auf der Erde da wäre."[72] Dabei wird in der Anthroposophie aus zwei Gründen gegen den von den christlichen Konfessionen erhobenen Vorwurf der Selbsterlösung protestiert. Einerseits wird auf die Beobachtung hingewiesen, daß alles Leben immer Lern- und Wachstumsprozeß sei, andererseits wird betont, daß Steiner seinen Schulungsweg nicht als Ersatz für die Gnade sondern als Vorbereitung auf diese angesehen habe. "Ich muß zwar alles tun zu meiner Seelen- und Geistesausbildung; aber *ich werde* ganz ruhig *warten*, bis ich von höheren Mächten für würdig befunden werde zu bestimmter Erleuchtung."[73]

Erziehungskunst als Inkarnationshilfe: Waldorfpädagogik

In der durch Rudolf Steiner begründeten Waldorfpädagogik[74] ist der Reinkarnationsgedanke als eine Leitvorstellung anzusehen. Die anthroposophische Pädagogik basiert auf dem Verständnis des gestuften Entwicklungsprozesses, der in seinen ersten Phasen als Inkarnationsvorgang verstanden werden muß. Von der Geburt bis zum Erwachsenwerden verleiblicht sich der Mensch in Abschnitten von je sieben Jahren. Jede der Stufen markiert eine neue Geburt in eines der vier Wesensglieder: Physischer Körper, Ätherleib, Astralleib; am Ende steht das Ichwesen des erwachsenen Menschen, der seinen Weg in Freiheit und Selbständigkeit zur Entwicklung weiterer geistiger Dimensionen gehen muß. Die Erziehungskunst ist Inkarnationshilfe, Beistand in den Geburtsprozessen der menschlichen Wesensglieder. An-

71 *Steiner*, Wiederverkörperung und Karma, aaO., 145.

72 *Steiner*, Wiederverkörperung und Karma, aaO., 114.

73 *Steiner*, Wie erlangt man Erkenntnisse der höheren Welten? AaO., 91 (im Zusammenhang der Geduld als Tugend). Vgl. *A.Binder*, Wie christlich ist die Anthroposophie? Stuttgart 1989; *Schuld - Vergebung - Karma,* Protokolldienst der Evangelischen Akademie Bad Boll 31 (1986); *Schuldzuweisung - Schuldübernahme - Schuldverarbeitung*, Protokolldienst der Evangelischen Akademie Bad Boll 30 (1992).

74 Grundlegende Vorträge in: *R.Steiner*, Arbeitsfelder der Anthroposophie, Frankfurt a.M. 1985, 11-110.

thropsophische Pädagogik will den jungen und heranwachsenden Menschen bei der Ausbildung der "drei Qualitäten der Inkarnation" begleiten.[75]

Die Geburt des physischen Körpers wird nach dem ersten Lebensjahrsiebt mit dem Zahnwechsel abgeschlossen, in dieser Phase lernt das Kind durch Nachahmung. Die "Inkarnationsstufe in der Mitte der Kindheit", im zweiten Jahrsiebt, beginnt mit der Geburt des Ätherleibes, sie wird abgeschlossen mit der Geschlechtsreife. Das Kind lernt durch Nachfolge von Autoritäten. Daran anschliessend erfolgt die Geburt des Astralleibes im dritten Abschnitt, in dem die emotionalen und seelischen Eigenschaften geformt werden. Die moralische Erziehung und Hinleitung zur eigenen Urteilsfindung stehen im Vordergrund der Pädagogik. Damit endet die Erziehung durch andere, von nun an ist der Mensch selbst verantwortlich und soll in weiteren Schritten seine Verstandes- und Bewußtseinskräfte entwickeln. Der "Vorgang der allmählichen Verleiblichung des Seelisch-Geistigen" (Leber) als gestufter Inkarnation ist die Grundlage der Waldorfpädagogik.[76] Aus dieser Anschauung heraus werden Inhalte und Umgangsformen der Erziehung abgeleitet.[77]

Die Bedeutung der Reinkarnationsvorstellung "als reale Lebenswirklichkeit" in der Waldorfpädagogik wird erkennbar, wenn der Erziehende dazu angeleitet wird, in dem Kind "die wiederauferstandene Seele aus der vorhergehenden Inkarnation" vor sich zu sehen.[78] Frans Calgren, schwedischer Waldorfpädagoge, begründet daraus die Achtung des Lehrers vor der Individualität des Einzelnen:

"Das 'Ich', die Individualität des Menschen kommt aus übersinnlichen Welten und führt, wenn sie durch die Geburt ins physische Dasein tritt, bestimmte Anlagen und Entschlüsse mit sich, die weder aus der Vererbung noch aus dem Milieu abgeleitet werden können... Zuweilen kann er den Eindruck haben, daß sich in seiner Klasse Individualitäten äußern, die auffallend 'alt' und 'weise' sind. ... Ohne sich mit überflüssigen Spekulationen zu befassen, kann man in gewissen Situationen das unmittelbare, starke Erlebnis haben, vor Äußerungen des Ichwesens zu stehen, die aus einem früheren Erdenleben kommen."[79]

75 *S.Leber*, Waldorfpädagogik erzieht nicht auf eine Norm hin ... in: Arbeitsgemeinschaft der Freien Waldorfschulen Baden-Württemberg, Stuttgart 1989, 31-45, 39.

76 Zum Konflikt um die weltanschauliche Gebundenheit der Waldorfpädagogik: *Kirchenleitung der Nordelbischen Ev.-luth. Kirche,* Die Waldorfschulen und ihr weltanschaulicher Hintergrund, Kiel 1986; *Rest,* Waldorfpädagogik und christliches Menschenbild, aaO. *Evangelischer Oberkirchenrat Stuttgart*, Zum Verhältnis des christlichen Glaubens zu Anthroposophie und Waldorfpädagogik, Stuttgart 1988, Neufassung 1992; *R.Geisen*, Anthroposophie und Christentum, in: ThGl 78 (1988) 266-276; *Christentum, Anthroposophie, Waldorfschule.* Stuttgart 1987; *Arbeitsgemeinschaft der Freien Waldorfschulen Baden-Württemberg*, aaO.; *Waldorfschule und Anthroposophie*, aaO.

77 Umfassende Einsicht gibt *F.Calgren*, Erziehung zur Freiheit, Stuttgart [6]1990.

78 *Linde,* Innere Revolution der Seele, aaO., 7, unter Bezug auf: R.Steiner, Der innere Aspekt des sozialen Rätsels, GA 193, Vortrag 12.9.1919, 115ff.

79 *Calgren*, Erziehung zur Freiheit, aaO., 105.

Anthroposophische Erziehungskunst als Inkarnationshilfe rechnet mit der karmischen Prägung der ihr anvertrauten Kinder, so "daß wir im Grund durch allen Unterricht nichts anderes können, als die Hindernisse hinwegräumen, die sich vorlagern vor dem Herauskommen dessen, was das Kind sich hier in die Welt aus dem vorgeburtlichen Leben mitbringt."[80] Die Auffassung vom Karma, das der Mensch in dieses Leben mit hineinbringt, motiviert zum ethischen Verhalten gegenüber Behinderten. Entwicklungsstörungen werden als Störungen der Inkarnationsprozesse verstanden, und das schwer erscheinende Geschick kann auch als Lernausgleich für Versäumtes und Vorbereitung für neue bedeutende Inkarnationen und Menschheitsaufgaben gesehen werden.[81] Der in der Heilpädagogik Tätige wird sich in der Begegnung mit dem "seelenpflege-bedürftigen" Kind bemühen, zur möglichst harmonischen Anpassung an die Inkarnation zu gelangen. Eine indifferente, sich auf den Karmagedanken zurückziehende Haltung ist nach Steiner jedenfalls nicht möglich:

"Man könnte nämlich vielleicht sagen: wenn Karma ein unabänderliches Gesetz ist, dann sei es ein Unding, jemand zu helfen. ... Gewiß, die Wirkungen des Schicksals, das sich ein Menschengeist in früheren Verkörperungen geschaffen hat, kann ich nicht aufheben. Aber es handelt sich darum, wie er sich mit diesem Schicksal zurechtfindet und welches neue Schicksal er sich unter dem Einflusse des alten schafft. Helfe ich ihm, so kann ich bewirken, daß er durch seine Taten seinem Schicksal eine günstige Wendung gibt..."[82]

Seelsorge an Toten als Begleitung auf dem Jenseitsweg

Anregungen Rudolf Steiners haben zur Ausbildung einer anthroposophischen Medizin[83] geführt, der als Heilkunst die Auffassung von den Wesensgliedern zugrunde liegt.[84] Das Gemeinschaftskrankenhaus Herdecke und die Universität Witten-Herdecke sind Institutionen, in denen anthroposophische Medizin praktiziert und gelehrt wird und eine ganzheitliche Behandlung des kranken Menschen angestrebt wird.[85] Der Tod und das Sterben werden konzeptionell mit einbezogen und nicht

80 *R.Steiner*, Die Verantwortung des Menschen für die Weltentwicklung durch seinen geistigen Zusammenhang mit dem Erdplaneten und der Sternenwelt, GA 203, Vortrag 21.1.1921, 100, hier zitiert nach: *Leber*, Waldorfpädagogik erzieht nicht auf eine Norm hin ..., aaO., 37.

81 Zusammenfassung bei *Grom*, Anthroposophie und Christentum, aaO., 64f. Sehr anerkennend zur sittlichen Motivation durch den Karma-Gedanken äußert sich *Köberle*, Die Frage nach dem wiederholten Erdenleben, aaO., 90f.

82 *Steiner*, Wiederverkörperung und Karma, aaO., 46.

83 Vgl. *H.Schilling*, Anthroposophische Medizin - eine Erweiterung der Heilkunst, IEZW 60 (1975); *Brügge*, Die Anthroposophen, aaO., 101-124.

84 Vgl. *R.Steiner/I.Wegmann*, Wahre Menschenwesen-Erkenntnis als Grundlage medizinischer Kunst, in: *Steiner*, Arbeitsfelder der Anthroposophie, aaO., 226-237 (GA 27, 7-19), 237.

85 Vgl. das Gespräch mit *K.Schily*, Grenzen der Schulmedizin, in: EK 19 (1986) 651-654.

verdrängt.[86] Für die Darstellung der Reinkarnationsvorstellung in anthroposophischer Praxis ist die seelsorgerliche Begleitung von Sterbenden und Toten ein anschauliches Beispiel.

Die spirituelle Begleitung von Menschen im Sterben und nach dem Tod wird durch Priesterinnen und Priester der Christengemeinschaft in der Krankenhausseelsorge geleistet. An ihrem Handeln werden die praktischen Folgen der anthroposophischen Auffassung vom postmortalen Jenseitsweg erkennbar. Der Tod bedeutet Lösung vom physischen Körper und Beginn des jenseitigen Weges der wiederum durch Ablösungen vom ätherischen und astralen Leib bestimmt ist.

"Der Todesaugenblick selber ist der größte Augenblick im Leben eines Menschen. Er erlebt sich als ewiges Wesen, das nicht nur auf den physischen Leib angewiesen ist. ... Die physischen Schmerzen bereiten jetzt eine Geistgeburt vor."[87]

Die Lösung "des Seelisch-Geistigen aus dem Leib" soll durch das Sakrament der Heiligen Ölung unterstützt werden.[88] Nach Möglichkeit bleibt der verstorbene Mensch drei Tage lang aufgebahrt, in dieser Zeit liest man Evangelientexte, die den Abschied vom Ätherkörper begünstigen sollen. Das gesamte seelsorgerliche Handeln am Toten ist *Hilfe zur Exkarnation* und Begleitung auf dem postmortalen Weg durch die geistigen Welten.

"Zusammenfassend kann man sagen: Die drei Teile der Bestattungsfeier - Aussegnung, Bestattung, Toten-Weihehandlung - sind ein Abschiedskultus, der dem Verstorbenen hilft, seine Wege im nachtodlichen Bereich zu gehen."[89]

Die erste Phase, in der davon ausgegangen wird, daß der Verstorbene noch in der Nähe seines physischen Körpers weilt, wird mit der Aussegnung abgeschlossen. Die Feier der Bestattung ist dadurch gekennzeichnet, daß die Gemeinde "den Weg der ewigen Individualität des Verstorbenen" begleitet.[90] In der Toten-Weihehandlung wird die Begleitung durch die Jenseitswelten fortgesetzt. Dabei ist zu berücksichtigen, "daß der Verstorbene seine Biographie ungefähr dreimal so rasch durchläuft wie auf der Erde."[91] Dieses ist die von Steiner angegebene Zeit der Läuterung und Lösung vom Astralleib[92], dem eine Form anthroposophischer "Privatfrömmigkeit" entspricht. Man richtet mantrische Sprüche an den Verstorbenen, liest ihm aus den Evangelien und anderen Schriften vor und erinnert bewußt sein Leben.

86 Vgl. *J.Jungfermann*, Der Tod darf nicht tabuisiert werden! Interview von W.Weirauch, in: Über Tod und Sterben, Flensburger Hefte 11., 2.erweiterte Auflage (1988) 167-181.

87 *I.Bauer*, Der Todesaugenblick ist der größte im Leben, Interview von W.Weirauch, in: Über Tod und Sterben, Flensburger Hefte 11., 2. erweiterte Auflage (1988) 182-195, 186f.

88 *Bauer*, Der Todesaugenblick ist der größte im Leben, aaO., 189.

89 *Bauer*, Der Todesaugenblick ist der größte im Leben, aaO., 192.

90 *Bauer*, Der Todesaugenblick ist der größte im Leben, aaO., 190.

91 *Bauer*, Der Todesaugenblick ist der größte im Leben, aaO., 194.

92 Vgl. *Steiner*, Theosophie, aaO., 83-113; *Steiner*, Die Geheimwissenschaft im Umriß, aaO., 80-136, 422-427.

Die Seelsorge an Toten zeigt sehr deutlich ihre Verankerung in dem anthroposophischen Gesamtkonzept von Reinkarnation, das nicht nur die Wiederverkörperung umfaßt, sondern eine ausdifferenzierte Vorstellung vom Weg zwischen den Inkarnationen als Abschluß des alten und Beginn eines neuen Lebens beinhaltet.

Die Erneuerung des Christentums in der Christengemeinschaft

Die Christengemeinschaft als "Bewegung für religiöse Erneuerung" wurde 1922 mit Hilfe Rudolf Steiners kurz vor seinem Tod auf Drängen einer Gruppe evangelischer Theologen begründet. Mit dem Pfarrer Friedrich Rittelmeyer (1872-1938) an der Spitze wurde eine religiöse Vergesellschaftungsform mit eigener Organisation[93], Zeitschrift und Verlag[94] "unter den Auspizien der Anthroposophie" geschaffen.[95] Die Christengemeinschaft als "Bewegung für religiöse Erneuerung", ist nach Steiner eine "Tochter der anthroposophischen Bewegung", auch wenn die Mitglieder nicht Anthroposophen sein müssen.[96] In der Christengemeinschaft stehen die Belange des Kultus im Vordergrund, während in der Anthroposophie das geistige Streben nach Erkenntnis dominiert.[97] Anthroposophische Gesellschaft und Christengemeinschaft sind organisatorisch und intentional auseinanderzuhalten[98], aber die Theologie der Priesterausbildung, in deren Mitte die Vorbereitung zum sakramentalen Handeln steht[99], stützt sich wesentlich auf Steiners Geisteswissenschaft.[100] In dieser Kultusgemeinschaft besteht weitgehende Lehr- und Bekenntnisfreiheit, das von Rudolf Steiner formulierte Bekenntnis wird nicht als Voraussetzung zur Teilnahme angesehen, es kann am Ende eines Erkenntnisprozesses stehen. Die Christengemeinschaft will ein neues, besseres Christentumsverständnis zur Anschauung bringen.[101] Der Prozeß einer stufenweisen Entwick-

93 In Deutschland fast 20.000 Mitglieder in 147 Gemeinden, weltweit 35-40.000 Mitglieder (HRGem[4] 1993, 344-358, 354).

94 Zeitschrift "Die Christengemeinschaft", 1924 von F.Rittelmeyer begründet., weitergeführt von E.Bock (1938-1941 und 1945-1959) und R.Frieling (1960-1986); Verlag Urachhaus Stuttgart.

95 Vgl. *F.Rittelmeyer,* Meine Lebensbegegnung mit Rudolf Steiner, Stuttgart [11]1983, 143ff; *J.Lenz,* Die Christengemeinschaft, Stuttgart 1978.

96 Vgl. das Interview mit dem Oberlenker *J.Lenz,* When I'm sixty-four, in: Erneuerung der Religion, Flensburger Hefte 14 ([3]1988) 6-35, 17ff.

97 *Rittelmeyer,* Meine Lebensbegegnung mit Rudolf Steiner, aaO., 149f zitiert diesen: "Die anthroposophische Bewegung wendet sich an das Erkenntnisbedürfnis und bringt Erkenntnis; die Christengemeinschaft wendet sich an das Auferstehungsbedürfnis und bringt Christus."

98 Vgl. *R.Gädeke/W.Gädeke,* Erkenntnis und Religion, Interview von W.Weirauch, in: Erkenntnis und Religion, Flensburger Hefte 22 (1988) 7-117.

99 Vgl. *H.-D.Reimer,* Die Priesterausbildung in der Christengemeinschaft, in: MD EZW 45 (1982) 308-313, 311.

100 Vgl. *W.Gädeke,* Was ist die Christengemeinschaft? In: Erneuerung der Religion, Flensburger Hefte 14 (31988) 59-65, 59f.

lung wird auch für die Religion angenommen; erst jetzt im Zeitalter des Geistes werden auch die Wahrheiten zutage treten, von denen Jesus Christus wußte, die er aber nicht offen gelehrt hat. Dazu gehört auch die Wahrheit von der Reinkarnation.

Rudolf Steiner hat die Reinkarnationsvorstellung nicht aus der Bibel abgeleitet, sondern als Weiterführung der Erkenntnis betrachtet. So berichtet Friedrich Rittelmeyer von einem Gespräch mit Steiner, in dem er die biblische Fundierung der Reinkarnationsvorstellung in Zweifel zieht: "'Nein', sagte Rudolf Steiner, 'eine Lehre des Christentums ist die Wiederverkörperung nicht. Sie ist eine Tatsache, die sich eben der okkulten Forschung ergibt. Das muß man hinnehmen, wie es ist.'"[102] Rittelmeyer findet später selber Zugang zur Reinkarnationsvorstellung, so daß er einige Jahre später schreiben kann:

"Karma und Reinkarnation, Schicksalsgesetz und Wiederverkörperung: sie sind der strikte Gegensatz zum christlichen Gnadenerlebnis - sagt man. Demgegenüber sei mit Nachdruck ausgesprochen, daß diese beiden Wahrheiten heute, auch wenn sie nicht in der Bibel stehen, gerade als christliche Wahrheiten erkannt werden können. Für mich sind sie nicht so sehr erkenntnismäßige Ergebnisse der Geistesforschung, mit denen sich das Christentum abzufinden hat - das sind sie auch -, als vielmehr religiöse Forderungen des recht verstandenen Christentums."[103]

So äußern auch heutige Vertreter der Christengemeinschaft diesen Gedanken.[104] "Kann man so zunächst in der Idee der Reinkarnation eine Rahmenwahrheit sehen, die den Zugang zur Lösung mancher Lebensrätsel neu erschließt, so wird vielleicht auch der Augenblick nicht ausbleiben, in dem einem aufgeht, wieviel adäquater, angemessener, verwandter dem Christentum diese Wahrheit ist als die Auffassung, die bisher als christliche Lehre zu diesem Thema galt."[105]

101 Die Anerkennung der Christengemeinschaft durch die Evangelische Kirche in Deutschland (EKD) und ihre Einbeziehung in die Ökumene wurde 1949 und 1951 wegen der nicht als eindeutig trinitarisch angesehenen Taufformel abgelehnt. Die Diskussion ist dokumentiert in: *W.Stählin* (Hg.), Evangelium und Christengemeinschaft, Kassel 1953; vgl. *W.Metzger,* Kirche und Christengemeinschaft in ihrem Verhältnis zueinander, ebd. 146-156. Zum Verhältnis weiter: *K.v.Stieglitz*, Rettung des Christentums? Stuttgart/Berlin 1965; *Lenz*, When I'm sixty-four, aaO., 28ff. Der Bekenntnistext: HRGem[4] 346f. Die Ergebnisse inoffizieller Gespräche, die von 1991-1993 stattfanden, sind dokumentiert: *Evangelische Kirche und Christengemeinschaft.* Bericht einer gemeinsamen Gesprächsgruppe, in: MdKI 44 (1993) 91-94. Zum Dialog: *R.Sachau* (Hg.), Wer ist ein Christ? Bad Segeberg 1996. Kritisch: *J.Ringleben*, Über die Christichkeit der heutigen Christengemeinschaft, in: ZThK 93 (1996) 257-283.

102 *Rittelmeyer*, Meine Lebensbegegnung mit Rudolf Steiner, aaO., 37.

103 *Rittelmeyer*, Meine Lebensbegegnung mit Rudolf Steiner, aaO., 134.

104 Vgl. *Bock*, Wiederholte Erdenleben, aaO.; *Frieling,* Christentum und Wiederverkörperung, aaO.

105 *A.Suckau*, Anthroposophie und häretische Strömungen, in: Christentum, Anthroposophie, Waldorfschule, aaO., 33-41, 40.

6.4 Typische Merkmale anthroposophischer Reinkarnationsvorstellungen

Die anthroposophische Reinkarnationsvorstellung bietet gegenüber den Überlegungen bei Lessing und Schopenhauer eine weitgehende Systematisierung und Ausdifferenzierung. Sie hat zu praktischen Konsequenzen und zu einer Sozialgestalt geführt. Für die Frage nach der Eigenart westlicher Reinkarnationsvorstellungen können folgende Merkmale festgehalten werden:

• Die Vorstellung der Reinkarnation wird in ihren Voraussetzungen und Konsequenzen systematisch durchdacht. Der Entwicklungsgedanke wird ausgebaut und der Fortschrittsprozeß in Phasen zerlegt. Die *Systembildung* umfaßt elaborierte Darstellungen von Anthropologie und Kosmologie.

Neben dem Entwicklungsgedanken, der individuell und kosmisch entfaltet wird, steht im Mittelpunkt das individuelle Ich, dessen Biographie als Erkenntnisort weitreichender Prozesse angesehen wird. Die ausdifferenzierte *Anthropologie* als Basis der Reinkarnationsvorstellung gewinnt ihre individuelle Plausibilität durch Ableitung aus allgemein zugänglichen Erfahrungen, die systematisiert werden.

Die Steinersche Reinkarnationsvorstellung integriert die *kosmologische Dimension* und bemüht sich, nicht nur individualistisch reduziert, sondern umfassend zu deuten. Es besteht eine konkrete Auffassung von den jenseitigen Welten, der breite Raum zwischen Menschheit und Göttlichem wird in zahlreichen Dimensionen ausdifferenziert. Diese Modell ist unter den westlichen Reinkarnationsvorstellungen in Bezug auf Komplexität und Differenziertheit am stärksten systematisiert.

• Die Erkenntnis der Reinkarnationsvorstellung in der Anthroposophie ist mit einem eigenen *Rationalitätsanspruch* verbunden, insofern sie allgemein und mit Sicherheit erkennbar sein soll. Unter dem Begriff der "Geisteswissenschaft" werden naturwissenschaftliche Erkenntnis und Erfahrungswissen synthetisch zusammengefügt. Anthroposophie ist bemüht, "den Abgrund zwischen Wissen und Glauben zu schließen, dh die Wissenschaft fromm und die Religion wissenschaftlich zu machen."[106]

Das *Erfahrungswissen* von Reinkarnation wird erkenntnistheoretisch als objektives Wissen verteidigt, die naturwissenschaftlichen Erkenntnisgrenzen werden systematisch durchbrochen. Das Wissen wird nicht aus der Kenntnis fremder Quellen, sondern aus der Erfahrung abgeleitet, verbunden mit dem Anspruch, daß es sich hierbei um allgemein nachvollziehbare Erkenntnisse handele, die intersubjektiv gültig seien und objektive Qualität hätten. Präexistenz und Evolution werden aus Gründen der Logik und Plausibilität dem Gedanken einer fortlaufenden Schöpfung aus dem Nichts vorgezogen.

106 *v.Stieglitz*, Anthroposophie, aaO., 426.

• In der anthroposophischen Reinkarnationsvorstellung einschließlich ihrer kosmologischen Dimensionen ist der *Vorrang des Geistes* gegenüber der Materie nicht zu übersehen. Friedrich Rittelmeyer schreibt in seiner Würdigung: "Rudolf Steiner war der erste Christ von allen, die wir kennen, dem die Natur völlig Geist war."[107]

"Materie gab es wohl für ihn. Er leugnete sie nicht. Es war sogar für ihn das schwerste Problem, dem er das ernsteste Nachdenken gewidmet hatte, wie Materie aus dem Geist hervorgehen konnte. Aber die Materie schwamm für ihn in einer Welt von Geistigkeit wie Eisstücke auf dem Wasser. Sie war die letzte, gewissermaßen verdichtetste Offenbarungsform des Geistes."[108]

Im Zentrum der Anthroposophie steht die Entwicklung des Geistes. Die Reinkarnationsvorstellung hat ihren Ort im Zusammenhang von Geist und Materie. Sie ist bezogen auf die geistige Dimension, der Entwicklung nur im Medium der Materie möglich ist. Ziel und Funktion der Reinkarnation ist die Wiedervergeistigung; das Problem ist der Verlust der "somatischen Dimension".[109]

• In den durch Rudolf Steiner in der Anthroposophie niedergelegten Gedanken sind *Einflüsse* aus unterschiedlichsten Richtungen zu erkennen, die zu einem einheitlichen System zusammengefügt sind. Dieses Amalgam ist als synthetische Leistung auf Basis selektiver Prozesse zu würdigen und ist ein eigenständiges Konstrukt. Hans-Jürgen Ruppert nennt vier geistesgeschichtliche Entwürfe, die in der Anthroposophie nachwirken: 1. "die goetheanische Methode der Naturbetrachtung", 2. die Theosophie, 3. "der Haeckelsche monistische Evolutionsgedanke", 4. "die Ich-Philosophie Fichtes und des Deutschen Idealismus".[110] Zu ergänzen ist der Eindruck, den Friedrich Nietzsche auf Steiner machte.[111]

An Steiners Reinkarnationsvorstellung ist neben der naturwissenschaftlichen Orientierung eine deutliche Gegenbewegung zum Materialismus des 19. Jahrhunderts zu erkennen. In der ethischen Zuspitzung drücken sich nachkantianische Fragestellungen aus. Schließlich hält die Anthroposophie eine "prekäre Balance zwischen Ost und West", in der "Elemente aus beiden Welten für eine eigenständige okkulte Weltanschauung fruchtbar gemacht werden, die von modernen Impulsen lebt und Antwort auf Fragen zu geben versucht, die auf dem Boden der Moderne erwachsen sind."[112]

• Innerhalb der anthroposophischen Reinkarnationsvorstellung ist eine Hochschätzung der individuellen *Freiheit* zu erkennen. Geistige Erkenntnis und die Entwicklung des Ichwesens und seiner höheren geistigen Glieder sind nur unter freiheitli-

107 *Rittelmeyer*, Meine Lebensbegegnung mit Rudolf Steiner, aaO., 231.

108 *Rittelmeyer*, Meine Lebensbegegnung mit Rudolf Steiner, aaO., 233f.

109 Vgl. *H.Timm*, Der bestirnte Geist, in: Natur - Mensch - Geist, Protokolldienst der Evangelischen Akademie Bad Boll 31 (1987) 34-42, 36ff.

110 *H.-J.Ruppert*, Anthroposophie, WdC 69-70, 69.

111 Vgl. *M.Blättner*, Übermensch und Freiheitsmensch, in: LM 33 (1994) H. 3, 27-30.

112 *Hummel*, Reinkarnation statt Schöpfungsglaube, aaO., 108.

chen Bedingungen möglich. Freiheit und Individualität sind die Grundlagen anthroposophischer Weltauffassung. Mit ihnen werden die Freiheits-, Rationalitäts- und Autonomiebedürfnisse des Menschen in der Moderne in das Zentrum gestellt. Die Einsichten der Anthroposophie sollen "dem denkenden Verstehen zugänglich" sein und "eine befriedigende Erklärung des Lebens" bieten.[113] Die Ausrichtung auf das menschliche Individuum verbietet jegliche dogmatische Engführung und mutet dem einzelnen ein hohes Maß an Verantwortung zu.

• Die anthroposophische Reinkarnationsvorstellung Rudolf Steiners führt zu *praktisch-ethischen Konsequenzen.* Sie ist nicht auf die spekulative Deutung beschränkt, sondern läßt sich im Bereich alltagspraktischen Handelns als Motivation und Begründung nachweisen.

• Die Auffassungen von Reinkarnation und Karma in der Anthroposophie dienen der Interpretation individueller und kollektiver Schicksalserfahrungen und ermöglichen eine *Reduktion von Kontingenz.* Leid und Schicksal werden erklärbar, verstehbar und somit ertragbar. Der Verweis auf das unerklärliche Handeln eines fernen und unbeeinflußbaren Gottes wird überflüssig. Die Theodizee-Frage wird umgangen. In der Deutung karmischer Zusammenhänge als Situations- und Schicksalsanalyse wird Kontingenz in rationale Strukturen überführt.

• Mit der Anthroposophischen Bewegung hat die durch Rudolf Steiner vermittelte Reinkarnationsvorstellung eine *soziale Gestalt* bekommen. Die Anthroposophische Gesellschaft kann religionssoziologisch als eine religiös-weltanschauliche Organisation angesehen werden, in der die Reinkarnationsvorstellung zentral ist.

113 *M.Debus*, Anthroposophie - eine neue Offenbarung? In: Christentum, Anthroposophie, Waldorfschule, aaO., 27-32, 30.

7. Thorwald Dethlefsen: Reinkarnationsvorstellungen im Milieu der Therapie

Die Reinkarnationstherapie ist die überzeugendste Form zur Vermittlung westlicher Reinkarnationsvorstellungen. Die bis ins Körperliche gehenden Reinkarnationserfahrungen im Milieu der Therapie sind geeignet, diese Vorstellungen jedem Menschen auch ohne aufwendige intellektuelle Auseinandersetzung zugänglich zu machen. Reinkarnationstherapie wirkt wie ein Erfahrungsbeweis, der zur Übernahme reinkarnatorischer Weltbilder anleitet. Das therapeutische Milieu ist schwer eingrenzbar, der Übergang zu Formen individueller Sinnsuche ist fließend. Am Beispiel der drei Phasen, die der Münchener Reinkarnationstherapeut Thorwald Dethlefsen durchlief, können Aspekte des therapeutischen Einsatzes von Reinkarnationsvorstellungen dargestellt werden. Die erste Phase beschäftigt sich mit der "Entdeckung" der Reinkarnation mittels eigener und fremder Erfahrungen. Die zweite Phase betrifft die therapeutische Anwendung und Nutzung von Reinkarnationsvorstellungen, die sogenannte Reinkarnationstherapie im engeren Sinne. Die dritte Phase betrifft die Etablierung eines esoterischen Weltbildes. Alle Phasen sind bezogen auf das therapeutische Milieu, in dem dieser Typ von Reinkarnationsvorstellungen seinen Sitz im Leben hat. Wie an der Verbreitung der Bücher von Thorwald Dethlefsen zu erkennen ist, drängen die Reinkarnationsvorstellungen über die Therapie hinaus und werden in unterschiedlichen Kontexten rezipiert. Dethlefsen kann als der bekannteste Reinkarnationstherapeut Deutschlands bezeichnet werden, seine Bücher haben Millionenauflagen erreicht.[1] Ihm ist es wie kaum einem anderen Autor gelungen, Reinkarnation plausibel darzustellen. Seine Interpretation von Reinkarnation, vor allem die seiner beiden ersten Phasen, hat sich weitgehend durchgesetzt und ist zum "Allgemeingut" geworden. Diese Rezeption legt es zusätzlich nahe, Dethlefsen als Beispiel für westliche Reinkarnationsvorstellungen im therapeutischen Milieu heranzuziehen.

7.1 Die "Entdeckung" der Reinkarnation

Dethlefsen beschreibt in seinem ersten Buch "Das Leben nach dem Leben - Gespräche mit Wiedergeborenen"[2] seine erste Begegnung mit der Reinkarnation. Am 3. Juni 1968 nahm er als 22jähriger Psychologiestudent mit einer Versuchsperson das Experiment einer Altersregression in Hypnose vor, die er nicht in der Kindheit

1 Vgl. *Börsenblatt für den Deutschen Buchhandel* Nr. 11, vom 6.2.1990, 449.

2 *T.Dethlefsen*, Das Leben nach dem Leben, München [5]1986.

enden, sondern "ohne Rücksicht auf die reale Zeit, einfach immer weiter zurück" gehen ließ.[3] Dethlefsen und die anderen Teilnehmenden waren überrascht, als die Versuchsperson begann, eine Situation aus dem Deutsch-Französischen Krieg zu schildern und die Jahreszahl 1870 angab. Das Experiment wurde wiederholt und aufgezeichnet.[4] Dethlefsen bezeichnet diese erste Erfahrung als "Schock", der zum lebensentscheidenden Einschnitt wurde.[5] Zwar hatte er sich bereits vor seinem Psychologie-Studium mit Hypnoseexperimenten befaßt[6], aber sein Weltbild war auf derartige Erfahrungen und die damit angesprochenen metaphysischen Fragen nicht vorbereitet:

"Mein Denken bewegte sich damals innerhalb der tiefenpsychologischen Theorie Freuds, einigen behavioristischen Ansätzen und einem psychologischen Atheismus - ein Hintergrund also, der mir die Einordnung meiner neu entdeckten Phänomene nun wirklich nicht erleichterte."[7]

Dethlefsen stellte sich als Experimentator die Frage nach dem Anfang des Lebens: "Wo beginnt das Menschenleben? Bei der Geburt? Sicherlich nicht! In der Gebärmutter? Vielleicht! Aber wann? Wo ist der Punkt, an dem individuelles Leben beginnt? Auf einmal wurde mir klar, daß die Methode der hypnotischen Altersregression die wahrscheinlich einzige sein müßte, die zu einer eindeutigen Beantwortung all dieser Fragen führt."[8] In dieser optimistischen Hoffnung begann Dethlefsen sich mit der Reinkarnationsvorstellung auseinanderzusetzen, die ihm rasch zur Gewißheit wurde. Überzeugt von der Wirklichkeit seiner Reinkarnationserkundungen, begann er sein bisheriges Weltbild zu reformieren. "Ich sah, daß Zweifel an der Lehre der Wiedergeburt nur aus mangelnder Information entspringen. Je größer jedoch die Gewißheit in mir wurde, desto stärker manifestierte sich auch der Widerspruch zu all meinen bisherigen Ansichten und Kenntnissen."[9] Auf der Suche nach neuen Deutungsmöglichkeiten stieß er auf die Wirklichkeitsdeutung der Esoterik. Dethlefsen befaßte sich mit den östlichen Weiheitslehren, dem Okkultismus und der Psychologie C.G.Jungs. Er wurde Schüler des Astrologen Wolfgang Döbereiner und erfuhr bei dem Alchimisten Frater Albertus eine Einführung in Kabbalistik und praktische, laborantische Alchimie.[10] "Meine Bekanntschaft mit diesen Lehrern, verbunden mit eingehenden Studien auf fast allen Gebieten der Esoterik, haben mich in eine Welt geführt, in der alles Glauben und alle Theorien ersetzt werden durch echtes Wissen, Wissen um die Zusammenhän-

3 *Dethlefsen*, Das Leben nach dem Leben, aaO., 10.
4 *Dethlefsen*, Das Leben nach dem Leben, aaO., 17-40.
5 *Dethlefsen*, Das Leben nach dem Leben, aaO., 7-97.
6 Autorenfragebogen Goldmann Verlag München.
7 *Dethlefsen*, Das Leben nach dem Leben, aaO., 84.
8 *Dethlefsen*, Das Leben nach dem Leben, aaO., 13.
9 *Dethlefsen*, Das Leben nach dem Leben, aaO., 95.
10 *Dethlefsen*, Das Leben nach dem Leben, aaO., 96.

ge im Kosmos."[11] Die metaphysischen Deutungen, die sich Dethlefsen aus den verschiedensten Gebieten aneignete, verhalfen ihm zu einem eigenen Interpretationssystem.

Die erste Phase bei der Entwicklung von Dethlefsens Reinkarnationsvorstellung war geprägt vom Einbruch der unerwarteten Erfahrung, der Erkundung des Phänomens und der weltanschaulichen Neuorientierung. Die von Dethlefsen für sich neu "entdeckte" Möglichkeit einer Altersregression in Hypnose[12], wurde bereits lange vor ihm beobachtet. Der französische Oberst Albert de Rochas (1837-1914), Präsident des militärischen Polytechnikums von Paris, unternahm bereits um die Jahrhundertwende mehrere hypnotische Rückführungen.[13] Über Forschungen in der Sowjetunion berichten Ostrander und Schroeder.[14] Eine besondere Form der hypnotischen "Reinkarnationsforschung" stellen die "Readings" von Edgar Cayce (1876-1945) dar, der als paranormaler medizinischer Diagnostiker wirkte. Cayce stand anfänglich der von ihm selber in Trance verkündeten Reinkarnationsvorstellung ablehnend gegenüber.[15] In den 50er Jahren kam es in den USA zu einer erregten öffentlichen Diskussion über die Möglichkeit der Reinkarnation, nachdem Morey Bernstein über eine hypnotische Altersregression bei einer 1923 in Iowa geborenen Hausfrau berichtet hatte. Diese stellte sich als Bridey Murphy vor, die 1798 bis 1864 in Irland gelebt habe.[16] Viele Angaben aus dem alltäglichen Leben forderten zu Versuchen der historischen Verifikation heraus, die wiederum zu langanhaltenden Kontroversen führten.[17]

Die Literatur zur hypnotischen Altersregression ist umfangreich[18], so unstrittig das Phänomen ist, so strittig bleiben die Deutungen.[19] Der Versuch einer Be-

11 *Dethlefsen*, Das Leben nach dem Leben, aaO., 97.

12 *H.Wiesendanger*, Zurück in frühere Leben, München 1991, 13f.

13 *A.deRochas*, Die aufeinanderfolgenden Leben, Leipzig 1914, vgl. *Adler*, Seelenwanderung und Wiedergeburt, aaO., 69f.

14 *S.Ostrander/L.Schroeder*, PSI, Bern/München/Wien ³1972, 135-146.

15 Vgl. *E.Cayce*, Du weißt, wer du warst, hg. von R.C.Smith/C.T.Cayce, München ²1991; vgl. *G.Cerminara*, Erregende Zeugnisse von Karma und Wiedergeburt, München o.J.

16 *M.Bernstein*, Protokoll einer Wiedergeburt, München 1973.

17 Vgl. *Adler*, Seelenwanderung und Wiedergeburt, aaO., 72f; *Stevenson*, Wiedergeburt, aaO., 71f (Lit.); *Wiesendanger*, Zurück in frühere Leben, aaO., 15ff.

18 In Auswahl einige Schriften aus dem deutschsprachigen Bereich: *K.Allgeier*, Du hast schon einmal gelebt, München ⁴1986; *J.-B.Delacour*, Vom ewigen Leben, Düsseldorf/Wien 1974; *J.M.Sorge*, Reinkarnation aus neuer Sicht, Genf 1986; *M.Talbot*, Seelenpfade, München 1990; *P.Thienel*, Seelenwanderung, München 1987.

19 *G.Bartsch*, Rückführung und Reinkarnation, in: MD EZW 52 (1989) 241-247; *Bender*, "Ist die Wiederverkörperung wissenschaftlich beweisbar?" aaO.; *H.Hemminger*, Rückführung - eine psychologische und weltanschauliche Kritik, in: Wiesendanger, Wiedergeburt, aaO., 97-113; *Hummel*, Reinkarnation, aaO., 13-23; *R.A.Moody*, Leben vor dem Leben, Reinbek b. Hamburg 1990; *Resch* (Hg.), Fortleben nach dem Tode, aaO; *M.Ryzl*, Der Tod und was danach kommt, München ³1986, 148-158; *ders.*, Warum ich 'Erinnerungen an frühere Leben' mißtraue, in: Wiesendanger (Hg.), Wiedergeburt, aaO., 145-156; *M.Schröter-Kunhardt*, Rein-

weisführung für die Realität von Reinkarnation durch Massenrückführungen und deren statistische Auswertung, wie sie die amerikanische Psychologin Helen Wambach versucht hat[20], scheint wenig überzeugend. Nur ein Bruchteil der Regressionen fördert schwer erklärliches Material zutage, zwar kursieren in der Reinkarnationsliteratur einige Berichte von erstaunlichen Vorgängen, dennoch bleiben diese Einzelfälle und ihre Verbreitung hat anekdotischen Charakter. *Von einer historischen Beweisführung kann jedenfalls nicht gesprochen werden,* dieses wurde auch Dethlefsen deutlich, der sich in der nächsten Phase seiner Reinkarnationsforschung dem therapeutischen Einsatz zuwandte.

"In der Tat fordern einige von *Dethlefsen* hervorgerufene Wiederverkörperungsphasen, die als Lebensschicksal im 19. und 20. Jahrhundert im deutschsprachigen Raum spielen, zur Verifizierung geradezu heraus. Es spricht für die Ehrlichkeit und Überzeugtheit unseres Reinkarnationsforschers, daß er seine Hypothesen diesem Test unterzogen hat. Es sollte nicht verschwiegen werden, daß die Ergebnisse bisher enttäuschend negativ ausgefallen sind."[21]

Die gründlichsten Untersuchungen reinkarnatorischer Erinnerungen auf ihren historischen Gehalt hin sind von Ian Stevenson vorgelegt worden, der einen Beweis weit von sich weist (vgl. Kapitel 5.2). Außerordentliche Fähigkeiten in der Regression sind sehr selten; insbesondere die Xenoglossie, die Fähigkeit fremde, nicht erlernte Sprachen zu sprechen, tritt nur in Ausnahmefällen auf und läßt sich auch parapsychologisch erklären. Die Mehrzahl der Rückführungserfahrungen können auch als Konfabulation verstanden werden.[22] Die tiefe Entspannung in der therapeutischen Situation mit der Erlaubnis "alles zuzulassen und kommen zu lassen" ermöglicht *innere Dramatisierungen tabuisierter und bedrohlicher Bewußtseinsinhalte.* Sind die Bilder auch von höchster persönlicher Intensität, so ist doch Distanz zu ihnen möglich, indem sie "vergangenen Leben" zugewiesen werden können. Die Rückführung in vergangene Inkarnationen verspricht weitreichende therapeutische Einsatzmöglichkeiten, wie sie in der Reinkarnationstherapie zur Anwendung kommen.

karnationsglaube und Reinkarnationstherapie: transpersonale Fiktion, in: Transpersonale Psychologie und Psychotherapie 2 (1996) 67-83; *Stevenson*, Wiedergeburt, aaO., 63-85.; *ders.*, Reinkarnation, aaO., 349ff; *W.Thiede*, Indizien für Reinkarnation? In: MD EZW 52 (1989) 161-174; *ders.*, Die mit dem Tod spielen, aaO., 55-79; *D.S.Toolan*, Reinkarnation und moderne Gnosis, in: Conc(D) 29 (1993) 394-404.

20 *H.Wambach*, Leben vor dem Leben, München [4]1986; *dies.*, Seelenwanderung, München [4]1987.

21 *R.Fuchs*, Nachwort, in: T.Dethlefsen, Das Erlebnis der Wiedergeburt, München [5]1986, 276-286, 280.

22 Zur Konfabulation vgl. *Hemminger*, Rückführung, aaO.; *Thiede*, Indizien für Reinkarnation? AaO., 168ff. Die Problematik der Technik wird deutlich, wenn man, unter der Hypothese der Zeitrelativität, nicht nur Zeitregressionen, sondern auch Progressionen durchführt., vgl. *H.Wiesendanger*, Zeitsprünge in die eigene Zukunft? In: ders. (Hg.), Wiedergeburt, aaO., 114-141.

7.2 Die Anwendung der Reinkarnationstherapie

In seinem zweiten Buch "Das Erlebnis der Wiedergeburt - Heilung durch Reinkarnation" beschreibt Dethlefsen seine Erfahrungen mit der Reinkarnationstherapie. Diese Therapieform ist eine Fortführung tiefenpsychologischer Einsichten, insofern die Ursache einer Störung nicht in der Kindheit des Klienten, sondern weiter zurückliegend in vorangegangenen Inkarnationen gesucht wird. Die zugrundegelegte Theorie geht davon aus, daß traumatische Erfahrungen durch ähnliche affektive Erlebnisse zu immer größerem Komplexwachstum neigen. Wegen ihres unangenehmen Gehaltes werden die Erfahrungen verdrängt, dringen aber in Form von krankhaften Symptomen wieder hervor. "Ziel einer Therapie ist es demnach, das verdrängte und vergessene Ereignis wieder bewußtzumachen. Gelingt dieses Bewußtmachen, verschwindet das Symptom, denn der Patient kann die symptomatische Projektion auflösen, indem er erkennt, daß das Gefühl in Wirklichkeit zu einem längst vergangenen Erlebnis gehört."[23] Die Therapie dient nach Dethlefsen also der bewußten zeitlichen Zuordnung vergangener Erfahrungen und dem Abbau der emotionalen Komplexe durch erneutes Erleben. Dethlefsen setzt Bewußtwerdung und Symptomauflösung in eins: "Im selben Moment, in dem ein Ereignis voll bewußt ist, fühlt sich der Patient schlagartig erleichtert und hat keinerlei Beschwerden oder Angst mehr."[24]

Mittels der Selbstwahrnehmung des Klienten ist der Therapeut bemüht, in der Rückführung bedeutende Störungen aufzufinden. Dethlefsen beschreibt die fünf technischen Schritte seiner Methode der Reinkarnationstherapie:

• *Diagnose*: "Zu Beginn einer psychotherapeutischen Behandlung verbünden sich Patient und Therapeut, um gemeinsam die Reise in die Seele anzutreten."[25] Dethlefsen geht von einer aktiven Patientenrolle aus, der Therapeut ist lediglich Begleiter. "Unser Ziel heißt Heilung. ... Heilung heißt heiler werden, dem Heil näherkommen, heißt Entwicklung. Entwickeln kann sich nur der Patient selbst."[26] Um den Rahmen genauer zu bestimmen, "innerhalb dessen sich der Mensch entwickeln kann und soll", verwendet Dethlefsen ein Horoskop zur Diagnostik.[27]

• *Hypnose*: Dethlefsen führt den Klienten in Entspannungstechniken ein, zu denen er auch die Hypnose zählt,[28] die zur Konzentration auf das Wesentliche zwingt. "Es ist

23 *Dethlefsen*, Das Erlebnis der Wiedergeburt, aaO., 81.

24 *Dethlefsen*, Das Erlebnis der Wiedergeburt, aaO., 87.

25 *Dethlefsen*, Das Erlebnis der Wiedergeburt, aaO., 133.

26 *Dethlefsen*, Das Erlebnis der Wiedergeburt, aaO., 133f.

27 *Dethlefsen*, Das Erlebnis der Wiedergeburt, aaO., 134.

28 Dethlefsen verzichtet später auf die Hypnose, vgl. *T.Dethlefsen*, Schicksal als Chance, München [19]1987, 43-63, 45: "Die Tatsache, daß ich lediglich im ersten experimentellen Stadium mit Hypnose gearbeit habe und bereits seit Jahren in der Reinkarnationstherapie niemals mehr das Hilfsmittel Hypnose verwende, hat sich so schlecht herumgesprochen, daß in der Öffentlichkeit mein Name teilweise noch stark mit dem Thema Hypnose verknüpft ist."

wichtig, klarzustellen, daß Hypnose nichts mit Bewußtlosigkeit zu tun hat, sondern im Gegenteil ein gesteigertes Bewußtsein hervorruft. Ich erkläre die Hypnose meist am Bild einer Taschenlampe. Fällt das Licht durch eine Streulinse, so sehe ich relativ viel, jedoch auch relativ undeutlich. Lasse ich das Licht durch eine Sammellinse fallen, sehe ich zwar nur noch einen kleinen Punkt, doch den sehr hell und scharf. Das gleiche geschieht in der Hypnose."[29]

• *Symboldrama*: Es folgt die Einübung einer Tagtraumtechnik, des "katathymen Bilderlebens"; der Klient lernt innere Bilder in sich aufsteigen zu lassen. Die Technik kann erste Hinweise auf innere Konflikte geben, die jedoch auf der symbolischen Ebene bleiben.[30]

• *Geburt*: "Hat der Patient keine Schwierigkeiten mehr mit dem Bilderleben, so durchlaufe ich mit ihm seine eigene Geburt. Hierzu führe ich ihn suggestiv zum Zeitpunkt seiner Geburt zurück und lasse dann die ganze Geburt durchleben und schildern. Hierbei treten fast immer bereits körperliche Empfindungen deutlich auf. Der Patient erlebt seine Atemnot, Druck auf den Kopf, Schmerzen am Körper und ähnliches mehr. Er riecht den Krankenhausgeruch, sieht den Raum seiner Entbindung, sieht die anwesenden Leute und hört jedes Wort, das gesprochen wird."[31] Die Geburt wird mehrmals wiederholt, dann wird der Embryonalzustand durchlebt. Die Suche nach traumatischen Erfahrungen beginnt bei der intrauterinen Situation des Fötus.[32] "Wenn wir uns dann noch abschließend die Empfängnis anschauen, so haben wir den größten unbewußten Abschnitt des jetzigen Lebens bewußtgemacht."[33] Dabei legt Dethlefsen größten Wert darauf, daß sich der Klient ganz den aus dem Unbewußten aufsteigenden Bildern überläßt. "Jede rationale Analyse muß jedoch bei unserer Methode strikt unterbunden werden."[34]

• *Inkarnations-Regression*: Durch die vorangegangenen Stufen vorbereitet, wird der Klient aufgefordert soweit in die Vergangenheit zurückzugehen, bis ein wichtiges Ereignis auftaucht. Der Therapeut muß aufgrund seiner Erfahrung über die Relevanz des Ereignisses entscheiden. Aus chaotischem Material ordnen sich beim wiederholten Durchleben die Züge und mehrere "Vorleben" lassen sich klar voneinander trennen. Komplexe Problemlinien sind zu erkennen, die sich über mehrere "Lebensläufe" erstrecken und in ihrem Potential immer stärker bis zur vorliegenden Störung angewachsen sind.[35] Das Hauptinteresse der Reinkarnationstherapie gilt den Bereichen, die vor der Empfängnis und vor der Geburt im jetzigen Leben liegen. "Ich behaupte ..., daß

H.Hemminger, Reinkarnationstherapie - kritisch betrachtet, in: Kochanek (Hg.), Reinkarnation oder Auferstehung, aaO., 119-133, bemerkt, daß auch nichthypnotische Techniken suggestiven Charakter haben. Vgl. *Schroeter-Kunhardt,* Reinkarnationsglaube und Reinkarnationstherapie, aaO.

29 *Dethlefsen*, Das Erlebnis der Wiedergeburt, aaO., 136.

30 *Dethlefsen*, Das Erlebnis der Wiedergeburt, aaO., 137f, vgl. 116.

31 *Dethlefsen*, Das Erlebnis der Wiedergeburt, aaO., 138.

32 *Dethlefsen*, Das Erlebnis der Wiedergeburt, aaO., 249: "Für Eltern ist es wichtig, zu wissen, daß ihr Kind ab der Zeugung volles Bewußtsein besitzt".

33 *Dethlefsen*, Das Erlebnis der Wiedergeburt, aaO., 139; *ders*., Schicksal als Chance, aaO., 222.

34 *Dethlefsen*, Das Erlebnis der Wiedergeburt, aaO., 139.

35 Vgl. *Dethlefsen*, Das Erlebnis der Wiedergeburt, aaO., 84.

man fast automatisch auf frühere Inkarnationen stößt, wenn man nur konsequent genug nach der wirklichen Ursache eines Symptoms forscht."[36] Für Dethlefsen greift die übliche Psychotherapie zu kurz, weil sie nicht zu den eigentlichen Ursachen vorstößt, die überwiegend aus früheren Inkarnationen stammen.

Dethlefsen schildert die Reinkarnationstherapie an zahlreichen Fallbeispielen als eine effiziente therapeutische Methode, mit deren Hilfe traumatische Komplexe sehr schnell erkannt werden können, da der Klient sie in einem veränderten Bewußtseinszustand ohne rationale Kontrollen selber aufdeckt. Weder Klient noch Therapeut müssen an die Wirklichkeit der Reinkarnation glauben, *die Technik der Altersregression ist funktional verwendbar*.[37] Zahlreiche andere Therapeuten setzen Reinkarnationserfahrungen als Methode ein, die einzelnen Schritte werden teilweise anders als bei Dethlefsen akzentuiert, aber das Grundschema der angeleiteten Regression ist im wesentlichen immer gleich. Die Literatur zur Reinkarnationstherapie umfaßt mittlerweile zahlreiche Protokolle, Erfahrungsberichte und auch Anleitungen.[38]

Weltanschauliche Orientierung

Thorwald Dethlefsen hat von Anfang an den weltanschaulichen Hintergrund seiner Auffassung von Reinkarnationstherapie und die Differenz zu soziologischen und gesellschaftspolitischen Modellen, "die dem Menschen einreden wollen, er sei ein Produkt der Umwelt", betont: "Zwischendurch werden in jeder Therapie einzelne Stunden dafür verwandt, in Form von Gesprächen die von selbst auftretenden Fragen zu klären. Dabei erhält der Patient Einblick in die Grundgesetze des Lebens und des Universums."[39] Reinkarnationstherapie hat nach Dethlefsen einen ganzheitlichen, sinnstiftenden Horizont, sie ist als Therapie immer auch "Seelsorge"[40], und so versteht sich der Psychotherapeut Dethlefsen zugleich als religiöser

36 *Dethlefsen*, Das Erlebnis der Wiedergeburt, aaO., 107.

37 Vgl. *Moody*, Leben vor dem Leben, aaO., der im Unterschied zu den Reinkarnationstherapeuten ("past-life-therapy") von "Regressionstherapeuten" spricht, wenn diese nur das Verfahren anwenden, ohne von Reinkarnation überzeugt zu sein. Ebenso *J. Wichmann*, Zur Veränderung des Reinkarnationsglaubens in der westlichen Kultur und Esoterik, in: Kochanek (Hg.), Reinkarnation oder Auferstehung, aaO., 181-193, 192.

38 Aus der Menge der Literatur: vgl. *M. Netherton/N. Shiffrin*, Bericht vom Leben vor dem Leben, Frankfurt a.M./Berlin 1987; *P. Angelika Peick,* Reinkarnationstherapie - Initiation in ein kosmisches Bewußtsein, in: Wiesendanger (Hg.), Wiedergeburt, aaO., 57-70; *dies.*, Wiedergeburt - Eine Reise in frühere Erdenleben, Freiburg i.Br. 1987; *I. Vallieres*, Praxis der Reinkarnationstherapie, Stuttgart [3]1991. Eine "Anleitung zur Selbsthypnose" gibt *Moody*, Leben vor dem Leben, aaO., 269-282.

39 *Dethlefsen*, Das Erlebnis der Wiedergeburt, aaO., 141.

40 *Dethlefsen*, Das Erlebnis der Wiedergeburt, aaO., 142: "Ursprünglich lagen einmal Seelsorge und ärztliche Kunst in einer Hand, nämlich in der Hand des Priesters. ... Die Zerteilung dieses Berufes in kirchliche Pfarrer, Psychotherapeuten und Ärzte gereichte dem Menschen

Lehrer. "Psychotherapie umfaßt den ganzen Menschen, berührt die tiefsten Schichten seines Seins. Psychotherapie muß dem Menschen helfen, sich selbst zu finden, zu verstehen und sinnvoll in den Kosmos einzuordnen."[41] In dem Maße, wie Dethlefsen diese Aufgabe für sich sieht, entwickelt er sich vom Therapeuten zum Vermittler esoterischer Lehren. Und unter esoterischen Gesichtspunkten modifiziert er seine eigene Deutung der Reinkarnationstherapie: Die Suche nach dem Urtrauma in vergangenen Inkarnationen bezeichnet er ausdrücklich als "Fehlinterpretation, der auch ich selbst anfänglich zum Opfer fiel".[42] Denn auch das "Urtrauma" ist nach Dethlefsens Ansicht nicht Ursache, sondern ebenfalls Symptom einer ungelösten Lebensproblematik, Ausdruck des gleichen Karmas, das sich über viele Leben immer wieder auswirkt.

Dethlefsen grenzt sich von dem therapeutischen Konzept der "past-life-regressions" ab und nennt sein System "esoterische Psychologie". Die Reinkarnationsvorstellung ist eingebettet in ein umfassendes therapeutisches und esoterisches Weltbild. 1973 gründete er das "Privatinstitut für außerordentliche Psychologie", an dem neben Psychologen auch Mediziner und Angehörige anderer Berufsgruppen tätig und das seitdem als Therapie- und Ausbildungszentrum eine wegweisende Rolle spielt. Mit weiteren Veröffentlichungen, insbesondere mit "Krankheit als Weg", hat sich Dethlefsen eine großer Lesergemeinde geschaffen.[43]

7.3 Reinkarnation und "esoterische Psychologie"

In seinem dritten Buch "Schicksal als Chance" gibt Thorwald Dethlefsen Auskunft über sein esoterisches Lehrsystem. Das Börsenblatt für den Deutschen Buchhandel schreibt: "Es wurde mittlerweile zum Standardwerk der esoterischen Literatur und war für viele begeisterte Leserinnen und Leser der Anstoß, sich intensiver mit esoterischen Fragen, Techniken und Disziplinen zu beschäftigen."[44] Das Buch faßt den Inhalt von Abend- und Ferienkursen zusammen, die Dethlefsen unter dem Titel "Esoterische Psychologie" regelmäßig in München und Umgebung hielt. Erst die große Nachfrage regte ihn an, diese in Buchform herauszugeben. Mit seinen Deutungen stellt Dethlefsen die Reinkarnationsvorstellung in einen kosmischen Zusammenhang, dessen Gesetzmäßigkeiten er systematisch beschreiben will. Auch wenn der Sitz im Leben von "Schicksal als Chance" im Be-

nicht sehr zum Wohle." Vgl. *Dethlefsen*, Schicksal als Chance, aaO., 196.

41 *Dethlefsen*, Das Erlebnis der Wiedergeburt, aaO., 142.

42 *Dethlefsen*, Schicksal als Chance, aaO., 228.

43 *T.Dethlefsen/R.Dahlke*, Krankheit als Weg, München (1983) [22]1988, ferner: *T.Dethlefsen*, Ausgewählte Texte, München 1988; *ders.*, Gut und Böse, München 1989; *ders.*, Ödipus der Rätsellöser, München 1990.

44 Börsenblatt für den Deutschen Buchhandel Nr. 11, vom 6.Febr.1990, 449.

dürfnis nach Information über esoterische Themen liegt, darf nicht vergessen werden, daß Dethlefsens Esoterik ihren Ursprung im therapeutischen Milieu hat, allerdings mit dem Ziel, zu einer umfassenden Heilung im Sinne von Ganzheit und Heil beizutragen.

Gesetzmäßigkeiten

Dethlefsen begründet seine Einsichten aus einer Erkenntnistheorie, die sich von der funktional-kausalen Denkweise der Wissenschaften ablöst und inhaltlich-analog denkt.[45] Durch Analogieschluß in der Tradition esoterischer Argumentationen[46] werden kleine und große Strukturen unterschiedlicher Bereiche als mikro- und makrokosmische Entsprechungen[47] in bedeutungsvolle Beziehung zueinander gesetzt. Das "senkrechte Weltbild"[48] ist als eine Form des transkausalen, symbolischen Denkens zu bestimmen. Im esoterischen Deutungssystem des Thorwald Dethlefsen lassen sich Vorstellungen wiederentdecken, die bei Lessing, Schopenhauer und Steiner bereits entwickelt wurden, so das trichotomische Menschenbild (Körper, Seele, Geist) und die Differenz von Geist und Materie.[49] Voraussetzung seiner systematischen Überlegungen ist die Überzeugung, daß die Welt prinzipiell gesetzmäßig und geordnet abläuft und es in ihr keinen Zufall, kein Schicksal gibt.[50] In dieser Auffassung spiegelt sich bereits der ganze Anspruch der Esoterik wider, die zur Einsicht in eine umfassende Weltdeutung anleiten will. In der esoterischen Welt gibt es keinen Zufall, kein Schicksal, sondern nur eine steigende Einsicht in die mehr oder weniger geheimen Gesetzmäßigkeiten des Kosmischen. Folglich sind Kontingenz, Unberechenbarkeit und jede Form göttlicher Vorherbestimmung prinzipiell ausgeschlossen.

Im Zentrum der esoterischen Weltdeutung bei Dethlefsen steht das Verhältnis von Einheit und Polarität. Dieses entfaltet sich in zwei Schritten: von der Einheit in die Polarität und von der Polarität zurück zur Einheit. Der erste Schritt ist gleichbedeutend mit Schöpfung, Weltentstehung und Sündenfall, der zweite Schritt ist der Weg zum Heil, die Erlösung. Der Schritt von der Einheit in die Polarität ist ein Prozeß des Absinkens, der Sündenfall oder Sturz in die Materie, während der Erlösungsvorgang als Wiedergewinnung der Einheit ein Prozeß des Aufstiegs ist. Beide Vorgänge zusammen ergeben einen Kreislauf, dessen zykli-

45 Vgl. *Dethlefsen*, Schicksal als Chance, aaO., 19; 91ff.

46 Insbesondere die Tabula smaragdina des Hermes Trismegistos, vgl. *Dethlefsen*, Schicksal als Chance, aaO., 28f.

47 Vgl. *Dethlefsen*, Schicksal als Chance, aaO., 30ff.

48 Vgl. *Dethlefsen*, Schicksal als Chance, aaO., 30ff, 91ff; *N.Klein/R.Dahlke*, Das senkrechte Weltbild, München 1991.

49 Als Verhältnis von Information und Informationsträger, vgl. *Dethlefsen*, Schicksal als Chance, aaO., 34ff, 152, 158f; *Dethlefsen*, Ödipus der Rätsellöser, aaO., 97f.

50 Vgl. *Dethlefsen*, Das Leben nach dem Leben, aaO., 112.

sche Struktur bereits einen ersten Anhaltspunkt für reinkarnatorisches Denken gibt. Zwischen Verlust und Wiedergewinnung der Einheit spannt sich die menschliche Existenz aus, in aller Zerrissenheit und Heillosigkeit, aber auch mit der ihr möglichen Freiheit. In der Welt der Polarität erscheint die Reinkarnation einerseits als Struktur, als Schwingungsrhythmus des Lebendigen, und andererseits als Hilfsmittel im Heilungsprozeß.

Reinkarnation - Schwingungsrhythmus des Lebendigen

Die empirisch zu beobachtende Polarität des Lebens steht in Spannung zur uranfänglichen Einheit. "Gott - wo immer dieser Begriff auftaucht, meint Einheit. Diese Einheit ist die Quelle, der Ausgangspunkt für alles, was wir Menschen als Schöpfung erfahren. Allerdings ist die Schöpfung eben nicht mehr eins, sondern polar. Schöpfung heißt, daß die Einheit in die Vielfalt zerfällt."[51] Der Zerfall der Einheit in die Polarität ermöglicht Erkenntnis durch Unterscheidung, die Subjekt-Objekt-Spaltung. Grunderfahrung ist das Prinzip der Polarität, Leben im ständigen, rhythmischen Wechsel der Pole: Einatmen und Ausatmen, Wachen und Schlafen, Tag und Nacht.

"Alle Erscheinungsformen gehorchen diesem Gesetz der Schwingung: die Gezeiten des Meeres, die Jahreszeiten, die Elektrizität, die Perioden von Krieg und Frieden, die Tageszeiten - überall zeigt uns die Beobachtung das gleiche rhythmische Spiel des polaren Wechsels. Warum sollte ausgerechnet die Polarität Leben : Tod eine Ausnahme darstellen, warum sollte eine Gesetzmäßigkeit, die überall nachweisbar ist, ausgerechnet vor dem Phänomen Leben haltmachen?... Innerhalb der Wirklichkeit läßt sich kein Bereich entdecken, in dem man aufzeigen könnte, daß die Natur Prozesse kennt, die schlagartig im Nichts enden."[52]

Reinkarnation als Schwingungsrhythmus des Lebendigen unterscheidet sich von anderen rhythmischen Prozessen in der Natur nur durch die Schwingungsgröße. Reinkarnation bringt zum Ausdruck, daß der Tod keineswegs Nichtsein, sondern die gegenpolare Form des Seins ist. Mit geradezu mechanischer Präzision schwingt der Prozeß zwischen Leben und Tod hin und her, die Extreme harmonisch nivellierend.[53] So wie die Geburt den Tod zwingend macht, erzwingt der Tod neues Leben. Die Begründung von Reinkarnation aus der rhythmischen Struktur des Lebens eröffnet einen plausiblen Deutungshorizont für die Sinnhaftigkeit des Lebens. Die Gesetzmäßigkeit von Reinkarnation und Karma erschließt auch unbegreifliche, "sinnlose" Lebenssituationen und wirkt damit als umfassende Reduktion von Kontingenz.

51 *T.Dethlefsen,* Gedanken zum Ostermysterium, in: ders., Ausgewählte Texte, aaO., 149-199, 160.

52 *Dethlefsen,* Schicksal als Chance, aaO., 200f.

53 Vgl. *Dethlefsen,* Das Erlebnis der Wiedergeburt, aaO., 208.

"Schicksal wird in seiner Ganzheit nur verständlich vor dem Hintergrund der Reinkarnation. Betrachtet man nur ein Leben isoliert, so könnte man tatsächlich an der Sinnhaftigkeit der Schicksalsmacht zweifeln ... Ob aus religiösem oder atheistischem Blickwinkel: Es ist ziemlich schwierig, ohne den Reinkarnationsgedanken jemandem zu erklären, warum ausgerechnet er stumm oder gelähmt, verstümmelt oder debil das Licht 'dieser besten aller Welten' erblickte. Auch ein Hinweis auf die unerforschlichen Ratschlüsse Gottes ist wenig geeignet, in solchen Fällen ein Gefühl der Sinnhaftigkeit zu vermitteln. Doch ohne *Sinn* wird das Leben unerträglich für die Menschen. Die Suche nach dem Sinn des Lebens ist ein fundamentales Bedürfnis. Erst wenn der Mensch bereit ist, dieses Leben aus der Isolierung der Einmaligkeit zu lösen und als Glied einer langen Kette zu erkennen, wird er den Sinn und die Gerechtigkeit des Schicksals begreifen lernen. Denn das Schicksal eines Lebens ist das Resultat des bisherigen Lernprozesses in seiner Gesamtheit."[54]

Der Trost der Reinkarnation in schwieriger Lebenssituation besteht in dem Verweis auf die eigene Beteiligung an deren Zustandekommen. Das belastende Schicksal bietet die Chance zur Weiterentwicklung, wenn diese nicht mit dem Tod in dieser Inkarnation beendet ist. Die nächste Verkörperung wird auf dem Arbeitsergebnis aufbauen können. Diese Einsicht mutet dem Individuum zu, die Verantwortung für sich und sein Leben zu übernehmen und auf jegliche Projektion von Schuld auf Eltern, Gott oder die Gesellschaft zu verzichten.

"Die Mehrzahl der Menschen unserer Zeit sind am Verlust der Sinnhaftigkeit erkrankt, weil sie versuchen, Verantwortung loszuwerden. Wer nach dem Sinn sucht, findet zuerst die Schuld. Akzeptiert er die Schuld, offenbart sich ihm der Sinn."[55]

Reinkarnationstherapie als Hilfsmittel der Heilung

Wenn Reinkarnationstherapie unter dem Gesichtspunkt einer kausalen Verursachung sich auf die Suche nach der "Ursache der Ursache der Ursache" macht, kommt sie in einen unendlichen Regress, der willkürlich und ohne befriedigende Antwort abgebrochen wird. Dethlefsen gibt die Suche nach der Ur-sache von Störungen mittels Reinkarnationstherapie auf und korrigiert seine Auffassung vom Urtrauma: "Zwar ist es durchaus denkbar, daß die Seele eines Menschen, der in diesem Leben ertrinkt, im nächsten Angst vor Wasser haben wird; dies berechtigt jedoch nicht, das Ertrinken als Ursache der späteren Wasserangst einzustufen, denn das Ertrinken ist ein gesetzmäßiges Geschehen, äußerer Ausdruck eines Problems, das bereits mit in dieses Leben gebracht wurde."[56] Kritisch setzt er sich von der "past-life-therapy" und seiner eigenen bisherigen Auffassung ab, die er durch ein umfassenderes Konzept ersetzt.[57]

54 *Dethlefsen*, Schicksal als Chance, aaO., 204f.

55 *Dethlefsen*, Schicksal als Chance, aaO., 206.

56 *Dethlefsen*, Schicksal als Chance, aaO., 229.

57 *T.Dethlefsen*, Den Schatten angliedern, in: Wiesendanger (Hg.), Wiedergeburt, aaO., 71-96,

Bei der Ursachentherapie besteht die Gefahr, daß sie zu einer Projektion von Schuld in vergangene Leben führt und von der Aufgabe der Integration der Schattenaspekte in diesem Leben ablenkt. "Reinkarnation vergrößert die Dimension der Betrachtung, weitet den Blick und macht daher das Muster besser erkennbar. Benützt man sie aber - wie es häufig geschieht - nur dafür, die angeblichen Ursachen weiter nach hinten zu schieben, so mißbraucht man sie."[58] Der Mensch bleibt in der Opferrolle, statt Verantwortung für sich zu übernehmen, einschließlich seiner Daseinsschuld. Kann die "past-life-therapy" zwar die Symptome zum Verschwinden bringen, so ist damit noch keine Heilung bewirkt. Reinkarnationstherapie im Sinne der esoterischen Psychologie verwendet "frühere Leben" lediglich als "heuristische Krücke":

"Reinkarnation, Regression, frühere Leben sind in diesem Prozeß Hilfsmittel, sie haben keinen Eigenwert. Es ist absolut unwichtig, ob Sie wissen, was Sie früher einmal waren, ob Sie gefoltert wurden oder unter die Guillotine kamen. Es ist unwichtig! Lesen Sie irgendeine andere Biographie, einen Roman, das kann Sie genauso ergötzen. Es geht nicht darum. Regression als solche ist keine Therapie."[59]

Dethlefsen sieht den Grund der menschlichen Lebensproblematik nicht in einer kausalen Ursache, sondern ontologisch in der zerbrochenen Einheit. Den Zerbruch der Einheit nennt er "psychologisch 'Ichbildung', philosophisch 'Schuld' und theologisch 'Sünde'."[60] Sünde wird von Dethlefsen weder moralisch noch im Sinn von "Gut und Böse" verstanden[61], sondern im umfassenden Sinn von Erbsünde: "Sünde ist Absonderung von der Ureinheit, woraus folgt, daß jeder Mensch sündig ist, denn Polarität und Sünde ist dasselbe. Diesen Zusammenhang nennt die Kirche Erbsünde. Die Sünde ist der Preis für die Erkenntnis."[62] "Sünde ist eben nicht *ein* Pol innerhalb der Polarität, sondern die Polarität selbst. Sünde ist deshalb nicht vermeidbar - jedes menschliche Tun ist sündig."[63]

Von diesen Überlegungen entwirft Dethlefsen zusammen mit dem Mediziner Rüdiger Dahlke eine Krankheitstheorie: "Krankheit ist Ausdruck dafür, daß der Mensch sündig, schuldig ist - Krankheit ist der mikrokosmische Nachvollzug des Sündenfalls. Diese Bezeichnungen haben überhaupt nichts mit der Idee einer Bestrafung zu tun, sondern wollen nur sagen, daß der Mensch, solange er Anteil an der Polarität hat, auch Anteil an Schuld, Krankheit und Tod hat."[64] Krankheit führt in die Auseinandersetzung mit

78.

58 *Dethlefsen/Dahlke,* Krankheit als Weg, aaO., 123; vgl. *Dethlefsen*, Den Schatten angliedern, aaO., 87.

59 *Dethlefsen*, Den Schatten angliedern, aaO., 84.

60 Vgl. *T.Dethlefsen,* Prometheus - das Geheimnis der Empörung, in: ders., Ausgewählte Texte, aaO., 201-238, 205.

61 Vgl. *T.Dethlefsen,* Nachwort, in: ders., Gut und Böse, aaO., 145-154, 148f.

62 *Dethlefsen*, Schicksal als Chance, aaO., 185.

63 *Dethlefsen/Dahlke,* Krankheit als Weg, aaO., 70.

64 *Dethlefsen/Dahlke,* Krankheit als Weg, aaO., 81.

dem Fehlenden ("Was fehlt Ihnen?")[65], mit dem, was abgelehnt wird, dem *Schatten* der gelebten Existenz. Der Mensch ist krank, weil er immer einen Teil der Einheit nicht lebt, der fehlende Teil aber erzwingt sich seinen Anteil am Leben durch die Krankheit, die nicht Schicksal, sondern Weg ist, Anstoß zur Einheit und Hinweis auf noch nicht Gelerntes.

Die Korrektur im Konzept von Reinkarnationstherapie bei Dethlefsen zeigt eine Wendung von der an Traumatheorien orientierten tiefenpsychologischen Ausrichtung zu einer *lerntheoretisch aufgefaßten Metaphysik.* Therapie konfrontiert mit den Anteilen, die zur Einheit fehlen, weil sie als Schatten verdrängt, abgespalten und wegprojiziert werden. Die Sammlung des Ungetanen ist der Schatten.[66] "Um in ein geistiges Weltbild hineinzuwachsen, muß der Mensch sich mit all den Themen wirklich auseinandergesetzt haben, die wir aufgrund unserer Kindlichkeit grundsätzlich aus der Welt schaffen wollen: Krankheit, Leid, Schmerz, Grauen, Angst, Tod. Es ist ein Kennzeichen des erwachsenen, geistigen Menschen, daß er diese dunklen Bereiche des Seins als notwendige Hälfte der göttlichen Seinsordnung begreift."[67] Die dazu notwendige Integrationsarbeit zu leisten, hilft die Reinkarnationstherapie, indem sie durch Erleben des Verdrängten, die Möglichkeit bietet, sich mit ihm zu identifizieren, es anzunehmen und sich so mit dem Schatten auszusöhnen.[68]

"Reinkarnationstherapie befriedigt nicht die Neugierde nach früheren Leben, noch ist sie Opium für das Volk, indem sie mit dem Versprechen eines neuen Lebens die Menschen tröstet. Reinkarnationstherapie ist ein harter Weg zur Läuterung. In den ständigen Reinkarnationen sehen wir keinen Trost, sondern die Aufforderung, durch Entwicklung zur Vollkommenheit frei zu werden vom Rad der Wiedergeburt. Wir bejahen das irdische Leben, solange es für unseren Entwicklungsweg notwendig ist, unser Ziel jedoch liegt jenseits der materiellen Welt, ist jene Einheit, aus der wir uns einmal lösten und zu der sich jeder Mensch letztlich zurücksehnt."[69]

Der Verlust der Einheit, die Urschuld, ist entwicklungspsychologisch betrachtet die Voraussetzung zum Heil. Ähnlich wie Rudolf Steiner, faßt auch Dethlefsen den Abstieg in die Materie, den Bruch der Einheit als Voraussetzung für die Entstehung des Neuen auf.[70] Der Tiefpunkt ist die Voraussetzung zur Wandlung, zur Umkehr und zum Aufstieg.[71] Erst für den, der sich im ersten Schritt empört und trennt, um im zweiten Schritt freiwillig zurückzukehren, "wird Gott zum Partner, vor dem man nicht sein Haupt aus Angst beugt, sondern aus Einsicht."[72]

65 Vgl. *Dethlefsen/Dahlke,* Krankheit als Weg, aaO., 62f.
66 *Dethlefsen,* Den Schatten angliedern, aaO., 74.
67 *Dethlefsen,* Ödipus der Rätsellöser, aaO., 36.
68 Vgl. *Dethlefsen,* Den Schatten angliedern, aaO., 78ff.
69 *Dethlefsen,* Schicksal als Chance, aaO., 235.
70 Vgl. *Dethlefsen,* Prometheus - das Geheimnis der Empörung, aaO., 217.
71 Vgl. *Dethlefsen,* Prometheus - das Geheimnis der Empörung, aaO., 227.
72 *Dethlefsen,* Prometheus - das Geheimnis der Empörung, aaO., 236f.

Dethlefsen interpretiert das Gleichnis vom verlorenen Sohn in diesem Sinne: Während der Sohn, der sich absondert nach der Erfahrung tiefsten Leides freiwillig zurückkehrt, bleibt der andere Sohn einfach Teil des Vaters und darum ohne Erkenntnis und Bewußtwerdung.[73] Hier schimmert das pädagogische Projekt der individuellen und kollektiven Erziehung des Menschengeschlechts wieder durch. Fortschritt erfolgt nur durch geistiges Wachstum, durch Integration von Erfahrungszuwächsen, durch lebendiges Lernen. Die Reinkarnationstherapie schließt an die seit Lessing bestehende Auffassung an, daß Leben ein evolutiver Lernprozeß ist[74], der Unterschied besteht in der bewußtseinspsychologischen Relativierung.

Ausgangspunkt aller Überlegungen bei Dethlefsen ist das Polaritätsprinzip. Welt, Mensch und Kosmos entstehen durch Abspaltung von der Einheit, verstanden als Schöpfung. Damit ist die Beziehung der Vielfalt zur Einheit noch nicht hinreichend geklärt. Dethlefsen lehnt sowohl eine dualistische Trennung als auch eine monistische Ineinssetzung ab. Er konzipiert *bewußtseinspsychologisch* in Anlehnung an östliche Vorstellungen: Die polare Welt, *die Schöpfung, existiert in Wirklichkeit nicht*, sie ist eine Illusion (Indisch: Maya), ein Produkt des Bewußtseins.[75] "Es ist wichtig, sich einzugestehen, daß nicht die Welt polar ist, sondern unser Bewußtsein, durch welches wir die Welt erfahren."[76] Polarität zwingt zur getrennten Betrachtung zusammengehöriger Aspekte, dieser Vorgang erzeugt die Phänome von Zeit und Raum, die aber nicht wirklich sind, sondern Wahrnehmungsphänomene, weil sie die Gleichzeitigkeit der Einheit in ein Nacheinander zerlegen.[77] Das Bewußtseinskonzept läßt Reinkarnation nicht als wirkliche zeitliche Rückreise erscheinen. Die Identifikation mit verschiedenen Inkarnationen ist ein Durchgang durch nebeneinanderliegende, parallele Bewußtseinsräume.

"Wir arbeiten in der Regression gerade *nicht* mit der Erinnerung. Wir *regredieren* - und auch das ist natürlich ein zeitliches Modell -, das heißt, wir gehen in eine andere Identifikation im Bewußtseinsfeld und der Klient erlebt in der Regression das, was er erlebt, *jetzt*, *total*, *körperlich*. Er spürt den Schmerz, er riecht den Rauch, wenn es brennt, er spürt den Staub, der aufgewirbelt wird, er erlebt es jetzt. Warum? Weil es jetzt ist, weil das Parallel-Leben gerade jetzt stattfindet und deswegen auch jetzt erlebt werden kann. Wir haben die Identifikation verschoben."[78]

Das Ziel der Reinkarnationstherapie ist die Identifikation mit allem, damit enden Zeit und Polarität, das Heil ist erreicht.[79]

73 Vgl. *Dethlefsen,* Prometheus - das Geheimnis der Empörung, aaO., 224f.

74 Vgl. *Dethlefsen/Dahlke,* Krankheit als Weg, aaO., 122; *Dethlefsen*, Schicksal als Chance, aaO., 116f, 202ff; *Dethlefsen*, Den Schatten angliedern, aaO., 89.

75 Vgl. *Dethlefsen,* Gedanken zum Ostermysterium, aaO., 160f.

76 *Dethlefsen/Dahlke,* Krankheit als Weg, aaO., 30.

77 Vgl. *Dethlefsen/Dahlke,* Krankheit als Weg, aaO., 33, 44f, 96; *Dethlefsen*, Ödipus der Rätsellöser, aaO., 86; *Dethlefsen*, Den Schatten angliedern, aaO., 74.

78 *Dethlefsen*, Den Schatten angliedern, aaO., 92f.

79 Vgl. *Dahlke/Dahlke*, Okkultismus, aaO., 141.

Esoterik - Weg der Erkenntnis

Thorwald Dethlefsen hat seine Vorstellung von Reinkarnation zunehmend in den Zusammenhang eines komplexen esoterischen Weltbildes gestellt. Er verwendet Deutungsmuster aus verschiedenen esoterischen Traditionen, insbesondere der westlichen Wege, also aus Alchemie, Astrologie, Kabbalah und Magie.[80] Deren Verbindung mit der Reinkarnationsvorstellung ist ebenso wie bei Tarot und I-Ging zu beobachten. Astrologie wird als karmische Astrologie interpretiert, im Tarot wie in anderen Techniken werden reinkarnatorische Vorstellungen einbezogen. Es scheint, als hätten die Reinkarnationsvorstellungen nicht nur die Fähigkeit, sich in den unterschiedlichsten Systemen einzuhausen, wie Ernst Benz feststellte, sondern als hätten sie auch integrative Funktionen, insofern sie die unterschiedlichen esoterischen Wege verbinden.

Formal sind die verschiedenen esoterischen Wege durch die gemeinsame Vorstellung gekennzeichnet, einen inneren (esoterischen) Weg zu lehren, der gegenüber den äußeren (exoterischen) Wegen der Religionen zu einer vertieften Erfahrung und zu einem besonderen Wissen führt. Da die Einsichten der Esoterik nur aufgrund eigener Erfahrungen zugänglich sind, stellt sich die Esoterik nach Dethlefsen im Grundsatz als "unsozial" dar.[81] Esoterik ist kein Wissensgebiet wie viele andere, sondern "Esoterik ist ein Weg oder ein Pfad"[82], der vom einzelnen konsequent gegangen werden muß. Aufgabe ist der Erwerb von Erfahrungswissen, das an die Stelle des blinden Glaubens tritt. Bei allem Individualismus bleibt der ethische Aspekt nicht ausgeklammert, da esoterische Erkenntnis nach verbindlicher Umsetzung verlangt. Dethlefsen spricht wiederholt von Metanoia (Umkehr, Buße) als Voraussetzung zum Erkenntnisfortschritt. Esoterik heißt für ihn, die Verantwortung für die eigene Entwicklung zu übernehmen und den individuellen Weg bewußt und verbindlich zu gehen:

"Den Weg gehen, heißt, alle, auch noch so kleine Erkenntnisse sofort in die Wirklichkeit umzusetzen, heißt, ständig sein eigenes Leben und Erleben, sein Verhalten zu ändern, immer anders zu werden, immer neu zu sein, kurzum, Esoterik heißt Entwicklung. Diese notwendige Umsetzung nenne ich die Verbindlichkeit der esoterischen Lehre."[83]

Nur innerhalb des esoterischen Entwicklungsweges haben die esoterischen Techniken ihre Bedeutung: "Hilfsmittel sind die esoterischen Techniken und Disziplinen, von denen es viele gibt. Als Beispiele seien hier nur die wichtigsten erwähnt: Astrologie, Kabbalah, Tarot, Alchemie, Magie, Yoga, Meditation, I Ging. All diese Disziplinen sind kein Selbstzweck, sondern Hilfsmittel zur Orien-

80 Vgl. die Literaturangaben in Kapitel 5.4.
81 Vgl. *Dethlefsen*, Schicksal als Chance, aaO., 19.
82 *Dethlefsen*, Schicksal als Chance, aaO., 22.
83 *Dethlefsen*, Schicksal als Chance, aaO., 23.

tierung, Wegweiser auf dem Weg."[84] Die Verselbständigung der Techniken wird von Dethlefsen und anderen Esoterikern als modische "Eso-Welle" kritisch zurückgewiesen.[85]

Das Verhältnis der Esoterik zu den historischen Religionen wird in dem Bild von innerem und äußerem Weg gefaßt. "An der Wurzel, am Entstehungsort, sind Religion und Esoterik identisch. Esoterik steht nicht außerhalb der Religion, Esoterik ist Religion. Doch der Esoterik geht es um eine aktive Umsetzung der Lehre, geht es darum, den Weg des Heils zu gehen, den Pfad zu beschreiten, um aus der Polarität heraus in die Freiheit der Einheit zu gelangen."[86] Das kirchliche Christentum hat nach Dethlefsen seine Bedeutung nur in der Vermittlung religiöser Wahrheiten mittels Verkleidung an den größeren Teil der Menschheit, die durch die unverhüllte Erkenntnis überfordert wären.[87]

Dethlefsen sieht seine Auffassungen von Leben und Tod, von Reinkarnation und Karma in einem tieferen Zusammenhang mit dem Christentum, das durch veräußerlichende Entwicklungen den Bezug zu seinen inneren Gehalten verloren hat. Er ist der Meinung, daß die Reinkarnation mit dem christlichen Glauben übereinstimmt, lehnt aber den Versuch eines Schriftbeweises ab. "Sinnvoller erscheint mir die ernstliche Prüfung, ob das christliche Gedankengut und die eigentliche Lehre Christi der Reinkarnationslehre widerspricht oder nicht. Eine vorurteilsfreie Prüfung dieser Frage wird jedoch keinen Widerspruch finden können."[88]

7.4 Reinkarnationsvorstellungen im Medium der Therapie - grundsätzliche Aspekte

Am Beispiel von Thorwald Dethlefsen, den drei Phasen seiner Entwicklung, seinem Umgang mit der Reinkarnationsvorstellung im therapeutischen Milieu, seiner esoterischen Lehre, lassen sich grundsätzliche Aspekte erkennen, die über den Fall hinaus verallgemeinert werden können.

84 *Dethlefsen*, Schicksal als Chance, aaO., 25.

85 Vgl. *Dethlefsen*, Schicksal als Chance, aaO., 252-262; *Dahlke/Dahlke*, Okkultismus, aaO.

86 *Dethlefsen*, Gedanken zum Ostermysterium, aaO., 154f.

87 Vgl. *Dethlefsen*, Schicksal als Chance, aaO., 195f. Die Vorstellung eines "esoterischen Christentums", wie sie insbesondere *G. Wehr*, Esoterisches Christentum, Stuttgart 1975, herausgearbeitet hat und die auch bei Dethlefsen möglich scheint, wird von anderen Esoterikern bestritten. So vertritt der ehemalige Pastor und Theologe Leuenberger die Auffassung, daß das Christentum eine sterbende Religion sei, die von ihrem ursprünglichen Auftrag abgewichen sei und im Abendmahl ein schwarzmagisches Menschenopfer rituell nachvollziehe. Vgl. *Leuenberger*, Sieben Säulen der Esoterik, aaO., 243-273; *I. Dalichow*, Vom Pfarrer zum "König der Schwerter", in: Esotera H.6 (1990) 18-23.

88 *Dethlefsen*, Schicksal als Chance, aaO., 250.

Reinkarnationsvorstellungen im Medium der Therapie werden durch *Erfahrungen* vermittelt. Die Möglichkeit einer jederzeit zugänglichen, überprüfbaren und wiederholbaren Erfahrung von Reinkarnation gibt der Vorstellung einen objektiven und realen Eindruck. Reinkarnationstherapie könnte als Erfahrungsbeweis interpretiert werden. Die leichte Verfügbarkeit läßt die induzierte Regression in vergangene Leben als ideales Medium zur Darstellung und Verbreitung erscheinen. Die Erfahrungsform kommt den Rezeptionsbedürfnissen von Menschen in der Moderne entgegen.

Im *therapeutischen Kontext* wird die Reinkarnationsvorstellung einer *Funktionalisierung im Interesse individueller Prozesse* unterzogen. Reinkarnation erscheint als nützliche Vorstellung, insofern sie praktisch anwendbar und ihre technische Handhabung leicht ist. Die psychologische Interpretation der Reinkarnationsvorstellung bindet diese in den Rahmen einer zeitlich erweiterten Traumatheorie ein.

Ein Zusammenhang zu esoterischen Weltbildern wird erst sekundär hergestellt. Die evidenten Erfahrungen zwingen zur Revision vorhandener Weltbilder und zur *Übernahme neuer Deutungskategorien*. Dabei werden unterschiedliche Traditionen, soweit sie nutzbar erscheinen, in den Deutungskontext mit einbezogen.

Die Funktion der esoterischen Deutung von Reinkarnation ist die *vollständige Reduktion von Kontingenz*. Unter der Voraussetzung einer grundsätzlich geordneten Welt, eines Kosmos, der nach durchschaubaren Gesetzmäßigkeiten abläuft, vermag die Reinkarnationsvorstellung zusammen mit dem Karmagedanken das *Unbehagen am Schicksal* und seiner Unverfügbarkeit auszuschalten. Indem dem Menschen die gesamte Verantwortung für sein Leben uneingeschränkt zugemutet wird, wird zugleich der Rekurs auf göttliches Handeln, Prädestination oder Schicksal vermieden. Der Mensch ist niemals Opfer, sondern immer Täter. In dieser Auffassung spiegelt sich der Autonomieanspruch des modernen Subjekts, das die Konstitution seiner Existenz ungern aus den eigenen Händen geben will.

Die Erfahrungsmöglichkeiten in der Reinkarnationstherapie kommen dem Wunsch nach einer *rationalisierenden Lebensdeutung* entgegen. Erfahrungswissen tritt an die Stelle eines sich ausliefernden Glaubens.

Die menschliche Existenz in der Materie gilt als unheilbar defizitär, insofern sie immer durch Mangel gekennzeichnet ist. Reinkarnation steht im Dienst der Wiederherstellung der Einheit auf dem Weg eines gegensätzliche Erfahrungen *integrierenden Lernprozesses*. Reinkarnationstherapie will ein Heilsweg sein, der im Milieu der Therapie die Defizite der Religion ausgleichen will. Religion und Therapie finden unter dem Oberbegriff der Heilung zusammen.

Die Reinkarnationsvorstellung selber wird wieder relativiert, einerseits, indem sie als Hilfsmittel einem Lernprozeß untergeordnet wird und keinen Eigenwert besitzt, andererseits, indem die esoterische Interpretation die Relativität von Raum und Zeit als Bewußtseinsphänomene annimmt.

8. Individueller Lebenssinn aus der Reinkarnationsvorstellung: Shirley MacLaine

Die amerikanische Schauspielerin Shirley MacLaine hat in sieben autobiographischen Büchern Auskunft über ihren Lebensweg gegeben. Ihre Entwicklung schildert sie als einen Prozeß der Suche nach der eigenen Identität und dem Sinn des Lebens. Sie war Weltreisende, feministische Aktivistin, war politisch für die Demokraten im Wahlkampf gegen Nixon tätig, engagierte sich für Gerechtigkeit in aller Welt und wuchs in eine esoterische Weltdeutung hinein, in der die Reinkarnationsvorstellung eine zentrale Deutungsfunktion für ihr Leben bekam. Die "individuelle Sinnsuche" (Daiber)[1] zieht sich durch ihre sieben Bücher, von denen vier die Reinkarnationsvorstellung behandeln. Eines wurde sogar für eine fünfstündige Fernsehserie verfilmt, und MacLaine wurde zu einer der prominentesten Vertreterinnen des Reinkarnationsgedankens. Sie zog ein Jahr als Vortragsrednerin und Seminarleiterin durch die USA und scheute sich nicht, ihre Anerkennung als Hollywood-Star durch ihr esoterisches Engagement zu gefährden.

Shirley MacLaine schildert auch Reinkarnationserfahrungen aus therapeutischen Situationen. Ihre Berichte ermöglichen noch einmal einen anderen Einblick in die Reinkarnationtherapie, die im vorangegangenen Kapitel geschildert wurde. An den biographischen Schriften von Shirley MacLaine wird nachvollziehbar, wie die Integration von esoterischem, okkultem und reinkarnatorischem Gedankengut in ein "normales" Leben erfolgen kann, denn bei aller Prominenz weiß sie deutlich zu machen, daß sich ihre Fragen von denen ihrer Leserinnen und Leser im Grundsatz nicht unterscheiden. Die Traumwelt Hollywoods erscheint nur am Rande, sie ist Arbeitsplatz, und wer hier Erfolg hat, verfügt zwar über gesteigerte Möglichkeiten, aber die Fragen, Gefühle und Probleme bleiben alltäglich und durchschnittlich. Worin sich Shirley MacLaine auszeichnet, sind ihre Vorbehaltlosigkeit und Radikalität, mit der sie im Laufe ihres Lebens die unterschiedlichsten Wege begeht, immer auf der Suche nach sich selbst.

Im Folgenden wird zuerst der Lebensweg MacLaines nachvollzogen, wie er aus ihren Büchern erkennbar wird. Dann wird der Frage nachgegangen, welche Bedeutung die Reinkarnationsvorstellung für sie gewinnt und welche Aneignungsprozesse sich dabei abspielen. In einem dritten Abschnitt wird untersucht, welche Versatzstücke religiöser Welt- und Lebensdeutung die Reinkarnationsvorstellung bei ihr begleiten. In einem vierten Teil werden einige grundsätzliche Schlußfolgerungen aus den Wahrnehmungen gezogen.

1 *Daiber,* Reinkarnationsglaube als Ausdruck individueller Sinnsuche, aaO.

8.1 Die autobiographischen Berichte als Ausdruck individueller Sinnsuche

Zwischen 1970 und 1990 erschienen in den USA sieben autobiographische Schriften Shirley MacLaines, in denen sie ihre Suche nach Sinn und Identität schildert. Ihre ersten beiden Bücher behandeln im wesentlichen die Karriere als Tänzerin und Schauspielerin, ihr politisches Engagement, Erfahrungen auf Weltreisen und ihre Familie. Dabei werden grundlegende Informationen gegeben, die sie später unter reinkarnatorischem Blickwinkel neu beschäftigen werden. Bereits im Anfangssatz ihres ersten Buches "Raupe mit Schmetterlingsflügeln" wird indirekt ihr Bedürfnis nach Autonomie und Freiheit deutlich:

"Ich wurde in eine traditionsbewußte Kleinbürgerfamilie Virginias hineingeboren. Um den Klischeevorstellungen meiner Umwelt zu genügen, hätte ich ein aufstrebendes Gemeindeglied ehelichen und ihm zwei bis drei wohlgeratene Kinder gebären müssen, die Gesundheitsbrot auf acht verschiedene Arten aßen."[2]

Reisen als Metapher der Sinnsuche

Auf Reisen gewann MacLaine Eindrücke von der Welt Asiens, die ihren Horizont weiteten und sie kritisch gegen die materialistische Welt Amerikas stimmten.[3] Dabei begegnete sie auch anderen Einstellungen zum Tod.[4] Was sie interessierte, war die Vielfalt menschlicher Existenzweisen, die sie auf zahlreichen, teilweise gefährlichen Reisen zu erkunden versuchte. *Reisen wird zur Metapher ihrer Sinnsuche.* "Je mehr ich andere kennenlernte, desto mehr erfuhr ich über mich selbst. Ich begann zu verstehen, warum ich Schauspielerin geworden war."[5]

In Amerika engagierte sich Shirley MacLaine für verwaiste Mischlingskinder in Vietnam und Korea, für Kriegsgegner in den USA und Katastrophenopfer in aller Welt. Politisch setzte sie sich im Rahmen der Gewaltlosigkeits-Bewegung gegen die Rassendiskriminierung ein.[6] In ihrem zweiten Buch "Schritt für Schritt" dominieren ebenfalls die Themen Reisen und Politik. MacLaine unterstützt 1972 den Demokraten George McGovern im Wahlkampf.[7]

In den kommenden Jahren machte Shirley MacLaine weiter Karriere in Hollywood. Sie wurde international bekannt, drehte bis 1990 fast sechzig Filme und wurde mit fünf "Emmy-Awards" für ihre Bühnenauftritte ausgezeichnet. 1984, in

2 *S.MacLaine*, Raupe mit Schmetterlingsflügeln, München [4]1990, 5.
3 Vgl. *MacLaine*, Raupe mit Schmetterlingsflügeln, aaO., 106.
4 Vgl. *MacLaine*, Raupe mit Schmetterlingsflügeln, aaO., 108 f: Asien; 123: Afrika; 153: Indien.
5 Vgl. *MacLaine*, Raupe mit Schmetterlingsflügeln, aaO., 60
6 Vgl. *MacLaine*, Raupe mit Schmetterlingsflügeln, aaO., 110-121
7 *S.MacLaine*, Schritt für Schritt, München 1987, 54.

dem Jahr, in dem sie den "Oscar" für "Zeit der Zärtlichkeit" bekam, veröffentlichte sie ihr drittes Buch "Zwischenleben"[8], in dem sie den Prozeß der Aneignung von Reinkarnation und Esoterik als Kategorien ihrer persönlichen Sinndeutung schildert. Auf dem Hintergrund einer Liebesaffäre mit einem anonym bleibenden hochrangigen britischen Labour-Abgeordneten berichtet sie von ihrer Entdeckung der Reinkarnationsvorstellung, ihren Jenseitskontakten mit Hilfe von Trance-Medien und einer Reise in die Anden, wo sie den Hinweisen auf Ufo-Erscheinungen ging. Sowohl die geheimnisvolle Identität ihres verheirateten Geliebten, den sie Gerry nennt, als auch die ungewöhnlich erscheinenden Erfahrungen ihrer Sinnsuche liessen das Buch schnell zu einem Bestseller mit Millionenauflage werden. Die Metapher der Reise dient auch weiter der Selbstverständigung, aber nun mit neuer Ausrichtung:

"Aber wenn ich es schaffte, eins mit *mir* zu werden, konnte ich eins mit der Welt sein ... vielleicht sogar mit dem Universum. Deshalb war ich politisch aktiv, eine Feministin, eine Reisende, eine Art wißbegierige Reporterin in eigener Sache. ... Wie auch immer ... die wichtigste Reise, die ich je unternahm, war die Reise in mein Inneres."[9]

Die Reise nach innen wurde zum neuen Ziel, das die Gedanken Shirley MacLaines bestimmte. Es ist die Frage nach dem Sinn des Lebens, die sie antrieb:

"Ich meine, wenn man so viel hat und so viel gelebt hat wie ich, fragt man sich schließlich allen Ernstes 'Was soll das Ganze?' Und ich stelle die Frage nicht, weil ich unglücklich bin. Ich habe Erfolg, privat und beruflich, und bin zufrieden damit. Ich trinke nicht, nehme keine Drogen. Ich liebe meine Arbeit, ich liebe meine Freunde. Ich habe ein erfülltes Privatleben, auch wenn es ein paar komplizierte Punkte gibt. Nein - das ist es nicht. Ich denke, es muß mehr geben über unseren wirklichen Sinn im Leben, als ich fähig bin zu begreifen."[10]

Identitätssuche

Die Richtung, die Shirley MacLaine der Sinnfrage gab, ist nicht die nach der Religion, sondern die nach der persönlichen Identität: Wer bin ich? Woher komme ich? Warum bin ich so, wie ich bin? Diese Fragen führten sie zur Entdeckung der Reinkarnationsvorstellung.

"Aber so wenig ich an Gott und Religion und dem Jenseits interessiert war, so sehr interessierte mich eine andere Sache: die 'Persönlichkeit'. Meine eigene Persönlichkeit und die aller Menschen, denen ich begegnete. Persönlichkeit und Identität waren etwas Wirkliches für mich. Wer war ich? Wer waren die anderen? Warum tat ich die Dinge, die ich tat? Warum die anderen? Warum mochte ich manche Menschen und andere nicht? Beziehungen zu analysieren wurde mein Lieblingsthema - die Beziehung, die ich zu mir

8 *MacLaine*, Zwischenleben, aaO.
9 *MacLaine*, Zwischenleben, aaO., 12.
10 *MacLaine*, Zwischenleben, aaO., 85.

selbst hatte, ebenso wie zu anderen. Weil ich am Ursprung meiner eigenen Persönlichkeit interessiert war, fragte ich mich, ob in mir mehr sein könnte, als mir bewußt war. Vielleicht lagen in meinem Unterbewußtsein andere Identitäten verborgen, nach denen ich nur suchen mußte, um sie zu erkennen. ... Ich wollte immer schon wissen, was *vorher* gewesen sein mochte, mehr als das, was hinterher kommen würde. Ich war weniger daran interessiert, was mit mir nach meinem Tod geschehen würde, als daran, was mich zu dem machte, was ich bin. Als ich auf den Begriff des *Lebens vor der Geburt* stieß, war meine Neugier geweckt."[11]

Bevor Shirley MacLaine sich die Reinkarnationsvorstellung zu eigen machen konnte, durchlief sie eine persönliche esoterische Entwicklungsgeschichte. Indem sie ihre Vorbehalte und Zweifel, ihre rationalen und gefühlsmäßigen Einwände immer wieder als eigene Widerstände formulierte, wird die allmählich wachsende Überzeugung von Reinkarnation auch für ihre Leserinnen und Leser nachvollziehbar. Bücher, Berater und Erfahrungen halfen MacLaine bei der Aneignung der Reinkarnationsvorstellung, die sie in die Lage versetzte, ihre Identität zu klären und ihre Liebesbeziehung zu Gerry, dem britischen Politiker, besser zu verstehen.

Die esoterische Klärung von Beziehungen zu nahestehenden Menschen, insbesondere zu den Eltern und einem russischen Regisseur, und die gezielte Suche nach der eigenen Identität durch Reinkarnation sind auch in Shirley MacLaines viertem Buch "Tanz im Licht"[12] die bestimmenden Themen. Aber nicht nur die begonnene Lebensdeutung durch Reinkarnation wird fortgesetzt, sondern MacLaine berichtet von intensiven Reinkarnationserfahrungen, die sie bei der spirituellen Heilerin Chris Griscom machte.[13] Mittels Reinkarnationstherapie bereiste Shirley MacLaine ihre Innenwelten und begegnete sich selbst in vielen vergangenen Leben, die sie beschreibt. Am Ende des Buches hält sie resümierend fest, "daß uns nichts wirklich bedrohen kann, wenn wir wissen, *wer* wir sind und *woher* wir kommen."[14] Damit ist der innere Suchprozeß zwar nicht abgeschlossen, aber MacLaine hatte nun genug gelernt, um selber Lehrerin und Vermittlerin zu sein - sie wendete sich von innen wieder nach außen.

Öffentliche Darstellung als Selbstvergewisserung

Berichten die beiden ersten Bücher von der Reise nach außen, der Sinnsuche in der Welt, stehen das dritte und vierte Buch unter dem Thema der Reise nach innen. Sie erzählen von der Entdeckung der esoterischen und reinkarnatorischen Sinnwelten. Die beiden nächsten Bücher befassen sich mit der Vermittlung und Verbreitung der gewonnenen Einsichten auf zwei unterschiedlichen Wegen, durch eine Fernsehproduktion und eine Seminar- und Vortragsreise. Auch wenn hier wieder

11 *MacLaine*, Zwischenleben, aaO., 55.

12 *S.MacLaine*, Tanz im Licht, München ^{4}1990.

13 Vgl. *C.Griscom,* Zeit ist eine Illusion, München ^{6}1988, 104f.

14 *MacLaine*, Tanz im Licht, aaO., 373.

eine Wendung nach außen erfolgt, so steht sie im Dienst der persönlichen Innenerfahrungen, die im Akt der Kommunikation überprüft und weiterentwickelt werden. Bereits am Ende von "Zwischenleben" war sich MacLaine ihrer Rolle als Promotorin esoterischen Gedankenguts bewußt und wußte auch um die Vorbehalte, die ihr begegnen würden. Aber sie entschloß sich, ihre Weltanschauungen nicht zu privatisieren:

"Ich hatte mich der Öffentlichkeit gestellt in Fragen der Politik, der Frauenrechte, sozialer Veränderungen, in Fragen des Krieges und in vielen Dingen, die für mich Ungerechtigkeiten darstellten. Ich stand in der Öffentlichkeit. Ich *war öffentlich*. Das war mein Wesen. Ich bin es nicht gewöhnt, mich zurückzuhalten in Dingen, die mich interessieren oder an die ich glaube. Ich bin in der Öffentlichkeit großgeworden. Ich habe meine Fehler in der Öffentlichkeit begangen. Ich habe gelacht und geweint in der Öffentlichkeit, war verliebt in der Öffentlichkeit, habe in der Öffentlichkeit geschrieben, mich in der Öffentlichkeit entschuldigt, und nun dachte ich, werde ich vermutlich in der Öffentlichkeit zu sagen haben, was ich über menschliche und außerirdische Spiritualität denke."[15]

Das "Zauberspiel"[16], MacLaines fünftes Buch, ist der Bericht über die Verfilmung von "Zwischenleben", ihrem erfolgreichen dritten Buch. Im Medium einer fünfstündigen Fernsehproduktion, die 1987 in den USA über das ABC-Netz ausgestrahlt wurde und auch im Deutschen Fernsehen lief, war sie gezwungen, ihre eigene Sinnsuche zu reflektieren. Sie war sich bewußt, daß ihre problematische Liebesbeziehung zu Gerry, die nun zehn Jahre zurücklag, den Anstoß zu ihrer Identitätssuche gegeben hatte.[17] Während der Dreharbeiten erreichte sie die Nachricht, daß der "wirkliche Gerry" bei einem Verkehrsunfall tödlich verunglückt sei.[18] MacLaine gelangte zu der Einsicht, daß das Leben ein Spiel von selbstgeschaffenen Rollen ist. "Das Leben wurde für mich zum Theaterstück. Und dies war nicht nur ein Stück, das ich täglich aufs neue für meine Person schrieb - ich spielte auch die Hauptrolle darin."[19] "Noch nie zuvor hatte mir jemand so anschaulich vor Augen geführt, daß wir alle unser Leben *darstellten*, daß wir alle nur das Bild projizieren, das wir von uns selbst vermitteln wollen".[20] Die Erfahrung des Rollenspiels wurde zur Metapher für die Sinndeutung des Lebens als Lernprozeß: daß "es vielleicht meine Aufgabe als Mensch war, zu begreifen, daß das Leben an sich eine Illusion war, eine Illusion, die ich selbst geschaffen hatte, und die mich in die Lage versetzte, jede dem Menschen bekannte Emotion zu erleben und auszudrücken."[21]

15 *MacLaine*, Zwischenleben, aaO., 338f.
16 *S.MacLaine,* Zauberspiel, München 1988.
17 Vgl. *MacLaine,* Zauberspiel, aaO., 10.
18 Vgl. *MacLaine,* Zauberspiel, aaO., 306ff.
19 *MacLaine,* Zauberspiel, aaO., 13.
20 *MacLaine,* Zauberspiel, aaO., 93f.
21 *MacLaine,* Zauberspiel, aaO., 201f; vgl. 348f.

Die Verfilmung von "Zwischenleben" indizierte eine veränderte Bewußtseinslage gegenüber esoterischen Themen.[22] Auf diese Rezeptionsbereitschaft reagierte Shirley MacLaine mit ihrer einjährigen Vortrags- und Seminarreise durch die USA, deren Milieu, Inhalte und Erfahrungen sie in ihrem sechsten Buch "Die Reise nach innen"[23] beschreibt und reflektiert. Sie stellte ihre Erfahrungen und Überzeugungen in den Zusammenhang der New-Age-Bewegung, deren Deutungen sie weitgehend aus der Literatur übernahm.[24] Sie erläuterte "spirituelle Technologien"[25]: Meditation, Arbeit mit Chakren und Kristallen, Lautmeditation und Tantra. Erfahrungsberichte über ein Trance-Medium, in dem sich berühmte Maler vergangener Zeiten manifestieren, über einen brasilianischen Lichtheiler und einen philippinischen Geistheiler runden die Übersicht über die esoterischen Lebenswelten ab. In diesem Spektrum wird die Reinkarnationsvorstellung als selbstverständlich vorausgesetzt, auch wenn ihr ein eigenes Kapitel gewidmet ist, in dem Jesus als Essener mit Reinkarnationsglauben bezeichnet wird.[26]

Die von MacLaine vorgetragenen weltanschaulichen Überzeugungen wirken sicherlich nicht durch Differenziertheit und Tiefenreflexion. Ihre Beteiligung am Verkauf von Versatzstücken aus der Gedankenwelt der amerikanischen New-Age-Bewegung kann als Teil ihrer Suche nach Sinn und Identität begriffen werden. Auch *die extrovertierte Darstellung des inneren Weges ist ein Versuch der Selbstvergewisserung*. Durch die Vortragssituation ließ sie sich zwingen auf die Sicherheit einer ausgefeilten Choreographie zu verzichten und sich als Individuum ungeschützt der kommunikativen Situation zu übereignen:

"... hier hatte ich nichts als eine leere Bühne und konnte meinem Publikum nichts anderes bieten als mich selbst, die Erkenntnisse, die ich im Lauf der Jahre gewonnen hatte, und meine eigenen Gedanken über Esoterik, schwer vermittelbare Gedanken, die auf starken persönlichen Erfahrungen gründeten."[27]

Indem sie nur sich selbst anbot, konnte sie erfahren, was sie theoretisch nach einem Besuch bei dem Astrophysiker Stephen Hawking formulierte: "Was ist der Mittelpunkt des Universums? Jeder Ort ist der Mittelpunkt. Wer ist dieser Mittelpunkt? *Jeder* ist der Mittelpunkt."[28]

22 Vgl. *MacLaine,* Zauberspiel, aaO., 16ff, 74.
23 *S.MacLaine*, Die Reise nach innen, München 1989.
24 Vgl. *MacLaine*, Die Reise nach innen, aaO., 37-49: "Die Ursprünge des New Age"; 95-108: "Das neue Zeitalter und das rationale Denken".
25 *MacLaine*, Die Reise nach innen, aaO., 12.
26 Vgl. *MacLaine*, Die Reise nach innen, aaO., 185-203.
27 *MacLaine*, Die Reise nach innen, aaO., 19.
28 *MacLaine*, Die Reise nach innen, aaO., 284.

Ephemere Aneignung der Reinkarnationsvorstellung

Zu Beginn ihrer Vortragsreise starb ihr Vater, und der Eindruck seines Todes beschäftigte MacLaine nicht nur während der Tournee. In "Tanze, solange du kannst"[29], ihrem siebten und bisher letzten Buch, versucht sie, die Prägung durch ihre Eltern als Grundlage der eigenen Identität zu ergründen. Mit 56 Jahren zieht sie Bilanz und fragte sich, was sie mit der Zeit anfangen soll, die ihr noch bleibt.[30] Die Spuren des Alterns sind unübersehbar, viele Freunde sind gestorben, sie stößt an die Grenzen ihrer körperlichen Leistungsfähigkeit.[31] In "Tanze, solange du kannst" lassen sich die esoterischen Themen nicht wiederentdecken. Es ist überraschend, daß die in den vier vorangegangenen Büchern dominierende Orientierung an Reinkarnation und Karma, die Pflege von Jenseitskontakten durch Trance-Medien und die esoterischen Techniken überhaupt keine Bedeutung mehr zu haben scheinen. An die Stelle der Reinkarnationsvorstellung ist die Metapher der Rolle getreten, die selbstgestaltete und die zugewiesene.[32] "Während ich über meine Vergangenheit nachdachte, wurde mir klar, daß ich den größten Teil meines Lebens mit der Suche nach der eigenen Identität verbracht hatte, aber auch nach der Identität der Rollen, die ich hatte spielen müssen."[33] Ohne Schuldzuweisungen an die greise Mutter und den verstorbenen Vater ist MacLaine bereit, die Verantwortung für ihr Leben zu übernehmen, aber sie erkennt, daß ihre Identität mit dem Leben ihrer Eltern unauflösbar verknüpft ist. Zum Schluß hält sie mehr Fragen als Antworten fest, die vorangegangenen Suchbemühungen nach der eigenen Identität relativierend:

"Ich brauchte Anhaltspunkte dafür, wer wir waren - Mutter, Vater, Bruder, Schwester - und in welchen Beziehungen wir wirklich zueinander standen. Wir waren unentwirrbar miteinander verwoben gewesen, und so würde es bleiben, bis unsere Urenkel in unseren Kellern oder auf unseren Dachböden herumstöberten und hier ein Medaillon mit Fingerabdrücken fanden, dort ein altes Drehbuch und ein Schächtelchen mit Kristallen, ein altes Band mit Meditationsmusik oder ein noch älteres Buch mit vergilbten Seiten, das ich geschrieben hatte und das nur andeutungsweise die erstickten Keime der Liebe ausdrücken konnte, die wir immer füreinander empfanden."[34]

Es ist anzunehmen, daß dieses nicht das Ende von Shirley MacLaines individueller Sinnsuche ist. Aber ihr Suchprozeß hat sie von den vielen Leben wieder zurückführt zu dem *einen* Leben, das sie in der Gegenwart lebt. In ihrem letzten Buch wird die Reinkarnationsvorstellung nur einmal erwähnt, ihre Deutungsleistung für persönliche Beziehungen wird nicht mehr in Anspruch genommen:

29 *S.MacLaine*, Tanze, solange du kannst, München 1992.
30 Vgl. *MacLaine*, Tanze, solange du kannst, aaO., 51.
31 Vgl. *MacLaine*, Tanze, solange du kannst, aaO., 290f.
32 Vgl. *MacLaine*, Tanze, solange du kannst, aaO., 108.
33 *MacLaine*, Tanze, solange du kannst, aaO., 49.
34 *MacLaine*, Tanze, solange du kannst, aaO., 313.

"... und wenn es mir auch keine Probleme bereitete, mich mit den Ereignissen in vielen früheren Leben auseinanderzusetzen, dann erschlugen mich doch die Erinnerungen an dieses eine Leben."[35]

Die Reinkarnationsvorstellung als zentrale Selbstdeutungskategorie tritt wieder zurück, sie ist angeeignet und in das Lebenskonzept eingeordnet, aber sie steht nicht mehr im Vordergrund des Interesses. Als dramatisch stilisierte Figur bleibt sie ephemerer Ausdruck der radikalen Sinnsuche eines Individuums in der pluralisierten Lebenswelt der Moderne.

8.2 Aneignung und Funktion der Reinkarnationsvorstellung

Die Aneignung der Reinkarnationsvorstellung wurde bei Shirley MacLaine durch ihre Bereitschaft vorbereitet, sich neugierig auf die unterschiedlichsten Lebenssituationen einzulassen und diese als Möglichkeit zur eigenen Horizonterweiterung zu betrachten. Früher Ausdruck dieser Haltung waren ihre zahlreichen Reisen in alle Welt, die sie, lange bevor sie sich den Reinkarnationsgedanken zu eigen macht, ahnen ließ: "Bohrte man nur ein bißchen tiefer, so merkte man bald, daß ein Menschenleben nicht ausreicht, alles zu ergründen."[36] Bereits in dieser beiläufigen Bemerkung schimmert die Grundlage westlicher Reinkarnationsvorstellungen hindurch: *Pluralität ist Bereicherung*. Jede hinzugefügte Erfahrung dient der Identitätsvergewisserung. MacLaines Prozeß der Sinnsuche ist Ausdrucksform dieser Haltung, die nicht nur die äußeren Reisen, sondern auch die innere Reise bestimmt: "Je mehr ich in dieser Dimension wuchs und je besser ich mich selbst kennenlernte, desto schneller würde ich heranreifen, um die Gesamtheit meines Seins zu verstehen."[37] Diese westliche Haltung läßt sie die östlichen Reinkarnationsvorstellungen bei ihren Reisen in Asien zwar registrieren, aber diese boten ihr zu diesem Zeitpunkt keine Möglichkeit zur Deutung der eigenen Existenz.

"Ich wußte wohl, wie gering das Leben in Asien eingeschätzt wird. Aber das war es nicht allein. Für den Buddhisten bedeutet der Tod nichts weiter als den Übergang in ein anderes Leben, in anderer Form. Er gehört zum ewigen Kreislauf des Lebens. Leben und Tod werden nicht als individuelle Schicksale betrachtet, sondern unter einem viel breiteren philosophischen Gesichtswinkel."[38]

Die Distanz ist nicht zu übersehen. Erst viele Jahre später begegnete MacLaine den Reinkarnationsvorstellungen wieder, nun in westlicher Gestalt. Es war eine Situation eingetreten, die sie für den Gedanken empfänglich machte, und es waren

35 *MacLaine*, Tanze, solange du kannst, aaO., 15.

36 Vgl. *MacLaine*, Raupe mit Schmetterlingsflügeln, aaO., 140.

37 *MacLaine*, Zauberspiegel, aaO., 202.

38 *MacLaine*, Raupe mit Schmetterlingsflügeln, aaO., 108.

Vermittlungsinstanzen da, die zur Verknüpfung zwischen ihrer Existenz und der Reinkarnationsvorstellung anleiten konnten.

Aneignung

Die Situation der Aneignung war dadurch bestimmt, daß MacLaine, wie beschrieben, eine schwierige Liebesbeziehung zu einem verheirateten englischen Politiker unterhielt, die geheim bleiben mußte. Die gegenseitige Anziehung hatte eine geradezu irrationale Dimension, sie fühlte sich in unerklärlicher Weise gebunden.[39] In dieser Zeit starb der Mann ihrer Hausangestellten an einem Herzinfarkt. "Zum ersten Mal in meinem Leben sah ich einen toten Menschen. ... Ich war nicht bereit zu akzeptieren, daß sein Tod einfach das Ende seines Lebens bedeutete. Ich wußte, irgendwie war da noch mehr ..."[40] Damit sind die beiden wesentlichen Fragehorizonte präsent, auf die westliche Reinkarnationsvorstellungen antworten: die *Besonderheit der eigenen Existenz* und das *Leben nach dem Tod*.

Die Vermittlung der Reinkarnationsvorstellung erfolgte auf zwei Wegen: durch ihren Freund David, einem ehemaligen Playboy, der sich der Esoterik zugewandt hatte und zu ihrem spirituellen Gesprächspartner und Berater wurde, und durch Bücher. Gingen die esoterischen Lehren Davids bis zu diesem Zeitpunkt "bei mir zu einem Ohr hinein und zum anderen wieder hinaus"[41], ließ sie sich nun zögernd auf seine Weltanschauung ein. David fragte Shirley MacLaine, ob sie in eine esoterische Buchhandlung mitkommen wolle. "'Warum eigentlich nicht?' antwortete ich. Rückblickend kann ich sagen, der zögernde Entschluß an einem heißen Nachmittag eine ungewöhnliche Buchhandlung aufzusuchen, war eine der wichtigsten Entscheidungen meines Lebens."[42] Bücher sind neben dem persönlichen Berater die wichtigste Vermittlungsinstanz. Sie sind jederzeit verfügbar und können nach individuellen Interessen selektiv genutzt werden.

"Es begann eine interessante und vieldimensionale Periode meines Lebens, die ich nur damit beschreiben kann, sie auf mehreren Ebenen erlebt zu haben. Tagsüber arbeitete ich an den Proben für meine Welttournee mit meiner Live-Show. Ich tanzte, sang, spielte, plauderte und scherzte mit meiner Truppe. Am Abend setzte ich mich über sämtliche Bücher, die ich auftreiben konnte, um mir über meine Gefühle und Gedanken Klarheit zu verschaffen, die sich aus den Fragen ergaben, die ich mir nach dem Leben und seinem Sinn stellte. Meine Bücherregale quollen über mit esoterischer und metaphysischer Literatur. Ich war froh, ein Büro zu haben, hinter dem ich die Tür absperren konnte; denn ich war noch nicht bereit, Fragen zu beantworten über die Literatur, die ich las. Allein über Reinkarnation gab es unendlich viel Material."[43]

39 Vgl. *Daiber*, Reinkarnationsglaube als Ausdruck individueller Sinnsuche, aaO., 217f.

40 *MacLaine*, Zwischenleben, aaO., 43.

41 *MacLaine*, Zwischenleben, aaO., 18.

42 *MacLaine*, Zwischenleben, aaO., 50 (vgl. Kapitel 2.5 Esoterische Buchhandlungen ...).

43 *MacLaine*, Zwischenleben, aaO., 201f, vgl. ebd. 52-56, *MacLaine*, Tanz im Licht, aaO., 24.

Bücher und Gespräche mit Menschen, die an Reinkarnation glauben, trugen wesentliche zur Überzeugung bei. Indem MacLaine selber Bücher schrieb, wählte sie den gleichen Vermittlungsweg. Der Inhalt der Bücher ist nicht durch Lehren, sondern durch die in ihnen wiedergegebenen Erfahrungen bestimmt. Die Funktion der Bücher im Aneignungsprozeß von Reinkarnationsvorstellungen besteht darin, daß sie einerseits auf Erfahrungen vorbereiten und sie auf diese Weise möglich machen, andererseits vorhandene Erfahrungen interpretieren. Persönliche Erfahrungen sind der entscheidende Faktor bei der Etablierung der Reinkarnationsvorstellung im Leben von Shirley MacLaine gewesen. Erfahrungen, die im Kontakt mit Trance-Medien und bei der Reinkarnationstherapie gemacht wurden. Hinzu kam eine außerkörperliche Erfahrung, wie sie Sterbende berichten.[44] Okkulte Erlebnisse mit Geistheilern und bei magischen Handlungen, Déjà-vu-Erlebnisse, Koinzidenzen im Alltag, die als Verweis auf das Außerordentliche dienen, unterstützten die Rezeption der Reinkarnationsvorstellung.

Im Aneignungsprozeß hat der Jenseits-Kontakt durch Trance-Medien eine Schlüsselfunktion. Bei dieser, inzwischen als "Channeling" bekanntgewordenen Technik spiritistischer Konktaktaufnahme dient eine medial veranlagte Persönlichkeit als "Kanal" für die Mitteilungen aus dem Jenseits. Das Medium fällt zu Beginn der Sitzung in Trance und hat hinterher keine Erinnerung an das Gesagte. Während der Trance äußern sich von der Person des Mediums deutlich zu unterscheidende Persönlichkeiten, die von den Sitzungsteilnehmern als Ratgeber und spirituelle Meister akzeptiert werden. Die Durchgaben des Trance-Mediums Kevin, durch den ein Tom MacPherson spricht, halfen ihr zur Klärung ihrer Fragen entscheidend weiter.[45] Im Gespräch mit ihren Eltern faßte sie ihre Erfahrungen zusammen:

"Ich räusperte mich und erzählte, wie gern ich mich über 'Medien' mit der Seelenenergie von Wesen der Astralebene, die als Lehrer wirken, in Verbindung setze. ... Meine Mutter hörte aufmerksam zu. 'Woher weißt du, daß es nicht dieser Kevin ist, der da spricht?' fragte sie. 'Die Seelenwesen sprechen zwar durch Kevins Stimme, aber sie sind nicht Kevin.' 'Woher weißt du das?' fragte sie mit großer Neugier. Mir gefiel ihre Neugier, aber ich war nicht sicher, ob ich ihre Frage zufriedenstellend beantworten konnte. 'Ich kann nur sagen, daß Tom MacPherson, eines der Wesen, das durch Kevin spricht, intime Einzelheiten über mich und mein Leben wußte, die kein anderer Mensch weiß.'"[46]

44 Vgl. *MacLaine*, Zwischenleben, aaO., 309ff.

45 Vgl. *K.Vollmar/M.Haeusler*, Der letzte Schrei aus dem Jenseits, Berlin 1988; *H.-J.Ruppert*, Channeling, in: MD EZW 53 (1990) 357-361; Kapitel 5.5.

46 *MacLaine*, Tanz im Licht, aaO., 85.

Beziehungsdeutungen

Die spiritistischen Erfahrungen brachten MacLaine zu der Einsicht, daß der Tod nicht das Ende sei und die ewige Seele des Menschen in eine jenseitige Welt übergehe. Diese Überzeugung tröstete sie beim Tod vertrauter Menschen. Für ihre Selbstfindung war jedoch wichtiger, daß sie durch die Trance-Medien eine plausible Deutung ihrer Identität und der schwierigen Beziehung zu Gerry bekam.[47] MacLaine zitiert aus einer auf Tonband aufgezeichneten Sitzung, die zu einem der wichtigsten Punkte ihrer Sinnsuche wurde:

"Nach einer Weile fuhr die Stimme fort: 'Wir haben deine Schwingungen während einer der Lebensspannen entnommen, die du mit einer Wesenheit verbracht hast, mit der du heute in Verbindung stehst. Wir glauben, daß diese Wesenheit auf euren Britischen Inseln lebt. Ist das korrekt?' 'Gerry?' sagte ich mit überschlagender Stimme. 'Sprechen Sie von Gerry?' 'So sei es. Wir haben auch seine Schwingungen entnommen und gefunden, daß Ihr beide Mann und Frau während einer eurer vergangenen Lebenszeiten gewesen seid.'"[48]

Durch die Reinkarnationsvorstellung wurde die schwierige Beziehung in diesem Leben erklärt: die unerklärliche Affinität ist Folge vorangegangener gemeinsamer Leben, Ausdruck noch nicht geleisteter Lernprozesse, wie MacLaine in weiteren Erklärungen erfuhr. *Die Theorie der karmischen Verknüpfung in vorangegangenen Reinkarnationen bietet ein plausibles und vielfältig nutzbares Interpretationsmuster für das gegenwärtige Leben und die individuelle Identität.* Ein Muster, das von MacLaine in den kommenden Jahren immer wieder zur Deutung ihrer existentiellen Beziehungen herangezogen wurde. Es half ihr, die eigene Situation besser zu verstehen, indem sie deren Entstehen als in vergangenen Ursachen begründet erkennen konnte.

Erfahrungen in der Reinkarnationstherapie unterstützten diesen Prozeß der Selbstinterpretation. War sie beim Channeling auf die Durchgaben einer Autorität von außen angewiesen, wurde sie in der Reinkarnationstherapie ganz auf sich selbst zurückgeworfen und den eigenen Bildern ausgesetzt. Shirley MacLaine berichtet von zahlreichen Inkarnationen[49], die ihr bewußt wurden und mit deren Hilfe sie nicht nur die Beziehung zu Gerry, sondern auch zu ihren Eltern, dem geschiedenen Ehemann Steve, ihrer Tochter Sachi, ihrem spirituellen Lehrer David und einem russischen Regisseur klären konnte.[50] Die Identitätsfrage "Wer bin ich?" wird durch die Beantwortung der Frage nach der Herkunft "Woher komme ich?" gelöst. Im Zentrum der Aufmerksamkeit stehen die identitätsbestimmenden Beziehungen zu nahestehenden Menschen.

47 *Daiber*, Reinkarnationsglaube als Ausdruck individueller Sinnsuche, aaO., 218, hat diese Deutungsleistung scharf herausgearbeitet.

48 *MacLaine*, Zwischenleben, aaO., 188.

49 *MacLaine*, Tanz im Licht, aaO., 305-398.

50 Vgl. *MacLaine*, Tanz im Licht, aaO., 381-397.

Die Erfahrungen beim Channeling und in der Reinkarnationstherapie stießen auf den Widerstand der rationalen Welt, insbesondere verkörpert durch ihren Partner Gerry, einen Realpolitiker ohne Verständnis für esoterische und spirituelle Fragen. MacLaine erarbeitete sich die Reinkarnationsvorstellung gegen seinen Widerstand[51], der insofern auch ihr Widerstand war, als sie immer wieder kritische Einwände festhielt. Indem sie sich als "durch Erfahrungen bekehrte Skeptikerin" darstellt, gewinnt ihre Übernahme der Reinkarnationsvorstellung an Plausibilität für die Lesenden.

Die Aneignung der Reinkarnationsvorstellung beruht auf der dialektischen Beziehung von Erfahrungen und theoretischen Interpretationen. Die Erfahrungen machen die Theorien plausibel, die Theorie macht die Erfahrungen verständlich. Shirley MacLaine begegnet der Reinkarnationsvorstellung als einer Theorie, die sie aufgrund ihrer Erfahrungen überzeugt. Ihre Erlebnisse und Fragen wurden durch die Theorien, denen sie begegnete, in einen sinnvollen interpretativen Gesamtzusammenhang gestellt.

8.3 Bausteine esoterischer Weltsicht

In ihrem Prozeß der Suche nach Lebenssinn und persönlicher Identität eignete sich Shirley MacLaine nicht nur die Reinkarnationsvorstellung an, sondern auch damit verbundene Vorstellungen, die als Bausteine einer esoterischen Weltsicht bezeichnet werden können. Dazu gehören die Auffassung von der kosmischen Gerechtigkeit, ein energetisches Gottesbild, die Überzeugung von der Göttlichkeit des Menschen und seiner Selbstverantwortlichkeit. Die ethische Frage bekommt eine neue Ausrichtung, und die christliche Religion wird in spezifischer Weise eingeordnet. Diese Aspekte hängen mit der Reinkarnationsvorstellung eng zusammen, unterstützen sie und bilden einen Gesamtrahmen esoterischer Weltdeutung.

Kosmische Gerechtigkeit

Die Reinkarnationsvorstellung half MacLaine zu einem Verständnis ihrer Identität und zur Deutung ihrer Beziehungen zu anderen Menschen. Dennoch ist damit der Sinn des Lebens noch nicht vollständig begründet. Erst indem ein die Reinkarnationen steuerndes *Prinzip kosmischer Gerechtigkeit* angenommen wird, kann allen Geschehnissen, auch negativer Art, ein tieferer Sinn unterstellt werden:

"... ich spürte eine Art Befreiung in der Erkenntnis, daß mein heutiges Leben das Produkt vieler vorangegangener Leben ist, dem noch viele Leben folgen werden. Das er-

51 Vgl. *MacLaine*, Zwischenleben, aaO., 148ff.

gab einen Sinn. Darin lag die Harmonie - Zweckerfüllung - eine Art kosmischer Gerechtigkeit, dazu bestimmt, alles im Leben zu erklären - Positives wie Negatives."[52]

Die Gesetzmäßigkeit läßt dem Zufall keinen Raum, alles geschieht aus einem bestimmten Grund.[53] Jedes Schicksal läßt sich einordnen in den größeren kosmischen Plan. Dieser Gesetzmäßigkeit konnte sich MacLaine ruhig anvertrauen, denn sie läßt dem Individuum genügend Raum für die persönliche Selbstentfaltung. Der Mensch ist autonomes Subjekt, aber eingebunden in einen großen sinnvollen Gesamtzusammenhang kosmischer Entwicklung, die durch Lernprozesse erfolgt. Durch die Wesenheit Ambres wurde sie in einer Sitzung mit einem Trance-Medium belehrt: "Die Welt ist ein Klassenzimmer ... Und wir leben, um zu lernen. Das Leben ist der Lehrer."[54] In der Koinzidenz von Gesamtentwicklung und individuellem Lernen sind zwei Bedürfnisse befriedigt: Der *Sinn des Leben als einem harmonischen, kosmischen Prozeß und die absolute Autonomie und Freiheit des Individuums*.

Aus der Autonomie des Subjekts folgt die volle Verantwortlichkeit des Menschen für sich selbst. "Das Denken im Sinne des New Age verlangt von jedem einzelnen, für alles, was in diesem Leben geschieht, die Verantwortung zu übernehmen, weil alles zueinander in Beziehung steht. Doch zuallererst muß eine solche Verantwortung auf die eigene Person bezogen sein."[55] Der Mensch erntet, was er sät. Jeder ist der Schöpfer seines Schicksals und seiner Realität, die Schuld kann nie bei anderen liegen.[56]

Kontingenzreduktion

Die Auffassung radikalisierter Autonomie und Selbstverantwortung dient als Muster der Kontingenzreduktion und Schicksalsdeutung. Die lebenspraktische Anwendung der Theorie bewies sich, als Shirley MacLaine während der Dreharbeiten zu "Zwischenleben" die Nachricht vom Unfalltod Gerrys erhielt. Im Gespräch mit der Überbringerin der Nachricht, ihrer Freundin Bella Abzug, einer New Yorker Politikerin, fragte MacLaine, warum er gegangen sei:

"'Meinst du, warum er starb?' fragte sie. 'Ich meine, warum er die *Entscheidung traf*, jetzt zu sterben? Er hatte doch noch soviel zu erwarten, soviel zu erfüllen. Es gab so vieles, worüber wir reden wollten. Wieso hat er seine Meinung geändert?' fragte ich, ohne eine Antwort zu erwarten. 'Nun', meinte sie, 'es war nicht seine Entscheidung, Ich sagte doch, es war ein Unfall. Niemand trifft die Entscheidung zu sterben. Es geschieht einfach.' 'Nein', sagte ich. 'Nein. So einfach ist das nicht. Da besteht ein *Zusammenhang*, Bella.' ... "'Du glaubst also, jeder entscheidet darüber, wann er gehen möchte?'

52 *MacLaine*, Tanz im Licht, aaO., 375.
53 Vgl. *Maclaine*, Zwischenleben, 93, 105.
54 *MacLaine*, Zauberspiel, aaO., 140.
55 *MacLaine*, Die Reise nach innen, aaO., 41.
56 Vgl. *MacLaine*, Zauberspiel, aaO., 23; *MacLaine*, Die Reise nach innen, aaO., 92.

fragte sie in dem Versuch, sich über meine Worte klar zu werden. 'Ja, sicher. Nicht nur *wann*, sondern auch *wie*. ... Aber ich denke, daß *er* jetzt Hilfe braucht, nicht ich. Ich glaube, er ist sicher sehr erschrocken darüber festzustellen, daß der Tod nicht das Ende bedeutet. Ich muß ihm über das Problem dieser Erkenntnis hinweghelfen - und vielleicht auch darüber, daß er nun keinen Körper hat.'"[57]

Mittels einer monistischen, die Reinkarnationsvorstellung ummantelnden Weltdeutung kann MacLaine den *Tod als Statuswechsel* interpretieren, die Beziehung ist nicht zu Ende, sondern geht auf einer anderen Ebene weiter. Die Autonomie aller Handelnden, im Diesseits und im Jenseits, ist gewahrt. *Das reale Leben kann als Wahrnehmungskonstrukt relativiert und dem Jenseits angenähert werden:*

"Das Leben war Traum, Illusion, Theaterstück, Irrglaube und Unterhaltung. Manche von uns ließen sich in Form von Gewalt unterhalten, manche durch die Tragödie, andere durch die Komödie oder das Abenteuer. Und wieder andere hatten genug von der ganzen Unterhaltung. Menschen, denen das geschah, trafen die Entscheidung, den Traum zu beenden, den Vorhang über dem Zauberspiel fallen zu lassen, das sie sich selbst erschaffen hatten. Die Frage erhob sich: Hatte ich vor Gerry den Vorhang zugezogen? Oder hatte Gerry den Vorhang vor mir zugezogen? Von dem Augenblick an, in dem ich erfuhr, daß Gerry seinen Körper verlassen hatte, änderte sich alles für mich. Ich spürte ihn ständig in meiner Nähe."[58]

Der Gedanke der radikalen Selbstverantwortlichkeit wird von MacLaine in verschiedenen Zusammenhängen an den Grenzen des Lebens angewandt.[59] Er hält sich im Gegensatz zu vielen anderen Deutungsmustern auch bis in ihr letztes Buch durch, in dem sie ihre altersbedingten Knieverletzungen, die das vorläufige Ende ihrer Bühnenkarriere als Tänzerin mit sich brachten, als selbstgewählte Lernerfahrungen interpretiert:[60]

"Eine Knieverletzung war ein geringer Preis dafür, den Konflikt zu verstehen, den ich für mich persönlich immer noch lösen mußte - wer ich war und was ich werden wollte. ... Es gab keine Unfälle, es gab keine Zufälle. Ursache und Wirkung bestimmten grundlegend jedes Ereignis. Allmählich kam ich den Dingen auf den Grund."[61]

Selbstverantwortung

Die Kombination von gesteigerter Selbstverantwortlichkeit und kosmischem Lernprozeß ermöglicht den *Totalausschluß von Kontingenz*. Die Reinkarnationsvorstellung ist als dynamisierendes Prinzip in diese Struktur eingebettet, indem sie den Lernprozeß vorantreibt.

57 *MacLaine*, Zauberspiel, aaO., 308ff.

58 *MacLaine*, Zauberspiel, aaO., 312.

59 Vgl. *MacLaine*, Tanz im Licht, aaO., 408ff: Krebserkrankung und Tod eines Freundes. *dies.*, Zauberspiel, aaO., 146: Unfalltod einer Schauspiellehrerin: "Ein grausames, plötzliches Ende und doch selbstbestimmt - wie alle Ereignisse im Leben."

60 Vgl. *MacLaine*, Tanze, solange du kannst, aaO., 213ff, 239.

61 *MacLaine*, Tanze, solange du kannst, aaO., 289.

Die Suche nach der Identität bestimmt ihr Denken und ihr Weltbild. Eine weitere Antwort, die MacLaine findet, ist die Identität der Seele mit Gott, die beide als Ausdruck der einen Energie verstanden werden. In einer dramatischen Szene während ihrer Reinkarnationstherapie bei Chris Griscom führte MacLaine ein Zwiegespräch mit ihrem Höheren Selbst, das ihr als personalisierte Inneninstanz entgegentrat. "Ich bin bei dir von Anbeginn der Zeit. Ich bin *nie* von dir getrennt. Ich bin du. Ich bin deine unbegrenzte Seele. Ich bin das unbegrenzte Du, das dich durch jede Inkarnation führt und lehrt."[62] Ihr Höheres Selbst belehrte MacLaine über das Wesen von Mensch und Gott, die Entstehung des Kosmos und die Bedeutung von Reinkarnation und Karma. In diesem kurzen Gespräch treten fast alle Bausteine esoterischer Weltdeutung zutage:

"'Was ist dann der Unterschied zwischen dir und Gott?' fragte ich. 'Es gibt keinen', sagte es, 'denn jede Energie entspringt ein und derselben Quelle. Wir sind alle Teil von Gott. Wir sind alle persönliche Reflexionen der Gottesquelle. Gott ist wir - und wir sind Gott.' 'Und *du* bist ich.' 'Richtig.' 'Und weshalb sind wir getrennt worden? Warum sind wir nicht alle eine große, vereinte Energie?' 'Im Grunde genommen sind wir das. Doch einzelne Seelen wurden von der höheren Schwingung getrennt in dem Prozeß, verschiedene Lebensformen zu erschaffen. Verführt von der Schönheit ihrer eigenen Schöpfungen, gerieten sie in Gefangenschaft des Körperlichen und verloren dadurch ihre Verbindung zum göttlichen Licht. Der Schrecken darüber war so groß, daß er ein Schlachtfeld erschuf, welches euch jetzt unter den Begriffen von Gut und Böse bekannt ist. Karma, das heißt Ursache und Wirkung, kam in das Sein als Methode, um letztlich die künstlichen Begriffe von Gut und Böse auszulöschen. Letztlich bewohnten die Seelen höhere Primaten, um sich später zum Homo sapiens zu entwickeln. Reinkarnation ist für Karma ebenso wichtig, wie Karma für Reinkarnation. Sie ist der Vorgang, der jeder Seele Gelegenheit gibt, alle menschlichen Erfahrungen zu machen, sie ist der Weg zur vollkommenen Spiritualität und zur Vereinigung mit der Gotteskraft.'"[63]

Der kosmologische Hintergrund der Reinkarnationsvorstellung ist der Abstieg der ewigen Seele in die Materie[64], die ihr zum Lernort dient, um ihren ewigen Ursprung und die Einheit allen Seins wieder zu entdecken. Die dualistische Spaltung in Gut und Böse ist ebenso ein Bewußtseins- und Wahrnehmungskonstrukt, wie auch Raum und Zeit lediglich Erscheinungen der einen schöpferischen Energie sind. Das bedeutet auch für die Reinkarnationsvorstellung, daß die verschiedenen Inkarnationen in ihrer zeitlichen Abfolge lediglich Wahrnehmungsprodukte sind, Erscheinungen, die von einem je gewählten Standpunkt aus betrachtet werden können.[65]

62 *MacLaine*, Tanz im Licht, aaO., 346. Zum Begriff "Höheres Selbst" vgl. *Wichmann*, Zur Veränderung des Reinkarnationsglaubens in der westlichen Kultur und Esoterik, aaO., 184ff.

63 *MacLaine*, Tanz im Licht, aaO., 350.

64 *MacLaine*, Tanz im Licht, aaO., 86f: "*Wir* sind *Seelen*, die nur vorübergehend eine körperliche Existenz annehmen."

65 Vgl. *MacLaine*, Die Reise nach innen, aaO., 188f.

Es ist spannend zu verfolgen, wie Shirley MacLaine ihr früheres politisches und soziales Engagement von ihrem neuen spirituellen Standpunkt aus neu interpretierte. Es ist eine *Umformung der Ethik* von der sozialen Ausrichtung auf eine individualistische Ebene, wobei der Gedanke einer weltverbessernden Einstellungsänderung nicht verloren gegangen ist, aber der Ansatzpunkt hat sich geändert:

"Meine Identität zu entdecken war für mich eine ernste Aufgabe. Vorher hatte ich sie über die Entwicklung meines sozialpolitischen Bewußtseins gesucht und über meine Aktivitäten als Feministin. Ich war davon überzeugt, die Menschheit sei durch Bemühungen in dieser Richtung zu retten. Ich glaubte, meinen Mitmenschen durch meinen sozialen und politischen Einsatz am besten helfen zu können. Und doch wußte ich die ganze Zeit über, daß dabei irgend etwas fehlte. Wie konnte ich anderen wirklich helfen, wenn ich nicht wußte wer *ich* war? Allen Organisationen fehlte individuelles Verständnis. Sie wirkten als Gruppe, als Bewegung. Mich aber interessierte die Identität des einzelnen. Und obwohl ich in vielen Punkten mit Organisationen übereinstimmte und mich stark zum sozialpolitischen Aktivismus jener Tage hingezogen fühlte, begriff ich tief im Inneren, daß die einzige Veränderung, die ich wirklich erreichen konnte, die Veränderung in mir selbst war."[66]

Rückblickend beurteilte MacLaine ihr politisches Engagement als Ausdruck männlicher Energien, Anwendung der gleichen Machtstrukturen, die sie bekämpfte.[67] Ihre neue Sicht der Realität ließ sie nach anderen Wegen der Beeinflussung suchen: "Daher wurden 'spirituelle Technologie' und 'Seelenphysik' für mich zu wichtigen Faktoren in der politischen und gesellschaftlichen Praxis."[68]

Bis Shirley MacLaine bereit war, diesen Weg individueller, innerer Veränderungen und die dazu gehörenden esoterischen Anschauungen öffentlich zu vertreten, mußte sie einen langen Prozeß der Aneignung und der Vergewisserung durchlaufen. Durch ihren spirituellen Lehrer David wurde sie aufgefordert, die Erfahrungen ihrer Sinnsuche weiterzugeben.[69] MacLaine akzeptierte den Auftrag aufgrund ihrer Rolle in der Öffentlichkeit[70] und erfuhr neben Unverständnis in steigendem Maße Zustimmung und Interesse. Sehr genau registrierte sie die veränderte Rezeptionsbereitschaft gegenüber Esoterik in der amerikanischen Gesellschaft.[71] Ihre in "Zwischenleben" noch zu spürende Unsicherheit schwand und wich zunehmend dem missionarischen Bewußtsein, eine Aufgabe an der "Menschheit"[72] und die bessere und fortschrittlichere Weltanschauung zu haben.[73] Zu beobachten ist, daß

66 *MacLaine*, Tanz im Licht, aaO., 113; vgl. *MacLaine*, Tanze solange du kannst, aaO., 50.

67 Vgl. *MacLaine*, Zauberspiel, aaO., 250.

68 *MacLaine*, Der Weg nach innen, aaO., 106.

69 *MacLaine*, Zwischenleben, aaO., 294f.

70 Vgl. *MacLaine*, Zwischenleben, aaO., 338f.

71 Vgl. *MacLaine*, Zauberspiel, aaO., 74f.

72 Vgl. *MacLaine*, Zauberspiel, aaO., 244: "Meine Arbeit findet nun nicht mehr von Person zu Person statt, sondern von Mensch zu Menschheit."

73 Vgl. *MacLaine*, Zauberspiel, aaO., 30f.

die religiöse Extroversion MacLaines nicht nur Folge des von ihr angenommenen Auftrags zur gesellschaftlichen Veränderung ist, sondern auch Ausdruck der Selbstüberprüfung im Modus der öffentlichen Explikation des Inneren.[74]

Religion und Religiosität

Bemerkenswert ist, daß MacLaine die Erfahrungen ihrer Sinnsuche als keinem gesellschaftlichen Schema angepaßt bewertet. So wie sie gegenüber ihrem kleinbürgerlichen Elternhaus auf ihrer Individualität beharrte, blieb sie auch in Hollywood bei dieser Haltung. Dagegen wird die Nutzung esoterischer Traditionen und die Sinnfindung in den Bahnen einer sich "alternativ" stilisierenden Religiosität von ihr nicht als Übernahme vorgängiger Muster und "Markttendenzen", sondern als Ausdruck autonomer Sinnsuche gesehen. Die Traditionen der Religionen und christlichen Kirchen werden im Gegensatz zur individualisierten Religiosität der Esoterik als Ausdruck heteronomer Bevormundung bestimmt. Über ihre eigene religiöse Sozialisation und Herkunft schreibt MacLaine:

"Ich will mal sagen, ich bin nicht religiös erzogen worden. Meine Eltern schickten mich in die Sonntagsschule zum Katechismusunterricht, weil ein Kind am Sonntag dorthin gehörte. ... Jesus Christus war für mich ein kluger, weiser und gewiß guter Mensch, doch das, was ich über ihn aus der Bibel erfuhr, sah ich als philosophisch und mythologisch an, und es interessierte mich nicht sonderlich. Seine Predigten und Taten berührten *mich* nicht ... Ich konnte an nichts glauben, was nicht beweisbar war. Ich verschwendete keinen Gedanken an die Suche nach dem Sinn des Lebens oder nach etwas, woran ich glauben konnte, außer an mich selbst. Kurz gesagt, ich machte mir keine Gedanken über Religion, den Glauben an Gott oder an die Unsterblichkeit der Seele. Ich fand das Thema langweilig, nicht halb so aufregend wie die Realität der Menschen."[75]

Ihr eigenes Lebensthema bestimmte sie, wie bereits zitiert, als Suche nach der Identität, der Herkunft des Menschen: "Aber so wenig ich an Gott und Religion und dem Jenseits interessiert war, so sehr interessierte mich eine andere Sache: die 'Persönlichkeit'. Meine eigene Persönlichkeit und die aller Menschen, denen ich begegnete."[76]

Den Kirchen wird unterstellt, aus Machtinteressen die ganze Wahrheit zu verschweigen.[77] Der Konflikt wird exemplarisch bei der Auseinandersetzung um die Reinkarnationsvorstellung deutlich. Die esoterische Tradition beansprucht Jesus für sich gegen die Kirche:

74 Vgl. *MacLaine*, Die Reise nach innen, aaO., 18.
75 *MacLaine*, Zwischenleben, aaO., 54.
76 *MacLaine*, Zwischenleben, aaO., 55.
77 Vgl. *MacLaine*, Zwischenleben, aaO., 185, 191, 220; MacLaine, Die Reise nach innen, aaO., 40.

"Die Lehre der Wiedergeburt steht in der Bibel. Doch die ursprünglichen Auslegungen wurden während des Ökumenischen Konzils der Katholischen Kirche in Konstantinopel um 553 n. Chr., dem Konzil von Nicäa, gestrichen. Die Kirchenväter verbannten diese Lehren aus der Bibel, um dadurch die Macht der Kirche zu festigen. Die Kirche verlangte die alleinige Autorität hinsichtlich des Schicksals der Menschen. Christus dagegen lehrte, jedes menschliche Wesen ist für sein eigenes Schicksal verantwortlich - jetzt und in Zukunft."[78]

Der Konflikt um die Anerkennung der Reinkarnationsvorstellung, der Streit zwischen Religionen, Kirche und Esoterik, ist nach Shirley MacLaine eine Auseinandersetzung um die individuelle Freiheit.[79] Die Überwindung der Religionen befreie zur wirklichen Autonomie des Subjektes und damit zur wahren Religion. MacLaine sieht offensichtlich ihre Gegenwart als den Zeitpunkt dieser Befreiung.

8.4 Ergebnisse: Grundzüge der Reinkarnationsvorstellung als Ausdruck individueller Sinnsuche

Die Aneignung der Reinkarnationsvorstellung durch Shirley MacLaine ließ sich als ein Prozeß der individuellen Sinnsuche rekonstruieren, in dem Versatzstücke esoterischer Traditionen im Interesse der eigenen Identitätsfindung selektiv verwendet werden. Die Intensität der Sinnsuche setzt, wie Daiber herausgearbeitet hat, ein Milieu voraus, in dem sowohl "ökonomische Grenzen keine Rolle zu spielen scheinen"[80], als auch der Anschein geweckt wird, es stehe unbegrenzt Zeit zur Verfügung. MacLaine lebt die Wunschphantasien ihrer Leserinnen und Leser exemplarisch aus: Sie ist erfolgreiche Schauspielerin, Geliebte, wirtschaftlich unabhängig, in der Öffentlichkeit beachtet, und es gelingt ihr, spirituelle, berufliche und private Interessen in Einklang zu bringen. Sie vermittelt den Eindruck, daß es möglich ist, plurale, divergierende Lebensentwürfe in einer Person und Biographie zu integrieren. Trotz ihrer außerordentlichen Möglichkeiten und ihrer herausgehobenen Situation als Hollywood-Star gelingt es MacLaine in ihren sieben Schriften, ihre Sinnsuche und ihre Antworten als normal darzustellen. Auch wenn die äußeren Möglichkeiten außerordentlich gesteigert sind, so werden ihre menschlichen Probleme, inneren Nöte und persönlichen Fragen als durchschnittlich und allgemein menschlich dargestellt. Die innere Reise erscheint im Gegensatz zur äußeren Reise für jeden Menschen, der ernsthaft auf der Suche nach Lebenssinn ist, zugänglich und nachvollziehbar. Auch wenn damit das Bedingungsverhältnis von inneren und äußeren Möglichkeiten noch nicht ausreichend erfaßt ist, können

78 *MacLaine*, Zwischenleben, aaO., 220f, vgl. 170.
79 *MacLaine*, Zauberspiel, aaO., 344f.
80 *Daiber*, Reinkarnationsglaube als Ausdruck individueller Sinnsuche, aaO., 217.

aus MacLaines Rezeption von Reinkarnationsvorstellungen im Verlauf einer individuellen Sinnsuche typische und verallgemeinerbare Aspekte herausgearbeitet werden:

Festzuhalten ist mit Daiber *der individuelle Charakter der Sinnsuche*, der zur Annahme der Reinkarnationsvorstellung führt. Dagegen hat Hummel eingewandt, "daß das, was wie ein ganz persönlicher Weg aussieht, in Wirklichkeit Reproduktion eines längst bestehenden Weltbildes mit Hilfe einer vorgegebenen esoterischen Praxis ist, vermittelt durch 'David' und andere Bekannte, durch spiritistische Zirkel und Medien sowie durch die entsprechende Literatur."[81] Hummel weist zu Recht auf die esoterischen Traditionen hin, die MacLaine vielfältige Muster der Sinndeutung vorgeben. Aber der Charakter der Sinnsuche ist durch das individuelle, rezeptive und selektive Verhalten zu den vorgefundenen Traditionen gekennzeichnet. Die Aneignungsmöglichkeit der Reinkarnationsvorstellungen ist durch die esoterische Tradition vorgegeben; die Form, in der dieses geschieht und die Motive der Auswahl sind individuell. Folglich ist die soziale Gestalt ihrer Religiosität durch eine Distanz zu allen Vergesellschaftungsformen der Religion geprägt, die als typisch bezeichnet werden muß: "Ich hatte schon vor Jahren meine Beziehungen zu den allgemein anerkannten Religionsgemeinschaften abgebrochen, obwohl ich mich auch weiter darum bemühte, in meinem Leben die 'christliche' Nächstenliebe zu verwirklichen."[82] Der Wunsch nach Autonomie distanziert von den verbindlichen Gemeinschaftsformen der Religion; Shirley MacLaine lebt exemplarisch den *Typus einer hochindividualisierten Religion*.

Das selektive, durch individuelle Interessenlagen bestimmte Verhalten gegenüber den religiösen Traditionen und ihren Versatzstücken kann auch auf die Reinkarnationsvorstellung angewendet werden. MacLaines letztes Buch zeigt ein deutlich zurückgetretenes Interesse. Die *Bausteine der individualisierten Religion können ephemer aktualisiert*, aber genauso wieder abgelegt werden. Das Rezeptionsverhalten hat einen gewissen spielerischen Charakter, wenn auch der Ernst der Sinnsuche nicht in Frage gestellt ist. Die Wahl richtet sich nach dem *persönlichen Nutzen*. Die Bausteine esoterischer Weltdeutung unterliegen prinzipiell den gleichen Kriterien, wie die Traditionen und Dogmen der Religionen und Kirchen: Auswahl und Abwahl erfolgen unter den Gesichtpunkten individueller Interessenlagen.

Vieles spricht für die Vermutung, daß die Reinkarnationsvorstellung bei Shirley MacLaine nach einer Phase intensiver Inanspruchnahme auf einem niedrigeren Interessenniveau etabliert bleibt und, als zur religiösen "Grundausstattung" gehörig, einen im übertragenen Sinn "volkskirchlichen" Charakter annimmt.

Der Leitbegriff bei MacLaines individueller Sinnsuche, soweit sie literarisch Ausdruck gefunden hat, ist die *Suche nach der eigenen Identität*. Diese Frage geht

81 *Hummel*, Reinkarnation, aaO., 31.

82 *MacLaine*, Die Reise nach innen, aaO., 59f.

aber über den Rahmen der augenblicklichen Verfaßtheit hinaus, es geht "um sie selbst, um die Klärung der Frage danach, wer sie als Mensch ist. Der neuzeitliche Subjektivismus hat dazu geführt, daß sich die religiöse Frage gerade in dieser Frage nach der eigenen Identität thematisiert."[83] Die Identitätsfrage kann als eine moderne Fassung der religiösen Frage aufgedeckt werden, und die Reinkarnationsvorstellung gewinnt hier ihre sinnstiftende Potenz, insofern sie zur Lebensbewältigung anleitet: "Der funktionale Ort ist ganz deutlich: Hier ist ein Mensch, der sich selbst verstehen will in seiner Geschichte und deshalb in seiner Gegenwart, unterwegs auf eine Zukunft hin, zur Verantwortung gerufen. Der Bericht redet im Zusammenhang der Suche nach sich selbst von der Suche nach Transzendenz. ... Kernbestand der neuen Erfahrung ist der Wiedergeburtsgedanke oder genauer die Wirklichkeit früherer und zukünftiger Leben als Teil der Selbstdefinition. Wo Menschen diesen Gedanken aufgreifen, scheint es viel weniger um Todesbewältigung als um Lebensbewältigung zu gehen."[84]

Die von MacLaine geschätzte Leistung der Reinkarnationsvorstellung liegt in der Fähigkeit, als *Interpretationskategorie persönlicher, schicksalhafter zwischenmenschlicher Beziehungen* zur Deutung der eigenen Situation anzuleiten. "Durch die Wiedergeburtslehre erklärt sich das gegenwärtige Lebensproblem: Es hat seine Wurzeln in älteren Erfahrungen, die aufgearbeitet werden müssen, oder die sich einfach neu stellen. Die Erklärung führt zum Verstehen der Situation, damit seiner selbst."[85]

Im Zentrum der individualisierten Religion steht das *Autonomiebewußtsein*, das eine Akzeptanz vorgegebener Traditionen nicht zuläßt. "Die eigene individuelle Sinnsuche soll also nicht eine Gegenreligion produzieren. Es geht um eine individuelle Religion, die durchaus im Traditionszusammenhang des Christentums bleiben möchte, die aber eigenständig akzentuiert, nicht lehramtlich bevormundet, weder durch eine Hierarchie, noch durch eine theologische Dogmatik."[86] Die Autonomie reklamiert die Unbegrenzheit der Möglichkeiten, sowohl in den Lebensdeutungen wie in den Lebensentwürfen.

Reinkarnation und Karma sind geeignet, die unbegrenzte Freiheit des Individuums theoretisch aufrechtzuerhalten. Indem jedes Schicksal erklärbar wird, wird Kontingenz in jeder Form ausgeschlossen. Es bleibt nur die unbegrenzte Freiheit, die allerdings auch mit *unbegrenzter Verantwortung* einhergeht. Chris Griscom, MacLaines Lehrerin und Therapeutin, formuliert nach Tschernobyl: "Die Gurus verlassen diesen Planeten. Jetzt sind wir dran!"[87]

83 *Daiber,* Reinkarnationsglaube als Ausdruck individueller Sinnsuche, aaO., 219.
84 *Daiber,* Reinkarnationsglaube als Ausdruck individueller Sinnsuche, aaO., 223.
85 *Daiber,* Reinkarnationsglaube als Ausdruck individueller Sinnsuche, aaO., 218.
86 *Daiber,* Reinkarnationsglaube als Ausdruck individueller Sinnsuche, aaO., 222.
87 *Griscom,* Zeit ist eine Illusion, aaO., 186.

Das *Karmagesetz als Prinzip kosmischer Gerechtigkeit* garantiert den Ausschluß jeder schicksalhaften Unberechenbarkeit. "Reinkarnation verbürgt Gerechtigkeit. In ihm dokumentiert sich eine letzte und äußerste Sehnsucht nach Realisierung von Gerechtigkeit. Für die Identitätsdefinition besagt dies: Der einzelne kann sich nur zureichend begreifen in diesem umfassenden, Gerechtigkeit verbürgenden Sinngefüge. Von daher werden der Mensch als verantwortlich handelndes Subjekt und Gott in so engem Zusammenhang gesehen."[88]

Die Vermittlung der Reinkarnationsvorstellung erfolgt durch *Erfahrungen*, vorbereitet durch *Gespräche* und individuell rezipierte *Bücher*, die in ihrem Kernbestand Erfahrungen festhalten. MacLaines Bücher sind Erfahrungsberichte aus dem Leben, die dazu dienen, esoterische Lehren am eigenen Beispiel zu vermitteln. Erfahrungen sind die Voraussetzung zum Eintritt in die esoterische Weltdeutung. Sie sind nur möglich durch eine vorgängige Bereitschaft, die durch Literatur und Lebenszeugnisse angebahnt wird: "Ich mußte zunächst über die Schwelle des Vertrauens treten, um die Richtigkeit seiner Angaben zu erforschen und zu bestätigen."[89] Erfahrungen machen esoterische Deutungsmuster plausibel und lassen sie als gesicherte überindividuelle Gewißheiten erscheinen. In diesem Sinne beruft sich MacLaine auf Einstein: "Wissen ist Erfahrung. Alles andere sind nur Informationen."[90]

Der individuelle Charakter der religiösen Erfahrung führt zu einem dialektischen Verhältnis von *Intimität und Publizität*. MacLaine stellt extrovertiert ihre innersten Gefühle dar. Zwar steht sie durch ihre Rolle in besonderer Weise im Blickwinkel öffentlicher Wahrnehmung, aber sie ist nicht gezwungen, ihre religiöse Sinnsuche aus der Intimität zu entlassen und zum Thema allgemeiner Wahrnehmung zu machen. Neben dem Wunsch nach Weitervermittlung der eigenen Wahrheit ist zu vermuten, daß die hochindividualisierte Religion in der Veröffentlichung eine Form der Selbstvergewisserung und Überprüfung finden kann.

Bei MacLaine sind bereits bei Steiner und Dethlefsen aufgewiesene Elemente wiederzuentdecken: die Auffassung vom Leben als einem Lernprozeß, der grundlegende Gedanke der Fortschrittsentwicklung und die Relativierung des Lebens als Bewußtseinskonstrukt. Auch die anthropologischen Grundannahmen sind ähnlich: die Auffassung von der ewigen präexistenten Seele, der Prozeß von Abstieg und Aufstieg und die monistische Identifikation der Seele mit Gott.

88 *Daiber*, Reinkarnationsglaube als Ausdruck individueller Sinnsuche, aaO., 221.
89 *Griscom*, Zeit ist eine Illusion, aaO., 146.
90 *MacLaine*, Die Reise nach innen, aaO., 254.

9. Zusammenfassung der Wahrnehmungen

Die drei Fallstudien zu Rudolf Steiner, Thorwald Dethlefsen und Shirley MacLaine lassen die individuelle Varianten übergreifenden, gemeinsamen Strukturen westlicher Reinkarnationsvorstellungen sichtbar werden. Unter Berücksichtigung der an Lessing und Schopenhauer gewonnenen Einsichten und der, in der Übersicht dargestellten, Verbreitungsformen können idealtypisch vereinfachte Grundstrukturen westlicher Reinkarnationsvorstellungen zusammengefaßt werden.

Westlich nicht östlich

Der Einfluß östlicher Religionen steht nicht am Anfang der westlichen Reinkarnationsvorstellungen, sie werden als sekundäre Unterstützung genutzt. Die herangezogenen Beispiele können nicht aus der Übernahme östlicher Religionen erklärt werden. Wo ein Rekurs auf östliche Traditionen erfolgt, dient er lediglich der Unterstützung der schon bestehenden eigenen Überzeugung. Wo die Reinkarnation in Tieren als Vorstellung der östlichen Modelle abgelehnt wird, ist die Differenz bewußt benannt. Die wahrgenommenen und analysierten *Reinkarnationsvorstellungen sind westlich, an Individualität und Fortschrittsentwicklung orientiert.* Schopenhauer nähert sich in seinem Denken am stärksten den östlichen Vorstellungen an; aber er rezipiert sie als westlicher Mensch, der die Traditionen Asiens als Bereicherung erfährt. In keinem Fall ist die Andeutung eines Konversionsinteresses zu erkennen: Buddhismus und Hinduismus sind keine realen Alternativen zur westlichen Religion. Im Fall der Anthroposophie ist der Bruch mit der vorangegangenen theosophischen Tradition auch als Konflikt um die Rezeption östlicher Traditionen in westlichen Kulturen zu sehen; Rudolf Steiner wehrt für sich und seine Bewegung diese Überfremdung ab. Zwar ist immer wieder die Bereitschaft zu erkennen, Teilstücke östlicher Traditionen in Anspruch zu nehmen, aber die Rezeptionsrichtung ist andersherum, als oft vermutet: Erst wird die Reinkarnation "entdeckt", und dann in einem zweiten Schritt werden weltanschauliche Deutungsmuster herangezogen, die zu der Erfahrung passen und sie interpretieren. In diesem Interesse werden dann auch die östlichen Traditionen genutzt.

Die Entwicklungsspirale als Grundprinzip

Die Entwicklungsspirale verknüpft Leben und Tod zu einem *Fortschrittszusammenhang, der als Lernentwicklung verstanden wird.* Leben und Tod werden als wechselnde Pole einer rhythmischen Schwingung betrachtet. Der Tod steht dem Leben gegenüber wie der Schlaf dem Wachen. Es gibt keinen endgültigen Tod, er ist lediglich ein Statuswechsel. Entweder geben die Zyklen der Natur die Vorlage für die Erwartung der jeweiligen persönlichen Erneuerung durch Wiedergeburt, oder der Wechselprozeß wird als Absinken in die Materie und Wiederaufstieg (Vergeistigung) interpretiert. Die Wechselstruktur wird durch den Gedanken der Evolution modifiziert: aus dem beständigen Wechsel der Pole entsteht die aufwärtssteigende Spirale. Die Verbindung von Zyklus und Rhythmus mit dem Fortschrittsgedanken ist das Grundprinzip westlicher Reinkarnationsvorstellungen.

Alles ist Entwicklung, dergegenüber die Geschichte an Bedeutung verliert. Der Grundton ist, mit Ausnahme Schopenhauers, optimistisch. Entwicklung hat heilsgeschichtliche Bedeutung: am Ende werden alle das Ziel erreichen. Lediglich in den "sektenähnlichen" subkulturellen Bewegungen wird das Heil nur auf die Mitglieder der eigenen Gruppe begrenzt, die Nichtmitglieder fallen mangels weiterer Reinkarnationsmöglichkeiten in den ewigen Tod. Die Entwicklung aller ist die Hoffnung und das Ziel der westlichen Reinkarnationsvorstellungen. Die Gegenwart kann, trotz Relativierung der Geschichte, als besondere Zeit der Wende, des Umbruchs und der Entscheidung gekennzeichnet werden. Das gilt nicht nur für die Wendezeit zum neuen Zeitalter, dem New Age, sondern ist auch in anderen Entwürfen präsent. Damit wird einerseits die eigene gegenwärtige Situation mit einem besonderen Ernst versehen, andererseits der eschatologischen Stimmung Rechnung getragen.

Gemeinsame Überzeugung der westlichen Reinkarnationsvorstellungen ist die Auffassung von der *Erde als einem Lernort*. Die Welt der Materie steht im Dienst des sich fortschreitend entwickelnden Geistes. Die kosmische und kollektive Entwicklung wird individuell durch Lernerfahrungen eingeholt und vorangetrieben. Leben heißt lernen wie in einer Schule, jede Inkarnation gleicht einer Klassenstufe. Der Sinn des Lebens ist nur lerntheoretisch erfaßbar. Die Entwicklungsdynamik zielt auf Einheit, die aber nur als freiwillige Rückkehr verstanden werden kann.

Westliche Reinkarnationsvorstellungen können die Erfahrung der Pluralität als Vielfalt des Lernmaterials behandeln. Einerseits wird Ewigkeit damit zum Integrativ der unausgeschöpften Möglichkeiten: es gibt noch so viel zu lernen. Andererseits kann Vielfalt als Ausdruck der unterschiedlichen Entwicklungsstufen verstanden werden. So kann auch dem Leiden ein positiver Sinn abgewonnen werden, wenn es als Wurzel des Wachstums angesehen wird.

Kontingenzreduktion und Identitätsfindung

Das Bedürfnis nach Freiheit, Gleichheit und Gerechtigkeit wird durch Reinkarnation und Karma befriedigt. Die Vorstellung wirkt als Kontingenzreduktion und entbindet von bedrohlichen Gottesbildern personaler Macht. Allen Menschen wohnt ein göttlicher Kern inne, der ihre prinzipielle Gleichheit begründet. Als Gestalter seines eigenen Schicksals ist der Mensch frei, keine äußere Macht greift in seine autonome Selbstgestaltung ein. Durch die wiederholten Inkarnationen und ihren inneren *Zusammenhang im Karma-Prinzip bleibt das Leben immer gerecht.* Angesichts real erfahrener Unfreiheit, Ungleichheit und Ungerechtigkeit erscheint der Lebenssinn durch Reinkarnation und Karma plausibler als der Verweis auf eine äußere Macht. Weder dem unbegreiflichen Schicksal noch dem Handeln einer Gottheit wird die Verantwortung für das eigene Leben zugetraut, die eigene Autonomie wird als höherwertig betrachtet. Die Kombination von kosmischem Lernprozeß und absoluter Selbstverantwortlichkeit für das eigene Schicksal ermöglichen den Totalausschluß von Kontingenz. Westliche Reinkarnationsvorstellungen *spiegeln das Unbehagen am Schicksal* und eine gescheiterte Theodizee.

Die persönliche Identität wird durch Reinkarnation und Karma verstehbar und damit akzeptierbar. Die Frage nach der gegenwärtigen Existenz (Wer bin ich?) wird gedeutet durch die Klärung ihrer Herkunft (Woher komme ich?) und bekommt ihren Sinn durch die Sicherheit der Kontinuität der miteinander verknüpften Inkarnationen. Das Entwicklungsziel (Wohin gehe ich?) relativiert die Unannehmlichkeiten der Gegenwart und ordnet sie in einen Gesamtzusammenhang ein, der durch seine optimistische Grundstimmung Hoffnung und Sinn vermittelt.

Die Beziehungen zu anderen Menschen können unter Bezug auf die eigene Identität gedeutet werden. Reinkarnation und Karma wirken als Interpretationskategorien schicksalhafter Wahlverwandtschaften.

Erfahrungen und Rationalitätsanspruch

Reinkarnationsvorstellungen sind *auf Erfahrungen bezogen.* Sie werden mit Erfahrungen begründet, sie deuten Erfahrungen und sie fordern Erfahrungen heraus. Die aufeinander bezogenen Erfahrungen und Deutungen schaffen einen *Raum der Binnenrationalität.*

Der Verweis auf Erfahrungen ist eine durchgängige Struktur in der untersuchten Literatur, so daß sich der Eindruck einstellt: am Anfang steht die Erfahrung. Sie begründet die persönliche Überzeugung von der Realität der Reinkarnation und wird im Gestus des Zeugnisses weitergegeben. Erfahrungen und theoretische Interpretationen stützen sich gegenseitig, insofern die Vorannahme "es gibt Reinkarnation" die Bereitschaft steigert, diese auch zu entdecken. Den individuellen Erfahrungen wird ein überindividueller Realitätsgehalt zugebilligt. Nahezu durchgängig wird von "Wissen" gesprochen, das in bewußten Gegensatz zum "Glauben" gebracht wird, als einer erfahrungslosen und damit nicht realitätsangepaßten Form der Weltdeutung. Der mit Reinkarnationsvorstellungen verbundene Rationalitätsanspruch wird in einigen Fällen als "wissenschaftlich" bezeichnet. Es kann unterschieden werden zwischen Reinkarnationsvorstellungen, die mit dem Anspruch traditioneller Wissenschaft formuliert werden, und Reinkarnationsvorstellungen, für die eine "alternative" Wissenschaft zugrunde gelegt wird.

Der Aneignungsprozeß esoterischer Weltbilder, einschließlich der Reinkarnationsvorstellungen, ist rekonstruierbar: Zuerst erfolgt eine mit vertrauten rationalen Erklärungsmustern nicht deutbare Erfahrung. Wird diese als Realität "übersinnlicher" Dimensionen akzeptiert, steigt die Bereitschaft, weitere Erfahrungen zu suchen und mit der ersten Erfahrung in Übereinstimmung zu bringen. Es entwickelt sich die eigene Binnenrationalität esoterischer Weltbilder, die in sich plausibel und logisch erscheinen. Der Eintritt in diese Welt erfolgt durch Erfahrungen, die nicht zwingend Reinkarnation zum Inhalt haben müssen. Aber immer dort, wo übersinnliche Erfahrungen angenommen werden, ist auch die Bereitschaft zu beobachten, Reinkarnation als Deutungsmuster der eigenen Existenz anzunehmen.

Individualisierung und Veröffentlichung

Reinkarnationsvorstellungen kommen *in den unterschiedlichen Sozialformen der Religion* vor. Die untersuchten Beispiele zeigen jedoch eine *Tendenz zur Individualisierung*. Die Aneignung der Reinkarnationsvorstellungen kann Ausdruck der individuellen Sinnsuche sein, ihre Annahme wird durch persönliche Erfahrungen gestützt. Auch in der Anthroposophie stehen der einzelne und sein Schulungsweg im Mittelpunkt. Der Grund für die Tendenz zur Individualisierung liegt in der Struktur der westlichen Reinkarnationsvorstellungen selbst. In ihrer Mitte steht das autonome Subjekt, das sich durch die Vorstellung der Reinkarnation in seiner individuellen Identität bestätigt erfährt. Auch wo ein kollektiver Fortschritt mit im Blick ist, wird dieser durch die Entwicklung des einzelnen vorangetrieben.

Neben der Individualisierung der Sinnerfahrung durch Reinkarnation ist zugleich eine gegenläufige Tendenz zu beobachten, die als Bereitschaft zur Veröffentlichung bezeichnet werden kann. Indem die persönlichen Reinkarnationserfahrungen und Überzeugungen veröffentlicht werden, geraten sie aus dem Bereich des Individuellen und Intimen in die öffentliche Wahrnehmung und Publizität. Darin läßt sich sowohl der Wunsch nach Anerkennung der allgemeinen Gültigkeit von Reinkarnation, als auch ein Bedürfnis nach Vergewisserung vermuten. Das Buch als Medium der Veröffentlichung zielt jedoch wieder auf die individuelle Rezeptionsform und schafft keine soziale Organisationsgestalt des Reinkarnationsglaubens.

Begründung von Ethik und Verhältnis zu den Religionen

Die Vorstellung von Reinkarnation und Karma bedeuten kein Desinteresse an ethischen Fragen. Vielmehr *können Reinkarnationsvorstellungen Ethik begründen*. Der Glaube an die karmische Verknüpfung der Inkarnationen führt zur Gewißheit der Konfrontation mit den Folgen des je eigenen Tuns. Die Erwartung der kollektiven Evolution ist in vielen Fällen mit der Erwartung eines sittlichen

Fortschritts verknüpft. *Die Ethik bleibt jedoch individualistisch, weil der Ansatzpunkt bei der betonten Selbstverantwortlichkeit* des einzelnen liegt.

Das Verhältnis zu den konkreten Religionen ist durch die Unterscheidung von äußerer Gestalt und innerem Gehalt bestimmt. Die Tendenz zur Individualisierung spiegelt sich auch im Verhältnis zu den organisierten Religionen, die machtkritisch betrachtet werden. Die betonte inhaltliche Übereinstimmung mit dem Christentum bezieht sich nur auf dessen individuell rezipierbaren und esoterisch interpretierten Kerngehalt. Dem "veräußerlichten" Christentum wird die Rückkehr zu den inneren Gehalten empfohlen. Jede Form von Glauben, identifiziert mit der Akzeptanz von Dogmen, wird abgelehnt, ebenso die Anerkennung kirchlicher Hierarchien. Die Unterscheidung zwischen "wahrem" inneren Weg und entfremdetem äußeren Weg kann zur Nivellierung der konkreten Religionen und zur Annahme einer allgemeinen evolutionären Heilsgeschichte aller Religionen führen.

Gott und Mensch - Geist und Materie

Gottes- und Menschenbild sind durch den *Geist- oder Energiebegriff* verknüpft. Das Menschenbild in den Reinkarnationsvorstellungen ist durch die Annahme der Präexistenz bestimmt. Der Annahme eines Lebens nach dem Tod entspricht die Voraussetzung einer Existenz vor der Geburt. Die im Kontext der westlichen Reinkarnationsvorstellungen vertretene Anthropologie geht in den meisten Fällen von der Unterscheidung zwischen ewiger geistiger Natur und körperlicher Manifestation aus. Zwischen beiden wird oft eine verbindende Kraft angenommen. Wo der Leib nur als Umhüllung von Geist und Seele betrachtet wird, kann er abgewertet werden. Grundstruktur ist die Durchdringung und *Verwandlung der Materie durch den Geist.*

In neueren Entwürfen wird häufig der Energiebegriff als Bindeglied zwischen dem Geist des Menschen und dem Göttlichen verwendet. Eine personale Gottesvorstellung entfällt weitgehend, da ein handelnder Gott in Widerspruch zur kosmischen Gerechtigkeit des Karmaprinzips stünde. Der präexistente Wesenskern des Menschen wird mit dem Göttlichen identifiziert. Dieser Geistmonismus kann pantheistisch auf die ganze Welt ausgedehnt werden: alles ist Manifestation der göttlichen Energie. Die empirische Welt, Raum, Zeit und Materie können als Wahrnehmungskonstrukte bewußtseinspsychologisch weitgehend relativiert werden.

Von der Wahrnehmung zur Deutung

Die Beschreibung der westlichen Reinkarnationsvorstellungen in ihrer Vielfalt und Differenziertheit ist damit beendet. Gemeinsame Strukturen sind hervorgetreten. Die Deutung dieser Wahrnehmungen erfolgt unter Rückgriff auf die in den ersten Kapiteln dargestellten Voraussetzungen. Für die multiperspektivische Analyse können Leitfragen formuliert werden: Was begründet den Erfolg der westlichen Reinkarnationsvorstellungen? Auf welchen Erfahrungswirklichkeiten basieren sie? Wie werden sie angeeignet und welche kognitiven Prozesse sind dafür nötig? Welche Strukturen der Moderne liegen ihnen zugrunde und welche Leistungen erbringen sie für den Menschen? Welches sind die sozialen Formen der Religion, in denen die Reinkarnationsvorstellungen im Westen ihren Platz gefunden haben?

10. Der Erfolg der Spirale: Reinkarnationsvorstellungen als Jenseitsmodell

Der Erfolg der westlichen Reinkarnationsvorstellungen liegt in zwei Bereichen: sie sind Hilfe zur Lebensbewältigung und geben Antwort auf die Fragen nach dem Jenseits. Die beides ist miteinander verknüpft, insofern die Klärung der Vergangenheit (woher komme ich?) und die Bearbeitung der Gegenwart (wer bin ich?) auf eine Zukunft nach dem Tode bezogen ist (ich werde wieder sein). Die Reinkarnationsvorstellungen geben eine für viele westliche Menschen plausible Antwort auf die grundlegende menschliche Fragestellung, die zugleich ins Zentrum jeder Religion gehört: Was wird mit dem Menschen jenseits des Todes?

Die Fallstudien und Beschreibungen belegen die Beobachtung, "daß trotz eines weitgehenden Schwundes von Religion bestimmte Phänomene - wie der Kosmos, die Geburt und vor allem der Tod - dem Menschen so unbegreifbar bleiben, daß die numinose Apperzeption auch in Zukunft einen gängigen Modus darstellen wird, auf das Extraordinäre zu reagieren, sich zu ihm zu stellen und es zu verstehen."[1] Nicht nur die gestiegene Unsicherheit in der Moderne, wie Sloterdijk mutmaßt, sondern die Tatsache der Sterblichkeit des Menschen ist Anlaß zu ständiger Reflexion des Menschen über sich selbst und damit zur religiösen Selbstbestimmung. Der Erfolg der Reinkarnationsvorstellungen liegt in einer Verhältnisbestimmung von Diesseits und Jenseits, die sich von anderen Jenseitsvorstellungen unterscheidet und, wie gesehen, in spezifischer Weise die Verfaßtheit des modernen Bewußtseins berücksichtigt.

Den unterschiedlichen Verhältnisbestimmungen von Diesseits und Jenseits wird in einem ersten Schritt nachgegangen. In einem zweiten Schritt wird das Jenseitsmodell der westlichen Reinkarnationsvorstellungen und sein besonderer Erfolg untersucht. Drittens wird der Frage nachgegangen, ob die westlichen Reinkarnationsvorstellungen als synkretistische Erscheinungen aufzufassen sind.

1 *Meyer*, Religionskritik, Religionssoziologie und Säkularisation, aaO., 378.

10.1 Jenseitsmodelle und Weltdeutung

Die Beschreibung verschiedener Jenseitsvorstellungen in den Religionen[2] kann typologisch auf einige Modelle zurückgeführt werden, wie bei Jacob Burckhardt, der die Religionen nach ihren Jenseitsvorstellungen differenziert.[3] Stephen T. Davis stellt vier Hauptoptionen zusammen:[4] Der Tod ist das Ende ("the 'death ends all' option"), Reinkarnation, Unsterblichkeit der Seele und schließlich die Vorstellung von der Auferstehung. Die Schwäche dieser Typologie ist, daß die Unterscheidung der letzten beiden Optionen undeutlich bleibt. Unterschiedliche Differenzierungskriterien führen zu unterschiedlichen Typologien. "Unterscheidend ist, ob und wie der Tod als Abbruch, Unterbrechung und/oder Weiterführung dieses Lebens gedeutet wird."[5]

Edmund Spieß arbeitet in seiner Typologie von 1877 vier Theorien vom "Zustande nach dem Tode" auf der Grundlage des jeweiligen Seelenverständnisses heraus:[6] "Annihilationslehre" (Vernichtung resp. dem Aufhören der Seele); "Resorptions-Theorie" (der Mensch emaniert aus der Gottheit und wird von ihr wieder aufgesogen); "Resurrectionstheorie" (die Seele verliert mit dem Tode des Leibes nicht ihre individuelle, persönliche Existenz); "Recurrenztheorie (Lehre von einer wiederholten Rückkehr der Seele in körperliche Wohnungen). Diese Typologie arbeitet unterschiedliche Modelle von Kontinuität und Abbruch heraus. Aber der Ausgangspunkt der Überlegungen von Spieß ist das Seelenverständnis, aus dem heraus er die Jenseitsvorstellungen differenziert, das aber in dieser Weise nicht unhinterfragt als Unterscheidungskriterium vorausgesetzt werden kann. Spieß folgert: Wird eine eigenständige Seele bestritten, ist der Tod das Ende. Wird eine Seele angenommen, entscheidet deren Entstehung über die Jenseitsvorstellung. Ist sie aus der göttlichen Allseele hervorgegangen, wird sie auch von dieser wieder aufgenommen. Ist die Seele jeweils neu geschaffen, folgt daraus die Auferstehungsvorstellung. Wird deren Präexistenz vorausgesetzt, führt dieses zur Reinkarnationsvorstellung.

2 Vgl. *H.J.Braun*, Das Jenseits, Zürich/Düsseldorf 1996; *E.Benz*, Die Todesvorstellungen der großen Religionen, in: Was ist der Tod? München 1969, 147-178; *F.Heiler*, Unsterblichkeitsglaube und Jenseitshoffnung in der Geschichte der Religionen, München/Basel 1950; *W.Kucher*, Jenseitsvorstellungen bei den verschiedenen Völkern, in: Resch (Hg.), Fortleben nach dem Tode, aaO., 87-160; *A.Resch*, Unsterblichkeit: Geschichte und Forschung, in: ders. (Hg.), Fortleben nach dem Tode, aaO., 25-85; *G.Stephenson* (Hg.), Leben und Tod in den Religionen, Darmstadt 1980.

3 *J.Burckhardt*, Weltgeschichtliche Betrachtungen, Stuttgart ^{7}1949, 45f.

4 *S.T.Davis*, Introduction, in: ders. (Hg.), Death and Afterlife, London 1989, VIII - XI, IX.

5 *G.Fuchs*, Tod. Anthropologisch - theologisch, in: LSSW^{2} 1041-1044, 1042; vgl. *S.Helmers*, Sterben/Jenseits, in: Dunde (Hg.), Wörterbuch der Religionspsychologie, aaO., 280-286, 280.

6 *Spieß*, Entwicklungsgeschichte der Vorstellungen vom Zustande nach dem Tode, aaO., 33-53.

Verhältnis von Diesseits und Jenseits: vier Modelle

Andere Unterscheidungskriterien als die Seelenvorstellung können die Einstellung zum Leben[7] oder die Unterscheidung von Theozentrik und Anthropozentrik[8] sein. Samuel Vollenweider hat vorgeschlagen, die *Verhältnisstruktur von Diesseits und Jenseits* zu beachten.[9] Die Unterscheidungsfrage lautet dann: In welchem Verhältnis stehen Leben und Tod in den verschiedenen Jenseitsvorstellungen? Ist das Verhältnis von Diesseits und Jenseits asymetrisch oder symetrisch?

Angeregt durch diese Unterscheidung sollen im Folgenden vier Modelle von auf die Grundstruktur abstrahierten Jenseitsvorstellungen vorgestellt werden.

• Das *Modell des Abbruchs* und der absoluten Diskontinuität: Das Leben ist alles, der Tod ist das Ende, es gibt keine Kontinuität. Diese Auffassung kann sowohl aus atheistischer, wie nihilistischer Überzeugung stammen, kann aber auch Ausdruck einer skeptischen oder agnostischen Haltung sein, die eine realistische Haltung angesichts der Undurchdringbarkeit der Todesgrenze annimmt.

• Das Modell der *gebrochenen Linearität* als Kontinuität von Leben und Jenseits. Zwischen diesem Leben und dem Leben nach dem Tod besteht ein unumkehrbares Beziehungsverhältnis. Das lineare Modell geht von einer zeitlichen Erstreckungslinie ohne Umkehrmöglichkeit (Zeitfluß) aus. Die Linie ist zwar im Tod gebrochen, bleibt aber das Modell, an dem das Jenseits orientiert ist. Nach der Lebenszeit und dem Tod kommt eine andere Existenzform. Diese Vorstellung hat in den großen monotheistischen Religionen (Judentum, Christentum und Islam) Gestalt gefunden. Das lineare Modell kann auch als Fortsetzung der Existenz in einer Geisterwelt gedacht werden, wie im Spiritismus. Die allen Modellvarianten zugrundeliegende, gemeinsame Vorstellung orientiert sich an einer teleologischen Ausrichtung. Die Zeit wird wesentlich als fortlaufende Zeit gedacht, die unumkehrbar vergeht und in der folglich alles nur einmalig sein kann. Dennoch wäre die Beschreibung dieses Modells als linear nicht ganz zutreffend, denn die christliche Eschatologie versteht Ewigkeit gerade "nicht als Prolongation der linear abrollenden Zeit ins Unendliche".[10]

• Das *zyklische Modell* als Symmetrie von Leben und Tod, die einander polar ergänzen und in gleichmäßiger Beziehung zueinander stehen. Die Zustände diesseits und jenseits des Todes sind symmetrische Pole eines Geschehens, unterschiedliche Phasen eines größeren Gesamtgeschehens, die wechselnd ablaufen und auch zu unterscheiden sind. Das zyklische Modell hat im Hinduismus Gestalt gefunden: Leben und Tod befinden sich in einem ewigen Kreislauf von Werden und Vergehen,

7 Vgl. *T.Sundermeier*, Leben, in: TRE XX, 514-520.: Bejahung und Verneinung des Lebens.

8 Vgl. *Lang/MacDannell*, Der Himmel, aaO., 471-478.

9 Vgl. *S.Vollenweider*, Großer Tod und Großes Leben, in: EvTh 51 (1991), 365-382, 378.

10 *Vollenweider*, Großer Tod und Großes Leben, aaO., 379. Paradigmatisch ist das Problem von Identität und Veränderung bei Paulus ins Bild gesetzt: Das Weizenkorn fällt in die Erde und vergeht, aber aus ihm entsteht etwas Neues (vgl. 1. Korinther 15, 35ff).

der ohne Anfang und Ende ist. Die Zeitläufe entziehen sich menschlicher Vorstellungskraft. Innerhalb des symmetrischen Modells können Unterschiede in Bezug auf die Substanz des Kontinuums, die Zeitphasen und die Arten der Wiederkunft bestehen.

• Das *monistische Modell* der Identität von Leben und Tod. Tod und Leben sind keine unterschiedlichen Zustände, sondern lediglich Illusionen, die als wechselnde Wahrnehmungen des einen Seins zu entlarven sind. Die monistische Auffassung führt zur Bestreitung des Dualismus von Welt und Überwelt, von Diesseits und Jenseits. Die buddhistische Vorstellung vom Eingehen ins Nirvana will die Erfahrung der Identität von Diesseits und Jenseits zum Ausdruck bringen:[11] Nirvana ist nicht Jenseits, sondern ein Zustand, der bereits im Hier und Jetzt eintreten kann.

Die westlichen Reinkarnationsvorstellungen lassen sich offensichtlich mit keinem der vier Modelle ganz erfassen. Das könnte entweder bedeuten, daß die Modelle falsch, weil der Wirklichkeit unangemessen, sind, oder daß die *westlichen* Reinkarnationsvorstellungen kein primäres Jenseitsmodell sind, sondern eine Synthese aus den beschriebenen Modellen bilden. Dieser zweiten Überlegung wird im Folgenden weiter nachgegangen.

10.2 Der Erfolg der Spirale: westliche Reinkarnationsvorstellungen als Synthese

In den Fallstudien war die Entwicklungsspirale als Strukturprinzip der westlichen Reinkarnationsvorstellungen herausgearbeitet worden: Welt und Jenseits sind aufeinander bezogen und zyklisch miteinander verknüpft. Durch das rhythmische Spiel, den polaren Wechsel von Tod und Leben, zieht sich der Prozeß fortschreitender Entwicklung. Der Zyklus bekommt eine Richtung und wird zur Spirale. Das Bild der Spirale kann als Schlüssel für die westlichen Reinkarnationsvorstellungen gelten, durchaus in Differenz zu den östlichen Reinkarnationsvorstellungen, wie George Trevelyan, Nestor der New Age-Bewegung, betont: "So wird das östliche 'Rad der Wiedergeburt' im Westen in eine Spirale verwandelt, eine Wendeltreppe, die schließlich zu einem 'neuen Himmel und einer neuen Erde' führt."[12] Trevelyan begründet die Veränderung mit der Hochschätzung des Individuums im Westen und mit dem evolutionären Denken, welches das westliche Verständnis von Reinkarnation färbt.

Die westlichen Reinkarnationsvorstellungen sind nicht einfach mit einem zyklischen Weltbild verrechenbar. Durch die Kombination mit der Entwicklungsdynamik linearer Weltbilder entsteht eine neue Struktur, die symmetrische Struktur

11 Vgl. *K.Nishitani,* Was ist Religion? Frankfurt a.M. ^{2}1986, 266, 347ff.

12 *Trevelyan,* Eine Vision des Wassermann-Zeitalters, aaO., 59.

wird asymmetrisch aufgebrochen. Zyklus und Telos überlagern sich zur Spirale: Jedes Leben ist eine halbe Drehung, jeder Jenseitsweg die andere Hälfte. Im Fortschrittsprozeß mendelt sich das Individuum langsam voran.

Der Erfolg der westlichen Reinkarnationsvorstellungen liegt in der Kombination unterschiedlicher Strukturen. Aus zyklischem und linearem Denken werden Aspekte herausgenommen und zum Modell der westlichen Reinkarnationsvorstellungen verknüpft: *Aus dem zyklischen Modell entlehnen westliche Reinkarnationsvorstellungen die naturhafte Anschaubarkeit.* Die erlebbaren und sichtbaren Zyklen von Werden und Vergehen (Tag und Nacht, Frühjahr und Herbst, Ebbe und Flut) machen die Reinkarnationsvorstellungen plausibel. Warum sollte nicht für Leben und Tod dasselbe gelten, was für die vor Augen stehenden Naturvorgänge gilt? Versteht man darüber hinaus das naturzyklische Erleben als basale menschheitliche Erfahrung, die ontogenetisch durchlaufen wird, werden mögliche Motive erkennbar, warum auch im Westen Menschen die Reinkarnationsvorstellung annehmen. "Die Wiederholung, der Zyklus, ist eine prägende Erfahrung von Geburt an, lange bevor der Mensch fähig ist, sich reflexiv mit seiner Wirklichkeit auseinanderzusetzen. Alles wiederholt sich, die Struktur jedes Vorganges ist wesentlich zyklisch. Die Figur des Kreises wird zum Bild für die Wirklichkeit. Die Welt ist Kreis. Die Wiederholung im Zyklus wird dann zur Methode, um in Beziehung zu der - zyklisch erfahrenen und interpretierten - Wirklichkeit zu treten. Dies geschieht zum Beispiel im Ritual, im Mythos, in den jährlich wiederkehrenden Festzeiten und -tagen".[13]

Die Plausibilität der westlichen Reinkarnationsvorstellungen beruht auf der Evidenz natürlicher zyklischer Prozesse; ihre Hoffnung und ihr Optimismus aber kommen aus dem linearen Weltbild: *Aus dem linearen Modell entlehnen westliche Reinkarnationsvorstellungen den Entwicklungsgedanken.* Leben ist Evolution, der Prozeß fortschreitender Entwicklung wird durch den Naturzyklus nicht aufgehoben, sondern verwirklicht. Der große Entwicklungsgang ist aus zahllosen kleinen Kreisbewegungen zusammengesetzt.

Vermieden werden in der kombinatorischen Struktur der westlichen Reinkarnationsvorstellungen die negativen Aspekte zyklischer und linearer Weltbilder: *Vermieden wird der ewige Kreislauf*, der Zyklus ohne Ende. Westliche Reinkarnation ist nicht Wiederholung des immer Selben, sondern ist geknüpft an die Erwartung sichtbarer und irreversibler Veränderungen zum Guten. Ebenfalls *vermieden wird die Einmaligkeit* des Lebens, die Begrenzung der Möglichkeiten und die vorbeigegangene einmalige Chance. Stattdessen: es gibt viele Leben, viele Chancen, ein endloser Horizont unausgeschöpfter Möglichkeiten tut sich auf, dessen Eroberung nicht durch den Abbruch im Tode verhindert wird.

Der Erfolg der westlichen Reinkarnationsvorstellungen liegt in der Kombination naturhaft-zyklischer Vorstellungen mit dem Entwicklungs- und Fortschrittsge-

13 *Feder*, Reinkarnationshypothese in der New Age-Bewegung, aaO., 18.

danken, bei gleichzeitiger Vermeidung der als negativ erlebten Seiten beider Modelle. "In diesem Weltbild ist der Mensch gesichert und gleichzeitig relativiert. Angesichts der scheinbar beliebigen Wiederholbarkeit jedes Zusammenhangs hat das Einzelphänomen in erster Linie bestätigende Bedeutung. ... Es dürfte unübersehbar sein, daß diesem Weltbild ein immenser Beruhigungsfaktor innewohnt. ... Was auch immer geschieht, es ist schon einmal dagewesen und 'überlebt worden'."[14]

Die Reinkarnationsvorstellungen sprechen durch ihre symmetrische Struktur von Diesseits und Jenseits ein Bedürfnis nach Harmonie an. In ihrer Einfachheit und Logik liegt ihre Plausibilität. Sie erweisen sich als ein naheliegendes Modell, eben "eines der großen Deutungsmuster für das menschliche Einzelschicksal und das größere Geschehen im All."[15]

Die Bedeutung des Entwicklungsgedankens

In der sich mit westlichen Reinkarnationsvorstellungen beschäftigenden Literatur ist immer die Auffassung zu entdecken, diese seien eine depravierende Modifikation der östlichen Vorstellungen unter Aufnahme des westlichen Entwicklungsgedankens. Die Beispiele und Fallstudien belegen für die westlichen Reinkarnationsvorstellungen einen anderen Prozeß: In die linearen Weltbilder (christlich-) westlicher Herkunft wird das zyklische Denken eingefügt. Ausgangspunkt sind die alles beherrschenden Vorstellungen von Entwicklung, Fortschritt und Evolution. Westliche Reinkarnationsvorstellungen gehen von diesen Gedanken aus, und setzen sie in kleine Schritte um. Darin liegt ihre Plausibilität und ihr Erfolg: Der große lineare Prozeß wird zerlegt in kleine zyklische Schritte, damit wird er überschaubar und erträglich. Der durch lineares Denken geprägte christliche Westen integriert den zyklischen Gedanken unter Beibehaltung der Dominanz des linearen Denkens. Das heißt, die Linearität wird durch den Zyklus modifiziert. Ein weiteres Verständnis der Strukturen westlicher Reinkarnationsvorstellungen kann aus einem Vergleich mit den Strukturen des Übergangs gewonnen werden.

Reinkarnation als dauernder Übergang

Geburt und Tod lassen sich mit Arnold van Gennep als Übergänge interpretieren. Er unterscheidet in seiner klassischen Darstellung "Les rites de passage"[16] drei Phasen in jedem Übergang: Trennung (Ablösung), Umwandlung (Schwelle) und Angliederung (Integration). "Das Individuum aus einer genau definierten Situation

14 *Feder*, Reinkarnationshypothese in der New Age-Bewegung, aaO., 19.

15 *Adler*, Seelenwanderung und Wiedergeburt, aaO., 14.

16 *A. van Gennep*, Übergangsriten, Frankfurt a.M. 1986.

in eine andere, ebenso genau definierte hinüberzuführen"[17], ist ein krisenhafter und gefährlicher Vorgang. Übergänge lassen sich nach van Gennep am besten in der Analogie von Sterben und Neugeborenwerden zum Ausdruck bringen, Tod und Wiedergeburt sind das Grundschema des Übergangs, das er mit zahlreichen Beispielen aus der ethnologischen Forschung belegt.[18]

Reinkarnationsvorstellungen bearbeiten den Übergang aus der Welt der Lebenden in die Welt der Toten und den Wiedereintritt als Übergang aus der Welt der "körperlosen Seelen" in die Materie. Van Gennep geht in seinem Kapitel über die Bestattungsriten auf die Reinkarnationsvorstellungen ein, die er im Zusammenhang des jenseitigen Umwandlungsprozesses als Seelenreise interpretiert.[19] Die Geburt als Übergang, in der die Angliederung an die Welt der Lebenden zum zentralen Thema wird, wird bei ihm nicht mit Reinkarnation in Verbindung gebracht.[20]

Das Interesse, die eigene Identität, die mit der Geburt sichtbar beginnt, reinkarnatorisch auszuweisen, tritt erst in den westlichen Reinkarnationsvorstellungen deutlich hervor. Dort, wo in den Reinkarnationsvorstellungen das Leben selber nur noch zur Lernmöglichkeit, zum kurzzeitigen Übergangsstatus auf dem unendlichen Entwicklungsweg wird, bekommt das Lebensganze den Status eines Zwischenzustandes. Das Leben ist nur noch Wandel, strukturell liminal, auf der Schwelle stehend, um eine Begriffsprägung Victor Turners aufzugreifen.[21] In Übertragung der Systematik der Übergangsriten sind die westlichen Reinkarnationsvorstellungen ein auf Dauer gestellter Schwellen- oder Übergangszustand. Eingerahmt durch die zurückliegenden und die noch kommenden Lebensläufe findet sich der von Reinkarnationsvorstellungen bestimmte Mensch in einem Zwischenraum. Die Unentschiedenheit des Übergangsraumes korrespondiert dem Lebensgefühl des modernen Bewußtseins, unbeschränkte Möglichkeiten vor sich zu haben.

10.3 Reinkarnationsvorstellungen - eine synkretistische Erscheinung?

Die Anpassungsfähigkeit der Reinkarnationsvorstellungen ist bemerkenswert, sie vermögen sich auch in Religionen einzufügen, die ihnen keine Anknüpfungspunkte zu bieten scheinen. Darauf hat Ernst Benz bereits 1957 hingewiesen:

17 Vgl.*van Gennep,* Übergangsriten, aaO., 15.
18 Vgl.*van Gennep,* Übergangsriten, aaO., 23, 79, 80, 84, 93f, 104 f, 106, 135, 175.
19 Vgl.*van Gennep,* Übergangsriten, aaO., 156f.
20 Vgl.*van Gennep,* Übergangsriten, aaO., 59
21 Vgl. *V.Turner,* Das Liminale und das Liminoide in Spiel, "Fluß" und Ritual, in: ders., Vom Ritual zum Theater, Frankfurt a.M./New York 1989, 28-94, 63 u.ö.

"Einmal hat die neuere religions- und geistesgeschichtliche Forschung mit allem Nachdruck auf die Tatsache hingewiesen, daß die Lehre von der Reinkarnation auch im Bereich der christlichen Geistesgeschichte immer wieder ganz spontan hervortritt, und zwar keineswegs immer nur als die Folge einer literarischen Beeinflussung durch die fernöstlichen Religionen, sondern in immer neuen, unmittelbaren Durchbrüchen letzthin irrationalen Ursprungs, in denen sich diese Lehre trotz ihres allgemeinen Verdikts durch die herrschende christliche Lehre zu Wort meldet. Die ganze europäische Geistesgeschichte weist die Spuren immer neuer Einbrüche der Reinkarnationsidee auf."[22]

Die Fallstudien und weiteren Beispiele belegen die These von Benz materialreich. Aber sind die Reinkarnationsvorstellungen aufgrund ihrer Wandlungs- und Anpassungsfähigkeit als synkretistische Phänome ausgewiesen? Die Verwendung des Begriffs "Synkretismus" ist problematisch, weil er immer wieder wertend gebraucht wird.[23] Der Gebrauch ist nur in der Außenperspektive als Beschreibungskategorie sinnvoll.[24]

"Synkretismus kann aufgefaßt werden als eine der möglichen Reaktionen auf eine solche Situation der Verunsicherung durch Begegnung verschiedener Systeme; eine Reaktion, die das Ziel verfolgt, diese Verunsicherung aufzuheben, und die dies in einer ganz bestimmten Weise zu erreichen sucht, nämlich durch Aufhebung der Grenzen der Systeme und damit Aufhebung des Konkurrenz-Charakters".[25] Synkretismus ist zu verstehen, "als eine Aneignung und Überwältigung des Fremden durch eine Neukonstruktion von Sinn, die es erlaubt die eigene kulturelle Identität weitestgehend zu wahren".[26] "Der Kontext des Synkretismus-Problems kann als eine zweifache Identitäts-Problematik beschrieben werden. Auf der einen Seite geht es um die Identität religiöser Systeme - 'Gefahr des Synkretismus' bezeichnet die Gefahr, daß ein System seine Identität verliert. Auf der anderen Seite geht es um die Identität religiöser Individuen, die der Spannung zwischen verschiedenen kulturellen oder auch religiösen Systemen ausgesetzt sind - Synkretismus erscheint dann als ein Versuch, diese Spannung zu mildern oder aufzuheben."[27]

22 *Benz*, Vorwort des Herausgebers, aaO., 98.

23 Vgl. *Bochinger*, Synkretismus, iaaO.; *H.W.Gensichen*, Mißverständnis und Vorverständnis, in: Greive/Niemann (Hg.), Neu glauben? AaO., 9-22; *H.P.Siller*, Synkretismus, in: ders. (Hg.), Suchbewegungen, Darmstadt 1991, 1-17.

24 Vgl. *A.Feldtkeller*, Der Synkretismus-Begriff im Rahmen einer Theorie von Verhältnisbestimmungen zwischen Religionen, in: EvTh 52 (1992) 224-245 macht darauf aufmerksam, daß die Verwendung des Synkretismusbegriffs nicht wertneutral, sondern in selbstreferentiellen Systemen (Wissenschaften, Religionen ...) erfolgt (226f) und damit immer auch etwas über den aussagt, der ihn verwendet..

25 *U.Berner*, Heuristisches Modell der Synkretismus-Forschung, in: G.Wießner (Hg.), Synkretismusforschung. Theorie und Praxis, (GOF.G 1) Wiesbaden 1978, 11-26, 12.

26 *H.P.Siller*, Synkretistisches Handeln, in: ders. (Hg.), Suchbewegungen, aaO., 174-184, 180.

27 *U.Berner*, Synkretismus und Inkulturation, in: Siller (Hg.), Suchbewegungen, aaO., 130-144, 134.

Der Synkretismusbegriff wurde an komplexen Religionssystemen entwickelt. Würde man die Verbreitung der westlichen Reinkarnationsvorstellungen als Ausdruck der Einwanderung östlicher Religionen in den Westen ansehen, wäre von einem synkretistischen Vorgang zu sprechen. Da diese Genese nicht nachgewiesen werden konnte, sondern die Verbreitung von Reinkarnationsvorstellungen im Westen auf Wandlungsprozessen in der westlichen Kultur und ihrer Religionen hinweist, ist auch der Synkretismusbegriff problematisch. Denn der Wandel religiöser Vorstellungen in einem Religionssystem ist als Ausdruck lebendiger Vorgänge zu begreifen. So wie sich die christlichen Jenseitsvorstellungen wiederholt verändert haben, sind sie auch weiterhin im Fluß. Lang und MacDannell haben "die vielfältigen Vorstellungen, die sich Christen vom ewigen Leben gemacht haben" gesammelt und haben gezeigt, daß die Widersprüche im Laufe der christlichen Religions- und Kirchengeschichte "ins Grundsätzliche"[28] gehen. Der ständige Wandel der Jenseitsvorstellungen in der Geschichte der christlichen Religion gibt einen Eindruck von den alltagsweltlichen Vorgängen, die als "synkretistische Verarbeitung" bezeichnet werden könnten; ein insgesamt lebendiger Vorgang, in dem sich eine Religion vor Versteinerungen bewahrt.[29]

Synkretismus ist "eine Phase im Aneignungsprozeß", entstanden "in der Situation des Zusammenlebens von Menschen".[30] Der alltagsweltliche Synkretismus integriert individuelle Erfahrungen, auch die der Reinkarnation, in das vorgegebene religiöse System. "Die für eine lebendige Religion notwendige Integration primärer Religionserfahrungen in ein sekundäres (institutionell verselbständigtes) Religionssystem vollzieht sich notwendig synkretistisch."[31]

In die gleiche Richtung gehen auch die Überlegungen Daibers, der die alltagspraktische Aneignung von Reinkarnationsvorstellungen als individuelle Sinnsuche mit synkretistischen Tendenzen beschreibt: "Diese eigenständige Suche vollzieht sich in den selteneren Fällen sozial erkennbar, in Gruppen organisiert, in Netzwerken zusammengefaßt. Häufig sind es einzelne, nachdenkliche einzelne, die ihre Antwort suchen und persönlich leben. Dabei wird oft auf ältere Traditionen zurückgegriffen, oft freilich gar nicht in ihren elaborierten Ausgestaltungen, eher schlagwortartig verdichtet und dann eigenständig interpretiert. Was ist schon Wiedergeburt? Ein kleiner Vogel, angstfrei hin und her huschend auf dem Grab eines Menschen, um den ich trauere. Schon ist der Gedanke geboren, eine Möglichkeit,

28 *Lang/MacDannell*, Der Himmel, aaO., 10. Vgl. *V.Drehsen*, Wie religionsfähig ist die Volkskirche? Gütersloh 1994, 313-345 ("Die Anverwandlung des Fremden").

29 Vgl. *T.Sundermeier*, Inkulturation und Synkretismus, in: EvTh 52 (1992) 192-209, 202.

30 *Siller*, Synkretismus, aaO., 10f. Vgl. *T.Ahrens*, Zum Synkretismus melanesischer Volkskultur, in: Siller (Hg.), Suchbewegungen, aaO., 62-83, 75: "Der synkretistische Prozeß vollzieht sich als Wechselwirkung zwischen nichtorganisierter Leutereligion und institutionalisierter Form der Religion".

31 *Siller*, Synkretismus, aaO., 7f, unter Bezug auf: *T.Sundermeier*, Synkretismus und Religionsgeschichte, ebd., 95-105, besonders 98.

Tod, Leben und Zukunft zu verstehen. Vielleicht ist er nur einen Augenblick da, vielleicht wird er auch Teil eines persönlichen religiösen Überzeugungssystems, das sich mit Christlichem wie selbstverständlich verbindet. In einem religionsgeschichtlich präzisen Sinn wird hier kaum von Synkretismus gesprochen werden können. Was heute allerdings fasziniert, ist nicht der Synkretismus der Religionsgeschichtler, es ist der Alltagssynkretismus, jene Synthese unterschiedlicher religiöser Traditionen, in der persönliche Orientierung gesucht wird."[32] Wissenssoziologisch ist der Alltagssynkretismus eine Ausdrucksform ganz "normaler" Selektionsvorgänge, die jedes Subjekt unter dem Individualisierungsdruck der Moderne leisten muß. Wenn die Reinkarnationsvorstellungen an eigene Erfahrungen anknüpfen und plausible Erklärungen sozialer und psychischer Prozesse liefern, ferner den Erfahrungen eine Sprache geben, dann erweisen sie sich als "brauchbare" Kategorien.[33]

In diesem Sinne sind die westlichen Reinkarnationsvorstellungen eine für viele westliche Menschen sinnvolle Konzeption des Lebens nach dem Tod. Beantwortet wird die Frage nach dem individuellen Geschick nach dem Ende dieses irdischen Lebens durch eine plausible, weil leicht nachvollziehbare Vorstellung. Dabei wird das moderne Individuum seiner Selbsterhaltung gewiß gemacht, ohne daß es sich einer göttlichen Macht anvertrauen müßte. Die Bedrohlichkeit des Todes als des Endes wird minimiert, wenn nicht ausgelöscht, da eine Fortsetzung des Lebens im Diesseits, wenn auch unter neuen Bedingungen, erwartet wird. Die Angst vor der radikalen Selbstverlorenheit oder vor einer externen, göttlichen Beurteilungsinstanz wird abgewehrt. Auch wird dem skeptischen Subjekt keine übermäßige Vorstellungsleistung in Bezug auf ein transzendentes Jenseits abverlangt, denn das Jenseits wird das Diesseits sein, wenn auch in evolutiv verbesserter Gestalt. Die Anfrage der Religionskritik, ob dieses Jenseits nicht ein Wunschpostulat, eine Flucht vor der Todesrealität sei, wird mit dem Hinweis auf die Vorerfahrungen abgewiesen. Wer sich in der Reinkarnationstherapie eine Anschauung von den vielen Vorleben verschafft hat, für den ist die Frage nach einem weiteren Leben nach dem Tod bereits beantwortet.

32 *Daiber*, Alltagssynkretismus und dogmatische Tradition, aaO., 112f.

33 Vgl. *Stenger*, Die soziale Konstruktion okkulter Wirklichkeit, aaO., 196.

11. Außerordentliche religiöse Erfahrungen

Die Plausibilität der westlichen Reinkarnationsvorstellungen wird mit ihrer Erfahrbarkeit begründet, obwohl unter denen, die von Reinkarnation überzeugt sind, nur eine Minderheit auf eigene Erfahrungen mit vergangenen Inkarnationen verweisen kann. Für sie ist die Außerordentlichkeit des Erlebnisses ein überzeugender und eindeutiger Beweis. Diese Erfahrungen werden weitergegeben. Literatur und Vorführungen im Fernsehen erwecken den Eindruck, daß es jedem offen steht, sich selber von der "Wirklichkeit" der Reinkarnation zu überzeugen. Die Reinkarnationstherapie ermöglicht diese außerordentlichen Erfahrungen mittels ihrer Techniken, so daß von einer Form der künstlich induzierten Erfahrung gesprochen werden kann. Die These dieses Kapitels ist es, daß *Reinkarnationserfahrungen, religionspsychologisch betrachtet, als religiöse Erfahrungen gelten können, daß damit aber keine Aussage über die Wirklichkeit von Reinkarnation getroffen ist.*

11.1 Reinkarnationserfahrungen

Das zentrale Thema der religiösen Erlebniswelt ist die religiöse Erfahrung. Die Gewißheit "das habe ich erlebt" steht oft im Zentrum der individuellen Begründungen von Reinkarnationsvorstellungen. Unterschieden wird nach der Art des Auftretens: erfolgte die Reinkarnationserfahrung spontan oder wurde sie methodisch herbeigeführt?

Spontane Erfahrungen treten als Déjà-vu-Erlebnisse, als Erfahrungen in Todesnähe, Absencen oder als tagtraumähnliche Regressionen auf. Reinkarnatorische Erfahrungen können ausgelöst werden im Zusammenhang krisenhafter Einbrüche der Normalität: bei Krankheiten, in Todesnähe und bei Angst, in Trance, Ekstase und Massenerlebnissen. Diese Situationen begünstigen Zustände, in denen besondere Erfahrungen auftreten können. Die folgende spontane Reinkarnationserfahrung widerfährt der Berichterstatterin, einem Tagtraum vergleichbar, an einem regnerischen Märztag beim Hören von Musik. Dabei ist das Verhältnis von Distanz und Nähe zu beachten, der Bericht endet mit einer identifikatorischen Aussage. Die Autorin erlebt sich als das jüdisches Mädchen Esther in der Zeit der nationalsozialistischen Herrschaft:

"Das Erlebnis, Esther zu sein, traf mich völlig unvorbereitet. Es war die erste einer langen Folge von Bild- und Gefühlserfahrungen, die mich in andere Zeiten zurückführten. Ich wußte damals von Wiedergeburt nur, daß die Inder daran glauben. Mit mir hatte das nichts zu tun, meinte ich, und so glaubte ich an jenem Märztag, daß meine Phantasie mit mir durchgegangen sei. Jedoch wurde ich bald darüber belehrt, daß es hierbei um viel mehr ging als um Träumereien. Die gleiche Musik rief jedesmal die gleichen Eindrücke in mir hervor. Ich konnte sie weder willkürlich im Ablauf ändern noch die Gefühle abschütteln, die mich dabei ergriffen. Im Gegenteil: die Bilder wurden immer eindringlicher und plastischer, und nach und nach kamen viele Details aus dem Leben der kleinen Esther in mein Bewußtsein. Die Bewußtwerdung ihrer Lebensgeschichte zog sich über etwa vier Jahre hin und endete in der Gaskammer eines Konzentrationslagers. Das Sonderbarste an diesen Erlebnissen aber war die Gewißheit: Das habe *ich* erlebt!"[1]

Die letzte Aussage der Autorin, "Das habe ich erlebt", kann als die paradigmatische Formulierung schlechthin gelten. Alle traditionellen und wissenschaftlichen Erklärungsmuster erscheinen unzureichend. Die Evidenz der eigenen Erfahrung ist nur schwer hinterfragbar. Auch Steiner berichtet, die Einsicht in Reinkarnation als eine fast spontane Erfahrung gewonnen zu haben. Er beschreibt sie wie eine meditative Schau.

"Aber alle diese Dinge sind persönliche Erlebnisse, die bis zur Objektivität getrieben sind. Ich muß gestehen, daß es zu dem Allererschütterndsten meines inneren Seelenlebens aus diesem Gebiete gehörte, als ich einmal - ich möchte sagen als eine Offenbarung aus der Geisteswelt - mit dem menschlichen Denken, dem Vorstellen, nachdem ich es so geübt hatte wie geschildert, erschaute unser vorgeburtliches, rein in der geistigen Welt zugebrachtes menschliches Seelendasein. Aus dem Erleben heraus offenbart sich das vorgeburtliche Seelenleben, wenn man es dahin bringt, immer mehr seine Übungen so zu gestalten, daß womöglich gar nichts vom Abstrakten darin liegt, sondern sich in das Bild hineinlebt ... Wenn man so lebhaft in der Seele lebt, wie sonst nur in der Sinneswahrnehmung, dann kommt - so sonderbar es für das heutige Denken ist - die Anschauungserkenntnis. Dann wird das vorherige Erdenleben erfahren, das vorgeburtliche, rein geistige Leben."[2]

Steiners Erfahrung wurde ihm auf dem von ihm entwickelten Erkenntnisweg zuteil, sie steht zwischen der überraschenden spontanen Erfahrung des ersten Beispieles und den methodisch herbeigeführten Erfahrungen aus der Reinkarnationstherapie. Die Schilderung reinkarnationstherapeutisch induzierter Erfahrungen bestimmt in weiten Teilen die Literatur zur Reinkarnationsvorstellung im Westen. In der Fallstudie zu Thorwald Dethlefsen wurde die Sicht des Therapeuten deutlich. Die Erlebnisperspektive des Klienten wird an einen Ausschnitt aus Shirley MacLaines autobiographischen Schriften erkennbar.

"Ich spürte, wie mein Verstand aus seinem eigenen Bewußtsein wegglitt. ... Plötzlich und mit großer Geschwindigkeit zogen Bilderfolgen an mir vorüber, stiegen zusammenhangslos in mir hoch, daß ich glaubte, ich würde frei assoziieren. ... Während ich auf dem Tisch lag, war ich mir meiner Umgebung völlig bewußt. Ich befand mich keineswegs in einem Hypnosezustand. Zugleich fühlte ich mich jedoch außenstehend, als Beobachter. Es war, als würde ich zwei Ebenen des Bewußtseins zur selben Zeit erleben. Folgendes geschah. Ich sprach alles laut aus, um es aufzuzeichnen. Die Bilder flu-

1 *Peick*, Wiedergeburt, aaO., 11.

2 *Steiner*, Im Mittelpunkt der Mensch, aaO., 42f (Vortrag Prag, 14. Juni 1918).

teten in mein Bewußtsein, als würde in meinem Kopf ein Film ablaufen. Sie hatten Substanz, manchmal waren sie mit Gerüchen verbunden. Ich verspürte taktile Gefühle. Und ich empfand etwas, das ich als erinnerte Emotionsreaktion bezeichnen möchte."[3]

Der Bericht setzt mit MacLaines Schilderungen verschiedener Inkarnationen fort. Die geschilderte Erfahrung kann als typisch bezeichnet werden, wesentliche Merkmale werden deutlich. Raymond Moody hat in seiner Untersuchung zur Reinkarnationstherapie zahlreiche Fälle auf ihre gemeinsamen Merkmale hin untersucht und zwölf Kennzeichen herausgearbeitet:[4]

• "Rückführungserlebnisse sind gewöhnlich visueller Art" und von außerordentlicher Schärfe in der Wahrnehmung.
• "Sie "führen ein Eigenleben", dessen Gesetze für den Erlebenden nicht durchschaubar sind, der den Eindruck hat, Zeuge "objektiver Vorgänge" zu sein.
• "Die Bilderwelt strömt eine unheimliche Aura von Bekanntheit aus", die von "intimer Vertrautheit" ist.
• "Der Regressand identifiziert sich mit einer einzelnen Person", unberührt von allen Differenzen zur gegenwärtigen Lebensform. Dieses Identitätsgefühl kann auch nach der Rückführung erhalten bleiben.
• "Die affektive Komponente des Vorlebens wird in der Rückführung miterlebt (nachempfunden)", das gesamte Spektrum menschlicher Affekte kann mit großer Heftigkeit auftreten.
• "Inkarnationen können aus doppelter Perspektive - Außen- und Innensicht - erlebt werden". Die Aufspaltung der Perspektiven ermöglicht es, eine Situation von innen mit voller Beteiligung, und als Beobachter von außen zu erleben.
• "Das Erlebnis spiegelt häufig die aktuelle Problemsituation des Regressanden wider". Die Rückführung hat einen problemaufdeckenden Charakter, der den Gedanken nahelegt, die "derzeitigen Schwierigkeiten könnten vielleicht aus einem Problem herrühren", das in einem vergangenen Leben bestand.
• "Inkarnationsregressionen können zu einer realen Besserung des seelischen Befindens führen". Die Erfahrung kann durch das Affekterleben direkt kathartisch wirken, sie kann aber auch als Deutungsmuster in Beziehungsproblemen klärend wirken.
• "Inkarnationsregressionen können sich auf den körperlichen Gesundheitszustand auswirken". Spontanheilungen sind jedoch seltene Effekte.
• "Für die Reihenfolge von Rückführungserlebnissen ist nicht die Chronologie, sondern die Logik das maßgebliche Prinzip". "Thematische und motivische Gemeinsamkeiten" bestimmen den Ablauf der Inkarnationen, die Anordnung wird von den Reinkarnationstherapeuten als spirituelle Entwicklung interpretiert.
• "Inkarnationsregressionen sind auch Übungssache".
• "Inkarnationen spielen größtenteils auf Profanniveau".

3 *MacLaine*, Tanz im Licht, aaO., 325f.
4 *Moody*, Leben vor dem Leben, aaO., 61-77, dort die folgenden Zitate.

Moodys Beschreibung kann als eine genaue Beschreibung der verschiedenen Aspekte von Reinkarnationserfahrungen angesehen werden. In der Deutung bleibt er sehr viel zurückhaltender. Er hält die Erfahrung der früheren Existenzen für "ein Spiegelbild der aktuellen Problemsituation".[5] Nach Moodys Auffassung komponiert die Psyche in der Bildersprache des Unbewußten Dramen, die in engem Bezug zum gegenwärtigen Leben stehen.[6] In den Erfahrungen einen Beweis für die Wirklichkeit vergangener Leben zu sehen, weigert er sich, hält aber auch die Unbeweisbarkeit des Gegenteils fest.[7] Möglicherweise formt die Psyche in den Rückführungen einen "persönlichen Mythos"?[8] Auch der Psychiater Schröter-Kunhardt kommt zu dem Ergebnis: "Reinkarnationserfahrungen erweisen sich als fälschliches Fürwahrhalten suggestiv induzierter Phantasien, in denen der Patient u.a. seine Probleme personifiziert und katathym entlädt, was gelegentlich heilsam wirkt."[9]

Trotz dieser kritischen Einschätzungen, die mit manchen Überlegungen des Reinkarnationstherapeuten Dethlefsen durchaus übereinstimmen, bleibt die Frage, wie sich diese Erfahrungen als *religiöse* Erfahrungen, also unter religionspsychologischen Gesichtspunkten, interpretieren lassen.

11.2 Religionspsychologische Perspektiven

Die Religionspsychologie[10] behandelt das Verhältnis zwischen Religion und menschlicher Psyche. Bisher ist es in der Forschung weder zu einer methodischen noch zu einer inhaltlichen Übereinstimmung gekommen. "Das Projekt einer Psychologie der Religion mag als doppelt naives Unterfangen erscheinen. Auf der einen Seite ist das Gebiet der Religion immens und verzweigt sich in viele unterschiedliche Teile. Andererseits ist eine Definition des Gegenstands der Psychologie sehr schwierig, berücksichtigt man die Mannigfaltigkeit der Lehrmeinungen

5 *Moody*, Leben vor dem Leben, aaO., 79.

6 *Moody*, Leben vor dem Leben, aaO., 124.

7 Vgl. *Moody*, Leben vor dem Leben, aaO., 155-169; 260ff.

8 Vgl. *Moody*, Leben vor dem Leben, aaO., 207ff.

9 Schröter-Kunhardt, Reinkarnationsglaube und Reinkarnationstherapie, aaO., 67.

10 Übersicht bieten: *S.R.Dunde*, Religionspsychologie, in: ders. (Hg.), Wörterbuch der Religionspsychologie, aaO., 235-244; *U.Mann*, Einführung in die Religionspsychologie, Darmstadt 1972; *D.Neumärker*, Der eigene und der fremde Gott, in: W.-D.Marsch (Hg.), Plädoyers in Sachen Religion, Gütersloh 1973, 55-76; *P.Parisius-Schmincke*, Ansätze zur Religionspsychologie, in: VF 28 (1983) H 2, 2-24; *E.Schmitz* (Hg.), Religionspsychologie, Göttingen 1992; *H.Sundén*, Religionspsychologie, Stuttgart 1982, 17-32; *D.M.Wulff*, Psychology of Religion, New York u.a. 1991; *W.Trillhaas*, Religionspsychologie, in: RGG^3 5, 1021-1025; *H.Zinser*, Religionspsychologie, in: HRWG I, 87-107.

und die Vielfältigkeit der Teilbereiche, welche die 'Psychologie' enthält".[11] Der sachliche Grund der Religionspsychologie liegt darin, daß sich Religion nur im Menschen manifestiert. Sie ist in menschlichen Erfahrungen begründet. Darum kann auch vom theologischen Standort die Notwendigkeit der religionspsychologischen Betrachtungsweise akzeptiert werden: "Die Gottheit ist für uns nur 'greifbar' dadurch, daß Menschen von ihr ergriffen sind".[12] Wird im Folgenden davon ausgegangen, daß der Mensch das Subjekt der Religion ist und daß die Psyche der Ort der Religion im Menschen ist, dann ist damit kein absoluter Reduktionismus intendiert. Denn die religiöse Erfahrung spannt sich aus zwischen Mensch und Transzendenz, sie wurzelt im Bereich des Menschlichen und reicht hinein in den Bereich des Unsagbaren, das Menschliche übersteigend: "Im Begriff religiöse Erfahrung ist die Einheit von göttlicher Wahrheit und menschlicher Gewißheit gemeint."[13] Der Vorwurf eines "reinen Immanentismus"[14] ist nur angesichts einer reduktionistischen Religionspsychologie berechtigt, die sich einseitig als Religionskritik versteht und die den menschlich-psychologischen Aspekt der Religion zulasten der religiösen Inhalte überbetont. Im Gesamtzusammenhang eines multiperspektivischen Religionsverständnisses kann jedoch der psychologisch beschreibbare Erlebnisaspekt der Religion nur ein Aspekt unter anderen sein.

Die Bedeutung der Erfahrung für die Religion

Jede Religion ist mit Notwendigkeit auf die Dimension der Erfahrung angewiesen[15], und vieles "Religiöse, auch vieles Christliche, läßt sich einfach als Erfahrung beschreiben".[16] Der Verlust der Erfahrungsdimension in der westlichen Christenheit ist vielfach benannt und beklagt worden[17], während Attraktivität und Er-

11 *A. Vergote*, Religion und Psychologie, in: Schmitz (Hg.), Religionspsychologie, 1-23, 1. Vgl. *Zinser*, Religionspsychologie, aaO., 88; *W.Keilbach*, Der immer noch umstrittene Gegenstand der Religionspsychologie, in: ders. Religiöses Erleben, Paderborn 1973, 35-64; *Parisius-Schmincke*, Ansätze zur Religionspsychologie, aaO., 3, 24.

12 *Ratschow*, Methodik der Religionswissenschaft, aaO., 382.

13 *D.Korsch*, Erfahrung, in: WdC 298-299, 298.

14 Vgl. *Lanczkowski*, Einführung in die Religionswissenschaft, aaO., 63.

15 *H.Smith*, Erneuerung und Vertiefung des religiösen Lebens? In: Josuttis/Leuner (Hg.), Religion und die Droge, aaO., 147-165, 164: "Denn wenn (worauf wir bestehen) Religion mit religiöser Erfahrung nicht gleichgesetzt werden kann, so kann sie doch ihr Fehlen nicht lange überleben." Vgl. *A.Köberle*, Legitimation der religiösen Erfahrung, in: NZSTh 18 (1976) 91-110; *Nelson*, Der Drang zum Spirituellen. aaO., 53 u.ö.; *C.H.Ratschow*, Von der Religion in der Gegenwart, Kassel 1972; *G.Wehr*, Wege zur religiösen Erfahrung, Darmstadt 1974.

16 *Mann*, Einführung in die Religionspsychologie, aaO., 151.

17 Vgl.: *E.Benz*, Christlicher Glaube und Parapsychologie, in: ders., Parapsychologie und Religion, aaO., 9-45, 18ff; *G.Ebeling*, Die Klage über das Erfahrungsdefizit in der Theologie als Frage nach der Sache, in: ders., Wort und Glaube Bd. III, Tübingen 1975, 3-28, besonders 3 und 21f; *H.Halbfas*, Religion, Stuttgart/Berlin 1976, 11f; *A.Köberle*, Entsakralisierung, in:

folg außerchristlicher Religionen und neuer Formen der Religiosität auf ihre Erfahrungsangebote zurückgeführt werden.[18] In diesem Sinn ist auch die Mahnung Karl Rahners zu verstehen: "Der Christ der Zukunft wird ein Mystiker sein, oder er wird nicht sein."[19]

Peter Sloterdijk verbindet seine Rationalitätskritik mit der Forderung nach der Wiedergewinnung vertiefter Innenerfahrungen, für die er den Begriff der "Psychonautik" verwendet:[20] Seelenreisen in einen Raum nicht metaphysischer, sondern "psychischer Transzendenz", die er als "Introszendenz", "inneres Ausland" bezeichnet.[21] Wer an diese Erfahrungen gerate, werde "unfreiwillig religiös", allerdings nicht im Sinn der institutionalisierten Religionsgemeinschaften, sondern hochindividualisiert:

"Auf dem psychonautischen Weg kann das bewußte Leben die Zentren der religiösen Doktrinen empirisch berühren; es legt Tangenten an den Inhalt von Begriffen wie Hölle und Seligkeit, Verworfenheit und Erlösung, Tod und Wiedergeburt, Gottverlassenheit und mystische Vereinigung. Das alles kann Inhalt von distinkt erlebten Seelenzuständen sein, - auch unter unseren Zeitgenossen sind wahrnehmbare Zahlen von Individuen auf ihrem Weg durch diese 'Gebiete' gekommen. Wer 'dort' war, denkt anders. Nur ausnahmsweise münden solche Erfahrungen in positive Religion, durchwegs aber zwingt sich der Eindruck auf, den generativen Punkt religiöser Phänomene berührt zu haben. ... Sicher führt die moderne Psychonautik aus der positiven Religion heraus - aber sie führt in die Matrix des Religiösen ein. Sie verteidigt das ekstatische Potential der religiösen Überlieferung gegen die Verharmlosung durch humanitäre Nettigkeit."[22]

Die Ausführungen von Sloterdijk spiegeln die Wiederentdeckung der Religion au?erhalb von Theologie und Kirche und die Zuspitzung des Interesses an der religiösen Erfahrungsdimension, die zuerst einmal als Vertiefung menschlicher Möglichkeiten gesehen wird, wieder. Diese religiösen Erfahrungen haben zwei Funktionen:

Nach *innen* kann die allgemeine religiöse Erfahrung die besondere christliche Erfahrung vorbereiten und damit zur Vertiefung durch Spezifizierung führen. "Sa-

ders., Das geheimnisvolle Reich der Seele, aaO., 68-88; *K.Künkel*, Erfahrung als theologische Dimension, in: forum loccum 11 (1992) H.1, 38-40; *H.-J.Thilo*, Die Grenze des Rationalen, in: EK 26 (1993) 347-348.

18 *Eliade*, Das Okkulte und die moderne Welt, aaO., 70: "In erster Linie ist es der Wunsch nach einer *persönlichen* Initiation, die diese Sucht nach dem Okkulten erklärt." *Köberle*, Legitimation der Religiösen Erfahrung, aaO., 101: "Der Überdruß an Rationalismus, Intellektualismus und Leistungsdenken hat in unseren Tagen zu einem lebhaften Verlangen nach Begegnungen mit der Welt der ostasiatischen Religionen geführt."

19 *K.Rahner*, Im Gespräch, Bd. 2: 1978-1982, hg. von P.Imhof/H.Biallowons, München 1983, 34.

20 Illustriert an der Gestalt des Jan van Leyden in: *P.Sloterdijk*, Der Zauberbaum, Frankfurt a.M. 1985. "Psychonautik" vorher im Zusammenhang von Drogenerfahrungen bei *E.Jünger*, Annäherungen, Frankfurt a.M./Berlin/Wien 1980, 300ff.

21 *Sloterdijk*, Zwischen Zivilreligion und Apokalypse, aaO., 53.

22 *Sloterdijk*, Zwischen Zivilreligion und Apokalypse, aaO., 54.

che christlicher Theologie ist es, das spezifisch Christliche in Hinsicht auf die profane Welterfahrung so zur Sprache zu bringen, daß damit Grundelemente religiöser Erfahrung überhaupt angesprochen und zum Bewußtsein gebracht werden."[23] Daiber beschreibt die Aufgabe: "allgemeine Wirklichkeitserfahrungen bzw. religiöse Wirklichkeitserfahrung christlich zu reinterpretieren, religiöses Erleben also etwa im Interpretationsrahmen der christlichen Überlieferung verstehen zu lernen und damit den Transitus von religiöser Erfahrung zu christlicher Erfahrung zu ermöglichen ...".[24]

Die zweite Funktion der religiösen Erfahrung zielt nach *außen*: die eigene Erfahrung kann zum Verstehensschlüssel für andere, fremde religiöse Erfahrungen werden. Sie eröffnet die Fähigkeit, andersartige Formen und Gestalten der Religion empathisch zu verstehen. Rudolf Otto erhebt zu Beginn seines Werkes "Das Heilige" die religiöse Erfahrung zur Verstehensvoraussetzung:

"Wir fordern auf, sich auf einen Moment starker und möglichst einseitiger religiöser Erregtheit zu besinnen. Wer das nicht kann oder wer solche Momente überhaupt nicht hat, ist gebeten nicht weiter zu lesen. Denn wer sich zwar auf seine Pubertäts-gefühle Verdauungs-stockungen oder auch Sozial-gefühle besinnen kann, auf eigentümlich religiöse Gefühle aber nicht, mit dem ist es schwierig Religionskunde zu treiben. Er ist entschuldigt, wenn er für sich versucht mit den Erklärungs-prinzipien die er kennt soweit zu kommen wie er kann, und sich etwa 'Ästhetik' als sinnliche Lust und 'Religion' als eine Funktion geselliger Triebe und sozialen Wertens oder noch primitiver zu deuten. Aber der Ästhetiker der das Besondere des ästhetischen Erlebens in sich selber durchmacht wird seine Theorien dankend ablehnen, und der Religiöse noch mehr."[25]

Otto, wie auch andere Theologen, die der religiösen Erfahrung einen hohen Stellenwert einräumen, werden mißverstanden, wenn man ihnen unterstellt, die religiösen Erfahrungen werden bei ihnen mit dem Inhalt der Religion identifiziert. Otto hat sich gegen dieses Mißverständnis deutlich abgegrenzt.[26]

Kennzeichen religiöser Erfahrungen

Bei aller Unterschiedlichkeit religiöser Erfahrungen und Erlebnisse lassen sich über das Individuelle hinaus einige Strukturelemente erheben, die typisch für religiöse Erfahrungen sind: Außeralltäglichkeit, Evidenz, Sinnhaftigkeit, Einheit, Entgrenzung und lebensverändernde Wirksamkeit.

Die religiöse Erfahrung trägt zuerst einmal ihren Zweck in sich selbst, indem sie als vom Alltäglichen unterschiedene Erfahrung qualifiziert ist. Max Weber beschreibt die Sehnsucht des religiösen Menschen, die besondere, den Alltag über-

23 *Ebeling*, Die Klage über das Erfahrungsdefizit in der Theologie, aaO., 24.
24 *Daiber*, Predigt als religiöse Rede, aaO., 301.
25 *Otto*, Das Heilige, aaO., 8.
26 Vgl. *R.Otto*, Aufsätze, das Numinose betreffend, Stuttgart/Gotha 1923, VIff.

schreitende Erfahrung aufzusuchen: "Um der psychischen Außeralltäglichkeit und des dadurch bedingten *Eigen*wertes der betreffenden Zuständlichkeiten halber galten sie (alle) als spezifisch geweiht und göttlich."[27] "Es gibt keinerlei Scheidung von 'religiösen' und 'profanen' Zuständlichkeiten anders als durch die *Außer*alltäglichkeit der ersteren."[28]

Ein weiteres hervorstechendes Merkmal religiöser Erfahrungen, ist ihre überwältigende *Evidenz* für den Betroffenen. Besonders bei der Erfahrung einer "Regression in vergangene Leben" wird die kaum abweisbare Überzeugungskraft der Erfahrung deutlich. Das Überzeugende der Erfahrung ist der Eindruck, zu einer tieferen Wirklichkeitseinsicht gekommen zu sein: "Kein wahrhaft religiös Erlebender ist auch nur einen Augenblick darüber im Zweifel, daß der Beziehungspunkt seines religiösen Verhaltens etwas absolut Wesenhaftes und Wirkliches sei."[29]

Eng verbunden mit der Evidenz ist die Erfahrung der *Sinnhaftigkeit* und des Wissens. In ihr deutet sich das transzendierende, Horizonte überschreitende Moment der religiösen Erfahrung an. "Das religiöse Erlebnis ist dasjenige Erlebnis, dessen Sinn sich auf das Ganze bezieht. Es läßt sich nie aus dem Augenblick verstehen, sondern immer nur von der Ewigkeit her. Sein Sinn ist ein letzter Sinn, der es mit 'letzten Dingen' zu tun hat. Es ist eschatologischer Natur, weist über sich selbst hinaus. Es bedeutet dem Menschen ein Letztes, eine Grenze."[30]

Die Einsicht der Sinnhaftigkeit erwächst aus der Erfahrung der *Einheit* allen Seins. Wenn alles miteinander in sinnvoller Verbindung steht, dann kann es keinen Zufall, kein sinnloses Leiden, keine Form der Kontingenz geben. Einheit kann als Geborgenheit in einer personalen Gottesbeziehung erfahren werden. "Nichts und niemand fällt aus Gottes Hand" ist eine häufig bei Beerdigungen zu hörende bildhafte Formulierung. Rudolf Otto schildert ein Beispiel religiösen Erlebens, an dem die Erfahrungen von Sinnhaftigkeit und Einheit deutlich werden:

"Ich befand mich in dem Zustande eines ruhigen, fast passiven Genießens. Ich dachte nicht eigentlich sondern ließ Gedanken, Bilder und Gefühle gleichsam frei mir durchs Gemüt fließen. Plötzlich, ganz unvorbereitet, fand ich mich eingehüllt in eine flammen-farbige Wolke. Ich dachte einen Augenblick an Feuer, an einen etwaigen Brand irgendwo in der Nähe. Aber sogleich sah ich: das Feuer war in mir selbst. Alsbald kam über mich ein Gefühl von Jubel, von grenzenloser Freude, begleitet oder unmittelbar gefolgt von einer unbeschreibbaren Erleuchtung der Einsicht. So sah ich unter anderm - ich ward nicht bloß überzeugt, ich sah - daß das All nicht aus totem Stoff besteht, sondern im Gegenteile, daß es eine lebendige Gegenwärtigkeit (a living Presence) ist; daß die Weltordnung so ist, daß ohne alle Ausnahme und Zufall alle Dinge füreinander

27 *M. Weber*, Die Wirtschaftsethik der Weltreligionen. Konfuzianismus und Taoismus, Tübingen 1989, 98f. Zur Außeralltäglichkeit vgl. *Stenger*, Die soziale Konstruktion okkulter Wirklichkeit, aaO., 150, vgl. 164f.

28 *Weber*, Die Wirtschaftsethik der Weltreligionen. Konfuzianismus und Taoismus, aaO., 100.

29 *G. Wunderle*, Das religiöse Erleben, Paderborn 1922, 43.

30 *van der Leeuw*, Phänomenologie, aaO., 526; vgl. *Mann*, Einführung in die Religionspsycholo-

zum Besten wirken. - Die Schau dauerte wenige Sekunden. Dann war sie vorüber. Aber die Erinnerung an sie und das Gefühl der Wirklichkeit dessen, was sie zeigte, dauerte durch alle die fünfundzwanzig Jahre, die seither vergangen sind."[31]

An diesem Bericht wird neben der Erfahrung der Einheit das Moment der *Entgrenzung* deutlich. Das individuelle Subjekt erfährt seine Verschmelzung mit dem All, dem Göttlichen. Übermächtig sind die Erfahrungen, die das individuelle Subjekt überfallen und relativieren. Oft wird sogar der Tod mit seiner biographischen Übergewichtigkeit in der entgrenzenden religiösen Erfahrung neu und gänzlich anders verstanden. Das Ich wird, überwältigt von der religiösen Erfahrung, an einen Ort außerhalb der gegenwärtigen persönlichen Biographie geführt und damit aus der Fixierung auf sich selbst gelöst. Als Beispiel hierfür kann die entscheidende Erfahrung Fritjof Capras wiedergegeben werden:

"Eines Nachmittags im Spätsommer saß ich am Meer; ich sah wie die Wellen anrollten, und fühlte den Rhythmus meines Atems, als ich mir plötzlich meiner Umgebung als Teil eines gigantischen kosmischen Tanzes bewußt wurde. Als Physiker wußte ich, daß der Sand und die Felsen, das Wasser und die Luft um mich herum sich aus vibrierenden Molekülen und Atomen zusammensetzen. Diese wiederum bestehen aus Teilchen, die durch Erzeugung und Zerstörung anderer Teilchen miteinander reagieren. Ich wußte auch, daß unsere Atmosphäre ständig durch Ströme kosmischer Strahlen bombardiert wird, Teilchen von hoher Energie, die beim Durchdringen der Luft vielfache Zusammenstöße erleiden. All dies war mir von meiner Forschungstätigkeit in Hochenergie-Physik vertraut, aber bis zu diesem Augenblick beschrankte sich meine Erfahrung auf graphische Darstellungen, Diagramme und mathematische Theorien. Als ich an diesem Strand saß, gewannen meine früheren Experimente Leben. Ich 'sah' förmlich die Atome der Elemente und die meines Körpers als Teil dieses komischen Energie-Tanzes; ich fühlte seinen Rhythmus und 'hörte' seinen Klang, und in diesem Augenblick wußte ich, daß dies der Tanz Shivas war, des Gottes der Tänzer, den die Hindus verehren."[32]

An diesem Erfahrungsbericht sind mehrere typische Elemente zu erkennen: Die unvermittelt einsetzende Erfahrung, der Versuch einer rationalen Deutung, die sich als unzureichend erweist, der Übergang von theoretischem Wissen in lebendige Erfahrung von überzeugender Evidenz, die offensichtliche Unzulänglichkeit der Sprache für den Inhalt des Erlebnisses, die Erfahrung der Einheit allen Seins in der ekstatischen Entgrenzung und schließlich der Versuch einer religiösen Interpretation in den Kategorien, die dem Erfahrenden als Deutungsmuster zur Verfügung stehen.

Die Überlegungen zu den Kennzeichen religiöser Erfahrungen sollen mit dem Bericht eines anderen Physikers abgerundet werden, in dem die *lebensverändernde Wirksamkeit* religiöser Erfahrungen angedeutet wird. Carl Friedrich von Weiz-

gie, aaO., 79.

31 *R.Otto,* Über Zazen als Extrem des numinosen Irrationalen, in: ders., Aufsätze, das Numinose betreffend, aaO., 119-132, 131. Otto gibt eine Schilderung von Alfred Tennyson wieder.

32 *Capra,* Das neue Denken, aaO., 33.

äcker schildert kurz und zurückhaltend am Ende seines Buches "Der Garten des Menschlichen" eine religiöse Erfahrung, an der die herausgearbeiteten Merkmale wiederzuentdecken sind. Das einschneidende Erlebnis widerfuhr von Weizäcker 1969 während einer Indienreise am Grab des Meisters Sri Ramana Maharshi und wurde für ihn zu einer entscheidenden, sein weiteres Leben bestimmenden Sinnerfahrung.

"Der Leser möge entschuldigen, daß ich das, was nicht zu schildern ist, nicht eigentlich schildere, und doch davon spreche; denn andernfalls hätte ich diesen Lebensbericht nicht beginnen dürfen. Als ich die Schuhe ausgezogen hatte und im Ashram vor das Grab des Maharshi trat, wußte ich im Blitz: 'Ja, das ist es.' Eigentlich waren schon alle Fragen beantwortet. Wir erhielten im freundlichen Kreis auf grünen großen Blättern ein wohlschmeckendes Mittagessen. Danach saß ich neben dem Grab auf dem Steinboden. Das Wissen war da, und in einer halben Stunde war alles geschehen. Ich nahm die Umwelt noch wahr, den harten Sitz, die surrenden Moskitos, das Licht auf den Steinen. Aber im Flug waren die Schichten, die Zwiebelschalen durchstoßen, die durch Worte nur anzudeuten sind: 'Du' - 'Ich' - 'Ja'. Tränen der Seligkeit. Seligkeit ohne Tränen. Ganz behutsam ließ die Erfahrung mich zur Erde zurück. Ich wußte nun, welche Liebe der Sinn der irdischen Liebe ist. Ich wußte alle Gefahren, alle Schrecken, aber in dieser Erfahrung waren sie keine Schrecken. ... Ich war jetzt ein völlig anderer geworden: der, der ich immer gewesen war. Ein junger deutscher Angehöriger des Ashrams führte mich in einen Raum, in dem drei ältere Inder waren. Wir begrüßten uns mit einem Blick und saßen schweigend eine Stunde beisammen. ... Mit unendlicher Sanftheit verließ mich langsam die Erfahrung in den kommenden Tagen und Wochen. Ihre Substanz ist immer bei mir."[33]

Die religiöse Erfahrung, die von Weizäcker macht, ist außeralltäglich und für ihn einmalig, ihre Besonderheit wird an der Unverfügbarkeit und Plötzlichkeit ihres Eintretens deutlich. Ihr Charakter ist überwältigend, alle weiteren Fragen erscheinen unnötig. Die Erfahrung ist in ihrer Evidenz überzeugend und trotz der Schwierigkeit, sie in Worte zu fassen, schafft sie einen Horizont des Sinns, der lange anhält und nicht im Augenblick wieder vergeht, sondern sein Leben verändert. Im Zentrum steht die Erfahrung letzter Einheit, die nicht die Identität auflöst, sondern durch Entgrenzung zu ihrer Mitte führt. Die Sprache, die eine solche Erfahrung beschreibt, ist eine Sprache des Stammelns und der Paradoxien.

Was Capra erlebt hat, was von Weizäcker widerfuhr, muß aufgrund ihrer jeweiligen eigenen Interpretationen als religiöse Erfahrung verstanden werden. Eine über die phänomenologische Beschreibung hinausgehende inhaltliche Überprüfung ist, wie bei jeder inneren Erfahrung, nicht möglich.

33 *C.F.v. Weizäcker*, Der Garten des Menschlichen, Frankfurt a.M. 1980, 443f.

11.3 "Künstliche" religiöse Erfahrungen durch Drogen

Reinkarnationserfahrungen sind induzierte Erfahrungen, angeregt und ermöglicht durch Tiefenentspannung, in Trancezuständen[34] oder in der Hypnose. Ist die "Künstlichkeit" der Voraussetzungen ein Einwand gegen die Realität religiöser Erfahrungen? Die Problemstellung ist ausgiebig in Bezug auf durch Drogen herbeigeführte religiöse Erfahrungen diskutiert worden.[35] Beiden Erfahrungsformen ist gemeinsam, daß Ihr Inhalt von innen kommt, der auslösende Anstoß von außen. Der phänomenologische Vergleich läßt eine Vergleichbarkeit mit anderen religiösen Erfahrungen zu. Im Unterschied zu den Reinkarnationserfahrungen ist über künstliche religiöse Erfahrungen, die durch Einnahme halluzinogener Drogen induziert werden, bereits viel diskutiert worden.[36] Nicht weiter verfolgt werden können die Fragen nach dem Verhältnis von Drogen und Sucht einschließlich der politischen und gesellschaftlichen Implikationen.

Obwohl religionspsychologisch interessant, kann hier auf den individuellen Drogengebrauch und die bereits erwähnte subkulturelle "Religion der Drogen" nicht eingegangen werden. Auch kann die Bedeutung der religiösen Erfahrungen in den Drogenexperimenten einzelner Intellektueller wie Aldous Huxley und Ernst Jünger[37] nur erwähnt werden, ebenso wie die Geschichte des Drogengebrauchs in den Religionen bis hin zum Peyote-Kult in der Native American Church.[38]

Halluzinogene Drogen[39] werden in der Modellpsychose-Forschung[40], der Psycholytischen und Psychedelischen Therapie verwandt.[41] Als Fachmann gilt der

34 Vgl. *F.D.Goodman*, Trance - der uralte Weg zum religiösen Erleben, Gütersloh 1992.

35 Vgl. *W.Keilbach*, Die Frage nach der Echtheit religiösen Erlebens, in: ders., Religiöses Erleben, aaO., 88-111.

36 Vgl. *Josuttis/Leuner* (Hg.), Religion und die Droge, aaO.; *G.M.Martin*, "Provozierte Religion", in: ZEE 18 (1974) 164-180; *Sachau*, Die Sehnsucht nach dem Unbedingten, aaO.

37 *A.Huxley*, Die Pforten der Wahrnehmung, München [15]1992; *Jünger*, Annäherungen, aaO.

38 Vgl. *Hasenfuß*, Rauschdrogen im Lichte religionsgeschichtlicher und sozialpsychologischer Erwägungen, aaO.; *G.Hole*, Religions- und kulturgeschichtliche Hintergründe der halluzinogenen Drogen und ihre Bedeutung für die Religionspsychologie, in: ARPs 10 (1972) 85- 99; *G.Lanczkowski*, Drogen, Religionsgeschichtlich, in: TRE IX, 192-195; *G.Völger/K.v.Welck* (Hg.), Rausch und Realität, Bd. 1-3, Reinbek b.Hamburg 1982. Zum Peyote-Kult: *E.Benz*, Der Peyote-Kult in der Native American Church, in: Josuttis/Leuner (Hg.), Religion und die Droge, aaO., 23-37.

39 Ihre Entdeckung bzw. Isolierung aus den mexikanischen Zauberpflanzen ist wesentlich mit dem Namen des Schweizer Sandoz-Chemikers Albert Hofmann verbunden. Vgl. *A.Hofmann*, LSD - Seine Erfindung und Stellung innerhalb der Psychodrogen, in: Völger/v.Welck (Hg.), Rausch und Realität, Bd. 3, aaO., 1118-1127; *Hofmann*, LSD - mein Sorgenkind, aaO.

40 Vgl. *Leuner*, Halluzinogene, aaO., 89-172.

41 Vgl. *Leuner*, Halluzinogene, aaO., 173-331; *H.Leuner*, Ekstase und religiöses Erleben durch Halluzinogene beim modernen Menschen, in: Josuttis/Leuner (Hg.), Religion und die Droge, aaO., 38-53; *S.Grof*, LSD-Psychotherapie, Stuttgart 1983, 148-164.

Göttinger Mediziner und Analytiker Hanscarl Leuner, der die Wirkungen der Halluzinogene beschreibt und auch gelegentliche Reinkarnationserfahrungen unter Drogen berichtet:[42]

"Der Raum- und Zeitsinn ist stets (analog dem Traum) verändert. Der Raum kann sich weiten oder verengen, die Zeit kann stillstehen, Ewigkeit, Zeitlosigkeit, Grenzenlosigkeit mit Aufhebung des Bewußtseins von Vergangenheit und Zukunft und einem Erleben der punktuellen Gegenwart sind fast die Regel.... Eine besondere Rolle spielt kosmisch-mystisches Erleben, wie es uns auch von Schizophrenen her bekannt ist. Mystisches Einswerden mit einem Gegenstand mit Tönung der Feierlichkeit oder des abnormen Glücksgefühls, gelegentlich auch begleitet von einer intellektuellen Erleuchtung oder dem Gefühl, alle Probleme des Weltgeschehens würden sich enthüllen, kann spontan hervortreten. Es wird dann nicht selten eine primäre, zentral empfundene Existenzerschütterung mit Ausdrükken metaphysischer, weltanschaulicher oder anderer Art beschrieben ... Sie entspricht ekstatischen Kategorien 'versunkener' Art (Enstase) ... Häufig sind auch spontane Altersregressionen, in denen der Proband mit oft erschreckendem Realismus in Situationen seiner frühesten Kindheit (bis zum ersten Lebensjahr) zurückversetzt ist sowie Wiedergeburtserlebnisse."[43]

Das "Karfreitagsexperiment"

Das bekannteste Forschungsvorhaben mit halluzinogen provozierten religiösen Erfahrungen[44] fand unter Leitung von Walter N. Pahnke an einem Karfreitag in einer Privatkapelle statt, in die ein zweieinhalbstündiger Gottesdienst übertragen wurde.[45] Zwanzig freiwillige, graduierte Theologiestudenten wurden in zwei Versuchsgruppen eingeteilt. Die eine Gruppe erhielt eine halluzinogene Droge, die andere ein Placebo, das kurzfristig Hautsensationen suggerierte. Weder Teilnehmer noch Versuchsleiter kannten den Inhalt der eingenommenen Kapsel. Die Auswertung der religiösen Einstellungen und Erfahrungen erfolgte vor dem Experiment und unmittelbar danach, sowie in längeren Abständen bis zu einem halben Jahr. Für die Bewertung der protokollierten Erfahrungen legte Pahnke neun Kategorien zugrunde, die bereits W. T. Stace als Kennzeichen des mystischen Erlebens be-

42 *Leuner,* Halluzinogene, aaO.; *G.Frei,* Psychische Wirkungen der Drogen - besonders LSD 25, in: ders., Probleme der Parapsychologie, hg. von A.Resch, Imago Mundi Bd. II München/Paderborn/Wien [2]1971, 56-72 (Lit.).

43 *Leuner,* Halluzinogene, aaO., 37f.

44 Vgl. *N.G.Holm,* Einführung in die Religionspsychologie, München 1990, 60-67; *B.Grom,* Religionspsychologie, München/Göttingen 1992, 266-269; *H.-J.Fraas,* Die Religiosität des Menschen, Göttingen, 1990, 117f.

45 Beschreibung des Experiments bei *W.N.Pahnke,* Drogen und Mystik, in: Josuttis/Leuner (Hg.), Religion und die Droge, aaO., 54-76, 61-68; vgl. *H.Wißmann,* Erfahrung, religionsgeschichtlich, in: TRE X, 83-89, 87.

schrieben hatte und die als phänomenologische Charakteristika des vertieften religiösen Erlebens überhaupt gelten könnten:[46]

- "*Einheit*", erfahren als innere Einheit, als Auflösung des empirischen Ichs, wobei die einzelne Wahrnehmungsebene durch Multiplizität ersetzt wird (Aufhebung der Ich-Individualität) oder als äußere Einheit, bei der das erlebende Subjekt sich mit den umgebenden Objekten eins und verschmolzen weiß (Aufhebung der Subjekt-Objekt-Spaltung).
- "*Transzendenz von Zeit und Raum*" im Verlust der Orientierung unter diesen Kategorien und als Erlebnis von "Ewigkeit und Unendlichkeit".
- "*Tiefempfundene positive Stimmung*", die sich in Gefühlen wie Freude, Begnadung, Friede und Liebe ausdrücken kann.
- "*Gefühl der Heiligkeit*" als Gefühl staunend erlebter höchster Werthaftigkeit, die dem Profanen gegenübersteht, aber nicht in religiöser Terminologie beschrieben werden muß.
- "*Objektivität und Realität*", intuitive Gewißheit, die in ihrer erfahrenen Evidenz letztgültigen Charakter hat.
- "*Paradoxie*", die Unmöglichkeit, das Erlebnis in rationalen Kategorien exakt auszudrücken, denn es werden einander logisch ausschließende Erfahrungen gleichzeitig gemacht (Auflösung des Ichs, das gleichzeitig beobachtet).
- "*Angebliche Unaussprechlichkeit*" der Erfahrungen.
- "*Flüchtigkeit*" des besonderen Zustandes.
- "*Anhaltende positive Veränderungen in Einstellung und Verhalten*", die noch einmal unterschieden werden in Veränderungen sich selbst gegenüber, gegenüber anderen, dem Leben und dem Erlebnis selber.

Das Ergebnis der Untersuchung von Pahnke zeigt, daß Halluzinogene die Bereitschaft zu mystischen Erfahrungen signifikant steigern können[47], die genannten Charakteristika fanden sich bei 70% der mit der Droge behandelten Versuchspersonen.[48] Gleichzeitig konnte das Experiment aber auch zeigen, daß Drogen nicht die einzige Voraussetzung zum religiösen Erleben sind, sondern daß diese ihre Wirkung in einem komplizierten Wechselspiel von persönlichen (Set) und sozialen Voraussetzungen (Setting) entfalten.[49] Die außerordentlichen Wirkungen der Halluzinogene - einschließlich der immer wieder beobachteten Erfahrungen von Reinkarnation - lassen sich nicht reduktionistisch als Intoxinationen erklären. Die Droge kann "dem Seelischen nicht etwas hinzufügen"[50], denn Halluzinogene wir-

46 Darstellung der Ergebnisse: *Pahnke*, Drogen und Mystik, aaO., 56-61. Vgl. *G.M.Martin*, Drogen, Praktisch-Theologisch, in: TRE IX, 195-198, 196f; *Hein*, Selbsterfahrung und Stellungnahme eines Psychotherapeuten, aaO., 98.

47 Vgl. *Pahnke*, Drogen und Mystik, aaO., 66.

48 Vgl. *H.Leuner*, Die Halluzinogenwirkung und ihre religionspsychologische Bedeutung, in: ARPs 10 (1972) 59-68, 64f.

49 Vgl. *Pahnke*, Drogen und Mystik, aaO., 71.

50 *W.Salber*, Haben Drogen eine Seele? In: Völger/v.Welck (Hg.), Rausch und Realität, Bd. 3,

ken lediglich als unspezifische Verstärker vorhandener Sinneseindrücke und Empfindungen und ihre Haupteigenschaft ist es, "daß sie alle auf irgendeine Weise angerührten Gefühlsqualitäten ins Überdimensionale steigern."[51]

"Wenn es so etwas wie Übereinstimmung bei jedem Drogenforscher gibt, dann darüber, daß es die Drogenerfahrung *per se* nicht gibt - kein Erlebnis, das die Drogen an sich einfach aus sich heraussetzen könnten. Jedes Erlebnis ist vielmehr eine Mischung aus drei Bestandteilen: Droge, Set (die psychologische Veranlagung der VP [Versuchsperson, R.S.]) und Setting (das soziale und physische Milieu, in dem die Droge eingenommen wird). Aber unter der Voraussetzung von richtigem Set und Setting können die Drogen religiöse Erlebnisse hervorrufen, die sich von spontanen nicht unterscheiden."[52]

Das Ergebnis der religionspsychologischen Erörterungen über psychische Ausnahmezustände durch halluzinogene Drogen ist, daß Drogen katalytische Promotoren für religiöses Erleben sein können, daß die Inhalte des Erlebens aber bestimmt werden durch innere und äußere Faktoren, durch mitgebrachte Erfahrungen und Erwartungen und durch die jeweilige Situation. Die multifaktorielle Begründung und Beeinflussung von Erfahrungen, einschließlich religiöser Erfahrungen, gilt nicht nur unter Einfluß von Drogen, sondern für alle anderen Erfahrungszusammenhänge. So wird man auch für die Reinkarnationserfahrungen annehmen müssen, daß ihr Zustandekommen im wesentlichen durch Set und Setting bestimmt wird.

11.4 Deutung und Bedeutung religiöser Erfahrungen

Die von Moody zusammengestellten Merkmale der Reinkarnationserfahrungen (11.1.), die auch in den Fallstudien teilweise erkennbar wurden, können verglichen werden mit den oben dargestellten Kennzeichen religiöser Erfahrung (11.2.) und den Ergebnissen der Drogenforschung (11.3.). Als äußere und innere Kennzeichen religiöser Erfahrungen wurden festgehalten: Außeralltäglichkeit (Paradoxie), Evidenz (Objektivität und Realität), Sinnhaftigkeit (tief empfundene positive Stimmung), Einheit, Entgrenzung (Transzendenz von Raum und Zeit), sowie lebensverändernde Wirksamkeit (anhaltende positive Veränderungen). Darüber hinaus nennt Pahnke in seiner Aufstellung noch weitere Kennzeichen: das Gefühl der Heiligkeit, die angebliche Unaussprechlichkeit der Erfahrung und die Flüchtigkeit des besonderen Zustands. Auch die beschriebenen Reinkarnationserfahrungen entsprechen weitgehend diesen Merkmalen:

aaO., 1246-1255, 1246.

51 *Leuner,* Die Halluzinogenwirkung und ihre religionspsychologische Bedeutung, aaO., 65.

52 *Smith*, Erneuerung und Vertiefung des religiösen Lebens? AaO., 151.

• Zeit- und Raumwahrnehmung sind entgrenzt; anstelle der "normalen" Umwelt werden eine andere Zeit und andere Orte erlebt. Durch die "Zeitreise" ist das Verhältnis zur Zeit generell verändert, die gesamte Erfahrungsdimension ist *außeralltäglich*. Gleichzeitig besteht eine weitere Entgrenzung im Phänomen der Persönlichkeitsspaltung zwischen erlebendem und beobachtendem Persönlichkeitsteil.
• Die starke affektive Beteiligung, sowie der Eindruck der Bekanntheit mit den Erfahrungsinhalten in der Rückführung lassen den Eindruck von Objektivität und Realität entstehen, die Erfahrung ist *evident*.
• Reinkarnationserfahrungen können *verändernde Wirkungen* für das weitere Leben haben. In der therapeutischen Anwendung von Reinkarnation (Reinkarnationstherapie) wird dieser Aspekt, die Gewinnung von Sinn und Lebensdeutung, zum Ziel. Der Bezug auf persönliche Problemsituationen verstärkt den Eindruck der Sinnhaftigkeit, weil Probleme durch die Erfahrung klarer werden und plausible Deutungen erfahren.
• Der Erfahrungsinhalt, profan wie religiös, hat fast immer eine *starke Wirkung* auf die Person. Von den inneren Bildern scheint eine größere suggestive Wirkung auszugehen als von den Worten, die sie begleiten. Der Evidenzcharakter der Erfahrung bereitet die Modifikation vorhandener Weltbilder vor, mit dem Ziel, die Erfahrung integrieren zu können, denn für den Erlebenden sind sie verbindlich und autoritativ, oft sind sie für die Betroffenen von höchster existentieller Bedeutsamkeit. Allerdings können sie sich auch im Bereich des Banalen bewegen.
• Wahrnehmung und Beurteilung der Erfahrungen durch die Betroffenen können sich signifikant von der durch außenstehende Beobachter unterscheiden, *der Sinn ist ein persönlicher*. Sinn und Qualität der religiösen Erfahrung erschließen sich nur individuell.
• Der Inhalt der religiösen Erfahrung ist *von Set und Setting abhängig*. Persönliche und gesellschaftliche Situation bestimmen als Interpretationsrahmen den Inhalt mit. Insofern sind auch individuelle Erfahrungen nicht ohne Sozialität zustande gekommen.
• Der *Inhalt* der religiösen Erfahrung ist *nicht vorherzusehen* und ist in einen komplizierten Bedingungsrahmen eingebunden, in dem innere und äußere Faktoren eine Rolle spielen. Immer wieder taucht die Symbolik von Tod und Wiedergeburt auf.
• Die genannten Erfahrungen können *methodisch herbeigeführt* werden. Auch wenn es einen konsumistischen Gebrauch gibt, kann darum ihre religiöse Bedeutsamkeit nicht einfach zurückgewiesen werden. Die religiöse Interpretation, die die Erfahrung zur religiösen Erfahrung macht, ist nicht technisch machbar, die Operationalisierbarkeit religiöser Erfahrungen bleibt grundsätzlich ausgeschlossen.[53]

53 Vgl. *D.Mieth*, Was ist Erfahrung? In: O.Betz (Hg.), Zugänge zur religiösen Erfahrung, Düsseldorf 1980, 9-25, 20f.

Insgesamt weist der Vergleich der Merkmale die Reinkarnationserfahrungen als *religiöse Erfahrungen* aus, die in den Bereich menschlicher Erfahrungsmöglichkeiten gehören. *Sie sind nicht aus sich heraus als transzendent zu verstehen, sondern werden dieses erst durch die Interpretation, die ihnen gegeben wird.*

Reinkarnationserfahrungen und Realität

Keine individuelle Erfahrung kann zu einem intersubjektiv gültigen Beweis ausgedehnt werden. Damit ist über die Echtheit oder Wahrheit religiöser Erfahrungen noch nicht entschieden, vielmehr ist ihre Unbestimmbarkeit festgehalten, die auch Stenger betont: "Da jedoch die Erfahrung von Etwas erkenntnistheoretisch nichts über dessen ontologischen Status aussagt (jede Erfahrung verweist nur auf sich selbst als seiend gewesen), können die Erfahrungen anderer, transzententaler Wirklichkeiten nicht deren *Existenz* beweisen, wohl aber ihre *Erfahrbarkeit* (was zu der soziologischen Erkenntnis verallgemeinert werden kann, daß vieles intersubjektiv real sein kann, ohne zu existieren)."[54]

Der Ethnologe Hans-Peter Duerr ist bemüht, die Alternativstellung, echt oder unecht, zu sprengen, indem er auf den jeweiligen Erwartungshorizont verweist. Wahrnehmungen sind nach seiner Auffassung Ausdruck von Interpretationsperspektiven, die jeweils gesellschaftlich bedingten Interpretationskategorien unterliegen.[55] Die Frage nach der Objektivität wird von Duerr nicht beantwortet, sondern durch die Vermehrung der Perspektivmöglichkeiten an ihre Grenze geführt.[56] Folgt man seinen Argumenten, kann die Frage nach der Echtheit religiöser Erfahrungen nicht als "objektiv" zu entscheidende Frage behandelt werden. Erfahrung und Interpretation bilden einen hermeneutischen Zirkel, der keine Objektivität zuläßt. Das Erfahrene ist immer auch gleich das Gedeutete, und Reinkarnationserfahrungen können nur als solche wahrgenommen werden, wenn die Deutung "Reinkarnation" zur Verfügung steht. "Die Ausrichtung auf den Erfahrungsbezug verweist so den Menschen in das Offene seiner Situation"[57], denn Erfahrungen selber sind der Begründung entzogen. "Die unerfahrbaren Voraussetzungen der Erfahrung" (Løgstrup) sind nicht zu erheben, dringt man in ihren innersten Kern ein, so erfolgt die Analyse nur um den Preis der Zerstörung des zu Analysierenden.[58]

Hansjörg Hemminger sieht die Entstehung der Reinkarnationserfahrungen in der komplexen Kommunikation von Therapeut und Klient begründet.[59] Im Sinne

54 *Stenger,* Der "okkulte" Alltag, aaO., 126.

55 Vgl. *H.P.Duerr*, Traumzeit, Frankfurt a.M. 1985, 135.

56 Vgl. *Duerr*, Traumzeit, aaO., 453.

57 *J.Track*, Erfahrung, Theologiegeschichtlich, Neuzeit, in: TRE X, 116-128, 118.

58 Vgl. *K.E.Løgstrup*, Die unerfahrbaren Voraussetzungen der Erfahrung, in: O.Kaiser (Hg.), Denkender Glaube, Berlin/New York 1976, 193-207, 198.

59 Vgl. *Hemminger*, Rückführung, aaO., 103.

einer paradoxen Beziehung müsse sich der Klient um die erwarteten Erfahrungen bemühen, dürfe dieses Bemühen aber nicht selber als solches wahrnehmen.[60] Hemminger setzt sich mit dem besonderen Zustand in Trance auseinander, der zur Ausschaltung kritischer Instanzen bei gleichzeitigem bewußtem Erleben der inneren Bilder führe. "Es gibt jedoch keinen Grund zu der Annahme, daß in Trance Dinge geschehen, die nicht durch die physiologischen und psychologischen Gesetzmäßigkeiten des menschlichen Gehirns verstehbar sind. Daß es zu Seelenreisen kommt, daß ein 'kollektives Unbewußtes' angezapft werden kann oder daß eben frühere Leben zugänglich werden - all dies sind weltanschauliche Deutungen eines auch ohne sie verständlichen Phänomens."[61]

Trotzdem erscheinen Reinkarnationserfahrungen den Betroffenen oft als objektive Erfahrungen. Diese Überschätzung der individuellen Erfahrung beruht auf der Übernahme eines empirischen Erfahrungsbegriffs aus den Naturwissenschaften, denn alltagspraktisch gilt Erfahrung "als Indikator sozialer oder technischer Kompetenz."[62] Folglich wird Erfahrung mit der objektiven Wirklichkeit des Erfahrenen identifiziert: "Die Berufung auf Erfahrung beansprucht fraglose Unmittelbarkeit."[63]

Können die Reinkarnationserfahrungen durchaus als religiöse Erfahrungen angesehen werden, so ist damit zugleich ihre begrenzte intersubjektive Vermittelbarkeit gegeben. Als Erfahrung ist die Reinkarnation nicht beweisbar, sie ist nur dem erlebenden Individuum unmittelbar einleuchtend. Diese Evidenzerfahrung wird in einem sozialen Prozeß "konstruiert", auf den im Folgenden eingegangen werden soll.

60 Vgl. *Hemminger*, Rückführung, aaO., 106.

61 *Hemminger*, Rückführung, aaO., 108.

62 *A.S.Kessler/A.Schöpf/C.Wild*, Erfahrung, in: HPhG II, 373-386, 374.

63 *Korsch*, Erfahrung, aaO., 298; vgl. *Ebeling*, Die Klage über das Erfahrungsdefizit in der Theologie als Frage nach ihrer Sache, aaO., 5: "Der Inbegriff des unmittelbar Einleuchtenden entpuppte sich als einer der rätselhaftesten Begriffe der Philosophie."

12. Die alltagsweltliche Aneignung der Reinkarnationsvorstellungen

Reinkarnationsvorstellungen werden von Menschen in westlichen Kulturen zunehmend angenommen. Die Zahlen derjenigen, die Reinkarnation bejahen oder für möglich halten, gehen in die Millionen. Es stellt sich die Frage, auf welche Weise sich Menschen im Westen diese Vorstellung aneignen. Offensichtlich wird die reinkarnatorische Deutung normaler Erfahrungen in alltäglichen sozialen Interaktionsprozessen "gelernt". Die Reinkarnationsvorstellungen sind, wie die Beispiele gezeigt haben, nicht nur in den Wissensressourcen von Gruppen und subkulturellen Milieus, sondern auch in den Überzeugungsarsenalen der Gesamtgesellschaft eingelagert.

Die These dieses Kapitels ist, daß *Reinkarnationsvorstellungen überwiegend in Alltagsprozessen angeeignet werden, die als soziale Konstruktion von Wissen* verstanden werden können. Die Vermutung einer alltäglichen Verbreitung und Annahme von Reinkarnationsvorstellungen geht von der Beobachtung aus, daß nur wenige Menschen über die außerordentlichen religiösen Erfahrungen verfügen, die im vorangegangenen Kapitel untersucht wurden. In den meisten Fällen wird die Überzeugung von Reinkarnation nicht aus eigenen Erfahrungen abgeleitet, sondern mit Erfahrungsberichten anderer begründet. Ausdruck der verbleibenden Unsicherheit ist der "esoterische Konsum"[1], die wechselnde Orientierung an unterschiedlichen Personen, Gruppen und Verfahren.

Das Interesse der Untersuchung gilt den kognitiven und emotionalen Prozessen, die die Aneignung von Reinkarnationsvorstellungen in den alltäglichen Lebenswelten der westlichen Moderne begleiten. Es geht um die Deutung von Erfahrungen: "Aus soziologischer Sicht kommt es vor allem auf den Sinn an, den Menschen ihren Erfahrungen unterlegen, nicht auf die 'wirklichen' Ursachen der Erfahrungen selbst."[2] Methodisch werden Erkenntnisse der Wissenssoziologie angewendet, wie sie von Berger und Luckmann allgemein für die Religion und von Stenger für den "okkulten Alltag" entwickelt worden sind. Damit wird die religionspsychologische Fragestellung durch die Soziologie ergänzt, die nach der Deutung von Erfahrungen in sozialen Prozessen fragt, nach der sozialen Konstruktion von Wirklichkeiten und den zugrunde liegenden Prozessen von Interpretation und Weltentwurf. "Erfahrung als Interpretation, als Verstehen von Welt geschieht nicht in der Gestalt von abbildlicher Wahrnehmung von Wirklichkeit, sondern durch einen Entwurf. Erfahrung sammeln heißt Wirklichkeit entwerfen."[3]

1 Vgl. *Stenger*, Die soziale Konstruktion okkulter Wirklichkeit, aaO., 145.

2 Vgl. *Nelson*, Der Drang zum Spirituellen, aaO., 36.

3 *Daiber*, Predigt als religiöse Rede, aaO., 284.

In einem ersten Schritt wird die wissenssoziologische Theorie einer sozialen Konstruktion von "okkulter Wirklichkeit" dargestellt. In einem zweiten Schritt werden die Rückwirkungen dieser Wirklichkeitskonstruktion erläutert. Schließlich, in einem dritten Schritt, wird an einigen Beispielen die Anwendung der Theorie auf die Reinkarnationsvorstellungen nachvollzogen.

12.1 Die soziale Konstruktion okkulter Wirklichkeit

Um Mißverständnisse zu vermeiden, zuerst eine kurze Vorbemerkung: Im Folgenden werden soziale Prozesse untersucht, die zur Schaffung und Aneignung von Reinkarnationsvorstellungen führen. Dazu werden wissenssoziologische und konstruktivistische Überlegungen des Soziologen Horst Stenger herangezogen, der unter dem Titel "Die soziale Konstruktion okkulter Wirklichkeit" auch die "Herstellung 'okkulten' Sinns" beschrieben hat.[4] Ist also in den folgenden Abschnitten von "okkulter Wirklichkeit", "okkultem Wissen", "okkultem Sinn" und "okkultem Kontext" die Rede, dürfen diese nicht mit dem Okkultismus als einer Geistesströmung (vgl. Kapitel 5.4) verwechselt werden. *Als "okkulte Wirklichkeit" wird das Produkt kognitiver Prozesse bezeichnet, die von einer bestimmten Haltung zur Welt bestimmt sind: die Annahme einer wirksamen zweiten Wirklichkeit, die auch "Hinterwelt" oder das "okkulte Axiom" genannt wird.* Die "okkulte Wirklichkeit" kann sowohl im Okkultismus wie auch in anderen religiösen Zusammenhängen, in Kirchen, Sekten oder individuellen Lebenswelten entstehen. Entscheidend ist eine bestimmte Wahrnehmungsperspektive von Wirklichkeit, die wissenssoziologisch verständlich gemacht wird. Natürlich gilt die wissenssoziologische Rekonstruktion der Aneignungsprozesse auch für andere religiöse Vorstellungen, den christlichen Glauben nicht ausgenommen. Aber es handelt sich eben auch nur um eine Perspektive in einer multiperspektivischen Religionsanalyse.

Wissenssoziologie

Wissenssoziologie betrachtet das alltägliche Wissen, das dem gesellschaftlichen Normalverhalten zugrunde liegt, als aus Gedanken und Handlungen der einzelnen Menschen konstruierte, das heißt im sozialen Prozeß ausgehandelte, Wirklichkeit.[5] Auch das religiöse Wissen wird als Ausdruck menschlicher Selbstexplikation angesehen, es steht im Dienst der individuellen und gesellschaftlichen Identitätsgewinnung. Der Blick richtet sich auf jene selbstverständlich erscheinende Ba-

4 *Stenger*, Die soziale Konstruktion okkulter Wirklichkeit, aaO., 139-245.
5 Vgl. *H.Punsmann*, Wissen, in: WdC, 1367f.

sis menschlichen Lebens, die Lebenswelt, die einen jeweils individuellen Wirklichkeitsausschnitt darstellt.[6] Auch Religion ist Teil der Lebenswelt, und zwar in einer alltäglichen und vortheoretischen Gestalt. "Man mache sich davon frei, daß religiöses Wissen als fachmännisch verwaltetes theologisches System von Dogmen und Handlungskonfigurationen in akademischer Theologie aufgehoben sein müsse. Vielmehr vermag es als alltägliches Gebrauchswissen für potentiell alle Gesellschaftsmitglieder Orientierungsfunktion zu erfüllen."[7]

Die alltagsweltlichen religiösen Überzeugungen werden als Produkte kognitiver Prozesse im intersubjektiven Zusammenhang angesehen. Auch religiöse Erfahrungen sind Ausdruck der gesellschaftlichen Konstruktion von Wirklichkeit.[8] Erfahrungen und Wahrnehmungen, Wissen und Handeln sind in einem ständigen gegenseitigen Konstituierungsprozeß begriffen, in den gleichermaßen individuelle wie gesellschaftliche Faktoren einfließen. "Der beständige Kreislauf von Wissen - Wahrnehmung - Erwartung - Handeln - Erfahrung - Wissen kann daher auch als dauerhafter Prozeß kategorialer Differenzierung oder aus anderer Perspektive z.B. als 'Lernen' verstanden werden."[9] Diese Betrachtung von Wissen kann auf die Aneignung von Reinkarnationsvorstellungen angewendet werden.

Hinterwelten - das okkulte Axiom

Die notwendige Voraussetzung zur Aneignung von Reinkarnationsvorstellungen ist die Bereitschaft, überhaupt eine andere als die "normale", sichtbare und gesellschaftlich vermittelte Wirklichkeit anzunehmen. Diese Öffnung ist der Einstieg in das okkulte Wissen, wie Knoblauch am Beispiel des Rutengehens gezeigt hat.[10] Stenger bezeichnet diese Grundvoraussetzung als das "okkulte Axiom", seine basalen Grundannahmen sind: "Existenz einer größeren Realität, Existenz von Zugangsmöglichkeiten, Primat der größeren Realität gegenüber der materiellen, alltäglichen; Doppelexistenz der Person in der größeren und in der alltäglichen Reali-

6 Vgl. in Kapitel 2.2 Die eine christliche Kultur und die vielen religiösen Lebenswelten.

7 *W.Fischer/W.Marhold*, Religionssoziologie als Wissenssoziologie, in: dies. (Hg.), Religionssoziologie als Wissenssoziologie, Stuttgart u.a. 1978, 7-20, 15; vgl. *Berger/Luckmann*, Die gesellschaftliche Konstruktion der Wirklichkeit, aaO., 16: "Allerweltwissen, nicht 'Ideen' gebührt das Hauptinteressse der Wissenssoziologie, denn dieses 'Wissen' eben bildet die Bedeutungs- und Sinnstruktur, ohne die es keine menschliche Gesellschaft gäbe."

8 *Berger/Luckmann*, Die gesellschaftliche Konstruktion der Wirklichkeit, aaO.; *V.Drehsen/H.J.Helle*, Religiosität und Bewußtsein, in: Fischer/Marhold (Hg.), Religionssoziologie als Wissenssoziologie, aaO., 38-51; *H.Knoblauch*, Das unsichtbare neue Zeitalter, in: KZfSS 41 (1989) 504-525.

9 *Stenger*, Der "okkulte" Alltag, aaO., 126.

10 *H.Knoblauch*, Die Welt der Wünschelrutengänger und Pendler, Frankfurt a.M./New York 1991, 54: "Die Aneignung dieses Wissen setzt eine *Öffnung* voraus. Der Neuling muß sich bereit erklären, das neue Wissensgebiet ohne kritische oder skeptische Vorbehalte zu betreten."

tät."[11] Stenger greift mit seiner Bestimmung auf eine Definition von Kurt Hutten zurück, nach dem der Begriff "okkult" die Überzeugung bezeichnet, "daß die sichtbare Welt nicht die einzige und ganze Wirklichkeit ist, sondern von einer größeren, unseren Sinnesorganen unzugänglichen Welt umschlossen wird."[12]

Dieses okkulte Axiom kann in religiösen und nichtreligiösen Zusammenhängen, im Christentum selber und außerhalb seiner beobachtet werden. Es ist eine Haltung, die von wirksamen Hinterwelten ausgeht, von verborgenen Wirklichkeiten, die sich nur den Wissenden und Aufmerksamen erschließen, denen diese Realität außer Frage steht.[13] Die Überlegungen von Carl Christian Bry werden wieder aktuell, der die "verkappte Religion" als Hinterwelt definierte: "*Hinter* deinem gewöhnlichen Leben und *hinter* der gewöhnlichen Welt liegt etwas bisher Verborgenes, etwas zwar seit langem Geahntes, aber für uns nie Verwirklichtes, eine noch nie realisierte Möglichkeit, der wir beikommen können und jetzt beikommen wollen und beizukommen gerade im Begriff sind. Der Anhänger der verkappten Religion glaubt an etwas *hinter* der Welt."[14]

Die "Überzeugung der Existenz jenseitiger Realität" wird von Stenger als notwendige, aber nicht hinreichende "Bedingung eines okkulten Sinnherstellungsmusters" angesehen.[15] Er definiert: "Ich möchte jeden Sinnzusammenhang, der auf der Gewißheit einer 'größeren Realität' gründet, einen 'okkulten Kontext' nennen. Die axiomatische Grundlegung der größeren Realität bezeichne ich als das 'okkulte Axiom'."[16] Woher die Überzeugung kommt, daß es überhaupt eine Welt jenseits der sichtbaren Welt gibt, läßt sich nicht klären. Stenger vermutet, daß das okkulte Axiom einerseits im Rahmen üblicher Sozialisationsbedingungen im Alltag und durch die Religionen vermittelt wird.[17] Zum anderen wird die axiomatische Überzeugung aus individuellen Erfahrungen abgeleitet, die man als Evidenzerlebnisse bezeichnet, dazu können auch die alltäglichen und außerordentlichen Erfahrungen mit Reinkarnation gehören. Es "wird aus mystischen, magischen oder meditativen Erfahrungen auf die ontologische Existenz einer anderen Welt, einer höheren Wirklichkeit geschlossen."[18]

11 *Stenger*, Die soziale Konstruktion okkulter Wirklichkeit, aaO., 110.

12 *K.Hutten*, Die Herausforderung der Theologie durch die Okkultbewegung, IEZW 4 (1969) 6.

13 *Stenger*, Der "okkulte" Alltag, aaO., 131: "Axiomatische Überzeugungen sind stets selbstevident."

14 *Bry*, Verkappte Religionen, aaO., 30.

15 *Stenger*, Die soziale Konstruktion okkulter Wirklichkeit, aaO., 140.

16 *Stenger*, Die soziale Konstruktion okkulter Wirklichkeit, aaO., 108f.

17 *Stenger*, Die soziale Konstruktion okkulter Wirklichkeit, aaO., 139f.

18 *Stenger*, Der "okkulte" Alltag, aaO., 127; vgl. *Knoblauch*, Die Welt der Wünschelrutengänger und Pendler, aaO., 274.

Schlüsselerlebnisse und Evidenzerfahrungen

Eine okkulte Weltsicht wird angebahnt, wenn die Wirklichkeitserfahrung, besonders in Krisen, nicht mit den vorhandenen Kategorien ausreichend befriedigend und plausibel gedeutet werden kann. Es muß dann eine andere, über- oder außer-sinnliche Wirklichkeit angenommen werden, deren Aus- und Einwirkungen als Erklärungsmuster des sonst nicht Verständlichen dienen. Die Verknüpfung des okkulten Axioms mit eigenen Erfahrungen, die Applizierung der Annahme anderer Wirklichkeiten auf die eigene Existenz bereiten die okkulte Sinnwelt vor.

Die eigentliche Verknüpfung des okkulten Axioms mit eigenen Erfahrungen erfolgt durch "Schlüsselerlebnisse". Sie "eröffnen einen Kontext, also einen Sinnzusammenhang, indem der evidente Sachverhalt mit anderen Sachverhalten und Erfahrungswerten verknüpft, darauf bezogen wird."[19] Den Schlüsselerlebnissen geht nach Stenger oft eine Lebenssituation voraus, die durch "Offenheit" und "Umbruch" gekennzeichnet ist.[20] Die Evidenz des Schlüsselerlebnisses liegt in der emotionalen Gewißheit: "das ist es!" Dieser Eindruck macht die Wirkung der Schlüsselerfahrung aus, sie wird als "richtige Erfahrung" angesehen und ermöglicht eine konzeptionelle Neuausrichtung der individuellen Identitätsbegründung, die nun verstärkt aus dem okkulten Deutungsmuster erklärt wird.[21]

Die Evidenz ergibt sich aus der überraschenden Einsicht der Übereinstimmung vorhandener Gefühle und Wahrnehmungen mit neuen Deutungen, die zu neuen Einsichten helfen. "Die Evidenz rührt also daher, daß individuelle kognitive Strukturen 'plötzlich' durch neue kulturelle Inhalte und Muster widergespiegelt und damit objektiviert werden. Die Spiegelung vermittel das Gefühl, 'die Wahrheit schon immer gewußt zu haben' und 'auf dem richtigen Weg zu sein'."[22]

Am Beispiel von Shirley MacLaine kann deutlich gemacht werden, wie Schlüsselerlebnisse und Evidenzquellen wirken und zur Aneignung der Reinkarnationsvorstellung führen. Ausganspunkt ist in ihrem Fall die schwierige Beziehung zu dem Politiker Gerry, die ihr Orientierungsbedürfnis steigert. Als Schlüsselerlebnis kann die Deutung der Beziehung durch Reinkarnation mit Hilfe eines Mediums angesehen werden.[23] In dieser Situation wird die Reinkarnationsvorstellung evident. Mit der Theorie hat MacLaine plötzlich einen Schlüssel in die Hand, der ihr einen Verständniszugang zu der eigenen schwierigen Situation eröffnet: Die unerklärliche Anziehung zwischen ihr und Gerry beruht darauf, daß sie früher Mann und Frau waren. Verschiedene Evidenzen tragen in diesem Fall zur

19 *Stenger*, Die soziale Konstruktion okkulter Wirklichkeit, aaO., 140.

20 *Stenger*, Die soziale Konstruktion okkulter Wirklichkeit, aaO., 141.

21 *Stenger*, Die soziale Konstruktion okkulter Wirklichkeit, aaO., 147: "Der okkulte Kontext kann nunmehr als zentrale Perspektive der eigenen Biographie, Zukunft, Identität erarbeitet werden."

22 *Stenger*, Der "okkulte" Alltag, aaO., 132.

23 Vgl. *MacLaine*, Zwischenleben, aaO., 188.

Sicherung der Reinkarnationsvorstellung bei. Durch die Annahme eines gemeinsamen vergangenen Lebens wird MacLaine die gegenwärtige Situation verständlich. Und "eine Interpretation, die in der Lage ist, das Problem zu lösen"[24], muß doch auch wahr sein. Das Erklärungsmuster überzeugt. Die emotionale Erkenntnis bestätigt diese Theorie durch das Gefühl, schon immer geahnt zu haben, daß diese Beziehung in ihrer Unerklärbarkeit etwas Besonderes sei. Eine weitere Evidenzquelle ist die soziale Bestätigung durch das Medium, dessen Expertenstatus durch unerklärliche Kenntnisse intimer Vorgänge ausreichend bewiesen zu sein scheint. Weitere soziale Bestätigung in der Aneignung der Reinkarnationsvorstellung erfährt MacLaine durch Gespräche mit ihrem spirituellen Lehrer, durch Literatur und Besuche in esoterischen Buchhandlungen. Später kommt durch die Rückführungen in vergangene Leben unter Anleitung von Chris Griscom eine weitere Evidenzquelle hinzu: die sinnliche Wahrnehmung.

Stenger nennt als zusammenwirkenden Evidenzquellen in der Produktion von Reinkarnationserfahrungen: "Aus sozialer Bestätigung, kognitiver Konstruktion und emotionaler Erkenntnis entsteht das Wissen über frühere Existenzen."[25] Zusammengenommen stabilisieren sich die verschiedenen Evidenzquellen gegenseitig und führen in die zirkuläre Konstruktion des Wissens von Reinkarnation. Im Zirkel von Vermutung, Verknüpfung, Evidenzerfahrung und Theoretisierung wird die Reinkarnationsvorstellung zum Wissen. Aufgrund der unmittelbaren Evidenzen, die MacLaine im Laufe ihrer "esoterischen Karriere" macht, wird sie in die Lage versetzt, selber zur Vermittlerin reinkarnatorischen Wissens zu werden. Der Erfolg dieser Tätigkeit wirkt wiederum durch ihre Vorbildfunktion als soziale Evidenzquelle für andere.

Der okkulte Kontext

Die Vorstellung von Reinkarnation ist nur unter Voraussetzung des okkulten Axioms, der Annahme einer größeren Realität, sinnvoll. Und zugleich trägt die Reinkarnationsvorstellung zur Stabilisierung des "okkulten Kontextes" bei, als jenem größeren Deutungszusammenhang, in dem Axiome, Erfahrungen und Theorien zu einem umfassenden Deutungsrahmen zusammengefaßt werden. Der okkulte Kontext ist der weiter gefaßte Sinnzusammenhang, "eine spezifische Realitätsperspektive".[26] "Ein okkulter Kontext wird 'geschaffen', indem ein Sachverhalt eine okkulte Deutung erfährt. Die Deutung bestätigt wiederum die Prämissen, auf denen sie basiert, die bestätigten Prämissen rechtfertigen ihre Anwendung in nachfolgenden Deutungen usw. Den Alltag transzendental zu deuten erscheint nur demjenigen schwierig, der nicht in der Lage ist, einen okkulten Kontext zu

24 *Feder*, Reinkarnationshypothese, aaO., 61.

25 *Stenger*, Die soziale Konstruktion okkulter Wirklichkeit, aaO., 202.

26 Vgl. *Stenger*, Die soziale Konstruktion okkulter Wirklichkeit, aaO., 111.

'eröffnen'."[27] Die Veränderung der Perspektive schafft eine veränderte Realität. Die Individuen produzieren den okkulten Kontext, sie externalisieren eine Weltsicht durch Entwurf.[28] Die eigene Hervorbringung erscheint als objektive Gegebenheit, als höhere Natur oder kosmisches Gesetz, dem der Mensch ausgeliefert ist. Das Handeln richtet sich nach diesen Objektivierungen, so daß der okkulte Kontext zirkulär auf seine Konstrukteure zurückwirkt.[29]

Erfahrungen sind der Schlüssel zum Einstieg. Ist erst einmal die Bereitschaft geweckt, okkulte Wirklichkeit für eine Möglichkeit zu halten, wird diese auch immer wieder entdeckt, das Weltbild stabilisiert sich fortlaufend selbst. "Die Gewißheit des So-Seins einer Perspektive bringt neue Verknüpfungen (Sinnzusammenhänge) in den Blick, die - durchaus verstehbar als autopoietischer Zirkel - neue Evidenzen produzieren."[30]

Die wesentlichen Themen und Bausteine esoterischer Weltsicht basieren auf Theoretisierungen, immer wieder begegnenden kognitiven Konstruktionen:[31] Erstens die Überzeugung von der Ganzheitlichkeit der Welt, der Einheit von Geist und Materie, der Überwindung der Subjekt-Objekt-Spaltung. Zweitens die Vorstellung einer kosmischen Energie oder außerweltlicher Kräfte, einschließlich des Karma-Prinzips. Drittens die Vorstellung einer evolutiven Fortschrittsentwicklung des Bewußtseins. Diese Theoreme und ihre weitere Ausarbeitung lassen sich in den Beispielen und Fallstudien zur Reinkarnation wiederentdecken.

Die Reichweite des veralltäglichten esoterischen Reflexionssystems wird von Stenger in unterschiedlichen Graden bestimmt.[32] Die höchste Ebene ist die "okkulte Theorieproduktion", für die als Beispiel das System Rudolf Steiners stehen könnte. Für die mittlere Ebene eines "theoriegeleiteten Okkultismus", in dem Theorie- und Praxisformen "kosmologisch integriert" werden, könnte Thorwald Dethlefsens Reinkarnationstherapie als Beispiel dienen. Die untere Ebene eines "manipulativen Okkultismus" ist in literarischen Beispielen kaum zu erfassen, denn in ihm spielen theoretische Deutungen kaum eine Rolle. "Hier geht es vor allen Dingen mit Bezug auf die Realität okkulter Dimensionen um das Ausprobieren von Techniken, Rezepten und Ratschlägen, mit deren Hilfe in irgendeiner Weise das Alltagshandeln 'besser' bewältigt werden soll."[33]

27 *Stenger,* Der "okkulte" Alltag, aaO., 133.

28 *Berger/Luckmann*, Die gesellschaftliche Konstruktion der Wirklichkeit, aaO., 112: "Menschliche Existenz ist ab initio eine ständige Externalisierung. Indem der Mensch sich entäußert, errichtet er die Welt, in die hinein er sich entäußert. Im Prozeß seiner Selbstentäußerung projiziert er seinen subjektiv gemeinten Sinn auf die Wirklichkeit."

29 Vgl. *Berger/Luckmann*, Die gesellschaftliche Konstruktion der Wirklichkeit, aaO., 95.

30 *Stenger*, Die soziale Konstruktion okkulter Wirklichkeit, aaO., 148.

31 Vgl. *Stenger,* Der "okkulte" Alltag, aaO., 122f.

32 Vgl. *Stenger,* Der "okkulte" Alltag, aaO., 130, dort die folgenden Zitate.

33 *Stenger,* Der "okkulte" Alltag, aaO., 130.

Die durch individuelle Erfahrungen evident gewordenen Axiome und Deutungen der okkulten Weltsicht werden weitergegeben und verallgemeinert. Basis von Kommunikation und intersubjektiver Vermittlung ist ein gemeinsam geteiltes Erfahrungsmodell. "Erfahrung muß jenseits der Einzelerfahrung, nämlich auf der Ebene des Erfahrungsmodells, plausibel sein, der gesellschaftlichen Anerkennung unterliegen."[34] In der Wissenssoziologie spricht man von "Plausibilitätsstrukturen", der gesellschaftlichen Grundlage für die Interpretation der Welt als dauerhafte und verläßliche Wirklichkeit.

Plausibilitätsstrukturen werden gesellschaftlich vermittelt, sie werden internalisiert. Durch Internalisierung wird die objektivierte Weltansicht wieder zu je meiner Weltansicht, und dieses erfolgt durch Sozialisation, primär durch Eltern und signifikante Andere, sekundär durch Übernahme von Rollen, Konversionen und weiteren Lernerfahrungen.[35] Immer wieder werden bekannte Persönlichkeiten benannt, die der Reinkarnationsvorstellung anhängen.[36] Ihre Prominenz wirkt als Evidenzquelle durch soziale Bestätigung. Mit der zunehmenden Verbreitung wird aber auch die primäre Sozialisation für die Reinkarnationsvorstellungen von Bedeutung werden, denn immer mehr Kinder werden mit Reinkarnationsvorstellungen ihrer Eltern groß, so beispielsweise in anthroposophischen Familien.

12.2 Die "Rückwirkungen" des okkulten Kontextes

Stenger beobachtet sechs "Rückwirkungen des okkulten Kontextes auf seine Produzenten"[37], die in funktionaler Sicht auch als seine Leistungen angesehen werden können. Die Rückwirkungen sind: Förderung selbstreflexiver Fähigkeiten, Eliminierung des Zufalls, Positivierung des Lebens, Entdeckung des Weges als biographische Rekonstruktion, Entdeckung des Körpers und Überwindung des Todes. In ihnen lassen sich unschwer die Leistungen der westlichen Reinkarnationsvorstellungen für den Menschen in der Moderne wiederentdecken.

Erhöhte Reflexivität

Der okkulte Kontext wertet die Innenorientierung des Subjektes auf. Das okkulte Axiom, die Vermutung einer Hinterwelt, fördert das Interesse an unsichtbaren, nur

34 *Daiber*, Predigt als religiöse Rede, aaO., 294.

35 Vgl. *Berger/Luckmann*, Die gesellschaftliche Konstruktion der Wirklichkeit, aaO., 139ff.

36 *Berger/Luckmann*, Die gesellschaftliche Konstruktion der Wirklichkeit, aaO., 124: "Wirklichkeit ist gesellschaftlich bestimmt. Aber die Bestimmung wird immer auch verkörpert, das heißt: konkrete Personen und Gruppen sind die Bestimmer von Wirklichkeit."

37 *Stenger*, Die soziale Konstruktion okkulter Wirklichkeit, aaO., 165-204, 166.

symbolisch anwesenden Hintergründen des jeweils vordergründigen Geschehens. Das, was man sieht, ist noch nicht alles. Mittels "Reflexion und Reflexivität" können "Ereignisse der Außenwelt systematisch zu inneren Wahrnehmungen, Erfahrungen und Zuständen in Beziehung gesetzt werden."[38] Kategoriale Gerüste dienen dazu, Erfahrungen in eine Ordnung zu bringen. So eröffnet sich ein anhaltender Reflexionsprozeß, in dem Zusammenhänge der Außenwelt auf dem Hintergrund der okkulten Axiome und in Übereinstimmung mit den inneren Wahrnehmungen sinnhaft interpretiert werden.

Eliminierung des Zufalls

Die "Eliminierung des Zufalls" ist eine Rückwirkung des okkulten Kontextes, die bereits in den Beispielen und Fallstudien unter dem Begriff der Reduktion oder Eliminierung von Kontingenz benannt wurde. "Alle reflexiven Systeme 'beseitigen' im Bereich ihres Geltungsanspruchs weitgehend den Zufall, indem mit den jeweiligen Kategorien Ereignisse eingegrenzt und in Beziehung zu anderen kategorial produzierten Einheiten gesetzt werden. ... Aber nur vom okkulten Kontext läßt sich behaupten, daß er den Zufall tatsächlich eliminiert, weil es kein unverbundenes 'Außen' gibt, das durch Chaos und Unordnung gekennzeichnet ist. Alles - auch die scheinbare Unordnung - ist potentiell bedeutungsvoll und kann auf seinen Zeichengehalt hin untersucht werden."[39]

Stenger sieht diese Wirkung im Zusammenhang des Ganzheitsanspruchs des okkulten Weltbildes: "Wenn alles Geschehen eine Bedeutung und Botschaft hat, dann kann es keinen Zufall geben. Ein Ereignis als 'zufällig' zu klassifizieren impliziert unter anderem, es als unverbunden, als singulär in Bezug auf andere, relevante Geschehnisse zu begreifen. Diese Unverbundenheit wird im okkulten Kontext tendenziell vollständig aufgelöst. Alles, was geschieht, ist sinnvoll, ist verknüpfbar mit dem eigenen Denken, Wahrnehmen, Fühlen. Es stattet nicht nur die Gegenwart mit 'Sinn' aus, sondern dehnt sich konsequent auch auf die Vergangenheit aus."[40]

Das esoterische Wissenssystem, in dem der Zufall ausgeschlossen bleibt, hat offensichtlich einen hohen Nutzwert. Seine Stärke beruht auf der Kombination von umfassendem Erklärungsangebot bei gleichzeitiger Offenheit für die individuellen Bedürfnisse. Okkultes, esoterisches Wissen stellt "das *Instrumentarium* zur Verfügung, mit dessen Hilfe die Subjekte *selbst* für ihr eigenes Leben umfassende Erklärungen vornehmen können. ... Die Verknüpfungsmöglichkeiten sind unendlich, dementsprechend kann hier alles sinnhaft werden."[41]

38 *Stenger*, Die soziale Konstruktion okkulter Wirklichkeit, aaO., 166.
39 *Stenger*, Die soziale Konstruktion okkulter Wirklichkeit, aaO., 180.
40 *Stenger*, Die soziale Konstruktion okkulter Wirklichkeit, aaO., 175.
41 *Stenger*, Die soziale Konstruktion okkulter Wirklichkeit, aaO., 176.

Positivierung des Lebens

Die Positivierung des Lebens steht in enger Verbindung mit der Eliminierung des Zufalls: Auch schwere Erfahrungen, Unglück, Krankheit, jede Form negativer Kontingenzerfahrung kann, da im okkulten Kontext nicht zufällig sondern sinnvoll, mit positivem Gehalt ausgestattet werden.

Die Beispiele der Fallstudien zeigen die auch von Stenger beobachtete Tendenz, "unangenehme Ereignisse von unangenehmen Gefühlen zu trennen, sie gewissermaßen umgehend zu neutralisieren und als 'Aufgaben' anzunehmen. In diesem Sinne wird etwa jede Krankheit zur 'Aufgabe', ein Geschehen, an dem etwas zu lernen ist."[42] Die Positivierung des Lebens ist programmatisch in "Schicksal als Chance" (Dethlefsen) und "Krankheit als Weg" (Dethlefsen/Dahlke) dargestellt. Beide Schriften gehören zu den erfolgreichsten Titeln auf dem Buchmarkt. Auch bei MacLaine konnte das Positivierungstheorem sehr deutlich werden. Eigene und fremde Schicksalsschläge können auf diese Weise "rationalisiert" werden, wie am Beispiel des Todes von Gerry nachzuvollziehen ist, der sie emotional offensichtlich gar nicht sehr tief berührt. Im Vordergrund ihrer Darstellung der Verarbeitung steht jedenfalls eine kognitive Konstruktion: der Tod als Statuswechsel.

Die Distanz eigenem und fremdem Schicksal gegenüber ist nur plausibel vor dem Hintergrund der Reinkarnationsvorstellung, als der "Ausweitung des Subjekts weit über die Grenzen seiner physischen Existenz hinaus".[43] Indem der Mensch sich im esoterischen Weltbild als Verursacher seiner eigenen Situation erkennt, die er mittels Reinkarnation und Karma ursächlich erklären kann, wird er zur Übernahme von Autonomie und Eigenverantwortlichkeit motiviert. Hier ist der Individualisierungsdruck der Moderne im okkulten Kontext sichtbar.

Biographie als Weg und die Entdeckung des Körpers

Unter der Metapher des Weges kann die Biographie unter Integration der Kontingenzerfahrungen rekonstruiert werden. Der Weg beschreibt die individuelle Entwicklung in einem Fortschrittszusammenhang und die rückblickende Sinndeutung kann in die Zukunft prolongiert werden. "Auch der okkulte Kontext beläßt (als offenes System) immer 'weiße Flecken' ungeklärten Sinns. ... [es] wird mit der Evidenz des sich im nachhinein enthüllenden Sinne eine unklare Gegenwart ertragbar und stabilisiert sich das Vertrauen in eine klärende Zukunft."[44]

Die Entdeckung des Körpers geht einher mit der Schaffung von Zugangsformen zu den je eigenen Emotionen, die als Material für reflexive Vorgänge dienen. Im

42 *Stenger*, Die soziale Konstruktion okkulter Wirklichkeit, aaO., 182.
43 *Stenger*, Die soziale Konstruktion okkulter Wirklichkeit, aaO., 183.
44 *Stenger*, Die soziale Konstruktion okkulter Wirklichkeit, aaO., 187.

Zusammenhang gesteigerter Reflexivität wird auch dem Körper mehr Aufmerksamkeit zuteil. Zugleich erweist er sich als sicheres Medium neuer Erfahrungsmöglichkeiten, die von Stenger als emotionale Evidenzen und Gewißheitsquellen verstanden werden. Der Körper dient als Evidenzquelle und wird für kognitive Vorgänge funktionalisiert; in diesem Sinne ist das zunehmende Interesse an Körpererfahrungen zu verstehen.[45]

Überwindung des Todes

Stenger thematisiert die Reinkarnationsvorstellungen als eine weitere Rückwirkung des okkulten Kontextes unter dem Titel "die Überwindung des Todes". Für die "nahezu 'flächendeckende' Verbreitung" der Reinkarnationsvorstellungen entdeckt er strukturelle Gründe in modernisierungstheoretischer[46] Perspektive: "Gegenüber anderen Vorstellungen von der Überwindung des Todes hat die Reinkarnationsidee (zumindest in der westlichen New Age-Version) einen hohen 'Autonomiegehalt' und erweist sich damit hinsichtlich des Individualisierungsdrucks moderner Gesellschaften als potentiell 'brauchbares' Wissen."[47]

Die enge Übereinstimmung mit den Bedingungen und Bedürfnissen von Menschen in den Lebenswelten der Moderne begründet ihre Leistungen für das Individuum und die Aneignung. "Zu den psychologischen Auswirkungen der Realitätserfahrung von Reinkarnationszusammenhängen gehört die Reduktion der Angst vor dem Sterben bzw. dem Tod, Entlastung im Hinblick auf die Unveränderbarkeit oder Irreversibilität der Gestaltungsbedingungen dieses Lebens und vergrößerte Erklärungs-, Sinn- und Reflexionsmöglichkeiten hinsichtlich wesentlicher sozialer Beziehungen im biographischen Zusammenhang."[48]

Ohne Zweifel können die Reinkarnationsvorstellungen als verdiesseitigte Jenseitsvorstellung die Angst vor dem Tod vermindern. Diese Wirkung wurde bereits mehrfach erörtert. Mit den wissenssoziologischen Analysen wird ihr Zustandekommen aufgehellt. Auf die weiteren Leistungen der Reinkarnationsvorstellungen, insbesondere die Kontingenzreduktion, wird im folgenden Kapitel weiter einzugehen sein. Für die Analyse der Aneignungsprozesse ist wichtig festzuhalten, daß die Vorstellung in einem größeren Kontext wurzelt, der ihre lebensweltliche Verankerung ermöglicht. Wichtig ist weiterhin zu verstehen, wie die Vorstellung von Reinkarnation zur individuellen Gewißheit werden kann.

45 *Stenger*, Die soziale Konstruktion okkulter Wirklichkeit, aaO., 191: "... im okkulten Kontext geht es um die Erkenntnis (Reflexion) der Beziehung von Körper, Seele und Geist. Hier ist die geistige Dimension die definitionsrelevante."

46 Vgl. *Stenger*, Die soziale Konstruktion okkulter Wirklichkeit, aaO., 197.

47 *Stenger*, Die soziale Konstruktion okkulter Wirklichkeit, aaO., 204.

48 *Stenger*, Die soziale Konstruktion okkulter Wirklichkeit, aaO., 204.

12.3 Die Gewißheit der Reinkarnation

Die Reinkarnationsvorstellungen werden in Stengers wissenssoziologischer und konstruktionstheoretischer Analyse des okkulten Wissens als Rückwirkung des okkulten Kontextes auf die Konstrukteure eingeordnet. In der Todesfrage erweisen sie sich als "konkurrenzlose" Deutung, die in engen Wechselwirkungen mit den anderen Rückwirkungen des okkulten Kontextes zusätzlich an Plausibilität gewinnen. Stengers Gedankengang, der in diesem Abschnitt noch einmal an Beispielen aus dem Bereich der Reinkarnationsvorstellungen überprüft werden soll, läßt sich folgendermaßen zusammenfassen:

Unter vorausgesetzter Annahme einer zweiten Wirklichkeit (dem okkulten Axiom) kann diese mit persönlichen Lebensfragen (vorbereitende Situation) in Beziehung gebracht werden. Erfährt das Subjekt in der Verknüpfung eine evidente Problemklärung, steigt die Bereitschaft, diesen Prozeß zu wiederholen. Weitere Evidenzerfahrungen lassen die Annahme der wirksamen und bedeutsamen Hinterwelt zur Gewißheit werden: Der okkulte Kontext ist konstruiert, der sich in individuellen und sozialen Prozessen weiter stabilisiert, da seine Leistungen in hohem Maße dem Individuum und seinen Fragestellungen entgegenkommen. Das Unbegreifliche wird verständlich, ein stabiler Sinnhorizont entsteht, der es möglich werden läßt, Kontingenzerfahrungen einzuordnen und damit ihrer Bedrohlichkeit zu entheben. Zu den kognitiven Konstruktionen, den Theoretisierungen dieses Zusammenhanges, gehört die Vorstellung von Reinkarnation und Karma. Der Nachvollzug der Aneignung und der Konstruktion von Reinkarnationsvorstellungen ermöglicht es, jene Denkfigur zu verstehen, die hier als das Wissen von Reinkarnation bezeichnet wird.

Von der Skepsis zur Überzeugung

Voraussetzung der Aneignung der Reinkarnationsvorstellung ist die Annahme einer größeren, über den normalen Alltag hinausgehenden Welt. Diese Überzeugung kann aus den verschiedenen Religionen abgeleitet sein, die als Verweisinstanzen auf Jenseitiges angesehen werden. Der Aneignungsprozeß von Reinkarnationsvorstellungen beginnt sehr vorsichtig mit der Erwägung der Möglichkeit einer weiteren Welt. Für die Bereitstellung dieser Grundlage sind neben der Wirksamkeit der Religionen besonders persönliche Begegnungen (Gespräche), aber auch Informationen durch Bücher und andere Medien auszumachen.

Die meisten Anhängerinnen und Anhänger von Reinkarnationsvorstellungen schätzen sich selber als rational, nüchtern und kritisch ein.[49] Sie betonen ihre skeptische Haltung, so schreibt Elisabeth Kübler-Ross in ihrem Tagebuch:

49 Vgl. die Selbstdarstellung bei *Dethlefsen*, Das Leben nach dem Leben, aaO.

"Ich weiß sehr wenig über die Philosophie der Reinkarnation. Ich habe diese Vorstellung immer mit merkwürdigen Leuten in Zusammenhang gebracht, die über ihr früheres Leben in einem weihrauchgefüllten Zimmer diskutieren. Ich bin anders erzogen. Ich fühlte mich im Laboratorium zu Hause."[50]

Auch MacLaine stellt heraus, wie sehr sie anfänglich den Gedanken der Reinkarnation und überhaupt jede Form des Spirituellen ablehnte. "Ich schätze, ich glaube das, was beweisbar ist."[51] Erst indem sie sanft aber beharrlich mit einer anderen Sicht der Welt konfrontiert wird, vertreten durch ihren Freund und Lehrer David, beginnt sie die Vorstellung von Reinkarnation und Karma überhaupt als Möglichkeit zu erwägen:

"Meine Gedanken tanzten wirr um diese Möglichkeiten. Es war alles zu neu, zu absurd und letztlich vielleicht zu simpel. ... 'Okay, nehmen wir einmal an, das alles ist so plausibel und einfach. Nehmen wir an, im Leben wie in der Natur geht es einfach um die Frage, das zurückzubekommen, was wir hineingetan haben, und nehmen wir an, wir schaffen uns in jedem Augenblick, jeder Sekunde all unserer Tage die Bedingungen unserer Zukunft selbst, diktieren sie durch unsere positiven und negativen Handlungen?' Ich holte tief Luft, als mir die Folgen zu dämmern begannen. 'Du meine Güte, wie lange würde es dann dauern, bis man ein >guter< Mensch im Sinne deiner kosmischen Gerechtigkeit ist?'"[52]

MacLaine nimmt sich in ihrem Buch "Zwischenleben" viel Raum, um ihre eigenen Zweifel und Widerstände darzulegen. Dadurch gewinnt die Darstellung ihrer individuellen Sinnsuche und deren Beantwortung durch die Reinkarnationsvorstellung an Glaubwürdigkeit. Aber nicht nur der Darstellung des reinkarnatorischen Wissens dient die Betonung einer skeptischen Grundhaltung, an ihr wird indirekt die Stärke der Evidenzerfahrung erkennbar.

Wissen statt Glauben

Eine durchgängige Selbstbeschreibung von Vertreterinnen und Vertretern der Reinkarnationsvorstellungen im Westen ist, daß diese Vorstellung nicht auf Glauben beruhe, sondern auf Wissen. Diese Behauptung fordert zur Interpretation heraus. So schreibt der Reinkarnationstherapeut Thorwald Dethlefsen:

"Diesen rhythmischen Wandel der Seele durch Leben und Tod nennt man seit alten Zeiten Seelenwanderung oder Reinkarnation (= wiederholte Fleischwerdung). Plato wußte um sie genauso wie Goethe. Ich sage absichtlich 'wußte' und nicht 'glaubte' - denn Reinkarnation ist keine Frage des Glaubens, sondern eine Frage philosophischer Erkenntnisfähigkeit."[53]

50 *Gill*, Elisabeth Kübler-Ross, aaO., 286.
51 *MacLaine*, Zwischenleben, aaO., 88.
52 *MacLaine*, Zwischenleben, aaO., 96f.
53 *Dethlefsen*, Schicksal als Chance, aaO., 200.

Auch die Ärztin und Naturwissenschaftlerin Elisabeth Kübler-Ross verwendet diese Formulierung und überschreitet bewußt die Grenze von Naturwissenschaft und Religion. Ironisch wendet sie sich an ihre jetzigen Kritiker und antizipiert deren spätere Überzeugung von der, für sie gewissen, postmortalen Fortexistenz:

"Das Sterbeerlebnis ist fast identisch mit der Geburt. Es ist eine Geburt in eine andere Existenz, die ganz, ganz einfach bewiesen werden kann. Zweitausend Jahre lang hatte man Sie dazu ersucht, an die jenseitigen Dinge zu 'glauben'. Für mich ist es nicht mehr eine Sache des Glaubens, sondern eine Sache des Wissens. Und ich sage Ihnen gern, wie man zu diesem Wissen gelangt, vorausgesetzt, Sie wollen wissen. Wenn Sie es nicht wissen wollen, spielt es ebenfalls absolut keine Rolle. Wenn Sie mal gestorben sind, wissen Sie es ja sowieso. Und ich sitze dann dort und freue mich speziell über all jene, die jetzt sagen: 'Ja, die arme Frau Dr. Ross!'"[54]

Weitere Beispiele lassen sich zusammenstellen, die Formulierung "Wissen statt Glauben" erscheint fast stereotyp.[55] In der Selbstdefinition von Reinkarnationsvorstellungen als Wissen ist eine kritische Abgrenzung von dem, was traditionell unter Religion und Glaube verstanden wird, zu erkennen. Glaube wird identifiziert mit der blinden Übernahme dogmatisch vorformulierter Glaubenssätze unter Aufgabe des Verstandes. Demgegenüber wird die Reinkarnationsvorstellung als Wissen aufgefaßt, das auf einem Weg gewonnen wird, der durch Erfahrungen und Rationalität bestimmt ist.

Die Binnenrationalität des Okkulten

Das vermeintliche Wissen von Reinkarnation erweist sich als ein Beispiel für die Rationalität des Okkulten. Denn nicht das Okkulte ist irrational, lediglich das zugrunde liegende Axiom ist in der Perspektive eines anderen Axioms irrational. Ist das Axiom akzeptiert, wird mit dem okkulten Kontext ein Raum der Binnenrationalität betreten, der logisch, selbstevident und plausibel strukturiert ist. Der Eintritt erfolgt durch, auch probeweise, Anerkennung des okkulten Axioms und durch Erfahrungen. So kann Kyber sagen, daß es im Okkultismus keine Geheimnisse gebe und jeder sich das bisher geheim gehaltene Wissen aneignen könne, allerdings nur mittels Erfahrungen.[56] Kritik von außen, das heißt auf der Basis eines anderen Axioms, beispielsweise der Naturwissenschaften oder der christlichen Theologie, kann die Vertreterinnen und Vertreter des Okkulten und der Reinkarnationsvorstellungen nicht erreichen, ebensowenig wie die aus der Binnenrationalität des Okkulten eröffnete Kritik an der wissenschaftlichen Rationalität (am wissenschaftlichen Axiom) dieses verändern kann. Dethlefsen beschreibt die kritische Potenz seiner neuen Rationalität:

54 *Kübler-Ross,* Über den Tod und das Leben danach, aaO., 9.
55 Vgl. *MacLaine*, Zwischenleben, aaO., 52.
56 Vgl. *Kyber*, Einführung in das Gesamtgebiet des Okkultismus, aaO., 46f.

"Ich entwickelte mich zum Skeptiker, der nur das glaubt, was er durch eigene Erfahrung zu seinem Wissen gemacht hat. Ich suchte neue Wege und fand dabei sehr alte: Ich lernte die uralten Weisheitslehren des Ostens kennen, drang in Gebiete ein, die man heute als Okkultismus oder Aberglauben zu diffamieren versucht. Unbekannte Welten taten sich vor mir auf. Mit immer größerer Deutlichkeit empfand ich die Diskrepanz zwischen diesem uralten, alles umfassenden Wissen, diesen immensen Kenntnissen von Zusammenhängen und Gesetzmäßigkeiten und unserer materialistischen Schulwissenschaft, die in Wirklichkeit völlig im dunkeln tappt und daher auf jedes zufällig gefundene Körnchen unendlich stolz ist."[57]

Das neue Wissen wird von seinen Vertreterinnen und Vertretern keineswegs als irrational, sondern als Rationalität höherer Ordnung angesehen. "Der Okkultist glaubt, ganz naturwissenschaftlich, alles erklären zu können."[58] Die Wiederverzauberung der Welt ist also, genau bestimmt, kein Rückfall in den Irrationalismus, sondern ein Wechsel des grundlegenden Axioms. Und auf dem Hintergrund des okkulten Axioms ist die Reinkarnation geradezu zwingend: "Die axiomatische Überzeugung der Existenz jenseitiger Realitäten macht in hohem Maße die eigene Weiterexistenz in diesen Realitätsdimensionen nach dem physischen Tode plausibel."[59] Denn wer an eine andere Realität zu glauben bereit ist, wird schwerlich davon ausgehen, daß die Existenz auf das diesseitige Leben beschränkt ist. Und da bietet sich das Modell der Reinkarnation aufgrund der naturhaften Anschaulichkeit und der Übertragung physikalischer und biologischer Gesetzmäßigkeiten auf die Todesfrage an: Energie geht nicht verloren, warum dann der Mensch? Alles ist Wechsel und Rhythmus, warum dann nicht auch Leben und Tod? Diese Plausibilität wird durch die anderen Rückwirkungen des okkulten Kontextes verstärkt: "... Strukturelemente des okkulten Kontextes wie die Positivierung des Lebens, die Eliminierung des Zufalls oder die Entdeckung des Weges legen die inhaltliche Ausgestaltung der 'Überwindung des Todes' in der Form einer beständigen Reinkarnation nahe."[60]

57 *Dethlefsen*, Das Leben nach dem Leben, aaO., 96.

58 *Bry*, Verkappte Religionen, aaO., 217.

59 *Stenger*, Die soziale Konstruktion okkulter Wirklichkeit, aaO., 204.

60 *Stenger*, Die soziale Konstruktion okkulter Wirklichkeit, aaO., 204.

13. Reinkarnationsvorstellungen und die Religion in der Moderne

Die westlichen Reinkarnationsvorstellungen erbringen für das Individuum verschiedene Leistungen, die aber zugleich, ambivalent wie die Moderne selber, neue Fragestellungen und Problemhorizonte eröffnen. Die herausragende Leistung der Reinkarnationsvorstellungen, die in den Fallstudien deutlich wurde, ist die Verminderung, wenn nicht sogar Beseitigung von Kontingenz, die Eliminierung des Zufälligen. Schon Max Weber bezeichnete die Reinkarnationsvorstellungen als eine rationale Theodizee. Nicht ohne an ihren Ambivalenzen Anteil zu haben, beziehen sich die weiteren Leistungen der Reinkarnationsvorstellungen auf die spezifischen Konditionen der Moderne. Pluralität, reizvoll wie überfordernd, wird durch Reinkarnation neu geschaffen, aber auch erträglich gemacht; der Individualisierungsdruck wird verstärkt und religiöse Institutionen werden reduziert oder ersetzt.

13.1 Reduktion von Kontingenz

Die westlichen Reinkarnationsvorstellungen reduzieren Kontingenz, diese Beobachtung durchzieht die Fallstudien und kann als die zentrale Leistung der Reinkarnationsvorstellungen in ihren westlichen Formen angesehen werden. Die Prozesse der sozialen Konstruktion und Aneignung sind im vorangegangenen Kapitel erörtert worden. An dieser Stelle geht es darum, die Kontingenz reduzierende Funktion unter religions- und modernisierungstheoretischen Gesichtspunkten zu überprüfen.

Reinkarnationsvorstellungen als rationale Theodizee

Max Weber hat in verschiedenen Schriften auf die Funktion der Vorstellungen von Karma und Reinkarnation hingewiesen. Seine Überlegungen sind auf die östlichen Religionen bezogen, können aber auch als Ansatzpunkt zur Interpretation westlicher Reinkarnationsvorstellungen genutzt werden, denn er betrachtet sie unter dem Gesichtspunkt der Rationalität, das heißt unter einem modernisierungstheoretischen Aspekt. Weber erkennt "das Kernprodukt des eigentlichen religiösen Rationalismus" in der "Stellungnahme zu etwas, was an der realen Welt als spezifisch 'sinnlos' empfunden wurde ... die Forderung: daß das Weltgefüge in seiner Gesamtheit ein irgendwie sinnvoller 'Kosmos' sei ..."[1]

1 *Weber*, Die Wirtschaftsethik der Weltreligionen. Konfuzianismus und Taoismus, aaO., 102.

Weber unterscheidet drei verschiedene Typen rationaler[2] Theodizee. Ihnen gemeinsam ist der Versuch das Verhältnis von Unvollkommenheit der Welt und Vollkommenheit Gottes zu lösen und dabei die Inkongruenz zwischen Schicksal und Verdienst zu erklären. Weber nennt das "Prädestinationsdekret des Deus absconditus", den "zarathustrischen Dualismus" und die "indische Karmalehre".[3] Im Anschluß an Weber sind die verschiedenen Modelle besonders von Peter L. Berger weiter diskutiert worden.[4] Berger geht, wie Weber, von einer menschlichen Sehnsucht nach rationaler Durchdringung der Kontingenzerfahrungen aus. Er bezeichnet den Einbruch der Sinnlosigkeit als "anomisches Phänomen", das erklärt werden will.[5] Das gilt besonders angesichts des Todes: "Jede menschliche Ordnung ist ein Bündnis angesichts des Todes. Jede Theodizee ist der Versuch, einen Pakt mit dem Tode zu schließen."[6] Der Vergleich der Weberschen Modelle rationaler Theodizee macht deutlich, warum den westlichen Reinkarnationsvorstellungen in der Moderne ein so großer Erfolg beschieden ist.

Das erste Modell ist die *Hoffnung auf Ausgleich*. Weber unterscheidet zwischen einem Ausgleich in dieser Welt (messianische Eschatologien) und der Hoffnung auf Ausgleich in einer jenseitigen Welt.[7] Beide Ausgleichshoffnungen können das Bedürfnis, der Ungleichheit in der Welt einen Sinn abzugewinnen, nicht ausreichend befriedigen, wenn sie nicht konsequent auf eine prinzipiell uneinsehbare, souverän handelnde Gottheit zurückgeführt werden (deus absconditus). Der Gedanke eines allmächtigen Gottes erzwingt angesichts des Schlechten in der Welt die Folgerung, daß auch die Übel in seinem Willen ruhten. Diese Vorstellung, die sich besonders im Horizont der streng monotheistischen Religionen einstellt, ist, wie Weber festhält, "keine rationale Lösung des Theodizeeproblems".[8] Die Vorstellung des Ausgleichs durch den letzten Verursacher der Ungleichheit ruft die Empörung des leidenden Menschen hervor, es sei denn, er bringt seine Autonomie einer unbegreiflichen Macht zum Opfer dar.[9] Berger bemerkt, daß die christliche Unterwerfung unter einen zugleich "allmächtigen *und* allgerechten Gott" ein masochistischer Akt ist, in dessen Folge die Theodizee zur Anklage gegen den sündigen Menschen gewendet und damit zum Verschwinden gebracht

2 *Doniger O'Flaherty*, Emotion und Karma, aaO., 87-94, 100, ist bemüht, die emotionale Dimension der Karma-Theorie bei Weber zu rekonstruieren.

3 *Weber*, Die Wirtschaftsethik der Weltreligionen. Konfuzianismus und Taoismus, aaO., 95

4 Vgl. *Berger*, Zur Dialektik von Religion und Gesellschaft, aaO., 52-78. Zur Übersicht und Geschichte vgl. *H.-G.Janßen*, Gott - Freiheit - Leid, Darmstadt ^{2}1993, 166-193, dort auch kritische Erwägungen zu Weber und Berger.

5 Vgl. *Berger*, Zur Dialektik von Religion und Gesellschaft, aaO., 52.

6 *Berger*, Zur Dialektik von Religion und Gesellschaft, aaO., 78.

7 Vgl. *Weber*, Wirtschaft und Gesellschaft, aaO., 315ff.

8 *Weber*, Wirtschaft und Gesellschaft, aaO., 317.

9 *Hummel*, Reinkarnation, aaO., 33, verweist auf die "anticalvinistische Tendenz" der westlichen Reinkarnationsvorstellungen, also den Protest gegen jegliche Vorherbestimmung.

wird.[10] An ihrer "Stelle taucht ein Problem der Anthropodizee auf (oder der iustificatio, um einen christlichen Begriff zu verwenden)."[11] Der Konflikt zwischen transzendenter Macht und menschlicher Freiheit läßt das Problem der Theodizee überhaupt erst wirklich bedeutsam werden und bereitet den Erfolg der Reinkarnationsvorstellungen vor.

Das *dualistische Modell* rationaler Theodizee geht von einer partikularen oder grundsätzlichen Einschränkung der Allmacht Gottes aus, dem eine andere Macht entgegensteht, die als Ursache des Bösen angesehen wird. Auch dieses Konzept, oft im Interesse ethischer Orientierungen, verlagert die Erklärung der Ungleichheit in einen unzugänglichen Hintergrund und läßt den Menschen als Objekt transempirischer, im Kampf befindlicher Mächte erscheinen; einzig die Reinen und Erlesenen gewinnen aus dieser Vorstellung ein "aristokratisches Prestigefühl".[12] Die Frage der Theodizee ist durch den Dualismus genausowenig rational befriedigend beantwortet wie mittels der Prädestinationsvorstellung. Da die Gerechtigkeit in einen Bereich jenseits aller Wirklichkeit verlagert wird, kann diese Welt abgewertet werden, von den gnostischen Formen der dualistischen Theodizee meint Berger, daß sie "akosmisch, asketisch und ahistorisch"[13] waren.

Als drittes Modell nennt Weber *Reinkarnation und Karma*: "Die formal vollkommenste Lösung des Problems der Theodizee ist die spezifische Leistung der indischen 'Karman'-Lehre, des sog. Seelenwanderungsglaubens. Die Welt ist ein lückenloser Kosmos ethischer Vergeltung. ... Der Einzelne schafft sich sein eigenes Schicksal im strengsten Sinne ausschließlich selbst. ... Die dogmatische Konsequenz liegt in der völligen Entbehrlichkeit und Undenkbarkeit eines in diesen Mechanismus eingreifenden allmächtigen Gottes ..."[14] Mit diesem Konzept kann jede Form der Kontingenzerfahrung rational in ein sinnvoll angeordnetes Ganzes integriert werden, "nämlich durch Ausschaltung jeglicher Vermittlung zwischen dem Menschen und der rationalen Ordnung des Universums. Das Problem der Theodizee verschwindet schließlich, weil die anomischen Phänomene, die es aufkommen ließen, als flüchtige Illusionen entlarvt sind ..."[15]

Weber konnte noch nicht ahnen, welcher Siegeszug diesem dritten Modell in der westlichen Welt beschert sein würde. Es ist zu vermuten, daß die kollektiven und individuellen Erfahrungen des 20. Jahrhunderts das Bedürfnis nach einer Erklärung des Unbegreiflichen gesteigert haben.

10 Vgl. *Berger*, Zur Dialektik von Religion und Gesellschaft, aaO., 72f.

11 *Berger*, Zur Dialektik von Religion und Gesellschaft, aaO., 73.

12 *Weber*, Wirtschaft und Gesellschaft, aaO., 318.

13 *Berger*, Zur Dialektik von Religion und Gesellschaft, aaO., 71.

14 *Weber*, Wirtschaft und Gesellschaft, aaO., 318f; vgl. *Weber*, Gesammelte Aufsätze zur Religionssoziologie II, aaO., 117, 120, 367. Die Frage der sozial- und wirtschaftsethischen Konsequenzen, die Weber an den östlichen Reinkarnationsvorstellungen interessieren, können hier nicht weiter verfolgt werden.

15 *Berger*, Zur Dialektik von Religion und Gesellschaft, aaO., 66.

Das Unbehagen am Schicksal und die Reduktion Gottes

Reinkarnationsvorstellungen lassen sich funktional als Kontingenzreduktion bestimmen. Sie verknüpfen kontingente Lebenslagen durch das feststehende, nichtkontingente Karmagesetz mit einer noch nicht festliegenden Wiedergeburt. Die zukünftige Inkarnation ist kausal aus den gegenwärtigen Leistungen und Erfolgen determiniert, ebenso, wie die scheinbare Kontingenz des jetzigen Lebens als rational zu durchschauende Folge vergangener eigener Lebens- und Verhaltensformen angesehen wird. Vergangenheit, Gegenwart und Zukunft sind gleichermaßen Resultate autonomer Prozesse und nicht fremdbestimmt. Lediglich der Korrelationszusammenhang, das Prinzip des abhängigen Entstehens, als der strengen Kausalgesetzmäßigkeit steht fest. Indem die Reinkarnationsvorstellungen jede Lebenslage unter Wahrung der Autonomie erklären, können sie als eine *rationalisierende Weltdeutung mit hoher Plausibilität* in Anspruch genommen werden, *die auch in krisenhaften Situationen als ausgesprochen enttäuschungsresistent* fungieren kann: "Welt, Mensch und die gegenwärtigen Probleme werden in einen logisch nachvollziehbaren, rational plausiblen und emotional verkraftbaren Zusammenhang gebracht, der keine Fragen offen und keine Verzweiflung aufkommen läßt."[16]

Die Leistung der Reinkarnationsvorstellungen, eine rational befriedigende Theodizee zu liefern, wird durch den Verzicht auf von außen einwirkende Kräfte und Mächte möglich. Die Bearbeitung von Kontingenzerfahrungen erfolgt weder durch Verlagerung der Verantwortung auf transzendente Machtinstanzen, noch durch Abspaltung des Bösen in einem dualistischen Schema, sondern durch Rückverlagerung in das Individuum und Entkoppelung von jeglicher transzendenten Macht. Im Konfliktfeld zwischen menschlicher Freiheit und göttlicher Macht erweisen sich die Reinkarnationsvorstellungen in ihren westlichen Formen als modern[17], weil sie dem neuzeitlichen Bedürfnis nach Autonomie entgegenkommen. Die Rationalität der Reinkarnation liegt gerade darin, daß der Mensch selbst verantwortlich ist und sein Schicksal nicht aus fremden Händen empfangen muß.

Reinkarnationsvorstellungen beseitigen durch ihre Binnenrationalität das Unbehagen am Schicksal, jene diffuse Form der Kontingenzerfahrung, die als ambivalente Folge des Autonomiegewinns in der Moderne auftritt. Die Welt, so die Auffassung von Esoterik und Okkultismus, ist geordnet und gehorcht gleichbleibenden und zuverlässigen Gesetzmäßigkeiten. Einzige Aufgabe ist es, diese Gesetzmäßigkeiten zu erkennen, wie Thorwald Dethlefsen betont:

16 *Feder*, Reinkarnationshypothese in der New Age-Bewegung, aaO., 45.

17 *Janßen*, Gott - Freiheit - Leid, aaO., 16: "Das Gerichtsverfahren der Theodizee betrifft daher nicht allein Gott als ein isoliertes Sein, sondern die neuzeitliche Welterfahrung insgesamt: ob und inwiefern die christliche Tradition und ihr Begriff Gottes dem neuzeitlichen Selbstverständnis des freien Subjektes widerspricht oder es fundiert, ob dieser Gott Freiheit und Gerechtigkeit Grund gibt oder desavouiert."

"Entweder glaube ich an einen Kosmos (griech.: das Geordnete) oder an ein Chaos. Die Beobachtung lehrt uns, daß wir nicht in einer chaotischen Welt leben, denn wir kennen Gesetze, deren Zuverlässigkeit und Gültigkeit sich sehr weit zurückverfolgen lassen. ... Wie lange könnte sich dieser Kosmos als solcher erhalten, wenn in ihm ein Platz für Zufälligkeiten existieren würde? ... Wenn es keinen Zufall gibt, so muß es Gesetzmäßigkeiten geben, denen die Ereignisse gehorchen."[18]

Im evolutiven Entwicklungsprozeß können auch negative Welterfahrungen integrativ vereinnahmt werden. Die Leistung der Reinkarnationsvorstellungen erweist sich in der Etablierung eines stabilen Sinnhorizontes, der sich gegenüber individuellen wie kollektiven Kontingenzerfahrungen als widerstandsfähig beweist. Selbst der tote Mensch fällt aus diesem Horizont des Sinns nicht heraus. Da die Kommunikation nicht prinzipiell abgebrochen ist und auch der Jenseitsweg auf den umfassenden Entwicklungsprozeß bezogen bleibt, wird der Tod integrierend gedeutet und in gewisser Hinsicht "verdiesseitigt".

Die Stärke der Reinkarnationsvorstellungen als einer rationalen Deutung des Schicksals liegt darin, daß die Autonomie des Subjektes gewahrt bleibt und alle Menschen eine prinzipielle Gleichbehandlung durch das kosmischen Karmagesetz als Beurteilungsinstanz erfahren. Reinkarnations- und Karmavorstellung wirken unter den Bedingungen der westlichen Moderne egalitär und befriedigen darum in plausibler Weise das elementare menschliche Bedürfnis nach Gleichheit und Gerechtigkeit, alle individuellen, sozialen, materiellen, nationalen und sonstigen Unterschiede übergreifend.[19]

Das Besondere an den westlichen Reinkarnationsvorstellungen ist, daß in ihnen die Übel in der Welt nicht personal sondern strukturell erklärt werden. Gott wird mit der Kontingenz "rationalisiert" und damit überflüssig für die Erklärung ihrer Ursachen. Diese Logik verträgt keinen unbekannten Faktor in ihrer Gleichung; Götter und andere machtvolle transzendente Wesen bringen ein Moment des Unberechenbaren in die Rationalität von Ursache und Wirkung.[20] In der Gnade Gottes

18 *Dethlefsen*, Das Leben nach dem Leben, aaO., 112.

19 Diese Tendenz wird in besonderer Weise am Erfolg des reinkarnatorischen Spiritismus in Brasilien als einer multikulturellen Gesellschaft mit starken sozialen Ungleichgewichten deutlich (vgl. Kapitel 5.5). Aber auch die gegenteilige Beobachtung ist richtig. So wendet Hollenweger ein, daß die Reinkarnationsvorstellung ein "Legimationsmodell des Bestehenden" ist (*W.J.Hollenweger*, Geist und Materie. Interkulturelle Theologie III, München 1988, 263ff). Für die östlichen Reinkarnationsvorstellungen wird man mit *Berger*, Der Zwang zur Häresie, aaO., 64, sagen können, daß sie "das im ganzen konservativste religiöse System der Geschichte begründet" haben.

20 Dem widerspricht m.E. nicht die Beobachtung, daß auch in der Reinkarnationsliteratur Gott, Engel und andere Wesen zu finden sind. Ihre Funktionen sind für das menschliche Schicksal randständig. Auch in der Anthroposophie ist Gott nur im kosmischen Drama wichtig, er schafft die Bedingungen zur positiven Ausnutzung der Struktur von Reinkarnation und Karma, insofern ist sogar von Gnade zu sprechen. Aber im Sinne lebensbestimmender personaler Beziehungen bleibt Gott aus dem Spiel.

erfährt das neuzeitliche Individuum keine erfreuliche Botschaft, ist sie doch letztlich Indiz unberechenbarer Spontanität und möglicher Willkür.[21] Ein annehmender und verwerfender Gott vermehrt die innerweltliche Kontingenz auch noch um ihre transzendente Steigerung an Ungewißheit[22], und darum muß ein Gott, der diese Eigenschaften hat, vom neuzeitlichen Subjekt auf Distanz gehalten werden. Die westlichen Reinkarnationsvorstellungen ermöglichen diese Reduktion Gottes.

Die ambivalente Wirkung ist, daß das Individuum auf sich zurückgeworfen wird, Selbstreflexivität und Individualisierungsdruck wachsen, ebenso die Selbstverantwortlichkeit und Einsamkeit. Konnte Schopenhauer als Ziel seiner Philosophie, aus letztlich nicht reinkarnationstheoretischen Gründen, eine Ethik des Mitleids konzipieren, ist diese unter dem Aspekt einer total reduzierten Kontingenz nicht mehr nötig. Die rationale Struktur von Reinkarnation bringt tiefgreifende Gefühle wie Trauer angesichts von Tod und Leiden zum verstummen. Der Verlustschmerz wird mittels rationaler Theorie stillgestellt und durch Pluralisierung der zukünftigen Lebensmöglichkeiten nivelliert.

13.2 Reinkarnation und die Ambivalenzen der Moderne

Die Moderne beinhaltet die Gleichzeitigkeit des Ungleichzeitigen. Das Nebeneinander gegenläufiger Prozesse der Modernisierung und Gegenmodernisierung macht ihre ambivalente Struktur aus. Die westlichen Reinkarnationsvorstellungen haben an den Voraussetzung und Folgen dieser Prozesse Anteil, indem sie nicht nur auf diesen beruhen, sondern sie auch bearbeiten und wieder neu hervorbringen. Mit dieser Auffassung wird dem einfachen Krisentheorem widersprochen, nach dem das Aufkommen der Reinkarnationsvorstellungen in westlichen Kulturen, ebenso wie die Verbreitung esoterischer und okkulter Weltsichten, Ausdrucksform und Folge der Krisen in der Moderne sei. Diese Sicht verpaßt die produktiven Leistungen der Reinkarnationsvorstellungen für das Individuum. Der komplexe Zusammenhang zwischen Reinkarnationsvorstellungen und Moderne, der bereits am Beispiel der Kontingenzreduktion deutlich wurde, soll an den Pluralisierungs- und Individualisierungsprozessen weiter verfolgt werden.

21 Vgl. Torwesten, Sind wir nur einmal auf Erden? AaO., 52.

22 Vgl. *Luhmann*, Gesellschaftsstruktur und Semantik aaO., 294f: Im Jüngsten Gericht wird es auf "keinen Fall … gerecht zugehen, denn das würde so gut wie alle in die Hölle bringen."

Entlastung vom Druck der Pluralität

Bereits bei Lessing wurde die herausragende Bedeutung der Pluralitätserfahrung für das Reinkarnationskonzept bemerkt. Wenn er am Ende seiner Schrift[23] fragt, ob es nicht zur Vollkommenheit nötig sei, alle Erfahrungen gemacht zu haben, Jude und Christ gewesen zu sein, und er feststellt, daß in einem Leben gar nicht alle Erfahrungen zu machen sind, so kündigt sich bei ihm bereits das *Doppelgesicht der Pluralität an: die Gleichzeitigkeit von Faszination und Überforderung*. In Lessings Andeutungen spiegelt sich eine zentrale Erfahrung des Lebensgefühls in der Moderne: Das Leben ist reich und vielfältig, die Pluralität der Lebensmöglichkeiten ist unmöglich auszuschöpfen, die Vielfalt ist zugleich reizvoll wie überfordernd. Es gibt so viel zu lernen und zu erleben, und darum kann ein Leben gar nicht genügen.

Die Reinkarnationsvorstellungen entlasten von verpaßten Chancen und falschen Lebensentscheidungen, die unter dem Blickwinkel der Einmaligkeit des Lebens als irreversibel bewertet werden müßten. Das Leben in den pluralisierten Lebenswelten der Moderne erzeugt unaufhörlich "verpaßte Chancen", die endlose und unvermeidbare Erfahrung, naheliegende Möglichkeiten nicht verwirklicht zu haben. Jede Wahl impliziert vielfache Entscheidungen gegen andere Möglichkeiten. Reinkarnation beantwortet die Unendlichkeit der Gelegenheiten mit der Unzahl der Lebenschancen. Das Wissen nicht nur um die zweite, sondern um die immer wieder neue Chance ermöglicht die unverkrampfte Konzentration auf die Gegenwart. Somit entlastet Reinkarnation von der pluralistischen Überforderung durch Vermehrung von Lebensmöglichkeiten in vielen Inkarnationen. Zugleich verfügen die Reinkarnationsvorstellungen durch Teilhabe an den Theoretisierungen des okkulten Kontextes über ein Modell zur Reduktion von Komplexität: das Ganzheitstheorem. Indem alles miteinander zusammenhängt und nicht nur aufeinander bezogen ist, sondern sogar in letzter Perspektive dasselbe und eines ist, können "inhaltliche Mehrfachorientierungen"[24] zusammengehalten werden.

Trotz ihrer starken Bezugs auf die Pluralisierung, sind Reinkarnationsvorstellungen nicht als Ausdruck der Postmoderne interpretierbar. Denn ihr theoretischer Anspruch ist der einer Metaerzählung, eines generalisierenden Deutungsmusters.

Produktion von Pluralität durch Dekonstruktion von Identität

Reinkarnationsvorstellungen im Westen sind auf Pluralität bezogen. Sie setzen aber nicht nur Vielfalt voraus und bearbeiten sie, sondern tragen ebenso zur Pluralisierung bei. Reinkarnationsvorstellungen erzeugen Pluralität durch die Dekonstruktion der Identität, indem dem Individuum eine Vielzahl an vergessenen, aber

23 *Lessing*, Die Erziehung des Menschengeschlechts, aaO.
24 *Stenger*, Der "okkulte" Alltag, aaO., 122.

wirksamen Lebensläufen unterstellt wird. Die gegenwärtige Identität wird zwar einerseits besser verstehbar, aber auch andererseits in eine Vielzahl vorausgegangener Identitäten mit unterschiedlichsten Erfahrungen, Rollenübernahmen und Charakteren zerlegt. Moody meint, die Reinkarnationstherapie schicke "die Psyche auf Einkaufsbummel" und eröffne die Möglichkeit, "alternative Daseinsmöglichkeiten" zu erkunden.[25] Sichtbar wird in der Reinkarnationsvorstellung die Verbindung zwischen innerer Pluralisierung und Individualisierung: "Der Sinn von Individuation in modernen Zeiten ist es eher, sich auf die Vieldeutigkeit des Selbst einzulassen."[26]

Reinkarnation dekonstruiert Identität durch innere Dissoziierung: Ich bin ganz viele. Der reinkarnierte Mensch ist polysynthetisch und verfügt über eine multiple Persönlichkeitskarriere. Zwar kann damit äußere Vielfalt integrativ vereinnahmt werden, aber die Identität wird nun mit innerer Pluralisierung überschwemmt. Feder charakterisiert den reinkarnatorischen Umgang mit der Pluralität als Leben im Experiment: "Nicht *ein* Leben, *eine* Persönlichkeit gibt es, sondern viele, zwischen denen man nicht entscheiden muß, sondern mit denen man experimentieren kann. Das Experiment ist die große Aufgabe des neuzeitlichen Menschen. ... Und angesichts der wachsenden Schwierigkeiten, denen wir uns gegenübersehen, unseren Lebensstil in dieser Welt zu rechtfertigen, erscheint diese Form der Distanzierung von der Welt nicht nur verlockend, sondern geradezu natürlich."[27]

Reinkarnationsvorstellungen und die Selbstentdeckung des Individuums

Modernisierung bekommt ihren Antrieb aus der Individualisierung und deren Gewinn für den einzelnen. Reinkarnation hat an diesem Prozeß Anteil. Wie bedeutsam dieser Aspekt ist, kann an einer Äußerung Marilyn Fergusons über das autonome Individuum abgelesen werden, nach der das Paradigma des Neuen Zeitalters "sagt, dass wir *keine* Opfer, keine Pfandobjekte sind und durch keine Bedingungen oder Konditionierungen begrenzt werden."[28] Freiheit, Autonomie und Selbstgestaltung sind die zentralen Leitkriterien für das Individuum in der Moderne.

Folgt man den Auffassungen Stengers, so beruht die breite Akzeptanz von Reinkarnationsvorstellungen im Westen nicht auf inhaltlichen Gründen, sondern auf der gelungenen Befriedigung von Bedürfnissen, die im Modernisierungsprozeß entstehen. "Die Inhalte von New Age und Esoterik sind nicht das Primäre für den kulturellen Erfolg. Die 'Bewegung' ist nach meinem Verständnis nicht deshalb er-

25 *Moody*, Leben vor dem Leben, aaO., 191ff.
26 *P.Sloterdijk*, Weltfremdheit, Frankfurt a.M. 1993, 60.
27 *Feder*, Reinkarnationshypothese in der New Age-Bewegung, aaO., 43.
28 *Ferguson*, Die sanfte Verschwörung, aaO., 33.

folgreich, weil etwa esoterische, religiöse Bedürfnisse 'wiederentdeckt' wurden, sondern weil über esoterische Inhalte das *Programm der Selbstentdeckung* vorangetrieben werden kann ..."[29] Das "Selektionskriterium" an dem sich der Erfolg der Reinkarnationsvorstellungen entscheidet, ist der individuelle Nutzen: "was dem Subjekt dient, sich selbst in Veränderungen und Veränderlichkeiten seiner Welt zu verorten und die Wandelbarkeit der Welt sinnhaft zu integrieren, hat gute Chancen, als 'brauchbares' Wissen unter den Bedingungen moderner Gesellschaften zu 'überleben'."[30]

Brauchbar ist, was der Selbstverwirklichung dient, die angesichts realer politischer[31] und wirtschaftlicher Ohnmacht der Individuen in die Privatsphäre verlegt wird.[32] Die Brauchbarkeit der Reinkarnationsvorstellungen unter den Individualisierungsbedingungen der Moderne liegt einerseits in deren Autonomie fördernden Strukturen[33] und andererseits in Entlastung bei Entscheidungen. Es "zeigt sich ebenfalls ..., daß die Entlastungswirkung auch eine förderliche Bedingung für die Internalisierung von Autonomiezumutungen ist. ... Da der Satz: 'man lebt nur einmal' nicht mehr gilt, kann man sich unbefangener auf dem Feld wichtiger Lebensentscheidungen bewegen und vermutlich sehr viel leichter sich selbst die alleinige Verantwortlichkeit für diese Entscheidungen zurechnen."[34]

Die Schattenseiten der Wahlstruktur

Die der Moderne zugrunde liegende geförderte Wahlstruktur wirkt sich auch auf die Akzeptanz der Reinkarnationsvorstellungen aus. Am Beispiel von Shirley MacLaine war deren vorübergehende und nachlassende Bedeutsamkeit aufgefallen. Sie war in einer bestimmten Lebensphase wichtig, konnte aber auch wieder in den Hintergrund treten. Waßner macht darauf aufmerksam, daß der individuelle Lebenssinn in Esoterik und New Age nicht durch Projektion eines christlichen Glaubensbegriffs überlastet werden darf: "Gewiß, es geht um den Erwerb von Überzeugungen, die aber nicht unbedingt dramatischen Ernst, tiefe Seinsbejahung und Einigkeit mit sich selbst implizieren müssen. Es sind Überzeugungen, die

29 *Stenger,* Der "okkulte" Alltag, aaO., 129.

30 *Stenger,* Der "okkulte" Alltag, aaO., 134.

31 *Stenger,* Die soziale Konstruktion okkulter Wirklichkeit, aaO., 198, beobachtet die starke Nähe der okkulten zur ökologischen Realitätsperspektive, beiden liegt das Gefühl der eigenen Verantwortlichkeit zugrunde und der Notwendigkeit, diese in Taten umzusetzen. Vertreterinnen und Vertreter der Reinkarnation berichten, daß die Vorstellung ihre Wahrnehmung der ökologisches Dimensionen geschärft habe. Reinkarnation, so ihr Argument, konfrontiere unausweichlich mit den Folgen des gegenwärtigen umweltschädigenden Verhaltens.

32 Vgl. *R. Waßner,* Nicht-verfaßte Religiosität und Gesellschaft, in: MD EZW 58 (1995) 1-11, 7; *Luckmann,* Die unsichtbare Religion aaO., 155.

33 Vgl. *Stenger,* Die soziale Konstruktion okkulter Wirklichkeit, aaO., 198.

34 *Stenger,* Die soziale Konstruktion okkulter Wirklichkeit, aaO., 201.

sich neben andere ganz profaner und doch steuerungs- und handlungsrelevanter Natur stellen, zudem oft mit einem Schuß Vergnügen versetzt sind."[35]

Reinkarnationsvorstellungen werden gewählt, solange sie "nützen", sie entlasten das Individuum von der Angst Fehlentscheidungen zu treffen und vor dem Tod. Aber sie steigern auch das reflexive Verhältnis zur eigenen Identität und befördern damit Einsamkeit. Denn jeder Akt der Wahl zwischen den vervielfältigten Möglichkeiten ist nur aus den individuellen Kriterien als relativ "einsame" Entscheidung des Subjektes zu verstehen. Zu den Folgen der Modernisierung gehört, daß "ein *enormer Schwund von festigenden Gemeinschaftserlebnissen* festzustellen" ist.[36]

Reduktion von Institutionalisierungen

Die Fallstudien und Beispiele lassen erkennen, daß die Annahme von Reinkarnationsvorstellungen im Regelfall eine Distanzierung von religiösen Institutionen mit sich bringt. Reinkarnationsvorstellungen scheinen für die individualisierte Religion ohne Institutionalisierungsformen besonders geeignet zu sein, weil sie einer reflexiven Modernisierung entsprechen, innengeleitete Horizonte fördern und individuelle Identitäten in wechselnden Formen nahelegen. Weil sie das autonome Subjekt stärken, wird die Verbreitung der Reinkarnationsvorstellungen auch mit einem Abbau von religiösen Institutionen einhergehen. "*Man bedient sich (wieder) frei der strukturellen Muster von Religiosität, ohne sich den korporativen Zwängen dogmatischer und gesellschaftlicher Art zu unterwerfen.*"[37]

Kirchen, Sekten und andere verbindliche Vergesellschaftungsformen der Religion werden von den meisten Anhängerinnen und Anhänger der Reinkarnationsvorstellungen im Westen eher Ausdruck als Ausdruck von Unfreiheit und religiöser Fremdbestimmung angesehen werden. Sie stehen für die mangelnde individuelle Entwicklung.

Angesichts der Präferenz der Reinkarnationsvorstellungen zu Formen der "unsichtbaren Religion" oder der "nicht-verfaßten Religiosität" (Waßner), bleibt die Frage nach der Bedeutung der Sozialformen der Religion in der Moderne.

35 *Waßner*, Nicht-verfaßte Religiosität und Gesellschaft, aaO., 7.
36 *Fürstenberg*, Modernisierung, aaO., 213.
37 Heinrichs, Institution, religiöse, aaO., 126.

14. Die Sozialformen der Religion

Reinkarnationsvorstellungen kommen in den unterschiedlichsten Sozialformen der Religion vor. Von ihrer Verbreitung in westlichen Kulturen haben die Beispiele und Fallstudien einen Eindruck vermittelt. Reinkarnationsvorstellungen können als Leitmotiv für die Untersuchung der Sozialformen der Religion in der Moderne genutzt werden, deren Vielfalt sie erkennbar machen. Damit wird die Ausgangsthese der Untersuchung erweitert: Reinkarnationsvorstellungen sind nicht nur ein geeigneter Indikator für die Entdeckung der Religiosität als Sozialform individualisierter Religion, sie machen nicht nur auf die "unsichtbare" Religion aufmerksam, sondern sie lassen das ganze Spektrum der religiösen Sozialformen in den Lebenswelten der Moderne sichtbar werden.

Die Analyse geht von der Voraussetzung aus, daß Religion immer eine soziale Form annimmt, die auch soziologisch erfaßbar ist, anders ausgedrückt: Jedes Wissen hat einen sozialen Kontext. *Nicht vorausgesetzt wird, daß Religion immer eine deutlich institutionelle Gestalt annehmen muß.* Die bereits dargestellten Beispiele von Reinkarnationsvorstellungen zeigen teilweise nur einen schwachen oder gar nicht entwickelten Institutionalisierungsgrad.

Ziel dieses Kapitels ist es, eine Übersicht über die Sozialformen der Religion in ihrer Pluriformität zu geben und damit die unterschiedlichen Zusammenhänge genauer zu bestimmen, in denen die Reinkarnationsvorstellungen vorkommen. Denn die soziale Form hat durchaus Bedeutung für die jeweiligen Reinkarnationsvorstellungen und ist ein wichtiger Faktor zum Verstehen. Reinkarnationsvorstellungen in engen institutionalisierten Organisationen mit Sektencharakter, im therapeutischen Milieu oder im individuellen Rezeptionszusammenhang sehen sehr unterschiedlich aus. Mit der religionssoziologischen Perspektive[1] wird ein weiterer Aspekt von Religion in den Blick genommen, in dem Bemühen, diese "einkreisend" zu verstehen.

1 Vgl. *Daiber/Luckmann* (Hg.), Religion in den Gegenwartsströmungen der deutschen Soziologie, aaO.; *K.-F.Daiber,* Pastoralsoziologie, in: H.Kress/ders., Theologische Ethik - Pastoralsoziologie, Stuttgart/Berlin/Köln/ 1996, 119-239; *A.Feige*, Kirchensoziologie, in: Dunde (Hg.), Wörterbuch der Religionssoziologie, aaO., 154-166; *G.Hummel,* Religionssoziologie und Theologie, in: U.Mann (Hg.), Theologie und Religionswissenschaft, Darmstadt 1973, 207-221; *F.Fürstenberg/I.Mörth,* Religionssoziologie, in: R.König (Hg.) Handbuch der empirischen Sozialforschung, Bd. 14, Stuttgart ^{2}1979, 1-84; *Kehrer*, Einführung in die Religionssoziologie, aaO.; *V.Kruse/H.M.Kruckis*, Zeitdiagnose als Herausforderung. in: LM 31 (1992) 172-175; *R.Robertson,* Einführung in die Religionssoziologie, München/Mainz 1973; *S.Schneider*, Ausgewählte internationale Bibliographie zur neueren Religionssoziologie, in: KZfSS Sonderheft 6 (1966^{2}) 264-289; *M.Zelger*, Religionssoziologie, in: Dunde (Hg.), Wörterbuch der Religionssoziologie, aaO., 268-278.

14.1 Religionstypologische Unterscheidungen

Eine typologische Ordnung der Religionen unter dem Gesichtspunkt der Sozialformen ist in vieler Hinsicht naheliegend. Die damit verbundenen methodischen Probleme können hier nicht weiter erörtert werden.[2] Die soziologischen Begriffe sind notwendig kontextuell und konstruiert. "Die Typen 'Kirche', 'Sekte', 'Denomination' und 'Kultgemeinschaft' wurden nicht in der Absicht geplant, die Entstehung und Wechselwirkung aller religiösen Strukturen zu erklären, viel weniger noch der sozialen Strukturen schlechthin. Sie sind zugestandenermaßen auf spezifisch westeuropäische und amerikanische Erscheinungen beschränkt."[3]

Kirche-Sekte-Mystik - die grundlegende Typologie

Da Religion im Westen lange Zeit weitgehend mit dem kirchlich verfaßten Christentum identisch war, sind die ersten Differenzierungsversuche auf die formalisierte Kirchenstruktur bezogen gewesen. Der Anstoß zu einer Unterscheidung ging von Max Webers Aufsatz "Kirchen und Sekten" aus,[4] in dem Weber den Zusammenhang zwischen ökonomischem Erfolg und Sektenzugehörigkeit anhand eines Berichtes über seine USA-Reise aufzeigte. Webers Gedanken wurden von Ernst Troeltsch aufgenommen und zu einer grundlegenden Analyse der Sozialformen von Kirche und Sekte ausgearbeitet: "Der Typus der Kirche ist die überwiegend konservative, relativ weltbejahende, massenbeherrschende und darum ihrem Prinzip nach universale d.h. alles umfassen wollende Organisation. Die Sekten sind dem gegenüber verhältnismäßig kleine Gruppen, erstreben eine persönlich-innerliche Durchbildung und eine persönlich-unmittelbare Verknüpfung der Glieder ihres Kreises, sind eben damit von Hause aus auf kleinere Gruppenbildung und auf den Verzicht der Weltgewinnung angewiesen; sie verhalten sich gegen Welt, Staat, Gesellschaft indifferent, duldend oder feindlich, da sie ja nicht diese bewältigen oder sich eingliedern, sondern vermeiden und neben sich stehen lassen oder etwa durch ihre eigene Gesellschaft ersetzen wollen."[5] Die Sekten werden von Troeltsch als "Komplementär-Erscheinungen" zur Kirche betrachtet.[6] Das Christentum hätte sich in seiner Sozialgestalt sowohl als Kirche als auch als Sekte entwickeln können, darum lehnt Troeltsch wertende Beurteilungen ab.

2 Vgl. zur Typologie-Diskussion *Kehrer*, Einführung in die Religionssoziologie, aaO., 162-167; *Nelson*, Der Drang zum Spirituellen, aaO., 67-89.

3 *H.Becker*, Soziologie als Wissenschaft vom sozialen Handeln, Würzburg 1959, 225.

4 Vgl. *M.Weber*, Kirchen und Sekten, in: ChW 20 (1906) 558-562, 577-583.

5 *E.Troeltsch*, Die Soziallehren der christlichen Kirchen und Gruppen, Nachdruck Aalen 1965, 362; vgl. 358-383; 794ff; 942ff; 967ff (Zsfg.). Zu Troltsch vgl. *K.Fechtner*, Volkskirche im neuzeitlichen Christentums, Gütersloh 1995.

6 *Troeltsch*, Die Soziallehren der christlichen Kirchen und Gruppen, aaO., 358, vgl. 794.

Neben Kirche und Sekte beschreibt Troeltsch als dritte religiöse Sozialform die Mystik: "Die Mystik im weitesten Sinne des Wortes ist nichts anderes als Drängen auf Unmittelbarkeit, Innerlichkeit und Gegenwärtigkeit des religiösen Erlebnisses. Sie setzt die Objektivierung des religiösen Lebens in Kulten, Riten, Mythen oder Dogmen bereits voraus und ist entweder eine Reaktion gegen diese Objektivierungen, die sie in den lebendigen Prozeß wieder zurückzunehmen sucht, oder eine Ergänzung der herkömmlichen Kulte durch die persönliche und lebendige Erregung. Sie ist also immer etwas Sekundäres und etwas Absichtlich-Reflektiertes, ein absichtlich herbeigeführter Erregungszustand in charakteristischer gleichzeitiger Verbundenheit mit einer dem ganz entgegengesetzten Unmittelbarkeit des Gefühls selbst."[7] Sie neigt zu "einem rein persönlich-innerlichen Gemütsbesitz, wobei nur fließende und ganz persönlich bedingte Gruppenbildungen sich sammeln können".[8] Die Mystik kenne "überhaupt kein Gemeinschaftsprinzip", sondern sei nur das "Zusammentreffen der Gleichgesinnten" und gehe, sowie sie sich organisiere, in den Sektentypus über.[9] Die, welche zur Mystik oder zum Spiritualismus gehören, sind geeint "im gemeinsamen Ziel", es "gilt nur für die Suchenden, Erkennenden und Erleuchteten". "Hier wird nichts gemacht und organisiert."[10] Faßt man die Überlegungen zusammen, wird erkennbar, daß *die Mystik bei Troeltsch als Religion des konsequenten Individualismus verstanden wird.* Mit seinen Ausführungen hat er einen forschungsgeschichtlich bedeutenden Versuch unternommen, Religion ohne institutionalisierte Sozialgestalt zu erfassen.

Weiter ausdifferenzierte Typologien

In der Religionssoziologie des 20. Jahrhunderts sind nach Troeltsch verschiedene Typologien entwickelt worden. Howard Becker hat bereits 1929 mit dem Typ "Kult" versucht, Religion unterhalb der Institutionalisierungsschwelle in den Blick zu nehmen und den Mystikbegriff zu ersetzen.[11] J.Milton Yinger arbeitet sechs Formen heraus[12], indem er nach dem Ausmaß, in dem alle Mitglieder der Gesellschaft eingeschlossen werden, nach der Akzeptanz gesellschaftlicher Werte als säkular und nach der Komplexität organisatorischer Strukturen differenziert.[13]

7 *Troeltsch*, Die Soziallehren der christlichen Kirchen und Gruppen, aaO., 850.

8 *Troeltsch*, Die Soziallehren der christlichen Kirchen und Gruppen, aaO., 967.

9 *Troeltsch*, Die Soziallehren der christlichen Kirchen und Gruppen, aaO., 383.

10 *Troeltsch*, Die Soziallehren der christlichen Kirchen und Gruppen, aaO., 940f.

11 *Becker*, Soziologie als Wissenschaft vom sozialen Handeln, aaO., 184-189 (Zugrunde liegt: *H.Becker*, Protestantism and Religious Differentiation. Vervielfältigtes Material für Soziologie 4, Social Institutions, University of Pennsylvania, 1929. Zuerst veröffentlich in: *H.Becker*, Systematic Sociology on the Basis of the Beziehungslehre und Gebildelehre of Leopold von Wiese, New York 1932, 619-644).

12 *J.M.Yinger*, Religion, Society and the Individual., New York (Macmillan) 1957, 142-155.

13 Vgl. *J.M.Yinger*, The Scientific Study of Religion, New York (Macmillan) 1970, 251-281,

Eine umfassende, auch im Bereich der nichtinstitutionalisierten Religionsformen ausdifferenzierte Typologie legen Karl-Fritz Daiber und Ingrid Lukatis im Zusammenhang ihrer Studie zur Bibelfrömmigkeit vor.[14] Sie unterscheiden "nach dem Grad des Umfangs des jeweiligen Geltungsbereiches"[15], verlassen damit die zwischen Kirche und Sekte dichotomisch vorgeprägten Typologien, und öffnen die Skala der Sozialformen von Religion nach oben wie nach unten, indem sie drei größere, deutlich unterscheidbare Gruppen religiöser Vergesellschaftung erheben: In der Mitte stehen die Religionsformen, in denen der Sozialbezug klar und deutlich erkennbar ist. Dazu werden alle Formen organisierter und institutionalisierter Religion, wie Kirchen, Denominationen und auch Sekten, gezählt. Von Interesse ist nun die Religion außerhalb dieses Bereiches. Daiber und Lukatis differenzieren in zwei Richtungen: Oberhalb der institutionalisierten Religion stehen in ihrer Typologie Formen, deren Sozialbezug sich in einen hohen gesellschaftlichen Akzeptanzgrad auflöst. Sie bezeichnen diese als Religion mit "Tendenz zur primär lebensweltlichen Verankerung", die sie als Element der Gesamtkultur verstehen. Unterhalb der Religion mit "klar definiertem Sozialbezug" stehen Formen der Religion mit "Tendenz zur Autonomie reklamierenden Subjektivität". In ihr löst sich der Sozialbezug in einen hohen Individualisierungsgrad auf. Daiber und Lukatis erkennen also einen Höhepunkt an organisatorischer Komplexität mit nach zwei Seiten absinkender Tendenz. Innerhalb dieser drei Gruppen differenzieren Daiber und Lukatis jeweils unterschiedliche Bezugssysteme aus.[16]

Mit dieser Typologie werden die Engführungen bisheriger Konzepte vermieden. Zwischen den Extremen, der Tendenz in Kultur aufzugehen, und der Tendenz allein in Subjektivität zu bestehen, können Übergänge vermutet werden. Beides sind Bereiche, die am weitesten von der institutionalisierten und formal mit einem System an Riten, Normen und Lehren ausgestalteten Religionsform entfernt sind. Der Religion, die nur noch als unbewußtes Sediment der Kultur erscheint, entspricht die Religion, die in der individuellen Sinnsuche aufscheint. So schließt sich hier ein Kreis.

Die Überlegungen von Daiber und Lukatis können für die sozialtypologische Analyse von Reinkarnationsvorstellungen fruchtbar gemacht werden. Es können drei Felder unterschieden werden: *Religion in der Kultur, Religion in institutionalisierten Sozialformen* und *individualisierte Religion ohne Institutionsmerkmale.* In jedem dieser weiter auszudifferenzierenden Felder konnten Reinkarnationsvorstellungen wahrgenommen werden.

257ff; vgl. zu Yingers Kriterien: *Kehrer*, Einführung in die Religionssoziologie, aaO. 164f.

14 Vgl. *Daiber/Lukatis,* Bibelfrömmigkeit als Gestalt gelebter Religion, aaO., 24-28 und Übersicht 1 ebd. am Buchende.

15 *Daiber/Lukatis,* Bibelfrömmigkeit als Gestalt gelebter Religion, aaO., 24.

16 Vgl. *Daiber/Lukatis,* Bibelfrömmigkeit als Gestalt gelebter Religion, aaO., 25.

14.2 Reinkarnationsvorstellungen als Religion in der Kultur und in institutionalierten Sozialformen

Beobachtungen zur "kulturellen Sedimentierung" westlicher Reinkarnationsvorstellungen waren bereits beschrieben worden: Ihre Darstellung in Literatur, Karikaturen und in öffentlichen Medien. Unter Kultur kann die Summe der akzeptierten Wissensbestände verstanden werden, die von einer Mehrzahl der Menschen geteilt werden. Religion kann Bestandteil der Kultur sein, sogar ihr Spezifikum ins kulturell Allgemeine auflösen.[17] Dabei ist zu beachten, daß die Kultur keineswegs einheitlich ist und sich aus einer Vielfalt von Orientierungen zusammensetzt. "Es gibt unterschiedliche religiöse Kulturen in diesem Land, aus denen sich möglicherweise die religiöse Gesamtkultur erst bildet."[18] Im voranschreitenden Modernisierungsprozeß, angesicht von Pluralisierung und Individualisierung, wird sichtbar, daß vielfältige religiöse Auffassungen nebeneinander stehen. Zivilreligiös[19] bleibt die allgemeine pragmatische Toleranz gegenüber der pluralistischen Situation. Unter diesen Voraussetzungen können die Reinkarnationsvorstellungen in öffentlichen Medien und in der Literatur unwidersprochen dargestellt werden, ohne daß eine Mehrheit diese Auffassung teilen muß.

Neben den Reinkarnationsvorstellungen in der Kultur der Gesamtgesellschaft können *drei Hauptformen institutionalisierter Religion* unterschieden werden, die im folgenden betrachtet werden: Kirchen (Denominationen), religiös-weltanschauliche Organisationen und Sekten als subkulturelle Organisationsformen.

Kirchen und Denominationen

In den Kirchen und Denominationen[20] als Großorganisationen der Religion wird die Reinkarnationsvorstellung nicht systematisch vertreten, sondern sie ist dort

17 *D.Sabbatucci*, Kultur und Religion, in: HRWG 1, 43-58, 57; *J.Matthes*, Religion und Weltkultur, in: M.Haller u.a. (Hg.), Kultur und Gesellschaft., Frankfurt a.M./New York 1988, 321-328; *W.Lipp*, Kultur, in: Dunde (Hg.), Wörterbuch der Religionssoziologie, aaO., 172-182..

18 *Daiber*, Alltagssynkretismus und dogmatische Tradition, aaO., 102.

19 Vgl. zur Civil Religion: *K.F.Daiber*, Suchen nach dem Sinn des Lebens, in: LM 25 (1986) 176-181; *B.Harmati*, Anmerkungen zum Studienprogramm über "Die Kirche und Civil Religion", in: EpdD 1 (1985) 1-10; *ders.*, Die Kirche und Civil Religion, in: EpdD 18 (1987) 1-12; *G.Küenzlen*, Civil Religion und Christentum, IEZW 21 (1985); *R.Schieder*, Die Diskussion über Civil Religion in der der Bundesrepublik Deutschland, in: EpdD 1 (1985) 11-22; *R.Schloz*, Der Durchschnittschrist, in: EpdD 18 (1987) 13-21; *J.v.Soosten*, Civil Society (Literaturbericht), in: ZEE 37 (1993) 139-157, 153, der im Anschluß an Schieder darauf aufmerksam macht, daß Robert N. Bellah sich vom Konzept der "civil religion" verabschiedet hat.

20 Mit Denomination läßt sich der nordamerikanische Typ von Kirche bezeichnen, vgl. *R.H.Niebuhr*, The social sources of Denominationalism, New York 1929; *R.C.Wolf*, Denomination, in: RGG[3] II, 85-86.

als individuelle Überzeugung zahlreicher Mitglieder ein Indikator für die religionsinterne Pluralisierung. Die beschriebenen Beispiele von Pryce und Torwesten ebenso wie die der Theologen Schwarz und MacGregor zeigen das spannungsvolle Verhältnis zwischen der individuellen Religiosität und der in Kirchen und Denominationen institutionalisierten Religion. Auf die Schwierigkeiten eines soziologisch überzeugenden Kirchenbegriffs kann hier nicht eingegangen werden.[21] Hilfreich ist die Differenzierung von Daiber und Lukatis, die zwischen Kirche als Institution in der Kultur und der durch Mitgliedschaft bestimmten Kirche als Organisation unterscheiden.[22] Als Organisation vertritt die Kirche institutionell abgesicherte religiöse Überzeugungen, dazu gehört die Ablehnung der Reinkarnationsvorstellungen. *Die Kirche als Institution in der Kultur*[23] *versammelt zahllose religiöse Individuen, deren Überzeugungen nicht mit den Auffassungen der institutionalisierten Kirche übereinstimmen müssen.* Von daher wird begreiflich, daß sich die meisten Vertreterinnen und Vertreter der westlichen Reinkarnationsvorstellungen als Christen verstehen können. Der Prozeß der Modernisierung fördert auch die Autonomiebedürfnisse der Mitglieder von Kirchen und Denominationen, die sich ihre eigene Meinung bilden, auch wenn diese von den Vorgaben der Institution abweichen.

Religiös-weltanschauliche Organisationen

Die Wahrnehmung der westlichen Reinkarnationsvorstellungen in ihrer Vielfalt und Differenziertheit führt zu einem Typ institutionalisierter Religion, der weder als Kirche noch als Sekte verstanden werden kann und der hier als religiös-weltanschauliche Organisation bezeichnet werden soll. In der Anthroposophischen Gesellschaft ist eine solche Vergesellschaftungsform des Religiösen gegeben[24], in der die Anforderungen an Sozialformen der Religion in der Moderne in bemerkenswerter Weise gelöst sind. Möglicherweise läßt sich Ähnliches auch für den organisierten Spiritismus zeigen, soweit er nicht schon im südamerikanischen Kardecianismus kirchenähnliche Züge angenommen hat.

21 Vgl. *Becker,* Soziologie als Wissenschaft vom sozialen Handeln, aaO., 185f; *Daiber,* Pastoralsoziologie, 146ff u. 167ff; *Fechtner,* Volkskirche im neuzeitlichen Christentum, aaO.; *P.Honigsheim,* Kirche. I. Phänomenologisch, in: RGG^3 III, 1296-1297; *Kaufmann,* Religion und Modernität, aaO., 25f; *Wach,* Religionssoziologie, aaO., 163f.

22 Vgl. *Daiber/Lukatis,* Bibelfrömmigkeit, aaO., 25ff.

23 *F.-X.Kaufmann,* Zur gesellschaftlichen Verfassung des Christentums heute, in: Bertsch/Schlösser (Hg), Kirchliche und nichtkirchliche Religiosität, aaO., 11-48, 35: "Kirche als Kulturfaktor".

24 Die Anthroposophische Gesellschaft versteht sich selber nicht als Religion. Dennoch scheint mir die hier vorgeschlagene Zuordnung unter Berücksichtigung eines weiten Religionsbegriffs (Kap. 1) sinnvoll. Der herausgearbeitete hohe Stellenwert der Reinkarnationsvorstellung im Werk R.Steiners als einer religiösen Vorstellung bestätigt diese Einschätzung.

An der Anthroposophischen Gesellschaft wird sichtbar, was Karl Gabriel als die drei Eigenschaften von Organisationen bezeichnet[25]: erstens die Zwecksetzung als dauerhafte Verfolgung von Zielen, zweitens der eindeutig angebbare Mitgliederkreis mit Ein- und Austrittsmöglichkeiten und drittens die arbeitsteilige Differenzierung von Positionen und Rollen mit einem Regelwerk, in dem Kompetenzen, Kommunikationswege und Leitungsfunktionen festgelegt sind. Hinzu kommt aber das Moment der Weltanschaulichkeit[26], die Heinz-Robert Schlette folgendermaßen definiert: "Der Weltanschauung im Sinne von 'Anschauung' ist eine 'theoretische' Komponente eigen, die aus der dem einzelnen je möglichen Perspektive heraus eine Deutung der Welt als des Ganzen dessen, was uns erscheint, erfahrbar und zugänglich ist, intendiert, letztlich eine Einsicht in das, was die Welt 'im Innersten zusammenhält', d.h. ein Verständnis ihrer Einheit und ihres (möglichen) Sinns."[27] Schlette zufolge kommt in der Weltanschauung "das Verlangen nach Welt-Deutung"[28] zutage, zugleich aber auch ein Moment der freien und autonomen Aneignung durch Subjektivität.

An der Anthroposophie lassen sich präzise die Probleme aufweisen, die in jeder größeren, institutionalisierten Vergesellschaftungsform des Religiösen in der Moderne auftreten. Religionssoziologisch wird die Anthroposophie auf drei Ebenen sichtbar: Erstens ist Anthroposophie eine weltanschauliche Organisation in Gestalt der Anthroposophischen Gesellschaft und in gewisser Hinsicht dazu parallel in der Christengemeinschaft. Zweitens richtet sich Anthroposophie als geistiger Schulungsweg an Individuen, unabhängig von der organisatorischen Struktur. Und drittens ist Anthroposophie als Netzwerk zu erkennen, über den Kreis der formal als Mitglieder Organisierten sind die an Anthroposophie orientierten Individuen in interessengeleiteten, oft kurzlebigen, mit einem hohen Maß an Offenheit ausgestatteten Kreisen zusammengeschlossen: der anthroposophischen Bewegung. Diese Überlagerung mehrerer Ebenen ist bereits in der Gründungssituation der weltanschaulichen Organisation durch Rudolf Steiner gesehen worden, der sich in einem Vortrag in Berlin 1912 die Frage stellt:

"Was kann die Anthroposophie den Menschen der Gegenwart geben? Wenn wir an diese Frage herantreten, müssen wir vor allen Dingen darauf bedacht sein, das anthroposophische Leben, die anthroposophische Bewegung - in unseren Gedanken wenigstens - scharf zu trennen von irgendeiner gesellschaftlichen Einrichtung, von irgend etwas, das man mit dem Namen Anthroposophische Gesellschaft belegen könnte. In der Wirklichkeit wird ja das ganze gegenwärtige Leben selbstverständlich immer wieder und wieder notwendig machen, daß sich diejenigen, die Anthroposophie treiben wollen, in gesellschaftlicher Art vereinigen. ... Was dann für die Seele des einzelnen da-

25 *K.Gabriel*, Organisation, in: WdC 917f.

26 Vgl. *H.Benesch*, Weltanschauung, in: Dunde (Hg.), Wörterbuch der Religionspsychologie, aaO., 339-345; *H.-D.Reimer,* Weltanschauungsgemeinschaften, in: EStL^3 2.

27 *H.R.Schlette*, Weltanschauung, in: WdC 1358.

28 *Schlette*, Weltanschauung, aaO., 1358.

raus folgt, wie die Seele des einzelnen die Anthroposophie aufnimmt und zum Impuls des Lebens macht, das könnte dann eben Sache eines jeden einzelnen sein."[29]

Steiner begründet die Notwendigkeit einer Institution, der Anthroposophischen Gesellschaft, aus dem Umstand, daß mit der Anthroposophie "etwas völlig Neues ... hereintritt". Die "Menschen draußen im außeranthroposophischen Leben" sollen auf die Aufnahme des Neuen vorbereitet werden durch innere Einstimmung. "Und eine solche Vorbereitung des Gemütes und des Herzens kann nur angeeignet werden durch das Zusammenleben in unseren anthroposophischen Zweigen oder anthroposophischen Verbindungen oder dergleichen. Da eignen wir uns eine gewisse Art des Denkens, eine gewisse Art des Fühlens an ..."[30]

Diese Zitate machen das *Dilemma der religiös-weltanschaulichen Organisationen in der Moderne deutlich: Überzeugungen können nur von Individuen getragen werden, aber die Aneignung kann nur sozial erfolgen.* Dieser Konflikt gilt für jede institutionalisierte religiöse Sozialform, also auch für die Kirche. Die Institution verlangt von ihren Mitgliedern eine gewisse verbindliche Übereinstimmung, kann sie aber nicht erzwingen, sondern nur vorbereiten. Kirche und Denomination integrieren mittels Kultgemeinschaft im Gottesdienst, in der religiös-weltanschaulichen Organisation zählt nur die Gesinnung. Kirche, Denomination und religiösweltanschauliche Organisation sind Sozialformen der Religion, die am Modernisierungsprozeß im Sinne einer binnenreligiösen Pluralisierung Anteil haben. Indem sie die Autonomie des Individuums konzeptionell fördern, geraten sie unausweichlich in innere Konflikte zwischen Institution und individuellen Interessenlagen. Andererseits unterscheiden gerade Offenheit und Freiheit des einzelnen diese Sozialformen von der Mentalität in einer Sekte.

Sekte als subkulturelle Organisationsform der Religion

Die Beobachtung von Reinkarnationsvorstellungen in der "Scientology-Kirche" und im Universellen Leben lassen nach der Aussagefähigkeit des Begriffs Sekte fragen, der umstritten ist. Wenn an ihm hier dennoch festgehalten wird, dann nicht um die Terminologie von Weber und Troeltsch fortzuschreiben, sondern weil mit dem Sektenbegriff spezifische Bestimmungen geleistet werden, die von anderen Begriffen nicht substituiert werden können. Sekte wird im Folgenden mit soziologischen Merkmalen als *Organisationsform subkultureller Religion im Gegenüber zur Kultur*, nicht im Gegenüber zur christlichen Kirche bestimmt.

Im normalen Sprachgebrauch ist "Sekte" ein wertender Begriff. In der Perspektive der Kirche erscheint die Sekte als Störung der Einheit[31], konnotiert mit dem

29 *Steiner*, Wiederverkörperung und Karma, aaO., 104f.

30 *Steiner*, Wiederverkörperung und Karma, aaO., 105.

31 Vgl. *K.Schäferdiek*, Sekte II, Kirchengeschichtlich, in: RGG^3 V, 1658-1661, 1658; *K.Hutten*, Die Glaubenswelt des Sektierers, Hamburg 1962, bestimmt inhaltlich die Sekte durch Abwei-

Vorwurf des Verrates und des Abfalls von der Wahrheit. Troeltsch bestimmt in seiner Typologie die Sekte als ergänzendes Gegenüber zur Kirche und sieht in ihrem Erscheinen positive und notwendige Aspekte, die sich im Zusammenspiel der beiden sozialen Größen enthüllen: "Das, was in der kirchlichen Einheitskultur und Gesellschaft nicht zu seiner vollen Geltung kam, schafft sich Raum in den Sekten und wirkt von ihnen her auf die Kirche zurück."[32] Für Troeltsch ist die Sekte eine notwendige Erscheinung, und damit nähert er sich dem Selbstverständnis vieler christlicher Sekten an, die sich nicht als "Abfall von der Wahrheit", sondern als "Korrektur" und "Rückkehr zur Wahrheit" verstehen. Positiv kann Troeltsch die Sekte als "radikale Liebesgemeinschaft" bezeichnen.[33]

In gesellschaftlicher Sicht erscheint die Sekte als deutlich vom Hauptstrom der allgemein geteilten Überzeugungen und Verhaltensweisen abweichende Gruppe. In der Perspektive der Gesamtkultur ist die Sekte eine religiöse Subkultur, eine "Teilmenge"[34] der Gesellschaft, die sich von der herrschenden Kultur unterscheidet, oft sogar bewußt absetzt (Gegenkultur). "Sekte" beschreibt nicht nur umgangssprachlich, sondern auch sachlich eine Vergesellschaftungsform der Religion, die durch betonte Differenz zur Allgemeinheit bestimmt ist.[35] Unter den Bedingungen der Moderne signalisiert der Begriff Sekte "eher kulturelle als religiöse Fremdheit".[36]

Die Herleitung des Begriffs "Sekte" vom lateinischen "sequi" (folgen)[37] verweist auf ein ursprünglich neutrales Verständnis, frei von wertenden Untertönen. Aber diese Einsicht vermag das umgangssprachliche Verständnis im Sinne einer negativ bewerteten Abspaltung nicht zu korrigieren.[38] Reinhart Hummel weist auf das hinter dem Begriff Sekte stehende Bedürfnis nach Umgang mit Konflikten und deren Bewertung hin: "Die häufige Frage 'Ist das eine Sekte?' ... zielt auf ein Konfliktpotential und verlangt ... nach einer Wertung... Der Versuchung zu pauschalen und ungerechtfertigten Urteilen muß allerdings widerstanden werden. Daß die Worte 'Sekte', 'Jugendreligion' und 'Kult' nicht aus der Diskussion verschwinden, hängt mit ihrer normativen Funktion zusammen."[39]

chung von der Rechtfertigungslehre (vgl. 23, 27f, 44), durch Selbstverabsolutierung (68ff) und durch "Auswanderung aus der Schrift" (103).

32 *Troeltsch*, Die Soziallehren der christlichen Kirchen und Gruppen, aaO., 360; vgl. *Wach*, Religionssoziologie, aaO., 121.

33 *Troeltsch*, Die Soziallehren der christlichen Kirchen und Gruppen, aaO., 370.

34 *F.Schultheis*, Subkultur, in: WdC 1195f.

35 Vgl. *H.Hemminger*, Was sind Sekten? In: MD EZW 57 (1994) 68-75, 74f; ders., Was ist eine Sekte? Mainz/Stuttgart 1995.

36 *Hummel*, Religiöser Pluralismus oder christliches Abendland? AaO., 173.

37 Vgl. *A.Walde/J.B.Hofmann*, Lateinisches etymologisches Wörterbuch, Heidelberg ^{5}1972, Bd.2, 506; *Kehrer*, Einführung in die Religionssoziologie, aaO., 158; *G.Baeck*, Sekten, in: TRT^{4}, 35-40, 36.

38 Vgl. *F.Valentin*, Sekten, in: LSSW^{2} 949-957, 950

39 *R.Hummel*, Dialog mit neuen religiösen Bewegungen aus Asien? in: MD EZW 55 (1992) 225-

Die Schwierigkeit, abweichende religiöse Gruppen unter einem gemeinsamen Begriff zu beschreiben, führte zu Begriffsbildungen wie "Jugendsekte"[40] oder "Jugendreligion".[41] Ebenso wie "destruktive Kulte"[42] und "Guruismus"[43] wird mittels dieser neuen Begriffe nicht deutlich, was sie beschreiben und welches ihre Bezugsgröße ist. Auch der Begriff "Neue Religiöse Bewegungen"[44] ist ein Sammelbegriff, der soziologisch nicht exakt beschreibt, allein schon, weil das bestimmende Moment des Neuen nur relational zu einem nicht benannten Alten verständlich wird. Hinzu kommt, daß nicht einmal alle unter diesem Begriff zusammengefaßten Bewegungen wirklich neu sind, sondern einige bereits in einer langen Tradition stehen.[45] "Neue Religiöse Bewegungen" erweist sich als ein Verlegenheitsbegriff, der inhaltlich nicht mehr aussagt, als daß ein Wandel eingetreten und nicht mehr alles beim alten geblieben ist. Eine religionssoziologische Bestimmung ist damit nicht erfolgt.[46] Da neue Begriffe das Problem der Bestimmung nicht lösen, scheint es sinnvoller, den Begriff Sekte über inhaltliche Merkmale zu präzisieren.

Soziologische Merkmale von Sekten

Troeltsch und Weber haben als wesentliches Merkmal der Sekte den *Verzicht auf universale Wirksamkeit* herausgearbeitet. Troeltsch meint, daß die Kirche als "alles umfassen wollende Organisation" auf universale Geltung ziele, während die Sekten "persönlich-innerliche Durchbildung" und "kleinere Gruppenbildung" mit engerem Zusammenhalt unter Verzicht auf "Weltgewinnung" erstrebten.[47] Ähnlich argumentiert Max Weber: "Eine 'Sekte' im soziologischen Sinn ist nicht eine 'kleine', auch nicht eine von irgendeiner anderen Gemeinschaft abgesplitterte, daher von ihr 'nicht anerkannte' oder verfolgte und für ketzerisch angesehene religiöse Gemeinschaft ... Sondern sie ist eine solche, welche ihrem Sinn und Wesen nach notwendig auf Universalität verzichten und notwendig auf durchaus freier

232, 227.

40 Vgl. *R.Hauth*, Jugendsekten und Psychogruppen von A-Z, Gütersloh ^{2}1983.

41 Vgl. *F.-W.Haack*, Jugendreligionen, München 1979, 7-11.

42 *K.G.Karbe/M.Müller-Küppers* (Hg.), Destruktive Kulte, Beiheft Nr. 24 zur "Praxis der Kinderpsychologie und Kinderpsychiatrie", Göttingen 1983.

43 Vgl. zur Kritik: *Kehrer*, Einführung in die Religionssoziologie, aaO., 167.

44 Vgl. *R.Hummel*, Neue religiöse Bewegungen, in: VuF 32 (1987) H. 1, 78-95; *G.Onyeke/R.Hummel/F.Rehbein*, Neureligiöse Bewegungen, in: LeRe, 450-458.

45 Vgl. *J.P.Rajashekar*, Introduction, in: A.R.Brockway/J.P.Rajashekar, New Religious Movements and the Churches,Genf 1987, x-xix, x.

46 Vgl. *R.Hummel*, Contemporary New Religions in the West, in: Brockway/Rajashekar, New Religious Movements and the Churches, aaO., 16-29, 18: "...they should be located somewhere between sect and mysticism."

47 *Troeltsch*, Die Soziallehren der christlichen Kirchen und Gruppen, aaO., 362.

Vereinbarung ihrer Mitglieder beruhen muß. Sie muß es, weil sie ein aristokratisches Gebilde: ein Verein der religiös voll Qualifizierten und nur ihrer sein will, nicht wie eine Kirche eine Gnadenanstalt, die ihr Licht über Gerechte und Ungerechte scheinen" läßt.[48]

Für Sekten gilt das von Troeltsch und Weber festgestellte *Freiwilligkeitsprinzip*, das sich auf den Beitritt, weniger auf den Verbleib bezieht.[49] "Der Zutritt zu diesen Organisationen ist leicht und wird verlockend gemacht. Aber der Austritt ist schwer."[50]

Der Verzicht auf universale Wirksamkeit, pragmatisch in der Minderheitensituation begründet, wird dadurch kompensiert, daß in der Sekte "Intensität über Universalität gestellt wird und man in ihr dazu neigt, kompromißlose radikale Haltungen aufrechtzuerhalten".[51] Wenn auch nach außen auf Universalität verzichtend, vertritt die Sekte *nach innen*, wie auch in ihrer Lehre, nicht nur einen moralischen Rigorismus sondern auch *einen deutlichen Absolutheitsanspruch*, der ihre Konflikthaftigkeit zum Teil ausmacht und auf Ausschließlichkeit zielt: "Die Sekte als soziale Organisationsform neigt zu einer totalitären Gruppenaktivität, die eine partielle Partizipation einer Person an der Sekte als religiöses Aktionszentrum ausschließt."[52] "Die Organisationsgrenzen sind zugleich Wahrheitsgrenzen."[53]

Der Widerspruch der Sektenstruktur zu den Werten der Moderne, zur Autonomie und Selbstverwirklichung, begründet einen Dauerkonflikt um Menschenrechte, Freiheit und Würde des einzelnen. In der Sekte herrschen, wie Paul-Günter Weber in einer empirischen Studie herausgearbeitet hat, "Eliteverhalten" und die Steuerung durch "Hauptquartier" oder "Zentralverwaltung".[54] Nach innen wirkt der Sozialtyp Sekte als "ein ultrastabiles System", das "sektiererische Glaubenssystem ist für den Sektierer ein geschlossenes, homogenes System und damit für ihn objektiv wahr",[55] und dieses bringt mit sich, daß die Sekte nach außen zu einer "Verengung der Interaktionschancen"[56] ihrer Anhänger gegenüber der Gesellschaft führt. Sie ist durch das "Prinzip der Sonderung"[57] gekennzeichnet, nur durch *Separation* ist ihre Identität gegenüber dem Hauptstrom gesellschaftlicher

48 *Weber,* Wirtschaft und Gesellschaft, aaO., 721f.

49 Vgl. *Robertson*, Einführung in die Religionssoziologie, aaO., 147-153.

50 *G.Schmidtchen,* Sekten und Psychokultur, Freiburg i.Br./Basel/Wien 1987, 10; vgl. *St.Hassan*, Ausbruch aus dem Bann der Sekten, Reinbek b.Hamburg 1993.

51 *Wach*, Religionssoziologie, aaO., 224.

52 *P.-G.Weber*, Religiosität und soziale Organisationsformen in Sekten, Köln/Wien 1975, 19.

53 *Schmidtchen*, Sekten und Psychokultur, aaO., 10.

54 *Weber,* Religiosität und soziale Organisationsformen in Sekten, aaO., 42f; vgl. weitere Aspekte bei *Kehrer*, Religiöse Gruppenbildungen, aaO.

55 *Weber,* Religiosität und soziale Organisationsformen in Sekten, aaO., 149.

56 *Weber,* Religiosität und soziale Organisationsformen in Sekten, aaO., 150.

57 *H.-D.Reimer*, Religiöser Pluralismus heute, in: ders. (Hg.) Stichwort "Sekten", Stuttgart 1988, 16-24, 22.

Überzeugungen auf die Dauer durchzuhalten. "Die Sekte ... ist das Organisationsmodell für den Selbstschutz kognitiver Minderheiten gegen eine feindliche, oder mindestens anders- bzw. nichtgläubige Umwelt."[58] Die "Belohnungen" für die sektiererische Selbstorganisation des Bewußtseins beschreibt Gerhard Schmidtchen in seiner empirischen Studie über "Sekten und Psychokultur"[59]: Die Minderheitensituation mit Verzicht auf Universalität biete erstens eine leichte Orientierung mit vereinfachenden, rasch erlernbaren Weltkonzepten. Zweitens würden Erscheinungen so umbewertet, daß sich "der Ideologisierte in der Rolle des überlegenen Diagnostikers der Zeit" empfinde. Drittens ermögliche die Rollenzuschreibung "eine heroische kämpferische Existenz". Die Sekte ist strukturell durch zwei in Spannung stehende Merkmale bestimmt, einerseits nach außen durch den Verzicht auf allgemeine Gültigkeit und andererseits nach innen durch den Anspruch absoluter Geltung. Diese Spannung wird sozial wesentlich durch Abtrennung gelöst.[60]

Zusammenfassend lassen sich folgende Merkmale der Sekte herausstellen: *Verzicht auf universale Wirksamkeit nach außen, Freiwilligkeit des Eintritts, Geschlossenes, homogenes System mit Absolutheitsanspruch nach innen, Separation nach außen und in der Folge verengte Interaktionschancen.*

Mit diesen Überlegungen sind Merkmale des Sektentyps erarbeitet, die unabhängig von der Kirche und sogar auf diese selber anwendbar sind: Auch die Kirche kann versekten, so wie umgekehrt religiöse Organisationen Entsektungsprozesse durchlaufen können.[61] Beides sind keine starren Größen[62], sondern sie befinden sich in lebendigen Prozessen stetigen Wandels. "Systeme stehen nicht still, soziale Systeme schon einmal überhaupt nicht. Folglich wandeln sich auch Sekten."[63]

14.3 Individualisierte Religion ohne Institutionsmerkmale

Wie sind Sozialformen des Religiösen zu bestimmen, die nicht formal organisiert sind und denen die durch Institutionalisierung klar definierten Merkmale fehlen? Wie ist beispielsweise die Gesinnungsgemeinschaft derer zu benennen, die dieselben Bücher über Reinkarnation lesen und ihnen innerlich zustimmen? Wie lassen sich diejenigen als Sozialgruppe beschreiben, die regelmäßig oder unregelmäßig

58 *Berger*, Zur Dialektik von Religion und Gesellschaft, aaO., 155.

59 *Schmidtchen*, Sekten und Psychokultur, aaO., 15.

60 Vgl. *Kehrer*, Religiöse Gruppenbildung, aaO., 105f.

61 Vgl. *R.Hummel*, In der Sektenecke, in: LM 33 (1994) H. 5, 36-38; *Hummel*, Religiöser Pluralismus oder christliches Abendland? AaO., 67-71.

62 Vgl. *P.Dienel*, Kirche und Sekte I, in: D.Goldschmidt/J.Matthes (Hg.), Probleme der Religions-Soziologie, Sonderheft 6 KZfSS 1962, ^{3}1971, 233-243.

63 *Weber*, Religiosität und soziale Organisationsformen in Sekten, aaO., 33.

an Workshops zu Reinkarnation oder ähnlichen Themen teilnehmen? Wie sind die ephemeren und kontingenten Sozialformen der Religion zu benennen, die oft nur eine auf wenige Tage begrenzte Verbindlichkeit verlangen? Wie sind jene als Sozialität zu bestimmen, die sich wöchentlich zur Selbsterfahrung, zum Yoga-Kurs oder zur gemeinsamen Meditationsübung treffen? Die Umgangssprache hat neue Begriffe, wie "Therapie-Szene", "Esoterik-Welle" und "Workshop-Kultur" hervorgebracht, doch diese Begriffe geben eher einen Sitz im Leben als eine genaue soziologische Bestimmung an. Die Analyse der Sozialformen der Religion endet, oft wegen eines zu engen Religionsbegriffs, an der Institutionalisierungsschwelle, unterhalb derer, je nach Perspektive, Asozialität, radikaler Individualismus oder totale Unverbindlichkeit angenommen wird. Bliebe es bei derartigen Zuschreibungen, würde die Religiosität als individualisierte Religion, wie sie bei der Mehrzahl der untersuchten Reinkarnationsvorstellungen wahrgenommen wurde, soziologisch unterbestimmt bleiben und die Religionsausübung weiter Bevölkerungskreise für die religionsanalytische Wahrnehmung zum Verschwinden gebracht werden.

Mystik und Kult - das Problem der Begriffsbildung

Troeltsch hat mit seinem Begriff der Mystik auf das weite Feld der nicht klar sozial definierten Religion hingewiesen, aber die wissenschaftliche Forschung ist seinem Hinweis kaum gefolgt[64]: Erstens wird der Mystik-Begriff im normalen Sprachgebrauch in der Regel inhaltlich verstanden, die Anwendung als religionssoziologische Kategorie kann leicht zu Verwechslungen führen. Zweitens bietet der Mystik-Begriff keine ausreichenden Möglichkeiten zur weiteren Differenzierung, so daß die Fülle der unter diesem Begriff zusammenzufassenden religiösen Phänome zu groß wird. Schließlich ist die wissenschaftliche Zurückhaltung in der Erforschung der von Troeltsch als Mystik charakterisierten Religionsform angesichts ihrer Amorphität verständlich, denn die Ränder dieser Sozialitäten sind oft fließend, sowohl im Sinne der Mitgliedschaft wie auch der zeitlichen Teilnahme.

Die Religion ohne klar definierten Sozialbezug wird von verschiedenen Forschern als "Kult" bezeichnet. Howard Becker definierte schon sehr früh den ephemeren Typ religiöser Sozialität als Kult, die "Religion streng privaten, persönlichen Charakters". Ziel dieser "formlosen lockeren" sozialen Struktur sind rein persönliche ekstatische Erlebnisse". "Der Kult ist das kurzlebigste aller sozialen Ge-

64 Vgl. *Kehrer*, Einführung in die Religionssoziologie, aaO., 159: "Die dritte von Troeltsch herangezogene Gestalt, die Mystik, braucht uns für die Religionssoziologie nicht zu interessieren." Anders *Schibilsky*, Religiöse Erfahrung und Interaktion, aaO., 31 und 158: "Entsprechend der Troeltsch'schen Typologie wäre die Religiosität der Subkultur also zu verorten zwischen mystischer Bewegung und Sekte. Dieses Zwischenstadium scheint mir in der religionssoziologischen Debatte besonders stark vernachlässigt worden zu sein."

bilde."[65] Stark und Bainbridge haben eine Binnendifferenzierung dieses amorphen, lose strukturierten, nicht verdichteten religiösen Sozialtyps vorgeschlagen und drei Formen von Kult unterschieden:[66] "Audience cult" als Religiosität, die sich anhand gleichartiger Konsumgewohnheiten von Zeitschriften, Büchern und anderen Medien beschreiben läßt. Der "Client cult" ist bestimmt durch personale Beziehungen zu einem Therapeuten, Berater oder einer Interessengruppe. Der Dienstleistungscharakter steht im Vordergrund. Und das "Cult movement" ist die entwickelte und organisierte Form Neuer Religiöser Bewegungen, mit Bindung von Mitgliedern an eine Gruppe.

Die von Stark und Bainbridge vorgeschlagene Typologie ist im deutschsprachigen Raum vor allem von Hummel rezipiert und angewendet worden.[67] Trotz der anzuerkennenden Erklärungsleistung der Begriffe muß gegen die Kult-Typologie eingewandt werden, daß der Begriff Kult als Beschreibung einer Sozialform der Religion ähnlich problematisch ist wie die Verwendung des Mystik-Begriffs durch Troeltsch. Die formale Verwendung gerät in Widerspruch zur gewohnten inhaltlichen Füllung des Wortes "Kult", verstanden im Sinne ritueller, gottesdienstlicher Handlungen.[68] "Kult", wie "Mystik" sind inhaltlich bestimmte Begriffe, die im Interesse einer formalen Verwendung ihres gewohnten Inhalts beraubt werden müßten, darum sollten die vorgeschlagenen Begriffe wegen ihrer Mißverständlichkeit vermieden werden. Die Verwirrung wird noch gesteigert, wo der Begriff Kult im Sinne einer negativen Wertung eingesetzt wird, insbesondere in Verbindung mit Beiworten wie "destruktiv" oder "totalitär".[69]

Weiter ist gegen die "Kult"-Typologie einzuwenden, daß sie Unterschiedliches zusammenfaßt, denn die letzte Form,"Cult movement", bezieht sich deutlich auf elaborierte Formen der Religion mit klar definiertem Sozialbezug, während die anderen beiden Formen gerade auf Sozialformen ohne deutlichen Sozialbezug zielen. Darum ist der Begriff "cult movement" irreführend. Er beschreibt - genau betrachtet - religiöse Gruppen subkultureller Art, insbesondere mit den Merkmalen des Sektentyps. Der Begriff "cult movement" ist als unzutreffend und irreführend abzulehnen. Die Begriffe "client cult" und "audience cult" stellen zwar einen weitergehenden Differenzierungsvorschlag der "Religion der Mystik" dar, bleiben im

65 *Becker,* Soziologie als Wissenschaft vom sozialen Handeln, aaO., 189f Vgl. *A.W.Eister,* An Outline of a Structural Theory of Cults, in: JSSR Vol. 11 (1972) 319-333 (Lit.). Weiter zur Kult-Typologie vgl. *Kehrer*, Einführung in die Religionssoziologie, aaO., 164; *Nelson*, Der Drang zum Spirituellen, aaO., 73; *Robertson*, Einführung in die Religionssoziologie, aaO. 130.

66 Vgl. *Stark/Bainbridge*, Of Churches, Sects, and Cults, aaO., 126f.

67 Vgl. *R.Hummel,* Kult statt Kirche, in: G.Baadte/A.Rauscher (Hg.), Neue Religiosität und säkulare Kultur, Graz/Wien/Köln 1988, 43-61, 55f; *R.Hummel,* New Age: Das "neue Zeitalter" als Herausforderung für die alten Kirchen, in: Das Parlament (B 40) 29. 9. 1989, 30-38, 31.

68 Vgl. *K.Richter*, Kult/Gottesverehrung XI. Kult und Kultur, in: LeRe, 367f.

69 Vgl. *Karbe/Müller-Küppers* (Hg.), Destruktive Kulte, aaO. Zu beobachten ist, daß der Kult-Begriff zunehmend negativ konnotiert wird und, zumindest in den USA, die Funktion des Sektenbegriffs als einer wertenden Kategorie übernimmt.

Detail aber doch zu undifferenziert. Insbesondere im "client cult" sind sowohl therapeutische Zusammenhänge als auch Netzwerkstrukturen subsummiert, die schärfer unterschieden werden sollten. Inhaltlich stehen diese Kultformen, wie auch die Mystik für die Beschreibung derselben religiösen Sozialformen. Wo "Kult" steht, könnte auch "Mystik" stehen, und so wäre es genauso gut möglich, von einer "Klientel-Mystik" und einem "Zuhörer-Mystizismus" zu reden. *Weder der Mystik–, noch der Kult-Begriff sind in der Lage, die Religion ohne deutliche Institutionsmerkmale genau zu erfassen*, so daß es besser scheint, zuerst einmal die einzelnen Phänomene religiöser Vergesellschaftung ohne Institutionalisierungsmerkmale präzise zu beschreiben. Die Verbreitung der Reinkarnationsvorstellungen kann hierbei ein heuristisches Mittel sein.

Religion in Netzwerken

Mit dem Netzwerkbegriff als einer sozialwissenschaftlichen Kategorie[70] können jene Formen religiöser Vergesellschaftung erfaßt werden, auf die die Kult-Typologie zielt. "Das Netzwerkkonzept ist von bemerkenswerter Schlichtheit und deshalb auch schnell definiert: Es bezeichnet die Tatsache, daß Menschen mit anderen sozial verknüpft sind, und vermittelt für dieses Faktum eine bildhafte Darstellungsmöglichkeit. Menschen werden als Knoten dargestellt, von denen Verbindungsbänder zu anderen Menschen laufen, die wiederum als Knoten symbolisiert werden."[71]

Netzwerke, auch religiöser Prägung haben zwei typische Merkmale: Erstens ist das Prinzip der Wahlfreiheit, der "persönliche Voluntarismus", bestimmend.[72] Zweitens sind Netzwerke als "aktive Leistungen der Subjekte"[73] zu begreifen: "Jedes einzelne Subjekt muß an dem sozialen Kitt der Beziehungsnetze selbst arbeiten."[74] Beide Merkmale heben die zentrale Stellung des Individuums hervor: "Eigentlich ist jedes Mitglied das Zentrum des Netzwerkes."[75] Darum stehen Netzwerke der Ausbildung von Institutionen und Hierarchien entgegen.

In einigen Aspekten scheinen die Netzwerke mit den Bedürfnissen von Reinkarnationsanhängerinnen und -anhängern übereinzustimmen. Zwischen individuellem

70 Nach *Keup,* Soziale Netzwerke, aaO., 11-53, 35 wurde der Begriff zuerst von Simmel in der Analyse von Individualiserungsvorgängen verwendet.

71 *Keup,* Soziale Netzwerke, aaO., 11f; vgl. *J.Huber*, Die Netzwerk-Idee, in: K.Burmeister/W.Canzler/R.Kreibich (Hg.), Netzwerke, Weinheim/Basel 1991, 43-53, 43: Netzwerk sollte sein: "sich spontan organisierend und reorganisierend, auf persönlichen Kontakten, einer lebendigen Gemeinschaft, einer vielfältigen Kommunikation eines jeden mit jedem beruhend, bei einem Minimum an zentraler Koordination."

72 Vgl. *Keup,* Soziale Netzwerke, aaO. 39.

73 Vgl. *Keup,* Soziale Netzwerke, aaO. 38ff.

74 *Keup,* Soziale Netzwerke, aaO. 34.

75 *Ferguson,* Die Sanfte Verschwörung, aaO., 248.

Glauben und lockerem, oft unverbindlichem Austausch über gemeinsame Interessen wird ein Mittelweg gefunden, der die Einsamkeit der religiös Suchenden eindämmt, aber zugleich keine festlegenden Strukturen schafft. Das Netzwerk ist ein Interessenbündnis, und das Reinkarnationsthema ist offensichtlich geeignet, hier als Bindeglied zu wirken. Religiöse Netzwerke sind durch die "Stärke schwacher Bindungen"[76] charakterisiert.

Verwandtschaft zu den Netzwerkkonzepten weisen die egalitären Utopien in der anarchistischen Literatur auf, insofern als in ihnen der Versuch einer Vermittlung zwischen dem libertären Freiheitsbewußtsein des Individuums und einer irgendwie gestalteten Sozialität unternommen wird.[77] Verbunden ist die anarchistische Logik mit dem Netzwerkgedanken durch die Bestreitung aller hierarchischen Strukturen. Eine weitere Parallele haben der Philosoph Gilles Deleuze und der Psychoanalytiker Félix Guattari ausgearbeitet.[78] Das Rhizom, ein Knollenwurzelwerk, wird von ihnen als "nicht zentriertes, nicht hierarchisches und nicht signifikantes System"[79], als organisches Urbild aller Netzwerke interpretiert: "... die lokalen Initiativen werden unabhängig von einer zentralen Instanz koordiniert, und Kalküle werden im gesamten Netzwerk (Vielheit) erstellt."[80]

Das Netzwerk als Sozialkategorie eröffnet ein präzises Verständnis zahlreicher Vergesellschaftungsformen der nichtinstitutionalisierten Religion.[81] Als religiöses Netzwerk wird die Organisation der Hexenreligion verständlich, die sich neben Einzelgängerinnen und Einzelgängern aus Konventen (Coven) mit nicht mehr als dreizehn Mitgliedern zusammensetzt. Ohne hierarchische Führung ist ein Konvent "eine Gruppe Gleichrangiger, aber keine 'führerlose Gruppe'."[82] Miriam Simos, die unter ihrem Hexennamen Starhawk bekannt wurde, beschreibt diese Netzwerkstrukturen der Hexenreligion, in der Reinkarnationsvorstellungen ebenfalls stark verbreitet sind: "Die Hexenreligion ist zellenartig aufgebaut, basiert auf kleinen

76 Vgl. *Keup,* Soziale Netzwerke, aaO. 23, der hier M.Granovetter zustimmend zitiert.

77 Vgl. *J.Cattepoel,* Der Anarchismus, München ^{3}1979, 21f, 38f, 115f, 153. Erst später werden organische Bilder bemüht, vgl. *M.Bookchin,* "Klassischer" Anarchismus und moderne Ökologie, in: H.Ahrens u.a. (Hg.), Tu was du willst, Berlin 1980, 217-220, 219: "Nur der Anarchismus ist imstande, die Verheißungen der modernen Technologie mit einer organischen Perspektive zu erfüllen und ihnen eine am Menschen orientierte Richtung zu geben."

78 *G.Deleuze/F.Guattari,* Rhizom, Berlin 1977 (Paris 1976).

79 *Deleuze/Guattari,* Rhizom, aaO., 35.

80 *Deleuze/Guattari,* Rhizom, aaO., 45, vgl. 28.

81 Die Stärken des Netzwerksbegriffs werden auch von W.Lukatis betont: "Die Vorteile sind klar: Wer sich auf soziale Netzwerke bezieht, muß nicht den verhältnismäßig eng definierten Begriff der sozialen Gruppe überstrapazieren. Grenzfälle der Gruppendefinition, wie zeitlich stark begrenzte ad-hoc-'Gruppen', Aktions'gruppen', Interessen'gruppen' ('Zirkel'), gleichgestimmte Mengen bis hin zu Einzelnen finden aufgrund der engeren Definition schwerer im Gruppen-, eher aber im Netzwerkkonzept Platz." *W.Lukatis,* Der Pfarrer im Kommunikationssystem Gemeinde, in: Daiber, Predigt als religiöse Rede, aaO., 122-152, 126.

82 *Starhawk,* Der Hexenkult als Ur-Religion der Großen Göttin, München 1992, 61.

Zirkeln, deren Mitglieder ein tiefes Engagement untereinander und der Glaube verbindet."[83] Die Konvente können sich zu bestimmten Festen treffen und sich auch aus Gründen des gesetzlichen Schutzes zusammenschließen.[84]

Auch die innerkirchlichen Sozialformen können durch den Netzwerkbegriff produktiv neu erschlossen werden.[85] Der Soziologe Wolfgang Lukatis entwirft ein Modell der Kirchengemeinde als kommunikativem Netzwerk und zeigt auf, wie die Theorie des Netzwerkes zur Analyse kirchlicher Wirklichkeit beitragen kann.[86] Peter Cornehl stellt die gottesdienstliche Integration als ein Netzwerk dar, dessen Voraussetzung die Anerkennung pluraler Verhaltensweisen ist.[87]

Der Netzwerkbegriff im New Age

Eine explizite Inanspruchnahme als Selbstbeschreibungskategorie hat der Netzwerkbegriff in der New-Age-Bewegung durch die amerikanische Journalistin Marilyn Ferguson erfahren, die den Begriff allerdings mit ideologischer Bedeutsamkeit befrachtet. Ihr bekanntestes Werk, "Die Sanfte Verschwörung" gehört zu den wichtigsten Standardwerken des New Age, in ihm sind die Utopien und Visionen einer neuen Zeitepoche programmatisch formuliert: "Ein führerloses, aber dennoch kraftvolles Netzwerk arbeitet, um in dieser Welt eine radikale Veränderung herbeizuführen. ... Dieses Netzwerk ist die Sanfte Verschwörung im Zeichen des Wassermanns. Eine Verschwörung ohne politische Doktrin. Ohne Manifest."[88] "Man wird vergeblich nach Vereinigungen traditionellen Stils - politische Parteien, ideologische Gruppierungen, Clubs oder brüderliche Organisationen - Ausschau halten. Stattdessen trifft man auf kleine Gruppen und auf lose miteinander verbundene Vereinigungen. ... Wo immer Menschen Erfahrungen teilen, verbinden sie sich früher oder später und schliessen sich dabei möglicherweise auch weiteren Kreisen an."[89] Ferguson sieht die sich hintergründig ereignende Unterwanderung der Welt durch zahlreiche Netzwerke und deren Verknüpfung mittels der Kommunikationsmittel der Moderne.[90] "Die Verschwörung im Zeichen des Wassermanns ist eigentlich ... ein Netzwerk aus vielen Netzwerken, das auf eine gesellschaftliche Transformation abzielt. Sie ist in der Tat nur locker strukturiert,

83 *Starhawk,* Der Hexenkult als Ur-Religion der Großen Göttin, aaO., 58.

84 Vgl. *Starhawk,* Der Hexenkult als Ur-Religion der Großen Göttin, aaO., 60.

85 Vgl. *J.Hanselmann* u.a. (Hg.), Was wird aus der Kirche? Ergebnisse der zweiten EKD-Umfrage über Kirchenmitgliedschaft, Gütersloh 1984, 84; *Kaufmann,* Zur gesellschaftlichen Verfassung des Christentums heute, aaO., 15, 46f.

86 *Lukatis,* Der Pfarrer im Kommunikationssystem Gemeinde, aaO., 122-152; vgl. *K.F.Daiber,* Religion in der Stadt, in: PTh 79 (1990) 80-95, 92ff.

87 *P.Cornehl,* Gottesdienst als Integration, in: HPTh(G) 3, 59-78.

88 *Ferguson,* Die Sanfte Verschwörung, aaO., 25, vgl. 247-258.

89 *Ferguson,* Die Sanfte Verschwörung, aaO., 27.

90 Vgl. *Ferguson,* Die Sanfte Verschwörung, aaO., 71f.

unterteilt, evolutionär und überreich an Information bepackt. Ihr Zentrum befindet sich überall."[91] Zahlreiche "Branchenbücher" vermitteln Adressen und Zugang zu den Netzwerken des New Age.[92]

Die Beschreibungen von Netzwerken als Kategorie der Vergesellschaftung stehen in der New Age Bewegung im Dienste der Vision von einer neuen, besseren Welt. In den Beschreibungen sind wichtige soziale Aspekte eingefangen: "Das Netzwerk bedeutet mehr als eine blosse Vereinigung gleichgesinnter Menschen. Es bietet moralische Unterstützung, Rückkoppelung, eine Möglichkeit zur gegenseitigen Entdeckung und Bekräftigung, Ungezwungenheit, Innigkeit und eine Möglichkeit, Erfahrungen und Teile des großen Puzzles untereinander auszutauschen."[93] Folgerichtig beschreibt Schorsch Netzwerke im New Age als "charakteristische und entscheidende quasi-institutionalisierte Organisationsformen der New Age-Subkultur".[94] Die Verwandtschaft des New Age zum Reinkarnationsgedanken wurde bereits in Kapitel 5 beschrieben.

Religion im Milieu der Therapie

Unter den vielfältigen Verbreitungsformen der Reinkarnationsvorstellungen im Westen fällt die sogenannte Reinkarnationstherapie besonders auf. In ihr wird ein erfahrungsbezogener Zugang zur religiösen Thematik angeboten. Therapien sind als gesellschaftlich anerkannte Selbsterfahrungsform auch für diejenigen akzeptabel, die aus unterschiedlichen Gründen zur Religion auf Distanz gegangen sind[95] und können darum den Zugang zur Religion neu anbahnen oder selber ersatzweise religiöse Funktionen übernehmen. Das religiöse Potential der therapeutischen Szenen wird nicht nur in einigen programmatischen Schriften verschiedener psychotherapeutischer Richtungen, sondern auch in kritischen Erfahrungsberichten erkennbar.[96] Einige Therapeuten stellen für sich selber fest: "die Psychologen haben in vielem die Rolle als säkulare Priester übernommen".[97] Rainer Waßner

91 *Ferguson,* Die Sanfte Verschwörung, aaO., 253.

92 Connexions. adressbuch alternativer projekte, Werdorf/Klingelbach ^{4}1986; *B.Dahlberg* (Hg.), Connexions New Age, Klingelbach 1987.

93 *Ferguson,* Die Sanfte Verschwörung, aaO., 129.

94 *Schorsch,* Die New Age Bewegung, aaO., 66. Er revidiert, ebd. 9, allerdings auch seinen früheren Versuch, zu einer ökologischen Philosophie auf Basis des Netzwerkgedankens zu gelangen, vgl. *C.Schorsch,* Die große Vernetzung, Freiburg i.Br. 1987.

95 Vgl. die zahlreichen Beiträge in: *Die Therapie-Gesellschaft,* iKursbuch 82 (1985).

96 Vgl. *D.Helling/G.Küenzlen,* Studentenbewegung - Psychoszene - Bhagwan, IEZW 100 (1987); *G.Boysen,* Haut über Kopf, München 1992 (Augsburg 1988); *G.Boysen/H.Hemminger/G.Küenzlen,* Im Sog der Psychoszene, Stuttgart 1988. Zur kritischen Auseinandersetzung: *H.Hemminger,* Psychotherapie - Weg zum Glück? München 1987, 52ff; *G.Küenzlen,* Psychoboom und Weltanschauung, in: MD 48 (1985) 60-69.

97 *K.J.Gergen,* Die Psychologen haben die Rolle von säkularen Priestern übernommen, in: H.Ernst (Hg.), Der innere Kosmos, Weinheim/Basel 1991, 101-113, 107.

weist in seinem soziologischen Bericht über die Neuen Religiösen Bewegungen in Deutschland den *Therapien eine wichtige Einstiegsfunktion* in die religiösen Szenen zu.[98]

Die Beobachtungen legen die Annahme eines therapeutischen Typs religiöser Vergesellschaftung als eigener soziologischer Kategorie nahe. Die Anzeigenteile von "Esotera" oder "Psychologie heute" geben einen instruktiven Eindruck von den vielfältigen Angeboten auf dem religiös-therapeutischen Markt als einem eigenen Milieu.[99] Unter dem Blickwinkel eines funktionalen Religionsbegriffes sind nicht nur Angebote mit expliziter religiöser Thematik (Therapien in Verbindung mit Tantra, Reinkarnation, Esoterik, Astrologie, Schamanismus...), sondern auch jene therapeutischen Verfahren mit zu beachten, die Sinnstiftung und umfassende Lebensorientierung versprechen. Diese grundlegende Orientierung ist auch nicht zu vermeiden, ist allerdings auf ihre Wahrheitsansprüche wie auf die Motive ihrer Vertreter hin zu befragen.[100]

Eine Stärke vieler Therapien ist es, daß sie gerade auch die leiblichen Dimensionen mit einbeziehen.[101] Das gilt auch für die Reinkarnationstherapie, in der oft beeindruckende körperliche Erfahrungen gemacht werden.

Religiosität in individuellen Lebenswelten

Die verbreitetste Sozialform der Religion in der Moderne in der auch die meisten Vertreterinnen und Vertreter der Reinkarnationsvorstellungen einzuzeichnen sind, ist *hochindividualisiert und doch nicht asozial.* Das Beispiel der esoterischen Buchhandlungen hat einen Eindruck von den Strukturen einer Religion vermittelt, deren Sozialität ohne alle Institutionalisierungen auskommt. Gruppen- und Gemeinschaftsbildung erfolgen kontingent und ephemer, aber sie sind bei aufmerksamer Beobachtung durchaus zu entdecken. Die Fallstudie zu Shirley MacLaine zeigte viele Formen der individuellen Religiosität: Buchhandlungen, wiederholte beratende und freundschaftliche Gespräche, der Besuch spiritistischer Zirkel und

98 *R.Waßner*, Neue Religiöse Bewegungen in Deutschland, IEZW 113 (1991) 5. Eine unsachgemäße "Marktübersicht", in der heterogene Stoffe zusammengestellt werden, gibt: *G.Schmidtchen,* Religiöse-emotionale Bewegungen in der Informationsgesellschaft, in: G.Baadke/A.Rauscher (Hg.), Glaube und Weltverantwortung, Graz/Wien/Köln 1988, 127-144, 142. *Hemminger,* Psychotherapie - Weg zum Glück? AaO., 55, beschreibt den "Psycho-Kult als einen Sonderfall des subkulturellen Sektentyps und den "Psycho-Trip" als individualisierte Religionsausübung, bei der sich das Individuum wechselnder Verfahren bedient.

99 Vgl. *J.Bopp,* Psycho-Kult - kleine Fluchten in die großen Worte, in: Kursbuch 82 (1985) 61-74; Beispiele sind dokumentiert unter dem Titel: *Psychomarkt,* in: MD EZW 48 (1985) 70-73; vgl. Stifung Warentest: *Psychokurse.* Kein Ersatz für Therapie, in: test 26 (1991) H. 9, 19-24; *G.Klosinski,* Psychokulte, München 1996.

100 Vgl. *H.Hemminger,* Therapien, in: LSSW^2, 1033-1041, 1034.

101 Vgl. *G.M.Martin,* Körperbild und "Leib Christi", in: EvTh 52 (1992) 402-413.

die Teilnahme an esoterischen Vortragsveranstaltungen oder Workshops. "Die sozial nicht, jedenfalls nicht auf Dauer vermittelte Orientierungssuche ist definitionsgemäß auf das einzelne Subjekt bezogen. Es besteht kein Bedürfnis nach religiöser Kommunikation, diese findet allenfalls medial statt, etwa über Bücher. Formen ausschließlich subjektiver Religiosität setzen eine hohe Kreativität voraus, gewissermaßen eine charismatische Begabung. Dabei kann es durchaus zu Übergängen in Richtung Gruppenbildung kommen. Die 'reine' religiöse Subjektivität ist Grenzfall, keinesfalls Regel."[102]

Diese Beschreibung von Daiber und Lukatis weist auf jene Form der Religiosität hin, die sich auf individuelle Lebenswelten beschränkt und einer formalen Erfassung nahezu entzogen ist. Es ist jene Vergesellschaftungsform der Religion, die Troeltsch als Mystik oder Spiritualismus bezeichnete, Religion "ohne Gemeinschaftsprinzip", bestenfalls das "Zusammentreffen Gleichgesinnter". Es ist eine Religiosität ohne die Last der Beziehungsarbeit, in der individuelle Freiheit höher als soziale Verbindlichkeit bewertet wird. Für die durch "die Suche nach dem Weg"[103] bestimmte Religion hat Waßner den Begriff der "Nicht-verfaßten Religiosität" vorgeschlagen, "eine Religion der Hinkunft statt der Herkunft".[104]

Der Kauf eines esoterischen Buches oder der Besuch eines Vortrages sind sozial unverbindliche Vorgänge. Stark und Bainbridge wollen mit dem Begriff "audience cult" ("Hörergemeinschaft") diese konsumistische Aktivität kennzeichnen. Der Akt der Bezahlung schafft hier die gewünschte Freiheit und Distanz. Ebenso tendieren die esoterischen Techniken wie Tarot, I Ging und andere auf individuelle Anwendung, auch wenn sie in kleinerer Gemeinschaft durchgeführt werden können. Diese Einschätzung der Sozialformen entspricht dem Selbstverständnis der theoretischen Vermittler esoterischer, individueller Sinnsuche, wie Hans-Dieter Leuenberger oder Thorwald Dethlefsen:

> "Der Weg zur Esoterik ist ein Weg, den jeder einzeln für sich allein gehen muß, selbst wenn er sich mit Gleichgesinnten verbindet. Der esoterische Weg ist der Weg des Individuums in einer Zeit der Vermassung."[105] "Diese Sinnhaftigkeit kann sich jedoch immer nur dem einzelnen Menschen als Wahrheit offenbaren und meidet deshalb jede Öffentlichkeit. Die Esoterik ist somit unsozial."[106]

Die Vergesellschaftungsformen individualisierter Religionsausübung lassen sich folglich nur in distanzierter Betrachtungsweise erkennen. Jene Sozialität, die sich aus gemeinsamen Konsumgewohnheiten, Besuch von Vorträgen, Lektüre von Büchern und Zeitschriften formt, ist höchst indirekt und den Partizipanten in der Regel oft nicht einmal bewußt. Es sind Gesinnungsgemeinschaften oder Reli-

102 *Daiber/Lukatis*, Bibelfrömmigkeit, aaO., 27.

103 Vgl. *Hummel*, Religiöser Pluralismus oder christliches Abendland? AaO., 94ff.

104 *Waßner*, Nicht-verfaßte Religiosität und Gesellschaft, aaO., 6.

105 *Leuenberger*, Das ist Esoterik, aaO., 8.

106 *Dethlefsen*, Schicksal als Chance, aaO., 19.

giositäten in individuellen Lebenswelten. Die Verbreitung der Reinkarnationsvorstellungen im Westen, so legt es das Material nahe, scheint ihren Schwerpunkt in dieser Vergesellschaftungsform der Religion zu haben. Das inhaltliche Profil der westlichen Reinkarnationsvorstellungen korrespondiert mit der individualisierten Religion, ohne, daß damit eine Beeinflussung nur in einer Richtung angenommen werden kann: *Wo Menschen in den Lebenswelten der Moderne individualisiert leben und empfinden, werden Sie für die Reinkarnationsvorstellungen in ihrer westlichen Gestalt empfänglich sein. Und wo westliche Reinkarnationsvorstellungen auf fruchtbaren Boden fallen, werden sie die Individualisierung der Religion weiter befördern.*

Religion in der Sprache der Wissenschaft

In der Moderne besteht für jeden Menschen die Aufgabe, zwischen der je eigenen Religion und den westliches Denken normierenden Denkweisen der Wissenschaft eine Verhältnisbestimmung vorzunehmen. Nach Auffassung von Tenbruck ist die verbreitete Annahme eines umgekehrt proportionalen Verhältnisses zwischen Religion und Wissenschaft im Sinne einer "kognitiven Systemkonkurrenz"[107] angesichts der zahlreichen Quasireligionen in aufklärerischen Kulturen und angesichts immer wieder auftretender Unsicherheitslagen und der Notwendigkeit ihrer Deutung nicht weiter aufrechtzuhalten, wenn nicht auch "gegenläufige Vorgänge" mit bedacht werden.[108] Bochinger beobachtet: Es gibt "seit Beginn der Moderne im Westen ein fortlaufendes Bemühen freireligiöser Bewegungen und Individuen, neben der modernen Naturwissenschaft eine dieser ebenbürtige 'wissenschaftliche Religion' zu entwickeln."[109] Konkret ist nicht nur die Trennung von privatisierter Religion und öffentlich anerkannter Wissenschaft zu beobachten, sondern auch deren Vermengung: auch die Wissenschaft selber kann quasireligiöse Funktionen einnehmen.[110] Den Übergang von der wissenschaftlichen Rationalität zur individualisierten Religiosität hat bereits Ernst Troeltsch beobachtet:[111] "Die Mystik hat Wahlverwandtschaft zur Autonomie der Wissenschaft und bildet das Asyl für die Religiosität wissenschaftlich gebildeter Schichten".[112]

Gerade wenn die allgemeine Anerkennung der in den Kirchen vermittelten Religion zurückgeht, erfordern die Erfahrungen des Menschen, insbesondere an den

107 Vgl. *F.H.Tenbruck,* Wissenschaft und Religion, in: Wössner (Hg.), Religion im Umbruch, aaO., 217-244, 222.

108 Vgl. *Tenbruck,* Wissenschaft und Religion, aaO., 234, 239.

109 *Bochinger*, Synkretismus, aaO., 326.

110 Vgl. *Becker*, Soziologie als Wissenschaft vom sozialen Handeln, aaO., 155f.

111 Vgl. *Troeltsch,* Die Soziallehren der christlichen Kirchen und Gruppen, aaO., 870ff; 960: "... verschwistert mit der modernen wissenschaftlichen Bildung der autonomen Vernunft, sofern diese religiöse Wendung nimmt."

112 *Troeltsch*, Die Soziallehren der christlichen Kirchen und Gruppen, aaO., 967.

Grenzen des Lebens, die Ausbildung religiöser Ersatzfunktionen, auch in wissenschaftlichen Kontexten: "Gemeinsam ist ihnen, daß sie relevante Teile der Welt auf eine höhere Wirklichkeit hin auslegen. Sie transzendieren damit die im Sinne der Wissenschaft erkennbare Tatsachenwelt, nehmen aber für die höhere Ordnung, welche sie in ihr erblicken, keine transzendente Ursache im eigentlichen Sinne des Wortes an. Sie versuchen im Gegenteil, diese höhere Ordnung rein innerweltlich zu verstehen und zu begründen, beispielsweise unter Berufung auf Gesetzmäßigkeiten der Geschichte oder die Bestimmung des Menschen. Dabei stehen sie ebenso wie die überlieferten Religionen unter dem Legitimationsdruck der Wissenschaft als der heute einzigen universal anerkannten Autorität, d.h., sie müssen sich mehr oder weniger als Wissenschaft, und notfalls auch als eine Art höhere Wissenschaft zu präsentieren versuchen."[113]

Besonders "Alternativwissenschaften"[114] wie die Transpersonale Psychologie[115] oder die Thanatologie von Kübler-Ross wenden sich mit den Mitteln der Wissenschaft gegen die bisher gültigen Paradigmen, oft unter Rekurs auf die Erfahrungen der Religion. Wissenschaft, so scheint es, kann eine Brückenfunktion zurück zur Religion haben, allerdings scheint sich die Aneignungsperspektive auch auf die inhaltliche Auswahl auszuwirken. "Die Kompatibilität zwischen Wissenschaftlichkeit und Lebensorientierung scheint in der Wiedergeburtslehre besonders gegeben zu sein."[116] Denn die Reinkarnationsvorstellungen scheinen der Rationalitätserwartung von Wissenschaften, oder dem, was dafür gehalten wird, weitgehend zu entsprechen. Als einer verdiesseitigten Jenseitsvorstellungen mit binnenrationalen Struktur bieten sie sich an, das Jenseits ohne "Glaubenssprünge" im Sprachhorizont der Wissenschaften zu Sprache zu bringen.

113 *Tenbruck,* Wissenschaft und Religion, aaO., 243.

114 *Hemminger*, Was sind Sekten? AaO., 73.

115 *J.Heinrichs*, Transpersonale Psychologie, in: Dunde (Hg.), Wörterbuch der Religionspsychologie, aaO., 330-338

116 *Daiber*, Reinkarnationsglaube als Ausdruck individueller Sinnsuche, aaO., 213.

15. Herausforderungen für Christentum und Kirche

Die westlichen Reinkarnationsvorstellungen sind eine Herausforderung für das Christentum und insbesondere für seine kirchliche Institutionsgestalt.[1] Sie beinhalten Differenzen zu den traditionellen christlichen Auffassungen vom Leben nach dem Tod, von der Schöpfung und Erlösung. Ihre Verbreitung indiziert Veränderungen der Religion in den pluralisierten Lebenswelten der Moderne. Beide Beobachtungen fordern Christentum und Kirche zu einer Reflexion ihres Umgangs mit konkurrierenden Vorstellungen in einer marktförmigen Situation heraus. Dieser Aufgabe muß sowohl mittels Analyse der Konfliktstrukturen als auch mittels theologischer Überlegungen bearbeitet werden.

Mit der Herausforderung durch die pluralistische Situation, die Differenzen notwendig hervorbringt, sind weitere Aufgaben gestellt: Einerseits unter Maßgabe des Toleranzgebotes Konflikte erträglich zu regeln und andererseits dem Unbedingtheitsanspruch gerecht zu werden, der jeder religiösen Überzeugung inhärent ist.

Die Verbreitung der Reinkarnationsvorstellungen in westlichen Kulturen wird häufig im Sinne eines Defizittheorems als Folgewirkung kirchlichen Versagens interpretiert. So stellt Adolf Köberle die Frage, ob die Reinkarnationsvorstellungen "ein Gericht für die Kirche seien", und will damit auf Versäumnisse in der Verkündigung hinweisen.[2] Die Entvölkerung des Himmels, die Krise der christlichen Eschatologie und ihrer Sinnbilder führt in eine Notlage, weil neue Bilder fehlen. Aber die Defizittheorie hat trotz ihrer Plausibilität nur eine sehr begrenzte Reichweite; das Aufkommen der westlichen Reinkarnationsvorstellungen konnte als Modernisierungsphänomen weitaus komplexer und differenzierter erklärt werden.[3] Der zutage getretene Wandel religiöser Vorstellungen unterliegt nicht dem Gestaltungszugriff der christlichen Kirchen. Dennoch stellt sich die Frage, ob die Reinkarnationsvorstellungen mit dem christlichen Glauben vereinbar sind.

Damit tritt nun auch das theologische Interesse zutage, implizit enthalten in der Unterstellung, daß die Reinkarnationsvorstellungen für die christliche Religion in ihrer neuzeitlichen Gestalt von Bedeutung sind. Kirche und Theologie haben

1 Vgl. *W. Vogelmann*, Die Herausforderung der lutherischen Kirche durch die religiösen Bewegungen in Deutschland, in: LKW 41 (1994) 215-226.

2 *Köberle*, Legitimation der Religiösen Erfahrung, aaO., 102: "Die Abwanderung in die Fremdreligionen ist ein Stück Gericht über die Großkirchen, die es versäumt haben, praktische Anleitung zu geben, wie Erlebnisgemeinschaft mit Gott zustande kommt." Im Gespräch mit mir hat Köberle diesen Gedanken auch auf die Reinkarnationsvorstellungen angewandt.

3 Vgl. Matthias Horx, der unter dem Stichwort "Der Westen wird rot" das Interesse an Buddhismus und Reinkarnation als Reaktionsform auf das aufgeblähte, narzißtische Ich der westlichen Menschen interpretiert (*M. Horx*, Kirche light, Vortrag in der Ev. Akademie Nordelbien, Bad Segeberg am 10.6.1994).

keine andere Möglichkeit, als auf die Herausforderung in Differenz und Dialog einzugehen. Es gilt von christlicher Seite den Konfliktfall nicht zu vermeiden, wohl aber zu zeigen, daß es aus christlichem Wissen begründete Umgangsformen gibt, in denen sich das Christliche auch unter den Bedingungen der Moderne als glaubwürdig erweisen kann.

15.1 Ergebnisse der Deutungen und Analysen

Die multiperspektivische Deutung der Reinkarnationsvorstellungen als einer religiösen Vorstellung unter den Bedingungen der westlichen Moderne hat zu verschiedenen Ergebnissen geführt. Grundlinien sind deutlich geworden, die die offensichtliche Empfangsbereitschaft für Reinkarnationsvorstellungen im Westen verständlich machen.

Vielfältige Leistungen der Reinkarnationsvorstellungen

Ein Bündel von Leistungen der Reinkarnationsvorstellungen läßt ihren Erfolg begreiflich werden. Sie vermitteln Sinn, wo dieser bedroht ist. Immer wiederkehrendes Motiv und Voraussetzung der Reinkarnationsvorstellungen im Westen ist der Entwicklungsgedanke, der als Fortschrittsgedanke einen optimistischen Grundton trägt. Die Spirale ist das Bild einer Verknüpfung linearer und zyklischer Aspekte, mit der vielfältige Bedürfnisse befriedigt werden können. Die Ausschaltung des Zufalls durch das Karmaprinzip, ebenso wie die Ablehnung einer transzendenten Machteinwirkung, lassen das Sein in der Welt sicherer und gerechter erscheinen. Die rational erscheinenden Prinzipien von Reinkarnation und Karma fördern das Gefühl der Durchschaubarkeit kontingenter Lebenserfahrungen und erhalten den Eindruck von Autonomie und Selbstgestaltung des "Schicksals". Schließlich scheinen individuelle Erfahrungen die Reinkarnation zur Gewißheit werden zu lassen, so daß der Eindruck eines überprüfbaren Wissens entsteht. Zugleich befriedigen die Möglichkeiten der Reinkarnationstherapie die Sehnsucht nach außerordentlichen religiösen Erfahrungen, zumal diese aufgrund des therapeutischen Kontextes kontrollierbar erscheinen.

Individuell bedingte Erfahrungen und sozial konstruiertes Wissen

Die Reinkarnationserfahrungen können phänomenologisch als außerordentliche religiöse Erfahrungen angesehen werden. Die Erfahrungsmöglichkeit erschließt aber keine neue Erkenntnisdimension, die einen überindividuellen Wirklichkeitsanspruch begründen könnte. Die religionsspychologische Interpretation macht deutlich, daß Reinkarnationserfahrungen von immanenten Faktoren abhängen und ihre inhaltliche Ausgestaltung als ein individueller Verarbeitungsprozeß verstehbar ist. Die Analyse der alltagsweltlichen Aneignungsprozesse von Reinkarnationsvorstellungen lassen einen Zirkel von axiomatischen Annahmen, bestätigenden Erfahrungen und evidenzsteigernden Rückwirkungen erkennen, der als soziale Konstruktion der Reinkarnationsvorstellungen wissenssoziologisch nachvollziehbar ist. Die Analyse zeigt die subjektiven Evidenzgründe; Reinkarnationsvorstellungen erweisen sich als eine Form des Glaubens und nicht des Wissens.

Aus den Bedingungen der Moderne zu verstehen

Reinkarnationsvorstellungen etablieren sich mit erkennbarer Stabilität in den westlichen Kulturen. Die Gründe dieses Erfolges sind nicht im Christentum, weder in seinem Tun noch in seinem Versagen, sondern in den vorausliegenden Strukturen der Moderne zu sehen. Die Analyse zeigt, daß Reinkarna–tions–vorstel–lungen in engem Zusammenhang mit Modernisierungsprozessen stehen, von de–nen sie abhängen. Reinkarnationsvorstellungen stimmen mit Individuali–sierungs–prozessen überein, die Autonomie, Freiheit und individuelle Selbst–verwirk–lichung protegieren. Sie setzen Pluralisierungserfahrungen voraus und bringen neue Pluralisierungen hervor.

Reinkarnationsvorstellungen indizieren die ungebrochene Bedeutung der Religion, auch in der Moderne. Säkularisierung erweist sich als Produkt einer bestimmten eingeengten Betrachtungsperspektive, und die Reinkarnationsrezeption ist keine Folge von Religionsverlust durch Zweckrationalität, sondern gerade eine Form der Religion unter den Voraussetzungen der herrschenden Rationalitätsstrukturen. Allerdings ist diese Religion in ihren sozialen Formen gewandelt und kann unter dem Gesichtspunkt von Institutionalisierung als unsichtbar bezeichnet werden.

Vielfalt der Sozialformen

Die Wahrnehmung und Deutung der Reinkarnationsvorstellungen hat die plurale Wirklichkeit von Religion anhand der sozialen Gestaltungsformen deutlich werden lassen. Erkennbar wird die Vielfalt nebeneinanderstehender Formen, zwischen denen eine nahezu unbegrenzte Zahl von Übergängen besteht. Lassen sich auch vielfältige Sozialformen der Religion mit deutlich ausdifferenzierter Sozialgestalt ausmachen (Kirchen, Denominationen, religiös-weltanschauliche Organisationen, Sekten), der Schwerpunkt der pluralisierten Religionsformen liegt unterhalb der Institutionalisierungsschwelle im Bereich der Netzwerke, der therapeutischen Milieus und der individuell-lebensweltlichen Religiosität ohne deutlich erkennbaren

Sozialbezug. Der Vielfalt der Formen entspricht eine Vielfalt religiöser Auffassungen, die selektiv nach individuellen Nützlichkeitskriterien rezipiert werden. Die verbreitete Akzeptanz der Reinkarnationsvorstellungen unter Christen macht den Konflikt sichtbar, der sich zwischen dem alltagsweltlichen Synkretismus der Individuen und der an ein Deutungsmonopol gewöhnten kirchlichen Institution mit ihrer Orientierung an traditionellen Bildern und Auffassungen ausbreitet. Reinkarnationsvorstellungen fordern zum binnenchristlichen Diskurs heraus.

15.2 Vereinbarkeit von Christentum und Reinkarnationsvorstellungen?

In den Beispielen und Fallstudien zu den westlichen Reinkarnationsvorstellungen wurde jeweils, wo erkennbar, das Verhältnis zur christlichen Religion dargestellt. Kritische Einwände der Vertreterinnen und Vertreter der Reinkarnationsvorstellungen gegen den christlichen Glauben in seiner traditionellen inhaltlichen Fassung, wie auch gegen die institutionelle Form des Christentums in Gestalt der Kirchen wurden wiedergegeben. Deutlich wurde auch das Bemühen, trotz der Kritik eine grundsätzliche Übereinstimmung der Reinkarnationsvorstellungen mit dem christlichen Glauben zu demonstrieren.

Einwände gegen die Reinkarnationsvorstellungen aus christlich-theologischer Perspektive

In der evangelischen und katholischen Theologie werden aus christlicher Sicht in weitgehender Übereinstimmung verschiedene Einwände gegenüber den Reinkarnationsvorstellungen genannt.[4] Einigkeit besteht darin, daß die Reinkarnationsvorstellungen nicht aus der Bibel zu begründen sind. Altes und Neues Testament geben keine Hinweise auf akzeptierte Reinkarnationsvorstellungen. Die Behauptung, Jesus habe die Reinkarnation esoterisch für einen kleinen eingeweihten

4 Vgl. *Boff*, Die Seelenwanderung und die heutige Eschatologie, aaO., 138ff; *Feder*, Reinkarnationshypothese in der New Age-Bewegung, aaO.; *Greshake*, Reinkarnation oder Auferstehung? AaO.; *Hummel*, Reinkarnation, aaO., 103ff; *Hutten/v.Kortzfleisch*, Seelenwanderung, aaO., 67ff; *Nocke*, Ist die Idee der Reinkarnation vereinbar mit der christlichen Hoffnung auf Auferstehung? AaO., 270ff; *A.Resch*, Katholischer Glaube und Reinkarnation, in: Wiesendanger (Hg.), Wiedergeburt, aaO., 200-212, 210f; *Schönborn*, Reinkarnation und christlicher Glaube, aaO.; *W.Thiede*, Todesnähe- und Reinkarnationserfahrungen als Elemente natürlicher Theologie, in: EvTh 56 (1996) 194-214; *Zander*, Reinkarnation und Christentum, aaO., 213ff; *Waldenfels*, Auferstehung, Reinkarnation, Nichts? AaO., 258f; *Zahrnt*, Zwischen Reinkarnation und Vergänglichkeit, aaO., 212ff. Darstellung der verschiedenen Positionen bei *Bischofberger*, Werden wir wiederkommen? AaO., 220-244.

Kreis gelehrt, ist als ein argumentum e silentio wenig überzeugend. Eine nachträgliche Tilgung reinkarnatorischer Textstellen ist historisch unglaubwürdig. Ebenso wie die biblischen Texte keine Belege für eine urchristliche Reinkarnationsvorstellung hergeben, läßt sich diese in der alten Kirche nicht als Glaubensgut der frühen Christenheit nachweisen. Die in der Reinkarnationsliteratur hartnäckig vertretene Behauptung[5], die Reinkarnation sei beim Fünften Ökumenischen Konzil von Konstantinopel im Jahr 553 aus machtstrategischen Gründen verworfen worden, läßt sich nicht aus den Konzilstexten belegen.[6] Verworfen wurde die Lehre des Origenes von der Präexistenz, also eine Deutung der Herkunft des Menschen, die nicht mit der Schöpfungslehre übereinstimmt. Die Zukunft des Menschen wird im Konzilstext nicht thematisiert:

"Wer sagt oder daran festhält, die Menschenseelen hätten ein Vorleben gehabt, d.h. sie seien zuvor Geister und heilige Gewalten gewesen, sie seien aber der göttlichen Anschauung satt geworden, hätten sich dem Bösen zugewandt, seien deswegen in der Liebe Gottes erkaltet, hätten so den Namen 'Seelen' (= die Kalten) bekommen und seien zur Strafe dafür in die Körper gebannt worden, der sei ausgeschlossen."[7]

Die Verwerfung läßt keinen Hinweis auf Reinkarnationsvorstellungen erkennen, vielmehr geht es um den Fall präexistenter Seelen in die Materie. Dennoch wird mit der Ablehnung der Präexistenz auch der Reinkarnationsvorstellung der Boden entzogen. Diese "Nebenwirkung" kann aber nicht als Intention des Konzils angesehen werden. Resch betont, daß es in der katholischen Kirche "keine lehramtliche Entscheidung gegen die Reinkarnationsvorstellung" gibt.[8]

Fünf wesentliche Differenzen zu den Reinkarnationsvorstellungen lassen sich aus christlich-theologischer Sicht festhalten:

• Der Versuch, menschliches Schicksal und Leiden durch Reinkarnation und Karma rational zu erklären, verfehlt die Tiefe der Kontingenzerfahrungen. Die Theodizeefrage ist nicht zu beantworten, und die rationalen Erklärungen des Schreckens müssen als Fluchtversuche zurückgewiesen werden. Die Deutung von Kontingenz

5 Diese These gehört zum ständig wiederholten Grundbestand westlicher Reinkarnationsliteratur, vgl. *J.Fischer*, Die ewige Wiederkehr, München 1990, 97: "Es zählt allein die Tatsache, daß die Kirche seit dem ökumenischen Konzil von 553 der Lehre der Wiedergeburt immer ausgewichen ist." *Dethlefsen*, Schicksal als Chance, aaO., 247; *MacLaine*, Zwischenleben, aaO., 220; *R.Passian*, Wiedergeburt, München 1985, 104ff; *P.Lauritsen*, Reinkarnation und Freiheit, München 1989, 34ff; *P.Ravignat*, Reinkarnation, München 1985, 26.

6 Vgl. *Brox*, Die frühchristliche Debatte um die Seelenwanderung, aaO.; *Frohnhofen*, Reinkarnation und frühe Kirche, aaO.; *Hoheisel*, Das frühe Christentum und die Seelenwanderung, aaO.; *A.Holl*, "Magna magnorum deliramenta doctorum" In: Wiesendanger (Hg.), Wiedergeburt, aaO., 213-223; *Scheffczyk*, Der Reinkarnationsgedanke in der altchristlichen Literatur, aaO.; *Schönborn*, Reinkarnation und christlicher Glaube, aaO.

7 *J.Neuner/H.Roos*, Der Glaube der Kirche in den Urkunden der Lehrverkündigung, Regensburg [10]1979, 325, dort unter der mißverständlichen Überschrift: "Gegen die Lehre von der Seelenwanderung".

8 *Resch*, Katholischer Glaube und Reinkarnation, aaO., 212.

durch Reinkarnation und Karma beläßt den Menschen nicht nur in seiner schweren Situation, sondern gibt ihm zusätzlich noch die Verantwortung für ihr Zustandekommen. Reinkarnation, so der Einwand, macht die Welt zwar rationaler, aber auch kälter und unmenschlicher. Denn diese Rationalität okkupiert lerntheoretisch das Leid der Opfer und verharmlost das Böse im kosmischen Wechselspiel zur Bedeutungslosigkeit. Die christliche und auch die jüdische Haltung will sich dagegen parteilich auf die Seite der Opfer begeben und fragt nicht nach den metaphysischen Ursachen.[9]

Weiter ist an der Rationalität des okkulten Wissens die Vermeidung menschlicher Reaktionsformen zu kritisieren. Gefühle wie Trauer und Schmerz angesichts der Unterträglichkeit des Seins werden auf Distanz gehalten. Die Reduktion von Kontingenz ist auch eine Reduktion von Gefühlen. Gestattet sind nur die Emotionen, die als Evidenzquellen der Reinkarationsvorstellungen und als Bestätigung des okkulten Kontextes dienen. Wer Sinnlosigkeit erfährt, hat noch nicht die richtige Einstellung. Krankheit muß ein Weg, Schicksal eine Chance zur Verbesserung durch Lernen sein. Christlich wird das Recht, unvollkommen zu sein, gegen diesen Perfektionsdrang gestellt. Gegen den "Mythos von der Ganzheit" und Allzusammenhänglichkeit wird auch das fragmentarische Leben bejaht.[10]

• Die christliche Religion ist nach evangelischem Verständnis durch die Erfahrung und Verkündigung der unverdienten und unverdienbaren Gnade Gottes bestimmt. Die Reinkarnationsvorstellungen müssen nicht auf Selbsterlösung hinauslaufen, wie manchmal fälschlich unterstellt wird, aber sie sind synergistisch: Gnade und menschliche Leistung sollen zusammenwirken.[11] Die ethische Stimulation, die von dieser Auffassung ausgehen kann, ist nicht zu bestreiten, obwohl sie nicht zwingend ist. Reinkarnation kann ebenso wie eine falsch verstandene Gnade als Flucht vor verbindlichem Verhalten mißbraucht werden. Der reinkarnatorische

9 *Zahrnt*, Zwischen Reinkarnation und Vergänglichkeit, aaO., 216: "Durch jene Ereignisse, für deren Summe als Symbol der Name 'Auschwitz' steht, ist die angebliche Lösung des Theodizeeproblems durch die Reinkarnationslehre ein für allemal widerlegt. Was soll denn meiner Generation, die das große Leid in unserem Jahrhundert angerichtet oder wenigstens geduldet hat, bei ihrer nächsten Wiederverkörperung als möglicher Ausgleich widerfahren? Gibt es dafür überhaupt einen Ausgleich? Dem Christen bleibt hier nur das Verstummen vor der Verborgenheit Gottes, das Bekenntnis der eigenen Schuld und eine sehr leise, verzagte Bitte um Gnade." Elie Wiesel erzählt, wie er in Auschwitz Zeuge eines rabbinischen Tribunals war, in dem Gott für schuldig erklärt wurde - nach einem langen, endlosen Schweigen sagte der Rabbi, Wiesels Lehrer: "Und nun meine Freunde, laßt uns gehen und beten. Und wir beteten zu Gott, der gerade wenige Minuten vorher von seinen Kindern für schuldig erklärt worden war." *E.Wiesel*, Die politisch-moralische Aufgabe des Schriftstellers heute, in: Erinnerung als Gegenwart. Elie Wiesel in Loccum, in: LoPro 25 (1986) 103-126, 119.

10 Vgl. *H.Luther*, Leben als Fragment. Der Mythos von der Ganzheit, in: WzM 43 (1991) 262-273.

11 Eine neue ernsthafte Debatte über den Sinn des Synergismus wird sicherlich in den nächsten Jahren eine zentrale Aufgabe der Theologie werden, wenn das Gespräch mit den Menschen in der Moderne nicht weiter abreissen soll.

Entwicklungsgedanke steht im Konflikt zur Radikalität der rechtfertigenden Gnade durch Gott. Nach christlicher Auffassung bliebe auch nach vielen Leben immer noch ein unendlicher Abstand zwischen Mensch und Gott, der allein in Christus aufgehoben ist. Der Entwicklungsoptimismus der Reinkarnationsvorstellungen zeigt eine Auffassung, die keine Grenzen akzeptiert und manchmal Züge von Allmachtsphantasien trägt. Der christliche Glaube stellt das Vertrauen auf Gott in den Mittelpunkt.

• Reinkarnationsvorstellungen setzen in den meisten Fällen einen präexistenten göttlichen Kern im Menschen voraus, der nicht geschaffen ist. Damit ist die Gefahr einer dualistischen Spaltung zwischen ewigem Sein und vorläufiger Materie gegeben. Nach christlicher Auffassung ergeht die menschliche Identität aus einem Beziehungsgeschehen: der Schöpfung durch Gott. Dieses identitätsbegründende Verhältnis wird durch die Präexistenzvorstellung aufgelöst. Die Kritik an einer Schöpfung aus dem Nichts zieht sich durch die Reinkarnationsvorstellungen seit Schopenhauer. Schließlich bleibt undeutlich, was in den Reinkarnationsvorstellungen die Kontinuität der Person durch die wechselnden Inkarnationen ausmacht.[12]

• Die Auflösung der Personalität Gottes in eine karmische Gesetzesstruktur ist mit der christlichen Auffassung nicht vereinbar.[13] Zwar müssen die Gottesbilder nicht nur personal konfiguriert sein, aber die mit einer personalisierten Beschreibung verbundenen Eigenschaften wie Gottes Liebe lassen sich nicht mit einer gesetzhaften Struktur adäquat erfassen. Die im Modernisierungsprozeß aufkommenden Reinkarnationsvorstellungen gehen mit einer Abkehr von den Gottesvorstellungen einher, da diese der Entfaltung der Autonomie im Wege stehen. Die Verlagerung Gottes in den äußersten Transzendenzhintergrund[14] kann nicht als akzeptable Lösung des spannungsvollen Verhältnisses von menschlicher Freiheit und göttlichem Handeln angesehen werden.

• Dem christlichen Glauben liegt eine lineare Zeitauffassung zugrunde, die zum Ausdruck bringt, daß jeder Augenblick unwiederholbar einmalig ist. Dieser Glaube, orientiert an der Einmaligkeit Christi und seinem Handeln, soll den Ernst des jetzigen Lebens vor Augen führen. Auch unterläuft eine Wiederholung des Lebens die Realität des Todes. Die christliche Ethik kennt sehr wohl den Gedanken, daß jeder die Früchte seines Tuns erntet, aber nicht im nächsten Leben, sondern im

12 Vgl. *Feder*, Reinkarnationshypothese in der New Age-Bewegung, aaO., 47ff; *Wichmann*, Zur Veränderung des Reinkarnationsglaubens in der westlichen Kultur und Esoterik, aaO., 184ff.

13 Auch in der Neuformulierung eines Gottesverständnisses ohne personalistische Begrifflichkeiten ist die Theologie für die nächste Zukunft dringend herausgefordert, dringend den heutigen Menschen angemessene Bilder und Begriffe zu erarbeiten.

14 *Hutten/v.Kortzfleisch*, Seelenwanderung, aaO., 57, behaupten, die Vorstellung sei "ihrer Anlage nach atheistisch", übersehen aber das Weiterbestehen von Gottesbildern, wenn auch mit verminderter Bedeutung. *R.Hummel*, Sterben und danach? In: Die Diakonieschwester, Berlin 1990, 82-86, 85, spricht davon, daß "Gott arbeitslos" gemacht wird.

eschatologischen Gericht. Mit der Einmaligkeit hängt die Auffassung von Geschichte zusammen. Das Christentum verkündigt den in die Kontingenz der Geschichte eingegangenen Gott und nicht eine überzeitliche Gottheit. Der Geschichte wird ebenso wie der Materie eine Bedeutung zuerkannt, die über das Äußerliche hinausgeht.

Integration der Reinkarnationsvorstellungen in das Christentum?

Veränderungen der Jenseitsvorstellungen hat es in der christlichen Religion immer gegeben, wie Bernhard Lang und Colleen McDannel in ihrer "Kulturgeschichte des ewigen Lebens" aufzeigen. Der binnenreligiöse diachrone Pluralismus der Jenseitsvorstellungen in der Kirchengeschichte wird von ihnen anschaulich dargestellt. Lang und McDannel fassen die Problemlage zusammen: "Das christliche Credo fordert den Glauben an ein 'ewiges Leben', schreibt aber keine bestimmte Vorstellung von diesem Leben vor. Da es keine verbindliche Lehre gibt, wurden und werden immer neue Deutungen versucht. Das Fehlen einer klaren Lehre über das Leben im Himmel mag den Laien verwirren und für den Theologen enttäuschend sein. Der Philosoph mag feste ontologische Strukturen vermissen. Dem Historiker dagegen ist nichts lieber als Vielfalt und Wandel. Für uns ist die Vielfalt von Himmelsvorstellungen kein Beweis für geistige Verwirrung oder die Unmöglichkeit, etwas Bestimmtes über den Himmel zu sagen ..."[15] Lang und McDannel beenden ihre Ausführungen mit der Feststellung, daß die Vorstellungen vom Jenseits unabgeschlossen und sowohl die Entwürfe neuer Bilder vom Jenseits als auch die Wiederentdeckung älterer Vorstellungen denkbar seien.[16] Die Untersuchung zeigt die grundsätzliche Offenheit der Religionsgeschichte, von der die christliche Religion nicht ausgenommen ist. In diesem Betrachtungshorizont ist die Möglichkeit der Aufnahme von Reinkarnationsvorstellungen in die christliche Religion nicht prinzipiell auszuschließen. Ansätze für eine solche Entwicklung sind in der Untersuchung hervorgetreten.

Ernst Troeltsch hat bereits 1907 in Auseinandersetzung mit Fragen der Mission die Möglichkeit der Inkulturation von Reinkarnationsvorstellungen im Westen als Rückwirkung der Bildung einheimischer Kirchen in den Missionsgebieten erwogen. Nach Troeltsch besteht "die Aussicht, daß die Christen von den Nichtchristen etwas religiös lernen und übernehmen könnten, und daß die sich verselbständigenden Nationalkirchen das Christentum verändern könnten. ... insbesondere glaube ich, daß die Seelenwanderungs- und Wiederverkörperungslehre noch starken Einfluß üben wird."[17]

15 *Lang/McDannel,* Der Himmel, aaO., 10f.

16 Vgl. *Lang/McDannel,* Der Himmel, aaO., 478.

17 *E. Troeltsch,* Missionsmotiv, Missionsaufgabe und neuzeitliches Humanitätschristentum, in: ZMRW 22 (1907) 129-139 und 161-166, 164.

Die Frage nach der Inkulturation[18] der Reinkarnationsvorstellungen in das Christentum ist auch ohne die Einwirkung der christlichen Kirchen Asiens mittlerweile konkret geworden. Unter den Theologen, die diese Herausforderung erkannt haben, entscheiden sich die meisten gegen eine Integrationsmöglichkeit, nur einige wenige sind offen für diese Vorstellung oder begeben sich in das Gespräch.[19] Allerdings müßte jeder Integrationsversuch der Reinkarnationsvorstellungen in die christliche Religion die genannten kritischen Einwänden berücksichtigen.

Präzise analysiert, beziehen sich die Kompatibilitätsprobleme zwischen Christentum und Reinkarnationsvorstellungen weniger auf den Gedanken mehrmaliger Lebensläufe als auf die damit verbundenen weiteren Vorstellungen. Die mit den Reinkarnationsvorstellungen im Verbund stehenden Rückwirkungen des okkulten Kontextes machen die Unvereinbarkeit im Wesentlichen aus. Der Gedanke der Reinkarnation wäre dann christlich zu akzeptieren, wenn er von seinen "Nebenwirkungen" befreit würde und die zentrale Botschaft des christlichen Glaubens, Gott liebt diese Welt so sehr, daß er sich in Jesus Christus opfert, dadurch nicht eingeschränkt würde.

Adolf Köberle, der sicherlich nicht im Verdacht steht, einer relativistischen Theologie Vorschub zu leisten, formuliert in diesem Sinne: "Wenn Gott Herr ist über alle Elemente im Himmel und auf Erden, ... dann wollen wir es nicht von vornherein ausschließen, daß der Herr des Alls auch ein verstorbenes Leben zu neuem Auftrag auf die Erde senden kann. Solche Möglichkeiten aber bleiben durchaus in dem Bereich seiner Freiheit. Daraus die Allgemeingültigkeit der Reinkarnation abzuleiten und darüber das Mysterium der erbarmenden göttlichen Liebe abzubauen oder auch nur zu schmälern, dazu kann sich christliche Verkündigung und Seelsorge nicht bereit finden."[20] Köberle macht zutreffend deutlich, daß im Zentrum des christlichen Glaubens das Vertrauen auf die Liebe Gottes steht. Diesem Grundgedanken können Fragen wie die Ein- oder Mehrmaligkeit des Lebens untergeordnet werden. Michael von Brück, dem Reinkarnationsgedanken gegenüber eher offen, argumentiert mit ähnlicher Ausrichtung: "Dieses ist ein denkba-

18 *T.Sundermeier*, "Fremde Theologien", in: EvTh 50 (1990) 524-534, 534: "Hier wird erkennbar, daß die Auslegungsgeschichte mit dem Übergang des Evangeliums aus der jüdischen in die griechische, römische und germanische Welt nicht zu ihrem Abschluß gekommen ist. Diese Theologien lassen uns erneut verstehen, was es bedeutet, wenn der gleiche Text in einem anderen religiösen und kulturellen Kontext laut wird, wie er anders klingt und anders verstanden werden muß. Sie machen uns darauf aufmerksam, daß das Evangelium Dimensionen in sich bringt, die wir in unseren Denkformen bisher nicht erfassen konnten, und schärfen unsere Augen und Ohren dafür, daß die biblische Botschaft schlechthin plurisemisch ist."

19 Eine Übersicht geben *F.-J.Nocke*, Ist die Idee der Reinkarnation vereinbar mit der christlichen Hoffnung auf Auferstehung? In: Kochanek (Hg.), Reinkarnation oder Auferstehung? Freiburg 1992, 263-284, 265ff; *Bischofberger*, Werden wir wiederkommen? AaO., 239-244, 264-278.

20 *Köberle*, Die Frage nach dem wiederholten Erdenleben, aaO., 96.

res Modell, über dessen Plausibilität man unaufgeregt streiten kann, wenn die wesentliche Heilszusage Gottes dabei nicht vergessen wird ... Ob einmalige Inkarnation oder mehrmalige Reinkarnation - Gottes Gegenwart ist und bleibt alles in allem; der Tod ist so oder so verschlungen in den Sieg".[21] Auch katholische Theologen wie Karl Rahner[22] haben den Gedanken produktiv erwogen, Franz-Josef Nocke formuliert zehn Bedingungen "Was nicht verloren gehen dürfte"[23]: Hoffnung auf ein Ziel, der personale Gott, die rettende Gnade, Jesus Christus als Höhepunkt der Geschichte Gottes mit dem Menschen, die Welt als gute Schöpfung, die personale Einheit von Leib und Seele, die Bedeutung der Entscheidungen in einem begrenzten Leben, Liebe in Freiheit, die Vollendung der zwischenmenschlichen Beziehungen und das praktische Verhalten gegenüber dem Leid. Der herausgeforderte theologische Diskurs mit den Reinkarnationsvorstellungen betrifft nicht nur Fragen der Eschatologie, sondern ebenso der Protologie und Soteriologie.

Die hier untersuchten Reinkarnationsvorstellungen erfüllen die geforderten Bedingungen nur sehr fragmentarisch. Der Nachweis einer grundsätzlichen Übereinstimmung, insbesondere mit der christlichen Schöpfungs- und Gnadenlehre, ist bisher nicht überzeugend gelungen; in den Reinkarnationsvorstellungen dominieren der übermächtige Entwicklungsgedanke und das Karmagesetz.

Unübersehbar aber ist die Tatsache, daß die Reinkarnationsvorstellungen im christlichen Abendland eine herausragende Position eingenommen haben, die einen Konflikt mit den bisher herrschenden christlichen Vorstellungen unvermeidbar macht. Den Bedingungen und Strukturen dieses Konfliktes sowie den möglichen Verhaltensformen der Kirche soll im Folgenden nachgegangen werden.

15.3 Kirche im Pluralismus

Das Aufkommen von Reinkarnationsvorstellungen im Westen demonstriert beispielhaft das Ende des christlichen Monopols auf den Feldern von Religion und Lebensdeutung. Das mittelalterliche Christentum konnte unter Voraussetzung eines hohen gesellschaftlichen Stabilitätsgrades seine Auffassungen gegen Andersdenkende durch Machtmittel durchsetzen.[24] Die moderne pluralisierte Gesellschaft setzt dagegen eine akzeptierte Koexistenz verschiedener Sinnwelten voraus. Trotz-

21 *M.v.Brück*, Grundaussagen christlichen Glaubens nicht angetastet, in: Sonntagsblatt - Evangelische Wochenzeitung für Bayern, Nr. 14 vom 3. April 1994, 12-13, 13.

22 Vgl. *K.Rahner*, Grundkurs des Glaubens, Freiburg i.Br. 1976, 425, in Zusammenhang der Überlegungen zum Zwischenzustand.

23 *Nocke*, Ist die Idee der Reinkarnation vereinbar mit der christlichen Hoffnung auf Auferstehung? AaO., 278-280.

24 Vgl. *Berger/Luckmann*, Die gesellschaftliche Konstruktion der Wirklichkeit, aaO., 130ff.

dem bestand für den Bereich der Religion bis zum Ende des 19. Jahrhunderts praktisch ein Deutungsmonopol der christlichen Kirchen. Erst das Erscheinen alternativer religiöser Sinnwelten und Deutungssysteme bringt die Kirchen in Gefahr, weil deren "bloßes Vorhandensein empirisch demonstriert, daß die eigene Sinnwelt nicht wirklich zwingend ist."[25] Die Demontage des alten christlichen Monopols in den westlichen Kulturen bedeutet für die Kirchen eine tiefe Kränkung[26] und stellt ihr Selbstverständnis von universaler Gültigkeit in Frage. Berger und Luckmann beschreiben diese Verletzungen: "Man empfindet geradezu Mitgefühl für die Experten der traditionellen Wirklichkeitsbestimmung, sieht man sie wehmütig der Zeiten gedenken, in denen sie ein Monopol für Wirklichkeit hatten."[27]

Die religiöse Situation unter den Bedingungen der Modernisierungsprozesse ist durch Ausbildung von Subsinnwelten und unterschiedlichsten religiösen Milieus geprägt. Die Fallbeispiele haben davon einen Eindruck gegeben. "In hochentwickelten Industriegesellschaften mit ihrem enormen wirtschaftlichen Überschuß, der es ungezählten Personen gestattet, ihre gesamte Zeit noch den obskursten Interessen zu widmen, ist die pluralistische Konkurrenz von Subsinnwelten jeder vorstellbaren Art der Normalzustand."[28]

Im Unterschied zu den Kirchen, die in ihrem Denken noch von dem alten Zustand des Deutungsmonopols geprägt sind, können die religiösen Individuen, die zugleich an den unterschiedlichsten Sinnwelten teilhaben, eine Differenz zwischen Reinkarnationsvorstellungen und christlichem Glauben kaum erkennen. Für diejenigen, die sich Reinkarnationsvorstellungen alltagsweltlich aneignen, sind die im vorangegangenen Abschnitt dargestellten christlich-theologischen Einwände kaum maßgeblich. Und dieses gilt offensichtlich auch für viele Mitglieder der Kirchen.

Menschen, die Religion in Form der Reinkarnationsvorstellungen zum ersten Mal oder wieder entdecken, sind an den religiösen Ausdifferenzierungen und Unterscheidungen wenig interessiert. Wolfgang Vogelmann beobachtet "vielfältig fliessende Übergänge, die allesamt in jener expressiven Dimension wurzeln, die sich mit jenen existentiellen Fragen beschreiben läßt: Woher komme ich? Wer bin ich? Wo finde ich meine Zuflucht?"[29] In der Perspektive existentieller Fragestellungen schwinden die Unterschiede zwischen Reinkarnationsvorstellungen und christlichem Glauben. Ihnen gemeinsam ist die Differenz zu den materialistischen und areligiösen Einstellungen. Dieses wird auch von dem katholischen Theologen

25 *Berger/Luckmann*, Die gesellschaftliche Konstruktion der Wirklichkeit, aaO., 116.

26 Im Anschluß an Freud, der nach der "kosmologischen" (Kopernikus/Kepler) und der "biologischen" (Darwin) von der dritten, der "narzißtischen Kränkung" der Menschheit, durch die Psychoanalyse sprach, wäre hier die *pluralistische Kränkung* ins Spiel zu bringen. Vgl. *S.Freud*, Die Widerstände gegen die Psychoanalyse, in: GW XIV Frankfurt a.M., 109.

27 *Berger/Luckmann*, Die gesellschaftliche Konstruktion der Wirklichkeit, aaO., 134.

28 *Berger/Luckmann*, Die gesellschaftliche Konstruktion der Wirklichkeit, aaO., 91.

29 *Vogelmann*, Die Herausforderung der lutherischen Kirche durch die religiösen Bewegungen in Deutschland, aaO., 217f.

Hans Waldenfels für wichtig gehalten: "Die wahre Alternative, um die es geht, lautet nicht: christlicher Auferstehungsglaube oder nichtchristlicher Reinkarnationsglaube, sondern: Fortleben nach dem Tod oder nicht!"[30]

Die Fallstudien und Beispiele zeigen sehr deutlich, daß von Vertreterinnen und Vertretern der Reinkarnationsvorstellungen keine wesentlichen inhaltlichen Differenzen zum Christentum wahrgenommen werden.[31] Ihre Kritik konzentriert sich auf die Institutionalisierung der Religion, die als Beschneidung von Autonomiestreben und individueller Freiheit angesehen wird. Aus theologischer Sicht besteht jedoch eine inhaltlich bestimmte Deutungskonkurrenz. Der Konflikt zwischen Christentum und Reinkarnationsvorstellungen ist darum besonders schwierig, weil er einerseits durch die Kirchenmitglieder zu einer binnenreligiösen und auch kircheninternen Auseinandersetzung führt und andererseits eine Auseinandersetzung zwischen unterschiedlichen religiösen Sozialformen bedeutet, zwischen institutionalisierter und individualisierter Religion.

Die Herausforderung von Theologie und Kirche durch die Reinkarnationsvorstellungen wird durch die beschriebenen Konfliktstrukturen und -bedingungen erschwert. Von der Basis her erfährt die christliche Religion einen Umbau, der substantiell verändernde Ausmaße annehmen kann. Weder der Kirche als institutioneller Form, noch der Theologie als reflexivem System stehen erkennbare Steuerungsinstrumente zur Verfügung, die diesen Prozeß in Bahnen lenken könnten.

Die Handlungsalternativen für Kirche und Theologie spannen sich aus zwischen regressiver Abwehr, die zur Versektung durch Abschottung führt, und Anpassung an das Bestehende unter Aufgabe inhaltlicher Identitäten. Langfristig besteht die Gefahr einer Spaltung zwischen Teilen der Basis auf der einen und den Institutionsträgern auf der anderern Seite.

Strategien zwischen Selbsttäuschung und Versektung

Auf den Verlust des Symbolmonopols und die Etablierung konkurrierender Deutungssysteme können die Kirche und die Theologie mit verschiedenen Strategien reagieren. Die einfachste Form ist die Ignorierung des Problems, seine Minimierung durch selektive Wahrnehmung. An den Reinkarnationsvorstellungen ist exemplarisch abzulesen, daß eine andauernde Verdrängung nicht gelingen kann, das Verfahren verfängt nicht mehr, die Konkurrenz der Deutungen wird bewußt. Berger sieht zwei weitere Strategien, die der pluralistischen Herausforderung nicht angemessen sind, aber immer wieder versucht werden: Anpassung und Ablehnung.[32]

30 *Waldenfels*, Auferstehung, Reinkarnation, Nichts? AaO., 248.

31 Vgl. *K.Ledergeber/P.Bieri*, Was geht New Age die Christen an? Freiburg i.Br. 1988. Die beiden Autoren führen einen Dialog, in dem auch die Reinkarnationsvorstellung integrativ thematisiert wird (108).

32 Vgl. *P.L.Berger*, Wenn die Welt wankt. Pluralismus ist ein Chance für Christen, in: LM 32

Die Strategie der Anpassung muß nach Berger aus zwei Gründen scheitern: Erstens führt dauernde Anpassung zur Selbstauflösung, und zweitens ist der Pluralismus in einem ständigen Wandel, der eine permanente, letztlich überfordernde Anpassungsleistung verlangen würde.

Die Strategie der Ablehnung kann nach Berger totalitär ausgeführt werden, das heißt als Versuch, die pluralistische Situation abzuschaffen. Da dieses selten gelingt, wird eine zweite Variante bevorzugt, der "Versuch, eine einheitliche Welt en miniature, als Subkultur, zu konstruieren. Man überläßt die Gesamtgesellschaft dem Pluralismus und zieht sich zurück auf eine kleine Gemeinschaft".[33] Weil es nicht gelingt, die anderen auszuschalten, wird ihre Ablehnung durch Eigenseparation, durch Abschottung und Rückzug in kognitive Rerservate praktiziert.

Diese Strategie würde die Kirche zur "Versektung" mit allen Merkmalen führen: Verzicht auf universale Wirksamkeit, geschlossenes homogenes System mit Absolutheitsanspruch nach innen, Separation nach außen und verengte Interaktionschancen. Johann Baptist Metz warnt vor einer drohenden "sektiererischen Mentalität der Selbstabschließung in der Kirche".[34] Noch deutlicher ist der Soziologe Gerhard Schmied, der unter dem Titel "Kirche oder Sekte?" bei der katholischen Kirche Westeuropas eine deutliche Entwicklung vom Idealtyp der Kirche zum Idealtyp der Sekte feststellt.[35] Mit dieser Entwicklung geht eine Tendenz der "Gegenmodernisierung" (Berger u.a.) einher, deren Merkmal eine "defensive Neubekräftigung traditioneller Symbole" ist.[36] Ersichtlich wird ein "Unbehagen an der Modernität"[37], eine ablehnende Haltung zur Moderne und ihren Pluralisierungsprozessen, die im extremen Fall zur fundamentalistischen Option[38] der "Ent-

(1993) H. 12, 12-16, 13. Die Strategiediskussionen angesichts der Veränderungen von Religion in der Moderne reichen weiter zurück. Vgl. *R.Bergeron*, zu einer theologischen Interpretation der neuen Religionen, in: Conc(D) 19 (1983) 75-81, der eine ablehnende Haltung vertritt und die neuen Religiositäten summarisch als "Wiederaufleben der immerwährenden Gnosis" (78) bezeichnet. Dagegen vertritt *J.Coleman*, Die religiöse Bedeutung neuer religiöser Bewegungen, in: Conc(D) 19 (1983) 13-20, 17ff, unter anderem den Vorschlag, Konvergenzen im Bereich religiöser Erfahrungen als eine "mögliche Vorschule" (Harold Wilson) auf das Christentum zu nutzen (19).

33 *Berger*, Wenn die Welt wankt, aaO., 13.

34 *J.B.Metz*, Glaube in Geschichte und Gesellschaft, Mainz ^{5}1992, 101; vgl. 102: "Nicht die Minorität, sondern die Mentalität definiert die Sekte im theologischen Sinn."

35 Vgl. *G.Schmied*, Kirche oder Sekte? München 1988, 14f. Vgl. *Drehsen*, Wie religionsfähig ist die Volkskirche? AaO., 286-312 ("Der Traum vom 'Überchristentum'"); *K.Lehmann*, Eine Lebensfrage für die Kirche, in: HerKorr 49 (1995) H. 1, 29-35, 31.

36 *Berger/Berger/Kellner*, Das Unbehagen in der Modernität, aaO., 141. Vgl. *T.Meyer*, Fundamentalismus, Reinbek b. Hamburg 1989, 44.

37 Vgl. *Berger/Berger/Kellner*, Das Unbehagen in der Modernität, aaO.

38 Da Fundamentalismus keine geschlossene Bewegung darstellt, sondern eine Haltung und Einstellung zur Moderne zum Ausdruck bringt, sollte zutreffender von der fundamentalistischen Option gesprochen werden. Als Strukturelemente fundamentalistischer Optionen lassen sich

modernisierung"[39] führen kann. Aber Sekten als sich abschottende subkulturelle Organisationen sind im Pluralismus immer sehr gefährdet, weil der Widerstand gegen das Wissen der anderen auf Dauer sehr anstrengend ist. Und schließlich wird die Strategie der radikalen Ablehnung die "Infektion durch die Moderne" nicht los: "Allen Ideologien, die die Modernität zu kontrollieren oder einzudämmen suchen, liegt ein Widerspruch in sich zugrunde, der eng mit dem Phänomen zusammenhängt, das wir kognitive Infizierung genannt haben: Wenn man die Modernisierung kontrollieren will, muß man annehmen, daß man eine Wahlmöglichkeit und die Fähigkeit, zu manipulieren, hat. Man kann sich also gegen die Modernität entscheiden. Man wird also versuchen, die Prozesse der Modernisierung zu manipulieren. Diese Ideen selber jedoch sind *als solche* schon modern, ja sogar modernisierend. Nichts könnte moderner sein als der Gedanke, der Mensch habe die Wahl zwischen verschiedenen Wegen der sozialen Entwicklung."[40]

Weder die radikale Ablehnung mit der sozialen Folge der Versektung oder zumindest einem Absinken in subkulturelle Milieus, noch eine radikale Anpassung sind Strategien, die das Überleben der christlichen Kirchen langfristig sichern. Theologisch würde in beiden Konzepten der Auftrag des Evangeliums preisgegeben werden, den universalen Liebeswillen Gottes zu verkündigen und glaubhaft zur Darstellung zu bringen. So bleibt der Kirche nur eine dritte Möglichkeit: Sie begibt sich auf den Markt, riskiert ihre Sicherheit und ihre Gewißheitsstrukturen und geht in einen offenen Prozeß hinein, dessen Ergebnis nicht feststeht. Auch soziologisch hat diese Haltung die größte Chance, den Herausforderungen gerecht zu werden.[41]

benennen: Absolutsetzung der eigenen Position durch Reduktion des Vielen auf das Eine; Ablehnung kritisch-rationaler Erörterungen über die eigene Position im Rahmen gleichwertiger partnerschaftlicher Begegnung; Berufung auf eine unhinterfragbare Außeninstanz; Radikalismus in der Durchsetzung der eigenen Position unter Mißachtung der Autonomie anderer (Weitere Merkmale bei *M.E.Marty,* Fundamentalism as a Social Phenomenon, in: Bulletin. The American Academy of Arts and Sciences, Vol. XLII, Nov. 1988, No.2, 15-29, 24f). *Welsch*, Topoi der Postmoderne, aaO., 47, will die Angst vor der Pluralität als Ausdruck des narzißtischen Ichs verstehen, das noch nicht soweit erwachsen geworden ist, um Vielheit zu akzeptieren und mit ihr sinnvoll umzugehen. Zum Fundamentalismus vgl. *Fundamentalismus*, Themenheft, in: FH 43 (1996) 410-447; *Meyer*, Fundamentalismus, aaO.; *K.Kienzler*, Der religiöse Fundamentalismus, München 1996; *H.Keupp,* Fundamentalismus, in: Dunde (Hg.), Wörterbuch der Religionspsychologie, aaO., 118-125; *M.E.Marty/R.S.Appleby,* Herausforderung Fundamentalismus, Frankfurt a.M./New York 1996; *St.H.Pfürtner*, Fundamentalismus. Die Flucht ins Radikale, Freiburg i.Br. 1991.

39 *Berger/Berger/Kellner*, Das Unbehagen in der Modernität, aaO., 171f, bezeichnen die dialektischen Gegenbewegungen zur Moderne als Entmodernisierung.

40 *Berger/Berger/Kellner*, Das Unbehagen in der Modernität, aaO., 153. *M.M.Penzoldt*, Sicherheit auf selbst gewähltem Fundament? In: MdKI 44 (1993), 21-22, 22: "Das innere Problem des Fundamentalismus ist, etwas als vorgegeben erklären zu müssen, das erst durch diese Erklärung als Vorgegebenes erscheint. Der bewußte Akt der Wahl ist der Spalt im Fundament."

41 Vgl. *Berger*, Wenn die Welt wankt, aaO., 14.

Kirche auf dem Markt

Die Anerkennung der pluralistischen Situation ist für das kirchlich verfaßte Christentum nicht leicht. Es ist herausgefordert, den Übergang von einer monopolistisch durch die eigene Religion bestimmten Kultur in eine Kultur der religiösen Vielfalt zu bewältigen, in der es zwar weiterhin die prägende Religion bleibt, seine Institutionsgestalt aber an Bedeutung verliert. Diese Veränderungen müssen Theologie und Kirche in ihrer ganzen Tragweite bewußt werden.

Die Verbreitung der westlichen Reinkarnationsvorstellungen, ihre Akzeptanz unter Christen und die Syntheseversuche können als Indikatoren dafür angesehen werden, daß das Christentum längst auf dem Markt ist. Die Kirche als Institution ist herausgefordert, auf dem Markt der Möglichkeiten die Fähigkeit zu lernen, gelassen mit der neuen Situation umzugehen und deren positive Seiten zu nutzen.

Peter L. Berger hat bereits 1963 darauf hingewiesen, daß sich Religion unter pluralistischen Konkurrenzbedingungen nach marktwirtschaftlichen Prinzipien verhält.[42] In einem Vortrag vor der EKD-Synode 1993 hat er diesen Gedanken fortgeführt und darauf hingewiesen, daß die pluralistische Situation durch den Verlust des Selbstverständlichen auch eine Chance zur Vertiefung des Glaubens eröffne[43], weil sie von falschen Sicherheiten befreie. Der Soziologe schließt seine Ansprache mit einem theologischen Argument: "Wir glauben, daß unser Gott uns nicht im Stich läßt, was immer uns auf dieser Welt passiert, daß wir deshalb keine Angst haben sollen, nicht vor Tod und Teufel, nicht vor allen Mächten des Bösen, nicht vor Tyrannen. Wir sollten auch keine Angst haben vor den Herausforderungen des Marktplatzes."[44]

Ende der absoluten Wahrheiten

Als die größte Herausforderung jeder pluralisierten Situation erweist sich die Relativierung der Überzeugungen. Zugespitzt wird die pluralistische Situation als das Ende der absoluten Wahrheiten erfahren, und das gilt ausnahmslos.

Die Relativität der Reinkarnationsvorstellungen wurde in den Analysen deutlich. Sie sind nicht nur westlich-kontextuell an die Bedingungen der Modernisierung gebunden, sie erwiesen sich auch als Konstrukte sozialer Prozesse und als Folgeprodukte von Wahrnehmungen und Interpretationen. Auch die außerordentlichen Reinkarnationserfahrungen können nicht als objektive Wahrheiten angesehen

42 Vgl. *P.L.Berger,* Ein Marktmodell zur Analyse ökumenischer Prozesse, in: IJRS 1 (1965) 235-249, besonders die ergänzenden Anmerkungen 248f.

43 Vgl. *P.L.Berger,* Pluralistische Angebote: Kirche auf dem Markt, in: Deutsches Allgemeines Sonntagsblatt Nr. 46 vom 12. 11.1993, 19. Vgl. *H.Timm,* Ferner Himmel und nahe Hölle, in: LM 32 (1993) H. 11, 25-27.

44 *Berger,* Wenn die Welt wankt, aaO., 16.

werden, sie sind durch set und setting bedingt. Pluralität relativiert, und auch die Reinkarnationsvorstellungen sind lediglich eine Deutung von Tod und Leben neben anderen. Aber diese Infragestellung trifft alle religiösen Überzeugungen gleichermaßen, die des christlichen Glaubens eingeschlossen.

Die Frage, die sich im Pluralismus stellt, ist, wie religiöse Überzeugungen in ihrer Unbedingtheit weiterhin gelebt und erlebt werden können und zugleich die Freiheit der Situation, die immer eine Freiheit des anderen ist, erhalten bleiben kann. Wie kann der christliche Glaube, relativiert durch zahlreiche Alternativen, noch weiterhin überzeugend zur Sprache gebracht werden? Und wie können zugleich die Vertreterinnen und Vertreter der Reinkarnationsvorstellungen mit ihren Überzeugungen geachtet werden, ohne Vereinnahmung, Abwehr oder vereinfachende Nivellierung?

Die Lösung dieses Kernproblems der Religion in der pluralisierten Moderne erfolgt durch Ausdifferenzierung. Der Gedanke einer erkennbaren, alles umfassenden ontologischen Wahrheit wird aufgegeben: an ihre Stelle treten Teilwahrheiten.

Postmoderner Differenzerhalt

Mit der pluralistischen Situation ist die Befürchtung der Indifferenz verknüpft und besonders mit dem Stichwort "Postmoderne" wird Beliebigkeit assoziiert.[45] Dabei betonen gerade Theoretiker der Postmoderne den Widerstreit (Lyotard) in der Pluralität, die Differenzierung auch in aggressiver Gestalt[46], dem gegenüber der Relativismus eine Form der Retotalisierung ist, in der die Unterschiede zugunsten eines amorphen Ganzen aufgehoben werden.

Wolfgang Welsch unterscheidet zwischen einem "Oberflächenpluralismus der Buntheiten" und einer "Tiefenpluralität" als der "Vielzahl unterschiedlicher, ja grundunterschiedlicher Lebensformen und Orientierungen, die heute innerhalb ein und derselben Gesellschaft existieren".[47] Nach Welsch ist Tiefenpluralität, "weil

45 *Welsch*, "Postmoderne", aaO., 30f: "Der Übergang in die Indifferenz" wird von postmodernen Denkern als "Entgleisung" zurückgewiesen. "Er erfolgt, sobald nur noch Versatzstücke beliebig kombiniert werden. Mancher scheint zu glauben, daß es postmodern bloß auf Abweichungen von den Standards rigider Rationalität ankomme, daß man den Cocktail allenfalls noch ordentlich mixen und mit reichlich Exotischem versetzen müsse. Man kreuze einfach Libido und Ökonomie, Digitalität und Kynismus und gebe noch etwas Wassermann und Apokalypse hinzu, schon ist der postmoderne Hit fertig. Aber diese Mixtur von allem erzeugt bloß Indifferenz, und diese Pseudo-Postmoderne ist eben nicht post-modern, sondern Uniformierungstendenzen der Moderne weit näher, als sie wahrhaben möchte. Die wirkliche Postmoderne unterscheidet sich davon drastisch. Und sie erreicht das, indem sie die Auflösung des Ganzen nicht als Verwirrungslizenz, sondern als Differenzierungsgebot praktiziert." *Drehsen*, Wie religionsfähig ist die Volkskirche? AaO., 250-285 ("Das Gespenst der Beliebigkeit")

46 Vgl. *Welsch*, Einleitung, aaO., 20f.

47 *W. Welsch*, Haus mit vielen Wohnungen, in: EK 27 (1994) 476-479, 476. Vgl. die Kritik von *J. Fischer*, Glaube unter Druck, in: EK 27 (1994) 612-614, und die Replik *W. Welsch*, Relativi-

sie Dissense in Grundfragen mit sich führt, auch nicht etwa angenehm oder nett, sondern anspruchsvoll und anstrengend."[48] Mit ihm ist festzuhalten, daß pluralistische Konzepte keine Harmoniemodelle des beliebigen Nebeneinanders sein müssen.

Pluralistische Religionstheologie

Die Theologie der Religionen ist der Versuch, das Verhältnis des Christentums zu den anderen Religionen systematisch zu klären.[49] Dieses kann nicht von einem übergeordneten Standpunkt aus erfolgen[50], sondern nur positionell, darum ist auch kein absolutes Urteil über die anderen möglich. Der amerikanische Theologe Paul Knitter unterscheidet zwischen exklusiven, inklusiven und pluralistischen Modellen der Religionstheologie.[51] Er ist ein Vordenker der pluralistischen Theologie der Religionen[52], die von der Anerkennung der Vielfalt der Religionen ausgeht. "Das pluralistische Modell geht von der zutreffenden Beobachtung aus, daß Absolutheitsansprüche außerhalb des jeweiligen Glaubens keinen Sinn ergeben."[53]

Das Problem der pluralistischen Theologie ist es, eine überzeugende Verhältnisbestimmung von persönlichen, unbedingten religiösen Überzeugungen und relativierender Vielfalt vorzunehmen. Knitter, der auf der Einzigartigkeit des Christentums einschließlich des Missionsauftrages besteht[54], löst die Schwierigkeit, indem er den Absolutheitsanspruch auf die persönliche Beziehung begrenzt. "Wenn Christen Jesus als 'den einzigen' darstellen, versuchten sie nicht so sehr, ein metaphysisches Prinzip, sondern vielmehr eine persönliche Beziehung und eine Bindungsqualität herauszuarbeiten, die ausdrückte, was es bedeutete, zu dieser

tät aushalten, in: EK 27 (1994) 734-735.

48 *Welsch*, Haus mit vielen Wohnungen, aaO., 476.

49 *H.Bürkle*, Einführung in die Theologie der Religionen, Darmstadt 1977; *Ratschow*, Die Religionen, aaO.

50 Vgl. den Versuch von Leuze, zu einer Theologie der Religionen im Sinne des Genitivus subiectivus zu gelangen: *R.Leuze*, Möglichkeiten und Grenzen einer Theologie der Religionsgeschichte, in: KuD 24 (1978) 230-243. Er bezieht sich besonders auf *W.Pannenberg*, Erwägungen zu einer Theologie der Religionsgeschichte, in: ders. Grundfragen systematischer Theologie, Göttingen 1967, 252-295.

51 Vgl. *P.F.Knitter*, Ein Gott - viele Religionen, München 1988, 57ff; *ders.*, Katholische Religionstheologie am Scheideweg, in: Conc(D) 22 (1986) 63-69; *ders.*, Nochmals die Absolutheitsfrage, in: EvTh 49 (1989) 505-516; *ders.*, Wohin der Dialog führt, in: EK 23 (1990) 606-610. Zu Knitter: *Bernhardt*, Ein neuer Lessing? AaO.

52 Vgl. *R.Bernhardt* (Hg.), Horizontüberschreitung, Gütersloh 1991. In der Zeitschrift "Dialog der Religionen" (1. Jahrgang 1991) hat die pluralistische Theologie ihre Diskussionsplattform.

53 *R.Hummel*, Den Gott unseres Nächsten lieben? In: MD EZW 55 (1992) 33-44, 39; dort auch kritische Einwände gegen das pluralistische Konzept.

54 *P.F.Knitter*, Kein Absolutheitsanspruch und doch missionarisch? In: LoPro 7 (1991) 54-67.

Gemeinschaft zu gehören."[55] In den Konzepten der pluralistischen Theologie wird der Absolutheitsanspruch[56] begrenzt und auf einen Geltungskontext bezogen interpretiert. Die Absolutheitsaussagen der Bibel werden als performative "Sprache des Herzens"[57] verstanden, "Liebessprache" in "Analogie zur Ehe".[58] In diesem Sinne wohnt allen Religionen ein "naiver Absolutheitsanspruch" inne.[59]

Mit Bernhardt kann festgehalten werden, daß eine "Rehabilitation des Absolutheitsanspruches" möglich ist, wenn in sprachanalytischer Reflexion deutlich wird, daß diese Redeform keine Sachaussage mit logisch intersubjektivem Inhalt darstellt, sondern es sich um "anredende, devotionale Sprache, nicht um kühle Prosa der Vernunft, sondern um begeisterte Poesie des Herzens"[60] handelt. Absolutheitsaussagen sind nur möglich in der Sprachwelt der Liebenden und bringen darin Hingabe und Überzeugung zum Ausdruck, als Forderung und Maßstab aber sind sie totalitär und geraten in Widerspruch zu den Grundlagen christlichen Glaubens.

Private Absolutheit und öffentliche Toleranz

Auch Denker im Horizont der Postmoderne, wie Wolfgang Welsch[61] und Hermann Timm, verwenden den Vergleich der Religion mit der Liebe, um das Verhältnis von Absolutheit und Toleranz zu bestimmen: "Im Liebeswerben sind Zufall und Notwendigkeit ureigen liiert. Es stellt frei, stellt ins Belieben, und inhaftiert doch mit einer Verbindlichkeit, die alternativlos wirken muß."[62] Diese Lösung, in Postmoderne wie in pluralistischer Theologie, basiert auf einer Trennung: "In strikt privaten Dingen dürfen wir Absolutisten sein. In öffentlichen hingegen müssen wir Relativisten sein."[63] Die Unterscheidung von inneren und äußeren Kontexten ist die Voraussetzung, um Autonomie und Pluralität gleichermaßen zu ihrem Recht kommen zu lassen. "Orientierung inmitten von Pluralität"[64] kann nur in der Trennung von Privatem und Öffentlichem gelingen: "Der Gläubige ist im Innenbezug von der Richtigkeit seines Weges überzeugt, aber zugleich praktiziert er im Außenbezug Toleranz."

55 *Knitter*, Ein Gott - viele Religionen, aaO., 123.

56 Vgl. *R.Bernhardt*, Der Absolutheitsanspruch des Christentums, Gütersloh 1990.

57 *Knitter*, Ein Gott - viele Religionen, aaO., 124; vgl. *P.F.Knitter*, Religion und Befreiung, in: Bernhardt (Hg.), Horizontüberschreitung, aaO., 203-219, 218.

58 *Knitter*, Kein Absolutheitsanspruch und doch missionarisch? AaO., 57.

59 Vgl. *J.Klein*, Absolutheit des Christentums, in: RGG[3] 1, 76-78.

60 *Bernhardt*, Der Absolutheitsanspruch des Christentums, aaO., 239.

61 *Welsch*, Haus mit vielen Wohnungen, aaO., 479: "Liebe beispielsweise ist ein Privatphänomen und zugleich ein exemplarisches Phänomen von Absolutheit."

62 *Timm*, Christentum im Angebot, aaO., 24.

63 *Welsch*, Haus mit vielen Wohnungen, aaO., 479.

64 *Wolfgang Welsch*, Orientierung inmitten von Pluralität, in: EpdD 35 (1994) 3-15.

Gilt im Außenbezug das Ethos der Menschenrechte[65], so kann das Bedürfnis nach Eindeutigkeit im Rahmen einer pluralisierten Welt als "Grundrecht auf Provinzialität"[66] (Graf) oder als "Ethnozentrismus"[67] (Rorty) ausgedrückt werden. Die Weitergabe und Vermittlung der religiösen Überzeugungen kann nur in der Form des Zeugnisses erfolgen: "Religiöse Wahrheit ist indemonstrabel."[68] Aber sie kann als "Angebot"[69] (Timm) oder "Empfehlung"[70] (Rorty) weitergegeben werden. In der radikal pluralisierten Individualitätskultur ist "die Freiheit des Individuums nicht durch irgendwelche kirchlich - oder von anderen Institutionen - vorgegebenen 'Kulturwerte', sondern allein durch eine Kultur der Anerkennungsverhältnisse, d.h. konkret: durch einen formal-rechtlich institutionalisierten Respekt vor der Freiheit des anderen begrenzt".[71]

Die im Modernisierungsprozeß durchgesetzte Lösung der konkurrierenden Absolutheitsansprüche basiert auf Individualisierung, indem alle Formen absoluter Überzeugungen privatisiert werden. Die Innenverlagerung zwingt das Individuum, den Entscheidungsfall des religiösen Pluralismus in sich selber auszutragen: der "Zwang zur Häresie" (Berger). Die Vertreibung der Differenz aus dem Öffentlichen ins Private wird in den individualisierten Lebenswelten des Religiösen mit Theoretisierungen gerechtfertigt wie der, daß "alle Wege zum Ziel führen" oder "jeder seinen Weg für sich allein gehen muß". Diese Lösungsstrategien sind unter dem Blickwinkel intersubjektiver Wahrheitssuche unbefriedigend. Seiichei Yagi, christlicher Religionsphilosoph in Tokyo, stellt bei einem Dialoggespräch in Tübingen fest: "Die interreligiösen Gespräche beginnen, wo eine Religion die andere ernsthaft in Frage stellt und die andere Religion darauf antworten muß. Das ist ein echtes Gespräch, aber damit das Gespräch nicht in aggressiven Streit ausartet, ist es notwendig, daß die Gesprächspartner offen sind."[72] Die Notwendigkeit, auch zu einem produktiven Streit um die Wahrheit zu kommen, wird im Prinzip des Dialogs umgesetzt.

65 Vgl. *F.W.Graf,* Bedingungen der Toleranz, in: EK 23 (1990) 10-13.

66 *F.W.Graf,* Das Grundrecht auf Provinzialität, in: LM 30 (1991) 170-172.

67 *R.Rorty,* Solidarität oder Objektivität? In: ders., Solidarität oder Objektivität, Stuttgart 1987,11-37, 27. Ganz anders *A.Finkielkraut,* Die Niederlage des Denkens, Reinbek b.Hamburg 1989, 107, der dem Zerbruch der Kultur in die Vielheit entgegenwirken will.

68 *Welsch*, Relativität aushalten, aaO., 734.

69 Vgl. *Timm*, Christentum im Angebot, aaO., 24.

70 *Rorty,* Solidarität oder Objektivität? AaO., meint zu einem flexiblen Wahrheitsverständnis gelangt zu sein, insofern "'wahr' lediglich ein der Empfehlung dienender Ausdruck" (15) sei, "schlicht ein Lob, das man den Überzeugungen spendet, die man derart für gerechtfertigt erachtet, daß eine weitere Rechtfertigung zur Zeit nicht vonnöten sei." (17)

71 *F.W.Graf,* "Christliche Kultur"? In: Barth/Gräb (Hg.), Gott im Selbstbewußtsein der Moderne, aaO., 178-194, 194f.

72 *Tübinger Dialoggespräch*: Die Pluralität der Religionen und der religiöse Pluralismus, in: Dialog der Religionen 1 (1991) 130-178, 148.

15.4 Dialog der Religiositäten

Die Sprachlosigkeit des Christentums gegenüber der Esoterik und der Kirchen gegenüber der individualisierten Religiosität wird in den "esoterischen Szenen" registriert. So kann der frühere Pfarrer und heutige Esoteriker Hans-Dieter Leuenberger in einem Interview die Überzeugung äußern, aus dem Bereich der Kirche habe wohl noch niemand sein Buch gelesen. "Und es hat bisher noch niemand versucht, mich zu widerlegen."[73] An dieser Herausforderung wird die Erwartung eines keineswegs harmlosen und oberflächlichen Dialoges deutlich.

"Auf der grundsätzlichen Ebene stellt sich natürlich die Frage, wie die christliche Theologie mit Lehren anderer Religionen umgehen kann. Geht sie von einem möglichen Wahrheitsgehalt anderer Lehren aus, versucht sie deren Wahrheitsgehalt zu entdecken, oder nimmt sie gar nicht erst die Diskussion auf? Weltweit stellt sich das Problem des interreligiösen Dialogs mit zunehmender Deutlichkeit. Dies wird auch zu einem neuen Umgang mit Problemen des Synkretismus führen müssen. Möglicherweise bedeutet dies für den christlichen Umgang mit Reinkarnationsvorstellungen dies, daß sie nicht grundsätzlich verworfen werden können, sondern nur insoweit, als sie fundamentalen Bekenntnisaussagen des christlichen Glaubens widersprechen. In der evangelischen Überlieferung wird dabei das Verständnis von Heil als einem Geschehen, das um Christi Willen aus Gnade eröffnet ist, vorrangige Bedeutung haben. Ansatzpunkte zu einem Gespräch mit Vertretern der Reinkarnationslehre bestehen dann, wenn Wiedergeburt zugleich Chance eines neueröffneten Lebens bedeutet, also grundsätzlich das jeweils neue Leben als Geschenk verstanden wird. Ganz allgemein bedeutet dies für den kritischen Umgang mit Formen neuer Religiosität oder auch Volksreligiosität, jedenfalls nicht kirchlich approbierter Religiosität, dies, daß es nicht einfach um Verwerfungen gehen kann, die die Diskussion erst gar nicht zulassen, sondern daß es wirklich um den Dialog geht, um eine gemeinsame Suche nach der Wahrheit, auch der Wahrheit im Glauben."[74]

Weder die vollständige Privatisierung der Absolutheitsansprüche, noch die generelle Ablehnung Andersdenkender im Interesse der Abschottung können von der Notwendigkeit entbinden, sich der Herausforderung des Gesprächs zu stellen. Dieses wird mit Religionsformen am leichtesten stattfinden können, die einen gewissen Grad an Institutionalisierung aufweisen. Beispielsweise führen Kirche, Anthroposophische Gesellschaft und Christengemeinschaft Dialoge über viele anstehende Fragen, auch über die Reinkarnationsvorstellungen.[75]

73 *H.-D.Leuenberger,* Ohne Kirche geht die Welt nicht unter. Interview, in: Esotera (1990) H. 6, 22-23, 23. Die Äußerung bezieht sich auf: *Leuenberger,* Sieben Säulen der Esoterik, aaO.

74 *Daiber,* Suchen nach dem Sinn des Lebens, iaaO., 180.

75 1992 fand an der Ev. Akademie Bad Boll das 15. "Gespräch mit der Anthroposophie" statt. An der Ev. Akademie Nordelbien, Bad Segeberg, fand 1994 die 2. Dialogtagung "Theologie und

Prinzipien und Einsichten aus dem interreligiösen Dialog können in der Auseinandersetzung um die Reinkarnationsvorstellungen teilweise verwendet werden. Aber die individualisierte Religiosität kann nicht generalisierend zum Gespräch eingeladen werden, dazu fehlen die institutionellen Grundlagen. Vielmehr ereignet sich der Dialog der Religiositäten im Alltag, als ein Gespräch mit vielen einzelnen, die "Sehnsucht nach Religion haben", aber ein "Ungenügen am Christentum" verspüren.[76] Weil er weitgehend ein binnenchristliches Gespräch, oft sogar ein innerkirchliches Gespräch ist, fordert der Dialog der Religiositäten von den Vertreterinnen und Vertretern des christlichen Glaubens und der Kirchen Veränderungen: Aus Apologetik wird Dialog[77], wie Müller-Schwefe beobachtet: "Dem Ansatz bei der Praxis und der Erfahrung der eigenen Weltverflochtenheit des Christen entspricht die Weise, in der Apologie getrieben werden kann: nicht primär im volksmissionarischen Angriff, sondern im offenen Dialog. Er bestimmt die Auseinandersetzungen in den Akademien, in den Gemeindeseminaren, auf dem Kirchentag, in der Ökumene, im Religions- und Konfirmandenunterricht, in der Erwachsenenbildung."[78]

Bedingungen und Grenzen des Dialogs

Eine dialogische Theologie[79] wird sich dem Gespräch mit Esoterik und neuer Religiosität nicht entziehen, aber auch Bedingungen und Grenzen festhalten. Paul Tillich hat einmal vier Voraussetzungen für den Dialog genannt: "Ein Gespräch zwischen Vertretern verschiedener Religionen ist nicht möglich ohne gewisse Voraussetzungen. Die erste Voraussetzung ist, daß beide Partner der Religion des anderen nicht ihren Wert absprechen, sondern sie als Religion gelten lassen, die letztlich auf Offenbarungserfahrungen beruht - nur so kann die Aussprache der Mühe wert erscheinen. Die zweite Voraussetzung ist, daß beide Partner ihren religiösen Standpunkt mit Überzeugung vertreten können, so daß das Gespräch eine ernsthafte Gegenüberstellung der verschiedenen Standpunkte ist. Die dritte Voraussetzung ist, daß es eine gemeinsame Basis gibt, die sowohl Einigkeit wie Widerspruch ermöglicht, und schließlich ist es nötig, daß beide Partner der Kritik zugänglich sind, die gegen ihre eigene religiöse Stellung gerichtet ist."[80]

Anthroposophie im Gespräch" zum Thema Reinkarnation statt (*Woher kommen wir - wohin gehen wir?* Über den Menschen und das ewige Leben, unveröffentlichte Tagungsdokumentation, Bad Segeberg 1994).

76 *H.Scholz*, Rainer Maria Rilke, Halle 1914, 3, hier zit. nach: *N.Müller*, Religion im Horizont zeitgenössischer Theologie, in: ThLZ 118 (1993) 803-812, 804.

77 Vgl. *W.Thiede*, Apologetik und Dialog, in: MD EZW 55 (1992) 281-296, der die falsche Alternative überwinden will.

78 *H.-R.Müller-Schwefe*, Apologetik. Praktisch-theologisch, in: TRE 3, 424-429, 428.

79 Vgl. *P.Löffler*, Theologie des Dialogs oder dialogische Theologie? In: ZfM 3 (1977) 99-106.

80 *Tillich*, Das Christentum und die Begegnung der Weltreligionen, aaO., 81.

Ein Dialog wird dort nicht möglich sein, wo einer der beiden Partner von seiner prinzipiellen Überlegenheit ausgeht; ebenso endet das Gespräch dort, wo Freiheit und Menschenwürde zerstörende Verhältnisse vorliegen. Hier bleibt nur ein klares Bekenntnis und der Protest.[81] Die Grenzziehung begründet sich nicht aus dem Anderssein der potentiellen Gesprächspartner und seinen Überzeugungen, sondern allein aus deren Verhalten, ersichtlich an inhumanen Strukturen und in der Unfähigkeit zur Kommunikation. Dialog muß herrschaftsfrei sein (Sölle).[82]

Chancen des Dialogs

Eine Chance des Dialogs der Religiositäten könnte darin liegen, daß das "Christliche ... durch das Religiöse neu erschlossen" würde.[83] Daiber, der das Verhältnis von kirchlicher zu nichtkirchlicher Religiosität in Analogie zum Verhältnis von Christengemeinde und Bürgergemeinde bestimmt, weist auf die Chancen der Kritik in beiden Richtungen hin: "Nicht-kirchliche Formen von Religion brauchen nicht unbedingt konkurrierende Heilsentwürfe darstellen. Sie sind zwar immer kritikbedürftig, aber sie sind auch kritikfähig, d.h., sie enthalten Wahrheitsmomente, die den Dialog ermöglichen."[84]

Wahrheit wäre dann nicht als feststehende Objektivität im Sinne des ontologischen Wahrheitsverständnisses verstanden, aber auch nicht als Subjektivität im religiösen Erleben, sondern prozessual, als zwischen den Gesprächspartnern im intersubjektiven Prozeß gefundene Wahrheit.[85] Diese Form dialogischer Auseinandersetzung löst die christliche oder andersreligiöse Identität keineswegs auf, sondern das Gespräch zwingt beide Seiten dazu, sich präzise zu erklären und das Eigene in Widerspruch und Anknüpfung zur Sprache zu bringen.

81 *R.Bernhardt,* Der Absolutheitsanspruch des Christentums, in: LoPro 7 (1991) 12-25, 25: "Da wo vom Christen eine scharfe Frontstellung gegen menschen- und damit gottfeindliche Mächte gefordert ist, wo bedingungsloser Widerstand gegen einen totalitären, absolutistischen Gegner notwendig wird, da muß der Dialog an seine Grenze kommen und ein kompromißloser Absolutheitsanspruch an seine Stelle treten. Diese aufgezwungene Verhärtung der Fronten verlangt geradezu nach der Festungsmentalität eines eindeutigen Bekenntnisses. Doch kommt darin, im Gegensatz zu der oben beschriebenen Selbstverabsolutierung aus Unreife und Schwäche, eine ich-starke, souveräne Festigkeit und Glaubenssicherheit zum Ausdruck. Die gleiche Souveränität kann sich unter anderen äußeren Bedingungen durchaus wieder einem freimütigen und offenen Dialog aussetzen."

82 *Sölle,* Gott denken, aaO., 232, neben Herrschaftsfreiheit nennt Sölle Intersubjektivität und die Möglichkeit der Veränderung als Dialogbedingungen.

83 *Daiber/Lukatis,* Bibelfrömmigkeit als Gestalt gelebter Religion, aaO., 61.

84 *Daiber,* Suchen nach dem Sinn des Lebens, aaO., 181.

85 Vgl. *U.Mann,* Das Christentum als absolute Religion, Darmstadt ^{4}1978, 80f; *Bernhardt,* Ein neuer Lessing, aaO., 519.

15.5 Theologische Dimensionen im Dialog

Die christliche Religion wird den Dialog mit den Religionen und Religiositäten, mit den Vertreterinnen und Vertretern der Reinkarnationsvorstellungen innerhalb und außerhalb von Kirche und Christentum nicht nur als ein praktisches Gebot der Stunde ansehen, sondern diesen auch theologisch reflektieren. Im Bild der Trinität kann ein Symbol für das gelingende Verhältnis von Pluralismus und Einheit gesehen werden: Der eine Gott läßt sich nur in der Vielfalt seiner Perspektiven erfahren. Die Unterschiedenheit der Personen wird nicht aufgehoben, sondern geht in das innergöttliche Selbstgespräch mit ein, das als Vorbild des Dialogs[86] angesehen werden kann. Vermieden wird die dualistische Kontroverse und die monistische Reduktion. "Es geht nicht so sehr darum, daß der Christ *an die Trinität* glaubt, sondern daß er *trinitarisch* glaubt, und d.h.: in der Einheit der drei Glaubensartikel und in bewußtem Vermeiden jener Einseitigkeiten, die Gott zum Prinzip, zum Götzen oder zum Talisman machen."[87] Orientiert an den drei Personen der Trinität, lassen sich theologische Perspektiven des Dialogs entfalten.

Die theozentrische Perspektive: Absolutheitsanspruch der Liebe Gottes

Die pluralistische Situation hat das Ende der Absolutheitsansprüche geschichtlicher Religionen mit sich gebracht, von denen keine einen allgemein gültigen Beurteilungsstandort außerhalb des "Marktes" für sich behaupten kann. Dennoch wird in christlicher Perspektive der Gedanke einer umfassenden Einheit in Gott nicht aufgegeben werden können. Der Glaube an Gott den Schöpfer muß notwendig auch alle Religionen mit einschließen, die nicht ohne Gott gedacht werden können. Würde man sie als gottesfern verstehen, wäre dieses ein Akt göttlicher Selbstbegrenzung, der die Welt der Religionen sich selbst überließe.

Unaufgebbar ist darum der Gedanke des umfassenden Anspruchs Gottes auf alle Menschen aller Religionen. Christlich wird der absolute Anspruch Gottes auf den Menschen als sein unbedingter Liebeswille angesehen, der in Jesus Christus Gestalt nimmt. "Gerade weil sich die Gotteswahrheit vorbehaltlos inkarniert, d.h. vergeschichtlicht, d.h. der Relativität anheim gegeben hat, kann uns ein Absolutheitsanspruch nur als Ausdruck der Absolutheit Gottes gestattet sein - ein Ausdruck, der niemals in unsere eigene Verfügungsgewalt übergehen darf."[88]

86 Vgl. *R.Sachau*, Dreifaltigkeit als dialogisches Prinzip, in: Orientierung. Berichte und Analysen aus der Arbeit der Evangelischen Akademie Nordelbien (1994) H. 1, 4-9.

87 *H.-G.Fritzsche*, Lehrbuch der Dogmatik. Teil II: Lehre von Gott und der Schöpfung, Göttingen 1967, 164f.

88 *Bernhardt*, Der Absolutheitsanspruch des Christentums. Problembestimmung, aaO., 25.

Der Absolutheitsanspruch der Liebe Gottes verlangt letzten Ernst in seiner Verkündigung und Adäquanz in der Form. Darum muß festgehalten werden, daß der Anspruch der Liebe Gottes nicht kompatibel ist mit den Spielen der Macht. Jede Form der Gewalt gegenüber Andersdenkenden, und dieses schließt alle Formen des Bedrängens, Bedrohens und Verurteilens mit ein, verstößt gegen die Gottesebenbildlichkeit des Menschen. Deutlicher: Dialog geschieht mit Menschen, nicht mit Gegnern. Kritisch stellt der allen geltende absolute Liebesanspruch Gottes die sich verabsolutierenden Autonomieansprüche einzelner Menschen in Frage. Im Dialog über die Reinkarnationsvorstellungen wird der Anspruch Gottes zum diakritischen Prinzip des Entwicklungsgedankens.[89]

Die christozentrische Perspektive: Im Zeichen der Verwundbarkeit

Nicht in einer Entwicklungsgeschichte kommt der christliche Glaube zu sich selbst, sondern im Ereignis der Inkarnation Gottes, indem Gott sich nackt in diese Welt hineinstürzt (Rahner), sich aus Liebe in der Ambivalenz riskiert und im Kreuzestod auch die radikalste Gottesferne nicht ausläßt.

Die Besonderheit des Christentums besteht in der Christuserfahrung, in seinem Kommen, Leben, Sterben und Auferstehen. Das Wesentliche an Christus ist nicht seine Macht und sind auch nicht seine Argumente, sondern das Wesentliche ist die Liebe Gottes, die sich in ihm inkarniert. Als leidender Gottesknecht ist sein Wesen durch Verwundbarkeit bestimmt.[90] Hans Jochen Margull hat das Wesen des christlichen Beitrags im Dialog als die Haltung der Verwundbarkeit bestimmt: "Das Christentum ist enorm verwundbar. Real bleibt das Kreuz, bleiben die Wunden."[91]

Der Dialog der Religionen und die Begegnung der Religiositäten, die Herausforderung durch die Reinkarnationsvorstellungen und die relativierende Pluralisierung verwunden die vertrauten Standpunkte und Überzeugungen. "Eine Kurzformel für das Ethos des Dialoges ist, daß der eine danach strebt, den anderen so zu verstehen, wie er sich selber versteht. An diesem Ethos hat auch der Dialog seine Verwundbarkeit."[92] Die letzte Konsequenz der Nachfolge Christi, der Verwundbarkeit, ist, daß der andere mich überzeugen könnte. Die Liebesbereitschaft muß so weit gehen, daß sie bereit ist, den bisherigen Glauben aufzugeben. Verwundet werden Überzeugungen, Glaube, Christentum, Rechtfertigungslehre, nichts bleibt ausgespart, weil alles im Dienste steht. Dieses ist das Nadelöhr der Christusnachfolge im interreligiösen Dialog. Kritisch infrage gestellt werden alle menschlichen Perfektions- und Allmachtswünsche, ob sie in den Reinkarnationsvorstellun-

89 Vgl. *C.H.Ratschow,* Rechtfertigung, IEZW 96 (1985).

90 Jesaja 53, 5; Philipper 2, 6-8.

91 *H.J.Margull,* Verwundbarkeit, in: EvTh 34 (1974) 410-420, 420.

92 *Margull,* Verwundbarkeit, aaO., 418.

gen oder in verabsolutierter christlicher Religion zutagetreten. Margull fragt: "Ist die Unverwundbarkeit, ist ein Unverwundbarer am Ende ein Götze?"[93]

Die pneumatozentrische Perspektive: Wahrheit in der Begegnung

Die Unverfügbarkeit absoluter Wahrheiten schließt das Suchen nach Wahrheit nicht aus. Aus dieser Perspektive fällt nun ein neuer Blick auf die Wahrheitserkenntnis im Dialog der Religionen. Martin Buber hat darauf hingewiesen, daß Wahrheit zwar nicht besessen werden, aber im Dialog ereignishaft zutage treten kann. Er hat diesen Ereignischarakter beschrieben als einen Meteor, eine Sternschnuppe, die im Augenblick aufleuchtet, "und ich selber kann nur das Licht bezeugen, nicht aber den Stein hervorholen und sagen: Das ist es."[94]

Diese Unverfügbarkeit der Wahrheit ist christlich zu verstehen als die Unverfügbarkeit des Heiligen Geistes. In der permanenten Dynamis des Geistes erfährt der Glaube seine Übersetzung in immer neue Gestalten. Eine alleinige - ebenfalls kontextuelle - Spielart des Christentums im europäischem Denk- und Handlungszuschnitt verkennt die Vielfalt der Wege Gottes mit seinem Volk und schneidet sich vom lebendigen Wehen des Geistes ab. Kritisch erinnert die pneumatische Dimension im Dialog der Religiositäten an die soziale Struktur des Lebens: Der Mensch ist Mensch, insofern er sich beziehend verhält. In der Verweigerung des Dialogs würde das Humanum selber demontiert. "Ohne Dialog, ohne ein dialogisches Leben, kann der Mensch seine Menschlichkeit nicht erreichen."[95]

Auch für den kommenden Dialog über die Reinkarnationsvorstellungen gilt das Wort Martin Bubers: "Eine Zeit echter Religionsgespräche beginnt, - nicht jener so benannten Scheingespräche, wo keiner seinen Partner in Wirklichkeit schaute und anrief, sondern echter Zwiesprache, von Gewißheit zu Gewißheit, aber auch von aufgeschloßner Person zu aufgeschloßner Person. Dann erst wird sich die echte Gemeinschaft weisen, nicht die eines angeblich in allen Religionen aufgefundenen gleichen Glaubensinhalts, sondern die der Situation, der Bangnis und der Erwartung."[96]

93 *Margull,* Verwundbarkeit, aaO., 420.

94 *M.Buber*, Zwiesprache, in: Das dialogische Prinzip, Heidelberg ^{5}1984, 137-196, 148.

95 *R.Panikkar*, Begegnung der Religionen: Das unvermeidliche Gespräch, in: Dialog der Religionen 1 (1991) 9-39, 12.

96 *Buber*, Zwiesprache, aaO., 149.

Literaturverzeichnis

Abkürzungen

Nach: *Schwertner, Siegfried M.*, IATG². Internationales Abkürzungsverzeichnis für Theologie und Grenzgebiete. Zeitschriften, Serien, Lexika, Quellenwerke mit bibliographischen Angaben, 2., überarbeitete und erweiterte Auflage, Berlin/New York 1992.

Weitere verwendete Abkürzungen:

FlH Flensburger Hefte.

HRGem⁴ *Handbuch Religiöse Gemeinschaften.* Freikirchen, Sondergemeinschaften, Sekten, Weltanschauungen, missionierende Religionen des Ostens, Neureligionen, Psy cho-Organisationen, hg. von Horst Reller für den VELKD-Arbeitskreis Religiöse Ge meinschaften im Auftrage des Lutherischen Kirchenamtes, 4., völlig überarbeitete und erweiterte Auflage, Gütersloh 1993.

KZfSS Kölner Zeitschrift für Soziologie und Sozialpsychologie.

LeRe Lexikon der Religionen. Phänomene - Geschichte - Ideen. Begründet von Franz Kardi nal König, hg. von Hans Waldenfels, Freiburg/Basel/Wien 1992.

LSSW² Lexikon der Sekten, Sondergruppen und Weltanschauungen, hg. Hans Gasper u.a., Frei burg i.Br./Basel/Wien ²1990.

MD EZW Materialdienst der Ev. Zentralstelle für Weltanschauungsfragen.

ÖZS Österreichische Zeitschrift für Soziologie.

Psh Psychologie heute.

WdC Wörterbuch des Christentums, hg. von Volker Drehsen u.a., Gütersloh/Zürich 1988.

Literatur

Abel, Ralf Bernd, Angriff auf die Demokratie. Scientology, die Gerichte und der Staat, in: J.Herrmann (Hg.), Mission mit allen Mitteln, Reinbek b.Hamburg 1992, 138-149.

Achilles, Harald, Grundgesetz und "Jugendsekten". Juristische Aspekte der Auseinandersetzung am Beispiel der Scientology-"Kirche", in: MD EZW 55 (1992) 144-149.

Adler, Gerhard / Aichelin, Helmut, Reinkarnation - Seelenwanderung - Wiedergeburt. Eine religiöse Grundidee im Aufwind, IEZW 76 (1979).

Adler, Gerhard, Seelenwanderung und Wiedergeburt. Leben wir nicht nur einmal? Freiburg i.Br. 1980.

Adorno, Theodor W., Minima Moralia, Frankfurt a.M. 1985.

Ahrens, Theodor, Zum Synkretismus melanesischer Volkskultur, in: H.P.Siller (Hg.), Suchbewegungen, Darmstadt 1991, 62-83.

Albers, Volker, Vom Science-Fiction-Autor zum Sektenguru. Die Lebensgeschichte des L. Ron Hubbard, in: J.Herrmann (Hg.), Mission mit allen Mitteln, Reinbek b.Hamburg 1992, 51-64.

Allgeier, Kurt, Du hast schon einmal gelebt. Wiedergeburt? Erinnerungen in der Hypnose, München ⁴1986.

Althaus, Paul, Seelenwanderung, Dogmatisch, in: RGG^2 5, 379-380.

Althaus, Paul, Seelenwanderung, Dogmatisch, in: RGG^3 5, 1639-1640.

Andreae, Johann Valentin, Die Bruderschaft der Rosenkreuzer. Esoterische Texte. Hg. von Gerhard Wehr, München ^{3}1990.

Anonym, Vom Clear zur Ewigkeit - Stationen einer scientologischen Karriere, in: F.Valentin / H.Knaup (Hg.), Scientology - der Griff nach Macht und Geld, Freiburg i.Br.1992, 11-15.

Anonymus D'Outre-Tombe, Der, Die grossen Arcana des Tarot. Meditationen mit einer Einführung von Hans Urs von Balthasar, hrsg. von Martin Kriele und Robert Spaemann, Ausgabe in 2 Bänden, Basel 1983.

Arbeitsgemeinschaft der Freien Waldorfschulen Baden-Würtemberg, Zur kirchlichen Kritik an Anthroposophie und Waldorfpädagogik. Erwiderung der Waldorfschulen auf die Arbeitshilfe "Zum Verhältnis des christlichen Glaubens zu Anthroposophie und Waldorfpädagogik" des Evangelischen Oberkirchenrates Stuttgart, Stuttgart 1989.

Ariès, Philippe, Geschichte des Todes, München ^{4}1989.

Atwater, P.M.H., Is There a Hell? Surpring Observations About the Near-Death Experience, in: Journal of Near-Death Studies 10/3 (1992) 149-160.

Bach, Richard, Die Möwe Jonathan. Mit Fotografien von Russel Munson, Frankfurt a.M./Berlin 1990 (Jonathan Livingston Seagull, 1970).

Bach, Richard, Illusionen. Die Abenteuer eines Messias wider Willen, Frankfurt a.M./Berlin ^{5}1991.

Badewien, Jan, Reinkarnation - Treppe zum Göttlichen? (RAT 5) Konstanz 1994.

Baeck, Godehard, Sekten, in: TRT^4 5, 35-40.

Barth, Ulrich / Gräb, Wilhelm (Hg.), Gott im Selbstbewußtsein der Moderne. Zum neuzeitlichen Begriff der Religion, (Festschrift Hans-Walter Schütte zum 60. Geburtstag), Gütersloh 1993.

Bartsch, Günter, Rückführung und Reinkarnation, in: MD EZW 52 (1989) 241-247.

Barz, Heiner, Religion ohne Institution? Teil 1 des Forschungsberichts "Jugend und Religion", Opladen 1992.

Bauer, Hermann, Ein Verlagshaus schrieb Geschichte, in: Esotera (1987) H. 5, 46-49

Bauer, Hermann, Wiedergeburt. Du warst schon öfters auf dieser Erde. Du wirst wiederkommen, Würzburg 1986.

Bauer, Irmgard, Der Todesaugenblick ist der größte im Leben, Interview von W.Weirauch, in: Über Tod und Sterben, FlH 11 (^{2}1988) 182-195.

Baumann, Adolf, Wörterbuch der Anthroposophie. Grundlagen, Begriffe, Einblicke, München 1991.

Baumann, Martin, Vom'Buddhistischen Katechismus' zum 'Buddhistischen Bekenntnis' - die ersten hundert Jahre Buddhismus in Deutschland, in: Spirita 4 (1990) H. 1, 7-12.

Beck, Ulrich, Risikogesellschaft. Auf dem Weg in eine andere Moderne, Frankfurt a.M. 1986.

Becker, Howard, Soziologie als Wissenschaft vom sozialen Handeln, Würzburg 1959.

Becker, Kurt E. / Schreiner, Hans-Peter, Anthroposophie - Überwindung der Menschheitskrise? Nachwort in: Rudolf Steiner, Der anthroposophische Weg, hg. von K.E.Becker / F.Hiebel / H.-P.Schreiner, Frankfurt a.M. 1983, 175-189.

Becker, Kurt E. / Schreiner, Hans-Peter, Anthroposophie heute, München 1981.

Becker, Kurt E., Anthroposophie - Revolution von innen. Leitlinien im Denken Rudolf Steiners und ihre Bedeutung für die Gegenwart, Frankfurt a.M. 1984.

Behnk, Wolfgang, Gegen das Individuum. Zur aggressiven Propaganda und Praxis der Sekte "Universelles Leben", in: LM 33 (1994) H. 1. 37-39.

Belli, Gioconda, Bewohnte Frau, München ^{7}1992, 7 (La Mujer Habitada, Mexico 1988).

Beloff, John, Parapsychologie, in: LPs^{11} 2, 1552-1555.

Beltz, Walter, (Hg.), Lexikon der letzten Dinge, Augsburg 1993.

Bender, Hans, "Ist das Überleben des Todes wissenschaftlich beweisbar?" - Das Problem des Spiritismus, in: H.Bender, Umgang mit dem Okkulten, Freiburg i.Br. [2]1986, 66-75.

Bender, Hans, "Ist die Wiederverkörperung wissenschaftlich beweisbar?" - Das Problem der Reinkarnation, in: H.Bender, Umgang mit dem Okkulten, Freiburg i.Br. [2]1986, 76-85.

Bender, Hans, Parapsychologie und Spiritismus, in: H.Bender, Telepathie, Hellsehen und Psychokinese, München [6]1989, 68-93.

Bender, Hans, Telepathie, Hellsehen und Psychokinese. Aufsätze zur Parapsychologie I, München [6]1989.

Bender, Hans, Umgang mit dem Okkulten, Freiburg i.Br. [2]1986.

Bender, Hans, Unser sechster Sinn. Telepathie, Hellsehen und Psychokinese in der parapsychologischen Forschung, Stuttgart 1971.

Benesch, Hellmuth, Weltanschauung, in: S.R.Dunde (Hg.), Wörterbuch der Religionspsychologie, Gütersloh 1993, 339-345.

Benz, Ernst, Beschreibung des Christentums. Eine historische Phänomenologie, München 1975.

Benz, Ernst, Christlicher Glaube und Parapsychologie, in: Deutscher Evangelischer Kirchentag Düsseldorf 1973, Stuttgart/Berlin 1973, 790-815.

Benz, Ernst, Christlicher Glaube und Parapsychologie, in: E.Benz, Parapsychologie und Religion, Freiburg i.Br. 1983, 9-45.

Benz, Ernst, Christliche Mystik und Drogen-"Mystik", in: E.Benz, Parapsychologie und Religion, Freiburg i.Br. 1983, 46-73.

Benz, Ernst, Der Peyote-Kult in der Native American Church, in: M.Josuttis / H.Leuner (Hg.), Religion und die Droge, Stuttgart u.a. 1972, 23-37.

Benz, Ernst, Die Reinkarnationslehre in Dichtung und Philosophie der deutschen Klassik und Romantik, in: A.Resch (Hg.), Fortleben nach dem Tode, Innsbruck [3]1986, 317-356.

Benz, Ernst, Die Todesvorstellungen der großen Religionen, in: Was ist der Tod? München 1969, 147-178.

Benz, Ernst, Gebet und Heilung im brasilianischen Spiritismus, in: G.Stephenson (Hg.), Der Religionswandel unserer Zeit im Spiegel der Religionswissenschaft, Darmstadt 1976, 30-53.

Benz, Ernst, Ideen zu einer Theologie der Religionsgeschichte, in: AAWLM.G 5 (1960) 425-496

Benz, Ernst, Parapsychologie und Religion. Erfahrungen mit übersinnlichen Kräften, Freiburg i.Br. 1983.

Benz, Ernst, Vorwort des Herausgebers, in: ZRGG 9 (1957) H. 2, 97-103.

Benz, Ernst, Zen in westlicher Sicht. Zen-Buddhismus - Zen-Snobismus, Weilheim 1962.

Berger, Peter L. / Berger, Brigitte / Kellner, Hansfried, Das Unbehagen in der Modernität, Frankfurt a.M./New York 1987.

Berger, Peter L. / Luckmann, Thomas, Die gesellschaftliche Konstruktion der Wirklichkeit. Eine Theorie der Wissenssoziologie, Frankfurt a.M. 1980.

Berger, Peter L., Auf den Spuren der Engel. Die moderne Gesellschaft und die Wiederentdeckung der Transzendenz, erweiterte Ausgabe, Freiburg i.Br. 1991.

Berger, Peter L., Der Zwang zur Häresie. Religion in der pluralistischen Gesellschaft, Frankfurt a.M. 1980.

Berger, Peter L., Ein Marktmodell zur Analyse ökumenischer Prozesse, in: IJRS 1 (1965) 235-249 (A Market Model for the Analysis of Ecumenicity, in: Social Research, 30 (1963) H. 1).

Berger, Peter L., Pluralistische Angebote: Kirche auf dem Markt, in: Deutsches Allgemeines Sonntagsblatt Nr. 46 vom 12. 11.1993, 19.

Berger, Peter L., Some Second Thoughts on Substantive versus Functional Definitions of Religion, in: JSSR 13 (1974) 125-133.

Berger, Peter L., Soziologische Betrachtungen über die Zukunft der Religion. Zum gegenwärtigen Stand der Säkularisierungsdebatte, in: O.Schatz (Hg.), Hat die Religion Zukunft? Graz/Wien/Köln 1971, 49-68.

Berger, Peter L., Wenn die Welt wankt. Pluralismus ist ein Chance für Christen, in: LM 32 (1993) H. 12, 12-16.

Berger, Peter L., Zukunft der Religion. Soziologische Betrachtungen zur Säkularisierung, in: EK 4 (1971) 317-322.

Berger, Peter L., Zur Dialektik von Religion und Gesellschaft, Frankfurt a.M. 1988.

Bergeron, Richard, Zu einer theologischen Interpretation der neuen Religionen, in: Conc(D) 19 (1983) 75-81.

Berman, Morris, Wiederverzauberung der Welt. Am Ende des Newtonschen Zeitalters, Reinbek b. Hamburg 1985.

Berner, Ulrich, Gegenstand und Aufgabe der Religionswissenschaft, in: ZRGG 35 (1983) 97-116.

Berner, Ulrich, Heuristisches Modell der Synkretismus-Forschung, in: G.Wießner (Hg.), Synkretismusforschung. Theorie und Praxis, (GOF.G 1) Wiesbaden 1978.

Berner, Ulrich, Religion, in: LeRe, 531-532.

Berner, Ulrich, Synkretismus und Inkulturation, in: H.P.Siller (Hg.), Suchbewegungen, Darmstadt 1991, 130-144.

Bernhardt, Reinhold (Hg.), Horizontüberschreitung. Die pluralistische Theologie der Religionen, Gütersloh 1991.

Bernhardt, Reinhold, Der Absolutheitsanspruch des Christentums. Eine kritische Problembestimmung, LoPro 7 (1991) 12-25

Bernhardt, Reinhold, Der Absolutheitsanspruch des Christentums. Von der Aufklärung bis zur Pluralistischen Religionstheologie, Gütersloh 1990.

Bernhardt, Reinhold, Ein neuer Lessing? - Paul Knitters Theologie der Religionen, in: EvTh 49 (1989) 516-528.

Bernstein, Morey, Protokoll einer Wiedergeburt. Der weltbekannte Fall Bridey Murphy: Der Mensch lebt nicht nur einmal, München 1973.

Bertholet, Alfred, Seelenwanderung, (RV 3. Serie, Bd. 2), Tübingen 1906.

Bertsch, Ludwig / Schlösser, Felix, (Hg), Kirchliche und nichtkirchliche Religiosität. Pastoraltheologische Perspektiven zum Phänomen der Distanzierung von der Kirche, Freiburg i.Br. 1978.

Binder, Andreas, Wie christlich ist die Anthroposophie? Stuttgart 1989.

Bischofberger, Norbert, Werden wir wiederkommen? Der Reinkarnationsgedanke im Westen und die Sicht der christlichen Eschatologie, Mainz 1996.

Blank, Renold J., Auferstehung oder Reinkarnation? Mainz 1996.

Blättner, Martin, Übermensch und Freiheitsmensch. Nietzsches Einfluß auf Rudolf Steiners Menschenbild, in: LM 33 (1994) H. 3, 27-30.

Bochinger, Christoph, "New Age" und moderne Religion. Religionswissenschaftliche Analysen, Gütersloh 1994.

Bochinger, Christoph, Synkretismus, in: S.R.Dunde (Hg.), Wörterbuch der Religionssoziologie, Gütersloh 1994, 320-327.

Bochinger, Christoph, Theorien des "New Age" und der Geist der Gegenwart. Marilyn Ferguson, Fritjof Capra, Stanislav Grof, Gregory Bateson, in: B.Haneke / K.Huttner (Hg.), Spirituelle Aufbrüche, Regensburg 1991, 34-46.

Bock, Emil, Wiederholte Erdenleben. Die Wiederverkörperungsidee in der deutschen Geistesgeschichte, Frankfurt a.M. 1981.

Bode, Sabine, Wo alle sich in die Tasche lügen, in: Deutsches Allgemeines Sonntagsblatt Nr. 20 vom 20. Mai 1994, 8.

Boff, Leonardo, Die Seelenwanderung und die heutige Eschatologie, in: L.Boff, Was kommt nachher? Das Leben nach dem Tode, München 1992, 138-144.

Bonin, Werner F., Reinkarnationserfahrungen in der transpersonalen Psychologie und unter Einfluß von Drogen, in: A.Resch (Hg.), Fortleben nach dem Tode, Innsbruck [3]1986, 293-315.

Bookchin, Murray, "Klassischer" Anarchismus und moderne Ökologie, in: H.Ahrens u.a. (Hg.), Tu was du willst. Anarchismus - Grundlagentexte zur Theorie und Praxis, Berlin 1980, 217-220.

Bopp, Jörg, Psycho-Kult - kleine Fluchten in die großen Worte, in: Kursbuch 82 (1985) 61-74.

Börsenblatt für den Deutschen Buchhandel Nr. 11 vom 6.2.1990, 347-472.

Borst, Arno, Die Katharer, Freiburg [2]1992, 127-132.

Borst, Arno, Katharer, in: RGG[3] 3, 192 f.

Boysen, Gilda / Hemminger, Hansjörg / Küenzlen, Gottfried, Im Sog der Psychoszene. Erfahrungen und Kommentare, Stuttgart 1988.

Boysen, Gilda, Haut über Kopf. Erfahrungen mit einer Psychoanalyse. Der emotionale Aufschrei einer Betroffenen, München 1992.

Bradley, Marion Zimmer, Die Nebel von Avalon, Frankfurt a.M. 1987 (The Mists of Avalon, Alfred A. Knopf, Inc., New York 1982).

Brandy, Hans Christian, Erlebte Ganzheitlichkeit: Der Lebensgarten Steyerberg, in: MD EZW 54 (1991) 277-282.

Braun, Hans-Jürg, Das Jenseits. Die Vorstellungen der Menschheit über das Leben nach dem Tod, Zürich/Düsseldorf 1996.

Breidenstein, Gerhard, Hoffen inmitten der Krisen. Von Krankheit und Heilung unserer Gesellschaft, Frankfurt a.M. 1990.

Brocher, Tobias, Wenn Kinder trauern, Reinbek b.Hamburg 1995.

Brockway, Allan R. / Rajashekar, J. Paul (Ed.), New Religious Movements and the Churches. Report and papers of a consultation sponsored by the Lutheran Word Federation and the World Council of Churches, Genf 1987.

Brox, Norbert, Die frühchristliche Debatte um die Seelenwanderung, in: Conc(D) 29 (1993) 427-430.

Brück, Michael von / Brück, Regina von, Ein Universum voller Gnade. Die Geisteswelt des tibetischen Buddhismus, Freiburg i.Br. 1987.

Brück, Michael von, Buddhismus III,2 - V, in: LeRe 84-94.

Brück, Michael von, Einheit der Wirklichkeit. Gott, Gotteserfahrung und Meditation im hinduistisch-christlichen Dialog, München [2]1987.

Brück, Michael von, Grundaussagen christlichen Glaubens nicht angetastet, in: Sonntagsblatt - Evangelische Wochenzeitung für Bayern, Nr. 14 vom 3.4.1994, 12-13.

Brück, Michael von, Reinkarnation im Hinduismus und Buddhismus, in: E.Hornung / T.Schabert (Hg.), Auferstehung und Unsterblichkeit, (Eranos Neue Folge 1) München 1993, 85-122.

Brück, Michael von, Reinkarnation, in: LeRe, 525-531.

Brügge, Peter, Die Anthroposophen. Waldorfschulen, Biodynamischer Landbau, Ganzheitsmedizin, Kosmische Heilslehre, Reinbek b. Hamburg 1984.

Brugger, Walter, Seelenwanderung, in: LThK[2] IX, 576-578.

Brugger, Walter, Wiederverkörperung, in: StZ 142 (1948) 252-264.

Bry, Carl Christian, Verkappte Religionen. Kritik des kollektiven Wahns, Nördlingen 1988.

Buber, Martin, Zwiesprache, in: M.Buber, Das dialogische Prinzip, Heidelberg [5]1984, 137-196.

Buhrfeind, Anne, Geheimwissen in der Bankenmetropole, in: Börsenblatt für den Deutschen Buchhandel Nr. 11 vom 6.2.1990, 393-395.

Burckhardt, Jacob, Weltgeschichtliche Betrachtungen, Stuttgart [7]1949.

Bürkle, Horst (Hg.), New Age. Kritische Anfragen an eine verlockende Bewegung, Düsseldorf [2]1989.

Bürkle, Horst, Dialog mit dem Osten. Radhakrishnans neuhinduistische Botschaft im Lichte christlicher Weltsendung, Stuttgart 1965.

Bürkle, Horst, Einführung in die Theologie der Religionen, Darmstadt 1977.

Burmeister, Klaus / Canzler, Weert / Kreibich, Rolf (Hg.), Netzwerke. Vernetzungen und Zukunftsgestaltungen, Weinheim/Basel 1991.

Caillois, Roger, Der Mensch und das Heilige, München/Wien 1988.

Calgren, Frans, Erziehung zur Freiheit. Die Pädagogik Rudolf Steiners. Bilder und Berichte aus der internationalen Waldorfschulbewegung, Bildredaktion Arne Klingborg, Stuttgart [6]1990.

Capra, Fritjof, Das neue Denken. Die Entstehung eines ganzheitlichen Weltbildes im Spannungsfeld zwischen Naturwissenschaft und Mystik. Begegnungen und Gespräche mit führenden Geistes- und Naturwissenschaftlern der Wendezeit, Bern/München/Wien 1990.

Capra, Fritjof, Wendezeit. Bausteine für ein neues Weltbild, Bern/München/Wien [14]1987 (The Turning Point, 1982).

Cattepoel, Jan, Der Anarchismus. Gestalten, Geschichte, Probleme, München [3]1979.

Cayce, Edgar, Du weißt, wer du warst. Erkenntnisse über die eigene Wiedergeburt, hg. von R.C.Smith / C.T.Cayce, München [2]1991.

Cerminara, Gina, Erregende Zeugnisse von Karma und Wiedergeburt, München o.J.

Chopra, Tilak Raj, Karma, in: LeRe 337-338.

Christentum, Anthroposophie, Waldorfschule. Waldorfpädagogik im Umfeld konfessioneller Kritik, Beiträge von Hans-Werner Schroeder u.a., Stuttgart 1987.

Christsein gestalten. Eine Studie zum Weg der Kirche, hg. vom Kirchenamt im Auftrag des Rates der Evangelischen Kirche in Deutschland, Gütersloh [4]1986.

Cohn, Werner, Ist Religion universal? Probleme der Definition von Religion, in: IJRS 2 (1966) 201-213.

Coleman, John, Die religiöse Bedeutung neuer religiöser Bewegungen, in: Conc(D) 19 (1983) 13-20.

Colpe, Carsten, Drängt die Religionsgeschichte nach einer Summe? In: EvTh 39 (1979) 211-233.

Colpe, Carsten, Über das Heilige. Versuch, seiner Verkennung kritisch vorzubeugen, Frankfurt a.M. 1990.

Connexions. adressbuch alternativer projekte, Werdorf/Klingelbach 4., durchgesehene Aufl. 1986.

Cornehl, Peter, Gottesdienst als Integration, in: HPTh(G) 3, 59-78.

Cornélis, Étienne, Seelenwanderung, in: SM IV, 1979, 475-481.

Dahlberg, Brita (Hg.), Connexions New Age. Kontakte zur spirituellen Szene, Klingelbach 1987.

Daiber, Karl-Fritz / Luckmann, Thomas (Hg.), Religion in den Gegenwartsströmungen der deutschen Soziologie, München 1983.

Daiber, Karl-Fritz / Lukatis, Ingrid, Bibelfrömmigkeit als Gestalt gelebter Religion, Bielefeld 1991.

Daiber, Karl-Fritz, Alltagssynkretismus und dogmatische Tradition. Zur religiösen Kultur unserer Gesellschaft und einiger Defizite im protestantischen Glauben, in: W.Greive / R.Niemann (Hg.), Neu glauben? Gütersloh 1990, 101-113.

Daiber, Karl-Fritz, Die Zukunft nach dem Tod. Christliche und nachchristliche Vorstellungen in der säkularen Gesellschaft der Bundesrepublik, in: Bernhard Mensen (Hg.), Jenseitsvorstellungen verschiedener Völker, Sankt Augustin 1985, 111-131.

Daiber, Karl-Fritz, Einleitung, in: K.-F-Daiber / T.Luckmann (Hg.), Religion in den Gegenwartsströmungen der deutschen Soziologie, München 1983, 11-17.

Daiber, Karl-Fritz, Erleben, ja erleben! Sinnkrise und Sinnsuche in der Erlebnisgesellschaft, in: LM 32 (1993) H. 10, 29-32.

Daiber, Karl-Fritz, Pastoralsoziologie, in: H.Kress / K.-F.Daiber, Theologische Ethik - Pastoralsoziologie, (Grundkurs Theologie Bd. 7) Stuttgart/Berlin/Köln/ 1996, 119-239.

Daiber, Karl-Fritz, Predigt als religiöse Rede. Homiletische Überlegungen im Anschluß an eine empirische Untersuchung. (Predigen und Hören 3) München 1991.

Daiber, Karl-Fritz, Reinkarnationsglaube als Ausdruck individueller Sinnsuche. Das Beispiel: Shirley MacLaine "Zwischenleben", in: Hansjakob Becker / Bernhard Einig / Peter-Otto Ullrich (Hg.), Im Angesicht des Todes. Ein interdisziplinäres Kompendium I, (PiLi 3) St. Ottilien 1988, 207-227.

Daiber, Karl-Fritz, Religion in der Stadt, in: PTh 79 (1990) 80-95.

Daiber, Karl-Fritz, Religion in deutschen Heftromanen, in: ÖZS 11 (1986) H. 3, 80-93.

Daiber, Karl-Fritz, Religion unter den Bedingungen der Moderne. Die Situation in der Bundesrepublik Deutschland, Marburg 1995.

Daiber, Karl-Fritz, Suchen nach dem Sinn des Lebens. Zum Umgang mit Bürgerreligion und Volksreligiosität, in: LM 25 (1986) 176-181.

Daiber, Karl-Fritz, Über die Zukunft nach dem Tode. Vorstellungen in der Gesellschaft der Bundesrepublik, in: LM 24 (1985) 504-508.

Dalichow, Irene, Die Sechziger melden sich zurück, Interview mit Ram Dass, in: Esotera (1991) H. 11, 17-21.

Dalichow, Irene, Vom Pfarrer zum "König der Schwerter", in: Esotera H. 6 (1990) 18-23.

Davies, Paul, Gott und die moderne Physik, München 1989.

Davis, Stephen T., Introduction, in: S.T.Davis (Hg.), Death and Afterlife, London 1989 (Macmillan), VIII - XI, IX.

Debus, Michael, Anthroposophie - eine neue Offenbarung? In: Christentum, Anthroposophie, Waldorfschule, Stuttgart 1987, 27-32.

Delacour, Jean-Baptiste, Vom ewigen Leben. Berichte und Thesen über die Wiedergeburt des Menschen (Reincarnation), Düsseldorf / Wien 1974.

Deleuze, Gilles / Guattari, Félix, Rhizom, Berlin 1977.

Dethlefsen, Thorwald / Dahlke, Rüdiger, Krankheit als Weg. Deutung und Be-deutung der Krankheitsbilder, München (1983) ^{22}1988.

Dethlefsen, Thorwald, Ausgewählte Texte, München 1988.

Dethlefsen, Thorwald, Das Erlebnis der Wiedergeburt. Heilung durch Reinkarnation, München (1976) ^{5}1986.

Dethlefsen, Thorwald, Das Leben nach dem Leben, München (1974) ^{5}1986.

Dethlefsen, Thorwald, "Den Schatten angliedern" - Die theoretischen Grundlagen der Reinkarnationstherapie, in: H.Wiesendanger (Hg.), Wiedergeburt, Frankfurt a.M. 1991, 71-96.

Dethlefsen, Thorwald, Gedanken zum Ostermysterium, in: T.Dethlefsen, Ausgewählte Texte, München 1988, 149-199.

Dethlefsen, Thorwald, Gut und Böse. Esoterische Texte ausgewählt von Thorwald Dethlefsen, München 1989.

Dethlefsen, Thorwald, Nachwort, in: T.Dethlefsen (Hg.), Gut und Böse, München 1989, 145-154.

Dethlefsen, Thorwald, Ödipus der Rätsellöser. Der Mensch zwischen Schuld und Erlösung, München 1990.

Dethlefsen, Thorwald, Prometheus - das Geheimnis der Empörung. Schuld und Sünde im menschlichen Dasein, in: T.Dethlefsen, Ausgewählte Texte, München 1988, 201-238.

Dethlefsen, Thorwald, Schicksal als Chance. Das Urwissen zur Vollkommenheit des Menschen, München (1979) ^{19}1987.

Dienel, Peter, Kirche und Sekte I. Einblick in eine empirische Untersuchung in Form begrifflicher Erwägungen, in: Dietrich Goldschmidt / Joachim Matthes (Hg.), Probleme der Religions-Soziologie, (Sonderheft 6) KZfSS 1962, ^{3}1971, 233-243.

Dietrich, Ernst Ludwig, Die Lehre von der Reinkarnation im Islam, in: ZRGG 9 (1957) 129-149.

"*Die wollen den totalitären Staat*". Interview mit dem Scientology-Aussteiger Gunther Träger über die Methoden der Sekte, in: Der Spiegel 47 (1993) H. 10 vom 8. März 93, 84-92.

Dilthey, Wilhelm, Zu Lessing's Seelenwanderungslehre, in: PrJ 20 (1867) H. 4, 439-444

Dinzelbacher, Peter, An der Schwelle zum Jenseits. Sterbevisionen im interkulturellen Vergleich, Freiburg i.Br. 1989.

Dittmar, Jens (Hg.), Esoterik-Almanach 88/89. New Age, Psi, Astrologie. Lebenshilfe u.a. Gesamtverzeichnis der Literatur und Fakten für das Neue Zeitalter, München ^{2}1988.

Donat, Walter, Die Reinkarnationsidee in der Anthroposophie, in: ZRGG 9 (1957) 175-191.

Doniger O'Flaherty,Wendy, Emotion und Karma. Überlegungen zu Max Webers Interpretation der indischen Theodizee, in: W.Schluchter (Hg.), Max Webers Studie über Hinduismus und Buddhismus, Frankfurt a.M. 1984, 87-103.

Doniger, Wendy, Reinkarnation im Hinduismus, in: Conc(D) 29 (1993) 380-388.

Drehsen, Volker / Helle, Horst Jürgen, Religiosität und Bewußtsein. Ansätze zu einer wissenssoziologischen Typologie von Sinnsystemen, in: W.Fischer / W.Marhold (Hg.), Religionssoziologie als Wissenssoziologie, Stuttgart u.a. 1978, 38-51.

Drehsen, Volker, Kontinuität und Wandel der Religion. Die strukturell-funktionale Analyse in der deutschen Religions- und Kirchensoziologie nach 1945, in: K-F.Daiber / T.Luckmann (Hg.), Religion in den Gegenwartsströmungen der deutschen Soziologie, München 1983, 86-135.

Drehsen, Volker, Säkularisierung, Säkularismus, in: WdC 1108-1109.

Drehsen, Volker, Wie religionsfähig ist die Volkskirche? Sozialisationstheoretische Erkundungen neuzeitlicher Christentumspraxis, Gütersloh 1994.

Drewermann, Eugen, Tiefenpsychologie und Exegese I, Die Wahrheit der Formen. Traum, Mythos, Märchen, Sage und Legende, Olten / Freiburg i.Br. 1991.

Dubach, Alfred; Campiche, Roland J. (Hg.), Jeder ein Sonderfall? Religion in der Schweiz. Ergebnisse einer Repräsentativbefragung, Zürich/Basel 1993.

Duden, Bd. 5, Fremdwörterbuch, Mannheim ^{3}1974.

Duerr, Hans Peter (Hg.), Der Wissenschaftler und das Irrationale, Bd. 1-4, Frankfurt a.M. 1985.

Duerr, Hans Peter, Traumzeit. Über die Grenze zwischen Wildnis und Zivilisation, Frankfurt a.M. 1985.

Dunde, Siegfried Rudolf (Hg.), Wörterbuch der Religionspsychologie, Gütersloh 1993.

Dunde, Siegfried Rudolf (Hg.), Wörterbuch der Religionssoziologie, Gütersloh 1994.

Dunde, Siegfried Rudolf, Religion, in: S.R.Dunde (Hg.), Wörterbuch der Religionspsychologie, Gütersloh 1993, 228-234.

Dunde, Siegfried Rudolf, Religionspsychologie, in: S.R.Dunde (Hg.), Wörterbuch der Religionspsychologie, Gütersloh 1993, 235-244.

Dürr, Hans-Peter / Zimmerli, Walther Chr. (Hg.), Geist und Natur, Bern/München/Wien 1989.

Ebeling, Gerhard , Die Klage über das Erfahrungsdefizit in der Theologie als Frage nach der Sache, in: ders., Wort und Glaube Bd. III, Tübingen 1975, 3-28.

Ebeling, Hans, Freiheit. Gleichheit. Sterblichkeit. Schopenhauer und die Theorie der Moderne, in: J.Salaquada (Hg.), Schopenhauer, Darmstadt 1985, 299-313.

Eberlein, Gerald L., Was ist Esoterik? Überblick über ein unübersichtliches Terrain, in: EK 26 (1993) 714-716.

Ebertz, Michael N., Die "Vergesellschaftung" der Kirchen: Kircheninterner Pluralismus, in: Forschungsjournal Neue Soziale Bewegungen 6 (1993) H. 3-4, 37-50.

Eckermann, Johann Peter, Gespräche mit Goethe in den letzten Jahren seines Lebens, Bd. 1. (1823-1827), Leipzig, Reclam o.J.

Eco, Umberto, Das Foucaultsche Pendel, München/Wien 1989.

Eister, Allan W., An Outline of a Structural Theory of Cults, in: JSSR Vol. 11 (1972) 319-333.

Eliade, Mircea, Das Heilige und das Profane, Frankfurt a.M. 1990.

Eliade, Mircea, Das Mysterium der Wiedergeburt. Initiationsriten, ihre kulturelle und religiöse Bedeutung, Zürich/Stuttgart 1961.

Eliade, Mircea, Das Okkulte und die moderne Welt, in: M.Eliade, Das Okkulte und die moderne Welt. Zeitströmungen in der Sicht der Religionsgeschichte, Salzburg 1978, 53-73.

Eliade, Mircea, Geschichte der religiösen Ideen, Bd. 1-4, Freiburg/Basel/Wien 1993.

Emnid befragte die Bundesbürger: Achtzig Prozent glauben an Gott, in: EpdD 12 (1980).

Engelmann, Peter, Einführung, in: P.Engelmann (Hg.), Postmoderne und Dekonstruktion, Stuttgart 1993, 5-32.

Enomiya-Lasalle, Hugo M., Zen - Erleuchtungsweg und christliche Mystik, In: H.-P.Dürr / W.C.Zimmerli (Hg.), Geist und Natur, Bern u.a. 1989, 279-288.

Enomiya-Lasalle, Hugo M., Zen-Meditation für Christen, München / Bern ^{3}1973.

Erdheim, Mario, Adoleszenz und Esoterik, in: WzM 46 (1994) 198-210.

Erkenntnis und Religion, (Themenheft) FlH 22 (1988).

Erneuerung der Religion, (Themenheft) FlH 14 (^{3}1988).

Evangelische Kirche und Christengemeinschaft. Bericht einer gemeinsamen Gesprächsgruppe, in: MdKI 44 (1993) 91-94.

Evangelischer Oberkirchenrat Stuttgart, Zum Verhältnis des christlichen Glaubens zu Anthroposophie und Waldorfpädagogik, (Neufassung) Stuttgart 1992.

Fechtner, Kristian, Volkskirche im neuzeitlichen Christentum. Die Bedeutung Ernst Troeltschs für eine künftige praktisch-theologische Theorie der Kirche, Gütersloh 1995.

Feder, Angela, Reinkarnationshypothese in der New Age-Bewegung, (SIM 50) Nettetal 1991.

Feige, Andreas, Kirchensoziologie, in: S.R.Dunde (Hg.), Wörterbuch der Religionssoziologie, Gütersloh 1994, 154-166.

Feldmann, Klaus / Fuchs-Heinritz, Werner (Hg.), Der Tod ist ein Problem der Lebenden. Beiträge zur Soziologie des Todes, Frankfurt a.M. 1995.

Feldmann, Klaus, Die Zukunft von Sterben und Tod, in: Psychomed 5 (1993) 31-34.

Feldtkeller, Andreas, Der Synkretismus-Begriff im Rahmen einer Theorie von Verhältnisbestimmungen zwischen Religionen, in: EvTh 52 (1992) 224-245.

Ferguson, Marilyn, Die sanfte Verschwörung. Persönliche und Gesellschaftliche Transformation im Zeitalter des Wassermanns, München o.J. (Basel 1982).

Finkielkraut, Alain, Die Niederlage des Denkens, Reinbek b.Hamburg 1989.

Fischer, Hans Rudi / Retzer, Arnold / Schweitzer, Jochen (Hg.), Das Ende der großen Entwürfe, Frankfurt a.M. 1992.

Fischer, Hans Rudi, Zum Ende der großen Entwürfe, in: H.R.Fischer / A.Retzer / J.Schweitzer, Das Ende der großen Entwürfe, Frankfurt a.M. 1992, 9-34.

Fischer, Joe, Die ewige Wiederkehr. Vom Sinn der Reinkarnation, München 1990.

Fischer, Johannes, Glaube unter Druck. Erwiderung auf Wolfgang Welsch, in: EK 27 (1994) 612-614.

Fischer, Wolfram / Marhold, Wolfgang (Hg.), Religionssoziologie als Wissenssoziologie, Stuttgart / Berlin / Köln / Mainz 1978.

Fischer, Wolfram / Marhold, Wolfgang, Religionssoziologie als Wissenssoziologie, in: W.Fischer / W.Marhold (Hg.), Religionssoziologie als Wissenssoziologie, Stuttgart u.a. 1978, 7-20.

Flasche, Rainer, "New Age" - Gegenstand der Religionswissenschaft? In: Spirita (1988) H. 1, 39-41.

Fliedner, Wilhelm, Goethe und Christentum, Gotha 1930.

Fraas, Hans-Jürgen, Die Religiosität des Menschen. Ein Grundriß der Religionspsychologie, Göttingen, 1990.

Frank, Walter A., New Age, Wissenschaft, Gesellschaft. Ein Resumé, in: Spirita (1988) H. 1, 41-43.

Frei, Gebhard, Psychische Wirkungen der Drogen - besonders LSD 25, in: G.Frei, Probleme der Parapsychologie. Gesammelte Aufsätze, hg. von Andreas Resch, Imago Mundi Bd. II München/Paderborn/Wien [2]1971, 56-72.

Frensch, Michael (Hg.), Lust an der Erkenntnis: Esoterik von der Antike bis zur Gegenwart. Ein Lesebuch, München 1991.

Friedli, Richard, Zwischen Himmel und Hölle - Die Reinkarnation. Ein religionswissenschaftliches Handbuch, Freiburg (Schweiz) 1986.

Friedrich, Wilhelm, Über Lessings Lehre von der Seelenwanderung, Leipzig 1890.

Frieling, Rudolf, Christentum und Wiederverkörperung, Frankfurt a.M. 1982.

Fritsch-Oppermann, Sybille, Der Tod: Ende oder Übergang? Über Zeit und Ewigkeit in Christentum und Buddhismus, in: ZMiss 16 (1990) 214-223.

Fritzsche, Hans-Georg, Lehrbuch der Dogmatik. Teil II: Lehre von Gott und der Schöpfung, Göttingen 1967.

Frohnhofen, Herbert, Reinkarnation und frühe Kirche, in: StZ (1989) 236-244.

Fuchs, Gotthard, Tod. Anthropologisch - theologisch, in: LSSW[2], 1041-1044.

Fuchs, R., Nachwort, in: T.Dethlefsen, Das Erlebnis der Wiedergeburt, München [5]1986, 276-286.

Fundamentalismus, Themenheft, in: FH 43 (1996) 410-447.

Fürstenberg, Friedrich / Mörth, Ingo, Religionssoziologie, in: René König (Hg.) Handbuch der empirischen Sozialforschung, Bd. 14: Religion, Bildung, Medizin, Stuttgart [2]1979, 1-84.

Fürstenberg, Friedrich, Modernisierung, in: S.R.Dunde (Hg.), Wörterbuch der Religionssoziologie, Gütersloh 1994, 208-214.

Fürstenberg, Friedrich, Säkularisierung, in: S.R.Dunde (Hg.), Wörterbuch der Religionssoziologie, Gütersloh 1994, 279-287.

Gabriel, Karl, Organisation, in: WdC 917 f.

Gabriel, Karl, Religionssoziologie als "Soziologie des Christentums", in: K.-F.Daiber / T.Luckmann (Hg.), Religion in den Gegenwartsströmungen der deutschen Soziologie, München 1983, 182-198.

Gabriel, Karl, Wandel des Religiösen, in: Forschungsjournal Neue Soziale Bewegungen 6 (1993) H. 3-4, 28-36.

Gächter, Othmar, Wiedergeburt im Hinduismus, in: H.Kochanek (Hg.), Reinkarnation oder Auferstehung, Feiburg u.a. 1992, 12-32.

Gädeke, Rudolf / Gädeke, Wolfgang, Erkenntnis und Religion. Zum Verhältnis von Anthroposophischer Gesellschaft und Christengemeinschaft. Interview von Wolfgang Weirauch, in: Erkenntnis und Religion, FlH 22 (1988) 7-117.

Gädeke, Wolfgang, Was ist die Christengemeinschaft? Drei Betrachtungen, in: Erneuerung der Religion, FlH 14 (³1988) 59-65.

Gallup, George, Jr. / Proctor, William, Begegnung mit der Unsterblichkeit. Erlebnisse im Grenzbereich zwischen Leben und Tod, Frankfurt M. / Berlin 1990.

Gassmann, Lothar, New Age. Kommt die Welteinheitsreligion? Bad Liebenzell ³1988.

Gebser, Jean, Asienfibel. Zum Verständnis östlicher Wesensart, Frankfurt a.M./Berlin 1962.

Geisen, Richard, Anthroposophie und Christentum. Anmerkungen zu einer Einladung, in: ThGl 78 (1988) 266-276.

Geisen, Richard, Anthroposophie und Gnostizismus. Darstellung, Vergleich und theologische Kritik, (PaThSt 22) Paderborn/München/Wien/Zürich 1992.

Geisler, Gert (Hg.): New Age - Zeugnisse der Zeitenwende. Anthologie der wichtigsten Beiträge aus fünf Jahren aktueller Berichterstattung der Zeitschrift Esotera, Freiburg im Breisgau, ²1987.

Gennep, Arnold van, Übergangsriten, Frankfurt a.M. 1986 (Les rites de passage 1908).

Gensichen, Hans-Werner, Mißverständnis und Vorverständnis. Hinweise der Religionswissenschaft zum Synkretismus-Problem, in: W.Greive / R.Niemann (Hg.), Neu glauben? Gütersloh 1990, 9-22.

Gergen, Kenneth J., Die Psychologen haben die Rolle von säkularen Priestern übernommen, in: Heiko Ernst (Hg.), Der innere Kosmos. Gespräche mit Psychologen, Weinheim/Basel 1991, 101-113.

Gill, Derek, Elisabeth Kübler-Ross. Wie sie wurde, wer sie ist, Stuttgart ⁵1986.

Glasenapp, Helmuth von, Der Buddhismus - eine atheistische Religion. Mit einer Auswahl buddhistischer Texte, zusammengestellt von Heinz Bechert, München 1966.

Glasenapp, Helmuth von, Der Hinduismus. Religion und Gesellschaft im heutigen Indien, München 1921.

Glasenapp, Helmuth von, Kant und die Religionen des Ostens, Beihefte zum Jahrbuch der Albertus-Universität Königsberg/Pr., Kitzingen-Main 1954, 158 ff.

Glasenapp, Helmuth von, Seelenwanderung, Religionsgeschichtlich, in: RGG³ 5, 1637-1639.

Glock, Charles Y., Über die Dimensionen der Religiosität, in: J.Matthes, Kirche und Gesellschaft, Reinbek b.Hamburg 1968, 150-168.

Goethe, Johann Wolfgang von, Werke, Erster Band, Gedichte. West-östlicher Divan, Frankfurt a.M. 1981.

Goldner, Colin, Ersatztherapeuten ohne Ethik, in: Psh 23 (1996) H.6 20-27.

Goodman, Felicitas D., Trance - der uralte Weg zum religiösen Erleben. Rituelle Körperhaltungen und ekstatische Erlebnisse, Gütersloh 1992.

Gräb, Wilhelm, Kirche als Ort religiöser Deutungskultur. Erwägungen zum Zusammenhang von Kirche, Religion und individueller Lebensgeschichte, in: U.Barth / W.Gräb (Hg.), Gott im Selbstbewußtsein der Moderne, Gütersloh 1993, 222-239.

Graf, Friedrich Wilhelm, Bedingungen der Toleranz. Protestantismus und multikulturelle Gesellschaft, in: EK 23 (1990) 10-13.

Graf, Friedrich Wilhelm, "Christliche Kultur"? Über die konfessionellen Kulturen im Europa des 19. Jahrhunderts, in: U.Barth / W.Gräb (Hg.), Gott im Selbstbewußtsein der Moderne, Gütesloh 1993, 178-194.

Graf, Friedrich Wilhelm, Das Grundrecht auf Provinzialität. Interkulturelle Theologie und multikulturelle Lage, in: LM 30 (1991) 170-172.

Greive, Wolfgang / Niemann, Raul (Hg.), Neu glauben? Religionsvielfalt und neue religiöse Strömungen als Herausforderung an das Christentum, Gütersloh 1990.

Greschat, Hans-Jürgen / Kraatz, Martin, Buddhismus, Göttingen 1985 (Religionen Bd. 2).

Greschat, Hans-Jürgen, Der Buddhismus: Das zentrale Konzept, in: Orientierung. Berichte und Analysen aus der Arbeit der Evangelischen Akademie Nordelbien, (1996) H. 1, 14-20.

Greshake, Gisbert, Reinkarnation oder Auferstehung? In: G.Greshake, Tod - und dann? Ende - Reinkarnation - Auferstehung, Freiburg i.Br. 1988, 51-92.

Greverus, Ina-Maria / Welz, Gisela (Hg.), Spirituelle Wege und Orte. Untersuchungen zum New Age im urbanen Raum, Frankfurt a.M. 1990.

Greverus, Ina-Maria, Neues Zeitalter oder verkehrte Welt. Anthropologie als Kritik, Darmstadt 1990.

Greyson, Bruce / Evans Bush, Nancy, Distressing Near-Death Experiences, in: Psychiatry Vol. 55 (1992) February 95-110.

Grimm, Jacob / Grimm, Wilhelm, Deutsches Wörterbuch, Bd. X, Leipzig 1905.

Griscom, Chris, Zeit ist eine Illusion, München [6]1988.

Grof, Stanislav / Halifax, Joan, Die Begegnung mit dem Tod, Stuttgart 1993.

Grof, Stanislav, Geburt, Tod und Transzendenz. Neue Dimensionen in der Psychologie, München 1985.

Grof, Stanislav, LSD-Psychotherapie, Stuttgart 1983.

Grof, Stanislav, Topographie des Unbewußten. LSD im Dienst der tiefenpsychologischen Forschung, Stuttgart [6]1993.

Grom, Bernhard, Anthroposophie und Christentum, München 1989.

Grom, Bernhard, Religionspsychologie, München / Göttingen 1992.

Gronemeyer, Marianne, Das Leben als letzte Gelegenheit. Sicherheitsbedürfnisse und Zeitknappheit, Darmstadt 1993.

Grözinger, Albrecht, Von der Wahrnehmung der Wahrnehmung. Gedanken zur Ausbildungssituation von Pfarrern und Pfarrerinnen in einer multikulturellen Gesellschaft, in: A.Grözinger, Es bröckelt an den Rändern. Kirche und Theologie in einer multikulturellen Gesellschaft, München 1992, 143-159.

Grünberg, Wolfgang / Slabaugh, Dennis L. / Meister-Karanikas, Ralf (Hg.), Lexikon der Hamburger Religionsgemeinschaften, Hamburg 1994.

Haack, Friedrich-Wilhelm, Jugendreligionen. Ursachen, Trends, Reaktionen, München 1979.

"Habe ich schon einmal gelebt?" In: Gong Nr. 40 (1987) 5.

Haich, Elisabeth, Einweihung, München 1990.

Halbfas, Hubertus, Religion, Stuttgart/Berlin 1976.

Hampe, Johann Christoph, Erfahrungen mit dem eigenen Tod, Stuttgart [9]1982.

Haneke, Burkhard / Huttner, Karltheodor (Hg.), Spirituelle Aufbrüche. New Age und "Neue Religiosität" als Herausforderung an Gesellschaft und Kirche, Regensburg 1991.

Hänggi, Hubert, Reinkarnation und Ahnenverehrung im Glauben der Hindus, in: Reinkarnation - Wiedergeburt - aus christlicher Sicht, Freibrug (Schweiz)/Zürich 1987, 25-37.

Hanselmann, Johannes, u.a. (Hg.), Was wird aus der Kirche? Ergebnisse der zweiten EKD-Umfrage über Kirchenmitgliedschaft, Gütersloh 1984.

Harmati, Béla, Anmerkungen zum Studienprogramm über "Die Kirche und Civil Religion", in: EpdD 1 (1985) 1-10.

Harmati, Béla, Die Kirche und Civil Religion. Ein Studienprojekt des Lutherischen Weltbundes, 1981-1986, in: EpdD 18 (1987) 1-12.

Härtel, Herbert, Buddhismus. Religionsgeschichtlich, in: RGG^3 1, 1474-1484.

Hasenfuß, Josef, Rauschdrogen im Lichte religionsgeschichtlicher und sozialpsychologischer Erwägungen, in: ARPs 11 (1975) 84-102.

Hassan, Steven, Ausbruch aus dem Bann der Sekten. Psychologische Beratung für Betroffene und Angehörige, Reinbek b. Hamburg 1993.

Hauser, Linus, Scientology und Science Fiction, in: F.Valentin/H.Knaup (Hg.), Scientology - der Griff nach Macht und Geld, Freiburg i.Br. 1992, 53-69.

Hauth, Rüdiger, Jugendsekten und Psychogruppen von A-Z, Gütersloh ^{2}1983.

Hawken, Paul, Der Zauber von Findhorn, Reinbek b.Hamburg 1985.

Heiler, Friedrich, Erlebnis, Religionswissenschaftlich, in: RGG^3 2, 569-571.

Heiler, Friedrich, Erscheinungsform und Wesen der Religion, Stuttgart 1961.

Heiler, Friedrich, Unsterblichkeitsglaube und Jenseitshoffnung in der Geschichte der Religionen, München/Basel 1950.

Heim, Karl, Der Wahrheitskern der Lehre von der Seelenwanderung und Wiederverkörperung, in: K.Heim, Der christliche Gottesglaube und die Naturwissenschaft, Hamburg 2. durchgesehene Aufl. 1953, 118-130.

Heimholungswerk Jesu Christi (Hg.), Die Prophetin Gottes in unserer Zeit. Einige Skizzen aus ihrem Lebensweg, Würzburg September 1983.

Hein, G.W. Arendsen, Selbsterfahrung und Stellungnahme eines Psychotherapeuten, in: M.Josuttis / H.Leuner (Hg.), Religion und die Droge, Stuttgart u.a. 1972, 96-108.

Heinrichs, Hans-Jürgen, Die katastrophale Moderne, Frankfurt a.M./Paris 1984.

Heinrichs, Johannes, Institution, religiöse, in: S.R.Dunde (Hg.), Wörterbuch der Religionssoziologie, Gütersloh 1994, 122-129.

Heinrichs, Johannes, Transpersonale Psychologie, in: S.R.Dunde (Hg.), Wörterbuch der Religionspsychologie, Gütersloh 1993, 330-338.

Helling, Dora / Küenzlen, Gottfried, Studentenbewegung - Psychoszene - Bhagwan. Der Lebensbericht einer jungen Frau mit einer zeitgeschichtlichen Betrachtung aus soziologischer und theologischer Sicht, IEZW 100 (1987).

Helmers, Sabine, Sterben/Jenseits, in: S.R.Dunde (Hg.), Wörterbuch der Religionspsychologie, Gütersloh 1993, 280-286.

Helsper, Werner / Streib, Heinz, Okkultismus in der Adoleszenzkrise. Zur Durchdringung von Okkultismus, Religion und Selbstreflexivität, WzM 46 (1994) 183-198.

Hemleben, Johannes, Rudolf Steiner, Reinbek b. Hamburg 1985.

Hemminger, Hanjörg, Reinkarnationstherapie - kritisch betrachtet, in: H.Kochanek (Hg.), Reinkarnation oder Auferstehung, Freiburg i.Br. u.a. 1992, 119-133

Hemminger, Hansjörg (Hg.): Die Rückkehr der Zauberer. New Age - Eine Kritik, Reinbek b.Hamburg 1987.

Hemminger, Hansjörg, Psychotherapie - Weg zum Glück? Zur Orientierung auf dem dem Psychomarkt, München 1987.

Hemminger, Hansjörg, Reinkarnationstherapie - Psychologie statt Esoterik, in: MD EZW 50 (1987) 294-296.

Hemminger, Hansjörg, Rückführung - eine psychologische und weltanschauliche Kritik, in: H.Wiesendanger, Wiedergeburt, Frankfurt a.M. 1991, 97-113.

Hemminger, Hansjörg, Therapien, in: LSSW^2, 1033-1041.

Hemminger, Hansjörg, Was ist eine Sekte? Mainz/Stuttgart 1995.

Hemminger, Hansjörg, Was sind Sekten? Ein Beitrag zur Begriffsbestimmung, in: MD EZW 57 (1994) 68-75.

Herrmann, Jörg (Hg.), Mission mit allen Mitteln. Der Scientology-Konzern auf Seelenfang, Reinbek b. Hamburg 1992.

Herz, Gundolf, Spirituelle Ost-West-Begegnung. Herausforderung durch ZEN, in: VF 32 (1987) 62-78.

Hesse, Hermann, Das Glasperlenspiel, Frankfurt a.M. 1971.

Hirsch, Emanuel, Geschichte der neuern evangelischen Theologie, Bd. 1-5, Gütersloh [3]1964.

Hoff, Johannes / Schmitten, Jürgen in der (Hg.), Wann ist der Mensch tot? Organverpflanzung und "Hirntod"-Kriterium, Reinbek b. Hamburg 1994.

Hofmann, Albert, LSD - mein Sorgenkind. Die Entdeckung einer "Wunderdroge" München 1993.

Hofmann, Albert, LSD - Seine Erfindung und Stellung innerhalb der Psychodrogen, in: G.Völger / K.von Welck (Hg.), Rausch und Realität, Bd. 3, Reinbek b. Hamburg 1982, 1118-1127.

Hoheisel, Karl, Das frühe Christentum und die Seelenwanderung, in: JAC 27/28 (1984/85) 24-46.

Hoheisel, Karl, Religionsgeographie, in: HRWG 1, 108-120.

Hoheisel, Karl, Religionsgeographie und Religionsgeschichte, in: H.Zinser (Hg.), Religionswissenschaft, Berlin 1988, 114-130.

Holbe, Rainer / Gruber, Elmar, Magie, Madonnen und Mirakel. Unglaubliche Geschichten aus Italien, München 1986.

Holbe, Rainer, Neue unglaubliche Geschichten, München 1987.

Holbe, Rainer, Unglaubliche Geschichten, München 1985.

Holbe, Rainer, Wir von Atlantis. Protokolle aus fernen Zeiten, München 1988.

Hole, Günter, Religions- und kulturgeschichtliche Hintergründe der halluzinogenen Drogen und ihre Bedeutung für die Religionspsychologie, in: ARPs 10 (1972) 85- 99.

Holl, Adolf (Hg.), Die zweite Wirklichkeit. Esoterik, Parapsychologie, Okkultismus, Grenzerfahrungen, Magie, Wunder, Wien 1987.

Holl, Adolf, "Magna magnorum deliramenta doctorum" - Der Kampf des Aurelius Augustinus gegen die Lehre von der Wiederverkörperung der Seelen, in: H.Wiesendanger (Hg.), Wiedergeburt, Frankfurt a.M. 1991, 213-223.

Holl, Adolf, Wassermannzeit, in: Kursbuch 86 (1986) 17-30.

Hollenweger, Walter J., Geist und Materie, Interkulturelle Theologie III, München 1988.

Holm, Nils G., Einführung in die Religionspsychologie, München 1990.

Homann, Harald, Religion, in: S.R.Dunde (Hg.), Wörterbuch der Religionssoziologie, Gütersloh 1994, 260-267.

Honecker, Martin, Religionen und Wirtschaft 1, in: Lexikon der Wirtschaftsethik, Freiburg i.Br. / Basel / Wien 1993, 887-894.

Honigsheim, P., Kirche. I. Phänomenologisch, in: RGG[3] III, 1296-1297.

Horkheimer, Max / Adorno, Theodor W., Dialektik der Aufklärung. Philosophische Fragmente, Frankfurt a.M. 1988.

Hornig, Gottfried, Lessing, in: TRE XXI, 20-33.

Horx, Matthias, Kirche light. Die Trendforschung und die Glaubensfrage, unveröffentlicherter Vortrag in der Ev. Akademie Nordelbien, Bad Segeberg am 10.6.1994.

Hout, Cornelia van den, Sofa zum Plaudern, in: Börsenblatt für den Deutschen Buchhandel Nr. 11 vom 6.2.1990, 363.

Hubbard, L. Ron, Dianetik. Die moderne Wissenschaft der geistigen Gesundheit, Kopenhagen 1990.

Hubbard, L. Ron, Haben Sie vor diesem Leben gelebt? Eine wissenschaftliche Untersuchung. Eine Studie über den Tod und den Nachweis früherer Leben, Kopenhagen 1979.

Huber, Joseph, Astral-Marx. Über Anthroposophie, einen gewissen Marxismus und andere Alternatiefen, in: Kursbuch 55 (1979) 139-161.

Huber, Joseph, Die Netzwerk-Idee. Rückblick und Ausblicke, in: K.Burmeister / W.Canzler / R.Kreibich (Hg.), Netzwerke,Weinheim/Basel 1991, 43-53.

Hummel, Gerd, Religionssoziologie und Theologie. Traditionelle Ansätze und zukünftige Perspektiven, in: U.Mann (Hg.), Theologie und Religionswissenschaft, Darmstadt 1973, 207-221.

Hummel, Reinhard, Den Gott unseres Nächsten lieben? Christlicher Glaube im Pluralismus der Religionen, in: MD EZW 55 (1992) 33-44.

Hummel, Reinhard, Gurus in Ost und West. Hintergründe, Erfahrungen, Kriterien, Stuttgart 1984.

Hummel, Reinhart, Contemporary New Religions in the West, in: A.R.Brockway / J.P.Rajashekar (Ed.), New Religious Movements and the Churches, Genf 1987, 16-29.

Hummel, Reinhart, Dialog mit neuen religiösen Bewegungen aus Asien? in: MD EZW 55 (1992) 225-232.

Hummel, Reinhart, Esoterisches Happy-End, in: EK 19 (1986) 350-351.

Hummel, Reinhart, In der Sektenecke. Der Weg hinein, der Weg hinaus, in: LM 33 (1994) H. 5, 36-38.

Hummel, Reinhart, Indische Mission und neue Frömmigkeit im Westen. Religiöse Bewegungen Indiens in westlichen Kulturen, Stuttgart/Berlin/Köln/Mainz 1980.

Hummel, Reinhart, Kult statt Kirche. Wurzeln und Erscheinungsformen neuer Religiosität außerhalb und am Rande der Kirchen, in: Günter Baadte / Anton Rauscher (Hg.), Neue Religiosität und säkulare Kultur, Graz / Wien / Köln 1988, 43-61.

Hummel, Reinhart, Neue religiöse Bewegungen, in: VuF 32 (1987) H.1, 78-95.

Hummel, Reinhart, Neureligiöse Bewegungen, II. Asien, in: LeRe, 451-453.

Hummel, Reinhart, New Age: Das "neue Zeitalter" als Herausforderung für die alten Kirchen, in: Aus Politik und Zeitgeschichte. Beilage zur Wochenzeitung Das Parlament, B 40, 29. Sept. 1989, 30-38.

Hummel, Reinhart, Reinkarnation statt Schöpfungsglaube. Zu Rudolf Steiners und L. Ron Hubbards Entwürfen, in: H.Kochanek (Hg.), Reinkarnation oder Auferstehung, Freiburg u.a. 1992, 100-118

Hummel, Reinhart, Reinkarnation. Weltbilder des Reinkarnationsglaubens und das Christentum, Mainz / Stuttgart 1988 (Unterscheidungen 1).

Hummel, Reinhart, Religiöser Pluralismus oder christliches Abendland? Herausforderung an Kirche und Gesellschaft, Darmstadt 1994.

Hummel, Reinhart, Sterben und danach? Christlicher Glaube und Reinkarnation, in: Die Diakonieschwester, Berlin 1990, 82-86.

Hummel, Reinhart, Trendreligion Buddhismus? Gründe und Spielarten einer Faszination, in: HerKorr 48 (1994) 190-194.

Hummel, Reinhart, Yoga - Meditationsweg für Christen? Probleme einer christlichen Yoga-Rezeption, IEZW 112 (1990).

Hunfeld, Frauke / Dreger, Thomas, Magische Zeiten. Jugendliche und Okkultismus, Weinheim/Basel 1990.

Hutten , Kurt / Kortzfleisch, Siegfried von, Seelenwanderung - Hoffnung oder Alptraum der Menschen? Stuttgart [2]1966.

Hutten, Kurt, Die Glaubenswelt des Sektierers. Anspruch und Tragödie, Hamburg 1962.

Hutten, Kurt, Die Herausforderung der Theologie durch die Okkultbewegung, IEZW 4 (1969).

Huxley, Aldous, Die Pforten der Wahrnehmung. Himmel und Hölle. Erfahrungen mit Drogen, München [15]1992.

Janssen, Hans-Gerd, Gott-Freiheit-Leid. Das Theodizeeproblem in der Philosophie der Neuzeit, Darmstadt [2]1993.

Josuttis, Manfred / Leuner, Hanscarl (Hg.), Religion und die Droge, Stuttgart/Berlin/Köln/Mainz 1972.

Josuttis, Manfred, Die religiöse Dimension von Rausch und Ekstase, in: Wolfgang Scheiblich (Hg.), Rausch - Ekstase - Kreativität. Dimensionen der Sucht, Freiburg i.Br. 1987, 27-37.

Jünger, Ernst, Annäherungen. Drogen und Rausch, Frankfurt a.M./Berlin/Wien 1980.

Jungfermann, Jörg, Der Tod darf nicht tabuisiert werden! Interview von Wolfgang Weirauch, in: Über Tod und Sterben, FlH 11 ([2]1988) 167-181.

Jürgenson, Friedrich, Sprechfunk mit Verstorbenen. Praktische Kontaktherstellung mit dem Jenseits, München [5]1987.

Kakuska, Rainer (Hg.), Andere Wirklichkeiten. Die neue Konvergenz von Naturwissenschaften und spirituellen Traditionen, München 1986.

Kaltenbrunner, Gerd-Klaus (Hg.), Wissende, Verschwiegene, Eingeweihte. Hinführung zur Esoterik, München 1981.

Kamata, Yasuo, Schopenhauer, Hegel, Vasabhandu. Zum geschichtlich-interkulturellen Gespräch zwischen Ost und West, in: Zeit der Ernte, Stuttgart/Bad Cannstatt 1992, 228-239.

Kamper, Dietmar / Wulf, Christoph (Hg.), Das Heilige. Seine Spur in der Moderne, Frankfurt a.M. 1987.

Kampits, Peter, Tod und Individualität, in: Zeit der Ernte, Stuttgart/Bad Cannstatt 1992, 113-120.

Kant, Immanuel, Allgemeine Naturgeschichte und Theorie des Himmels, oder Versuch von der Verfassung und dem mechanischen Ursprunge des ganzen Weltgebäudes nach Newtonischen Grundsätzen abgehandelt. Dritter Teil: Anhang, von den Bewohnern der Gestirne, Königsberg und Leipzig 1755, in: ders., Werke in zehn Bänden, hg. von Wilhelm Weischedel, Bd. 1, Vorkritische Schriften bis 1768, Erster Teil, Darmstadt (1960) [5]1983, 219-396.

Kantowsky, Detlef, Buddhismus in Deutschland heute, in: Spirita 5 (1991) H. 1, 22-32.

Karbe, Klaus G. / Müller-Küppers, Manfred (Hg.), Destruktive Kulte. Gesellschaftliche und gesundheitliche Folgen totalitärer pseudoreligiöser Bewegungen, Beiheft Nr. 24 zur "Praxis der Kinderpsychologie und Kinderpsychiatrie", Göttingen 1983.

Kardec, Allan, Das Buch der Geister. Die Grundsätze der spiritistischen Lehre von der Unsterblichkeit der Seele, der Natur der Geister, ihren Beziehungen zu den Menschen; die Sittengesetze, das irdische und das künftige Leben und die Zukunft der Menschheit. Nach Kundgebung höherer Geister durch verschiedene Medien, Nachdruck Freiburg i.Br. 1987.

Kardec, Allan, Das Buch der Medien. Ein Wegweiser für Medien und Anrufer über Art und Einfluß der Geister, die Theorie ihrer verschiedenen Kundgebungen, die Mittel zum Verkehr mit der unsichtbaren Welt und der möglichen Schwierigkeiten, denen man beim Experimentalspiritismus begegnen kann. Anweisungen für den experimentellen Spiritismus, Freiburg i.Br. 1964.

Kaufmann, Franz-Xaver, Religion und Modernität. Sozialwissenschaftliche Perspektiven, Tübingen 1989.

Kaufmann, Franz-Xaver, Zur gesellschaftlichen Verfassung des Christentums heute, in: L.Bertsch / F.Schlösser (Hg), Kirchliche und nichtkirchliche Religiosität, Freiburg i.Br. 1978, 11-48.

Kehrer, Günter, Einführung in die Religionssoziologie, Darmstadt 1988.

Kehrer, Günter, Religiöse Gruppenbildungen, in: H.Zinser (Hg.), Religionswissenschaft, Berlin 1988, 96-113.

Kehrer, Günter, Soziale Bedingungen für nicht-kirchliche religiöse Gruppen in der Bundesrepublik, in: G.Kehrer (Hg.), Zur Religionsgeschichte der Bundesrepublik Deutschland, München 1980, 93-116.

Keilbach, Wilhelm, Der immer noch umstrittene Gegenstand der Religionspsychologie. Vortrag, Diskussion und Nachtrag, in: W.Keilbach, Religiöses Erleben, Paderborn 1973, 35-64.

Keilbach, Wilhelm, Die Frage nach der Echtheit religiösen Erlebens, in: W.Keilbach, Religiöses Erleben, Paderborn 1973, 88-111.

Keilbach, Wilhelm, Religiöses Erleben. Erhellungsversuche in Religionspsychologie, Parapsychologie und Psychopharmakologie, Paderborn 1973.

Keller, Carl-A. (Ed.), La réincarnation. Théories, raisonnements et appréciations. Un symposium, Bern 1986.

Keller, Carl-A., Hinduistische Lehren vom Wesen und Wirken des Karman, in: Reinkarnation - Wiedergeburt - aus christlicher Sicht, Freiburg (Schweiz)/Zürich 1987, 9-23.

Keller, Carl-A., Wiedergeburt im Verständnis des Mahayana-Buddhismus, in: Reinkarnation - Wiedergeburt - in christlicher Sicht, Freiburg (Schweiz)/Zürich 1987, 39-64.

Kemper, Peter (Hg.), 'Postmoderne' oder Der Kampf um die Zukunft. Die Kontroverse in Wissenschaft, Kunst und Gesellschaft, Frankfurt a.M. 1988.

Kerkhofs, Jan, "Du lieber Himmel", in: Conc(D) 15 (1979), 139-144.

Kessler, Alfred S. / Schöpf, Alfred / Wild, Christoph , Erfahrung, in: HPhG II, 373-386.

Keup, Heiner / Röhrle, Bernd, Vorwort, in: dies. (Hg.), Soziale Netzwerke, aaO., 7-10

Keupp, Heiner / Röhrle, Bernd (Hg.), Soziale Netzwerke, Frankfurt a.M./New York 1987.

Keupp, Heiner, Fundamentalismus, in: S.R.Dunde (Hg.), Wörterbuch der Religionspsychologie, Gütersloh 1993, 118-125.

Keupp, Heiner, Soziale Netzwerke - Eine Metapher des gesellschaftlichen Umbruchs? In: H.Keupp / B.Röhrle (Hg.), Soziale Netzwerke, Frankfurt a.M./New York 1987, 11-53.

Khantipalo, Bhikkhu, Buddhism Explained. an Introduction to the Teachings of Lord Buddha, Bangkok 1970.

Kirchenleitung der Nordelbischen Ev.-luth. Kirche, Die Waldorfschulen und ihr weltanschaulicher Hintergrund. Eine Orientierungshilfe, Kiel 1986.

Klaes, Norbert, Reinkarnation und Auferstehung, in: H.Torwesten, Sind wir nur einmal auf Erden? Freiburg 1983, 183-202.

Klein, J., Absolutheit des Christentums, in: RGG^3 1, 76-78.

Klein, Nicolaus / Dahlke, Rüdiger, Das senkrechte Weltbild. Symbolisches Denken in astrologischen Urprinzipien, München 1991.

Klosinski, Gunter, Psychokulte. Was Sekten für Jugendliche so attraktiv macht, München 1996.

Klostermaier, Klaus, Hinduismus, Köln 1965.

Knitter, Paul F., Ein Gott - viele Religionen. Gegen den Absolutheitsanspruch des Christentums, München 1988.

Knitter, Paul F., Kein Absolutheitsanspruch und doch missionarisch? In: LoPro 7 (1991) 54-67.

Knitter, Paul F., Nochmals die Absolutheitsfrage. Gründe für eine pluralistische Theologie der Religionen, in: EvTh 49 (1989) 505-516.

Knitter, Paul F., Religion und Befreiung. Soteriozentrismus als Antwort an die Kritiker, in: R.Bernhardt (Hg.), Horizontüberschreitung, Gütersloh 1991, 203-219.

Knitter, Paul F., Wohin der Dialog führt. Grundfragen zu einer Theologie der Religionen, in: EK 23 (1990) 606-610.

Knitter, Paul, Katholische Religionstheologie am Scheideweg, in: Conc(D) 22 (1986) 63-69.

Knoblauch, Hubert, Das unsichtbare neue Zeitalter. "New Age", privatisierte Religion und kultisches Milieu, in: KZfSS 41 (1989) 504-525.

Knoblauch, Hubert, Die Verflüchtigung der Religion ins Religiöse, Vorwort in: T.Luckmann, Die Unsichtbare Religion, Frankfurt a.M. 1991, 7-41.

Knoblauch, Hubert, Die Welt der Wünschelrutengänger und Pendler. Erkundungen einer verborgenen Wirklichkeit, Frankfurt a.M./New York 1991.

Köberle, Adolf, An den Grenzen der Seele - Parapsychologie, in: A.Köberle, Das geheimnisvolle Reich der Seele, Freiburg i.Br. 1984, 36-46.

Köberle, Adolf, Das geheimnisvolle Reich der Seele. Erfahrungen der Psyche in den Grenzbereichen des Lebens, Freiburg i.Br. 1984.

Köberle, Adolf, Die Frage nach dem wiederholten Erdenleben, in: A.Köberle, Universalismus der christlichen Botschaft, Moers 1983, 84-96.

Köberle, Adolf, Entsakralisierung. Eine umstrittene Forderung im Gespräch der Gegenwart, in: A.Köberle, Das geheimnisvolle Reich der Seele, Freiburg i.Br. 1984, 68-88.

Köberle, Adolf, Legitimation der Religiösen Erfahrung, in: NZSTh 18 (1976) 91-110.

Kochanek, Hermann (Hg.), Reinkarnation oder Auferstehung. Konsequenzen für das Leben, Freiburg i.Br./Basel/Wien 1992.

Kodalle, Klaus-Michael, Dietrich Bonhoeffer. Zur Kritik seiner Theologie, Gütersloh 1991.

Kodalle, Klaus-Michael, Die Eroberung des Nutzlosen. Kritik des Wunschdenkens und der Zweckrationalität im Anschluß an Kierkegaard, Paderborn/München/Wien/Zürich 1988.

Konitzer, Martin, New Age. Über das Alte im neuen Zeitalter, Hamburg 1989.

Körner-Wellershaus, Ilas, Anthroposophie - eine esoterische Weltanschauung, IEZW 119 (1992).

Korsch, Dietrich, Erfahrung, in: WdC 298-299.

Korvin-Krasninski, Cyrill von, Die West-östliche Transzendenz- und Immanenzfrage und die religiöse Krise der Gegenwart, in: G.Stephenson (Hg.), Der Religionswandel unserer Zeit im Spiegel der Religionswissenschaft, Darmstadt 1976, 188-200.

Kosmische Gottheit und persönlicher Gott. 11. Gespräch mit der Anthroposophie, Protokolldienst der Evangelischen Akademie Bad Boll 33 (1988).

Krieg, Gustav A., Das Problem der christlichen Auferstehungspredigt in der neuzeitlichen Lebenswelt, in: H.Kochanek (Hg.), Reinkarnation oder Auferstehung,Freiburg 1992, 227-247.

Kriele, Martin, Anthroposophie und Kirche. Erfahrungen eines Grenzgängers, Freiburg/Basel/Wien 1996.

Kroeger, Matthias, Die Lebenswelt der Gegenwart und die Bedeutung dogmatischer Profile von Kirche, in: H.May / K.Lorenz (Hg.), Pluralismus und Profil, LoPro 69 (1986) 33-80.

Kroeger, Matthias, Die religiöse Innenseite der distanzierten Kirchlichkeit, Hannover 1986 (Vorlagen 41).

Kroeger, Matthias, Diskussionsbeitrag, in: Karin Lorenz, Protokoll der Diskussion zwischen den Herren Kroeger und Wölber, in: H.May / K.Lorenz (Hg.), Pluralismus und Profil, LoPro 69 (1986) 91-109.

Kross, M., Reinkarnation, in: HWP VIII, 553-554.

Kruse, Volker / Kruckis, Hans Martin, Zeitdiagnose als Herausforderung. Die Weltbilder der Soziologie im 20. Jahrhundert, in: LM 31 (1992) 172-175.

Kübler-Ross, Elisabeth (Hg.), Reif werden zum Tode, Gütersloh [5]1986.

Kübler-Ross, Elisabeth, Befreiung aus der Angst. Berichte aus den Workshops "Leben, Tod und Übergang", Güterloh 1992.

Kübler-Ross, Elisabeth, Der Tod als Teil meines persönlichen Lebens, in: E.Kübler-Ross (Hg.), Reif werden zum Tode, Gütersloh [5]1986, 126-135.

Kübler-Ross, Elisabeth, Ein Brief an ein Kind mit Krebs, eingeschoben nach Seite 232 in: E.Kübler-Ross, Kinder und Tod, Zürich [2]1986.

Kübler-Ross, Elisabeth, Erfülltes Leben - würdiges Sterben, hg. von Göran Grip, Gütersloh 1993.

Kübler-Ross, Elisabeth, Im Jenseits gehen alle Wünsche in Erfüllung, Interview in: P.M. Perspektive Jenseits, 1989, 18-20.

Kübler-Ross, Elisabeth, Interviews mit Sterbenden, Stuttgart 1971.

Kübler-Ross, Elisabeth, Kinder und Tod, Zürich [2]1986.

Kübler-Ross, Elisabeth, Leben bis wir Abschied nehmen, Stuttgart 1979.

Kübler-Ross, Elisabeth, Über den Tod und das Leben danach, Melsbach [6]1986.

Kübler-Ross, Elisabeth, Verstehen was Sterbende sagen wollen. Einführung in ihre symbolische Sprache, Stuttgart 1982.

Kübler-Ross, Elisabeth, Vorwort, in: Kenneth Ring, Den Tod erfahren - das Leben gewinnen, Bern/München/Wien 1984, 7 f.

Kübler-Ross, Elisabeth, Was können wir noch tun? Antworten auf Fragen nach Sterben und Tod, Stuttgart [4]1984.

Kucher, Walter, Jenseitsvorstellungen bei den verschiedenen Völkern, in: A.Resch (Hg.), Fortleben nach dem Tode, Innsbruck [3]1986, 87-160.

Küenzlen, Gottfried, Civil Religion und Christentum. Ein Beitrag zum gegenwärtigen Verhältnis von Religion und Gesellschaft, IEZW 21 (1985).

Küenzlen, Gottfried, Psychoboom und Weltanschauung. Der Glaube der Humanistischen Psychologie, in: MD EZW 48 (1985) 60-69.

Kuhn, Thomas S., Die Struktur wissenschaftlicher Revolutionen, Frankfurt a.M. [11]1991.

Küng, Hans, Ewiges Leben? München [6]1986, 83-96.

Künkel, Klaus, Erfahrung als theologische Dimension, in: Forum Loccum 11 (1992) H.1, 38-40.

Kupatt, Christian, An der Schwelle des Todes. Zur Kontroverse um den Hirntod, München 1994.

Kyber, Manfred, Der Pilger mit dem schleppenden Hinterbein, in: M.Kyber, Das Manfred Kyber Buch. Tiergeschichten und Märchen, Reinbek b. Hamburg 1979.

Kyber, Manfred, Einführung in das Gesamtgebiet des Okkultismus, Wiesbaden 1994 (Nachdruck der Ausgabe von 1925).

Lanczkowski, Günter, Drogen, Religionsgeschichtlich, in: TRE IX, 192-195.

Lanczkowski, Günter, Einführung in die Religionsphänomenologie, Darmstadt 1978.

Lanczkowski, Günter, Einführung in die Religionswissenschaft, Darmstadt 1980.

Lang, Bernhard / McDannell, Colleen, Der Himmel. Eine Kulturgeschichte des ewigen Lebens, Frankfurt a.M. 1990.

Larson, Gary, Die andere Seite, in: Stern H. 34 vom 17. August 1989, 75.

Lauritsen, Poul, Reinkarnation und Freiheit, München 1989.

Lebensziele, Die neuen, Eine Brigitte-Serie von Frank Nicolaus, in: Brigitte H. 9 vom 22.4.1987, 126-136; H. 10 vom 6.5.1987, 118-124; H. 12 vom 3.6.1987, 156-162; H. 11 vom 20.5.1987, 126-133.

Leber, Stefan, Selbstverwirklichung. Mündigkeit. Sozialität. Eine Einführung in die Idee der Dreigliederung des sozialen Organismus, Frankfurt a.M. 1982.

Leber, Stefan, Waldorfpädagogik erzieht nicht auf eine Norm hin, sondern regt dazu an, Erziehung individuell zu gestalten, in: Arbeitsgemeinschaft der Freien Waldorfschulen Baden-Würtemberg, Stuttgart 1989, 31-45.

Ledergeber, Karl / Bieri, Peter, Was geht New Age die Christen an? Brücken zum gegenseitigen Verständnis, Freiburg i.Br. 1988.

Leeuw, Gerardus van der, Phänomenologie der Religion, Tübingen [2]1956.

Leeuw, Gerardus van der, Seelenwanderung, Religionsgeschichtlich, in: RGG² 5, 376-379.

Lehmann, Karl, Eine Lebensfrage für die Kirche. Zum Dialog als Form der Wahrheitsfindung, in: HerKorr 49 (1995) H. 1, 29-35.

Lehmann, Karl, Theologische Reflexionen zum Phänomen "außerkirchlicher Religiosität", in: L.Bertsch / F.Schlösser (Hg.), Kirchliche und nichtkirchliche Religiosität, Freiburg i.Br. 1978, 49-69.

Lenz, Johannes, Die Christengemeinschaft. Eine Einführung, Stuttgart 1978.

Lenz, Johannes, When I'm sixty-four, in: Erneuerung der Religion, FlH 14 (³1988), 6-35.

Lessing, Gotthold Ephraim, Die Erziehung des Menschengeschlechts und andere Schriften, Stuttgart 1987.

Leuenberger, Hans-Dieter, Das ist Esoterik, Freiburg i.Br. ²1986.

Leuenberger, Hans-Dieter, Ohne Kirche geht die Welt nicht unter. Interview, in: Esotera (1990) H. 6, 22-23.

Leuenberger, Hans-Dieter, Sieben Säulen der Esoterik. Grundwissen für Suchende, Freiburg i.Br. 1989.

Leuner, Hanscarl, Die Halluzinogenwirkung und ihre religionspsychologische Bedeutung, in: ARPs 10 (1972) 59-68.

Leuner, Hanscarl, Ekstase und religiöses Erleben durch Halluzinogene beim modernen Menschen, in: M.Josuttis / H.Leuner (Hg.), Religion und die Droge, Stuttgart u.a. 1972, 38-53.

Leuner, Hanscarl, Halluzinogene. Psychische Grenzzustände in Forschung und Psychotherapie, Bern/Stuttgart/Wien 1981.

Leuner, Hanscarl, Versuch einer tiefenpsychologischen Interpretation, in: M.Josuttis / H.Leuner (Hg.), Religion und die Droge,Stuttgart u.a. 1972, 109-125.

Leuze, Reinhard, Möglichkeiten und Grenzen einer Theologie der Religionsgeschichte, in: KuD 24 (1978) 230-243.

Lexikon der Hamburger Religionsgemeinschaften, hg. von Wolfgang Grünberg / Dennis L. Slabaugh / Ralf Meister-Karanikas, Hamburg 1994.

Liedtke, Ralf, Die Hermetik. Traditionelle Philosophie der Differenz, Paderborn/München/Wien/Zürich 1996.

Limbacher, Max V. (Hg.), Projekt Anthroposophie. Denn das Leben verlangt eine Verwandlung unseres Denkens, Reinbek b. Hamburg 1986.

Linde, Frank, Innere Revolution der Seele. Die spirituellen Hintergründe der Waldorfpädagogik und die inneren Aufgaben des Lehrers, in: Waldorfschule und Anthroposophie, FlH 15 (²1987) 4-18.

Lindgren, Astrid, Die Brüder Löwenherz, Hamburg 1973.

Lipp, Wolfgang, Kultur, in: S.R.Dunde (Hg.), Wörterbuch der Religionssoziologie, Gütersloh 1994, 172-182.

Löffler, Paul, Theologie des Dialogs oder dialogische Theologie? Bemerkungen zu einer Bestandsaufnahme der Beziehungen zu anderen Religionen, in: ZfM 3 (1977) 99-106.

Løgstrup, Knud E., Die unerfahrbaren Voraussetzungen der Erfahrung, in: Otto Kaiser (Hg.), Denkender Glaube. Festschrift Carl Heinz Ratschow zur Vollendung seines 65. Lebensjahres, Berlin/New York 1976, 193-207.

Long, J. Bruce, Reincarnation, in: EncRel(E) 12, 265-269.

Loth, Heinz Jürgen, Ras Tafari - eine religiöse Heilsbewegung aus Jamaika. Geschichte und Religion der Rastas, OEZW, 17 (1991)

Luckmann, Thomas, Das Problem der Religion in der modernen Gesellschaft. Institution, Person und Weltanschauung, Freiburg 1963.

Luckmann, Thomas, Die unsichtbare Religion, Frankfurt a.M. 1991.

Luckmann, Thomas, Nachtrag, in: T.Luckmann, Die unsichtbare Religion, Frankfurt a.M. 1991, 164-183.

Luckmann, Thomas, Neuere Schriften zur Religionssoziologie (Sammelbesprechung), in: KZfSS 12 (1960) 315-326.

Lüdemann, Gerd, Die Auferstehung Jesu. Historie, Erfahrung, Theologie, (Neuausgabe) Stuttgart 1994.

Lüders, Else / Lüders, Heinrich (Hg.), Buddhistische Märchen aus dem alten Indien, Jena 1922.

Luhmann, Niklas, Funktion der Religion, Frankfurt a.M. ^{3}1992.

Luhmann, Niklas, Gesellschaftsstruktur und Semantik. Studien zur Wissenssoziologie der modernen Gesellschaft, Bd. 3, Frankfurt a.M. 1993, 259-357.

Lukatis, Wolfgang, Der Pfarrer im Kommunikationssystem Gemeinde, in: K.-F.Daiber, Predigt als religiöse Rede, München 1991, 122-152.

Luther, Henning, Leben als Fragment. Der Mythos von der Ganzheit, in: WzM 43 (1991) 262-273.

Lyotard, Jean-François, Beantwortung der Frage: Was ist postmodern? In: J.-F. Lyotard, Postmoderne für Kinder. Briefe aus den Jahren 1982-1985, Wien 1987, 11-31.

MacGregor, Geddes, Das Ego und das Selbst - ihre Natur und Funktion in einer christlich-reinkarnationistischen Vorstellung vom Leben nach dem Tod, in: H.Wiesendanger (Hg.), Wiedergeburt, Frankfurt a.M. 1991, 191-199.

MacGregor, Geddes, Reinkarnation und Karma im Christentum, Bd.1 Grafing / München 1985 (Reinkarnation in Christianity, The Theosophical Publ. House, Wheaton, Ill.).

MacGregor, Geddes, Reinkarnation und Karma im Christentum, Bd.2. Grafing 1986 (The Christening of Karma, The Theosophical Publ. House, Wheaton, Ill.).

MacLaine, Shirley, Die Reise nach innen. Mein Weg zu spirituellem Bewußtsein, München 1989 (Going within, Bantam Books, Inc., New York 1989).

MacLaine, Shirley, Raupe mit Schmetterlingsflügeln, München (1988) ^{4}1990 (Don't Fall Off the Mountain, W.W. Norton & Company, Inc., New York 1970).

MacLaine, Shirley, Schritt für Schritt, München 1987 (You Can Get There From Here, W.W. Norton & Company, New York / London 1975).

MacLaine, Shirley, Tanz im Licht, München (1986) ^{4}1990 (Dancing in the Light, Bantam Books, Inc., New York 1985).

MacLaine, Shirley, Tanze, solange du kannst. Mein Leben, München 1992 (Dance while you can, Bantam Books, New York 1991).

MacLaine, Shirley, Zauberspiel, München 1988 (It's all in the playing, Bantam Books, Inc., New York 1987)

MacLaine, Shirley, Zwischenleben, München (1984) ^{8}1986 (Out on a Limb, Bantam Books, Inc., New York 1984).

Malter, Rudolf, Der eine Gedanke. Hinführung zur Philosophie Arthur Schopenhauers, Darmstadt 1988.

Malter, Rudolf, Erlösung durch Erkenntnis. Über die Bedingung der Möglichkeit der Schopenhauerschen Lehre von der Willensverneinung, in: Zeit der Ernte, Stuttgart/Bad Cannstatt 1982, 41-59.

Mann, Otto, Lessing, in: RGG^{3} 4, 327-330.

Mann, Ulrich (Hg.), Theologie und Religionswissenschaft, Darmstadt 1973.

Mann, Ulrich, Das Christentum als absolute Religion, Darmstadt ^{4}1978.

Mann, Ulrich, Einführung in die Religionspsychologie, Darmstadt 1972.

Mannheim, Karl, Wissenssoziologie, in: A.Vierkandt (Hg.), Handwörterbuch der Soziologie, Stuttgart 1982, 216-235.

Marchel, Maria, Der Gedanke der Reinkarnation bei Schopenhauer, in: Zeit der Ernte, Stuttgart/Bad Cannstatt 1982, 128-134.

Margull, Hans Jochen, Verwundbarkeit. Bemerkungen zum Dialog, in: EvTh 34 (1974) 410-420.

Marsch, Wolf-Dieter (Hg.), Plädoyers in Sachen Religion. Christliche Religion zwischen Bestreitung und Verteidigung, Gütersloh 1973.

Martin, Gerhard Marcel, Drogen, Praktisch-Theologisch, in: TRE IX, 195-198.

Martin, Gerhard Marcel, Körperbild und "Leib Christi", in: EvTh 52 (1992) 402-413.

Martin, Gerhard Marcel, "Provozierte Religion". Zehn Abschnitte über bewußtseinserweiternde Drogen, in: ZEE 18 (1974) 164-180.

Marty, Martin E., Fundamentalism as a Social Phenomenon, in: Bulletin. The American Academy of Arts and Sciences, Vol. XLII, Nov. 1988, No.2, 15-29.

Marty, Martin E. / Appleby, R. Scott, Herausforderung Fundamentalismus. Radikale Christen, Moslems und Juden im Kampf gegen die Moderne, Frankfurt a.M./New York 1996.

Marunde, Wolf Rüdiger, Seelenwanderung, in: Brigitte H. 20 (1982) 136.

Matthes, Joachim, Das bewachte Nadelöhr. Säkularisierung als Prozeß und Deutungsmuster, in: LM 33 (1994) H. 2, 33-36.

Matthes, Joachim, Die Emigration der Kirche aus der Gesellschaft, Hamburg 1964.

Matthes, Joachim, Kirche und Gesellschaft. Einführung in die Religionssoziologie II, Reinbek b. Hamburg 1968.

Matthes, Joachim, Religion und Gesellschaft. Einführung in die Religionssoziologie I, Reinbek b. Hamburg 1967.

Matthes, Joachim, Religion und Weltkultur, in: Kultur und Gesellschaft. Verhandlungen des 24. Deutschen Soziologentages, hg. von M. Haller u.a., Frankfurt a.M./New York 1988, 321-328.

Mattiesen, Emil, Das persönliche Überleben des Todes. Eine Darstellung der Erfahrungsbeweise, Bd. 1-3, Berlin/New York 1987 (Reprint der Ausgabe 1936-1939).

May, Hans / Lorenz, Karin (Hg.), Pluralismus und Profil. Kirchenbild und Lebenwelt in der Volkskirche, LoPro 69 (1986)

Mehlig, Johannes, Weisheit des alten Indien. II (Buddhistische Texte), München 1987.

Mehlig, Johannes, Weisheit des alten Indien. I (Vorbuddhistische und nichtbuddhistische Texte), München 1987.

Mensching, Gustav, Atheismus, Religionsgeschichtlich, in: RGG^3 1, 670-672.

Mensching, Gustav, Religion, Erscheinungs- und Ideenwelt, in: RGG^3 5, 961-964.

Merkel, Rudolf, Anfänge der Erforschung indischer Religionen im 18. Jahrhundert, in: Heinrich Frick (Hg.), Rudolf-Otto-Ehrung, Berlin 1940, 39-68.

Mette, Norbert, Kirchliches Handeln als "Kontingenzbewältigungspraxis"? Zur Diskussion über die kirchlich distanzierte Religiosität, in: L.Bertsch / F.Schlösser (Hg.), Kirchliche und nichtkirchliche Religiosität, Freiburg i.Br. 1978, 70-87.

Metz, Johann Baptist / Häring, Hermann, Reinkarnation oder Auferstehung? Eine Diskussion wird eröffnet, in: Conc(D) 29 (1993) 377-379.

Metz, Johann Baptist, Glaube in Geschichte und Gesellschaft. Studien zu einer praktischen Fundamentaltheologie, Mainz ^{5}1992

Metzger, Wolfgang, Kirche und Christengemeinschaft in ihrem Verhältnis zueinander, in: W.Stählin (Hg.), Evangelium und Christengemeinschaft, Kassel 1953, 146-156.

Meyer, Heinz, Religionskritik, Religionssoziologie und Säkularisation, Frankfurt a.M. 1988.

Meyer, Karl-Heinz, Zukunftswerkstatt Gemeinschaftsprojekte, Steyerberg ^{3}1990.

Meyer, Thomas, Fundamentalismus. Aufstand gegen die Moderne, Reinbek b. Hamburg 1989.

Mieth, Dietmar, Was ist Erfahrung? In: Otto Betz (Hg.), Zugänge zur religiösen Erfahrung, Düsseldorf 1980, 9-25.

Mischo, Johannes, Okkultpraktiken Jugendlicher - Ergebnisse zweier empirischer Untersuchungen, in: MD EZW 52 (1989) 65-82.

Moody, Raymond A., Leben nach dem Tod, Reinbek b. Hamburg 1977.

Moody, Raymond A., Leben vor dem Leben, Reinbek b. Hamburg 1990.

Moody, Raymond A., Nachgedanken über das Leben nach dem Tod, Reinbek b. Hamburg 1978.

Morgenstern, Matthias, Heimat der Verjagten. Zur theologischen Bedeutung des Staates Israel, in: EK 21 (1988) 264-267.

Mörth, Ingo, Die andere Wirklichkeit. Elemente religiöser Sinnstiftung in der Science-Fiction-Literatur, in: ÖZS 9 (1984) H.1+2, 85-103.

Mörth, Ingo, Die gesellschaftliche Wirklichkeit von Religion. Grundlegung einer allgemeinen Religionstheorie. Stuttgart/Berlin/Köln/Mainz 1978.

Müller, Jocahim (Hg.), Anthroposophie und Christentum. Eine kritisch-konstruktive Auseinandersetzung, Freiburg/Schweiz 1995.

Müller, Norbert, Religion im Horizont zeitgenössischer Theologie, in: ThLZ 118 (1993) 803-812.

Müller, Ulrich, Okkultismus. Spiritismus. Satanismus - Gesellschaftliche Probleme? In: MD EZW 51 (1988) 292-302.

Müller, Wilhelm K., Buddhismus I - III,1, in: LeRe 76-83.

Müller-Schwefe, Hans-Rudolf, Apologetik. Praktisch-theologisch, in: TRE 3, 424-429.

Mutschler, Hans-Dieter, Physik. Religion. New Age, Würzburg 1990.

Mynarek, Hubertus, Religiös ohne Gott? Aufbruch zu einer neuen Religiosität in Selbstzeugnissen, Erfahrungsberichten, Kommentaren und Deutungen, München 1989.

Natur - Mensch - Geist, 10. Gespräch mit der Anthroposophie, Protokolldienst der Evangelischen Akademie Bad Boll, 31 (1987).

Neill, Stephen, Die Macht und die Bewältigung des Todes in Hinduismus und Buddhismus, in: Leben angesichts des Todes. Beiträge zum theologischen Problem des Todes. FS Helmut Thielicke zum 60., Tübingen 1968, 283-305.

Nelson, Geoffrey K., Der Drang zum Spirituellen. Über die Entstehung religiöser Bewegungen im 20. Jahrhundert, Olten 1991.

Netherton, Morris / Shiffrin, Nancy, Bericht vom Leben vor dem Leben. Reinkarnations-Therapie. Ein neuer Weg in die Tiefen der Seele, Frankfurt a.M./Berlin 1987.

Neumärker, Dorothea, Der eigene und der fremde Gott. Tiefenpsychologischer und sozialpsychologischer Zugang zur Religion, in: W.D.Marsch (Hg.), Plädoyers in Sachen Religion, Gütersloh 1973, 55-76.

Neuner, Josef / Roos, Heinrich, Der Glaube der Kirche in den Urkunden der Lehrverkündigung, neubearbeitet von Karl Rahner und Karl-Heinz Weger, Regensburg ^{10}1979.

New Age - aus christlicher Sicht, Beiträge von Joachim Müller / Oswald Eggenberger / Carl-A. Keller / Gerhard Voss / Johannes Mischo, Freiburg (Schweiz) / Zürich ^{2}1987.

Niebuhr, Richard H., The social sources of Denominationalism, New York 1929.

Nipperdey, Thomas, Religion im Umbruch. Deutschland 1870-1918, München 1988.

Nishitani, Keiji, Was ist Religion? Frankfurt a.M. ^{2}1986.

Nocke, Franz-Josef, Ist die Idee der Reinkarnation vereinbar mit der christlichen Hoffnung auf Auferstehung? Einige Überlegungen aus der Sicht systematischer Theologie, in: H.Kochanek (Hg.), Reinkarnation oder Auferstehung, Freiburg 1992, 263-284.

Notz, Klaus-Josef, Der Tibetische Buddhismus in Deutschland. Versuch einer Bestandsaufnahme und Wertung, IEZW 91 (1984).

Ökonomie und Lebenswelt. Auf der Suche nach neuen Handlungsansichten. 14. Gespräch mit der Anthroposophie, Protokolldienst der Evangelischen Akademie Bad Boll 3 (1992).

Olvedi, Ulli, Die neue Lust am Irrationalen. Chancen und Fallen der New-Age-Bewegung, Freiburg i.Br. 1988.

Onyeke, George, Neureligiöse Bewegungen, I. Afrika, in: LeRe, 450-451.

Osis, Karlis / Haraldson, Erlendur, Der Tod - ein neuer Anfang. Visionen und Erfahrungen an der Schwelle des Seins, Freiburg i.Br. 1987

Ostrander, Sheila / Schroeder, Lynn, PSI. Die wissenschaftliche Erforschung und praktische Nutzung übersinnlicher Kräfte des Geistes und der Seele im Ostblock, Bern/München/Wien [3]1972.

Otto, Rudolf, Aufsätze, das Numinose betreffend, Stuttgart / Gotha 1923.

Otto, Rudolf, Das Heilige. Über das Irrationale in der Idee des Göttlichen und sein Verhältnis zum Rationalen, München 1971 (ungekürzte Sonderausgabe).

Otto, Rudolf, Über Zazen als Extrem des numinosen Irrationalen, in: R.Otto, Aufsätze das Numinose betreffend, Stuttgart/Gotha 1923, 119-132.

Pahnke, Walter N., Drogen und Mystik, in: M.Josuttis / H.Leuner (Hg.), Religion und die Droge, Stuttgart u.a. 1972, 54-76.

Panikkar, Raimon, Begegnung der Religionen: Das unvermeidliche Gespräch, in: Dialog der Religionen 1 (1991) 9-39.

Pannenberg, Wolfhart, Erwägungen zu einer Theologie der Religionsgeschichte, in: W.Pannenberg, Grundfragen systematischer Theologie. Gesammelte Aufsätze, Göttingen 1967, 252-295.

Parisius-Schmincke, Peter, Ansätze zur Religionspsychologie, in: VF 28 (1983) H 2, 2-24.

Passian, Rudolf, Wiedergeburt. Ein Leben oder viele? München 1985.

Paul, Toomas, Die Begegnung der Evangelisch-Lutherischen Kirche Estlands mit dem neuen Zeitalter, in: LKW 41 (1994) 206-214.

Pedersen, Johannes, Der Islam und seine Vorgeschichte, in: HRG III, 351-439.

Peick, Petra Angelika, Reinkarnationstherapie - Initiation in ein kosmisches Bewußtsein, in: H.Wiesendanger (Hg.), Wiedergeburt, Frankfurt a.M. 1991, 57-70.

Peick, Petra Angelika, Wiedergeburt - Eine Reise in frühere Erdenleben, Freiburg i.Br. 1987.

Penzoldt, Martin M., Sicherheit auf selbst gewähltem Fundament? Zum Fundamentalismus in den Kirchen, in: MdKI 44 (1993), 21-22.

Pfürtner, Stephan H., Fundamentalismus. Die Flucht ins Radikale, Freiburg i.Br. 1991.

Pieris, Aloysius, Reinkarnation im Buddhismus. Eine christliche Bewertung, in: Conc(D) 29 (1993) 389-393.

Pilger, Matthias / Rink, Steffen (Hg.), Zwischen den Zeiten. Das New Age in der Diskussion, Marburg 1989.

Podzeit, Utz, Seelenwanderung oder Wiedergeburt? Schwelm 1984.

Pöhlmann, Horst Georg, Gott der Bürger und der Gott der Welt. Hermann Hesses Kirchenkritik und Glaubensmystik, in: LM 29 (1990) 468-472.

Poppelbaum, Hermann, Mensch und Tier. Fünf Einblicke in ihren Wesensunterschied, überarbeitete Ausgabe Frankfurt a.M. 1981 (1. Aufl. 1928).

Pryse, James Morgan, Reinkarnation im Neuen Testament, mit Erläuterungen von Agnes Klein, Interlaken [3]1984 (Reincarnation in the New Testament, Nachdruck 1965 durch Health Research, Mokelumne Hill, California).

Psychokurse. Kein Ersatz für Therapie, in: Stifung Warentest (Hg.), test 26 (1991) H. 9, 19-24.

Psychomarkt, in: MD EZW 48 (1985) 70-73.

Punsmann, Hermann, Wissen, in: WdC, 1367 f.

Quanier, Johann, Politische Form der neuen Gesellschaft. Interview, in: Geisler (Hg.): New Age - Zeugnisse der Zeitenwende, aaO., 38-44.

Rahner, Karl, Grundkurs des Glaubens, Freiburg i.Br. 1976.

Rahner, Karl, Im Gespräch, Bd. 2: 1978-1982, hg. von Paul Imhof / Hubert Biallowons, München 1983.

Rajashekar, J. Paul, Introduction, in: A.Brockway / J.Rajashekar (Ed.), New Religious Movements and the Churches, Genf 1987, X-XIX.

Rampe, Micheline, Neben Ölen und Kerzen, in: Börsenblatt für den Deutschen Buchhandel Nr. 11 vom 6.2.1990, 443-444.

Ranasinghe, C. P., The Buddha's Explanation of the Universe, Colombo o.J.

Rath, Norbert, Modern, Moderne, in: WdC 827 - 829.

Ratschow, Carl Heinz, Die Religionen, Gütersloh 1979 (HST 16).

Ratschow, Carl Heinz, Die Religionen und das Christentum, in: NZSTh 9 (1967) 88-128.

Ratschow, Carl Heinz, Methodik der Religionswissenschaft; in: EGWA 9 (1973) 347-396

Ratschow, Carl Heinz, Rechtfertigung. Diakritisches Prinzip des Christentums im Verhältnis zu anderen Religionen, IEZW 96 (1985).

Ratschow, Carl Heinz, Von der Religion in der Gegenwart, Kassel 1972.

Ravignat, Patrick, Reinkarnation, München 1985.

Rehbein, Franziska, Neureligiöse Bewegungen, IV. Lateinamerika, in: LeRe, 455-457.

Reimer, Hans-Diether / Eggenberger, Oswald , Umwege zum Heil? Hg. von Friederike Valentin, Wien / München 1980.

Reimer, Hans-Diether / Hummel, Reinhart, "Jugendreligionen" in den 80er Jahren. Eine Bestandsaufnahme, in: MD EZW 47 (1984) 92-113.

Reimer, Hans-Diether, Die Priesterausbildung in der Christengemeinschaft, in: MD EZW 45 (1982) 308-313.

Reimer, Hans-Diether, Die "Prophetin der Jetztzeit" und ihr "Heimholungswerk", in: MD EZW 47 (1984) 196-211, 212-218.

Reimer, Hans-Diether, Religiöser Pluralismus heute, in: H.-D.Reimer (Hg.), Stichwort "Sekten". Glaubensgemeinschaften außerhalb der Kirchen, Stuttgart 1988, 16-24.

Reimer, Hans-Diether, Weltanschauungsgemeinschaften, in: EStL^3 2 (Sonderdruck Nr. 16 aus MD EZW, 12-16).

Reinkarnation - Wiedergeburt aus christlicher Sicht, Beiträge von Carl-A.Keller / Hubert Hänggi / Hans-Jürgen Ruppert / Christoph Schönborn, Freiburg (Schweiz) / Zürich 1987.

Reinkarnation oder Auferstehung? Themenheft hg. von Johann Baptist Metz / Hermann Häring, in: Conc(D) 29 (1993) H. 5, 377-462.

Reinkarnation, Themenheft hg. von Ernst Benz, in: ZRGG 9 (1957) H. 2, 97-199.

Religionen, Religiosität und christlicher Glaube. Eine Studie, hg. im Auftrag der Vereinigten Evangelisch-Lutherischen Kirche Deutschlands und der Arnoldshainer Konferenz, Gütersloh 1991.

Religiöse Minderheiten in der BRD. Vorläufige statistische Angaben, zusammengestellt von Albert C. Scheffler, in: Spirita (1988) H. 2, 43-45.

REMID (Religionswissenschaftlicher Medien- und Informationsdienst e.V.), Stellungnahme zur gegenwärtigen Auseinandersetzung um die Scientology-Kirche, o.O. o.J.

Resch, Andreas (Hg.), Fortleben nach dem Tode, Innsbruck ^{3}1986 (Imago Mundi VII).

Resch, Andreas, Katholischer Glaube und Reinkarnation, in: H.Wiesendanger (Hg.), Wiedergeburt, Frankfurt a.M. 1991, 200-212.

Resch, Andreas, Unsterblichkeit: Geschichte und Forschung, in: A.Resch (Hg.), Fortleben nach dem Tode, Innsbruck ^{3}1986, 25-85.

Rest, Franco, Thanotologie, in: Albin Eser u.a. (Hg.), Lexikon Medizin, Ethik, Recht, Freiburg i.Br. 1992.

Rest, Franco, Waldorfpädagogik und christliches Menschenbild, IEZW 104 (1987).

Richter, Klemens, Kult / Gottesverehrung. XI. Kult und Kultur, in: LeRe, 367 f.

Ringgren, Helmer, Anthroposophie, TRE III, 8-20.

Ringleben, Joachim, Über die Christlichkeit der heutigen Christengemeinschaft, in: ZThK 93 (1996) 257-283.

Rink, Steffen, Bücher, Märkte und New Age. Überlegungen über den Zusammenhang von Buchproduktion, Buchmarkt und New Age, in: Spirita (1988) H. 1, 25-26.

Rink, Steffen, Einheit - Spaltung - Integration. Zur Auseinandersetzung mit dem New Age, in: Spirita (1988) H. 2, 37-41.

Rink, Steffen, Scientology - Skizzen einer umstrittenen Religion, in: Spirita 7 (1993) H 1, 5-14.

Rittelmeyer, Friedrich, Meine Lebensbegegnung mit Rudolf Steiner, Stuttgart ^{11}1983.

Robertson, Roland, Einführung in die Religionssoziologie, München/Mainz 1973.

Rochas, Albert de, Die aufeinanderfolgenden Leben, Leipzig 1914 (Les vies successives, Paris 1911).

Rorty, Richard, Solidarität oder Objektivität? In: R.Rorty, Solidarität oder Objektivität, Stuttgart 1987,11-37.

Rosenberg, Alfons, Die Seelenreise. Wiedergeburt, Seelenwanderung oder Aufstieg durch die Sphären, Bietigheim 1971.

Rosenberg, Alfons, Zeichen am Himmel. Das Weltbild der Astrologie, München ^{2}1984.

Rossipaul, Rainer, Ariadne-Faden im Labyrinth der Lebenshilfe-Anwendungs-Literatur, in: Börsenblatt für den Deutschen Buchhandel Nr. 11 vom 6.2.1990, 424 f.

Rößler, Constantin, Neue Lessingstudien, in: PrJ 20 (1867) 268-284.

Roszak, Theodore, Das unvollendete Tier, München 1982.

Rötzer, Florian, Tatbestand Religion. Sind "Jugendreligionen" Religionen? Einige Anmerkungen zur juristischen Bestimmung des Religiösen im Umfeld von Religionsfreiheit, in: Ästhetik und Kommunikation 16 (1985) H. 60, 33-38.

Ruppert, Hans-Jürgen, Anthroposophie, in: WdC 69-70.

Ruppert, Hans-Jürgen, Anthroposophie und ihre Praxis heute, in: MD EZW 45 (1982) 332-347.

Ruppert, Hans-Jürgen, Channeling, in: MD EZW 53 (1990) 357-361.

Ruppert, Hans-Jürgen, Heilung für die Erde. Weltanschauliche Voraussetzungen des biologisch-dynamischen Landbaus, IEZW 88 (1983).

Ruppert, Hans-Jürgen, New Age. Endzeit oder Wendezeit? Wiesbaden 1985.

Ruppert, Hans-Jürgen, Reinkarnation in neugnostischen Bewegungen. Anthroposophie - Theosophie - New Age, in: Reinkarnation - Wiedergeburt aus christlicher Sicht, Freiburg (Schweiz)/Zürich 1987, 65-125.

Rushdie, Salman, Die Satanischen Verse, 1989 (The Satanic Verses, 1988).

Russel, Peter, Die erwachende Erde. Unser nächster Evolutionssprung, München 1984.

Ryzl, Milan, Der Tod und was danach kommt. Das Weiterleben aus der Sicht der Parapsychologie, München ^{3}1986, 148-158.

Ryzl, Milan, Warum ich 'Erinnerungen an frühere Leben' mißtraue, in: H.Wiesendanger (Hg.), Wiedergeburt, Frankfurt a.M. 1991, 145-156.

Sabbatucci, Dario, Kultur und Religion, in: HRWG 1, 43-58.

Sachau, Rüdiger (Hg.), Wer ist ein Christ? Kirche und Christengemeinschaft - zwei Formen des christlichen Glaubens, Bad Segeberg 1996.

Sachau, Rüdiger, Die eine christliche Kultur und die vielen religiösen Lebenswelten. Widersprüchliche Tendenzen der Religion in der sogenannten Postmoderne, in: Hans-Christoph Goßmann / Gabriele Lademann-Priemer / Jörn Möller (Hg.), Identität und Dialog. Christliche Identität im religiös-weltanschaulichen Pluralismus, FS Detlef Bendrath zum 60., Hamburg 1995, 144-159.

Sachau, Rüdiger, Die Sehnsucht nach dem Unbedingten. Über Drogen, Religion und die Kirche, in: Christoph Bizer / Jochen Cornelius-Bundschuh / Hans-Martin Gutmann (Hg.), Theologisches - geschenkt, FS Manfred Josuttis zum 60., Göttingen 1996.

Sachau, Rüdiger, "Die Unsterblichkeit ist nicht Jedermanns Sache". Zur Möglichkeit eines dialogischen Unterrichts angesichts der vielfältigen Jenseitsvorstellungen von Kindern, Jugendlichen und Unterrichtenden, in: Pädagogik 48 (1996) H.9. 24-27.

Sachau, Rüdiger, Dreifaltigkeit als dialogisches Prinzip, Predigt, in: Orientierung. Berichte und Analysen aus der Arbeit der Evangelischen Akademie Nordelbien (1994) H. 1, 4-9.

Sachau, Rüdiger, Elisabeth Kübler-Ross: Über die Grenze des Todes hinaus? In: MD EZW 50 (1987) 313-323.

Säkularisierung und religiöse Erneuerung, (Themenheft), in: Dialog der Religionen, 5 (1995) 113-192.

Salaquarda, Jörg (Hg.), Schopenhauer, Darmstadt 1985 (WdF 602).

Salber, Wilhelm, Haben Drogen eine Seele? In: G.Völger / K.v.Welck (Hg.), Rausch und Realität, Bd. 3, Reinbek b.Hamburg 1982, 1246-1255.

Schaaf, Ursula, Phantasie hinter den Türen, in: Börsenblatt für den Deutschen Buchhandel Nr. 11 vom 6.2.1990, 454-457.

Schaeffer, Michael / Bachmann, Anita (Hg.), Neues Bewußtsein - neues Leben. Bausteine für eine menschliche Welt, München, [2]1989.

Schaeffer, Michael / Bachmann, Anita (Hg.), Neue Wege - neue Ziele. Denkanstöße und Orientierungshilfen in einer Wendezeit, München 1990.

Schäferdiek, K., Sekte II, Kirchengeschichtlich, in: RGG^3 V, 1658-1661.

Schatz, Oskar (Hg.), Hat die Religion Zukunft? Graz/Wien/Köln 1971.

Schaup, Susanne, Elisabeth Kübler-Ross. Ein Leben für gutes Sterben, Stuttgart 1996.

Schaup, Susanne, Wo Leben wieder menschlich wird. An der Schwelle des New Age - Alternatives Leben in Amerika, Freiburg i.Br. 1985.

Scheffczyk, Leo, Der Reinkarnationsgedanke in der altchristlichen Literatur, in: SBAW.PH 4, München 1985.

Scheidt, Jürgen vom, Antworten aus dem Unbewußten. Erfahrungen mit I-Ging, Tarot und anderen esoterischen Praktiken, Freiburg/Basel/Wien 1986.

Schepers, H., Leibniz, in: RGG^3 4, 291-294.

Schibilsky, Michael, Religiöse Erfahrung und Interaktion. Die Lebenswelt jugendlicher Randgruppen, Stuttgart/Berlin/Köln/Mainz 1976.

Schieder, Rolf, Die Diskussion über Civil Religion in der der Bundesrepublik Deutschland, in: EpdD 1 (1985) 11-22.

Schilling, Hannelore, Anthroposophische Medizin - eine Erweiterung der Heilkunst, IEZW 60 (1975).

Schilling, Hannelore, Im Zeichen von Rose und Kreuz. Historische und moderne Rosenkreuzer, IEZW 71 (1977).

Schilson, Arno, Lessings Christentum, Göttingen 1980.

Schily, Konrad, Grenzen der Schulmedizin, in: EK 19 (1986) 651-654.

Schiwy, Günther, Der Geist des Neuen Zeitalters. New-Age-Spiritualität und Christentum, München 1987.

Schlette, Heinz Robert, Weltanschauung, in: WdC 1358.

Schloz, Rüdiger, Der Durchschnittschrist - Strukturen der Kirchlichkeit und Religiosität in Westdeutschland, in: EpdD 18 (1987) 13-21.

Schluchter, Wolfgang (Hg.), Max Webers Studie über Hinduismus und Buddhismus. Interpretation und Kritik, Frankfurt a.M. 1984.

Schluchter, Wolfgang, Weltflüchtiges Erlösungsstreben und organische Sozialethik. Überlegungen zu Max Webers Analysen der indischen Kulturreligionen, in: W.Schluchter. (Hg.), Max Webers Studie über Hinduismus und Buddhismus, Frankfurt a.M. 1984, 11-71.

Schmidt, Achim, Okkultismus, in: Spirita 3 (1989) H. 1, 37.

Schmidt, Walter, Der Trend der Zeit heißt Transformation. Esoterische Reihen und Verlage, in: MD EZW 48 (1985) 268-274.

Schmidt, Wilhelm, Ursprung und Werden der Religion, Münster 1930.

Schmidtchen, Gerhard, Religiöse-emotionale Bewegungen in der Informationsgesellschaft. Trends und Interpretationen aus religionssoziologischer Sicht, in: Günter Baadke / Anton Rauscher (Hg.), Glaube und Weltverantwortung, Graz/Wien/Köln 1988, 127-144.

Schmidtchen, Gerhard, Sekten und Psychokultur. Reichweite und Attraktivität von Jugendreligionen in der Bundesrepublik Deutschland, Freiburg i.Br./Basel/Wien 1987.

Schmied, Gerhard, Kirche oder Sekte? Entwicklungen und Perspektiven des Katholizismus in der westlichen Welt, München 1988.

Schmied, Gerhard, Sterben und Trauern in der modernen Gesellschaft, München 1988.

Schmitz, Edgar (Hg.), Religionspsychologie. Eine Bestandsaufnahme des gegenwärtigen Forschungsstandes, Göttingen 1992.

Schneider, S., Ausgewählte internationale Bibliographie zur neueren Religionssoziologie, in: KZfSS Sonderheft 6 (^{2}1966) 264-289.

Scholem, Gerschom, Seelenwanderung und Sympathie der Seelen, in: G.Scholem, Von der mystischen Gestalt der Gottheit, Zürich 1962.

Schönborn, Christoph, Reinkarnation und christlicher Glaube, in: C.Schönborn, Existenz im Übergang. Pilgerschaft, Reinkarnation, Vergöttlichung, Einsiedeln/Trier o.J., 99-132.

Schopenhauer, Arthur, Sämtliche Werke in 5 Bänden, hg. Wolfgang Frhr. von Löhneysen, Frankfurt a.M. 1986.

Schorsch, Christof, Die große Vernetzung. Wege zu einer ökologischen Philosophie, Freiburg i.Br. 1987

Schorsch, Christof, Die New Age-Bewegung. Utopie und Mythos der Neuen Zeit. Eine kritische Auseinandersetzung, Gütersloh 1988.

Schreiber, Hermann, Wörterbuch der Parapsychologie, München 1976.

Schroeder, Hans-Werner, Überblick über Welt- und Menschheitsentwicklung aus anthroposophischer Sicht, in: Weltentwurf - Weltentwicklung - Weltverantwortung, Bad Boll 1989, 1-10.

Schroeder, Hans-Werner, Vom sozialen Aspekt des religiösen Lebens, in: M.Limbacher (Hg.), Projekt Anthroposophie, Reinbek b.Hamburg 1986, 157-165.

Schröter-Kunhardt, Michael, Das Jenseits in uns, in: Psh 20 (1993) H. 6 64-69.

Schröter-Kunhardt, Michael, Erfahrungen Sterbender während des klinischen Todes, in: TW Neurologie Psychiatrie 9 (1995) 132-140.

Schröter-Kunhardt, Michael, Reinkarnationsglaube und Reinkarnationstherapie: transpersonale Fiktion, in: Transpersonale Psychologie und Psychotherapie 2 (1996) 67-83.

Schuldzuweisung - Schuldübernahme - Schuldverarbeitung, 15. Gespräch mit der Anthroposophie, Protokolldienst der Evangelischen Akademie Bad Boll 30 (1992).

Schuld - Vergebung - Karma, 9. Gespräch mit der Anthroposophie, Protokolldienst der Evangelischen Akademie Bad Boll 31 (1986).

Schulemann, G., Seelenwanderung, in: LThK IX, 414-415.

Schultheis, Franz, Subkultur, in: WdC 1195 f.

Schulze, Gerhard, Die Erlebnisgesellschaft. Kultursoziologie der Gegenwart, Frankfurt a.M./New York [4]1993.

Schumann, Hans Wolfgang, Buddhismus. Stifter, Schulen und Systeme, Freiburg i.Br. 1975.

Schumann, Olaf, Betrachtungen zum Tod aus der Sicht des Buddhismus und des Christentums, in: ZMiss 16 (1990) 203-213.

Schütz, Alfred / Luckmann, Thomas, Strukturen der Lebenswelt, Bd. 1. Frankfurt a.M. [4]1991.

Schwarz, Günther, Tod, Auferstehung, Gericht und ewiges Leben nach den ersten drei Evangelien. Jesu Worte über die letzten Dinge in ihrer aramäischen Urbedeutung, Pittenhart 1989 (Via Mundi 55).

Schwarz, Hans, Reinkarnation, in: H.Schwarz, Wir werden weiterleben. Die Botschaft der Bibel von der Unsterblichkeit im Lichte moderner Grenzerfahrungen, Freiburg i.Br. 1984, 77-104.

Scientology Kirche Deutschland e.V., Die Scientology Kirche in Deutschland. Informationen und Selbstverständnis, München 1985.

"*Scientology wird sich schließlich totlaufen...*" Interview von Werner Thiede mit einem ehemaligen Mitglied der Sea Org, in: MD EZW 57 (1994) 294-299.

Sebald, Hans, New-Age-Spiritualität. Religiöse Synthese in der westlichen Welt von heute, in: H.P.Dürr / W.Zimmerli (Hg.), Geist und Natur, Bern u.a. 1989, 313 - 341.

Seeßlen, Georg, Erleuchtung aus dem Supermarkt, in: Deutsches Allgemeines Sonntagsblatt Nr. 12 vom 25. 3. 1994, 13.

Seeßlen, Georg, Identität und Dekonstruktion. Reinkarnation im Film - filmische Reinkarnation, MS o.O. o.J.

Seiwert, Hubert, Das Ende des real existierenden Atheismus. Im öffentlichen Bild von den Religionen muß manches revidiert werden, in: Frankfurter Allgemeine Zeitung Nr. 121 vom 25. Mai 1992, 13.

Seiwert, Hubert, Religiöser Wandel: Alternativen religionswissenschaftlicher Fragestellungen und Erklärungsmodelle, in: G.Stephenson (Hg.), Der Religionswandel unserer Zeit im Spiegel der Religionswissenschaft, Darmstadt 1976, 309-322.

Siller, Hermann Pius (Hg.), Suchbewegungen. Synkretismus - Kulturelle Identität und kirchliches Bekenntnis, Darmstadt 1991.

Siller, Hermann Pius, Synkretismus. Bestandsaufnahme und Problemanzeigen, in: H.P.Siller (Hg.), Suchbewegungen, Darmstadt 1991, 1-17.

Siller, Hermann Pius, Synkretistisches Handeln, in: H.P.Siller (Hg.), Suchbewegungen, Darmstadt 1991, 174-184.

Sloterdijk, Peter, Der Zauberbaum. Die Entstehung der Psychoanalyse im Jahr 1785. Epischer Versuch zur Philosophie der Psychologie, Frankfurt a.M. 1985.

Sloterdijk, Peter, Weltfremdheit, Frankfurt a.M. 1993.

Sloterdijk, Peter, Zwischen Zivilreligion und Apokalypse. Über unfreiwillige Religiosität in der Spätneuzeit, in: "Civil Religion" in Deutschland, EpdD 18 (1987) 49-60.

Smith, Huston, Erneuerung und Vertiefung des religiösen Lebens? In: M.Josuttis / H.Leuner (Hg.), Religion und die Droge, Stuttgart u.a. 1972, 147-165.

Sölle, Dorothee, Gott denken. Einführung in die Theologie, Stuttgart 1990.

Soosten, Joachim von, Civil Society (Literaturbericht), in: ZEE 37 (1993) 139-157.

Sorge, J. Martin, Reinkarnation aus neuer Sicht. Reisen in zeit- und raumlose Landschaften der Seele, Genf 1986.

"*Soviel PSI war nie*", in: Der Spiegel Nr. 52 vom 26. Dezember 1994, 78-96.

Spiegelberg, Frederic, Die lebenden Weltreligionen, Frankfurt a.M. 1977.

Spieß, Edmund, Entwicklungsgeschichte der Vorstellungen vom Zustande nach dem Tode, Graz 1975 (Unveränderter Nachdruck der Ausgabe Jena 1877).

Stählin,Wilhelm (Hg.), Evangelium und Christengemeinschaft. Aus der Arbeit einer von der Studiengemeinschaft Evangelischer Akademien einberufenen Kommission für Evangelische Kirche und Anthroposophie, Kassel 1953.

Starhawk, Der Hexenkult als Ur-Religion der Großen Göttin. Magische Übungen, Rituale und Anrufungen, München 1992.

Stark, Rodney / Bainbridge, William Sims, Of Churches, Sects, and Cults: Preliminary Concepts for a Theory of Religious Movements, in: JSSR 18/2 (1979) 117-131.

Steiner, Rudolf / Wegmann, Ita, Wahre Menschenwesen-Erkenntnis als Grundlage medizinischer Kunst, in: R.Steiner, Arbeitsfelder der Anthroposophie, Frankfurt a.M. 1985, 226-237.

Steiner, Rudolf, Arbeitsfelder der Anthroposophie. Medizin und Pädagogik. Vorträge und Aufsätze, Frankfurt a.M. 1985 (AW 8).

Steiner, Rudolf, Ausgewählte Werke, (AW 1-10), hg. Kurt E. Becker / Hans-Peter Schreiner, Frankfurt a.M. 1985.

Steiner, Rudolf, Die Geheimwissenschaft im Umriß, Frankfurt a.M. 1985 (AW 5=GA 13).

Steiner, Rudolf, Die Philosophie der Freiheit. Grundzüge einer modernen Weltanschauung. Seelische Beobachtungsresultate nach naturwissenschaftlicher Methode, Frankfurt a.M. 1985 (AW 1=GA 4).

Steiner, Rudolf, Geisteswissenschaftliche Grundlagen zum Gedeihen der Landwirtschaft. Landwirtschaftlicher Kursus, Dornach ^{7}1984 (GA 327).

Steiner, Rudolf, Im Mittelpunkt der Mensch. Eine Einführung in die ausgewählten Werke Rudolf Steiners. Zusammengestellt von Hella Wiesberger und Walter Kugler, Frankfurt a.M. 1985 (AW 10).

Steiner, Rudolf, Mein Lebensgang. Eine nicht vollendete Autobiographie mit einem Nachwort, herausgegeben von Marie Steiner, Frankfurt a.M. 1985 (AW 7=GA 28).

Steiner, Rudolf, Theosophie. Einführung in übersinnliche Welterkenntnis und Menschenbestimmung, Dornach ^{30}1978 (Rudolf Steiner Taschenbücher 615=GA 9).

Steiner, Rudolf, Was kann die Heilkunst durch eine geisteswissenschaftliche Betrachtung gewinnen? In: R.Steiner, Arbeitsfelder der Anthroposophie, Frankfurt a.M. 1985, 145-225.

Steiner, Rudolf, Wie erlangt man Erkenntnisse der höheren Welten? Frankfurt a.M. 1985 (AW 4=GA 10).

Steiner, Rudolf, Wiederverkörperung und Karma und ihre Bedeutung für die Kultur der Gegenwart. Aufsätze, Fragenbeantwortungen und Vorträge 1903 bis 1912, Dornach 1985 (Rudolf Steiner Taschenbücher Nr. 647).

Stenger, Horst, Der "okkulte" Alltag. Beschreibung und wissenssoziologische Deutungen des "New Age", in: ZfS 18 (1989) 119-135.

Stenger, Horst, Die soziale Konstruktion okkulter Wirklichkeit. Eine Soziologie des "New Age", Opladen 1993.

Stephenson, Gunther (Hg.), Der Religionswandel unserer Zeit im Spiegel der Religionswissenschaft, Darmstadt 1976.

Stephenson, Gunther (Hg.), Leben und Tod in den Religionen. Symbol und Wirklichkeit, Darmstadt 1980.

Stephenson, Gunther, Wirklichkeit, Perspektive, Teilhabe. Zum Religionsverständnis in der pluralistischen Welt, in: G.Stephenson (Hg.), Der Religionswandel unserer Zeit im Spiegel der Religionswissenschaften, Darmstadt 1976, 231-246.

Stevenson, Ian, Reinkarnation. Der Mensch im Wandel von Tod und Wiedergeburt. 20 überzeugende und wissenschaftlich bewiesene Fälle, Freiburg i.Br. ^{5}1986 (Twenty Cases suggestive of Reincarnation, University Press of Virginia, Charlottesville 1966).

Stevenson, Ian, Wiedergeburt. Kinder erinnern sich an frühere Leben, Frankfurt a.M. ^{2}1992 (Original: Children who remember previous lives).

Stieglitz, Klaus von, Anthroposophie, RGG^{3} I, 425-430.

Stieglitz, Klaus von, Die Christosophie Rudolf Steiners, Witten/Ruhr 1955 (GlF 11).

Stieglitz, Klaus von, Rettung des Christentums? Anthroposophie und Christengemeinschaft. Darstellung und Kritik, Stuttgart/Berlin 1965.

Stietencron, Heinrich von, Hinduismus / Hindu-Religion, in: LeRe, 288-296.

Stolzenburg, Arnold, Anthroposophie, in: RGG^{2} 1, 368-375.

Störig, Hans Joachim, Kleine Weltgeschichte der Philosophie. Erweiterte Neuausgabe, Frankfurt a.M. 1992.

Streib, Heinz, Entzauberung der Okkultfaszination. Magisches Denken und Handeln in der Adoleszenz als Herausforderung an die Praktische Theologie, Kampen 1996.

Suckau, Arnold, Anthroposophie und häretische Strömungen, in: Christentum, Anthroposophie, Waldorfschule, Stuttgart 1987, 33-41.

Sudbrack, Josef, Esoterik, in: S.R.Dunde (Hg.), Wörterbuch der Religionspsychologie, Gütersloh 1993, 77-85.

Sundén, Hjalmar, Religionspsychologie. Probleme und Methoden, Stuttgart 1982, 17-32.

Sundermeier, Theo, "Fremde Theologien", in: EvTh 50 (1990) 524-534.

Sundermeier, Theo, Gott im Buddhismus? In: EvTh 48 (1988) 19-35.

Sundermeier, Theo, Inkulturation und Synkretismus. Probleme einer Verhältnisbestimmung, in: EvTh 52 (1992) 192-209.

Sundermeier, Theo, Leben, Religionsgeschichtlich, in: TRE XX, 514-520.

Sundermeier, Theo, Nur gemeinsam können wir leben. Das Menschenbild schwarzafrikanischer Religionen, Gütersloh 1988.

Sundermeier, Theo, Synkretismus und Religionsgeschichte, H.P.Siller (Hg.), Suchbewegungen, Darmstadt 1991, 95-105.

Talbot, Michael, Seelenpfade. Reinkarnation aus neuer Sicht, München 1990.

Tenbruck, F.H., Wissenschaft und Religion, in: J.Wössner (Hg.), Religion im Umbruch, Stuttgart 1972, 217-244.

Thannippara, Alexander, Nirvana, in: LeRe 461-462.

Thannippara, Alexander, Vedanta, in: LeRe 690-693.

Therapie-Gesellschaft, Die, Kursbuch 82 (1985).

Thiede, Werner, Apologetik und Dialog. Plädoyer für eine Synthese, in: MD EZW 55 (1992) 281-296.

Thiede, Werner, Auferstehung der Toten - Hoffnung ohne Attraktivität? Grundstrukturen christlicher Heilserwartung und ihre verkannte religionsdidaktische Relevanz, Göttingen 1991 (FSÖTh 65).

Thiede, Werner, Die mit dem Tod spielen. Okkultismus, Reinkarnation, Sterbeforschung, Gütersloh 1994.

Thiede, Werner, Indizien für Reinkarnation? Kritik esoterischer Argumente, in: MD EZW 52 (1989) 161-174.

Thiede, Werner, Scientology-Religion oder Geistesmagie? Konstanz 1992 (RAT 1).

Thiede, Werner, Scientology und Religionswissenschaft. Zum Thesenpapier des "REMID", in: MD EZW 55 (1992) 149-156.

Thiede, Werner, Todesnähe- und Reinkarnationserfahrungen als Elemente natürlicher Theologie, in: EvTh 56 (1996) 194-214.

Thienel, Peter, Seelenwanderung. Das Geheimnis der Wiedergeburt in unserem Leben - Forschungen und Erfahrungen, München 1987.

Thilo, Hans-Joachim, Die Grenze des Rationalen, Für eine Integration religiöser Erfahrungen, in: EK 26 (1993) 347-348.

Tillich, Paul, Das Christentum und die Begegnung der Weltreligionen, in: P.Tillich, Die Frage nach dem Unbedingten. Schriften zur Religionsphilosophie, (GW V) Stuttgart 1964, 51-98.

Tillich, Paul, Lessing und die Idee einer Erziehung des Menschengeschlechts (1929), in: P.Tillich, Begegnungen. Paul Tillich über sich selbst und andere, (GW XII) Stuttgart 1971, 97-111.

Tillich, Paul, Vorlesungen über die Geschichte des christlichen Denkens. Teil II. Aspekte des Protestantismus im 19. und 20. Jahrhundert, (Ergänzungs- und Nachlaßbände zu den Gesammelten Werken Bd. II) Stuttgart 1972.

Timm, Hermann, Christentum im Angebot. Amouröse Liberalität ironisch ernst genommen, in: LM 32 (1993) 22-25.

Timm, Hermann, Das ästhetische Jahrzehnt. Zur Postmodernisierung der Religion, Gütersloh 1990.

Timm, Hermann, Der bestirnte Geist. Produktiver Umgang mit der Naturfrömmigkeit aus der Sicht der evangelischen Theologie, in: Natur - Mensch - Geist, Bad Boll 1987, 34-42.

Timm, Hermann, Ferner Himmel und nahe Hölle, in: LM 32 (1993) H. 11, 25-27.

Timm, Hermann, Wege zur Vielsprachlichkeit. Protestantismus in der Postmoderne, in: LM 30 (1991) 315 - 319.

Tiryakian, Eward A. (Hg.), On the Margin of the Visible. Sociology, the Esoteric, and the Occult, John Wiley & Sons, New York/London/Sydney/Toronto 1974.

Tomberg, Valentin, Die "Geheimlehre" von H.P. Blavatsky und die "Geheimwissenschaft" von Dr. Rudolf Steiner, in: M.Frensch (Hg.), Lust an der Erkenntnis, München 1991, 384-390.

Toolan, David S., Reinkarnation und moderne Gnosis, in: Conc(D) 29 (1993) 394-404.

Torwesten, Hans, Sind wir nur einmal auf Erden? Die Idee der Reinkarnation angesichts des Auferstehungsglaubens, Freiburg i.Br. 1983.

Toynbee, Arnold J., Die Welt und der Westen, Stuttgart 1953.

Track, Joachim, Erfahrung, Theologiegeschichtlich, Neuzeit, in: TRE X, 116-128.

Treusch-Dieter, Gerburg, Religionskrieg der Vernunft. Ruin und Restauration der "Aufklärung", in: Ästhetik und Kommunikation 16 (1985) H. 60, 66-82.

Trevelyan, George, Eine Vision des Wassermann-Zeitalters. Gesetze und Hintergründe des "NEW AGE", München ^{3}1986.

Trillhaas, Wolfgang, Religionspsychologie, in: RGG^3 5, 1021-1025.

Troeltsch, Ernst , Die Soziallehren der christlichen Kirchen und Gruppen, Aalen 1965 (3. Neudruck der Ausgabe Tübingen 1922; GW 1).

Troeltsch, Ernst, Missionsmotiv, Missionsaufgabe und neuzeitliches Humanitätschristentum, in: ZMRW 22 (1907) 129-139 und 161-166.

Truzzi, Marcello, Definition and Dimensions of the Occult: Towards a Sociological Perspective, in: E.Tiryakian (Hg.), On the Margin of the Visible, New York u.a. 1974, 243-255.

Tübinger Dialoggespräch: Die Pluralität der Religionen und der religiöse Pluralismus, in: Dialog der Religionen 1 (1991) 130-178.

Türk, Hans Joachim, Postmoderne, Mainz/Stuttgart 1990.

Turner, Victor, Das Liminale und das Liminoide in Spiel, "Fluß" und Ritual. Ein Essay zur vergleichenden Symbologie, in: V.Turner, Vom Ritual zum Theater. Der Ernst des menschlichen Spiels, Frankfurt a.M. / New York 1989, 28-94.

Über Tod und Sterben, FIH 11 (²1988 stark erweiterte Auflage).

Unger, Rudolf, Zur Geschichte des Palingenesiegedankens im 18. Jahrhundert, in: DVfLG 2 (1924) H. 2, 257-274.

Universelles Leben (Hg.), Das ist Mein Wort. A und O. Das Evangelium Jesu. Die Christus-Offenbarung, welche die Welt nicht kennt, Bd. 1 Würzburg 1989.

Universelles Leben (Hg.), Das Universelle Leben aufgebaut auf dem Fundament des Heimholungswerkes Jesu Christi, Würzburg 1984.

Universelles Leben (Hg.), Harmonie ist Leben und Gesundheit des Körpers, Würzburg ²1988.

Universelles Leben (Hg.), Ursache und Entstehung aller Krankheiten. Was der Mensch sät, wird er ernten, Würzburg ²1987.

Valentin, Friederike / Knaup, Horand (Hg.), Scientology - der Griff nach Macht und Geld. Selbstbefreiung als Geschäft, Freiburg i.Br. 1992.

Valentin, Friederike / Mildenberger, Michael, Neue religiöse Bewegungen, in: H.-D.Reimer / O.Eggenberger, Umwege zum Heil? Wien/München 1980, 354-402.

Valentin, Friederike, Scientology und Religion, in: F.Valentin / H.Knaup (Hg.), Scientology - der Griff nach Macht und Geld, Freiburg i.Br. 1992, 123-132.

Valentin, Friederike, Sekten, in: LSSW² 949-957.

Vallieres, Ingrid, Praxis der Reinkarnationstherapie. Konsequenzen und Reichweite, Stuttgart ³1991.

Vecchiotti, Icilio, Schopenhauer im Urteil der modernen Inder, in: J.Salaquarda (Hg.), Schopenhauer, Darmstadt 1985, 177-189.

Vergote, Antoine, Religion und Psychologie, in: E.Schmitz (Hg.), Religionspsychologie, Göttingen 1992, 1-23.

Vierkandt, Alfred (Hg.), Handwörterbuch der Soziologie, Stuttgart 1982 (Gekürzte Studienausgabe).

Vogelmann, Wolfgang, Die Herausforderung der lutherischen Kirche durch die religiösen Bewegungen in Deutschland, in: LKW 41 (1994) 215-226.

Völger, Gisela / Welck, Karin von (Hg.), Rausch und Realität. Drogen im Kulturvergleich, Bd. 1-3, Reinbek b. Hamburg 1982.

Vollenweider, Samuel, Großer Tod und Großes Leben. Ein Beitrag zum buddhistisch-christlichen Gespräch im Blick auf die Mystik des Paulus, in: EvTh 51 (1991), 365-382.

Vollmar, Klausbernd / Haeusler, Martin, Der letzte Schrei aus dem Jenseits. Channeling Buch 1, Berlin 1988.

Wach, Joachim, Religionssoziologie, Übs. nach der 4. Aufl., Tübingen 1951.

Wagner, Richard, Reinkarnation. Das Heraus- und Hineinschlüpfen in das Fleisch, Würzburg 1988.

Walde, A. / Hofmann, J.B., Lateinisches etymologisches Wörterbuch, Heidelberg ⁵1972 Bd.2.

Waldenfels, Hans, Auferstehung, Reinkarnation, Nichts? Der Mensch auf der Suche nach seiner Zukunft, in: H.Kochanek (Hg.), Reinkarnation oder Auferstehung? Freiburg 1992, 248-262.

Waldorfschule und Anthroposophie, FIH 15 (²1987).

Walf, Knut (Hg.), Tao für den Westen. Eine Hinführung, München 1989.

Walther, Gerda, Reinkarnation und Parapsychologie, in: ZRGG 9 (1957) 191-199.

Walther, Gerda, Zum Problem der Reinkarnation, in: Neue Wissenschaft 5 (1955) 97-104.

Wambach, Helen, Leben vor dem Leben. Verblüffende Testergebnisse beweisen: Es gibt ein Leben vor der Geburt, München ⁴1986.

Wambach, Helen, Seelenwanderung. Wiedergeburt durch Hypnose, München [4]1987.

Wartenberg, Gerd, Die Gurus der demonstrativen Lebensstil-Suche, in: Kursbuch 55 (1979) 125-136.

Waßner, Rainer, Neue Religiöse Bewegungen in Deutschland. Ein soziologischer Bericht, IEZW 113 (1991).

Waßner, Rainer, Nicht-verfaßte Religiosität und Gesellschaft. Beobachtungen eines Soziologen, in: MD EZW 58 (1995) 1-11.

Weber, Max, Die Wirtschaftsethik der Weltreligionen. Konfuzianismus und Taoismus, Tübingen 1989 (Gesamtausgabe Bd.19).

Weber, Max, Gesammelte Aufsätze zur Religionssoziologie I, Tübingen 1963[5].

Weber, Max, Gesammelte Aufsätze zur Religionssoziologie II, Tübingen [7]1988.

Weber, Max, Kirchen und Sekten, in: ChW 20 (1906) 558-562, 577-583 .

Weber, Max, Wirtschaft und Gesellschaft. Grundriß der verstehenden Soziologie, Tübingen 1980 (5. rev. Aufl., besorgt von Johannes Winckelmann).

Weber, Paul-Günter, Religiosität und soziale Organisationsformen in Sekten. Eine religionssoziologische Studie dreier Sektengruppen, Köln/Wien 1975.

Weber-Brosamer, Bernhard, Reinkarnation, in: Walter Beltz (Hg.), Lexikon der letzten Dinge, Augsburg 1993, 344-347.

Wehr, Gerhard, Esoterisches Christentum. Aspekte - Impulse - Konsequenzen, Stuttgart 1975.

Wehr, Gerhard, Rudolf Steiner. Leben - Erkenntnis - Kulturimpuls, München 1987.

Wehr, Gerhard, Wege zur religiösen Erfahrung. Analytische Psychologie im Dienste der Bibelauslegung, Darmstadt 1974.

Wehr, Gerhard, Wörterbuch der Esoterik, Zugänge zum spirituellen Wissen von A-Z, Freiburg i.Br. 1989.

Weimann, Robert / Gumbrecht, Hans Ulrich (Hg.), Postmoderne - globale Differenz, Frankfurt/M. 1991.

Weimer, Wolfgang, Schopenhauer und der Atheismus, in: Zeit der Ernte, Stuttgart/Bad Cannstatt 1982, 364-373.

Weizäcker, Carl Friedrich von, Der Garten des Menschlichen. Beiträge zur geschichtlichen Anthropologie, Frankfurt a.M. 1980.

Welsch, Wolfgang (Hg.), Wege aus der Moderne. Schlüsseltexte der Postmoderne-Diskussion, Weinheim 1988.

Welsch, Wolfgang, Einleitung, in: W.Welsch (Hg.), Wege aus der Moderne, Weinheim 1988, 1-43.

Welsch, Wolfgang, Haus mit vielen Wohnungen. Der Pluralismus läßt Absolutismus zu, wenn er privat bleibt, in: EK 27 (1994) 476-479.

Welsch, Wolfgang, Orientierung inmitten von Pluralität, in: EpdD 35 (1994) 3-15.

Welsch, Wolfgang, "Postmoderne". Genealogie und Bedeutung eines umstrittenen Begriffs, in: P.Kemper (Hg.), 'Postmoderne' oder Der Kampf um die Zukunft, Frankfurt a.M. 1988, 9-36.

Welsch, Wolfgang, Relativität aushalten. Unbedingtheit gibt es nur im Innenbezug, in: EK 27 (1994) 734-735.

Welsch, Wolfgang, Topoi der Postmoderne, in: H.R.Fischer / A.Retzer / J.Schweitzer (Hg.), Das Ende der großen Entwürfe, Frankfurt a.M. 1992, 35-55.

Weltentwurf - Weltentwicklung - Weltverantwortung, 12. Gespräch mit der Anthroposophie, Protokolldienst der Evangelischen Akademie Bad Boll 24 (1989).

Werblowsky, R. J. Zwi, Transmigration, in: EncRel(E) 15, 21-26.

Wesolowski, Zbigniew, Reinkarnation im Buddhismus, in: H. Kochanek (Hg.), Reinkarnation oder Auferstehung, Freiburg 1992, 33-45.

Wichmann, Jörg, Die Renaissance der Esoterik. Eine kritische Orientierung, Stuttgart ^{2}1991.

Wichmann, Jörg, Zur Veränderung des Reinkarnationsglaubens in der westlichen Kultur und Esoterik, in: H.Kochanek (Hg.), Reinkarnation oder Auferstehung, Freiburg 1992, 181-193.

"*Wiedergeburt - auf ein Neues! Die Reinkarnationslehre hat viele Fans*", in: Hamburger Morgenpost vom 2. Okt. 1987, 47.

Wiesel, Elie, Die politisch-moralische Aufgabe des Schriftstellers heute. Nach Auschwitz haben die Worte ihre Unschuld verloren, in: Erinnerung als Gegenwart. Elie Wiesel in Loccum, in: LoPro 25 (1986) 103-126.

Wiesendanger, Harald, (Hg.), Wiedergeburt. Herausforderung für das westliche Denken, Frankfurt a.M. 1991.

Wiesendanger, Harald, Zeitsprünge in die eigene Zukunft? "Vorausführungen": ein fragwürdiges Spiel mit der Neugier, in: H.Wiesendanger (Hg.), Wiedergeburt, Frankfurt a.M. 1991, 114-141.

Wiesendanger, Harald, Zurück in frühere Leben. Möglichkeiten der Reinkarnationstherapie, München 1991.

Wiesenhütter, Eckart, Blick nach drüben. Selbsterfahrung im Sterben, Gütersloh ^{6}1995.

Wilson, Bryan R., Sects and Society. A Sociological Study of the Elim Tabernacle, Christian Science, and Christadelphians, University of California Press, Berkeley/Los Angeles 1961.

Wißmann, Hans, Erfahrung, Religionsgeschichtlich, in: TRE X, 83-89.

Wittkowski, Joachim, Psychologie des Todes, Darmstadt 1990.

Wittkowski, Joachim, Tod und Sterben. Ergebnisse der Thanatopsychologie, Heidelberg 1978.

Wölber, Hans Otto, Religion ohne Entscheidung. Volkskirche am Beispiel der jungen Generation, Göttingen 1959.

Wolf, R.C., Denomination, in: RGG^{3} II , 85-86.

Wolff, Otto, Das Problem der Wiedergeburt nach Shri Aurobindo, in: ZRGG 9 (1957) 116-129.

Wössner, Jakobus, Religion im Umbruch. Soziologische Beiträge zur Situation von Religion und Kirche in der gegenwärtigen Gesellschaft, Stuttgart 1972.

Wulff, David M., Psychology of Religion. Classic and Contamporary Views, New York/Chichester/Brisbane/Toronto/Singapore 1991.

Wunderle, Georg, Das religiöse Erleben. Eine bedeutungsgeschichtliche und psychologische Studie, Paderborn 1922.

Yinger, J. Milton, Religion, Society and the Individual. An Introduction to the Sociology of Religion, Macmillan, New York 1957.

Yinger, J. Milton, The Scientific Study of Religion, New York, Macmillan, 1970.

Zahrnt, Heinz, Zwischen Reinkarnation und Vergänglichkeit, in: H.Zahrnt, Gotteswende. Christsein zwischen Atheismus und Neuer Religiosität, München ^{3}1992, 201-225.

Zaleski, Carol, Nah-Todeserlebnisse und Jenseitsvisionen, Frankfurt a.M./Leipzig 1993 (Otherworld Journeys. Account fo Near-Death Experience in Medieval and Modern Times, New York / Oxford 1987).

Zander, Helmut, Neuere Veröffentlichungen zum Verhältnis von Anthroposophie und Christentum, in: ThRv 90 (1994) 445-454.

Zander, Helmut, Reinkarnation und Christentum. Rudolf Steiners Theorie der Wiederverkörperung im Dialog mit der Theologie, Paderborn 1995.

Zeit der Ernte. Studien zum Stand der Schopenhauer-Forschung, Festschrift Arthur Hübscher zum 85. Geburtstag, hg. Wolfgang Schirmacher, Stuttgart/Bad Cannstatt 1982.

Zelger, Manuel, Religionssoziologie, in: S.R.Dunde (Hg.), Wörterbuch der Religionssoziologie, Gütersloh 1994, 268-278.

Zinser, Hartmut (Hg.), Religionswissenschaft. Eine Einführung, Berlin 1988.

Zinser, Hartmut, Okkulte Praktiken unter erwachsenen Schülern des zweiten Bildungsweges in Berlin (West), in: MD EZW 54 (1991) 176-189.

Zinser, Hartmut, Okkultismus unter Berliner Schülern, in: MD EZW 53 (1990) 273-290.

Zinser, Hartmut, Religionspsychologie, in: HRWG I, 87-107.

Zoja, Luigi, Sehnsucht nach Wiedergeburt. Ein neues Verständnis der Drogensucht, Stuttgart 1986.

Zukav, Gary, Die tanzenden Wu Li Meister. Der östliche Pfad zum Verständnis der modernen Physik: Vom Quantensprung zum Schwarzen Loch, Reinbek b.Hamburg 1981.